Allemagne du Sud - carte générale

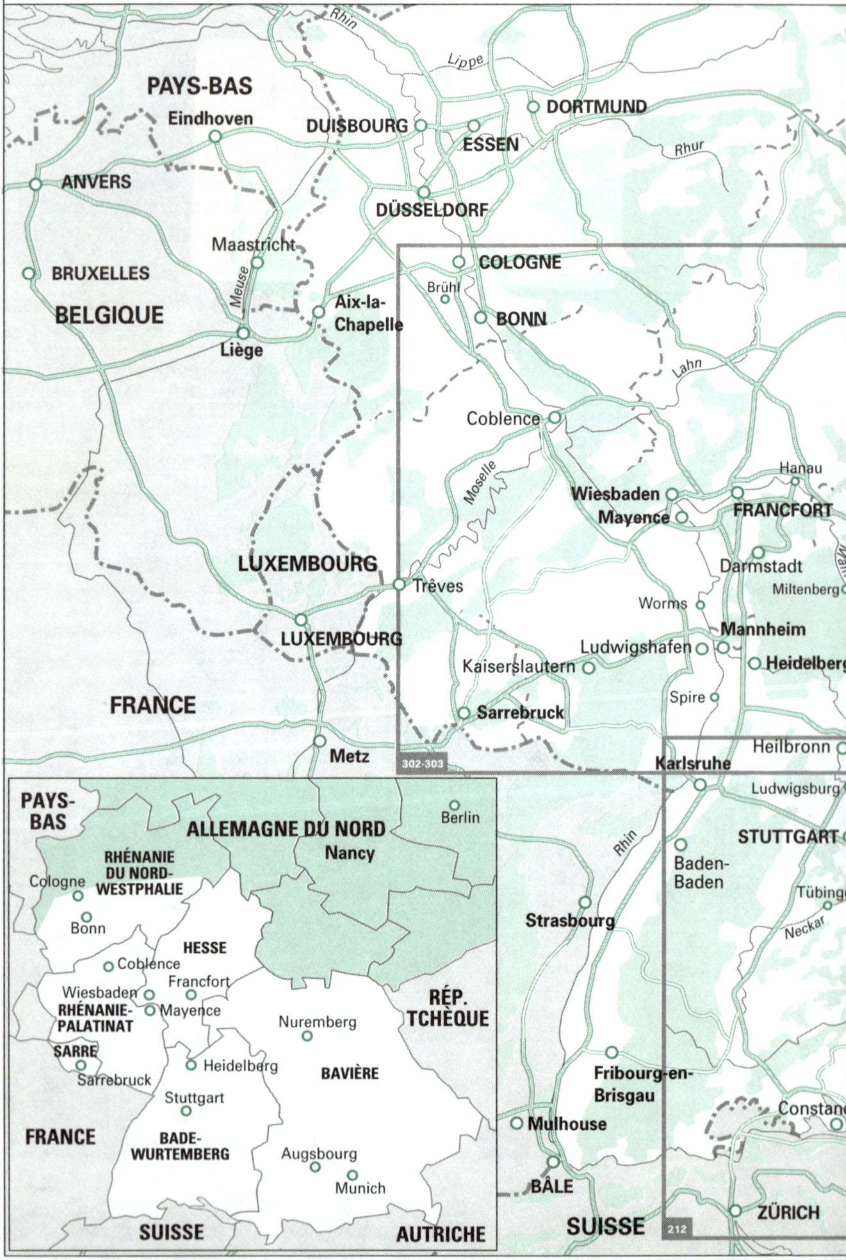

Allemagne du Sud - carte générale

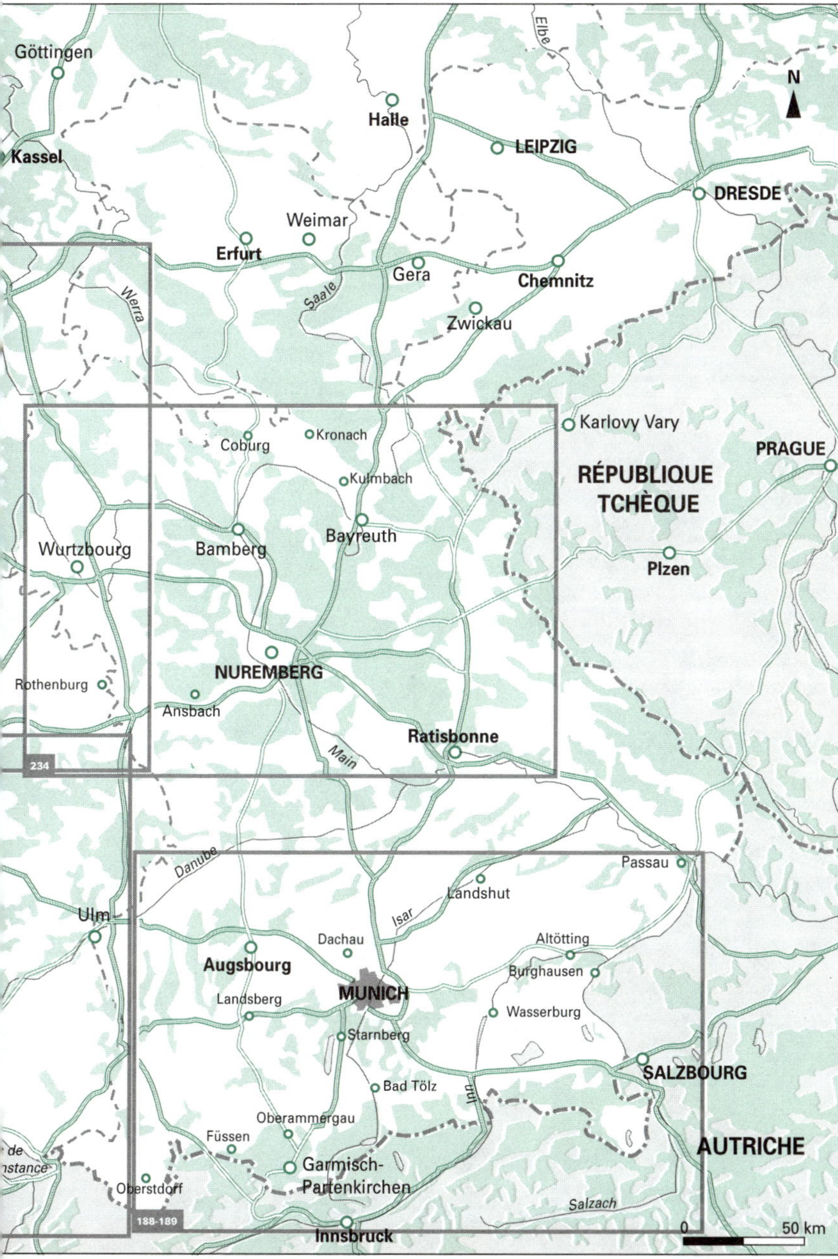

Allemagne du Sud

Bavière
Forêt-Noire
Franconie

L'auteur

Après une solide formation bilingue (allemand/français) en sciences économiques, Rodolphe Vaisman s'est établi à Cologne comme journaliste et travaille tant pour la France que pour l'Allemagne. Il est également guide-conférencier et peintre. Ce guide est le second en langue française réalisé par ce jeune auteur, qui a déjà publié aux Editions Arthaud un premier volume consacré au nord du pays : *Allemagne du Nord, de Berlin à Hambourg.*

Suivi éditorial : Elisabeth Boyer-Peigné
Mise en page : Anne Leprince
Conception graphique : Daniel Leprince
Conception graphique de la couverture : Frédéric Célestin
Cartographie : Edigraphie, Maromme
Recherche iconographique : Elisabeth Scaglia
Correction : Béatrice Peyret-Vignals

Malgré le soin que nous apportons à la réalisation et à l'actualisation de nos ouvrages, il se peut qu'une adresse devienne caduque ou qu'un prix change. Nous vous remercions pour votre indulgence et vous invitons à nous communiquer vos propres suggestions, qui seront toujours les bienvenues.

ISBN : 2-7003-1195-7 ISSN : 0982-6769
Imprimé en France.

Allemagne du Sud

Bavière
Forêt-Noire
Franconie

Rodolphe Vaisman

GUIDES ARTHAUD
GRANDS VOYAGES

Mode d'emploi de ce guide

Ce guide est divisé en quatre parties distinctes : Avant de partir, Le pays et les hommes, A la découverte de l'Allemagne du Sud, Renseignements pratiques.

Avant de partir. Placée en début d'ouvrage, cette partie est composée de trois chapitres :
– Partir : pour tout savoir avant de partir sur les conditions de départ, le budget à prévoir, les conditions sanitaires, etc.
– Programmer votre visite : Quand partir ? Que faire et en combien de temps ? Suggestion d'itinéraires, de visites, d'activités.
– A savoir sur place : abécédaire de votre vie quotidienne dans le pays.

Le pays et les hommes. Cette partie présente le pays aux plans géographique, historique et culturel. Un chapitre L'Allemagne de A à Z, suite de petites rubriques anecdotiques et caractéristiques, vient l'agrémenter.

A la découverte de l'Allemagne du Sud. Troisième et principale partie du guide, elle regroupe l'ensemble des descriptions touristiques et propositions d'itinéraires, organisés en grands chapitres régionaux et illustrés de cartes et plans de villes.

Renseignements pratiques. De ville en ville, toutes les bonnes adresses et renseignements utiles dans les villes ou sites, classés par ordre alphabétique.

Vous trouverez en annexe un tableau des distances, un glossaire, un lexique de la langue, une bibliographie, une filmographie et un index.

Liste des symboles utilisés dans cet ouvrage :

★	Site exceptionnel		Panorama-vue
	Monument	☎	Téléphone
	Eglise		Indicatif téléphonique
	Musée	✉	Code postal
	Parcs et jardins	ⓘ	Office du tourisme

Sommaire

Carte de situation

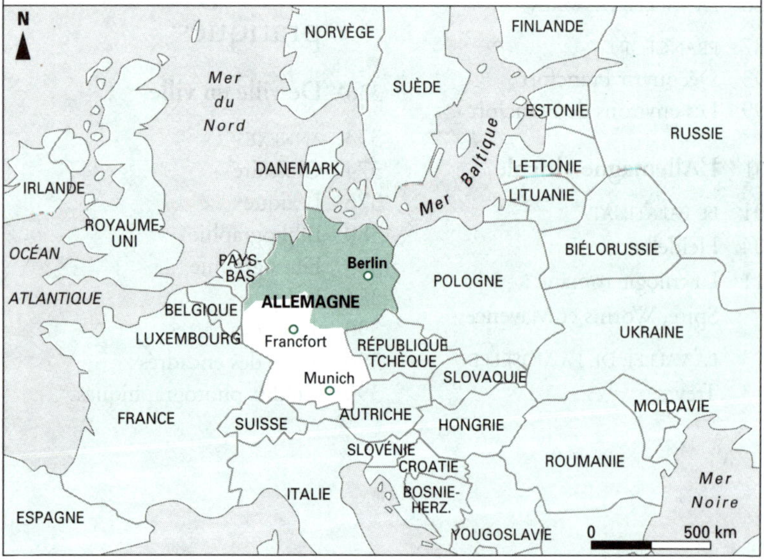

Avant-propos

Est-il incongru de diviser l'Allemagne entre Nord et Sud alors que le pays fut séparé pendant quarante ans entre une République fédérale à l'Ouest et une République dite démocratique à l'Est ? Même si, de par sa structure fédérale qui découle de la complexité des différents Etats composant jadis le Saint Empire romain germanique, le pays n'a pas de centre dominant tant au Nord qu'au Sud, force est d'admettre que la division est-ouest ne reposait pas plus sur une quelconque réalité historique mais résultait simplement du rapport de forces préfigurant le partage du globe entre deux zones d'influence ; l'Est sous la coupe de l'URSS, l'Ouest rattaché au monde occidental, libre et prospère. La réunification achevée, il nous paraît tentant de présenter le pays selon une division Nord-Sud : en premier lieu parce qu'il s'agit du « sens » géographique normal de l'Allemagne, plus étirée dans cet axe-là que d'est en ouest. Mais aussi, et surtout, parce que ce partage respecte une polarisation historique entre un Nord protestant conduit par la Prusse des Hohenzollern et un Sud traditionnellement catholique dominé, d'une part par l'Autriche des Habsbourg, d'autre part par la Bavière des Wittelsbach. Cette rivalité ne fit que s'accroître tandis que les structures « supranationales » de l'empire germanique s'affaiblissaient : elle fut portée à son point culminant par l'hégémonie accomplie de la Prusse sur le reste de l'Allemagne en 1871.

Une fois admise cette division, le risque est grand de n'avoir qu'une vision réductrice du Sud : une Bavière des livres d'images, avec pour toile de fond les sommets alpins ponctués par les châteaux extravagants de Louis II. Le centre de ce Sud incomplet serait naturellement l'opulente Munich, considérée comme la capitale secrète de l'Allemagne entre 1949 et 1989 : durant cette période, Berlin l'emmurée n'était qu'artificiellement maintenue en vie par les subventions de Bonn. Cette Bavière des livres d'images ne correspond qu'au seul district de Haute-Bavière, dont les ancêtres sont d'ailleurs les seuls habitants du pays à ne pas descendre de peuples germaniques. La région est en réalité beaucoup plus vaste depuis qu'en 1806 Napoléon fit de la Bavière un royaume en y incluant l'ancienne Franconie, terre des Francs qui donna son nom à la France et d'où seront issus les rois carolingiens. Cette Bavière septentrionale est celle des villes libres comme Rothenburg ou Nuremberg, qui devaient sombrer dans l'oubli au moment où les empereurs germaniques commencèrent à négliger la charge impériale pour se concentrer sur les affaires de leurs propres Maisons. Dans le même temps, on assistait à un mouvement inverse : des Etats que tout un chacun jugeait insignifiants s'érigèrent en monarchies ou en duchés et firent de leurs résidences des lieux où évoluait une cour brillante. Ainsi, les résidences des princes-évêques allemands témoignent d'un luxe inouï qui ne le cédait en rien aux plus grandes monarchies absolues. Mais avant que l'Eglise catholique ne réaffirme sa puissance et son caractère inébranlable, le Sud aura été le champ de la terrible guerre de Trente Ans : la Suède, soutenue par la France de Richelieu, craignait que la reconquête catholique d'un Sud dont les villes libres s'étaient en grande majorité converties au protestantisme ne fît le jeu des volontés hégémoniques des Habsbourg sur l'empire germanique. Le Sud devint alors le champ de bataille de l'Europe entière.

Parler du sud de l'Allemagne implique également de ne pas oublier le sud-ouest, notamment Constance et ses environs. Qui sait encore aujourd'hui que cette région fut l'un des berceaux de la chrétienté en Occident et que les monastères bénédictins riverains du lac, fondés par Pépin le Bref, père de Charlemagne, furent les instruments de l'unité religieuse et de la création de l'empire d'Occident moderne? Qui se souvient que la vallée du Rhin vit naître l'art roman en Allemagne avant de devenir un fleuve mythique hautement célébré par l'imagerie romantique? C'est au Sud encore que sévissaient les maîtres chanteurs, les célèbres ménestrels. Là aussi que fut fondée Francfort, aujourd'hui moteur économique du pays et qui fut jadis la ville où étaient consacrés les empereurs germaniques et la cité des grands argentiers. C'est au Sud qu'appartient le Palatinat, mis à sang par Louis XIV qui, sous couvert de défendre l'héritage de sa belle-sœur, la princesse palatine, repoussa les frontières de la France au-delà du Rhin et fit involontairement de Heidelberg et des ruines de son château le sanctuaire du romantisme en Allemagne. Mais c'est aussi au Sud – et non au Nord, à Berlin – que Hitler jeta les jalons de la tyrannie nazie et qu'il perpétra son tristement célèbre putsch.

Les paysages bavarois, véritable imagerie de carte postale, ont fait la célébrité du sud de l'Allemagne et l'on aurait tort de les renier. Mais, fort de sa diversité et de son histoire à plusieurs vitesses, le Sud recèle une étonnante richesse historique, culturelle et géographique. Qui pourrait objectivement prétendre que les monts de la Forêt-Noire nimbés de brume, que les somptueux méandres de la vallée du Rhin dominés par une myriade de châteaux, que les coteaux du Main, les nombreuses villes sorties tout droit du Moyen Age ou les trésors baroques du Jura souabe ou de Franconie ne valent pas les sites les plus célèbres de la Haute-Bavière ?

Par-delà le foisonnement des « pays » qui la composent, le grand dénominateur commun de la moitié méridionale de l'Allemagne est peut-être son évidente douceur de vivre, la culture d'un hédonisme fondé sur une opulence certes rustique mais désireuse de s'affirmer comme contrepoids à l'ancestrale autorité prussienne. Un souci ravivé depuis que Berlin, au nord, a recouvré son statut de capitale. Et n'oublions pas que les habitants du Sud ont tous un accent très prononcé qui, tout bavarois, souabe, bade, hessois, franconien ou rhénan qu'il soit, n'en est pas moins indubitablement méridional…

Avant de partir

Partir

S'INFORMER

Ambassades, consulats et associations

Ambassade d'Allemagne, 13-15, av. Franklin-Roosevelt, 75008 Paris, ☎ 01 42 99 78 00.
Consulats, 34, av. d'Iéna, 75016 Paris, ☎ 01 42 99 78 00.
33, bd des Belges, 69458 Lyon Cedex 06, ☎ 04 78 93 54 73.
337, bd du Président-Wilson, 33021 Bordeaux Cedex, ☎ 05 56 08 60 20.
388, av. du Prado, 13295 Marseille Cedex, ☎ 04 91 77 60 90.
22, place du Maréchal-Leclerc, 59046 Lille Cedex, ☎ 03 20 93 84 63.
15, rue du Buthegnemont, 54052 Nancy Cedex, ☎ 03 89 96 12 43.
Centre d'information et de documentation de l'ambassade d'Allemagne, 24, rue Marbeau, 75016 Paris, ☎ 01 44 17 31 31.
Office national allemand du tourisme, 9, bd de la Madeleine, 75001 Paris, ☎ 01 40 20 01 88. Minitel 3615 Allemagnetour.
Office franco-allemand pour la jeunesse (OFAJ), 51, rue de l'Amiral-Mouchez, 75013 Paris, ☎ 01 42 61 19 45.
Deutscher Akademischer Austauschtlienst (DARD), 15, rue de Verneuil, 75007 Paris, ☎ 01 42 61 19 45.

Centres culturels, bibliothèques

Institut Goethe, 17, av. d'Iéna, 75016 Paris, ☎ 01 44 43 92 30.
Maison Heinrich Heine, 27 C, bd Jourdan, 75014 Paris, ☎ 01 45 89 32 26.
Institut historique allemand, 8, rue du Parc-Royal, 75003 Paris, ☎ 01 42 71 56 16.
Alliance culturelle France-Allemagne, 1, rue Bruller, 75014 Paris, ☎ 01 43 35 34 56.
Centre d'information et de documentation de l'ambassade d'Allemagne, 24, rue Marbeau, 75016 Paris, ☎ 01 44 17 31 31.

RÉGIONS

Institut Goethe, 16 ter, rue Boudet, 33000 Bordeaux, ☎ 05 56 44 67 06.
4, rue du Rhin, 68000 Colmar, ☎ 03 89 23 79 23.
98, rue des Stations, 59000 Lille, ☎ 03 20 57 02 04.
16, rue François-Dauphin, 69002 Lyon, ☎ 04 78 42 88 27.
171, rue de Rome, 13006 Marseille, ☎ 04 91 47 63 81.
39, rue de Ravinelle, 54000 Nancy, ☎ 03 83 35 44 36.
4, quai Kléber, 67055 Strasbourg, ☎ 03 88 22 42 38.
6 bis, rue Clémence-Isaure, 31000 Toulouse, ☎ 05 61 23 08 24.
Maison de Heidelberg, 4, rue des Trésoriers-de-la-Bourse, 34025 Montpellier Cedex 1, ☎ 04 67 60 48 11.

Librairies

Buchladen, 3, rue Burq, 75018 Paris, ☎ 01 42 55 42 13.
Calligrammes, 8, rue de la Collégiale, 75005 Paris, ☎ 01 43 36 85 07.

Marissal, 42, rue Rambuteau, 75003 Paris, ☎ 01 42 74 37 47.
Allemagne-France Services, BP 97, 75121 Paris Cedex 03, ☎ 01 42 23 77 17.
L'Astrolabe, 46, rue de Provence, 75009 Paris, ☎ 01 42 85 42 95, et 14, rue Serpente, 75006 Paris, ☎ 01 46 33 80 06. Sur Minitel, 3616 Astrolab.
Itinéraires, 60, rue Saint-Honoré, 75001 Paris, ☎ 01 42 36 12 63. Sur Minitel, 3615 Libitinéraires.
Ulysse, 26, rue Saint-Louis-en-l'Isle, 75004 Paris, ☎ 01 43 25 17 35. Sur Minitel, 3615 Voyageur.

EN BELGIQUE

Ambassade d'Allemagne, av. de Turvuren, 190, Bruxelles 1150, ☎ 00 (02) 770 58 30.
Office allemand du tourisme, rue du Luxemburg, 23 B, Bruxelles 1040, ☎ 00 (02) 512 77 44.

EN SUISSE

Ambassade d'Allemagne, villa Willadingweg 83, 3006 Berne, ☎ 00 (01) 48 41 11.
Deutsches Verkehrsbüro, Talstrasse 42, 8001 Zurich, ☎ 00 (01) 221 13 87.

AU CANADA

Ambassade d'Allemagne, 1 Waverley Street, Ottawa, Ontario K2P OT8, ☎ 00 (416) 232 11 01.
German National Tourisme Office, 175 Bloor Street, East Norrh Tower, Toronto, Ontario M4W 3R8, ☎ 00 (416) 968 15 70.

COMMENT PARTIR ?

■ En voiture

Au départ de France, la solution la plus pratique reste la voiture, qui laisse une plus grande liberté pour rayonner dans une région. On peut aussi choisir la solution, plus onéreuse, de prendre l'avion jusqu'à Munich, Cologne ou Francfort et de louer une voiture sur place. Sachez enfin que le réseau d'autoroute est très développé en Allemagne, même si l'on peut déplorer que la voirie soit parfois très détériorée.

■ En avion

Plusieurs compagnies aériennes assurent des liaisons régulières au départ de Paris, Lyon, Marseille, Bordeaux, Mulhouse, Nantes, Nice, Toulouse à destination des grandes villes du nord de l'Allemagne : Berlin, Munich, Hamburg, Cologne, Dresde, Francfort, Düsseldorf.
Les prix varient selon l'époque de l'année et les compagnies choisies.
Deutsche British Airways, 12, rue de Castiglione, 75001 Paris, ☎ 01 47 78 14 14 (réservations Paris et nord de la France) ou ☎ 08 05 12 51 25 (réservations sud de la France). Sur Minitel, 3615 British Airways.
TAP, 9, bd de la Madeleine, 75001 Paris, ☎ 01 44 86 89 89. Sur Minitel, 3614 Airtap.
Lufthansa, 21-23, rue Royale, 75008 Paris, ☎ 01 42 65 37 35. Réservation Paris, ☎ 01 42 65 35 37. Réservation régions, ☎ 01 42 65 00 10.
Air France, 19, av. des Champs-Elysées, 75008 Paris, réservations ☎ 01 44 08 22 22. Sur Minitel, 3615 AF.

■ En train

Il existe de nombreux trains qui assurent des liaisons régulières entre Paris, Bordeaux, Lyon ou Marseille et les grandes villes d'Allemagne.
En Allemagne, la Bahn-card permet de voyager à demi-tarif dans tout le pays pendant un an (environ 800 F pour un adulte).
DER-Voyages, 4, rue Daunou, 75002 Paris, ☎ 01 47 42 07 09.
Chemins de fer allemands, 13, rue d'Alsace, 75010 Paris, ☎ 01 46 07 13 40.

■ En car

Une ligne régulière permet de relier Paris et les villes principales d'Allemagne en autocar. Horaires, dates et tarifs spéciaux.

Réservations et informations : **Eurolines**, gare routière internationale de Paris-Galliéni, av. du Général-de-Gaulle, 93170 Bagnolet, ☎ 01 49 72 51 51. Sur Minitel, 3615 Eurolines. **Gulliver's**, 20, rue du Chaudron, 75010 Paris, ☎ 01 46 07 33 38.

Certaines agences de voyages assurent des circuits en car. Pour les tarifs et destinations, se renseigner auprès de : **Républictours,** 1, av. de la République, 75541 Paris Cedex 11, ☎ 01 43 55 39 30. **Le Tourisme français**, 96, rue de la Victoire, 75429 Paris Cedex 09, ☎ 01 49 70 44 00. **Pharest**, 19, av. Victor-Hugo, 75116 Paris, ☎ 01 45 00 52 70.

VOTRE BUDGET

■ Monnaie locale et devises

L'unité monétaire allemande est le Deutsche Mark : DM (1 mark = 3,40 FF environ). Les billets sont de 1 000 marks, 500 marks, 200 marks, 100 marks, 50 marks, 20 marks et 10 marks ; les pièces sont de 5 marks, 2 marks et 1 mark. Enfin, 1 mark est divisé en 100 Pfennigs. Il existe des pièces de 50 Pf, 10 Pf, 5 Pf, 2 Pf et 1 Pf.

Le change peut être effectué dans les aéroports, aux frontières et dans les grandes gares (bureaux ouverts de 6 h à 22 h). Il peut se faire aussi dans les banques (ouvertes du lundi au vendredi, en général de 8 h 30 à 13 h et de 14 h 30 à 16 h, le jeudi jusqu'à 17 h 30) ; les commissions ne varient que faiblement d'une banque à l'autre.

■ Le coût de la vie sur place

Les séjours dans les hôtels représentent une part importante du budget, ce mode d'hébergement étant plus cher qu'en France. Le prix de la chambre se calcule au nombre d'occupants ; le petit déjeuner est toujours inclus dans le prix. Ainsi, une chambre double équivalant au niveau deux étoiles en France (la classification par étoile n'a pas cours en Allemagne) avec salle de bains et petit déjeuner coûte entre 160 et 250 marks (soit environ de 550 à 850 FF).

Un repas simple mais correct dans un restaurant coûte environ 40 marks.

Les transports urbains sont aussi généralement plus chers qu'en France ; le prix d'un ticket de U-Bahn (métro) varie selon la distance et selon les villes (il peut passer du simple au triple).

Les restaurants sont, quant à eux, plutôt meilleur marché qu'en France, en partie parce qu'il est plus courant de n'y commander qu'un plat (à l'exception des établissements haut de gamme). On trouve aussi nombre de fast-food plutôt bon marché, de type Imbiss. Toutes les villes sont pourvues abondamment de sandwicheries.

Les entrées des musées, châteaux, expositions (certaines sont gratuites le dimanche) sont moins chères qu'en France (entre 4 et 10 marks).

Enfin, dans les grands sites touristiques, les commerces ne pratiquent pas des prix exorbitants comme en France : vous ne paierez jamais un café ou une bière 15 marks, même si vous les consommez sous la porte de Brandeburg !

Voici quelques exemples de prix : un Brötchen (petit pain), 0,40 mark ; une bière dans un café, entre 2,5 et 5 marks (selon la taille et la marque) ; un café, 3 marks ; une place de cinéma, 10 marks.

■ Cartes de crédit et chèques de voyage

Les Allemands offrent l'impression de tout payer en espèces (ils en ont souvent beaucoup sur eux). Cependant, l'usage des cartes de crédit se généralise, même si certains magasins les refusent encore. Aujourd'hui, la plupart des distributeurs acceptent indifféremment les cartes Visa, Eurocard, Dinners et American Express.

Vous pouvez aussi vous munir de chèques de voyage pour le change uniquement, ou bien d'Eurochèques qui vous serviront pour le change et pour les achats.

FORMALITÉS

Un passeport en cours de validité ou, pour les ressortissants de la CEE, une carte d'identité suffisent pour entrer en Allemagne. Pour les conducteurs, permis de conduire, carte grise et assurance.

CARTOGRAPHIE

En France, avant le départ, vous pouvez vous munir de cartes détaillées avec itinéraires routiers. EuroCarte propose une carte de l'Allemagne au 1/300 000 (coll. Euro-Atlas), et des cartes de toutes les grandes villes d'Allemagne au 1/15 000 (coll. Euro-City et Falk). Michelin propose une carte de l'Allemagne du Sud au 1/400 000 et une carte routière de l'Allemagne au 1/750 000 (n° 987). Ces cartes sont en vente dans toutes les librairies. L'office de tourisme (voir « S'informer », p. 18) vous remettra une carte routière de l'Allemagne et un plan des principales villes.

Programmer votre visite

QUAND PARTIR ?

On se rend en toute saison en Allemagne. La proximité en fait, pour l'Europe, une destination agréable pour un week-end ou quelques jours.
Dans les grandes villes (Munich, Francfort, Cologne par exemple), l'activité culturelle est importante toute l'année. Ayez cependant présent à l'esprit que les opéras et les grands théâtres font relâche de fin juin à début septembre. En revanche, festivals et semaines musicales foisonnent pendant les mois d'été : Festival lyrique de Munich, Festival de Bayreuth, Fêtes Mozart de Wurztbourg, fêtes baroques ici, fêtes rococos là… Reportez-vous au calendrier des festivals et des manifestations, p. 25.
Certains hauts lieux touristiques comme les châteaux de Louis II de Bavière, Rothenburg ou Heidelberg, sont très fréquentés en été. Il peut être judicieux d'en programmer la visite au printemps ou à l'arrière-saison. De plus, sachez que c'est pendant les mois de juillet et août que les précipitations sont les plus abondantes en Bavière.

QUE VOIR ?

La moitié sud de l'Allemagne étant très riche en trésors architecturaux ou naturels, il est donc préférable d'organiser son périple autour d'un thème (vin, architecture romane, vestiges romains, architecture baroque…), ou encore de privilégier une région permettant la pratique d'un sport particulier (escalade en Allgäu, randonnée en Haute-Bavière, voile sur le lac de Constance) ; on pourra aussi choisir de découvrir un site étendu par un moyen original (croisières sur le Danube ou le Rhin) ou se limiter à une grande ville et de ses environs (par exemple, Munich et tous ses musées, suivis d'une excursion sur tous les lacs de Bavière).
Les offices régionaux de tourisme vous facilitent la tâche en créant des itinéraires bien conçus, comme par exemple la route romantique de Wurtzbourg à Füssen, la route du vin, la route des crêtes de la Forêt-Noire, la route des sommets alpins, la route baroque du Jura souabe ou la route des châteaux, qui va de Heidelberg à la frontière tchèque.
Certaines villes ou régions nous paraissent incontournables (même s'il est difficile de tout voir en un seul voyage). Ainsi, nous recommandons la visite des villes de Munich, Augsbourg, Bamberg, Nuremberg, Wurztbourg, Francfort, Constance, Cologne, Heidelberg, Ratisbonne, Rothenburg, Spire et Trèves. Les amateurs d'art baroque religieux ne manqueront pas de s'arrêter dans les églises d'Amorbach, Rot am Inn, Diessen, Andechs, Birnau, Vierzhenheiligen, Banz, Wies (Wieskirche près d'Oberammergau) ainsi que dans les abbayes d'Ettal et d'Ottobeuren.
Les cathédrales de Bamberg, Spire et Worms constituent des chefs-d'œuvre de l'architecture romane alors que celles de Cologne, Ulm et Ratisbonne, de même

que l'église Saint-Jacques de Rothenburg ou le monastère de Maulbronn offrent les plus beaux exemples de l'art gothique.
Au chapitre de l'art baroque civil, nous privilégions la résidence des princes-évêques de Wurtzbourg, les châteaux de Ludwigsburg, Linderhof, Herrenchiemsee ou Nymphenburg (près de Munich), l'Altes Rathaus de Bamberg et les célèbres châteaux de contes de fées que sont Eltz en Moselle, Hohenzollern à Hechingen et, bien sûr, Neuschwanstein.

Musées

A Munich, Residenz (joyaux de la Couronne bavaroise), Nymphenburg (porcelaines, attelages et traîneaux de Louis II), Alte Pinakothek (peinture classique) et Neue Pinakothek (peinture des XIXe et XXe siècles), villa Lenbach (expressionnistes), Haus der Kunst (XIXe et XXe siècles), Deutsches Museum (sciences et techniques), BMW Museum (design), Musée national de Bavière (peinture, artisanat d'art, anthropologie), Neue Sammlung (arts décoratifs du XVIIIe au XXe siècle), Glyptothek (sculptures antiques), Antikensammlung (antiquités grecques), villa Stuck (Art nouveau, Ecole de Munich).
Fuggerei et palais Schätzler d'Augsbourg; Galerie nationale de peinture dans la Residenz de Bamberg; musée Richard-Wagner à Bayreuth; musée national d'Art moderne et contemporain à la Bundeskunsthalle de Bonn; musée Ludwig-Walraff-Richartz, Musée romain germanique, musée Schnütgen et musée d'Extrême Orient à Cologne; musée Städel, musée d'Art moderne, collection Liebig, musée d'Architecture, musée Senckenberg, musée Schirn-Kunsthalle à Francfort; musée du Palatinat et musée de la Pharmacie à Heidelberg; musée national de l'Imprimerie à Mayence; Musée national germanique (Dürer, Riemenschneider, Kraft, Voss…) et musée du Jouet à Nuremberg; Nationalgalerie de Stuttgart; la Residenz de Wurtzbourg; enfin, le musée de la Franconie, dans la forteresse de Marienberg.

Châteaux

Munich et environs : résidence des Wittelsbach, Nymphenburg, Schleissheim, Dachau.
Châteaux de Louis II : Neuschwanstein, Linderhof, Herrenchiemsee.
Résidences baroques des princes-évêques : Wurtzbourg, Bamberg, Weissenstein à Pommersfelden, Brühl près de Cologne.
Les forteresses de Coburg, Cronach, Kulmbach, Passau, Wasserburg, Marienberg (à Wurtzbourg).
Les châteaux de la vallée du Rhin.
Les grands châteaux médiévaux : Eltz, Hohenzollern-Hechingen, Nuremberg.
Autres châteaux importants : Amerang, Ansbach, Aschaffenburg, Bayreuth, Berchtesgaden, Burghausen, Cochem, Hechingen, Heidelberg, Höchst, Hohenschwangau, Karlsruhe, Kronberg, Ludwigsburg, Mainau, Neubeuern, Ratisbonne, Stuttgart, Tübingen.

Sites naturels

Les sommets alpins du Watzmann, du Karwendel, du Zugspitze et du Nebelhorn, avec, sur le haut plateau bavarois, les lacs de Tegernsee, Königsee, Chiemsee, Starnbergersee, Ammersee forment un paysage de carte postale.
La vallée du Rhin aux multiples méandres resserrés, rythmés par ses innombrables châteaux surplombant des coteaux à pic, est mondialement connue.
Moins grandiose mais plus tranquille et surtout moins urbanisée, la vallée de la Moselle se révèle exceptionnelle, avec, sur son cours, les châteaux d'Eltz et Cochem et de magnifiques villages.
La Forêt-Noire est l'équivalent allemand du massif des Vosges : ses sommets offrent des vues exceptionnelles sur la plaine

d'Alsace et la vallée du Rhin. C'est un paradis pour les randonneurs et les gastronomes.
Le lac de Titisee, entouré des plus hauts sommets du massif (Feldberg), constitue l'un des plus beaux sites d'Allemagne.
Le lac de Constance, à la frontière de l'Allemagne, de la Suisse et de l'Autriche, est la « Côte d'azur » des Allemands. Il est jalonné de villes riantes (Constance, Meersburg, Lindau) et offre plusieurs microclimats (jardins succulents de Mainau).
La Suisse franconienne constitue un mélange étonnant de trésors baroques et de villages troglodytes.
Quant à la Franconie et la vallée du Main, elles sont synonymes de douceur, avec des villes qui présentent un mélange d'ambiance médiévale (Nuremberg, Rothenburg) et de trésors baroques (Wurtzbourg, Bamberg, Ansbach).
Moins connue mais plus tranquille, la Forêt bavaroise sert de frontière avec la République tchèque : outre sa nature préservée, on y trouve les villes somptueuses de Ratisbonne et Passau.
Enfin, entre Württemberg et Bavière, le Jura souabe étire ses formes arrondies et recèle quelques beaux fleurons culturels comme Augsbourg ou Ulm.
Ses charmants villages sont reliés entre eux par la route baroque du Jura souabe.

QUE FAIRE ?

Quelle que soit la région où vous choisirez de résider, les offices régionaux de tourisme constituent une aide précieuse pour programmer un voyages à la carte et une mine de renseignements pour tout ce qui concerne les activités culturelles, de détente ou sportives.
Certains offices régionaux (les Landesfremdenverkehrsverbände) disposent de structures internes qui opèrent à une échelle encore plus réduite et proposent des informations plus précises sur un sujet particulier.
Soulignons que la Haute-Bavière, la Forêt-Noire et la Forêt bavaroise sont idéales pour la randonnée pédestre, que les lacs de Bavière et de Constance se prêtent à la baignade et aux sports nautiques (planches à voile, voile, etc.) et que la croisière est une façon originale de découvrir les splendides vallées du Rhin, du Main ou de la Moselle. Voici une liste d'offices que vous pouvez contacter pour l'organisation de votre programme :

Bavière :
Landesfremdenverkehrsverband Bayern e V, Prinzregentenstr 18-IV, 80538 München, ☎ (089) 212 3970, fax 293582.
Région Souabe-Allgäu, Tourismusverband Allgäu/Bayrisch-Schwaben, Fuggerstr. 9, 86150 Augsbourg, ☎ (0821) 33335, fax 38331.
Franconie, Fremdenverkehrsverband Franken e V, Am Plärrer 14, 90429 Nüremberg, ☎ (0911) 264202, fax 270547.
Haute-Bavière, Fremdenverkehrsverband München-Oberbayern e V, Sonnenstr. 10, 80331 München, ☎ (089) 597 34748, fax 593187.
Forêt bavaroise, Fremdenverkehrsverband Ostbayern e V, Landshuterstr. 13, 93047 Regensburg, ☎ (0941) 57186, fax 57041.

Bade-Wurtemberg :
Landesfremdenverkehrsverband Baden-Württemberg e V, Esslingerstr. 8, 70182 Stuttgart, ☎ (0711) 247 36466 , fax 242361.
Région du lac de Constance, Fremdenverkehrsverband Bodensee-Oberschwaben e V, Schützenstr. 8, 78462 Konstanz, ☎ (07531) 22232, fax 24024.
Forêt-Noire, Fremdenverkehrsverband Schwarzwald e V, Bertoldstr. 45, 79098 Fribourg, ☎ (0761) 313 1718, fax 36021.

Palatinat, vallée du Rhin et vallée de la Moselle :
Landesfremdenverkehrsverband Rheinland-Pfalz e V,

Löhrstr. 103-105,
56068 Koblenz,
☎ (0261) 31079,
fax 18843.
Rhénanie du Nord (Cologne, Bonn, Eifel) : Landesfremdenverkehrsverband Rheinland e V, Rheinallee 69, 53173 Bonn, ☎ (0228) 362 92122, fax 363929.

■ Activités culturelles

L'Allemagne du Sud n'a certes pas de salles de concert ou d'opéra aussi prestigieuses que dans la moitié nord du pays (opéras de Berlin et Dresde, ensembles philharmoniques de Berlin ou Leipzig), mais il faut toutefois mentionner l'Opéra national de Munich, le Festspielhaus de Bayreuth, les Opéras de Francfort, de Stuttgart, de Bonn et de Cologne.
Les grandes salles de concert en Allemagne du Sud sont le Philarmonisches de Gasteig à Munich, la Philharmonie de Cologne et le Philarmonisches Orchester de Bamberg.

■ Calendrier des festivals et manifestations culturelles et sportives

Voici une sélection des festivals ou manifestations culturelles et sportives qu'il vous sera possible de voir lors de votre séjour dans le sud de l'Allemagne.

JANVIER

Dernier week-end : week-end international du film, à Wurtzbourg.

FÉVRIER

1er ou 3e week-end : Courses internationales de chiens de traîneaux à Buchenberg (Allgäu).
Six semaines avant Pâques (selon calendrier liturgique) : Carnaval de Cologne et Mayence.
3 février : Taubenmarkt (le plus grand marché aux pigeons du monde), à Wasserburg.

MARS

Pâques (selon calendrier liturgique) : marché d'œufs de Pâques, à Wiggensbach (Allgäu).
Dernier week-end : Festival international du dessin animé, à Stuttgart.

AVRIL

Première semaine : Festival international de jazz, à Stuttgart.
Mi avril-mi mai : mois de la culture européenne, à Karlsruhe.
Mi-avril : Fête du printemps, à Nuremberg et à Augsbourg.

MAI

1er mai : Maibaumfest, dans toute la Bavière.
Début mai : festival gastronomique Schlemmerwochen, à Rheingau (Wiesbaden).
Mi-mai : Frühjahrsdult (kermesse du printemps), à Regensburg; Internationaler Heissluftballon-festival (Rencontre internationale de montgolfières), à Heilbronn.
Pentecôte : Open Air Festival de Passau (concerts et théâtre dans l'enceinte de la forteresse veste Oberhaus).
Dernier week-end : Rock im Park, à Munich; Fête des hirondelles, à Bad Schwalbach.
Dernière semaine : Fêtes baroques de Wurtzbourg.
Fin mai : festival Richard-Strauss, Garmisch-Partenkirchen.
Courant mai : Maidult (kermesse de mai), à Munich; Fêtes de Franconie, à Bayreuth; Stuttgarter Mai (festival international de pantomime), à Stuttgart; Festival international de Wiesbaden; festival du Meistertrunk (la « rasade magistrale », retraçant le fait héroïque du maréchal Tilly de 1631), à Rothenburg; Festival international du lac de Constance; Biennale de Munich (festival international de théâtre).

JUIN

Fête-Dieu (selon calendrier liturgique), à Bad Tölz.
Mi-juin à fin-juin : Festival de Fribourg (musique) et Fête du vin de Fribourg.
Mi-juin : Oldtimer Festival (voitures anciennes, tacots), Wiesbaden.
Dernière semaine : Semaine du film de Munich et Festival musical de Rheingau (Wiesbaden); Semaine internationale d'orgue, à Nuremberg.
Fin juin-début juillet : Festival de musique ancienne à Landshut.

Juin-juillet : L'Eté de Bad Kissingen (Festival international de musique).
Courant juin : Fêtes Mozart de Wurtzbourg et Festival Hans-Sachs de Rothenburg.

JUILLET

1er week-end : Rhein im Feuerzauber (Le Rhin en feu), en divers endroits de la vallée du Rhin ; Christopher Street Days (la plus grande Gay Pride d'Allemagne), à Cologne.
Mi-juillet : Fête de saint Kilian (fondateur de la ville), à Wurtzbourg.
Mi-juillet : Semaine culturelle de Heilbronn.
Courant juillet : Festival de la Mitteleuropa, dans la Forêt bavaroise (divers endroits) ; Stuttgarter Hofkonzerte (cycles de concerts au vieux château) ; Fêtes rococos d'Ansbach ; Semaine Bach de Regensburg ; Piazza (Festival international de théâtre), à Augsbourg ; Opernfestspiele (Festival lyrique) de Munich ; Festival de jazz de Singen ; Festival de la jeunesse, à Rosenheim ; Festival européen de musique sacrée, à Schwäbisch Gmünd ; Eté musical de Straubing (concerts au château ducal).

AOÛT

Première semaine : Fête du lac (Königssee), à Berchtesgaden. De même à Tegernsee et à Constance (2e week-end d'août).
3e week-end : Pop Komm (unity), le plus grand festival de musique pop et rock au monde, à Cologne.
Mi-août : Fête du vin, à Rudesheim (dans la vallée du Rhin).
Courant août : Festival Richard-Wagner, à Bayreuth ; Festival de la Passion, à Oberammergau ; Fêtes Mozart, à Augsbourg.

SEPTEMBRE

Première semaine : Herbstplärrer (grande kermesse), à Augsbourg.
Deuxième semaine : cycle de concerts au château de Neuschwanstein.
Mi-septembre : Fête du vin, à Meersburg (Bodensee).
Fin septembre : Almabtrieb (descente du bétail qui quitte les pâturages de montagne et revient en grande liesse au village), en Haute-Bavière.
Fin septembre-début octobre : Oktoberfest (fête de la Bière), à Munich ; Cannstatter Volksfest (la plus grande fête foraine d'Allemagne), à Stuttgart.

OCTOBRE

1er week-end : Erntedank (sorte de Thanksgiving allemand), à Mittenwald.
Mi-octobre : Kirchweihdult (kermesse d'automne), à Munich.
3e dimanche : Kirchweih (fête religieuse ancestrale, jadis la plus importante de Bavière : bénédiction des églises suivie d'un festin réunissant tout le village), en Haute-Bavière.

NOVEMBRE

2e week-end : Festival de jazz, à Wurtzbourg.
Fin novembre-début décembre : Christkindlmarkt (marché de Noël, le plus célèbre d'Allemagne), à Nuremberg (Hauptmarkt).

DÉCEMBRE

31 décembre : retraite aux flambeaux, à Oberammergau.

A savoir sur place

ACHATS

Les disques et l'électronique ne sont plus aussi avantageux outre-Rhin depuis que les membres de la CEE ont harmonisé leurs taux de TVA. En ce qui concerne la nourriture, vous pourriez cependant ramener : du pain (eh oui, l'Allemagne est au pain ce que la France est au fromage!). Il y a toutes sortes de pains qui se conservent très longtemps et sont inconnus ou hors de prix en France, les délicieux desserts (chimiques) de l'énorme société Doktor Oetker, à faire soi-même en un tour de main, tout ce qui touche à la décoration des gâteaux (il y en a des rayons entiers dans les supermarchés), sans oublier les fameuses forêts-noires; du müesli (mélange de céréales et de fruits secs à déguster avec du fromage blanc, un yaourt ou du lait pour un petit déjeuner sain et nourrissant), des conserves de soupe aux choux avec lentilles, lardons et saucisses (ne cherchez pas la choucroute; c'est une spécialité alsacienne, donc française, à peu près inconnue en Allemagne). Vous trouverez une grande variété d'infusions, de liqueurs (*Underberg*) qui facilitent la digestion, etc. Si vous exercez une profession avec de longues stations debout, courrez chez Birkenstock (dans toutes les grandes villes) et vous oublierez la fatigue des pieds (le style des chaussures Birkenstock n'est pas terrible mais elles sont efficaces). Si vous aimez la randonnée, achetez-vous une panoplie de *Wanderer* avec *Kniebundhose*, *Knickerbocker* (pantalon de velours jusqu'aux genoux), chapeau à plume et *Alpenstock* (bâton de randonnée). En ce qui concerne les antiquités, on trouve beaucoup plus de meubles et d'objets Art déco, années 30, Art nouveau qu'en France. En revanche, tout ce qui date du XVIIIe siècle vient de France ou de Belgique. Sachez aussi que la société Haribo est allemande. Les paquets de *Gummi-Bärchen* – ces minuscules oursons de toutes les couleurs en gomme ou ces grosses fraises qui déteignent sur la langue – sont en vente absolument partout. Enfin, si vous êtes en mal d'idée pour un petit cadeau, achetez une bouteille de vin de Moselle ou tout simplement de la bière plutôt que ces horribles coucous de Forêt-Noire.

AUTOROUTES

La circulation peut se révéler éprouvante pour les nerfs sur les autoroutes allemandes. Théoriquement, la vitesse n'est pas limitée et l'on voit souvent le « profil de requin » des grosses BMW ou des Porche se rapprocher dangereusement dans le rétroviseur, vous incitant par un appel de phares à vous ranger à droite. Malgré les campagnes du gouvernement pour une conduite moins « sauvage » et plus tolérante, la voiture reste le seul bastion de liberté inviolable de l'Allemagne. Il faut cependant se méfier de certaines portions d'autoroutes où la vitesse est limitée à 120 ou 100 km/h sur de fortes déclivités. Dans certains Länder, ces limitations ne sont

qu'incitatives, dans d'autres (Hessen, par exemple) elles font l'objet de contrôles radars. Vous devrez compter avec de nombreux encombrements et vous vous familiariserez vite avec le mot *Stau* (« bouchon »). Signalons enfin que, pour limiter les risques de carambolages, les Allemands ont l'habitude de prévenir d'un ralentissement les voitures qui les suivent en allumant leurs feux de détresse pendant quelques secondes. De même, lorsqu'un gros bouchon se forme, ils se rangent sur les côtés extérieurs des voies où ils se trouvent, de manière à dégager la partie médiane de l'autoroute pour faciliter l'arrivée des secours dans l'éventualité d'un accident. Le trafic est en général toujours très dense sur les autoroutes allemandes et la vitesse moyenne est finalement, par la force des choses, relativement limitée. Si le réseau d'autoroutes est très développé et gratuit, il est aussi en partie le plus vétuste d'Europe (les premières autoroutes furent construites dans les années 30 par les nazis pour le déplacement des troupes). Les voies sont donc très fréquemment en travaux pour restauration ou élargissement.
Les grandes autoroutes sont à trois voies mais beaucoup n'ont encore que deux voies. D'autre part, la bande d'arrêt d'urgence fait souvent défaut sur les autoroutes anciennes. Les plaques de béton qui les recouvraient à l'origine ont toutes été depuis longtemps remplacées dans la partie ouest du pays. Elles existent encore dans l'ex-RDA.
Les autoroutes nord-sud portent des nombres impairs, les autoroutes est-ouest des nombres pairs.
Les directions n'indiquent pas toujours des grandes villes mais les nœuds d'autoroutes. Il est donc indispensable de se munir d'une bonne carte, surtout pour la région Rhin-Ruhr (de Cologne à Münster), où le réseau est très dense et complexe. Les sorties sont indiquées par le panneau *Ausfahrt*. Attention, les bretelles de sortie sont souvent très courtes et abruptes. Dans l'ex-RDA, il est d'usage de rouler les phares allumés même en plein jour sur les routes nationales, qui sont étroites et assombries par les arbres qui les bordent. La grande majorité des Allemands roulent à l'essence sans plomb depuis de nombreuses années (*Bleifrei Benzin ;* 2 qualités : *Bleifre* [95 oct] et *Super Bleifrei* [98]).

ENFANTS

On trouve souvent dans les grands magasins un *Kinderspielplatz*, un coin où les petits peuvent se défouler sous surveillance pendant que les parents font leurs courses en paix.

HÉBERGEMENT

Il existe les mêmes possibilités qu'en France. Les chambres chez l'habitant sont plus répandues dans le Sud que dans le Nord. Il peut être original dans les régions typiques de louer un gîte rural ou une ancienne ferme rénovée (le mieux est de contacter l'office allemand du tourisme, à Paris, qui dispose de brochures, voir p. 16). Notez qu'on ne trouve pas en Allemagne d'hôtels vraiment bon marché. En revanche, on a rarement de mauvaises surprises. Le classement par étoile n'a pas cours et le seul moyen pour évaluer le niveau de confort reste le prix.
Le petit déjeuner est toujours compris. On peut souvent négocier des conditions spéciales pour les week-ends ou les séjours hors saison dans les grandes chaînes internationales genre Hilton ou Maritim.
Pour les auberges de jeunesse, la réservation se fait auprès de l'office national allemand du tourisme à Paris (voir p. 16) ou bien en Allemagne auprès du Deutsches Jugendherbergswerk, Postfich 1455, 32754 Detmold ; ☎ 00 49 (05231) 74010.

HEURE LOCALE

Même heure qu'en France.

HORAIRES D'OUVERTURE

Depuis le 1er novembre 1996, les magasins peuvent ouvrir de 6 h jusqu'à 20 h. La plupart ferment désormais entre 19 h 30 et 20 h et font la journée continue. Le samedi, ils restent ouverts jusqu'à 16 h (18 h en décembre). De nombreuses banques sont à présent ouvertes 3 jours par semaine jusqu'à 20 h. Pour acheter de quoi boire ou manger en dehors de ces horaires, il y a les *Kiosk* (quelquefois appelés *Trinkhalle* dans le Sud), petits magasins de quartier, ouverts en général jusqu'à 23 h (attention, à part les jus de fruits, l'alcool, les vins, la presse et toute sorte de bonbons, on ne trouve pas grand-chose ; le strict nécessaire toutefois pour un repas – très – simple). Dans les gares des grandes villes se trouvent des galeries marchandes toujours très bien achalandées (épiceries fines, rôtisseries, boulangeries, presse, etc.), en général ouvertes jusqu'à 22 h 30 ou 23 h.

JOURS FÉRIÉS

1er janvier, Pâques (jeudi après-midi, vendredi saint, dimanche et lundi), 1er mai, Pentecôte (*Pfingsten* dans les Länder catholiques, dimanche et lundi), Fête-Dieu (Länder catholiques, mi-juin), 3 octobre (fête nationale), 16 novembre (jour de pénitence et de prière : *Buss und Bettag*), Noël (24, 25 et 26 décembre).

PETITS BOULOTS

En tant que ressortissant d'un pays membre de la CEE, vous pouvez séjourner en Allemagne pendant trois mois. Au-delà, il vous faut un permis de séjour (*Aufenthaltserlaubnis*) que vous obtiendrez facilement auprès du *Bezirksamt ou Anmeldeamt* de votre ville de résidence. Vous devez cependant justifier d'une adresse fixe (point de chute chez des amis ou parents, par exemple). Vous êtes alors *angemeldet*, c'est-à-dire que la police a connaissance de vos coordonnées.
Pour ce qui est du travail, vous obtenez une *Steuerkarte*, carte d'impôts sur laquelle figurent vos revenus et la partie imposable retenue à la source. Même s'il s'agit d'un simple emploi de serveur dans un bar, votre employeur est tenu de vous déclarer ; vous êtes alors automatiquement pris en charge par une caisse d'assurance maladie (*Krankenkasse*), qu'il vous incombe cependant de choisir.
La recherche de jobs peut se faire sur place (porte à porte, annonces dans les journaux style *Prinz*) ou avant le départ. L'office franco-allemand pour la Jeunesse à Paris (OFAJ), de même que les Goethe Instituts peuvent être utiles.

POSTES ET TÉLÉCOMMUNICATIONS

Un timbre standard coûte 1 mark (80 Pf pour une carte postale). Si le poids dépasse 20 g ou si le format de l'enveloppe n'est pas standard, l'envoi d'une lettre coûtera 1,70 mark ou 3 marks. A partir de là, les prix grimpent très vite. Envoyer du courrier est devenu presque un luxe en Allemagne. C'est le pays d'Europe avec la Suède où ces services postaux sont les plus chers.
Les boîtes à lettres sont de couleur jaune et souvent munies de distributeurs de timbres.
Pour téléphoner en France faire le 00 puis le 33 et votre numéro à 10 chiffres.

POURBOIRES

On laisse moins facilement un pourboire en Allemagne qu'en France. On ne vous tiendra pas rigueur si vous ramassez jusqu'au dernier pfennig. On vous le fera juste sentir par un au revoir un peu sec ou pas d'au revoir du tout. La plupart des Allemands, lorsqu'ils sont satisfaits, arrondissent au chiffre supérieur ou laissent la monnaie en disant *Das stimmt so* (« ça va comme ça »). Mais il n'y a pas de règle.

PRESSE

On trouve toute la presse étrangère dans les grandes villes. Le mieux est d'aller dans les maisons de la presse des galeries marchandes situées dans les gares des grandes villes.
Vous trouverez à coup sûr les journaux que vous achetez en France tels que *Le Monde*, *Le Figaro*, *L'Express*, *Le Nouvel Observateur*.
Pour les germanophones, les plus grands journaux sont le FAZ (*Frankfurter Allgemeine Zeitung*), *Die Welt*, *Die Zeit* (le mercredi), le *Süddeutsche Zeitung*.
Toutes les semaines paraissent *Der Spiegel*, *Stern* et *Focus*.

RADIO

Les grandes radios du Sud de l'Allemagne sont Südwestfunk (SWF), Bayernfunk (BR) et Hessische Rundfunk (HR).
Toutes disposent de plusieurs programmes (musiques pop, classique, émissions, entretiens, etc.).
Comme en France, les radios libres sont très nombreuses.
Libres ou d'Etat, les radios se captent sur la FM. On peut aussi capter RTL, Europe 1, France Inter, France Musique et RFI, de même que les stations belges francophones (RTBF) dans le Nord-Ouest.

SANTÉ

Si vous ne résidez pas en Allemagne, vous devrez payer votre visite chez le médecin. Munissez-vous du formulaire E111 pour vous faire rembourser à votre retour (contacter la Sécurité sociale ou votre caisse de maladie avant de partir).
Si vous avez contracté une assurance de type Europe Assistance, les frais médicaux et d'hospitalisation sont alors pris en charge par cette assurance. Les pharmacies sont signalées par un A en lettre gothique rouge.

SÉCURITÉ

L'Allemagne n'est pas un pays spécialement dangereux. Cependant, les autorités constatent une augmentation préoccupante de la criminalité depuis la réunification.
Si vous êtes en voiture, la plaque étrangère en fera une proie de prédilection pour le vol. Il existe un trafic très important de voitures volées en Allemagne, qui sont revendues en Pologne ou en ex-URSS.
D'après les statistiques, on vole plus de voitures en Allemagne qu'en Italie.
Le deuxième aspect de la criminalité concerne le vol pour se procurer des stupéfiants.
L'Allemagne est avec la Hollande une plaque tournante du trafic de drogue en Europe.
Les villes les plus dangereuses sont Francfort (plaque tournante de la drogue et de la prostitution européenne), Berlin et Hamburg (drogue).

TÉLÉVISION

La plupart des hôtels sont reliés au câble. Vous pouvez ainsi suivre sur la chaîne TV5 Europe le journal belge ou suisse francophone (en alternance toutes les semaines) à 19 h et le journal de France 2 à 21 h (en différé).
Le dernier journal de France 3 est diffusé, en différé également, aux alentours de 23 h 45.

TRANSPORTS

Il existe plusieurs liaisons aériennes par jour entre toutes les grandes villes allemandes. De même, elles sont toutes reliées entre elles par le train (IC ; EC ; ICE).
La fréquence est d'environ un train toutes les heures pour les grandes destinations, quelle que soit la direction.
En ville, vous ferez l'expérience du tramway (*Strassenbahn*), du métro (*U-Bahn* ou *S-Bahn*), ou du bus.
Il n'y a pas de « passages » (genre tourniquets automatiques comme à Paris). Les contrôles sont imprévisibles.
On peut acheter son ticket sur les quais ou dans les rames (distributeurs automatiques).

USAGES

Il y a peu de différence avec la France.
On notera cependant que

l'on n'embrasse que les gens avec qui on entretient une relation amicale.
Les Allemands font aussi un grand emploi de titres (Docteur, Professeur, etc.).
On appelle toujours une personne par son nom de famille : Herr Schmidt, et non pas monsieur tout court.
On tutoie moins qu'en France.
La ponctualité est de mise.
Le quart d'heure de politesse n'a pas cours. On offre des fleurs dans du papier opaque.
Les tenues vestimentaires sont moins formalistes qu'en France, sauf à l'Opéra de Munich (très habillé).
Chez les jeunes, on trouve tous les styles et c'est le style BCBG (tel que les Français semblent l'affectionner) que l'on rencontre le moins (sauf à Hamburg).
Le naturisme est très répandu.
La société est plutôt tolérante quant à l'homosexualité masculine et féminine, pratiquée d'ailleurs au grand jour et sans gêne.
Cependant, le Sud est, en règle générale, moins libéral et tolérant que le Nord (à l'exception de villes comme Munich et Cologne). Lors d'un litige ou d'un différend, essayez de rester calme et maître de vous mais soyez ferme.
Les Allemands ont horreur des effusions « latines » bruyantes.

URGENCES

Police, ☎ 110.
Pompiers, ☎ 112.

VOYAGES PROFESSIONNELS

La communauté française résidant et travaillant outre-Rhin est importante et organisée.
Voici les adresses indispensables :
Ambassade de France, Kapellenweg 1a, 53179 Bonn, ☎ (0228) 362031.
Chambre de commerce franco-allemande (Deutsch-Französische Handelskammer [COFACI]), Orangeriestr. 6, 40213 Düsseldorf, ☎ (02 11) 139920, fax 139 9246.
Consulat général de France, Kurfürstendamm 211, 10719 Berlin, ☎ (030) 885 7410.
Poste d'Expansion économique, Hohenstaufenring 62, 50674 Cologne, ☎ (0221) 204000.
Club franco-allemand des Affaires, Berlin, ☎ (030) 468 49`43.

Le pays et les hommes

L'ALLEMAGNE EN BREF

Située au centre de l'Europe, la République fédérale d'Allemagne a des frontières communes avec le Danemark, la Pologne, la République tchèque, l'Autriche, la Suisse, la France, le Luxembourg, la Belgique et les Pays-Bas • La superficie est de 398 000 km^2 avec un étirement maximal de 850 km du nord au sud et de 600 km de l'ouest à l'est • L'ouverture maritime du pays est réduite mais les ports fluviaux (Hambourg, Brême, Duisburg) sont très importants • Le point culminant du pays se trouve dans les Alpes bavaroises (Zugspitze, 2 962 m) • Les fleuves les plus importants sont l'Elbe, le Rhin et le Danube • La population est de 81 millions d'habitants • Berlin, la capitale, compte 3,5 millions d'habitants • Les autres grandes villes sont Hambourg (1,8 million d'habitants), Munich (1,35 million d'habitants) et Cologne (1 million d'habitants) • 75 villes comptent au moins 100 000 habitants • La langue nationale est l'allemand • L'Allemagne est une république fédérale divisée en 16 Länder ayant chacun leur appareil gouvernemental propre (*Landesrat*) • Certaines villes comme Hambourg, Brême ou Berlin forment un Etat à elles seules • La Constitution actuellement en vigueur est celle instituée en 1949 • Depuis le 3 octobre 1990 la RFA et l'ex-RDA sont réunifiées • Le nom allemand de la RFA est Bundesrepublik Deutschland (BRD) • Le gouvernement fédéral siège à Bonn • Les neuf dixièmes de la population allemande appartiennent à la religion chrétienne, dont 50 % de catholiques et 50 % de protestants • Les catholiques sont plus nombreux au sud et à l'ouest du pays (Länder de Bavière, Bade-Wurtemberg, Sarre, Rhénanie-Palatinat et Rhénanie-Westphalie), tandis qu'au nord et à l'est les protestants dominent très nettement • Le drapeau allemand est constitué de trois bandes horizontales noire, rouge, or • L'Allemagne est la troisième puissance économique mondiale et la première en Europe.

La géographie

Le cadre physique et naturel

RELIEF ET HYDROGRAPHIE

L'Allemagne est le pays d'Europe qui partage ses frontières avec le plus grand nombre de voisins. Jusqu'à la réunification, sa superficie représentait la moitié de celle de la France. L'ex-RDA a agrandi le pays d'environ un tiers de la superficie totale. Bien que l'Allemagne soit située au centre de l'Europe, sa géographie est typique de la moitié nord du continent.

On distingue trois grandes régions naturelles : le Nord est plat et fait partie de la grande plaine nord-européenne qui commence dans les Flandres et s'étire jusqu'à l'Oural. Cette plaine est, dans sa partie est (Länder de Mecklembourg et Brandebourg), ponctuée de très nombreux lacs.

Une grande moitié du pays est occupée au centre par un ensemble complexe de massifs montagneux de faible altitude, séparés entre eux par de profondes vallées fluviales (vallée de la Weser, du Rhin, du Neckar, du Main). Ces massifs boisés portent souvent le nom de *Wald* (qui signifie « forêt » en allemand). Très nombreux, ils sont du nord au sud et d'ouest en est : le Teutoburger Wald, le Weserbergland, le Harz, le Bergisches Land (comté de Berg), le Sauerland, l'Eifel (prolongation du massif des Ardennes), le Rothaargebirge, le Westerwald, le Vogelsberg, le Thüringer Wald, le Hunsrück, le Taunus, la forêt du Palatinat (Pfälzer Wald), l'Odenwald, le Spessart, le Rhön, le Erzgebirge, la Forêt-Noire (Schwarzwald, séparée des Vosges par la vallée du Rhin), le Jura souabe (les Allemands disent les Alpes souabes), le Jura de Franconie et la Forêt bavaroise (Bayerischer Wald). Au sud de ce vaste ensemble accidenté s'étendent les hauts plateaux bavarois et enfin les hauts sommets des Alpes à l'extrême sud du pays, le long de la frontière autrichienne.

Entre la frontière néerlandaise et la frontière danoise, la côte est baignée par la mer du Nord. Elle est très basse et marécageuse. Un chapelet d'îles, séparées du

continent par une sorte de lagune appelée le Watt, longe cette côte : ce sont les îles de Frise orientale et septentrionale. La côte nord-est est entaillée de profonds estuaires (Schleswig, Kiel, Lübeck) et baignée par la Baltique. La grande île de Rügen, près de la frontière polonaise, est bordée de hautes falaises.
Trois des quatre grands fleuves allemands se jettent dans la mer du Nord. Le premier, l'Elbe (qui prend sa source en République tchèque), irrigue Magdebourg et surtout Hambourg ; son affluent principal, la Spree, est à Berlin ce que la Seine est à Paris. On trouve ensuite la Weser, dont le port principal est Brême, et le Rhin, qui traverse la région ouest de l'Allemagne, du sud au nord sur près de 900 km et arrose Mayence, Coblence, Bonn, Cologne et Düsseldorf avant de disparaître aux Pays-Bas. Ses affluents les plus importants sur le cours allemand sont le Neckar (Stuttgart), le Main (Francfort), la Moselle (Trèves) et la Ruhr (Duisbourg). Le quatrième grand fleuve allemand est le Danube qui traverse le sud du pays, d'ouest en est, sur 650 km, avant de passer en Autriche. La ville de Munich se trouve sur l'Inn, l'un des affluents du Danube.

LE CLIMAT ET LA VÉGÉTATION

Le climat allemand est en grande partie de type océanique, avec cependant de très nettes influences continentales en allant vers l'est et vers le sud (en raison du relief de ces régions). Dans la moitié ouest nord-ouest, il fait souvent très lourd (bassin de Cologne) et orageux en été, même si les températures ne sont jamais très élevées. Les hivers sont humides et assez doux. Dans la moitié est sud-est, les amplitudes thermiques sont plus accusées : les étés sont nettement plus chauds et plus secs, et les hivers peuvent être très froids (Thuringe, Saxe, Bavière) et enneigés.
Bien que l'ensemble des massifs montagneux, au centre du pays, n'atteigne nulle part une altitude importante, les températures y sont, été comme hiver, inférieures d'au moins 5 ou 6 degrés à celles des vallées. Les températures moyennes pour le mois de janvier sont de – 6 °C sur les reliefs, et de 1 °C en plaine. En juillet, elles sont de 17 °C dans la grande plaine du Nord et de 20 °C dans la haute vallée du Rhin. Les températures maximales en été dépassent souvent 30 °C dans la vallée du Rhin, tandis que, en hiver, le thermomètre peut afficher jusqu'à – 25 °C dans le massif du Erzgebirge ou dans celui du Rhône. La température moyenne annuelle à Berlin est de 8,75 °C.

L'alternance de zones de dépressions en provenance de l'ouest (apportant pluies et températures douces) et d'anticyclones, qui caractérise le climat de l'Allemagne, explique que l'est du pays soit soumis à des températures élevées l'été et glaciales l'hiver.

La période de gel s'étend sur 170 jours à Berlin, 160 jours à Francfort et 110 jours sur la côte.

Les précipitations sont réparties sur toute l'année ; elles sont plus abondantes sur les versants ouest des reliefs (1 800 mm par an en moyenne) que dans les bassins et vallées : la moyenne descend à moins de 500 mm par an sur le flanc est de la Forêt-Noire (Fribourg) ou dans le bassin de Mayence (confluent Rhin-Main), par exemple.

Au Nord, la côte est toujours très ventée mais souvent plus ensoleillée que l'intérieur du pays. Enfin le föhn, vent doux venant des Alpes, provoque souvent des avalanches en Bavière.

La végétation n'est pas très différente de ce que l'on trouve en France dans la moitié nord ainsi qu'en montagne. Notons que la forêt est souvent présente en Allemagne quoique de façon très morcelée. On y rencontre beaucoup de mélèzes, de bouleaux et de tilleuls au nord-est, des hêtres et des châtaigniers au centre et, bien sûr, des conifères sur les reliefs du sud. Le chêne est nettement moins présent qu'en France. Le paysage allemand typique offre un ensemble de vertes collines coiffées de bosquets, avec de petites villes aux maisons à colombages dans les vallées.

Le territoire

L'Allemagne est un pays d'une superficie moyenne, comparée à celle des autres pays d'Europe. Avant la réunification, sa superficie était proche de celle de la Grande-Bretagne ou de l'Italie. Aujourd'hui, avec l'apport des territoires de l'ex-RDA, le pays couvre 390 000 km^2 (la France s'étend, elle, sur 555 000 km^2). Le pays s'étire sur près de 850 km du nord au sud et sur quelque 600 km dans sa plus grande largeur, entre la frontière belge et la frontière Polonaise. La partie la plus étroite, entre la française et la frontière tchèque, mesure 350 km. La façade maritime n'excède pas 900 km de côtes pour 4 444 km de frontières terrestres. Au nord, le pays est séparé du Danemark par l'étroite bande du Jutland. Au nord-est, le fleuve Oder marque la frontière avec la Pologne, tandis qu'au sud-est la frontière tchèque court le long des crêtes de l'Erzgebirge (monts de Bohème) et de la forêt bavaroise. Au sud, les sommets alpins forment la frontière avec l'Autriche. L'Allemagne est séparée de la Suisse par le lac de Constance (Bodensee en allemand). A l'ouest, les voisins de l'Allemagne sont : la France le long de la vallée du Rhin et de la Lorraine, le Luxembourg, la Belgique et les Pays-Bas. Berlin est à moins de 80 km de la Pologne, et Aix-la-Chapelle, la ville la plus à l'ouest, se situe à la frontière de la Belgique et des Pays-Bas.

Il n'existe pas en Allemagne de division géographique ou administrative permettant un découpage nord-sud ou est-ouest. En revanche, selon la Constitution fédérale, le pays regroupe 16 Länder qui sont, du nord au sud : le Land de Schleswig-Holstein, avec Kiel et Lübeck; le Land de Hambourg (Hansestadt Hamburg), ville-Etat; le Land de Mecklembourg-Poméranie (Mecklemburg-Vorpommern), avec Rostock et Schwerin (ex-RDA) ; le Land de Basse-Saxe (Niedersachsen) avec Hanovre; le Land de Brême (Hansestadt Bremen), ville-Etat; le Land de Brandebourg (Brandenburg) avec Potsdam (ex-RDA) ; le Land de Berlin, ville-Etat; le Land de Saxe-Anhalt (Sachsen-Anhalt) avec Magdebourg (ex-RDA) ; le Land de Rhénanie du Nord-Westphalie (Nordrhein-Westfalen) avec Cologne, Düsseldorf et Bonn; le Land de Hesse (Hessen) avec Francfort; le Land de Thuringe (Thüringen) avec Weimar (ex-RDA) ; le Land de Saxe (Sachsen) avec Leipzig et Dresde (ex-RDA) ; le Land de Rhénanie-Palatinat (Rheinland-Pflaz) avec Coblence et Mayence; le Land de la Sarre (Saarland) avec Sarrebruck; le Land de Bade-Wurtemberg (Baden-Württemberg) avec Stuttgart, Mannheim et Heidelberg; et le Land de Bavière (Bayern) avec Munich, Nuremberg et Augsbourg.

Le Land le plus peuplé est la Rhénanie-Westphalie avec 17,5 millions d'habitants (un quart de la population totale). La Bavière est le Land le plus étendu, mais aussi celui dont la densité de population est la plus faible. Le plus petit des 16 Länder est la ville-Etat de Brême (570 000 habitants).

Cet ouvrage consacré au Sud de l'Allemagne couvre les Länder de Bavière (qui comprend la Haute-Bavière, la Franconie, la Forêt Bavaroise et une partie du Jura Souabe), de Bade-Wurtemberg (région du lac de Constance, Forêt-Noire, duché de Wurtemberg, Pays de Bade), de Hesse (partie sud autour de Francfort), de Rhénanie-Palatinat et de Rhénanie-Westphalie (partie sud entre Bonn et Cologne).

L'histoire

Ce chapitre sur l'histoire donne un aperçu complet mais rapide des grands événements et de leurs liens entre eux. Conformément à la structure fédérale et « atomique » de l'Allemagne, il nous a semblé judicieux de revenir en détail sur certains grands épisodes. Ainsi sont développés les thèmes suivants à l'intérieur des chapitres sur les villes ayant été le point de départ de ces événements ou leur théâtre : le paradoxal déclin de la Franconie – à l'origine du Saint Empire – au profit de la Bavière, voire sa dissolution à l'intérieur du nouveau royaume de Bavière (Nuremberg) ; le rôle des jésuites et de l'Eglise dans la diffusion de l'art baroque comme instrument de la Contre-Réforme (Haute-Bavière) ; les destructions de la guerre de Cent Ans (Rothenburg, par exemple) ; la faiblesse grandissante de la charge impériale précipitant le déclin des anciennes villes libres d'empire telles que Nuremberg et l'essor des Residenz, capitales de nouveaux Etats souverains à l'intérieur de l'Empire ; la diffusion inégale de la Réforme dans cette moitié sud du pays en majorité catholique mais comportant également un nombre élevé de villes libres de choisir leur culte (Augsbourg, Nuremberg, Heidelberg) ; le pouvoir politique des princes-évêques cumulant plusieurs dignités épiscopales et régnant à la façon de véritables monarques (Wurtzbourg) ; les soubresauts dans la constitution d'une nation parlementaire après la révolution de 1848 (Francfort) ; enfin, la naissance du parti nazi à Munich et le putsch hitlérien de 1923.

Les enfants de Charlemagne

Certains historiens font commencer l'histoire de l'Allemagne en l'an 9 ap. J.-C. Cette année-là, Arminius, prince de la lignée germanique des Chérusques, aurait vaincu trois légions romaines dans le Teutoburger Wald (que l'on pourrait traduire en français, avec un zeste de fantaisie, par « bois de Bourg-Teuton »). Voulant, près de dix-neuf siècles plus tard, voir dans ce brave guerrier un fort

acceptable héros national, on lui érigea une imposante statue commémorative sur les collines de Bielefeld en Westphalie; cette célébration eut lieu en 1838, à un moment où l'ancien empire germanique, dont il ne restait plus guère que le nom, tentait de se constituer, non sans difficulté, en nation.
Aujourd'hui cependant, on s'accorde à dire que cet Arminius, dont on ignore à peu près tout, ne peut être considéré avec sérieux comme le précurseur de l'histoire allemande. On sait que la notion de *deutsch* (allemand) s'apparentait, à l'origine, uniquement à une langue, et non à un peuple. Le mot *deutsch*, qui apparaît pour la première fois au IXe siècle, désignait la langue parlée dans la partie orientale de l'empire d'Occident, dont Charlemagne fut couronné empereur en l'an 800. France et Allemagne n'existaient pas encore à cette époque. L'empire d'Occident couvrait une très grande partie de notre actuelle Europe occidentale et avait pour capitale Aix-la-Chapelle, aujourd'hui sur le territoire allemand. Charlemagne, de la tribu des Francs, fut le fondateur de la dynastie qui porta son nom pendant une grande partie du Moyen Age : les Carolingiens. A la mort de son fils Louis le Pieux, la succession revint à l'aîné de ses trois petits-fils. Or, ses cadets revendiquèrent eux aussi une part de l'énorme héritage. Par le traité de Verdun en 843, l'Empire fut découpé en trois zones. La partie occidentale, alors nommée Francie occidentale, revint à Charles II, elle deviendra plus tard la France. Lothaire hérita de la zone médiane, nommée Lotharingie, qui allait des Pays-Bas actuels jusqu'à l'Italie. Cette partie donnera en l'occurrence le nom de Lorraine (Lothringen en allemand) à la province actuelle du nord-est de la France. Quant au troisième, il reçut la partie est de l'Empire, qui deviendra le Franken, appelé en français la Franconie (ce nom est toujours donné à la partie nord de la Bavière où se trouvent notamment les villes de Nuremberg et de Würtzburg). Si de la Francie occidentale devait naître ultérieurement la France en tant que nation, l'unité allemande, à travers la Franconie, fut quant à elle beaucoup plus difficile à se constituer.

Le Saint Empire romain germanique

L'année 911 marque la transition de l'empire francique oriental à l'empire germanique par l'avènement de Conrad Ier, premier roi de Germanie. Le souverain était alors élu par la noblesse. L'Empire n'avait pas de capitale et la cour était itinérante. En 962, Otton Ier le Grand, duc de Saxe, se fit sacrer empereur à Rome pour asseoir son autorité sur les plus grandes maisons de l'Empire. A partir de cette époque, l'Empire prit le nom d'empire germanique. Par la bénédiction papale, l'empereur pensait pouvoir être le maître légitime de l'Occident, ce qui revenait pour l'époque à régner sur l'« ensemble de l'univers ». Mais cette vision ne fut jamais réalisée politiquement.

Au faîte de leur gloire au XIe siècle, les empereurs germaniques revendiquent bientôt un statut qui les affranchirait de l'aval du pape dans les questions politico-religieuses notamment, telles que l'investiture des évêques – dont le pouvoir en Allemagne était souvent politique. La querelle pour l'investiture des évêques opposant les Guelfes, partisans du pape, et les Gibelins, soutenant l'empereur, se solda finalement par un affaiblissement du pouvoir impérial et vint mettre un terme à cette présomptueuse politique, empereur et pape se retrouvant à rang égal. Dès le XIIe siècle apparaissent, sous Frédéric Barberousse de la dynastie des Hohenstaufen, les premières fissures dans la charpente de l'Empire, en raison notamment des querelles répétées avec la maison de Saxe.

A cette époque, les grandes dynasties qui se forment laissent augurer par leurs querelles des rivalités incessantes qu'elles connaîtront tout le temps que durera l'Empire. Entre 1180 et 1278 naissent trois des plus grandes dynasties allemandes, qui s'avéreront être les plus grands acteurs du jeu politique allemand jusqu'en 1918. Toutes apporteront plusieurs empereurs. Il y a d'abord la dynastie des Wittelsbach qui régnera sur la Bavière jusqu'en 1918, puis celle des Hohenzollern, originaire de Souabe dont une branche donnera naissance à la Prusse, et, bien sûr, celle des Habsbourg de la maison d'Autriche. La faiblesse de structure de l'Empire, indiscutablement provoquée par la division du pouvoir entre les grandes maisons, empêchera l'Allemagne de se regrouper sous l'égide d'un Etat souverain alors qu'au même moment le processus inverse de constitution en nation s'amorce chez ses voisins occidentaux.

Au moment où le premier empereur de la dynastie des Habsbourg, Rudolf Ier, monte sur le trône en 1273, la question principale n'est déjà plus de constituer un empire universel mais de sauvegarder les biens de la maison des Habsbourg. Les querelles de succession éloigneront d'ailleurs pendant près d'un siècle la famille des Habsbourg du trône. Afin de limiter la montée en puissance des princes de certaines maisons qui minent l'autorité impériale, Charles IV (de la maison de Luxembourg) rédige, en 1356, la fameuse Bulle d'or, sorte de loi fondamentale de l'Empire, qui confère à sept princes électeurs, les Kurfürsten, l'autorité pour élire leur empereur. La manœuvre se révèle efficace puisque les lignées de ducs, comtes et autres chevaliers non priées perdent vite dès lors de leur importance. Simultanément, on assiste en cette période à l'émergence des villes, qui puisent leur nouvelle richesse du commerce pour lequel elles ont su acquérir tout un système de franchises et de passe-droits, n'hésitant pas à se constituer en réseau de villes marchandes ; l'exemple le plus révélateur à cet égard est la Ligue de la Hanse, regroupement de cités marchandes qui disposent de la force militaire pour défendre leurs intérêts commerciaux.

Bien que l'Empire demeurât dans les termes une monarchie élue, l'héritier de la Couronne restait, depuis 1438, un descendant des Habsbourg, dont la maison, la future Autriche, était depuis longtemps devenue le territoire le plus important au sein de l'empire germanique. Maximilien Ier de Habsbourg est le premier à se passer de la bénédiction papale pour se consacrer empereur.

L'Empire prend désormais le nom de Saint Empire romain germanique. Sous Maximilien sont élaborées de nouvelles réformes pour tenter de freiner le démantèlement progressif de l'Empire, dont les principaux acteurs ne sont plus seulement les maisons trop ambitieuses mais aussi les ligues marchandes dont les membres, comme Hambourg, Lubeck, Brême ou Stralsund, se sont érigés en villes libres et disposent d'une armée, d'une flotte, d'un trésor et d'un gouvernement qui leur sont propres. De cette époque date la tradition en Allemagne d'autonomie régionale, le fédéralisme, véritable fondement de la nation allemande actuelle.

Réforme et Contre-Réforme

Toute cette activité capitaliste et la distance qu'elle permettait d'avoir envers le pouvoir impérial fut très favorable à l'émergence d'un nouveau courant de pensée, l'humanisme. Le mécontentement accumulé depuis des années envers le dogmatisme catholique peut enfin s'exprimer par la personne de Martin Luther. En 1517, celui-ci publie 95 thèses et dénonce le commerce des indulgences. Sommé par le pape de se rétracter, Luther brûle publiquement, en 1520, la bulle pontificale qui dénonce 41 de ses thèses et le menace d'excommunication. Il est invité à s'expliquer devant l'empereur Charles Quint à la Diète de l'Empire, en 1521. Il en ressort hors-la-loi et excommunié (voir Augsbourg, p. 227). Le prince électeur de Saxe ernestine, Frédéric le Sage, fondateur de l'université de Wittenberg où Luther avait enseigné la théologie, se montre sensible au discours luthérien. Il vient au secours de Luther en le cachant dans la forteresse de la Wartburg (Eisenach). Pendant deux ans, en 1521-1522, Luther profite de sa réclusion pour traduire la Bible en allemand. A la diète d'Augsbourg, en 1530, Luther, qui a entre-temps fixé très exactement sa doctrine, fait sa confession de foi devant Charles Quint (*Confession d'Augsbourg*) : il affirme que la Bible est la seule autorité en matière de foi et rejette la croyance au purgatoire, au culte des saints et surtout à la Vierge, dogme qui selon lui nie implicitement la notion de péché originel.

La Saxe ernestine adhère au luthéranisme et entre en conflit avec son autorité de tutelle, l'empereur Charles Quint, chef de la maison d'Autriche, empereur d'Allemagne, roi d'Espagne, des Pays-Bas et de Naples-Sicile : acquis aux idées luthériennes, certains princes protestants, dont ceux de la maison de Saxe ernestine, constituent la ligue de Smalkalde et s'allient avec un souverain étranger, François Ier, pour contrer l'empereur.

Dans le même temps éclate la guerre des Paysans (voir Rothenburg, p. 277). Les princes écrasent les paysans révoltés en 1525. Cette guerre a accru le pouvoir des seigneurs et des gouvernements locaux et affaibli Charles Quint dans sa lutte pour l'hégémonie de l'Empire en Europe. En 1555, las et conscient du terrain gagné par le protestantisme, Charles Quint accorde, par la paix d'Augsbourg, le droit aux princes allemands de choisir leur confession, et donc celle de leurs sujets. Le protestantisme est officiellement reconnu dans les Etats de l'Allemagne du Nord.

Charles Quint, qui s'est trouvé placé, par un habile jeu d'alliances, à la tête du plus vaste territoire depuis Charlemagne (la plus grande partie, cependant, se trouve en dehors de l'Empire) a donc eu beaucoup de mal à imposer son règne dans l'empire germanique. En effet, trop occupé par ses ambitions à l'échelle universelle, il néglige les affaires impériales pour se concentrer sur les intérêts de la maison d'Autriche (sa propre maison), et fait du roi de France, François Ier, son ennemi juré.

La coalition des princes protestants, les troubles de la Réforme, la guerre des Paysans et ses conséquences politiques, ses revers successifs (il ne parviendra à battre ni la France ni les Turcs, et sera contraint de reconnaître le protestantisme) le conduisent donc à abdiquer en 1556. Son immense empire sera divisé en deux blocs constituant un nouvel ordre des Etats européens : son fils, Philippe II, devient roi d'Espagne, des Pays-Bas, du Portugal et de Naples-Sicile, et son frère Ferdinand lui succède à la tête de l'Empire.

Au moment de la paix d'Augsbourg, on comptait en Allemagne environ quatre cinquièmes de protestants. Cependant, l'Eglise catholique entend bien reconquérir le territoire perdu. Les conflits s'aggravent, la Contre-Réforme s'organise pour tenir tête à la suprématie du protestantisme (concile de Trente, 1545-1563), et l'on s'achemine en Allemagne vers un conflit où toute l'Europe sera engagée, celui de la guerre de Trente Ans. En effet, dès les premières années du XVIIe siècle, la question religieuse a pris clairement une dimension politique ; des partis religieux sont créés, qui opposent d'un côté la Ligue catholique (Sainte Ligue), de l'autre l'Union protestante (Union évangélique). En Bohême, un conflit de confession, à l'origine local, marque le début des hostilités. En 1618, l'aristocratie protestante de Bohême se révolte contre la domination catholique : c'est le début de la guerre de Trente Ans.

On assiste en fait à une lutte hégémonique. Ce conflit, particulièrement sanglant, dévasta toute l'Allemagne qui perdit un tiers de sa population. Plus qu'une rivalité entre la Sainte Ligue et l'Union évangélique, la guerre de Trente Ans met en évidence une nouvelle fois les ambitions de la maison d'Autriche, auxquelles s'oppose tout d'abord le Danemark qui, sous couvert de défendre le protestantisme, tente en fait d'enrayer l'avance des Habsbourg vers ses Etats. La France, qui conteste le droit de Ferdinand de Habsbourg au titre d'empereur d'Allemagne, cherche des alliés et rallie la Suède à sa cause en finançant sa campagne d'Allemagne.

Le dénouement du conflit, la paix de Westphalie signée en 1648, impose à la maison d'Autriche régnante de céder des possessions à la France (l'Alsace) et à la Suède (l'actuel Mecklembourg-Poméranie). De même, les Pays-Bas et la Suisse sortent du joug impérial.

Autre fait extrêmement important pour le démantèlement final de l'Empire, la charte impériale fut modifiée de telle façon que les princes allemands purent bientôt jouir d'une entière souveraineté sur leur territoire propre et contracter des alliances avec les puissances étrangères. Le Saint Empire romain germanique est réellement disloqué et s'il n'est pas encore dissous, sa fin est déjà inscrite dans cette succession de revers qui le prive d'une partie de ses terres, d'un pouvoir centralisé et surtout de sa richesse économique (la guerre de Trente Ans, qui s'est déroulée en Allemagne, laisse le pays exsangue, et marque aussi la fin de la Ligue de la Hanse).

Absolutisme et fin du Saint Empire romain germanique

Les différents Etats souverains constituant l'Empire s'érigent en royaumes absolutistes, s'appuyant en cela sur le modèle français. L'Empire était alors composé de 1700 Etats, duchés, territoires et villes libres formant un ensemble hétéroclite. Les maisons les plus riches, poussées par l'ambition de leurs princes, commencent à bénéficier d'un essor économique et culturel. Affranchis de la tutelle impériale, des pays comme la Bavière, le Brandebourg (la future Prusse), la Saxe mais surtout l'Autriche, déjà riche de possessions (la Hongrie et une partie des Balkans arrachés aux Turcs), deviennent rapidement des centres quasi indépendants. Jusqu'au XVIIIe siècle, l'Autriche a d'ailleurs pu facilement dominer l'Empire, car ni la Bavière ni la Saxe n'étaient véritablement de taille à lui résister. Or, dès que la Prusse devient, sous l'impulsion de Frédéric Ier, une grande puissance, le rapport de forces est aussitôt changé. L'Autriche trouve dans la Prusse un sérieux adversaire. Sous le règne de Frédéric II, dit Frédéric le Grand (1740-1786), l'expansion prussienne est encore accélérée. La Prusse devient une puissance militaire importante et Frédéric II s'entoure d'une cour brillante où affluent de nombreux savants et philosophes français, dont Voltaire. Frédéric incarne le siècle des Lumières et fait figure de despote éclairé. La Prusse devient très vite la deuxième puissance de l'Empire, menaçant grandement l'hégémonie de la maison d'Autriche et les autres Etats allemands. Désormais, le rapport de forces ne cessera de pencher en faveur de la Prusse. En 1785, Frédéric II s'allie avec les princes allemands et fonde la Ligue des princes contre l'Autriche dans la question de la succession de la Bavière. Les autres Etats connaissent eux aussi leur apogée en ce siècle des Lumières ; ainsi, la Saxe albertine, devenue royaume de Saxe et de Pologne, a élu Dresde comme capitale et sa cour est une des plus brillantes d'Europe (Canaletto est peintre officiel à la cour, et la ville devient un joyau de l'art baroque en Allemagne).

Contre toute attente, le coup final porté à l'Empire ne proviendra pas de luttes intestines, mais de la France. Malgré les efforts de l'Autriche ou de la Prusse pour rétablir la monarchie en France, la vague révolutionnaire déferle bientôt sur l'Allemagne. Les guerres napoléoniennes (bataille d'Iéna, octobre 1806) voient la victoire de la France partout en Europe. Napoléon réorganise dès 1806 l'empire allemand en Confédération des Etats du Rhin (sous le protectorat de la France), à laquelle n'appartiennent ni la Prusse ni l'Autriche. La même année, l'empereur allemand François II abdique. C'en est fini du Saint Empire romain germanique.

Vers l'unité allemande

Les idées de la Révolution française n'ont pas eu un impact considérable sur la société allemande. Certes la Révolution a conduit à l'occupation napoléonienne et à la mise sous protectorat de plusieurs Etats riverains du Rhin, mais les Etats allemands n'étaient pas assez mûrs pour que puisse se produire dans la société un mouvement de fond comparable à celui qui venait de bouleverser la France. A cela s'ajoute aussi le fait que la France était alors, pour les Etats allemands, l'occupant, et que, combattant celle-ci, on combattait également ses idées. C'est là peut-être qu'il faut chercher l'origine de la perception particulière qu'ont eue les Allemands du « mouvement national » : alors que partout ailleurs en Europe, les mouvements nationaux allaient dans le sens de la démocratie, ils prennent en Allemagne, par cet état de fait, un caractère nettement plus nationaliste et conservateur.

Lorsqu'en 1814 les armées napoléoniennes sont finalement vaincues, le congrès de Vienne (1815) doit établir un nouvel ordre européen. Les espérances de beaucoup d'Allemands, qui rêvaient de pouvoir enfin se constituer en véritable nation, sont vite déçues. A la place de l'Empire, on crée ce que l'on a appelé la Confédération germanique, ou *Deutscher Bund* qui comprend 39 Etats souverains (dont la Confédération des Etats du Rhin, la Prusse et l'Autriche) avec un organe représentatif, la diète de Francfort. Cette confédération est sans structure réelle, de même que la Diète n'a qu'un pouvoir limité car aucun des Etats membres n'est tenu d'appliquer ses décisions. En fait, la Diète n'était opérationnelle que dans les rares questions où l'on parvenait à un consensus entre les deux plus grandes puissances, l'Autriche et la Prusse, c'est-à-dire très rarement.

Les progrès semblent aller plus vite en économie qu'en politique. En 1834, l'union douanière entre les différents Etats allemands (*Deutscher Zollverein*) est enfin réalisée, formant un immense marché intérieur. L'essor fulgurant de l'industrialisation en Saxe, mais surtout en Prusse, fait naître une nouvelle classe prolétarienne, dont le développement rend criante l'absence de toute loi de protection sociale. A l'inverse de 1789, la révolution de février 1848 en France trouve un écho considérable en Allemagne. En mars, aucun Etat n'est épargné par les soulèvements populaires qui arrachent aux princes d'importantes concessions. En mai se rassemble en urgence à Francfort un Parlement national, dans l'église Saint-Paul. Les libéraux aspirent à une monarchie constitutionnelle à suffrage restreint, craignant en effet davantage un dérapage vers l'anarchie qu'un renforcement des vieilles puissances. C'est ainsi que l'Allemagne oppose peu de résistance aux mouvements de restauration qui se font jour partout en Europe en cette année 1848. Pour la question de l'Empire, la majorité du parlement national penche alors pour la création d'une « grande Allemagne ». Or, l'Autriche, un des 39 Etats allemands, a des possessions hors de l'Empire, qu'elle entend inclure dans la nouvelle structure. Cependant, le parti en faveur d'une « petite Allemagne » vote contre. En mars 1849, l'Assemblée plébiscite cette constitution réductrice sans l'Autriche et propose la Couronne impériale au chef de l'autre grande puissance, le roi de Prusse Frédéric-Guillaume IV. Celui-ci refuse, ne voulant pas « devoir la dignité impériale à une révolution ». Dès le début de l'année 1850, on peut dire que la tentative de révolution libérale a avorté. Les acquis sont annulés et on revient à l'ancienne Confédération germanique d'avant 1848, avec ses 39 Etats et son absence de pouvoir central. Malgré ces soubresauts politiques, l'économie continue à aller de l'avant. L'Allemagne reste, certes, derrière l'Angleterre mais le rythme de sa croissance est bien supérieur. La Prusse devient rapidement le fer de lance de l'industrialisation allemande.

En 1861, dès l'accession au trône de Guillaume Ier, la Prusse a déjà le dessein de s'étendre à toute l'Allemagne, déguisant son projet d'hégémonie sous le noble prétexte de réaliser enfin l'unité allemande. Guillaume Ier pressent que la dynastie qu'il représente dispose de meilleures cartes que son adversaire, l'Autriche, comme l'a montré l'histoire récente (l'assemblée de 1849 avait proposé en effet à la Prusse la couronne de la nouvelle monarchie constitutionnelle). Guillaume Ier trouve en la personne du prince Otto von Bismarck l'habile stratège qui lui permettra d'atteindre son but.

Le casque prussien

En 1862, Bismarck est nommé ministre-président du royaume de Prusse, ce qui correspond aux fonctions d'un Premier ministre. La politique militaire de Bismarck sera déterminante et hautement habile. De 1864 à 1870 ont lieu ce que les Allemands appellent les « Guerres allemandes » (*Deutsche Kriege*) symbolisées par l'ange de la Siegesäule à Berlin. En 1864, Bismarck fait vibrer la corde patriotique de l'Autriche en lui demandant de lui prêter main-forte pour réparer l'outrage de l'Occupation des duchés de Schleswig et de Holstein par le Danemark. Cependant, l'alliance austro-prussienne n'est que de courte durée : quand Guillaume Ier, sans autre forme de procès, fait des nouveaux duchés récupérés une province prussienne, l'Autriche comprend qu'elle a été jouée. D'ailleurs, deux ans après, l'épisode ultime de l'affrontement séculaire entre les illustres dynasties des Hohenzollern et des Habsbourg a lieu. La guerre éclate en avril 1866, lorsque Bismarck présente à la Diète un projet de constitution d'une Confédération de l'Allemagne du Nord, qui exclut *de facto* l'Autrichc. La guerre est brève et s'achève par la défaite de l'Autriche lors de la bataille de Sadowa (le 3 juillet 1866). Cette dernière est contrainte de quitter la Confédération germanique. Elle forme alors avec la Hongrie une double monarchie et, grâce à ses possessions en Europe centrale et dans les Balkans, constitue l'empire austro-hongrois.

Fort de ces succès militaires, toujours présentés comme outil permettant de réaliser l'unité allemande, Bismarck peut aisément gagner la confiance de nombreux Etats. La création de la Ligue de l'Allemagne du Nord (*Norddeutscher Bund*, qui réunit 22 Etats sur 37) préfigure la prépondérance de la Prusse sur l'ensemble de l'Allemagne. La dernière pierre portée à l'édifice d'« unification » sera fournie par la France. Celle-ci, en effet, s'inquiète de l'expansion de la Prusse et de ses velléités, désormais évidentes, d'hégémonie sur l'ensemble de l'Allemagne ; de surcroît, les deux puissances sont en compétition dans la question de la succession d'Espagne. La France déclare donc la guerre à la Prusse le 17 juillet 1870. Battue à Sedan en 1871 par les armées prussiennes (qui prennent une revanche sur la défaite d'Iéna), la France doit céder l'Alsace qui redevient allemande. Dans un élan de patriotisme, les 15 Etats allemands du Sud rallient la Norddeutscher Bund. Après la victoire, le roi de Prusse Guillaume Ier se proclame empereur dans la galerie des Glaces du château de Versailles, le 18 janvier 1871 : le IIe Reich est proclamé et la Prusse devient synonyme d'Allemagne ; Bismarck est nommé chancelier du Reich prussien. Le IIe Reich sera marqué par la politique d'hégémonie allemande en Europe, mais son

Pâtisseries confectionnées pour les fêtes.

La tour-clocher de l'Alte Rathaus à Münich.

La fête de la Bière de Münich a lieu tous les ans, durant les deux dernières semaines de septembre.

Enseignes à Rothenbourg et à Nurenberg, villes médiévales de Franconie.

Maisons bourgeoises de Schwäbisch Hall dans le Bade-Wurtenberg.

chancelier se heurtera toutefois à la résistance des minorités nationales (Danois du Schleswig, Polonais en Posnanie et en Haute-Silésie) ainsi qu'à la moitié des sociaux-démocrates et au développement d'une agitation sociale liée à l'accroissement de la classe ouvrière. Le successeur de Guillaume Ier, Guillaume II, accède au trône en 1888 et obtient la démission de Bismarck, dont il n'apprécie guère la politique. Guillaume II mène dans les premières années de son règne une politique d'expansion coloniale (en Afrique australe notamment).

La Première Guerre mondiale et la fin du Reich prussien

Sous couvert de prêter main-forte à l'empire austro-hongrois après l'assassinat à Sarajevo de l'héritier au trône (28 juin 1914), Guillaume II déclare la guerre à la Russie et à la France, le 3 août 1914. En fait, Sarajevo n'est qu'un prétexte puisque la tension en Europe est alors à son paroxysme avec l'affrontement inéluctable de deux blocs : d'un côté la Triple Alliance (Allemagne, Autriche-Hongrie, Italie), de l'autre la Triple Entente (France, Angleterre, Russie). L'avancée allemande est arrêtée dès le mois de septembre sur le front ouest (bataille de la Marne) et la guerre s'installe alors dans les tranchées.
En 1917, la Russie doit faire face à une révolution qui vient de balayer le tsarisme et les bolcheviks nouvellement au pouvoir ouvrent les négociations en vue d'une paix séparée. La guerre dure encore près d'un an sur le front ouest. L'intervention des Etats-Unis et l'offensive des Alliés aboutissent finalement à la défaite de l'Allemagne. Le 11 novembre 1918, un armistice est signé avec la France. Le pays vaincu entre dans une période de troubles. Dès octobre, une première insurrection s'était déclenchée à Kiel (révolte des marins). Elle s'étend très vite dans tout le pays. Influencés par la révolution d'Octobre en Russie, des conseils ouvriers se forment un peu partout. La république socialiste est proclamée le 9 novembre 1918. Guillaume II est obligé d'abdiquer et s'enfuit aux Pays-Bas. Mais le mouvement révolutionnaire est divisé entre les socialistes modérés (Scheidemann, Ebert) et les révolutionnaires spartakistes (Karl Liebknecht, Rosa Luxembourg, Clara Zetkin...). Ces derniers fondent le parti communiste allemand en décembre 1918 et déclenchent une grève générale durement réprimée par le nouveau gouvernement du socialiste Scheidemann

(semaine sanglante du 11 au 15 janvier 1919 et assassinat de Karl Liebknecht et Rosa Luxembourg). Scheidemann a pu obtenir le soutien de l'armée et des nationalistes pour contrer le « péril bolchevique ». Les élections de janvier consacrent cette alliance en portant au pouvoir une coalition socio-libérale. Fuyant le tumulte berlinois, le gouvernement s'installe à Weimar.

La République de Weimar (1919-1933)

C'est le premier gouvernement démocratique que l'Allemagne ait jamais connu. Mais la république porte déjà en elle les germes de la catastrophe qui entraînera sa chute. Le règlement du sort de l'Allemagne (absente aux délibérations) établi par le traité de Versailles (28 juin 1919) est une des principales causes de la crise profonde que connaît le pays durant cette période. L'Allemagne est en effet amputée d'une partie de ses territoires, dont la Prusse orientale qui revient à la Pologne (qui récupère également le couloir de Dantzig) et l'Alsace-Lorraine rattachée à la France. La Sarre passe sous la tutelle de la Société des Nations et la rive gauche du Rhin est occupée par les Alliés. L'Allemagne perd également ses colonies. Les conditions financières du traité – surnommé le *Diktat* – sont drastiques. Le pays doit verser d'importantes réparations (plan Dawes) aux Alliés. Entériné par le gouvernement, ce traité attise les passions extrémistes et en particulier nationalistes, dans un pays où l'humiliation de la défaite est déjà profonde.

La très grave crise économique et monétaire que l'Allemagne doit affronter entrave les quelques chances d'installer une démocratie solide et durable. A gauche, l'agitation ouvrière est intense ; le prolétariat allemand subit des conditions de vie très dures et un chômage très important. Le gouvernement doit aussi composer avec une agitation séparatiste assez vive dans certains Etats (Bavière). Par ailleurs, le mark est extrêmement affaibli par une inflation qui atteint des proportions démesurées. L'année 1923 est pour l'Allemagne une année noire. L'inflation bat tous les records (un dollar vaut plusieurs millions de marks) et ruine les petits porteurs et les ouvriers. L'Allemagne est incapable de payer les réparations, ce qui entraîne un durcissement de la France qui décide d'occuper la Ruhr. En novembre 1923, un extrémiste nationaliste, Adolf Hitler, fait une tentative de putsch qui échoue. Il est emprisonné jusqu'en 1924, et c'est durant sa captivité qu'il écrit son livre programme *Mein Kampf*

(« Mon Combat »). Son parti, le NSDAP (parti ouvrier allemand national-socialiste) trouve notamment un écho parmi les laissés-pour-compte de la crise, mais aussi parmi les bourgeois que la dévaluation du mark a ruinés. Les raisons de la montée des thèses nazies (*nazi* est l'abréviation de *National-Sozialistisch*) sont multiples : absence de fondements solides du nouveau régime, atermoiements constitutionnels, peur d'une révolution bolchevique (le « péril rouge »), humiliation de la défaite, coût de la guerre et des réparations qui aggrave une crise économique profonde (2 millions de chômeurs). La République de Weimar connaît cependant un répit jusqu'à la fin des années 20. La création d'une nouvelle monnaie – le *Rentenmark* –, et le rééchelonnement des réparations (plan Dawes), ainsi qu'une aide financière américaine permettent une stabilisation de la monnaie. Mais les bases trop fragiles du régime ne résistent pas à la crise de 1929 et le pays sombre à nouveau dans le marasme. En 1932, le nombre de chômeurs atteint 6 millions.

Le IIIe Reich

Tous ces facteurs agissent en faveur de la montée du nazisme. Le 30 janvier 1933, Hitler est désigné comme chancelier par le président Hindenburg. Un an après, à la mort d'Hindenburg, il élimine ses adversaires et cumule les fonctions de chancelier et de président. Hitler devient *Reichsführer* : le IIIe Reich commence. Pendant six ans, Hitler va œuvrer à mettre en application les thèses qu'il a élaborées en prison et qui sont exposées dans le tristement célèbre *Mein Kampf*. Il s'agit d'abord d'enrayer les effets du traité de Versailles et de la crise par une remise au travail du pays, puis de mener une politique expansionniste afin d'assurer le fameux *Lebensraum* (« espace vital ») à la race aryenne, qu'Hitler prétend supérieure. Pour arriver à ses fins, Hitler met en œuvre une politique de propagande et d'encadrement implacable. La jeunesse est endoctrinée et enrôlée dans les mouvements de la *Hitlerjugend* (« jeunesses hitlériennes »). La population est contrôlée par la police secrète d'Etat (*Gestapo*) et une milice de fanatiques, les SS et les SA. Le pays est exhorté à se remettre au travail à l'aide de slogans qui diffusent une éthique totalitaire des anciennes valeurs telles que le travail et la famille : *Arbeit und Brot* (« du travail et du pain »), *Arbeit macht frei* (« la liberté par le travail »). Enfin, la position de Hitler est sans cesse légitimée par son slogan « *Ein Volk, ein Reich, ein Führer* » (« un peuple, un empire, un guide »).

Le mot *Führer* désigne dans la langue allemande le meneur, celui qui ouvre la voie. La conquête de « l'espace vital » ne peut se faire qu'en épurant la « race » des éléments pernicieux et en écartant les éléments « subversifs » : les communistes, les homosexuels, les Tziganes et les juifs qui sont très vite désignés comme responsables de tous les maux que subit l'Allemagne. La persécution des juifs commence dès 1933, et de nombreux intellectuels et savants émigrent aux Etats-Unis, pressentant le sort qu'on leur réserve. Les premiers camps de travail sont ouverts la même année. La persécution se radicalise avec la promulgation des lois raciales de Nuremberg en septembre 1935. Mais les nazis montent d'un cran dans l'horreur en 1938. Dans la nuit du 9 au 10 novembre (*Reichskristallnacht*, la « nuit de cristal »), ils pillent et incendient de nombreux magasins appartenant à des juifs.

Hitler n'avait pas caché que la conquête du *Lebensraum* rendait inéluctable une expansion territoriale par la force. En 1936, les intrigues hitlériennes deviennent évidentes lorsque le Führer soutient Franco dans la guerre d'Espagne ou lorsqu'il crée avec Mussolini l'axe Berlin-Rome. Deux ans plus tard, Hitler annexe l'Autriche (*Anschluss*) et occupe les territoires des Sudètes en Tchécoslovaquie. Pourtant, même lorsqu'il signe, en 1939, avec Staline le pacte germano-soviétique qui prévoit le partage de la Pologne entre l'Allemagne et la Russie, il semble que ni la France ni l'Angleterre ne prennent encore au sérieux la menace que l'Allemagne hitlérienne représente. En septembre 1939, Hitler envahit la Pologne et la Seconde Guerre mondiale commence. En 1940, les troupes allemandes occupent la France et gagnent Paris le 14 juin. Le 27 septembre, Japonais et Italiens signent un pacte tripartite avec l'Allemagne. Un an plus tard, les Allemands lancent une grande offensive en Russie

Affiche nazie pour le plébiscite sur l'Anschluss (1938)

(juin 1941) : le 27 novembre, la Wehrmacht est à Moscou. Le 7 décembre de la même année, l'attaque japonaise sur Pearl Harbor provoque l'engagement des Etats-Unis dans le conflit. En 1942, la Wehrmacht continue son avancée sur le front russe et occupe le Caucase et la Crimée. La Grande-Bretagne contre-attaque en Afrique et met à mal l'Afrikakorps de Rommel. Le 11 novembre 1942, les Allemands envahissent la zone libre du sud de la France. 1943 marque un tournant : l'Angleterre et les Etats-Unis entreprennent un bombardement systématique du potentiel industriel allemand. Le revirement de situation se confirme à Stalingrad le 2 février 1943, avec la capitulation des Allemands. En 1944, les Allemands accentuent leur répression devant les actions de la Résistance française et, le 6 juin, les Alliés débarquent en Normandie. L'année 1945 est marquée par l'effondrement de l'Allemagne et du Japon : le 30 avril, Hitler se suicide et, trois jours plus tard, l'armée Rouge entre dans Berlin, qui n'est plus qu'un immense champ de ruines.

Le 8 mai 1945, l'Allemagne capitule. La conférence de Yalta (février 1945) puis celle de Potsdam (juillet-août 1945) établissent les quatre zones d'occupation de l'Allemagne par les Alliés. Les armées alliées découvrent avec effroi les camps de concentration où, de Dachau à Auschwitz et de Treblinka à Ravensbruck, des millions d'hommes (dont 6 millions de juifs) ont péri. La démence hitlérienne se solde par une hécatombe sans précédent : on estime à 40 millions les pertes en vies humaines, dont 10 millions dans les seuls camps de concentration.

Les frères ennemis

La conférence de Potsdam et l'accord signé par Truman, Attlee et Staline règlent le sort de l'Allemagne vaincue : il faut impérativement empêcher l'Allemagne de se retrouver un jour en position de belligérant. Non seulement celle-ci perd environ un quart de ses possessions territoriales (l'ex-Prusse orientale et la Silésie échoient à la Pologne, Königsberg à la Russie et les Sudètes à la Tchécoslovaquie), mais elle ne pourra plus s'administrer elle-même. Le pays est démilitarisé, dénazifié et partagé en quatre secteurs gérés respectivement par les forces alliées : Etats-Unis, URSS, Grande-Bretagne et France. La ville de Berlin n'appartient à aucun de ces secteurs et est découpée en quatre zones. Il faut souligner que le partage de l'Allemagne en deux entités nationales ne découle pas uniquement de la conférence de Potsdam. Très vite, un désaccord se fait jour sur les termes de la dénazification du territoire, et notamment sur la façon dont celui-ci doit être administré. Les Russes souhaitent centraliser le pouvoir en Allemagne alors que les Alliés sont partisans de la fédéralisation. Dès 1946, des élections sont organisées dans les cinq Länder de l'Est, donnant la majorité au nouveau parti socialiste unifié, le SED (Sozialistische Einheitspartei Deutschlands), soutenu par Moscou. En 1947, les Russes quittent le conseil des Alliés. L'échec de la conférence de Moscou, en mars, ne fait qu'entériner une situation déjà tendue, les Soviétiques manifestant leur volonté de contrôler l'est de l'Allemagne, entre autres. En fait, la division de l'Allemagne est déjà inscrite dans les faits, prémices du partage du monde en deux blocs et de la guerre froide : le processus de séparation entre une Allemagne occidentale démocratique et une Allemagne orientale communiste est enclenché. Décidé par Truman pour endiguer l'influence soviétique, le plan Marshall – aide financière accordée par les Etats-Unis aux pays en difficulté – est aussitôt contrebalancé par la création du Kominform à l'Est.

LA RECONSTRUCTION

L'Allemagne sort rapidement de la situation désastreuse de l'immédiat après-guerre grâce au plan Marshall, préféré au plan Morgenthau qui devait initialement désindustrialiser l'Allemagne pour en faire un pays « pastoral » au risque de reproduire le mécanisme qui s'était mis en place en 1919 après le traité de Versailles. On opta donc pour « la magnanimité dans la victoire » (Churchill). La réforme monétaire, appliquée en fait dès 1948 à toute la zone Ouest, y compris Berlin-Ouest, a un effet très positif sur l'économie et permet de juguler l'inflation déjà très forte dans les toutes premières années d'après-guerre. Entre 1945 et 1948, seul le Reichsmark hitlérien ayant cours, l'économie ne fonctionnait que par le marché noir et par le troc. La création d'un nouveau Deutsche Mark, quinze fois inférieur au précédent, affola les Allemands, mais ceux-ci constatèrent rapidement que les sommes dont ils disposaient, même modestes, permettaient néanmoins un pouvoir d'achat stable. Cette politique hardie du ministre de l'Economie Erhard fait de lui le « père du miracle économique ». En 1948-1949, Staline met en place le blocus de Berlin-Ouest, désirant étendre son contrôle aux secteurs ouest de la ville et mettre fin à cette enclave hostile au cœur de sa zone d'influence. Mais c'était sans compter avec la détermination des Berlinois et des alliés occidentaux qui organisent pendant onze mois un pont aérien pour ravitailler la ville. La division de l'Allemagne en deux blocs est alors inéluctable. A l'Ouest est créée la République fédérale d'Allemagne, avec Theodor Heuss comme président fédéral et Konrad Adenauer, l'ancien maire de Cologne, comme chancelier. A l'Est, la République démocratique allemande est proclamée, caractérisée par un système de parti unique, le SED, dont Walter Ulbricht est le premier secrétaire. Berlin-Est est la capitale de la RDA. A l'Ouest, on opte pour Bonn comme capitale « provisoire ». Alors qu'à l'Est, la soviétisation de la société va bon train et que l'on planifie l'économie, le PNB de la jeune RFA triple entre 1950 et 1963. Les rues s'emplissent du symbole du miracle économique, les fameuses « coccinelles » de Volkswagen. En fait, la conjoncture de la RFA est favorisée – outre le plan Marshall et les réformes d'Erhard –, par une série de facteurs. D'une part, la *Stunde Null* (« l'heure zéro ») agit comme un catalyseur psychologique qui génère de nouvelles valeurs éthiques (dont le « salut de l'âme » par le travail et la construction d'une société démocratique), d'autre part la guerre de Corée qui éclate en 1950 entraîne une forte demande en équipement. A ce sujet, il faut souligner que les grands magnats de l'industrie comme Krupp ou Thyssen, grands fournisseurs de la machine nazie, ont été traités avec une étonnante clémence, alors même que se déroulait le procès de Nuremberg, condamnant des officiers de l'armée dont certains furent peut-être moins directement impliqués dans les crimes de guerre que les fournisseurs d'armement.

L'arrivée de tout un contingent d'immigrants allemands, chassés des 25 % de territoires de l'ancien Reich que l'Allemagne a perdus après 1945, fournit dans un premier temps la main-d'œuvre nécessaire au redémarrage de l'économie ouest-allemande. Entre 1944 et 1946, 8 millions d'Allemands orientaux (Sudètes, Silésie, Königsberg…) entrent en RFA, auxquels s'ajoutent, entre 1949 et 1961, au moins 4 millions fuyant le régime soviétique mis en place en RDA. Pourtant, en 1964, plus de 700 000 emplois sont vacants à l'Ouest alors que le pays a déjà invité 1 million de travailleurs étrangers à venir s'installer en RFA.

« L'ÈRE ADENAUER » ET L'ANCRAGE DÉMOCRATIQUE DE LA RFA

Sur le plan politique, le chancelier Adenauer apparaît comme l'homme dont la RFA avait véritablement besoin pour asseoir durablement la démocratie. Certes, tout a été plus aisé du fait d'une conjoncture économique favorable (ce qui illustre à quel point le bien-être économique de l'Allemagne est la meilleure garantie de stabilité politique ; on aurait tort, en France comme en Angleterre, de craindre une Allemagne trop forte économiquement), mais il n'en reste pas moins qu'Adenauer, avec son charisme exceptionnel, sa force et sa sagesse, réussit à se profiler comme le grand patron de la nation allemande. Son style, nouveau en politique, alliait le principe démocratique à la fermeté patriarcale, sans jamais retomber dans le vieil autoritarisme prussien. Il fut l'un des premiers, avec Jean Monnet et de Gasperi, à se rallier à l'idéal d'une Europe unie. Pour lui, le meilleur moyen d'enrayer une possible recrudescence du nationalisme en Allemagne était d'ancrer le pays dans une entité supranationale : l'Europe. Avec la France et le Benelux, la RFA crée, dès 1951, la CECA (Communauté européenne du charbon et de l'acier), accord qui préfigure le traité de Rome de 1957 et la véritable création de la Communauté économique européenne (CEE). En 1955, la RFA est admise à l'Otan et gagne également sa pleine souveraineté (officiellement le statut d'occupation par les forces alliées occidentales s'achève). Elle crée sa propre armée, la Bundeswehr, mais pour calmer les esprits, souligne que sa constitution lui interdit de prendre ouvertement part dans un conflit armé en dehors d'une aide militaro-humanitaire dans le cadre de l'Otan. Sur le plan intérieur, la démocratie est renforcée à deux reprises, en 1952 et en 1956, lorsque respectivement le parti néonazi (*Sozialistische Reichspartei*) et le parti communiste sont mis hors la loi et déclarés anticonstitutionnels. En 1963, la nouvelle amitié franco-allemande est scellée par le traité de l'Elysée signé par de Gaulle et Adenauer à Paris. Après 90 années de haine mutuelle et trois conflits, la hache de guerre semble être enterrée ; à partir de cette époque l'axe Paris-Bonn devient le pivot de la construction européenne.

WILLY BRANDT ET *L'OSTPOLITIK*

Après le départ d'Adenauer en 1963, et l'intermède à la chancellerie de l'ex-ministre de l'Economie Ludwig Erhard, le parti conservateur CDU (*Christlich-Demokratische Union*) ne dispose plus d'une majorité lui permettant de gouverner seul. En 1966, il constitue une coalition avec le parti socialiste (SPD : *Sozialistische Partei Deutschlands*) qui opère un déplacement idéologique vers le centre. Mené par le très charismatique Willy Brandt, le SPD bat le parti conservateur CDU aux élections de 1966 et constitue, avec les libéraux du FDP (*Freie Demokratische Partei* ou parti démocratique libéral), un gouvernement de centre-gauche. Brandt avait déjà fait ses preuves à son poste de maire de Berlin pendant la crise de 1958 à 1961, et en tant que ministre des Affaires étrangères entre 1966 et 1969 sous Kissinger. L'économie semblant avoir atteint sa vitesse de croisière, Willy Brandt consacre ses efforts à la politique étrangère. Il met alors en place progressivement la fameuse *Ostpolitik* ou politique de détente entre l'Ouest et l'Est. Ainsi, la RFA reconnaît les nouvelles frontières de la RDA avec la Pologne (l'épineuse question de la ligne Oder-Neisse), tout en soulignant le caractère provisoire du partage de l'Allemagne. Ses efforts conduisent à l'accord quadripartite sur Berlin en 1971 par lequel l'URSS reconnaît officiellement l'existence de Berlin-Ouest et le droit aux alliés occidentaux de protéger cette partie de la ville. La même année, Brandt reçoit le prix Nobel de la paix. En 1972, un pas de plus est franchi avec le rétablissement des lignes téléphoniques entre les parties ouest et est de Berlin, et les visas de sortie accordés aux habitants de RDA arrivés à la retraite ou « non productifs » pour cause d'incapacité au travail. Willy Brandt aura contribué pendant tout son mandat à réduire de façon décisive les tensions de la guerre froide en Europe. Cependant, certains l'accusèrent d'être trop laxiste sur le plan de la politique intérieure et d'accorder trop facilement sa confiance. Lorsque, en 1974, on découvrit qu'un haut fonctionnaire de son cabinet était en fait un espion est-allemand, il choisit de démissionner.

HELMUT SCHMIDT ET LE TERRORISME

Son successeur, Helmut Schmidt, représentant la droite du parti SPD, se révéla réaliste, pragmatique et excellent gestionnaire. Avec le tandem Schmidt-Giscard d'Estaing, les relations franco-allemandes ont été au beau fixe. Schmidt a marqué son époque par sa capacité à faire face à la première crise économique depuis la fin de la guerre, le fameux choc pétrolier de 1974. En politique intérieure, sa fermeté lui permit de venir à bout des vagues d'attentats terroristes qui déferlèrent alors sur le pays, grâce aux fameuses lois anti-terroristes et à l'action exemplaire de la police allemande.

Une importante vague de terrorisme a en effet touché l'Allemagne dans les années 70. Elle était due à des groupuscules d'extrême gauche, très organisés et noyautés par le régime est-allemand. Les noms de « bande à Baader » et de RAF (Fraction armée rouge) sont encore présents dans toutes les mémoires, ayant marqué par la violence de leurs exactions (assassinat, notamment, du juge Hans-Martin Schleyer à Stuttgart). Ces actions terroristes, très préoccupantes pour le gouvernement d'alors (Willy Brandt puis Helmut Schmidt) car elles émanaient de citoyens allemands, ont été réprimées avec une fermeté exemplaire.

ÉVOLUTION EN RDA

Après la proclamation de la RDA en 1949, Walter Ulbricht, premier secrétaire du SED, met l'accent sur la soviétisation de la classe politique et sur la construction de l'Etat socialiste. Dès 1950, la RDA rejoint le « marché commun » du bloc de l'Est, le Comecon. En 1953 commence à Berlin-Est le percement de la fameuse Karl-Marx-Allee, concomitant avec les premiers soulèvements populaires contre les conditions de travail imposées, aussitôt suivis d'une répression sanglante, première manifestation non équivoque de l'emprise stalinienne. Le château des rois de Prusse, épargné par la guerre, est rasé. A la place, on élève le palais de la République et le vaste espace qui le précède est baptisé Forum Marx-Engels. En 1955, la RDA adhère au pacte de Varsovie et scelle ainsi son appartenance au bloc de l'Est. De plus en plus de gens fuient la RDA pour la RFA. Afin d'enrayer ce flot d'émigration qui a atteint plus de 3 millions de personnes depuis 1949, le régime communiste décide de construire un mur de 75 km de long tout autour de la partie occidentale de Berlin. Berlin-Ouest devient une île emmurée au milieu du territoire de la RDA. Paradoxalement, ce ne sont pas les « emmurés » qui sont prisonniers, mais les habitants de RDA qui ne peuvent plus s'exiler à Berlin-Ouest, pas plus qu'ils ne peuvent désormais gagner la RFA voisine puisque, parallèlement à la construction du Mur, ce que l'on a appelé le « rideau de fer » ferme la frontière avec la RFA.

En 1971, Erich Honecker succède à Walter Ulbricht comme premier secrétaire du SED. Dès 1972, certains signes d'ouverture propres au climat de détente qui règne entre l'Est et l'Ouest attestent de *l'ostpolitik* menée « en face » par le chancelier Brandt : les premiers visas de sortie sont délivrés et le gouvernement accepte la mise en place sur le sol est-allemand d'autoroutes de transit entre la RFA et Berlin, de même que de couloirs aériens, le tout étroitement surveillé par la police des frontières et la *Volkspolizei*. Notons que Lufthansa, la compagnie aérienne ouest-allemande, reste exclue, les liaisons aériennes entre les grandes villes ouest-allemandes et Berlin-Ouest étant assurées à l'époque par Pan Am, British Airways et Air France. En 1973, la RDA entre à l'ONU, tout en durcissant très sensiblement son régime sous la houlette de Honecker. En effet, dès 1974, on souligne à Berlin-Est que la séparation de l'Allemagne a perdu définitivement son caractère provisoire. En 1976 sont expulsés les premiers artistes opposants. Dix ans plus tard, la RDA, déjà acculée à la faillite, atteint un record dans le nombre de visas de sortie délivrés, façon de se débarrasser d'éléments « non productifs » à sa charge tels que les retraités ou les invalides. En août 1989, plusieurs dizaines d'Allemands de l'Est en vacances en Hongrie refusent de rentrer « au pays » et se réfugient à l'ambassade ouest-allemande de Budapest. Sous la pression et le nombre des ressortissants, la Hongrie décide d'ouvrir ses frontières avec l'Autriche voisine. Des centaines d'Allemands s'engouffrent alors dans la brèche qui leur ouvre la porte du monde libre. En RDA, la population n'a plus peur de descendre dans la rue pour dénoncer la faillite du régime et réclamer le départ d'Honecker. Le 4 novembre 1989, il n'y a plus aucune restriction de visas pour l'Ouest. Le 9 novembre 1989, le Mur de Berlin est démantelé ; le rideau de fer tombe un mois plus tard quand s'ouvre enfin la frontière interallemande. Confronté à une situation de plus en plus explosive, sans couverture de Moscou, Honecker est contraint de partir. Il s'enfuit en URSS, puis au Chili. L'intérim en RDA est assuré par Lothar de Maizière. A l'Ouest, Kohl entrevoit dans ces événements la grande chance de sa carrière politique. Avec l'accord tacite de Moscou et aidé des effets de la perestroïka, il accélère le processus de réunification. Le 3 octobre 1990, la RDA a cessé d'exister.

La réunification

Helmut Kohl devient chancelier de la RFA en 1982. Cet habile stratège est aussi calme en apparence qu'efficace dans l'action politique. Il a su tirer parti de la brèche ouverte par la perestroïka de Gorbatchev puis par les événements de 1989 pour accélérer le processus de réunification des deux Allemagne.

Il a cependant mal évalué les conséquences économiques de la réunification et, notamment, le coût du redressement économique de l'ex-RDA (voir « Les effets de la réunification et la crise économique », p. 67). Au début des années 90, le pays a connu sa plus grave crise économique depuis la guerre. A l'Est, le chômage et la désillusion ont remplacé l'euphorie des premiers jours ; à l'Ouest, les nouveaux impôts de solidarité, la hausse des prix, la crise du logement et l'afflux d'immigrés d'Europe de l'Est ont favorisé une détérioration du climat politique. Helmut Kohl doit faire face à un mécontentement général et à une montée de la xénophobie. Aux élections législatives, la victoire de la coalition CDU/FDP lui permet de reconduire son mandat, mais sur une faible majorité. Le prix de la réunification est très lourd pour l'ensemble du pays, les différences de mentalité, de niveau de vie mettront du temps à s'estomper, mais il reste que l'Allemagne aborde le troisième millénaire libre et réunifiée, en ayant accompli, avec la chute du Mur de Berlin, l'une des révolutions les plus importantes de cette fin de siècle.

Chronologie générale

800	Couronnement de Charlemagne à Aix-la-Chapelle.
843	Traité de Verdun séparant l'empire carolingien en trois zones.
962	Création de l'empire germanique.
XIIe s.	La querelle pour l'investiture des évêques entre les différentes maisons conduit à un affaiblissement de la position impériale.
1079-1250	Dynastie des Hohenstaufen dont sont issus les empereurs Barberousse et Frédéric II.
1158	Création de Munich par Henri le Lion.
1180-1918	Dynastie des Wittelsbach en Bavière.
1227-1918	Dynastie des Hohenzollern en Prusse.
1278-1918	Dynastie des Habsbourg en Autriche.
1356	La Bulle d'or met fin aux luttes d'influence entre le pape et l'empereur et dote l'Empire d'une forme constitutionnelle définitive.
1485	Division entre Saxe albertine et Saxe ernestine.
1505	Munich capitale du duché de Bavière.
1517	Publication des 95 thèses de Luther qui marquent le début de la Réforme.
1519-1556	Règne de Charles Quint, chef de la maison d'Autriche, empereur d'Allemagne, roi d'Espagne, des Pays-Bas et de Naples-Sicile.
1521	Excommunication de Luther. Il traduit la Bible en allemand.
1530	Confession d'Augsbourg.
1531	Guerre de Smalkalde. La Saxe ernestine adhère au luthéranisme et se rebelle contre l'autorité impériale de Charles Quint.
1555	Charles Quint signe la paix d'Augsbourg avec les princes saxons. Reconnaissance du culte protestant.
1556	Abdication de Charles Quint.
1618-1648	Guerre de Trente Ans.
1648	Paix de Westphalie. La France annexe l'Alsace.
1689-1693	Guerre de succession palatine : Louis XIV fait raser le Palatinat et sa capitale Heidelberg.
XVIIIe s.	Les anciens grands-duchés s'érigent en royaumes. C'est la période de l'absolutisme en Prusse, en Saxe, en Bavière et en Autriche. Siècle des Lumières et despotisme éclairé. La Prusse devient, sous Frédéric II, une grande puissance.
1704	Tensions entre les Wittelsbach de Bavière et les Habsbourg d'Autriche.
1705	La Bavière est administrée par l'Autriche.
1714	Conflit entre la France et l'Autriche pour la succession au trône d'Espagne.
1740-1786	Règne de Frédéric II, roi de Prusse.
1785	Frédéric II crée la Ligue des princes contre l'Autriche dans la question de la succession de la Bavière.
1806-1814	Guerres napoléoniennes (victoire de la France sur la Prusse à Iéna en 1806). Création de la Confédération des Etats du Rhin.

1806	Napoléon crée le royaume de Bavière dans lequel sont englobés la Franconie, les anciennes villes libres et les duchés des princes-évêques.
1813	Napoléon est vaincu à la bataille de Leipzig.
1815	Le congrès de Vienne réorganise l'Europe en royaumes, après la chute de l'empire napoléonien. Création de la Confédération germanique regroupant 39 Etats allemands dont la Prusse et l'Autriche.
1834	*Zollverein* : union douanière entre les Etats allemands.
1845	Naissance de Louis II de Bavière.
1848	Création dans l'urgence du premier Parlement allemand dans l'église Saint-Paul de Francfort.
1848-1850	Echec de la révolution libérale.
1861	Guillaume Ier monte sur le trône de Prusse.
1862	Otto von Bismarck est nommé ministre-président de la Prusse par Guillaume Ier.
1864-1870	Les « guerres allemandes ».
1864	Prusse et Autriche combattent conjointement contre le Danemark pour récupérer les duchés de Schleswig et de Holstein, aussitôt annexés par la Prusse.
1866	Victoire de la Prusse à la bataille de Sadowa. L'Autriche sort de la Confédération germanique. Création de la Confédération de l'Allemagne du Nord.
1870	La Prusse écrase la France à Sedan. La France perd l'Alsace qui redevient allemande. Bismarck gagne à sa cause les Etats du sud de l'Allemagne. La Bavière doit se soumettre à l'autorité prussienne.
1871	Le roi de Prusse Guillaume Ier se proclame empereur d'Allemagne dans la galerie des Glaces du château de Versailles. Bismarck devient chancelier du Reich allemand.
1888	Guillaume II succède à Guillaume Ier.
1890	Guillaume II congédie Bismarck.
1914	Assassinat de l'archiduc François-Ferdinand à Sarajevo. Guillaume II déclare la guerre à la Russie et bientôt à la France. Début de la Première Guerre mondiale.
1918	Défaite de l'Allemagne. L'Allemagne doit payer de nombreuses réparations énoncées dans le traité de Versailles. Guillaume II s'exile aux Pays-Bas. Proclamation de la république libre socialiste. Fin de la dynastie des Wittelsbach en tant que régents de l'Etat de Bavière.
1919	En janvier, assassinat de Karl Liebknecht et Rosa Luxemburg. Proclamation de la République.
1919-1933	République de Weimar : gouvernement démocratique. Crise économique.
1920	Hitler crée le parti nazi (NSDAP) à Munich.

1923	Occupation de la Ruhr par la France. Putsch d'Hitler à Munich, suivi de son arrestation et de son emprisonnement. Rédaction de *Mein Kampf.*
1926	L'Allemagne entre dans la SDN.
1933	Hitler est nommé chancelier le 30 janvier.
1934	A la mort de Hindenburg, Hitler cumule les fonctions de chancelier et de président. Naissance du IIIe Reich.
1934-1938	Hitler met en pratique ses thèses xénophobes résumées dans *Mein Kampf.* « Nuit des longs couteaux ». Lois raciales de Nuremberg (1935). Début des persécutions.
1936	Hitler soutient Franco dans la guerre d'Espagne et fait alliance avec Mussolini. Création de l'axe Rome-Berlin. Hitler occupe militairement la Rhénanie.
1938	Anschluss : Hitler annexe l'Autriche et occupe les territoires des Sudètes en Tchécoslovaquie. « Nuit de cristal ».
1939	Pacte germano-soviétique réglant le partage de la Pologne entre l'Allemagne et la Russie. En septembre, Hitler envahir la Pologne.
1939-1945	Seconde Guerre mondiale.
1945	Capitulation et effondrement de l'Allemagne. Conférence de Yalta en février. Suicide de Hitler le 30 avril. Prise de Berlin par les Soviétiques le 2 mai. Capitulation du IIIe Reich le 8 mai. Conférence de Potsdam en juillet-août : partition de l'Allemagne. Ouverture du procès de Nuremberg le 14 novembre.
1945-1949	L'Allemagne vaincue est occupée par les troupes alliées.
1945-1951	Démontage des usines de guerre allemandes.
1948	Echec de la conférence de Moscou : l'URSS quitte le conseil des Alliés. Plan Marshall de relance économique dans la zone occidentale.

RFA	RDA
1948-1949 Blocus de Berlin. 1949 Création de la RFA, née de la fusion des zones d'occupation américaine, anglaise et française. Proclamation de la loi fondamentale.	1949 Création de la RDA, délimitée par la zone d'occupation soviétique. Instauration d'un parti unique, le SED, sous surveillance de Moscou. Wilhelm Pick président du Conseil d'Etat.
1949-1963 Gouvernement Adenauer.	
1950 Bonn capitale « provisoire ».	1950 RDA membre du Comecon.

1951 Création de la CECA. Premier salon de l'automobile à Francfort.

1952 Bonn paie 3,5 milliards de DM à Israël pour les victimes du nazisme.

1954 Echec de la Communauté européenne de défense. Entrée de la RFA dans l'Otan.

1955 Abolition du statut d'occupation. Lufthansa compagnie aérienne nationale. La millionième « coccinelle » sort des usines Volkswagen.

1956 Création de l'armée fédérale (*Bundeswehr*). Epoque de surconsommation : ère de la *Fresswelle* (la « goinfrerie »).

1957 Traité de Rome. Création du Marché commun.

1961 Construction du mur de Berlin.

1963 Kennedy à Berlin : « *Ich bin ein Berliner* » (« Je suis un Berlinois »). Fin du règne Adenauer. Erhard chancelier.

1964 700 000 emplois vacants.
Le millionième travailleur immigré (en allemand, *Gastarbeiter* : « travailleur invité ») reçoit un cyclomoteur en cadeau.

1965 Etablissement des relations diplomatiques RFA-Israël.

1966 Kurt Kiesinger chancelier.

1969-1970 Willy Brandt chancelier. Mise en place de *l'ostpolitik.* Première rencontre RFA-RDA.

1971 Accord quadripartite sur le statut de Berlin.

1973 Entrée de la RFA à l'ONU.

1953 Premiers soulèvements populaires à Berlin. Le plan *Neue Kurs* donne la priorité aux biens de consommation.

1955 La RDA signe le pacte de Varsovie. L'URSS met fin à l'occupation en RDA.

1960 Walter Ulbricht président.

1961 Fermeture des frontières par le Mur de Berlin et le « rideau de fer ».

1964 L'URSS garantit l'intégrité territoriale de la RDA.

1970 Charte de la réforme agraire. Rencontre de Willi Stoph et de Willy Brandt à Kassel.

1971 Erich Honecker à la tête du SED. Berlin-Est reconnaît officieusement l'existence de Berlin-Ouest.

1972 Délivrance des 1ers visas de sortie.

1973 Entrée de la RDA à l'ONU.
Willi Stoph président.

1974 Démission de Willy Brandt après le scandale de l'espion est-allemand dans son cabinet. Helmut Schmidt chancelier.	1974-1976 Durcissement du régime. Suppression du caractère provisoire de la séparation.
	1976 Erich Honecker au pouvoir.
1977 Année noire du terrorisme en Allemagne : le procureur Bubach et le chef du patronat Schleyer sont assassinés.	
1979 Création du Système monétaire européen (SME). Le mark monnaie de référence.	1979 Nouveau code pénal.
1982 Helmut Kohl chancelier.	
1983 Premiers cas de sida en Allemagne. Affaire des faux carnets de Hitler.	1986 Réélection de Honecker.
	1987 Abolition de la peine de mort. Visite de Honecker en RFA.
	1989 Durant l'été, ressortissants est-allemands réfugiés à l'ambassade de RFA en Hongrie. Gorbatchev à Berlin-Est en octobre. Manifestations dans tout le pays. Le 18 octobre, Honecker quitte le pouvoir, remplacé par Egon Krenz. 4 novembre : 1 million de manifestants à Berlin-Est.

•

9 novembre 1989	Chute du Mur de Berlin.
3 octobre 1990	Réunification des deux Allemagne.
1991	Berlin capitale de l'Allemagne par référendum. Réforme monétaire en ex-RDA. Impôts de solidarité en RFA.
1992	Crise économique. Montée des mouvements d'extrême-droite.
1994	Réélection d'Helmut Kohl.
1995	La barre des 4 millions de sans emplois est franchie. La société VW est la première à instaurer un système de partage du temps de travail (3 jours par semaine, retraite à 55 ans). L'artiste Cristo emballe le Reichstag de Berlin. L'événement marque le coup d'envoi des travaux de la reconstruction du centre de Berlin après six années de tergiversations.
1996	Berlin est le plus grand chantier du monde. Au printemps 1996 est organisée la plus grande manifestation jamais vue en Allemagne en réaction contre le plan d'austérité draconien du chancelier Kohl.

Le pays aujourd'hui

Économie

LE CAPITALISME RHÉNAN

Sortie ruinée et exsangue de la guerre, l'Allemagne fédérale a bénéficié à partir de 1948 de l'aide américaine (plan Marshall). Elle s'est redéveloppée sur les bases d'une économie libérale où l'industrie tient une place très importante. L'un des axes majeurs de la politique économique allemande est sa monnaie. Le modèle rhénan se distingue en effet du modèle anglo-saxon par sa sagesse financière. (On peut le qualifier de capitalisme de thésaurisation, par opposition au capitalisme de spéculation tel que celui des Etats-Unis ; le rôle très modeste joué par la Bourse dans l'économie allemande ainsi que sur les places financières internationales illustre cette caractéristique.) Tout est mis en œuvre pour assurer la maîtrise de l'inflation et la solidité du mark. Cette orientation a des causes historiques. Le souvenir d'une inflation cauchemardesque – et d'une importante fuite des capitaux – survenue dans les années 20 (une des causes de la montée du nazisme) hante toujours les mémoires. La peur de l'inflation détermine donc encore aujourd'hui et en grande partie la politique de la Bundesbank (la banque fédérale allemande).

En ce sens, l'Allemagne est moins libérale que ses homologues anglo-saxons, puisque c'est la politique de la Banque fédérale (taux d'intérêt) qui détermine le bilan de santé des entreprises, conférant aux grands *Konzerns* (« cartels ») allemands une solidité financière hors pair. Cette politique a permis à l'Allemagne un développement économique solide. On a parlé à ce propos de « miracle allemand », caractérisé par un mark fort, une balance des paiements positive et des industries puissantes (chimie, métallurgie, automobile…) qui exportent dans le monde entier des produits de qualité. Surtout, la politique monétaire de la RFA détermine en grande partie la stabilité des monnaies européennes puisque celles-ci sont actuellement liées entre elles au sein de la CEE.

Cette stabilité financière et cette puissance économique sont allées de pair avec une paix sociale dont a bénéficié le pays durant des années. Excepté dans le secteur de la métallurgie, les grèves ont été quasi inexistantes. En effet, les relations entre syndicats et patronat sont fondées sur le système dit de « cogestion » (*Mitbestimmung*). La loi prévoit la présence d'un délégué du comité d'entreprise (*Betriebsrat*) représentant les employés (*Arbeitnehmer*). D'autre part, les employés sont directement intéressés aux résultats de l'entreprise (participation au capital). Enfin, dans un contexte de croissance, les tensions sociales ont été assez peu marquées. Les augmentations salariales étaient traditionnellement discutées une fois par an au mois de janvier (*Tarifverträge*) et immuablement indexées sur le taux de croissance. Jusqu'à une date récente, l'Allemagne a été moins touchée par la crise que ses voisins européens, mais l'euphorie de la réunification a laissé la place à une réalité moins optimiste.

LES EFFETS DE LA RÉUNIFICATION ET LA CRISE ÉCONOMIQUE

La stagnation économique, puis la récession, ont remis en question cet équilibre. En 1992, les trois principaux syndicats – IG Metall (métallurgie, automobile, mécanique...), OTV (secteur public) et BHG (secteur tertiaire) – ont défrayé la chronique pendant plusieurs semaines en revendiquant des hausses de salaires de 10 % alors que le taux de croissance économique était négatif. Cette crise est une nouveauté dans l'histoire sociale de l'Allemagne d'après-guerre et montre à quel point le consensus social a davantage reposé sur la bonne santé économique du pays que sur le système de cogestion.
Offrant un nouveau marché aux entreprises ouest-allemandes, la réunification a dopé l'économie pendant deux ans (1990-1991), retardant l'entrée du pays dans une récession qui touchait l'ensemble de l'Europe. Ce dopage a fait déraper le pays de sa ligne de conduite traditionnelle. En effet, la nouvelle parité fixée entre les deux monnaies allemandes (un mark est-allemand est égal à un mark) a entraîné un accroissement important de la consommation, les Allemands de la partie orientale se ruant sur les biens d'équipement et de consommation ouest-allemands. Cette relance a conduit à une augmentation des prix et, partant, à une hausse de l'inflation, crise aggravée par le fait que l'Etat doit soutenir financièrement les Länder de l'ex-RDA. La Bundesbank a été obligée d'augmenter ses taux d'intérêt pour enrayer un processus inflationniste dangereux

pour le pays. Cette politique a eu des effets néfastes sur les autres économies européennes, en particulier celle de la France, obligée d'aligner sa monnaie sur le mark. En 1992, le système monétaire a subi une crise qui n'a pas été sans conséquence sur le vote de confiance difficilement accordé au traité de Maastricht.

LES NOUVEAUX HANDICAPS DE L'ÉCONOMIE ALLEMANDE

La crise économique des années 90 en Allemagne a également des causes structurelles, déséquilibres révélés récemment. L'Allemagne a toujours produit plus que son marché intérieur ne pouvait raisonnablement absorber et son succès économique s'est fondé sur l'exportation de sa production et donc sur une certaine dépendance vis-à-vis de l'extérieur. La crise économique touchant ses principaux clients et l'ouverture d'un nouveau marché à l'Est étant insuffisante, elle a été sérieusement affectée par la baisse de ses exportations. La chute de la production qui en a découlé a provoqué une hausse du chômage, fléau dont le pays était pratiquement épargné jusqu'à présent. Le secteur le plus touché a été celui de l'industrie traditionnelle, à l'instar de ses voisins français et anglais. Les industries du charbon et de l'acier, maintenues en vie durant des décennies par les subventions du fameux *Jahrhundertsvertrag* (« contrat du siècle »), disparaissent progressivement.

L'autre cause est à rechercher dans les coûts de production. Des études récentes ont démontré que l'Allemagne est un des pays où le coût horaire de travail est un des plus élevés au monde. Les coûts de production sont si forts que les investisseurs étrangers hésitent à s'installer et, plus grave encore, les entreprises allemandes délocalisent leur production hors d'Allemagne. Le *made in Germany*, dont la réputation a tenu le haut du pavé pendant des décennies, est donc sérieusement atteint. Ainsi, l'Allemagne est aujourd'hui menacée par la concurrence des pays asiatiques, notamment pour les produits électroniques. Par ailleurs, l'Allemagne n'a pas connu de véritable expérience de récession économique depuis la guerre, comme ont pu en avoir ses voisins et, dans ce pays plus qu'ailleurs, la santé économique garantit la stabilité politique. Certes, dans la plupart des pays européens, les partis d'extrême droite ont gagné du terrain, mais l'expérience démocratique allemande est encore très jeune puisqu'elle a à peine plus de 40 ans à l'Ouest et est pratiquement inexistante dans l'ex-RDA. Les souvenirs de la crise des années 30 et de ses conséquences sont encore très présents dans les esprits. Le tableau n'est cependant pas complètement sombre. Si la récente crise apparue depuis la réunification a révélé certaines faiblesses de l'économie, l'Allemagne dispose encore de sérieux atouts : une monnaie forte, une industrie puissante et prospère, une balance des paiements équilibrée. Elle demeure la puissance économique la plus forte en Europe. Reste qu'elle doit composer avec les nouveaux Länder de la partie orientale du pays, dont l'économie n'est pas assainie (l'assainissement des entreprises de l'ex-RDA est géré par la *Treuhand* de Berlin) et maîtriser ses coûts de production pour maintenir sa compétitivité internationale.

Les chiffres de l'économie allemande pour 1995 révélés en 1996 sont assez mauvais : la barre des 4 millions de chômeurs a été dépassée et l'on sait désormais que le pays ne satisfait pas aux exigences macro-économiques du traité de Maastricht pour l'intégration européenne. Pour sortir l'Allemagne de la récession, le chancelier Kohl met au point un plan d'austérité draconien, qui devrait permettre de juguler le déficit budgétaire et relancer l'accroissement industriel. La population réagit très violemment devant ces mesures impopulaires et a organisé une « marche sur Bonn » au printemps 1996, la plus grande manifestation que le pays ait jamais connue depuis sa création en 1949. Les mesures prévoient notamment des baisses importantes dans les prestations de « l'Etat social » (allocations chômage notamment), une baisse très substantielle des salaires pendant les arrêts maladie, l'élévation de l'âge légal du départ en retraite de plusieurs années dans l'administration. Parallèlement le cabinet Kohl a lancé le système de *Teilzeitarbeit* relatif à un partage plus flexible du temps de travail avec incitation au temps partiel et surtout au mi-temps (le manque à gagner étant en partie financé par les caisses d'allocations chômage) mais, à l'heure du premier bilan, ce système prometteur ne donne pas les résultats escomptés. Cependant une certaine détente de la situation économique se signale vers la fin de 1996 avec la reprise de l'activité du bâtiment (très pénalisé par un hiver 1995-1996 extrêmement rigoureux) et un assouplissement de la politique monétaire de la Bundesbank de nature à relancer l'investissement des sociétés. L'accroissement de l'activité économique demeure faible et en deçà des prévisions des instituts d'observation économique.

Un projet de refonte de l'un des chapitres de la Constitution allemande vise également, par la réduction du nombre des Länder (actuellement au nombre de 16), à réduire les dépenses publiques relatives au fonctionnement de l'appareil gouvernemental. Or, une consultation sous forme de référendum

Les industries en Allemagne

Le secteur industriel place l'Allemagne au premier rang de l'Europe. L'industrie lourde occupe une place fondamentale, même si aujourd'hui les grandes aciéries du bassin de la Ruhr connaissent une crise sans précédent. La carte industrielle de l'Allemagne se répartit ainsi :

Hambourg, Brême et Rostock : chantiers navals (secteur en crise).

Hambourg : premier port allemand (en progression depuis la récupération de son *Hinterland* avec la vallée de l'Elbe), entreprises de communication (édition, presse, TV...), siège de Procter & Gamble en Allemagne.

Région de la Ruhr : la reconversion des industries métallurgiques et sidérurgiques se poursuit. Le « contrat du siècle » (subvention fédérale pour l'extraction du charbon) est arrivé à terme fin 1994. Le taux de chômage y est supérieur à la moyenne nationale. La région, de Düsseldorf à Dortmund, forme la plus grande conurbation européenne fondée à la fin du XIXe siècle sur le site du bassin charbonnier de la Ruhr. La région se tourne vers le secteur tertiaire. Villes principales : Düsseldorf, Essen, Duisbourg, Dortmund, Bochum. Grandes sociétés : Krupp, Hoechst.

Düsseldorf : ville très prospère, elle est la capitale financière de la région (West Landesbank) et le siège de nombreuses grandes sociétés sidérurgiques (Thyssen, Mannesmann) et chimiques (Veba, Henkel).

Cologne n'appartient pas à la Ruhr. C'est un grand centre de compagnies d'assurances et le siège des usines Ford en Allemagne. A Leverkusen (banlieue de Cologne) se trouve le plus grand konzern chimique allemand : Bayer (inventeur de l'aspirine).

Wolfsburg en Basse-Saxe a été créé dans les années 30 pour accueillir le siège de Volkswagen (VW). Depuis sa fusion avec Audi (usines à Ingolstadt en Bavière), il est devenu le premier groupe automobile allemand. **Francfort** est la capitale économique du pays et le siège des grandes banques (Bundesbank, Deutsche Bank, Commerzbank, Dresdner Bank...). La ville est aussi le siège du second konzern chimique allemand, Hoechst, et est un nœud de communication (la plus grande gare ferroviaire et le plus grand aéroport d'Allemagne). La plupart des grandes agences internationales de publicité se trouvent à Francfort. Les usines Opel se trouvent à Rüsselsheim, dans la banlieue de Francfort. BASF, autre géant de l'industrie chimique allemande, est établi à Ludwigshafen au sud de Francfort.

Stuttgart est située au cœur d'une des régions les plus prospères du pays, le Bad-Wurtemberg. La ville est le siège du plus grand groupe industriel allemand : Daimler-Benz (automobile avec Mercedes, matériel électrique avec AEG, aéronautique/armement avec Deutsche Aerospace et MBB). A Stuttgart également sont établies les sociétés Bosch, Porsche, SEL et IBM Allemagne.

Munich est le siège de BMW et de Siemens (premier groupe électronique allemand).

pour le projet de fusion entre le Land de Brandebourg et la ville-Etat de Berlin s'est soldée en 1996 par une majorité de refus. Apparemment la population reste très attachée à son appartenance à une entité régionale forte.

Population et société

ÉVOLUTION DÉMOGRAPHIQUE ET PERSPECTIVES

L'Allemagne a une population supérieure à celle de la France, puisqu'elle compte près de 81 millions d'habitants. La population allemande a le plus faible taux d'accroissement annuel du monde, de l'ordre de – 1 %. A partir du XXIe siècle, une personne active cotisera pour financer la retraite de trois autres personnes. Outre les problèmes que cet état de faits pose sur un simple plan matériel, il est juste de s'inquiéter quant à la relève du pays. Seules les populations immigrées, surtout les Turcs, connaissent un taux de fécondité suffisant pour pallier le déséquilibre démographique allemand. La dénatalité de l'Allemagne peut s'expliquer par un phénomène que l'on a appelé le *Kinderfeidlichkeit* (terme qui pourrait se traduire mot à mot par « hostilité aux enfants »). Les causes en sont multiples et la crise que l'on vit actuellement, les mutations rapides aux conséquences imprévisibles agissent comme autant de facteurs qui freinent la reproduction. Car les Allemands aiment peu l'imprévu : plus que dans tout autre pays riche, on planifie la naissance d'un enfant lorsque on est sûr de lui assurer une éducation et une vie les plus heureuses possibles. La différence avec des pays latins comme la France, où le taux d'accroissement, même s'il a beaucoup baissé, reste nettement supérieur à l'Allemagne, est évidente.
L'Allemagne a également le taux le plus élevé de « ménages » constitués d'une seule personne. De plus, les Allemands, même s'ils quittent plus vite le domicile familial que les Latins, arrivent très tard sur le marché de l'emploi : les cursus universitaires sont souvent de deux, voire trois ans plus longs qu'en France; l'*Abitur* (équivalent du baccalauréat) se passe un an plus tard qu'en France, et les Allemands font, en règle générale, deux ans d'apprentissage avant de commencer réellement leurs études; en outre, pour la population masculine, le service militaire dure près de deux ans. Il n'est donc pas rare que les Allemands arrivent sur le marché du travail à trente ans. La création d'une famille, qui en général se fait à ce stade-là, s'en trouve donc retardée d'autant.

L'IMMIGRATION

L'Allemagne fédérale est certainement le pays d'Europe qui a, depuis la dernière guerre, absorbé le plus grand flux migratoire. On distinguera quatre grandes périodes : la première remonte aux années 1945-1946, après que la conférence de Potsdam a redessiné la configuration de l'Allemagne, la privant d'au moins un quart de son ancienne superficie. La frontière avec la Pologne, marquée auparavant par la fameuse ligne Oder-Neisse, passe aujourd'hui à 200 km plus à l'ouest. Les Allemands de ces contrées, que l'on appelait Silésie, Poméranie, Prusse orientale ou territoires des Sudètes (partie ouest de l'actuelle Tchéquie), sont alors chassés de leurs terres au lendemain de la guerre. On avance le chiffre de 13 millions d'Allemands obligés de laisser aux nouveaux occupants polonais, russes ou tchèques leurs possessions et de recommencer une existence, le plus souvent en République fédérale d'Allemagne; un apport de population qui compensait ainsi largement en termes de chiffres les pertes humaines consécutives à la guerre.

Une deuxième vague, de moindre envergure, se produit entre 1949 et 1961 (entre la création de la RDA et la construction du Mur). Près de 3 millions d'Allemands de l'Est, fuyant le joug communiste, trouvent refuge en RFA.

Le troisième flux migratoire a pour cadre le miracle économique des années 60; il est caractérisé par l'afflux d'une population ouvrière en provenance de Turquie (3 millions de Turcs vivent aujourd'hui en Allemagne; ils représentent le groupe non allemand le plus important, soit 2,1 % de la population globale), de Grèce, du Mezzogiorno italien, mais aussi d'Espagne et du Portugal. Cette immigration a été encouragée par le gouvernement allemand car le pays, se trouvant alors dans une période de plein emploi, avait un besoin accru de main-d'œuvre.

La dernière vague est beaucoup plus récente et date de l'effondrement du bloc de l'Est. Depuis 1989, l'Allemagne doit faire face à un accroissement important du nombre de demandeurs d'asile en provenance d'Ukraine, de Russie et de Roumanie. Pour ces populations, l'Allemagne, qui a toujours occupé une position médiane au centre de l'Europe, fait toujours figure d'Eldorado. La question de l'immigration est d'ailleurs, en Allemagne, au centre du débat politique. La crise économique récente et le chômage ont encore renforcé le malaise et posent le problème de l'intégration de ces populations, d'autant que le nombre des demandeurs d'asile ne cesse d'augmenter (en 1992, ils étaient près de 450 000 contre 256 000 en 1991). Aussi la législation en matière de droit d'asile est-elle devenue plus sévère : le 26 mai 1993, un amendement a été voté à l'article 16 de la Loi fondamentale (« Un réfugié politique bénéficie du droit d'asile »), qui décide qu'un réfugié politique venant d'un pays où les droits de l'homme ont été violés, mais qui a transité par un pays où ces droits sont respectés, ne pourrait plus demander asile à l'Allemagne.

RÉPARTITION DE LA POPULATION

La population est répartie de façon relativement équilibrée entre les différents Länder. Cet état de faits est lié au caractère fédéral du pays : l'Allemagne ne connaît pas le centralisme d'une mégalopole, et la population est ventilée sur toutes les régions, elles-mêmes animées par une métropole régionale. Cependant, il existe quelques inégalités flagrantes : la Bavière, par exemple, est très peuplée à Munich et à Nuremberg, ses grands centres urbains, mais est en revanche presque vide en Franconie, le grand plateau bavarois.
A l'opposé, le Land de Rhénanie du Nord-Westphalie est, avec 17 millions d'habitants à lui seul, le plus densément peuplé. La région de la Ruhr forme, avec une dizaine de grandes villes de plus de 500 000 habitants, une immense zone urbaine.
Sur l'ensemble du pays, la densité de population est de 227 habitants au km^2 (deuxième rang européen après les Pays-Bas ; France : 99 habitants au km^2). Il existe, outre les grandes agglomérations (Berlin, Hambourg, Munich), trois grands centres à densité particulièrement élevée. Ce sont, d'une part, la région de la Ruhr et les villes de Düsseldorf et Cologne, d'autre part, la zone du confluent Rhin-Main avec Francfort, Wiesbaden et Mayence, et, enfin, la zone Rhin-Neckar avec Stuttgart, Heidelberg, Mannheim et Ludwigshafen.
De même, la répartition entre la population urbaine et la population rurale est très contrastée, les villes accueillant plus de 85 % de la population totale contre près de 15 % pour les campagnes.

RELIGIONS

La religion chrétienne est largement majoritaire en Allemagne puisqu'elle représente près de 90 % de la population pratiquante, répartie de manière à peu près équitable entre les catholiques (surtout au sud et à l'ouest) et les protestants (en majorité au nord et à l'est). La ville de Cologne fait figure de grand bastion du catholicisme en Allemagne. Les archevêques de Cologne sont les chefs de l'Eglise catholique d'Allemagne. D'une manière générale, le culte est davantage suivi qu'en France et les traditions sont restées plus vivaces. Les Allemands qui se réclament de la religion chrétienne payent d'ailleurs d'assez substantiels impôts à l'Eglise. Ils déclarent leur appartenance religieuse et un pourcentage est directement prélevé sur leur salaire. Les fêtes religieuses du calendrier sont très suivies : pendant la période de l'Avent (qui précède Noël), on confectionne des couronnes et des gâteaux secs ; les fêtes de Noël s'étendent sur une semaine. A la Saint-Nicolas, les enfants reçoivent leurs cadeaux, et à la Saint-Martin ils chantent dans les rues en portant des petites lanternes et vont de porte en porte pour se faire offrir des sucreries. A l'Epiphanie, ils marquent les portes des maisons généreuses des initiales des trois rois mages, leur assurant ainsi bonne fortune toute l'année. Chaque année, la Fête Dieu, en juin, est l'occasion de processions où l'on jette des fleurs, comme jadis en France. Pâques est fêté pendant plusieurs jours et il existe même un jour de pénitence, très suivi, en novembre. Le carême est respecté dans une plus large mesure qu'en France. C'est pourquoi le carnaval, qui marque la fin de la période licencieuse entre l'Epiphanie et le début du carême et dure toute une semaine dans des villes comme Cologne ou Mayence, a autant d'adeptes en Allemagne.

Les autres religions sont plus faiblement représentées : les musulmans comptent 2,7 % de la population pratiquante et les juifs 0,1 %.

LE SYSTÈME ÉDUCATIF

Le système éducatif paraît plus juste et moins élitiste qu'en France. Ses défauts sont à rechercher dans la durée des cursus scolaires et universitaires qui font que les Allemands arrivent très tard sur le marché du travail.

L'enseignement primaire est assuré à la *Grundschule*. Les cours ont lieu le matin jusqu'à environ 13 h. Les élèves consacrent leur après-midi au sport ou à d'autres activités d'éveil. Les cours durent entre 40 et 45 minutes. Le but de l'enseignement n'est pas, comme en France, de donner à l'élève une culture générale étendue mais de développer le sens de la réflexion et de la critique. En ce sens, les élèves participent aux cours de façon plus active qu'en France. Après la *Grundschule*, l'Allemand choisit entre le *Gymnasium* (lycée à l'enseignement assez poussé qui le préparera à un cursus universitaire) et la *Realschule* (où il se préparera à des études pratiques). Le baccalauréat, *Abitur*, se passe généralement un an plus tard qu'en France. Le système de *numerus clausus* a encore cours : il est très important, pour obtenir une place à l'université ou même un stage d'apprentissage, d'avoir obtenu les meilleures notes à *l'Abitur*. Avant d'entamer les études proprement dites, les Allemands passent deux à trois ans au sein d'une entreprise, ce qui leur permet d'établir un premier contact avec la vie du travail et d'être, à l'obtention de leur diplôme d'études, non seulement de bons théoriciens, mais aussi de bons praticiens.

Dans l'ensemble, le système est moins sclérosé et cloisonné qu'en France. Les Allemands qui suivent un enseignement pratique peuvent à tout moment se réorienter et entamer un cursus universitaire. Très nombreux enfin sont ceux qui suivent des cours du soir, des cours de perfectionnement par correspondance ou changent radicalement d'orientation. L'université est plus dynamique qu'en France et a d'ailleurs une excellente réputation, meilleure que les enseignements des grandes écoles ou *Hochshulen*, ce qui peut s'expliquer par le fait que l'université est intégrée aux grands centres de recherche. Les études sont entièrement gratuites. Les étudiants peuvent, sous certaines conditions, bénéficier d'une sorte de bourse-emprunt, le *Bafög*, qu'ils remboursent lorsqu'ils ont trouvé un emploi.

LA SANTÉ

L'Allemagne a un des systèmes de santé les plus performants du monde. En 1988, le gouvernement a décidé d'appliquer une politique draconienne de réduction des dépenses, semble-t-il avec succès, puisque cinq ans plus tard, l'ensemble des caisses d'assurance maladie annonçait un excédent de 12 milliards de marks. La clé de voûte du système est la gratuité des soins pour tous, que ce soit la visite du médecin, l'achat de médicaments ou le séjour en hôpital. Depuis quelques années, le gouvernement a été contraint toutefois d'introduire une participation des patients, qui paient désormais un forfait de 2 marks (env. 7 francs) par boîte de médicament achetée et de 11 marks (38 francs) par jour d'hospitalisation.

Cependant, ce système profondément égalitaire a aussi ses côtés pervers : les médecins, qui sont payés par les caisses, se sont vus menacés de ne plus être réglés s'ils prescrivaient des ordonnances trop généreuses. Ils ne peuvent prescrire qu'un nombre déterminé de médicaments et sont aussi invités à choisir parmi les moins onéreux. De même, pour limiter les dépenses en consultations inutiles, il faut, pour se rendre chez un spécialiste, une lettre d'introduction du médecin traitant, faute de quoi ni la consultation ni les médicaments ne sont remboursés. Il y a un risque que les praticiens soient relégués au rang de fonctionnaires exécutants et soient moins impliqués dans les cas qu'ils ont à traiter, et que l'attention accordée au patient ou les soins prodigués deviennent médiocres.

Le système de santé est devenu un système à deux vitesses. La plupart des Allemands sont affiliés à une caisse d'assurance maladie (il n'existe pas de sécurité sociale comme en France, mais une multitude de caisses qui se font une concurrence acharnée) qui les prend en charge complètement, y compris au moment de la dépense. Si l'on dispose de revenus supérieurs à un certain niveau, on peut quitter ces caisses pour une *Privatkasse.* En règle générale, les *Privatpatienten*, qui doivent faire l'avance de tous les frais médicaux, obtiennent des rendez-vous plus rapidement, disposent d'une chambre particulière dans les cliniques ou encore peuvent exiger d'être traités par le chef de la clinique. Notons enfin que l'automédication est beaucoup moins pratiquée qu'en France. D'une manière de plus en plus répandue, les médecins font confiance à l'homéopathie et aux médecines douces, boudant les antibiotiques et autres fortes médications.

LA JEUNESSE ALLEMANDE

La jeunesse allemande des années 60 et 70, née de parents ayant appartenu à une génération qui a perpétré l'un des plus importants génocides de l'humanité, en a été traumatisée.

Elle a rejeté en masse toutes les valeurs bourgeoises et conventionnelles. Un mouvement plus spécifique est apparu, le mouvement alternatif proche de celui issu de Mai 68. Antimilitariste, proche de la nature et anti-américain, *Alternative* a tenté d'inventer de nouvelles formes de société. Son anti-américanisme s'explique par le fait que, militairement, l'Allemagne a été, de 1945 à 1994, occupée par les Etats-Unis et qu'elle a souvent pu craindre, pendant la guerre froide, de devenir le champ de bataille d'une troisième guerre mondiale : placée au cœur de l'Europe, elle pouvait devenir un lieu d'affrontement privilégié entre les Etats-Unis et l'URSS, risque accentué par le fait que les armes américaines, les fameux Pershing II, et les SS-20 soviétiques étaient stationnés sur les territoires allemands et se menaçaient mutuellement. Pour beaucoup de jeunes, l'Allemagne avait été bradée aux Américains contre l'assurance de la prospérité économique (c'est en effet le plan Marshall, aide économique américaine, qui avait permis le décollage économique de la RFA après la guerre). C'est parmi cette jeunesse contestataire des années 70 que les groupuscules terroristes comme la RAF (Fraction armée rouge) ont largement recruté. L'anti-américanisme de la jeunesse allemande s'est encore exprimé jusqu'à une date très récente, au cours de manifestations contre la guerre du Golfe en 1991. (Beaucoup d'Allemands, traumatisés par toute idée de guerre, reprochaient au gouvernement américain de ne pas chercher de règlement diplomatique au conflit.) Curieusement, les années 80 constituent une rupture très nette avec ce mouvement. La nouvelle jeunesse n'a rien de commun avec ses grands frères alternatifs des années 60. Les jeunes Allemands sont parmi les plus pro-américains de toute l'Europe. Le rôle de la voiture en Allemagne, la multiplication sauvage des chaînes de TV ces dernières années (une trentaine), le taux de pénétration des séries américaines (on fait apparemment outre-Rhin bien peu de cas de « l'exception culturelle »), la physionomie de certaines grandes villes (Francfort par exemple, dont le centre hérissé de gratte-ciel se borne de plus en plus à son rôle de quartier d'affaires, rejetant les zones résidentielles en lointaine périphérie), autant de facteurs qui américanisent inéluctablement le mode de vie en Allemagne.

Par ailleurs, il faut dire un mot de la jeunesse de l'ex-RDA qui s'est retrouvée brutalement confrontée à une société dont les modes de vie et le système politique et économique étaient radicalement différents de ce qu'elle avait connu jusque-là. Privés de repères, confrontés à la crise économique et au chômage, déçus dans leurs attentes après la réunification, certains de ces jeunes ont adhéré à des thèses extrémistes et nationalistes, allant jusqu'à commettre des actes de violence et de xénophobie.

Les institutions et la vie politique

LA LOI FONDAMENTALE

Au cours de l'année 1949, à l'instigation des trois commandants en chef occidentaux (l'URSS a quitté le conseil des Alliés en 1947), une Assemblée constituante se réunit, qui est chargée d'élaborer une Loi fondamentale et d'entamer le processus devant conduire à la création d'un Etat allemand.

La Constitution de la République fédérale d'Allemagne date donc de 1949 et repose sur la *Grundgesetz*, la fameuse Loi fondamentale adoptée le 8 mai 1949 et composée des 17 articles des droits fondamentaux. Même s'il a fallu l'accord des Alliés pour créer la République fédérale d'Allemagne, la Loi fondamentale a été adoptée selon un processus démocratique : les membres du Conseil parlementaire chargé d'élaborer la Constitution ont été choisis par des parlements régionaux, dont les représentants ont été élus au suffrage universel. A l'origine, la Loi fondamentale devait permettre d'établir un nouvel ordre public pour une période de transition, qui se voulait provisoire. Depuis plus de quarante ans, elle a fait ses preuves et apparaît aujourd'hui comme le meilleur garant de la stabilité démocratique en Allemagne. Depuis la réunification, la Constitution a perdu son caractère provisoire tel qu'il est énoncé dans le Préambule de 1949 : « Le peuple allemand s'est donné [...] la présente Loi fondamentale en vertu de son pouvoir constituant, afin de réorganiser la vie publique pour une période transitoire. »

Le souvenir de l'échec de la république de Weimar et de son incapacité à contrer la montée du nazisme, ainsi que celui des droits bafoués sous le régime hitlérien ont influencé les pères de la Constitution de 1949. Il fallait doter le pays de principes démocratiques inébranlables. Ainsi, contrairement au régime de Weimar, le président de la République, issu du suffrage indirect, a des pouvoirs et un rôle restreints. Par ailleurs, pour obtenir des sièges à la Chambre, un parti doit dépasser un certain pourcentage de voix. Ceci dans le but d'éviter à tout parti extrémiste de bénéficier, ne serait-ce que très peu, de sièges au *Bundestag* (Parlement fédéral).

En dehors de l'énoncé des droits de liberté classiques, l'accent est mis dans les 17 articles des droits fondamentaux sur le fait que la dignité humaine est inviolable (*Die Würde des Menschen ist unantasbar*) et que l'Etat est au service du citoyen, et non l'inverse. Les droits fondamentaux incluent également l'égalité des sexes et le droit de refuser le service national. Un exemple pour illustrer la force juridique des droits fondamentaux : l'article 6 de la Loi fondamentale rappelle que les enfants nés d'une union libre ont les mêmes droits que les enfants issus d'un mariage. Or, jusque en 1969, aucune loi n'existait qui fit respecter cet article. Après qu'un citoyen eut saisi le *Bundesverfassungsgericht* (tribunal constitutionnel) de Karlsruhe, le tribunal somma le Bundestag de créer et de faire appliquer sans délai une loi permettant d'obtempérer à l'article 6 de la Loi fondamentale. Ce à quoi le Bundestag s'employa aussitôt.

Outre les 17 articles de la Loi fondamentale, la Constitution s'articule autour de quatre grands principes : la démocratie (le chef de l'Etat est le représentant du peuple souverain), le droit (l'Etat est, dans tous ses agissements, lié au droit et à la justice), le droit social (l'Etat protège les citoyens les plus faibles et veille à l'équité sociale), le fédéralisme (mise en valeur des particularismes régionaux et décentralisation du pouvoir).

LES GRANDES INSTITUTIONS

L'Allemagne fédérale est une république parlementaire. Le *Bundespräsident*, président de la République fédérale, est le premier personnage de l'appareil politique allemand. Cependant, son rôle est essentiellement représentatif. Là encore, les pères de la Constitution ont tiré des leçons de l'Histoire : c'est en effet le pouvoir politique trop fort détenu par le président de la République qui avait en partie contribué à l'échec de l'expérience démocratique de la république de Weimar. Le Bundespräsident n'est pas le chef du gouvernement, mais sa fonction est hautement diplomatique puisqu'il est censé représenter l'union de tous les Allemands, au-delà des clivages politiques. Il est élu par la *Bundesversammlung*, une assemblée constituée des députés au Bundestag et de représentants des Länder; cette assemblée ne siège que pour les élections du Bundespräsident. Le mandat du président est de 5 ans, renouvelable une fois. Le président peut dissoudre le Parlement sur proposition du chancelier. Depuis sa création en 1949, 7 présidents se sont succédé à la tête de la RFA : Theodor Heuss, Heinrich Lübke, Gustav Heinemann, Walter Scheel, Karl Carstens, Richard von Weizsäcker et Hermann Herzog.

Le Bundestag est le Parlement fédéral dont le siège est à Bonn pour quelques années encore, mais il devrait, ainsi que tout l'appareil politique, être transféré à Berlin en l'an 2000. Notons à ce sujet que Bonn n'est plus, depuis le référendum de 1991, la capitale de l'Allemagne, mais seulement le siège du gouvernement. L'Assemblée est élue pour une période de quatre ans à l'issue des *Parlamentswahl* (ou élections législatives). Lorsque le Parlement siège en session plénière, les débats sont retransmis intégralement à la télévision. Comme en France, les projets de lois sont préparés par des commissions. Le Parlement est constitué de 519 députés.

Le *Bundesrat*, que l'on peut comparer à notre Sénat, est l'assemblée des Länder à Bonn. Chacun des 16 Länder dispose sur son territoire d'un parlement régional, le Landtag avec ses députés régionaux mais aussi un gouvernement régional, le *Landesregierung* composé du *Ministerpräsident*, le chef du gouvernement à l'échelle régionale, et des *Landesminister*. Le Bundesrat n'est pas élu, mais constitué de représentants des gouvernements régionaux. Chaque Land dispose d'au moins 3 voix. Les Länder les plus peuplés, comme la Rhénanie du Nord-Westphalie, ont 5 voix. Les projets de lois sont soumis pour environ la moitié des cas à l'approbation du Bundesrat, quand ces lois ont des répercussions directes sur l'administration ou les finances des Länder. Pour les autres cas, le Bundesrat dispose d'un droit de veto. Si le Bundestag et le Bundesrat ne sont pas d'accord, une commission médiatrice, la *Vermittlungausschuss*, s'efforce de trouver une solution amiable. Au cours de la dernière période législative, seulement 8 des 274 projets de lois n'ont pu aboutir faute de compromis entre Bundestag et Bundesrat.

Le *Bundeskantzler*, ou chancelier fédéral, est le véritable chef du gouvernement fédéral (fédéral ici s'entend par opposition à régional). On peut davantage le comparer au *Prime Minister* britannique qu'au Premier ministre français. En tant que chef du gouvernement, il ne rend pas compte au Bundespräsident. Son homologue en France est d'ailleurs le président de la République et non le Premier ministre. Le chancelier est élu par le Parlement sur proposition du Bundespräsident mais celui-ci doit prendre en compte, pour cette proposition, de la majorité au Parlement. Le mandat à la chancellerie dure 4 ans. Les ministres sont officiellement nommés par le Bundespräsident sur proposition du chancelier. La position du chancelier est tellement forte en Allemagne que l'on a parlé de *Kanzlerdemokratie*. Le chancelier est le seul membre du *Kabinett* (autre nom pour désigner le gouvernement) à être nommé par le Parlement et en est le seul responsable. C'est lui qui définit les grandes lignes de la politique intérieure et extérieure, reprises dans leur domaine respectif par les *Bundesminister*, les ministres fédéraux. L'expérience démocratique de Weimar a, là aussi, joué un rôle important : l'instauration du système de *konstruktives Misstrauensvotum* (ou motion de censure constructive) est destinée à empêcher que des groupes d'opposition, qui n'auraient pas de programme commun mais qui pourraient toutefois faire front commun contre le chancelier, ne puissent parvenir à le renverser.

Depuis 1949, on ne relève qu'un seul cas de tentative de renversement du gouvernement : en 1972, sous le chancelier Willy Brandt. La motion de censure n'a cependant pas obtenu le nombre de voix nécessaire.

Depuis 1949, les différents chanceliers ont été : Konrad Adenauer, CDU (1949-1963) ; Ludwig Erhard, CDU (1963-1966) ; Kurt Kiesinger, CDU (1966-1969) ; Willy Brandt, SPD (1969-1974), Helmut Schmidt, SPD (1974-1982) et Helmut Kohl, CDU (depuis 1982).

LA VIE POLITIQUE ET LES GRANDS PARTIS

Le paysage politique est dominé par deux grands partis : l'alliance CDU/CSU (Union chrétienne-démocrate/Union sociale-démocrate) et le SPD (Parti social-démocrate). La majorité oscille tantôt pour l'un, tantôt pour l'autre, mais aucun des deux partis n'a jamais réussi à obtenir un nombre de voix suffisant pour exercer le pouvoir seul. Les alliances se font avec le FDP (Parti libéral) qui fait office de parti charnière dans les coalitions gouvernementales. Le parti des Grüne (Verts), fondé en 1980, s'est développé comme une opposition à ces partis traditionnels au pouvoir depuis quarante ans. Enfin, l'ancien parti communiste de l'ex-RDA reconverti en PDS (Parti du socialisme démocratique) garde encore un certain écho. Pour siéger au Parlement, les partis doivent passer la barre des 5 % (*Fünf Prozent Klausel*), garantie constitutionnelle qui fut établie au lendemain de la guerre pour écarter toute velléité extrémiste.
D'autre part, on assiste dans les nouveaux Länder à la renaissance du parti communiste que l'on pensait à jamais enterré, non plus sous le nom de SED, mais sous celui de PDS, conduit par Gregor Gisy. A un moindre niveau d'influence, il faut aussi noter l'existence du parti des Grauen (les Gris), qui défendent plus particulièrement les droits des personnes du troisième âge.
La relève des grandes figures politiques – que ce soit Franz-Josef Strauss à droite ou Willy Brandt à gauche – n'a pas eu lieu. D'une manière générale, le manque de charisme et de persuasion de l'actuelle classe politique ont introduit un phénomène nouveau appelé *Politikverdrossenheit* : ce néologisme allemand, entériné par le dictionnaire officiel 1992, décrit le désaveu de la classe politique dans son ensemble, mais aussi une apathie générale face à la crise économique et aux retards du décollage à l'Est. Ce renoncement a été clairement mis en évidence lors des dernières élections au sénat de Hambourg (élections du gouvernement régional) en 1993. Tous les partis classiques (CDU, SPD et FDP) étaient en très nette perte de vitesse. Dans les banlieues, les partis nationalistes ont enregistré des scores impressionnants. La nouveauté est venue cependant de l'émergence d'un nouveau parti, le Statt-Partei (*statt* signifie « au lieu de »), parti sans étiquette.

En octobre 1994, les élections législatives ont reconduit Helmut Kohl dans ses fonctions de chancelier. Empêtrés dans des scandales (l'intégrité politique est capitale en Allemagne et le moindre écart peut entraîner la fin brutale d'une carrière) et impuissants à pouvoir relancer l'économie, les partis ont pu redouter une désaffection de l'électorat. Kohl lui-même n'était pas sûr d'être réélu. Son parti (CDU-CSU) a remporté les élections (41,5 % contre 42,8 % en 1990), mais l'alliance chrétienne libérale (coalition avec le FDP) subit un sévère recul. Dans un contexte de crise, les Allemands ont quand même opté pour la continuité et Helmut Kohl devient le chancelier dont le mandat est le plus long dans l'histoire de la RFA. Une introduction réussie de l'Euro de même qu'une détente sur la plan économique de façon à satisfaire aux exigences de Maastricht pourraient conforter les positions du parti conservateur au pouvoir. De même le déménagement du gouvernement à Berlin à l'orée du troisième millénaire devrait être de nature à doper le démarrage économique de Berlin, la nouvelle capitale, et agir comme un catalyseur de nouvelles ressources pour les régions de l'ex-RDA qui entourent Berlin.

FÉDÉRALISME ET AUTOGESTION COMMUNALE

Le fédéralisme a une longue tradition en Allemagne et il n'a en fait été interrompu que pendant les douze années qu'a duré le régime nazi.
Si la structure fédérale a longtemps été décriée au cours de l'Histoire comme la preuve du déchirement de l'Empire, elle apparaît aujourd'hui comme une des clés de la réussite de l'Allemagne. De même, les tendances centrifuges, qui vont souvent de pair avec le régionalisme, ont pu être évitées en Allemagne grâce à la taille réduite du pays et à l'excellent système de communication. Le *Bund* (l'Etat fédéral) laisse une assez grande autonomie aux régions. Les domaines de l'environnement, de l'éducation, de la police, de l'aménagement du territoire et de la culture sont du ressort des Länder. A une échelle encore plus petite que la région, la commune s'autogère également. Il faut y retrouver une tradition des villes libres de la Hanse remontant au Moyen Age. A cette époque, le statut de *Bürger*, c'est-à-dire de citoyen d'une ville, libérait du statut de vassalité. Un dicton allemand dit d'ailleurs : « *Stadtluft macht frei* » (« L'air de la ville rend libre »). Dans les faits, l'autogestion communale se traduit par la compétence et la responsabilité des communes dans les domaines des transports publics, de la voirie, de l'électricité, de l'eau et du gaz, du logement, de l'entretien

des écoles, des installations sportives, des musées, des théâtres et des hôpitaux. Certains impôts sont reversés intégralement ou en partie dans les caisses des communes. Ainsi, les communes assurent leur fonctionnement par la totalité des *Grundsteurn* (impôts fonciers), mais aussi par une part substantielle (jusqu'à 60 %) des *Gewerbesteurn* (impôts sur les sociétés) et une part moins importante (jusqu'à 14 %) des *Einkommensteurn* (impôts sur le revenu). La plus grande partie de leurs ressources provient de l'impôt sur les sociétés. Plus le nombre de grandes sociétés enregistrées sur le territoire d'une ville est important, plus celle-ci est florissante. Dans les années 70, de nombreuses banlieues autonomes ont été rattachées à leur agglomération de proximité de façon que les impôts émanant des sociétés situées sur leurs terrains alimentent les caisses de la grande ville. Cependant, il reste de singuliers exemples de petites villes immensément riches. C'est le cas de Leverkusen (Cologne n'a jamais réussi à l'englober sur son territoire), siège de la société de chimie Bayer (deuxième groupe chimique allemand), ou encore de Sindelfingen avec IBM Allemagne et une grande partie du siège de Daimler-Benz. En période de récession, les revenus des villes peuvent chuter de façon vertigineuse puisque l'impôt des sociétés est indexé sur les résultats des entreprises. Aujourd'hui donc, des villes naguère prospères sont contraintes de fermer des installations communales telles que les piscines, les bibliothèques ou les théâtres, faute de moyens pour les faire fonctionner.

Les relations franco-allemandes

Entre 1870 et 1945, les relations entre les deux pays ont été dominées par trois guerres et, en période de paix, caractérisées par une méfiance réciproque et l'obsession de la « revanche », en particulier au début du siècle. L'une des pierres d'achoppement fut bien sûr l'annexion de l'Alsace-Lorraine par la Prusse (traité de Francfort, 1871) qui fut récupérée par la France à la fin de la Première Guerre mondiale. L'attitude à adopter face à « l'ennemi » potentiel a fortement influencé la politique intérieure de la France. Ainsi, Aristide Briand se fit le chantre de la paix avec l'Allemagne (pacte Briand-Kellogs de 1928). L'arrivée de Hitler en 1933 et la signature des accords de Munich (1938) a divisé le pays entre « pacifistes » et « belligérants », y compris au sein des partis. La menace s'est déplacée vers l'Est et l'Allemagne apparut alors à certains moins dangereuse que la jeune Union soviétique. L'invasion de la Pologne par Hitler en 1939 poussa la France à déclarer la guerre à l'Allemagne, mais les combats durèrent un an (la « drôle de guerre »). A partir de 1940 et jusqu'en 1944, le maréchal Pétain engagea la France dans la voie de la collaboration avec l'Allemagne hitlérienne (entrevue de Montoire, 1942).

Au lendemain de la Seconde Guerre mondiale, De Gaulle entend empêcher l'Allemagne de se doter d'un pouvoir militaire. Désapprouvant à la fois les Américains et les Soviétiques qui souhaitaient les uns et les autres, pour des raisons différentes, centraliser certains pouvoirs, il refusa la constitution d'une Allemagne unitaire et préconisa l'occupation de la Rhénanie et l'internationalisation de la Ruhr. Cette attitude changea après son retour au pouvoir en 1958 puisque, quelques années plus tard, il signa un traité de coopération franco-allemande.

C'est le long processus de la naissance de la CEE, dont les deux moteurs seront la France et l'Allemagne, qui viendra sceller le rapprochement entre les deux pays. Avec la création de la CECA (Communauté européenne du charbon et de l'acier) en 1951, un premier grand pas est franchi. La pierre angulaire de ce qui deviendra par la suite le fameux axe Paris-Bonn (et qui culminera avec le tandem Giscard d'Estaing-Helmut Schmidt, à partir de 1974) est la signature, en 1963, du traité franco-allemand appelé *Freundschaftsvertrag* (traité d'amitié) du côté allemand et de façon nettement plus pragmatique, traité de l'Elysée du côté français. La mécanique de l'entente est simple : la France reconnaît à l'Allemagne la supériorité économique, en échange de quoi cette dernière se cantonne à un rôle insignifiant sur la scène politique internationale. Les premiers nuages arrivent lorsque l'Allemagne transgresse cette règle dans le cadre de l'Ostpolitik, où elle devient clairement le grand médiateur de la détente avec le bloc de l'Est. L'Allemagne, partant du principe qu'elle a fait ses preuves par la stabilité exemplaire de sa politique intérieure, n'entend pas être reléguée davantage au rôle de « nain politique ». De fait, les relations franco-allemandes se sont sensiblement dégradées dans les années qui ont immédiatement suivi la réunification, notamment lorsque le ministre des Affaires étrangères allemand, en 1991, reconnaît le premier l'existence de la Croatie, sans s'être concerté avec ses homologues européens. Les questions de politique agricole commune ou de création d'un système monétaire européen, l'édification d'une Europe des Douze constituent aussi des points de dissension entre les deux pays. Toutefois, au-delà du cercle restreint de la politique, l'amitié franco-allemande semble une réalité plus durable. C'est avec l'Allemagne que la France entretient le plus grand nombre d'échanges culturels ou de jumelages. Les Goethe Institut, entre autres, ont largement contribué à cet état de faits.

Quelques aspects de la vie quotidienne

L'Allemagne n'étant pas, par rapport à la France, un pays particulièrement exotique, la vie que l'on y mène tous les jours ne varie donc pas sensiblement de la vie française, par exemple. Il y a pourtant quelques différences qui ont leur importance, notamment en ce qui concerne le rythme de vie. Par la structure fédérale et l'absence d'une agglomération centralisante de type Paris ou Londres, la vie est souvent ressentie en Allemagne comme moins stressante. Les grandes villes restent de taille humaine, sans banlieue « à problèmes » comme en France. Les zones de type ZUP semées de HLM sont inconnues en Allemagne. Il existe bien sûr de grands immeubles, mais dans des proportions acceptables. La tendance va nettement à la *Mehrfamilienhaus*, une maison particulière que se partagent deux ou trois familles.

Rythme et « fête du soir »

Les Allemands vivent plus tôt que les Français. La journée de travail commence souvent dès 7 h le matin et se termine en conséquence beaucoup plus vite. Le grand rush du soir a lieu entre 16 h et 17 h. Les magasins sont soumis à une loi très stricte sur les horaires d'ouverture. Le gouvernement essaie de faire disparaître cet anachronisme depuis des années mais il se heurte à la résistance du puissant syndicat des détaillants. Les magasins ferment sans exception tous les jours à 18 h 30 et ne sont ouverts le samedi que jusqu'à 14 h (le premier samedi du mois, ils sont ouverts jusqu'à 18 h, 16 h en été). Depuis quelques années, les magasins restent ouverts le jeudi jusqu'à 20 h 30.

L'Allemagne est un pays où le temps joue un rôle particulier ; on ne s'étonnera donc pas de trouver à tous les grands carrefours des panneaux affichant en permanence heure et température.

Il y a aussi une coupure très nette entre la vie professionnelle et la vie privée, marquée par ce que l'on appelle le *Feierabend* (véritable fête, au sens littéral, qui marque la fin de la journée de travail). Tout s'arrête et l'Allemand se consacre alors à ses loisirs ou à sa famille.

Qui paie quoi ?

Les Allemands font rarement la cuisine le soir : le plus souvent ils mangent froid un *Abendbrot* ou vont au restaurant. Là aussi, la différence avec la France est importante. On va beaucoup plus souvent au restaurant en Allemagne qu'en France, pas seulement pour fêter un événement particulier, mais tout simplement pour prendre un repas. C'est pourquoi il est tout à fait possible et très fréquent de ne commander qu'un seul plat ou bien juste une entrée, une *Kleinigkeit.* Ne vous sentez surtout pas obligé de sacrifier au cérémonial typiquement français : apéritif, entrée, plat, dessert, digestif, cigare… On trouve en Allemagne une multitude de petits restaurants où l'on peut manger rapidement et sans façon. Attendez-vous, à propos du « sans façon », à ce que l'on vous demande de partager votre table avec d'autres clients si d'aventure vous occupiez à deux une table pour six. C'est très fréquent en Allemagne et vos nouveaux voisins de table parviendront à s'isoler complètement sans écouter votre conversation. Enfin, avant de régler, on vous posera deux questions : l'incontournable « *hat's geschmeckt?* » par lequel on s'enquiert de savoir si vous avez apprécié la cuisine, et ensuite « *geht's zusammen?* » lorsqu'il s'agit de savoir si vous réglez pour tous vos convives ou bien si chacun paie sa part. La deuxième version est de loin la plus fréquente.

L'objet du désir

Un magazine allemand plutôt sérieux titrait il y a peu « *Die meisten Frauen könnten aufs Auto ihres Mannes eifersücbhig sein* » (« La plupart des femmes pourraient être jalouses de la voiture de leur mari »). En effet, une étude révélait que l'Allemand passe deux à trois fois plus de temps avec sa voiture qu'avec son épouse. Les psychologues se sont penchés sur ce phénomène de culte et pensent que, dans l'esprit de l'homme allemand, la voiture représenterait le seul lieu de fuite possible pour assouvir ses envies de liberté. La voiture, et avec elle la vitesse (toujours non limitée sur les autoroutes), serait un exutoire des frustrations accumulées dans la journée. L'homme ferait même de la cylindrée un symbole de sa virilité. La voiture est aussi, en Allemagne, le symbole du miracle économique des années 60, l'objet fétiche de la réussite personnelle et l'emblème de la démocratie, puisqu'elle permet de se rendre où l'on veut quand on veut. La quarantaine atteinte, il vaut mieux arborer une Mercedes ou une BMW, qui ne sont pas considérées comme des voitures de grand luxe, mais de standing normal. On peut s'étonner du nombre des grosses cylindrées dans les rues.

Il faut savoir que nombre d'entre elles sont des voitures de fonction achetées en leasing et accordées aux cadres qui y attachent plus d'importance qu'à une augmentation salariale pénalisante sur le plan fiscal.
Il existe un code des voitures en Allemagne. Selon ce classement, la *Prol Kiste* (la « caisse prolo ») par excellence serait l'Opel Manta. Se faire traiter de « *Manta-Fharer* » (« conducteur de Manta ») est un affront très grave.

La coccinelle

Le film *Manta, Manta*, représentation parodique de la classe ouvrière du bassin de la Ruhr, qui met en scène une Opel Manta bardée de peluches et de blasons de clubs de football comme point de mire, a connu un succès retentissant. La Porsche 944 est considérée comme la Porsche du pauvre, la Ford Escort a une image déplorable et la VW Passat serait la voiture des barbus gauchistes. La Porsche 911 Carerra tient toujours le haut du pavé. Dans ce secteur, BMW a détrôné Mercedes dont l'image conservatrice prend de plus en plus la poussière. Enfin, la 2 CV Citroën, affectueusement appelée *die Ente* (le canard), dont elle l'imite, paraît-il, le déhanchement dans les virages, est un objet de culte, de même que les vieilles DS et les « coccinelles » cabriolets.

Un dimanche après-midi

Tous les dimanches après-midi, le même phénomène se reproduit invariablement : sur le coup de 16 h 30-17 h, il semble que tous les Allemands se ruent par le chemin le plus court à la pâtisserie la plus proche et fassent main basse sur les gâteaux, forêt-noire en tête. Les bras chargés de tartes et meringues, on rentre bien vite chez soi pour le *Kaffee-Kuchen* (« café-gâteaux »). C'est ainsi qu'on appelle ce rite immuable qui marque la fin du dimanche après-midi, souvent après une promenade digestive.

L'argent

L'Allemand entretient un rapport particulier avec l'argent. Cela lui vient sans doute de sa méfiance naturelle envers tout ce qui est abstrait : il règle presque tous ses achats en liquide. Les cartes de crédit étaient jusqu'à une date récente pratiquement inconnues ; quant aux chèques, ils ne sont délivrés par les banques qu'avec une parcimonie d'Harpagon et vous aurez toujours l'air suspect si vous payez par chèque. De plus, l'Allemand a une connaissance innée de la valeur des choses et il n'a pas son pareil pour étudier les prix. Il achète rarement pour la marque, mais plutôt pour le rapport qualité-prix. Alors que les très grands hypermarchés de type Carrefour ou Mammouth sont inconnus en Allemagne, les chaînes de distribution « discount » telles que Aldi ou Metro sont légion.

Le point vert

Le système « *grüne Punkt* » de traitement des déchets ménagers a été lancé à grand renfort de publicité à la fin des années 80. A l'origine, on triait les emballages estampillés avec le fameux « point vert », et on les déposait dans un container spécial pour assurer leur recyclage. La quasi-totalité des marques de la grande distribution alimentaire se sont alors mises au « point vert », de peur que leurs clients n'achètent un produit concurrent marqué du fameux sceau en faveur de la nature. L'opération « point vert » s'est donc traduite par un fiasco puisque 95 % des emballages ménagers (alimentation, entretien, etc.) étaient marqués du point vert et que les inventeurs du système n'avaient pas prévu de traiter un tel volume. Les problèmes de l'environnement (il y a bien longtemps que tout le monde roule à l'essence sans plomb, par exemple) sont pris très au sérieux. La ménagère ou son mari, puisque c'est souvent à lui qu'incombe la tâche de la poubelle, passe plusieurs minutes par jour à trier le verre (blanc, vert ou brun) mais aussi le papier, le carton ou les aérosols. Tous ces matériaux sont interdits de poubelle et sont recyclés après leur ramassage dans des containers spéciaux. Le plastique est également dans le collimateur des défenseurs de la nature : l'eau ne s'achète qu'en bouteille de verre, et au supermarché on vous demande toujours si vous voulez vraiment un sachet en plastique (« *'ne Tüte ?* ») dont le prix (jusqu'à l'équivalent de 1,50 franc !) est censé dissuader le consommateur. La plupart des Allemands vont faire leur course munis, comme au bon vieux temps, d'un sac en toile résistant et lavable !

Les arts et la culture

L'architecture

Les grands courants d'architecture religieuse ou civile du Moyen Age ont touché l'Allemagne comme toute l'Europe occidentale. On note cependant des différences importantes dans la chronologie. L'art roman a fleuri en Allemagne plus d'un siècle après la France. Les églises romanes que l'on trouve en Allemagne n'ont pas le caractère rural des églises romanes françaises. Ce sont des édifices religieux construits pour les grandes cités moyenâgeuses et dont les proportions sont très différentes de ce que l'on connaît en France. C'est dans la région rhénane et le Palatinat que se concentre l'art roman, avec notamment les nombreuses églises colonaises, ou encore les cathédrales de Worms ou de Spire.

En ce qui concerne l'art gothique, on ne peut retrouver le même grand élan bâtisseur qu'en France. Le plus bel exemple de gothique est certainement la cathédrale d'Ulm (XIVe siècle). Il faut souligner que la très célèbre cathédrale de Cologne ne date que de la fin du XIXe siècle. Le sud du pays (Bavière) a été, lui, très touché par le style baroque religieux, suivant en cela l'influence italienne. Pour ce qui est de l'architecture civile, le centre des villes allemandes avait gardé jusqu'aux destructions de la dernière guerre une structure moyenâgeuse dominée par les constructions à colombages. Jusqu'en 1944, Francfort passait pour être la ville d'Europe qui comportait le plus de maisons à colombages. Alors qu'en France les constructions en pierre étaient à l'honneur dès le XVIIIe siècle avec la vague du classicisme, puis les immeubles bourgeois de type haussmannien au XIXe siècle, l'Allemagne n'a connu de véritable essor bâtisseur qu'au tournant de notre siècle, avec l'époque dite *Gründerzeit* (« l'époque des bâtisseurs »). Les édifices du Gründerzeit sont rarement des immeubles, mais plutôt des villas, d'abord de style néogothique puis Jugendstil (de type Art nouveau), style beaucoup moins courant en France. Une autre caractéristique de l'architecture allemande réside dans la répartition géographique des matériaux. C'est particulièrement net pour la brique, que l'on retrouve dans toute la partie nord, avec notamment les constructions typiques des villes de la Hanse (comptoirs, poternes, mairies néogothiques) ou les châteaux avec douves de la région de Münster. Au sud, les matériaux sont recouverts d'une couche de peinture selon la mode baroque (le plus souvent jaune ou ocre). Au nord-ouest, l'influence hollandaise se fait sentir dans certains bâtiments (de style Renaissance ou baroque) avec les façades à pignons en escalier. L'Allemagne a inventé dans les années 20 le style Bauhaus, véritable révolution artistique, qui ne se cantonna pas qu'à l'architecture mais qui faisant entrer pour la première fois la notion de fonctionnalité dans la création artistique (jusqu'alors prévalait uniquement la notion d'esthétisme) a permis la véritable percée de l'art dans la modernité. Les architectes, émigrés pour la plupart aux Etats-Unis car ils étaient poursuivis par les Nazis, comme Mies van der Rohe, font figure de papes de la modernité en matière d'architecture.

L'architecture d'après-guerre a été marquée par des reconstructions hâtives et de première nécessité (les *Nachkriegkasten*, ces « boîtes de l'après-guerre »). Viennent ensuite, et de façon plus outrée qu'en France, les errements et les monstruosités des années 50 et 60. Certaines réalisations, considérées comme très avant-gardistes à l'époque, ont fini par trouver leur place dans le paysage architectural de l'Allemagne (édifices de Hans Scharoun, par exemple). De nos jours, l'architecte allemand le plus connu est Helmut Jahn (il a réalisé la tour de la Foire à Francfort et plusieurs gratte-ciel aux Etats-Unis), le plus porteur d'avenir Axel Schultes (musée fédéral d'Art moderne à Bonn et projet du quartier des ministères à Berlin). Tous deux sont des représentants du post-modernisme.

Les arts plastiques

De la Renaissance, on retiendra trois grands noms de la peinture allemande. Albrecht Dürer (1471-1528), le plus connu de tous, s'employa à agrémenter la tradition gothique germanique d'éléments inspirés de la Renaissance italienne (voir encadré p. 257). A ses côtés, toute une génération d'humanistes comme Riemenschneider, Kraft, Stoss (voir encadré p. 249), Perckheimer, Behaim, Hans Sachs. A la même période, Lucas Cranach, dit Cranach l'Ancien, livra des œuvres remarquables tant en peinture qu'en sculpture et en poésie. Sa personnalité est une énigme : son énorme production artistique met en évidence la contradiction entre un Cranach épicurien (certaines toiles sont franchement érotiques) et un Cranach réformiste, presque puritain (il était l'ami personnel de Luther). Plusieurs de ses toiles ont été volées au Musée national de Weimar en 1992, mais fort heureusement récupérées un an après. Le dernier des trois grands peintres de la Renaissance allemande est Hans Holbein le Jeune (1497-1543). Il peignit de nombreux portraits et fut proche des milieux humanistes.

Il faut ensuite attendre quelque deux siècles pour retrouver un peintre de renommée internationale en la personne de Caspar David Friedrich (1774-1840), le grand peintre du romantisme allemand (voir encadré p. 167), dont les toiles les plus célèbres sont consacrées au littoral (côtes à falaises de l'île de Rügen). Sa peinture contemplative représente « la lune, l'infini, les vagues, les nuages et les bateaux. Ce sont les hiéroglyphes d'une écriture spirituelle, les signes d'un alphabet inconnu qu'il appartient à chacun de déchiffrer pour comprendre sa propre destinée ». (Traduction libre, d'après le philosophe Heinrich von Schubert, ami du peintre.)

Le cubisme, et avant lui l'impressionnisme, auront été essentiellement français. En réaction contre l'impressionnisme naît, au début du XXe siècle, l'expressionnisme, qui introduit dans la peinture une vision déformée du monde, violente et tragique, très influencée par l'œuvre du peintre norvégien Edvard Munch (1863-1944). Deux grands groupes ont marqué cette école, *Die Brücke* (« Le Pont »), fondé à Berlin en 1905 et *Der Blaue Reiter* (« Le Cavalier bleu » ; voir encadré p. 149), créé en 1911 à Munich par Franz Marc et Kandinsky. L'expressionnisme est né en Allemagne, même si certains de ses adeptes se firent naturaliser français (dont Kandinsky, artiste d'origine russe) ou émigrèrent (Grosz, par exemple, s'exila aux Etats-Unis). De cette période il faut aussi retenir les noms de Dix, Jawlensky, Kirchner, Beckmann, Macke, Nolde ou Schiele. Paul Klee, qu'on ne peut apparenter aux expressionnistes, contribue lui

Doctor Billig *de George Grosz, 1921*

aussi pendant Weimar au renom de la peinture allemande. Ses œuvres très raffinées, et notamment ses travaux sur la couleur, annoncent déjà l'abstraction contemporaine.

Ces nouveaux courants de peinture furent jugés « dégénérés » par les nazis, qui s'appliquèrent à interdire leurs œuvres, voire à les détruire. L'ère nazie fut donc une période de faible création artistique, la maigre production plastique ayant dû se conformer aux idéaux fascistes. L'après-guerre et le traumatisme qu'elle suscita agirent comme un catalyseur pour la peinture moderne. Le surréalisme, tout d'abord, resta prépondérant pendant plusieurs années. Son chef de file fut Max Ernst, allemand également naturalisé français. Adapté de l'hyperréalisme américain naît ensuite en Allemagne le « réalisme magique » qui n'est pas très éloigné du concept de la *Neue Sachlichkeit* (Nouvelle Objectivité) des années 20.

Dans la seconde moitié du XXe siècle, la création se scinde en une multitude de mouvements expérimentaux. Il faut signaler, entre autres, le groupe Zero à Düsseldorf (importance de l'environnement naturel dans l'œuvre d'art, « contre l'humanisme pathétique »), l'Op-Art (intégration de faisceaux lumineux), le groupe Zen 49 à Munich avec Wilhelm Nay ou le Tachismus à Francfort autour de Bernd Schultze (œuvres tridimensionnelles). Les noms de Hans Hartung et Hans Arp (tous deux naturalisés français) sont également importants.

Dans les années 70, le courant artistique est dominé par les travaux de Josef Beuys. Celui-ci, considéré comme un génie par ses admirateurs – on parlera de l'école de Beuys –, comme un charlatan par ses détracteurs – les plus nombreux –, aura néanmoins contribué à faire sortir la peinture européenne du carcan judéo-chrétien qui limitait sa force créatrice. Beuys emprunte des voies nouvelles : composition avec des déchets ménagers, exacerbation des symbolismes, promotion d'ustensiles usuels et anodins au rang d'objets esthétiques, par exemple. La démarche de Beuys, extrêmement novatrice, s'apparente à l'Arte Povera ou à l'art minimaliste, bien que ses œuvres soient très différentes sur un plan strictement iconographique. Beuys fut aussi le premier à reconnaître sans le dénoncer le mercantilisme ambiant, avec sa toile *Kunst = Kapital* (« Art = Capital »). Depuis sa mort en 1986, il est devenu le plus grand objet de spéculation artistique allemand de l'après-guerre. Certaines de ses œuvres, comme *Kunst = Kapital*, se sont monnayées plus de 1 million de marks (3,5 millions de francs). Enfin, Beuys est sans doute, avec Andy Warhol et Keith Haring, l'artiste qui a su le mieux utiliser les médias pour se faire connaître.

La peinture contemporaine allemande a également largement profité dans les années 70 de l'apport d'artistes est-allemands, qui rejetaient la peinture officielle à caractère didactique imposée par le régime communiste. L'audace qu'ils rencontrèrent à l'Ouest les stimula fortement, et l'on compte parmi eux, dès les années 80, les plus grands noms de la scène contemporaine en Allemagne. C'est le cas de Gerhard Richter et de Sigmar Polke qui, dans le classement mondial des cent plus grands peintres vivants, atteignent les deuxième et troisième places (la première place échoit à l'Américain Bruce Nauman), avec respectivement 12440 et 10939 points (Kompass 93). Leurs toiles se vendent entre 150000 et 300000 marks (jusqu'à 1 million de francs). La relève est également assurée par des peintres comme Georg Baselitz (n° 4 mondial, l'archétype des néo-expressionnistes : il accroche ses toiles à l'envers), Rosemarie Trockel, Elvira Bach ou Rainer Fetting. L'Allemagne partage avec les Etats-Unis une place de choix dans le classement des œuvres internationales. Cette dualité s'observe également au niveau des transactions commerciales puisque après New York c'est à Cologne qu'on vend le plus d'œuvres d'art contemporain dans le monde entier. La ville a compté à la fin des années 80 le chiffre record de 120 galeries d'art pour une population d'à peine 1 million d'habitants. Le salon des professionnels *Art Colôgne*, qui se tient tous les ans en novembre, est le plus grand du genre au monde. Cependant, un rude coup a été porté au commerce de l'art au tournant des années 90, avec une crise sans précédent, ramenant les œuvres à des prix plus proches de leur valeur réelle. L'effet bénéfique de la crise a été l'assainissement du marché par la disparition de galeries opportunistes qui avaient profité de la vague porteuse entre 1985 et 1990. Lentement, la situation de monopole de Cologne se modifie et plusieurs galeries de renom se sont transférées à Berlin. Francfort organise également depuis quatre ans une foire (*Art!*) qui concurrence de plus en plus celle de Cologne.

La sculpture contemporaine, moins médiatisée, est marquée par les œuvres de Wilhelm Lembruck, Hans Barlach ou Käthe Kollwitz.

La philosophie

Depuis le XVe siècle, l'Allemagne a fourni une moisson de philosophes dont les œuvres ont très largement influencé l'histoire de la pensée occidentale moderne et servi de fondements au protestantisme, à la philosophie moderne, à la psychanalyse, de même qu'à l'élaboration de certains systèmes politiques comme le communisme (le *Manifeste* est l'œuvre de l'Allemand Karl Marx). Le plus connu des philosophes religieux, ou plutôt des théologiens, est **Martin Luther** (1483-1546), qui est à l'origine de la Réforme et du protestantisme. Aujourd'hui encore, environ 80 millions de personnes dans le monde sont d'obédience luthérienne, c'est-à-dire qu'ils suivent à la lettre le dogme de l'Église luthérienne réformée. Cependant, l'influence de Luther a été au cours des siècles encore plus considérable. Le luthéranisme fut à l'origine une réaction violente à la décadence et à la suffisance du dogme de l'Eglise catholique. Dans son *Petit traité de la liberté humaine* (1520), Luther affirme l'autorité de la seule Écriture sainte et précise la doctrine de la justification par la foi. Il entreprend, à partir de 1521, la traduction en allemand de la Bible.

Wilhelm Gottfried Leibniz (1646-1716), mathématicien et philosophe, joua un rôle considérable dans la vulgarisation des mathématiques, puisqu'il inventa une langue mathématique en français et créa, en 1694, la notion abstraite de fonction, clé de voûte de toute opération en mathématique. Il est aussi l'inventeur du calcul infinitésimal. En tant que philosophe, il se voulait résolument optimiste en défendant l'existence des idées et des capacités innées (*Nouveaux essais sur l'entendement humain*, 1704, *Essais de Théodicée*, 1710, *La Monadologie*, 1714).

Emmanuel Kant (1729-1804) prétend que seule la raison permet une conduite morale des hommes (*Critique de la raison pure*, 1781, *Fondements* de la *métaphysique et des mœurs*, 1797). Il est, avec Fichte et Hegel, un des piliers de l'idéalisme allemand.

Georg Wilhelm Friedrich Hegel (1770-1831). Philosophe idéaliste, il explique le progrès de l'histoire en termes dialectiques conduisant d'une thèse à son antithèse puis à une synthèse qui leur est supérieure (*Phénoménologie de l'esprit*, 1807, *Science de la logique*, 1812-1816). Sa philosophie servira plus tard de base à la réflexion de Marx et Engels pour leur théorie de la lutte des classes.

Arthur Schopenhauer (1788-1860) soutient, dans *Le Monde comme volonté et comme représentation* (1818), qu'on ne connaît du monde que ce qu'on s'en représente par l'esprit, c'est-à-dire ses apparences. L'essence du monde serait réduite au principe du désir de vie et de se reproduire. L'homme, dont le désir est insatisfait par nature, oscillerait en permanence entre la souffrance et l'ennui. Ces théories, réalistes et pessimistes, sont à l'opposé de l'univers simpliste des réflexions de Leibniz un siècle plus tôt.

Friedrich Nietzsche (1844-1900) se fait le disciple de Schopenhauer et ajoute que, selon lui, le monde est constitué de jeux de forces qui s'opposent, rejoignant en cela un certain hégélianisme. La métaphysique (Dieu), la raison ou la morale ne seraient que des forces réactives engendrant un confort moral mais démontrant par là même la faiblesse de l'homme. Or, le monde a besoin de forces actives pour évoluer. D'après Nietzsche il faut bouleverser les « pseudovaleurs » pour atteindre à la vraie force et à la « volonté de vie ». (*Le Gai Savoir*, 1883-1887, *Par-delà le bien et le mal*, 1886, *Ainsi parlait Zarathoustra*, 1883-1885).

Karl Marx (1818-1883). Pour Marx, l'Etat, la religion et l'éducation sont les instruments de la domination bourgeoise sur le prolétariat. Sur le plan social, cette domination s'illustre par la « lutte des classes », qui émane de la contradiction entre les détenteurs du capital et les salariés vendant leur force de travail. Les premiers deviendraient de plus en plus riches par la plus-value opérée grâce à la distorsion existant entre la masse de travail et la rétribution salariale alors que les seconds, exploités, s'appauvriraient sans cesse. Les théories marxistes incitent à la prise de conscience de cet état et prône l'organisation de la classe ouvrière en un système communautaire sans classe. Le *Manifeste du parti communiste* de 1848, que Marx rédigea avec Engels, fut repris par Lénine en 1917 comme fondement de la nouvelle société soviétique.

Avant d'être le dogme fondamental de la plupart des régimes communistes du XXe siècle, le marxisme a très fortement influencé les mouvements sociaux et syndicaux du début du siècle.

Martin Heidegger (1889-1976) est l'un des fondateurs de la philosophie existentialiste (*L'Etre et le Temps*, 1927) et influença notamment la philosophie française d'après-guerre (Sartre, Merleau-Ponty, Lacan, Foucault). Les théories d'Heidegger privilégient l'être-là de l'homme contre, d'un côté, l'idéalisme protestant de la tradition philosophique, de l'autre le matérialisme dialectique hégélien puis marxiste.

Sigmund Freud (1856-1939), Autrichien que l'on associe pourtant à la pensée allemande au sens large, aura été l'inventeur de la psychanalyse (*L'Interprétation des rêves*, 1899-1900, *Essais sur la théorie de la sexualité*, 1905, *Introduction à la psychanalyse*, 1916). Freud met en exergue l'importance des événements émotionnels du passé refoulés dans l'inconscient pour interpréter l'origine des troubles psychiques.

La littérature

LE XVIIIe SIÈCLE

Après une Renaissance dominée par les dissensions religieuses et un XVIIe siècle peu fécond (à l'exception de l'œuvre la plus célèbre du siècle, le roman picaresque de Hans-Jakob von Grimmelshausen, *Les Aventures de Simplicius Simplicissimus*, 1669), le XVIIIe siècle contraste par sa vitalité et le foisonnement des idées : raison contre déraison, inspiration antique et courant baroque. Cette intense activité littéraire (Goethe, Schiller, Lessing, Klopstock...) coïncide avec l'affirmation de la puissance prussienne face à l'Autriche des Habsbourg. Goethe a été surnommé le « Shakespeare allemand », du moins au regard de la première partie de son œuvre, empreinte d'une fougue romantique qui fit de l'écrivain le chef de file du mouvement *Sturm und Drang* avec *Les Souffrances du jeune Werther* (1774, roman d'un amour malheureux, d'inspiration autobiographique) ou le poème *Le Roi des aulnes*. Le siècle est marqué par deux courants littéraires : l'*Aufklärung* se présente comme l'avènement de la raison et du piétisme alors que *Sturm und Drang* est une vive réaction du sentiment et de l'instinct contre le rationalisme. *Sturm und Drang* exprime la révolte de la jeunesse, son aspiration à la liberté, l'exacerbation des sens. Dans les œuvres architecturales de cette période, on retrouve ce même débordement juvénile et sensuel qui marque l'art baroque. A la cour de Saxe-Weimar, l'œuvre de Goethe prend un caractère plus classique, dont il deviendra avec son contemporain Schiller le grand défenseur. Il faut signaler, parmi les textes majeurs de Goethe, *Iphigénie en Tauride* (1779-1787), *Egmont* (1787), *Les Années d'apprentissage de Wilhelm Meister* (1797), *Les Affinités électives* (1808-1809), et surtout, son ultime message aux hommes, *Faust* (1832) qui résume l'essentiel de sa pensée.

Schiller, dont on dit qu'il incarne dans ses textes la langue allemande (on parle de l'allemand comme de la « langue de Schiller », de même que pour désigner le français on dit la « langue de Molière »), a une production plus lyrique que celle de Goethe (dont il fut le contemporain et l'ami) et aussi plus essayiste. Pour lui, la recherche du beau s'allie à la perfection morale. Il dénonce la tyrannie ou les préjugés sociaux mais se montre très déçu de l'évolution de la France à partir de 1789. Schiller a incarné le génie du théâtre. Disciple de la philosophie kantienne, Schiller a publié, entre autres pièces, *La Conjuration de Fiesque* (1782),

Petite cité médiévale typique, Rothenbourg est une ville ravissante.

L'hôtel de ville de Rothenbourg date de 1572.

Fresques de la Residenz de Wurtzbourg peintes par G. B. Tiepolo (salle de l'Empereur).

Maisons peintes à Mittenwald, près de la frontière autrichienne.

Intrigue et Amour (1784) ou *Don Carlos* (1787), mais aussi des chefs-d'œuvre de la poésie classique comme *L'Ode à la joie* (reprise par Beethoven dans sa *IXe Symphonie*), *Les Grues d'Ibycus* ou *L'Anneau de Polycrate*. La fin de son œuvre est marquée par une série de biographies historiques (*Wallenstein*, 1799, *Marie Stuart*, 1801, *La Pucelle d'Orléans*, 1802, *Guillaume Tell*, 1804).

LE XIXe SIÈCLE

Au lyrisme exacerbé puis au classicisme du XVIIe siècle, succède, dans la première moitié du XIXe siècle, le romantisme incarné par des auteurs comme Hölderlin ou Kleist.

L'univers poétique très original d'Hölderlin (*Hypérion*, achevé en 1799, *La Mort d'Empédocle*, 1799) conjugue l'esthétisme antique avec le romantisme et le rêve mystique de l'Allemagne. Kleist manifeste dans ses tragédies (*Le Prince de Hombourg*, 1810) un patriotisme qui annonce la période bourgeoise et apolitique du *Biedermeier*.

Dans la seconde moitié du siècle, la politisation grandissante de la jeune Allemagne se ressent clairement dans les courants réalistes. Citons les œuvres de Wilhelm Busch ou de Heinrich Heine (*Intermezzo*, 1827, traduit et publié en français par Gérard de Nerval en 1848, *Le Livre des chants*, 1827, *Lorelei*, 1826). Cependant, les lettres restent moins doctrinales que celles de Zola ou des frères Goncourt en France. Le naturalisme – « Notre monde n'est plus classique, notre monde n'est pas romantique, notre monde est seulement moderne » (Arno Holz) – est une prise de conscience de la réalité influencée par Zola et ayant pour toile de fond la lutte de Nietzsche contre la morale bourgeoise, le socialisme de Marx et les théories de Darwin sur l'évolution des espèces. Les écrivains naturalistes allemands de cette période (environ 1880-1900), parmi lesquels il faut citer Michael Conrad, Johannes Schlaf, les frères Hart, Arno Holz ou Gerhart Hauptmann, ont pour contemporains à l'étranger Dostoievski, Tolstoï, Ibsen ou Strindberg.

LE XXe SIÈCLE

La prolifération des courants intellectuels du début du XXe siècle : impressionnisme, symbolisme, néoromantisme, puis leur opposition expressionniste n'ont pas touché que la création plastique. Ils ont, dans une large mesure, également influencé la production littéraire. Le lien commun de tous ces mouvements est, d'une part le rejet de la littérature fin de siècle incarnée par Rainer Maria Rilke (*Le Livre d'Heures, Les Elégies de Duino, Sonnets à Orphée*) ou Kurt Tucholsky et, d'autre part le développement de la littérature régionaliste.

Vienne devient un autre pôle intellectuel germanophone qui commence à concurrencer sérieusement Berlin – la littérature allemande s'entendant alors au sens de « littérature de langue allemande » – et fait figure de creuset, avec les études de Freud sur la psychanalyse, mais aussi les romans de Stefan Zweig, Léo Perutz, Arthur Schnitzler ou Hugo von Hoffmannsthal.

Franz Kafka, auteur tchèque d'expression allemande, s'emploie à dépeindre le tragique de la vie, selon lui son essence même. Il faut citer *La Métamorphose* (1912), *Le Procès* (1914) ou encore *Le Château* (1914-1922).

Après l'effervescence expressionniste, que l'on peut en littérature comme en peinture résumer par l'intensité de l'existence contre l'esthétisme formel de l'impressionnisme (Alfred Döblin, *Berlin Alexanderplatz*, 1929 ; Frank Wedekind, *L'Eveil du Printemps*, 1891, *La Boîte de Pandore*, 1901), suit pendant la République de Weimar, une période réaliste avec des auteurs qui figurent parmi les plus importants de la littérature allemande : Heinrich Mann (*Professeur Unrat*, dont *L'Ange bleu* avec Marlène Dietrich fut l'adaptation cinématographique, *Le Sujet*), Thomas Mann (*Les Buddenbrooks, Mort à Venise, La Montagne magique*), Hermann Hesse (*Demian, Narcisse et Goldmund, Le Loup des steppes*). Ce n'est qu'à partir de 1945 que la population peut enfin accéder aux écrits des bannis ou exilés comme Fred Uhlmann (*L'Ami retrouvé*), Elias Canetti (*Autodafé, Masse et Puissance*), ou Anna Seghers. Signalons aussi Robert Musil, écrivain autrichien exilé en Suisse pendant l'occupation allemande et dont on publia l'intégralité de *L'Homme sans qualité* après guerre.

De cette période, on retiendra encore, pour le théâtre, l'œuvre de Bertolt Brecht avec *L'Opéra de Quat'sous* (mis en musique par Kurt Weill), *Mère Courage et ses enfants, La Vie de Galilée, La Résistible Ascension d'Arturo Ui, Le Cercle de craie caucasien.* Brecht est le grand dramaturge de l'entre-deux-guerres et fait figure de classique parmi les modernes. Ses œuvres ont influencé les auteurs et les metteurs en scène du monde entier. Marxiste à Berlin, il doit fuir en 1933 avec sa femme Hélène au Danemark puis en URSS et finalement aux Etats-Unis, où il retrouve Mann. Il retourne en Allemagne après la guerre et s'installe à Berlin-Est où il crée le théâtre du Berliner Ensemble, la scène la plus fameuse de l'ex-RDA. Choyé par le régime communiste, il a pourtant su rester indépendant et critique, au service d'une idéologie mais jamais d'un régime.

A la soif de rattraper le temps perdu après la guerre se mêlent deux courants : d'une part l'influence du néo-réalisme d'Hemingway ou de l'existentialisme sartrien, d'autre part la conscience du début d'une ère nouvelle, d'un changement radical, la *Stunde Null* (« l'Heure Zéro »). Accablés par le désespoir succédant à l'hécatombe nazie, les intellectuels allemands font preuve alors d'un engagement social très profond. Les auteurs comme Heinrich Böll avouent le malaise suscité par le sentiment de culpabilité d'une part et l'aisance matérielle du miracle économique d'autre part. Égoïsme et matérialisme sont largement dénoncés. Dans les années 60, l'accent est davantage mis sur le rôle de la langue et l'exploitation de ses possibilités (la forme du récit) avec Peter Handke (*Le Poids du monde*, *L'Habitant de la tour d'ivoire*, *La Femme gauchère*). On assiste ensuite à un mouvement de pendule tantôt en faveur de la fiction, tantôt du documentarisme. Parmi les auteurs contemporains allemands les plus importants, il faut citer, outre Heinrich Böll (moraliste plein d'humour écrivant dans une langue limpide : *L'Honneur perdu de Katharina Blum*), Günter Grass (*Le Tambour*, *Les Difficultés d'un père à expliquer Auschwitz à ses enfants*), dont le style, baroque et redondant, est à l'opposé de celui de Böll. Amo Schmidt est moins connu hors de l'espace germanophone car sa langue, pleine de néologismes et de jeux de mots, le rend difficile à traduire. Les Suisses alémaniques comme Friedrich Dürrenmatt (*Le Juge et son bourreau*, *La Visite de la vieille dame*, *Le Soupçon*) ou Max Frisch (*Homo Faber*, *Dom Juan*) sont aussi très célèbres.

Rappelons pour finir que l'Allemagne est le plus vieux pays éditeur au monde puisque c'est Gutenberg qui découvrit le procédé de l'imprimerie à Mayence en 1455. Jusqu'au XVIIe siècle, Francfort faisait figure de grand centre de l'édition, détrôné ensuite par Leipzig. Depuis la séparation en 1949, Francfort a pu reconquérir son titre, grâce notamment à sa Foire internationale du Livre qui se tient tous les ans en octobre, le plus grand salon du genre au monde. L'Allemagne est, après les Etats-Unis et la Russie, le pays qui édite le plus de titres (environ 100 000 titres par an dont 10 % de traductions). Les prix littéraires les plus prestigieux sont le *Büchner-Preis* et le *Friedenspreis*.

La musique

Dans la vie artistique, la suprématie allemande (au sens large) revient sans nul doute au domaine de la musique. Les grands noms sont si nombreux que nous proposons ici un bref récapitulatif de la production musicale allemande. Avant l'époque baroque, la musique est surtout le fait de *Minnesänger* – l'équivalent des trouvères – et des *Meistersinger* – les maîtres chanteurs – itinérants. Leur querelle – lutte entre les différentes corporations – inspirera quelques siècles plus tard à Wagner le thème de son *Tannhäuser* et de ses *Maîtres chanteurs de Nuremberg*.

LA MUSIQUE BAROQUE

La période baroque commence avec le XVIIe siècle et dure jusqu'au milieu du XVIIIe siècle. Elle est caractérisée par la naissance de l'opéra (en Italie), l'apparition de morceaux courts tels que les sonates, ou les concertos privilégiant un ou deux instruments (clavecin ou violon). La musique baroque consacre le principe monodique et la maîtrise du contrepoint (la fugue). Les grands noms de cette époque sont Telemann, Schütz, Buxtehude, Pachelbel, Haendel et, bien sûr, Jean-Sébastien Bach, le plus connu et le plus tardif des musiciens baroques allemands.

Le génie de Bach (1685-1750) provient d'un mariage unique entre le brio de la création d'un côté et la perfection, l'équilibre de l'écriture de l'autre. Avant de se faire connaître comme violoniste et comme compositeur, Bach fut d'abord organiste (il était l'élève de Buxtehude à Lübeck). A la mort de ce dernier, il est invité en 1707 à la cour de Saxe-Weimar dont il devient le Kappellmeister (maître de chapelle), et commence à composer des œuvres pour orgue. De 1717 à 1723, il est nommé maître de musique chez le prince de Köten et écrit durant cette période beaucoup de ses œuvres instrumentales, dont les *Concertos brandebourgeois* et le *Clavier bien tempéré*. Bach s'installe en 1723 à Leipzig et devient cantor de l'église Saint-Thomas. Il doit composer chaque semaine une nouvelle cantate pour la liturgie dominicale et assure lui-même les offices. La chorale qu'il a créée, la Sankt-Thomas-Kantorei zu Leipzig, existe encore aujourd'hui. C'est entre 1723 et 1729 que naissent ses grandes œuvres de musique religieuse parmi lesquelles il faut citer le *Magnificat*, *La Passion selon saint Jean*, *La Passion selon saint Matthieu*, l'*Oratorio de Noël*, la *Grand-Messe en si mineur*.

Bach reprend en 1729 le Collegium Musicum, fondé par Telemann, et se tourne à nouveau vers la musique instrumentale (suites, toccata et fugues, concertos pour piano). La dernière partie de son œuvre est aussi la plus absolue et la plus épurée. De cette dernière période créatrice on lui doit *L'Art de la fugue*, le *Clavier bien tempéré (II)* et les *Variations Goldberg*.

LA MUSIQUE CLASSIQUE

La période classique commence dès 1730 et dure jusqu'en 1827. Il est d'usage de la diviser en trois mouvements ou « écoles » : l'école de Vienne (1730-1780) avec des compositeurs comme Aspelmayr, Wagenseil ou Johann Reutter; l'école de Mannheim (1743-1778) à qui l'on doit l'invention de la symphonie et illustrée par Stamitz, Reimann, Holzbauer, Gluck (*Orphée, Opéra*) ou encore Carl Philipp Emmanuel Bach; enfin, la troisième école, la plus importante, la *Wiener Klassik* (le classicisme viennois, 1781-1827), incarnée par Haydn, Mozart et Beethoven. C'est l'apogée de la symphonie, genre majeur, et de l'opéra, surtout représenté par Mozart. Mozart naît à Salzbourg en 1756. Le plus universel des grands musiciens a mené une vie dissolue où ont alterné succès et réprobation la plus totale. Il a fini sa vie dans une extrême pauvreté. Son œuvre est immense et aborde tous les genres. Ce génie a su assimiler toutes les influences (du baroque de Haendel à l'opéra italien) en donnant à ses œuvres, si diverses soient-elles, simplicité, grâce et légèreté et une incomparable élégance. Citons parmi les opéras les plus connus *Les Noces de Figaro, Don Giovanni, La Flûte enchantée, Cosi fan tutte.* Ses œuvres religieuses sont aussi célèbres : le *Requiem* ou la *Messe du couronnement.* En musique instrumentale, Mozart s'est distingué par d'innombrables concertos, sonates et plusieurs symphonies.

Beethoven naît à Bonn en 1770 et est, à huit ans, un virtuose du piano. Il s'installe à Vienne en 1792. Il compose d'abord des œuvres de musique de chambre : sonates pour piano (*Pathétique*) et pour quatuor à cordes. La période de 1801 à 1815 est une période de production intense et de grande exaltation. On retrouve dans les compositions de cette époque l'intensité, voire la violence, des sentiments contradictoires qui animent le compositeur impétueux et indomptable d'alors : joie, passion, puissance, douleur, désespoir. La surdité dont Beethoven est atteint n'entrave pas sa capacité créatrice. Beethoven écrit sept de ses neuf symphonies dont *L'Héroïque* (IIIe), la très célèbre *Ve Symphonie*, la *Symphonie pastorale* (VIe). A cette époque sont également créés 14 sonates pour piano (*Appassionata, Aurore*...), plusieurs concertos pour piano ou violon et un opéra (*Fidelio*). Son état de santé s'améliore et Beethoven retrouve la sérénité. Sa nouvelle joie de vivre culmine dans son ultime symphonie, la *IXe Symphonie* avec son *Hymne à la joie*.

LA MUSIQUE ROMANTIQUE

La musique romantique allemande naît dans les années 1820. L'un des précurseurs est, pour l'opéra, Carl Maria von Weber (considéré comme le créateur de l'opéra allemand) à qui l'on doit le *Freischütz* et *Euryanthe*. Les œuvres romantiques sont centrées sur les notions de « beau » et de « noble » et sur l'affirmation du sentiment national. Elles puisent souvent leur inspiration dans la mythologie ou dans le Moyen Age. On retiendra de cette période les noms de Schumann, Brahms, Schubert, Liszt, Mahler ou Bruckner et plus tardivement celui de Richard Strauss (*Le Chevalier à la rose, Salomé*), qui forme une transition avec la musique du XXe siècle. De toute cette période, il est un nom qui symbolise comme nul autre la musique romantique, celui de Richard Wagner. Richard Wagner naît à Leipzig en 1813. Agrégé de philosophie, il écrit d'abord des œuvres théâtrales et musicales qui sont des échecs. Il a trente ans lorsqu'il connaît son premier succès avec *Rienzi*, qui lui vaut le poste de Kappelmeister à la cour de Saxe, à Dresde. A cette époque, il écrit *Le Vaisseau fantôme* et *Tannhäuser* qui ne remportent aucun succès. En 1848, il adhère à la révolution libérale et doit s'exiler en Suisse où il commence sa *Tétralogie* qu'il achèvera vingt ans plus tard. D'ores et déjà, Wagner est conforme à la tradition romantique en s'inspirant des légendes germaniques du Moyen Age : *La Querelle des Minnesänger, Tristan et Ysolde*. Après une période de pérégrinations en Europe, il trouve en la personne du roi de Bavière, Louis II, un grand protecteur. En 1872, il s'installe définitivement en Bavière. Louis II l'aide à créer un théâtre à Bayreuth, spécialement conçu pour ses œuvres lyriques (voir « Wagner et le festival de Bayreuth », p. 271). En 1882, un an avant sa mort, Wagner achève sa dernière œuvre, *Parsifal*. La production de Wagner est essentiellement lyrique et offre une synthèse de la musique, de la poésie, de la danse et de la mise en scène ; Wagner ira jusqu'à écrire les livrets de ses opéras. Le drame est porté par l'orchestre et le chœur. Ses détracteurs (plus nombreux en Allemagne qu'en France) voient en lui un nationaliste qui exalte les vertus germaniques par la symbolisation outrancière des légendes du Moyen Age.

LA MUSIQUE CONTEMPORAINE

La musique dite « contemporaine » naît avec notre siècle et les théoriciens de la musique dodécaphonique sont Arnold Schönberg (*Pierrot lunaire*) ou Anton von Webern. Elève de Schönberg, Alban Berg se distingue par plusieurs opéras comme *Lulu, Wozzek* ou son concerto pour violon *A la mémoire d'un ange.* En 1928, Kurt Weill compose la musique de *L'Opéra de quat'sous*, écrit par Bertolt Brecht. Plus près de nous, il convient de signaler l'œuvre de Karlheinz Stockhausen qui a influencé la *Neue Musik* avec l'utilisation de l'électronique et la musique sérielle de Max Reger.
Un peu à part dans le paysage musical du XXe siècle, on signalera les *Carmina Burana* de Carl Orff.

Les concerts aujourd'hui

Il faut savoir que l'ensemble philharmonique le plus célèbre d'Allemagne est la Philharmonie de Berlin, dirigée depuis la mort de Herbert von Karajan par Claudio Abbado. L'Opéra le plus prestigieux est celui de Berlin-Est, le Deutsche Staatsoper; le plus ancien est celui de Hambourg (1678). L'Opéra de Dresde, la Semper-Oper, est considéré à juste titre comme le plus beau d'Allemagne, celui de Bayreuth est le plus petit et le plus rococo; c'est là que se tient chaque année le célèbre festival de Bayreuth dédié à Wagner. Quant à l'Opéra de Leipzig, son chef, Kurt Masur, dirige depuis quelque temps le Metropolitan Opera de New York. L'Etat allemand subventionne plus de 80 orchestres nationaux ou municipaux.

MUSIQUE ROCK OU POP

En ce qui concerne la musique pop ou rock, l'Allemagne ne peut se comparer au Royaume-Uni ou aux Etats-Unis. Cependant il faut noter que certains groupes, au succès incontesté, sont allemands alors que personne ou presque ne le sait. Citons par exemple le groupe rock Scorpions, les Boney M (auteurs du tube *Daddy cool* au début des années 80), Milly Vanilly, Sydney Youngblood ou encore les Jeremy Days. Rappelons au passage que les Beatles firent leurs armes en 1964 à Hambourg, dans le quartier de Saint-Paul. Au tournant des années 70-80, la vague de la Neue Deutsche Welle déferla sur le pays avec des groupes comme Kraftwerk (*Radioaktivität*), Spliff (qui collabora avec

David Bowie à *Major Tom*) ou encore Nena, dont le plus grand succès fut *99 Luflballons.* Aujourd'hui, Nina Hagen – qui vit d'ailleurs en France – fait un véritable *come-back.* Il faut aussi citer les groupes BAP, Brings (Cologne) ou Element of Crime.

Le théâtre

Dans les années de la République de Weimar, le théâtre allemand, principalement concentré à Berlin, connut un grand élan créateur avec des noms comme Max Reinhardt, Piscator, Jessner et, bien sûr, Bertolt Brecht. Après la guerre et la scission du pays, la vie théâtrale connut une sorte d'intermède et trouva à s'exprimer dans des formes alternatives de théâtres de fortune, installés le plus souvent dans des caves. Ces théâtres d'après-guerre forment aujourd'hui encore la partie la plus importante des scènes privées qui ont continué à jouer ultérieurement un rôle non négligeable dans le soutien apporté au théâtre avant-gardiste.

La structure multi-étatique de l'ancien empire allemand et aujourd'hui fédérale du pays agit comme un garant de la diversité et de la pluralité théâtrales. En effet, dès le XVIIe siècle, les différents princes allemands ouvrirent dans leurs capitales respectives de fastueux théâtres de cour, les *Hoftheater*, regroupés aujourd'hui sous l'appellation de *Staatstheater*, ou théâtres d'Etat. Au XIXe siècle naissent les théâtres municipaux (*Stadtstheater*), le plus souvent créés avec l'aide de dons substantiels de riches bourgeois. Le paysage théâtral allemand est donc en grande partie une affaire publique, plus de 80 % des scènes tombant dans la catégorie, soit des théâtres d'Etat, soit des théâtres municipaux.

Avant la réunification, on comptait pour la seule RFA plus de 370 théâtres. Le théâtre allemand a d'autres particularités : il est toujours subventionné à environ 80 % de ses coûts de fonctionnement par l'Etat fédéral (plus de 10 milliards de francs) mais certains théâtres parmi les plus prestigieux ont été contraints de fermer comme le célèbre Schiller-Theater de Berlin dont la production était ressentie comme trop élitiste pour attirer un large public. Les ventes de billets ne couvrent donc qu'un sixième des coûts de fonctionnement. Cette générosité de l'Etat permet des prix de billets bien moins élevés que ceux qui se pratiquent en France, le système s'avérant en retour plus rentable dans la mesure où la fréquentation est, de ce fait, plus élevée qu'en France. Une partie de cette

fréquentation élevée dans les salles s'explique par le système d'abonnement très répandu en Allemagne. De plus, les organisations de spectateurs comme la Volksbühne sont très actives et achètent directement auprès des théâtres des billets en nombre important, qu'elles revendent à leurs membres à des tarifs préférentiels. Certains ont vu, dans ce système très public, très organisé et extrêmement subventionné du théâtre allemand, une entrave à la création, les grandes salles publiques ne voulant souvent pas courir le risque de donner des pièces trop avant-gardistes, dont le succès commercial paraît trop incertain. D'autres sont d'un avis complètement opposé : selon eux, le fait que ces salles soient largement subventionnées (elles ne sont donc pas nécessairement dépendantes de leur résultat économique pour survivre) permet de faire jouer des pièces d'auteurs jeunes ou peu connus. Depuis quelques années, la fermeture de grandes salles publiques réputées pour leur politique courageuse envers la création et le jeune théâtre, dont le Schiller-Theater à Berlin, tend à reléguer aux théâtres privés (qui représentent à peine un cinquième des salles et sont en général très petits) le sort de la création ou des œuvres très controversées ou dites difficiles.
Les auteurs les plus joués en Allemagne sont, dans le domaine du théâtre classique, Shakespeare, Schiller, Goethe et Lessing. En ce qui concerne les dramaturges du XXe siècle, Bernard Shaw, Bertolt Brecht et Jean Anouilh arrivent en tête. Parmi les nouveaux auteurs, connus en dehors des frontières du pays, il faut citer Hainar Kippardt, Franz Xaver Krötz, Martin Walser, Peter Weiss, ainsi que Peter Hacks et Ulrich Plenzdorf (ex-RDA).

Le cinéma

Le cinéma allemand, comme bien d'autres disciplines artistiques, a connu son apogée durant la courte vague de démocratie de la République de Weimar. Les noms de Fritz Lang (*Metropolis*, *M le Maudit*), Ernst Lubitsch, Murnau (*Nosferatu le Vampire*), Otto Preminger ou Pabst (*Loulou*) sont entrés dans la légende. Les studios de la Defa à Bebelsberg, dans le sud-ouest berlinois, récemment rachetés par un groupe français, sont les seuls témoins de cette faste période, qui fit de Berlin pendant un peu plus de dix ans la capitale du cinéma européen (on y projeta sur le Kurflirstendamm le premier film parlant d'Europe).

Au lendemain de la Seconde Guerre mondiale, l'industrie cinématographique allemande n'a pas bénéficié de l'élan réactionnaire et/ou créateur que connut la littérature par exemple. En règle générale, le cinéma allemand se cantonna jusque dans les années 60 dans des films insipides, dits de distraction, qu'on appelle en Allemagne *Unterhaltungsfilme.* La crise du cinéma fut telle qu'en 1956 et 1976 la moitié des salles furent contraintes de fermer. A la fin des années 70, la part de la production cinématographique allemande était descendue à son plus bas niveau.

Paradoxalement, un retour au film allemand, aussi inattendu que souhaité, s'opéra au début des années 80, alors que dans la plupart des pays européens une baisse de la production des films nationaux et de la fréquentation s'amorçait. Le Junger Deutscher Film (le « nouveau cinéma allemand ») célébrait les noms de Volker Schlöndorlf (*Le Crabe-Tambour*), Rainer Werner Fassbinder (*Lili Marlene, Le Mariage de Maria Braun, Querelle*), Werner Herzog (*L'Enigme de Gaspar Häuser, Aguirre ou la colère de Dieu*) ou Hans Jürgen Syberberg.

Avec la mort de certains de ces metteurs en scène (suicide de Fassbinder), ce renouveau s'est essoufflé. Wim Wenders (*Alice dans les villes, Paris Texas*) a acquis une réputation internationale, en particulier depuis *Les Ailes du désir* et, plus récemment, *Si loin, si près.* Une timide relève plutôt prometteuse se fait jour, notamment avec Doris Dörrie.

D'une manière générale, les films américains à budgets astronomiques sont, en Allemagne, davantage représentés et restent à l'affiche plus longtemps encore qu'en France. L'Allemagne, largement influencée par la culture anglo-saxonne et peu soucieuse d'affirmer son identité culturelle propre, a sacrifié sur l'autel du *made in USA* un cinéma engagé et de qualité, dont il est pourtant encore permis d'espérer quelque sursaut en provenance de l'Est.

Au firmament des stars allemandes internationales, rappelons les noms de Marlene Dietrich, Gudrun Landgrebe, Hanna Schygulla, Ute Lemper, Klaus Maria Brandauer ou Matthieu Carrière, Romy Schneider aussi, qui était autrichienne et vécut plusieurs années à Cologne avant de s'installer définitivement en France.

L'Allemagne de A à Z

Alpenstock et Knickerbocker

Les Allemands sont des adeptes invétérés de la marche et de la randonnée et, dans certaines régions boisées ou montagneuses, on ne compte plus, aux beaux jours, les promeneurs habillés de *Knickerbockers* et munis de l'indispensable *Alpenstock*, le « bâton des Alpes », cette canne aux usages multiples.

Autobahn

Les *Autobahnen* (autoroutes) font partie de la vie de tous les jours en Allemagne. Elles sont gratuites et le réseau est extrêmement dense. Par l'usage qu'en font les Allemands, il convient de les comparer à nos routes nationales plutôt qu'à des autoroutes de type français, à péage, empruntées surtout pour les grands déplacements ou les vacances.

Bahnhof

En Allemagne, plus que dans tout autre pays européen, la *Bahnhof* (la gare) est le véritable centre de la ville. Très souvent, la rue commerçante principale part de la gare. Les gares elles-mêmes sont complétées par tout un réseau de galeries marchandes et boutiques.

Bier

Les brasseries allemandes sont innombrables et la bière est le véritable symbole de la convivialité germanique. Chaque région a sa préférence. La bière de Munich n'est pas forcément la meilleure, bien que la brasserie Lôwenbràu soit une des plus connues du pays. Les Colonais ne boivent que de la *Kölsch*, les Düsseldorfois la *Alt*. Quant aux Hambourgeois, ils préfèrent leur bière un peu plus *herb*, c'est-à-dire moins douce que dans le sud. Quelle que soit la bière que vous avez choisie, elle sera toujours excellente car les producteurs sont astreints à une réglementation draconienne datant de plusieurs siècles, le fameux *Deutscbes Reinheitsgebot*, une « ordonnance d'intégrité » qui n'accepte dans la composition de la bière que le houblon, le malt, la levure et l'eau. Le procédé de brassage est le suivant : le malt de brasserie – grains d'orge trempés, germés et grillés – est mis à tremper et à cuire avec le houblon qui apporte au moût ainsi élaboré ses éléments aromatiques. Grâce à la levure, le moût entre en fermentation. 1 400 brasseries produisent plus de 4 000 sortes de bières différentes.

Biergarten

Les *Biergärten* (jardins de bière) sont une institution typiquement allemande que l'on redécouvre avec le retour des beaux jours. Les jardins publics ou attenant aux brasseries se transforment en gigantesques terrasses de fortune où, attablés sur de longs bancs de bois, les Allemands laissent tomber leur quant-à-soi et toutes les différences sociales. Dans une ambiance bon enfant, tout le monde parle à tout le monde, parfois jusqu'à une heure avancée de la nuit.

Bio

Les Allemands sont très préoccupés de leur santé et de la nature. Tout est un peu plus bio-quelque chose qu'en France.

Birkenstock

C'est la marque des fameuses chaussures orthopédiques que tout bon Allemand possède dans le fond d'un placard. Il n'y a pas que les « babas » qui portent ce genre de chaussures, certes peu esthétiques, mais qui ont fait leur preuve dans les secteurs professionnels où la position debout est impérative (infirmières, serveurs…). Les Birkenstocks envahissent lentement mais sûrement le marché français.

Brezel

C'est le nom, intraduisible, de ce gâteau salé à la forme inimitable, compagnon indispensable de toute chope de bière. Attention, les *Brezels* ont un effet pervers : salés, ils donnent très soif et poussent à la consommation. C'est peut-être même leur principale raison d'être, avancent certains.

Brot

Si la France est le pays du fromage, l'Allemagne est celui du pain. Le pain blanc, dit « cadavre à la française », est pratiquement introuvable, sauf sous forme de petits pains ronds appelés *Brötchen*. Les Allemands, de toute façon, achètent rarement un gros pain, mais préfèrent panacher leur plateau de *Brötchen* variés : au seigle, au cumin, aux graines de potiron, à l'oignon, au blé noir, aux « quatre céréales » (*Vierkornbrötchen*).

Chaos/Ordnung

Tout ce qui ne rentre pas dans la catégorie *Ordnung* est pour un Allemand *chaotisch*. Le terme n'est d'ailleurs pas forcément négatif et beaucoup d'entre eux admirent secrètement le côté « laisser-aller-créatif », qu'ils résument sous le terme apparemment peu flatteur de *chaotisch*.

Courtoisie

Les Allemands se montrent en général courtois, affables et prévenants. Cependant certaines coutumes s'apparentent à la plus franche muflerie. Ainsi lorsque Monsieur et Madame se rendent en taxi à l'Opéra par exemple, Monsieur monte devant et s'entretient « entre hommes » avec le chauffeur en laissant Madame seule sur la banquette arrière !

Eis-cafés

Les Allemands mangent des glaces sans arrêt et peut-être encore plus l'hiver. Les *Eis-Cafés*, souvent tenus par des Italiens immigrés, sont innombrables et toujours ouverts. Les Américains ont vite pris conscience du phénomène et ont ouvert en Allemagne, avant les autres pays d'Europe (qui depuis ont suivi), les chaînes Häagen-Dasz et Baskin Robbins, qui ont fort à faire avec la concurrence (germano-suisse) de Mövenpick.

Imbiss

Les Allemands sont moins protocolaires que les Français pour ce qui est des repas et semblent manger à toute heure de la journée. Ce qui explique la prolifération des *Imbiss* (littéralement, une « bouchée ») à chaque coin de rue, où l'on peut rapidement consommer (souvent debout) une saucisse-frites ou un sandwich. Beaucoup de ces *Imbiss* sont maintenant tenus par des Grecs ou des Turcs, qui attirent le chaland en pratiquant une guerre des prix sur les *gyros*. Eh oui, l'Angleterre a ses *kebaps*, l'Allemagne ses *gyros*.

Kerzen

Les Allemands sont fous des bougies (*Kerzen*). Il en brûlera souvent une sur votre table au restaurant. A Noël, les Allemands dépensent des fortunes en bougies, qu'ils s'offrent mutuellement ou collectionnent.

Kiosk

Le *Kiosk* est souvent, une fois les magasins fermés, le seul commerce pour se fournir en boissons, presse, cigarettes ou en alimentation de fortune. On trouve les *Kiosks* au carrefour des quartiers résidentiels. Ils sont en général ouverts jusqu'à 23 h.

Pflanzen

Les Allemands adorent la nature, les fleurs. Les plantes envahissent souvent les appartements ou les rebords de fenêtre. Pas un seul bureau qui n'ait son îlot de verdure, même s'il se compose de deux yuccas en pot. Faut-il le préciser, la couleur préférée des Allemands est le vert.

Ratskeller

C'est une institution qui date du Moyen Age. La *Ratskeller*, mot à mot « cave du Conseil », est une sorte de taverne voûtée aménagée sous la mairie, en allemand la maison du Conseil (*Rauthaus*). Autrefois, ces messieurs du Conseil venaient y prendre un verre en débattant sur les dossiers en cours. Il faut absolument voir la Ratskeller de l'hôtel de ville de Brême qui propose la carte des vins la plus étoffée du monde. Les salles superbement voûtées et l'ambiance toute empreinte des grands conciliabules marchands du temps de la Hanse valent à elles seules le détour.

Sekt

Le *Sekt* est le « champagne » allemand. En fait il n'est pas aussi noble et il serait plus juste de le comparer à un mousseux meilleur marché. Ce vin pétillant et sucré se boit en toute occasion, aussi bien au bureau qu'au cours d'une réunion familiale ou au *brunch* dominical.

Sex-shops

La société allemande se montre ouverte et tolérante envers les « choses du sexe » en général. Les sex-shops qui ont pignon sur rue dans les meilleurs quartiers commerçants, de même que la pornographie, même « hard », très présente à la télévision en attestent. L'homosexualité ne se cache pas.

Sprudel

Les Français, habitués à l'eau plate, sont quelquefois agacés de constater que l'on ne trouve en Allemagne pratiquement que de l'eau gazeuse appelée *Sprudel*. C'est que les sources d'où proviennent l'eau vendue dans le commerce sont toutes des sources gazeuses, un peu comme Vichy en France. Attention, certaines marques sont aussi dures à avaler que notre Vichy Saint-Yorre. Demandez alors une *stilles Wasser*, littéralement « eau tranquille », qui sans être vraiment plate contient un peu moins de gaz carbonique.

Volksmusik

C'est de la musique folklorique dont il s'agit ici. Il est vrai qu'elle est très répandue et a de nombreux adeptes, aubaine saisie par tous ceux qui œuvrent pour répandre une image caricaturale de l'Allemagne, dans laquelle les culottes de cuir et la musique à flonflons sont omniprésents.

A la découverte de l'Allemagne du Sud

Munich

Capitale de la Bavière, le seul Land « libre » d'Allemagne • Troisième ville d'Allemagne, après Berlin et Hambourg • Avec 1,3 million d'habitants, Munich est la ville la plus densément peuplée du pays et détient pour l'Allemagne le plus fort taux de personnes vivant seules • Située sur l'Isar, affluent du Danube • Température moyenne annuelle 7,5 °C, pouvant atteindre – 25 °C en hiver • Organisatrice des Jeux olympiques de 1972 • Jumelée avec Bordeaux, Edimbourg, Vérone et Sapporo • Possède le plus grand jardin public d'Europe (l'Englischer Garten) et l'une des plus vastes salles d'Opéra.

Munich (München) est la ville allemande la plus connue hors du pays et fut longtemps considérée comme la « capitale secrète de l'Allemagne » (*die Heimliche Hauptstadt Deutschlands*). Patrie de Louis II de Bavière et de l'impératrice Sissi, de Richard Wagner – né à Leipzig, mais qui fut le protégé de Louis II et donna à Munich ses premiers opéras – et de Carl Orff, ville d'adoption de Kandinsky (né en Russie) qui y fonde en 1911, avec le peintre expressionniste Franz Marc, le mouvement Der Blaue Reiter, elle est aussi la terre – de naissance ou d'élection – de l'ingénieur Rudolf Diesel (inventeur du moteur du même nom), du tristement célèbre Heinrich Himmler (responsable de l'extermination des Juifs entre 1933 et 1945) et de l'ex-ministre-président de Bavière, Franz Josef Strauss.

La capitale du Land de Bavière, considérée comme un condensé de l'Allemagne traditionnelle, est pourtant la seule ville dont les habitants d'origine, les Bajuvares *(Bajuwaren* en allemand), n'appartiennent pas à la famille des peuples germaniques. En outre, aucune autre ville d'Allemagne ne compte un taux aussi faible d'habitants « pure souche » : à Munich, les Bavarois d'origine sont moins nombreux que les visiteurs, et l'essentiel de la population est constitué par les *Zugereisten* (terme un peu péjoratif qui désigne ceux qui sont « arrivés » dans la capitale, attirés par l'extraordinaire boom économique des années 60 à 80 et par un cadre de vie plus agréable : l'attrait du Sud, des lacs et de la montagne…).

Synonyme de convivialité et de joie de vivre, Munich est aussi, on le souligne moins souvent, le triste berceau des thèses racistes et pangermanistes du nazisme. Munich est donc, on l'aura compris, la ville la plus paradoxale d'Allemagne. Elle est un peu comme ces gens qui forcent la sympathie sans que l'on sache très bien pourquoi. Mais à y regarder de plus près, on peut se demander parfois ce qui a pu si longtemps légitimer l'incroyable engouement dont la ville a profité pendant près de cinq décennies, tant auprès des Allemands qu'auprès des touristes étrangers, qui la visitent en priorité et y séjournent plus longtemps qu'ailleurs, repus de ce folklore que la ville dispense allégrement.

Munich subit tour à tour les critiques de ses détracteurs et les louanges de ses défenseurs. Chaque point de vue comporte une part de vérité qui permet de comprendre ce qu'est – ou ce qu'est devenue – la capitale du Land de Bavière. Certains avancent qu'elle n'est qu'un *Bauerntheater* (« théâtre de paysans »), voire guère plus qu'un *Millionendorf* (« village de plus d'un million d'habitants ») : il n'y a pas si longtemps, la soi-disant seule *Weltstadt* (« métropole ») d'Allemagne souffrait en effet d'une loi imposant à tous les cafés, bars et night-clubs de fermer à 1 h du matin et, en plein cœur de l'été, les fameux *Biergärten*, qui ont fait la réputation touristique de la ville, ferment toujours à 22 h ! Ajoutons à cela que la superficie du centre historique est très réduite et que la vieille ville se visite à pied, comme un village. Enfin, le folklore ambiant contribue à donner à la ville un côté curieusement provincial. Pourtant, les habitants de cet univers aux apparences bon enfant pourront vous sembler distants : c'est qu'ils sont parfois exaspérés par les flots de visiteurs, que les Munichois de souche se refusent aussi à parler l'allemand officiel et que leur dialecte est difficilement compréhensible, même pour un Allemand ; n'oublions pas, pour finir sur ce chapitre, le célèbre *Grant* (mot typiquement bavarois que l'on pourrait traduire par « ronchonner sans arrêt »), mal dont les Munichois sont plus durement affligés les jours où souffle le föhn, ce vent qui rend fou. De Munich, on dit encore que c'est la capitale de l'esbroufe ; il est vrai que la richesse s'y porte de façon plus ostentatoire qu'ailleurs et que l'argent, qui ne manque pas, ne s'y cache pas...

Les défenseurs de Munich clament, quant à eux, que la ville est la plus belle d'Allemagne : cela peut se discuter car la plupart de ses monuments se révèlent être des copies à plus petite échelle de monuments célèbres (Loggia dei Lanzi de Florence, Arc de Constantin de Rome, Propylées de l'Acropole, Saint-Jean de Latran, beffrois flamands, etc.) ; par ailleurs, la ville offre une physionomie plate et peu pittoresque (à l'extérieur du centre historique, les quartiers sont tracés au cordeau), et le fleuve qui la traverse tient davantage du cours d'eau ; quant aux rues, elles abondent en façades peintes de motifs pastoraux ou damiers bavarois qui donnent l'impression de décors de cinéma en trompe-l'œil sans relief réel. Mais la ville n'en est pas moins très riche sur le plan architectural : les rois de Bavière ont en effet toujours eu à cœur de l'embellir et l'ont dotée de perspectives ponctuées de places et d'un nombre impressionnant de monuments ou d'ensembles architecturaux comme peu de villes allemandes en possèdent.

Munich est aussi souvent considérée comme une grande capitale baroque. Cette affirmation provient peut-être de l'amalgame que l'on fait généralement entre la ville et la Bavière, à moins que le baroque ne soit à rechercher dans l'ambiance un peu latine et plutôt hédoniste de la ville. Quoi qu'il en soit, les monuments baroques ne sont pas les plus nombreux ; citons, entre autres, certaines églises comme l'Asam, l'église des Théatins ou la Sainte-Trinité, ainsi que le château de Nymphenburg, à l'ouest de la ville. En fait, la richesse de Munich tient à la diversité des styles architecturaux qui y sont représentés : le centre historique abonde en monuments de style médiéval ou néogothique (cathédrale Notre-Dame – le symbole de Munich – et église Saint-Pierre, Neues Rathaus et Altes Rathaus), ainsi que d'édifices Renaissance ou néo-Renaissance (Ludwigstrasse, Odeonsplatz, Feldherrnhalle, complexe de la Residenz, Maximilianstrasse, Villa Lenbach, Parlement bavarois...) ; enfin, le style néoclassique est également très présent, mais de façon plus morcelée (Siegestor – l'Arc de Triomphe munichois –, Opéra, ensemble de la Königsplatz).

Munich a aussi la réputation d'offrir la meilleure qualité de vie en Allemagne. Cela est juste si l'on est sensible à l'environnement exceptionnel des lacs et des sommets alpins. Mais le climat est souvent maussade et sujet aux coups du föhn, glacial en hiver ; quant à la qualité de l'air, elle est la plus médiocre des grandes villes allemandes, à l'exception des jours où souffle le föhn, qui balaie tout sur son passage...

Ajoutons pour finir que l'on prétend souvent de Munich qu'elle est la ville où l'on s'amuse le plus ; cela tient sans doute au caractère de ses habitants, car le Munichois est l'inventeur de la *liberalitas bavarica*, curieux mélange de rites païens et religieux, d'où ressort une joie de vivre et une propension à s'amuser sans égal en Allemagne. Le Munichois est un hédoniste, facile d'approche en apparence et qui aime à philosopher, une chope de bière à la main, à l'ombre des platanes ou des châtaigniers des innombrables Biergärten. Le Biergarten, institution munichoise par excellence, est le symbole de la convivialité, une convivialité dont le point culminant est la fête de la Bière, la plus grande kermesse du monde. Paradoxalement, la ville la plus conservatrice d'Allemagne, celle qui a su garder très vivantes ses traditions religieuses, sait aussi prendre des allures très libérales : elle est la seule ville allemande qui ose pratiquer le nudisme intégral dans les parcs du centre (particulièrement dans le célèbre Englischer Garten, à deux pas des boutiques de luxe de la Maximilianstrasse). Munich semble donc jouer constamment de ses clichés et de leurs contraires. Ou vous l'aimerez pour son côté bon enfant, ou vous la détesterez pour son aspect de grosse bourgade provinciale. Ses boutiques de luxe vous séduiront peut-être, mais vous pourriez être irrité par un certain tape-à-l'œil. Si vous êtes déçu par ses façades en trompe-l'œil, il y a des chances que vous succombiez à la splendeur de ses églises baroques. Même si la ville a perdu du terrain ces dernières années (la crise ne l'a pas épargnée et les loyers astronomiques en ont découragé plus d'un) et ne peut plus revendiquer sérieusement son titre de capitale secrète de l'Allemagne depuis que Berlin le porte à nouveau et officiellement, il reste indéniable que Munich

Petit glossaire des curiosités et particularismes bavarois

La Bavière et sa capitale ne manquent pas une occasion de rappeler qu'elles sont différentes du reste de l'Allemagne. On ne s'étonnera donc pas que rien n'y soit tout à fait comme ailleurs. Les différences de langue et de traditions ne sont pas les moindres. C'est pourquoi il nous a semblé judicieux, voire indispensable, d'insérer ici un petit glossaire d'expressions ou usages bavarois qui, même si vous maniez déjà bien la langue allemande, pourra vous éviter des déboires ou vous fournir une réponse à des traditions apparemment étranges.

00 : Null-Null (prononcer noulnoule) désigne les WC.
Alm : déformation de Alb (les Alpes en allemand) ; par extension, tout ce qui touche la montagne.
Almabtrieb : fête traditionnelle du retour du bétail des pâturages en septembre. Pour l'occasion, les vaches sont parées comme des déesses et les villageois arborent leurs plus beaux atours (*Trachten*).
Blauweiss : bleu-blanc ; ce sont les couleurs « nationales » de la Bavière, où le drapeau à damier bleu et blanc est omniprésent.
Brotzeit : littéralement « le temps du pain » ; on pourrait traduire ce terme par casse-croûte ou repas simple et rapide. Notez que les Biergärten (sing. Biergarten) « reçoivent avec provision ». Les Munichois viennent y consommer de la bière mais apportent souvent avec eux leur Brotzeit.
Charivari : c'est un des éléments les plus étonnants du costume traditionnel masculin en Bavière. Le charivari est une chaînette que les hommes portent à la ceinture et à laquelle ils suspendent généralement toute une collection de trophées, amulettes et autres grigris qui rappellent les rites païens. N'en riez pas : le charivari est pour le Bavarois un symbole de virilité. Il comporte souvent des *Hirschzähne* (dents de cerf), de minuscules *Gewürzsträussrln* (saupoudreur d'épices [*sic*]), de non moins minuscules *Schnupftabakdöschen* (doses de tabac à priser), des mains en argent (contre l'impotence), des pièces de monnaie ou encore un petit morceau prélevé sur les bois d'un cerf tué à la chasse. Le mot *charivari* viendrait du tintement de toute cette breloque.
Christkindlmarkt : littéralement « marché de l'Enfant Jésus ». C'est le traditionnel marché de Noël, dont le plus célèbre est celui de Nuremberg. (En allemand, *Christkindlmarkt* se dit *Weihnachtsmarkt.*)
CSU : Parti conservateur bavarois. Dans tout le reste de l'Allemagne, ce parti a pour abréviation CDU.
Depp : se faire traiter de *Depp* est une insulte (synonyme : *Seppl*, crétin ou « plouc »).
Dirndl : costume traditionnel des Bavaroises.
Fasching : terme bavarois qui désigne le carnaval.
Fronleichnam : Fête-Dieu. Toujours très fêtée en Bavière, le Fronleichnam est un jour férié et l'occasion de processions où les enfants jettent des fleurs.
Gamsbarthut : ce terme désigne ici le petit chapeau avec un plumet de poils de blaireau, élément essentiel du costume traditionnel du Bavarois.

Grant : mauvais caractère. *Grantig sein* : exprimer sa mauvaise humeur à la munichoise…
Kirchweih : littéralement « bénédiction de l'Eglise ». Fête catholique bavaroise encore très vivace qui se déroule le troisième dimanche d'octobre ; la messe est suivie d'une procession, puis d'une ripaille impressionnante (*Labs*), au cours de laquelle on mange la *Kirchweihgans* (oie bénite), servie avec des *Schmalznudeln* (sorte de pâtes frites dans la graisse d'oie).
Lederhose : la célèbre culotte de cuir bavaroise.
Leonhardifahrten : Léonard est un des saints patrons de la Bavière rurale (le protecteur des chevaux et du bétail). En son honneur, les habitants des villages de Haute-Bavière organisent les Leonhardifahrten, sorte de rallyes haut en couleurs à cheval ou sur les rivières, à bord de radeaux sur lesquels on embarque symboliquement un cheval ou une vache. Notons qu'à l'origine saint Léonard était un évangélisateur de Franconie et le défenseur des malades, particulièrement des aliénés mentaux. On le représentait d'ailleurs toujours avec une chaîne ; cette figuration a donné lieu à une interprétation erronée de la part des Bavarois, qui ont vu dans cette chaîne un élément pour tenir le bétail : par un glissement de sens, Léonard est donc devenu le protecteur des chevaux et de bétail, de saint patron des aliénés qu'il était à l'origine.
Maibaum : littéralement « arbre de Mai ». C'est une des traditions les plus vivaces en Bavière, qui, sous couvert de fêter l'arrivée du printemps, met en concurrence, dans une camaraderie assez bon enfant, des villages voisins. Dans chaque village, un mât de cocagne est planté (symbolisant l'arbre, renouveau de la vie). La veille des festivités, les villages qui entrent en lice s'efforcent de se voler mutuellement l'arbre, sans jamais y parvenir. La vraie compétition oppose les jeunes garçons de chaque village, qui doivent escalader le plus vite possible le mât pour y décrocher les trophées qui y pendent. Le tout sous les yeux des belles du village, impressionnées par les prouesses athlétiques de leurs promis. Les garçons amoureux d'une jeune fille à laquelle ils ne sont pas encore fiancés ont d'ailleurs l'habitude, la veille du 1er Mai, de planter un jeune bouleau tout enguirlandé devant la maison de la belle.
Mordsgaudi : avoir un *Mordsgaudi*, c'est faire la fête à tout va.
Preissl (ou Preiss'n) : terme bavarois signifiant « Prussien », c'est-à-dire, péjorativement, les non-Bavarois.
Schmaus : festin.
Schmankerl : terme désignant une spécialité culinaire bavaroise, par exemple le *Leberkäs* (littéralement « fromage de foie »), dans lequel on ne trouve heureusement ni l'un ni l'autre mais des morceaux de viande de bœuf rôtis avec du lard, ou encore le *Ochsenmaulsalat* (littéralement « salade de gueule de bœuf »).
Semmeln : petits pains (*Brötchen* en allemand).
Süsser Senf : moutarde bavaroise (attention, elle est sucrée !) qui accompagne inévitablement la *Weisswurst* (« saucisse blanche », comparable à notre boudin blanc).
Wadl : mollets. Les Bavarois sont très fiers de leurs mollets, éléments essentiels de la séduction masculine en ces latitudes. A tel point qu'il y a des *Wadl-Parade*, où les participants exhibent le galbe et la musculature des dits mollets…

Weizenbier (ou Weissbier) : ce terme désigne la bière « nationale ». Personne, à Munich ou en Bavière, ne commande *ein Bier;* il faut dire *'n Weizen.* Voir aussi « Fête de la Bière », p. 178.
Zwetschgndadschi : gâteau aux prunes.

•

Pour donner une meilleure idée de la différence entre l'allemand bavarois et l'allemand officiel, voici quelques expressions courantes et utiles. Rappelons que les Bavarois sont en général peu enclins à s'exprimer en allemand officiel. (L'expression bavaroise est suivie entre parenthèses de l'allemand officiel.)

a Moss (*Liter Bier*)	un litre de bière
Awedda (*Gewitter*)	un orage
Griasgood (*Guten Tag*)	Bonjour
An Guad'n (*Guten Appetit*)	Bon appétit
Bfiagood (*Auf Wiedersehen*)	Au revoir
bsuffa (*betrunken*)	saoul
Bua (*Junge*)	garçon
Diandl (*Mädchen*)	fille, jeune femme
Des deafa'S fei need (*Das dürfen Sie nicht*)	Vous n'avez pas le droit
Fleischbflanzl (*Hamburger*)	hamburger
fesch (*hübsch*)	jolie
Gä häifa's mä (*Helfen Sie mir*)	Aidez-moi
Gfroans (*Eis*)	glace
Gschbrizda (*Wein mit Wasser*)	vin coupé d'eau
Heandl (*Hörnchen*)	croissant
Hoagga's Eana hi (*Setzen Sie Sich*)	Asseyez-vous
Kena's deitsch? (*Sprechen Sie deutsch?*)	Parlez-vous allemand?
Oxnaung (*Speigelei*)	œuf sur le plat
Reiwadadschi (*Kartoffelpuffer*)	purée de pommes de terre
schbeim (*erbrechen*)	vomir
Wansammado? (*Wann kommen wir an?*)	Quand arrive-t-on?

conserve un potentiel culturel et touristique considérable, avec des musées de tout premier plan. A la belle saison, il faudrait être de très mauvaise foi pour prétendre rester insensible aux beautés de ses nombreux parcs, pour résister à l'invitation de ses Biergärten et nier la fébrilité qui s'empare de la ville et qui en fait celle d'Allemagne où l'on vit le plus dehors. En cela, Munich est plus italienne que Milan. Enfin, gardez à l'esprit que tous les Munichois détestent cordialement les Prussiens – *Preiss'n,* c'est-à-dire tous les Allemands qui habitent au nord du Main (frontière nord du Land de Bavière) – et ne les provoquez pas en les traitant de *Seppl* (déformation péjorative de Joseph), terme dont usent sans retenue les « Prussiens » pour se venger du manque d'affection de leurs compatriotes méridionaux. Après tout, les deux dynasties irrémédiablement ennemies, les Hohenzollern de Prusse et les Wittelsbach de Bavière, n'ont pas pu se livrer des guerres incessantes pendant près de mille ans sans que cela ne laisse quelque trace. Et n'allez surtout pas rappeler à un Munichois que les Wittelsbach ont fini par plier sous la Prusse de Bismarck. L'animosité est si réelle qu'en 1949, année de la constitution de la RFA, la Bavière a réussi à déroger au principe fédéral et à obtenir le statut exceptionnel de *Freistaat* (Etat libre) au sein de la Fédération ouest-allemande. Munich se sent aujourd'hui menacée par la puissance nouvelle de Berlin, et si elle agite avec frénésie le drapeau à damier bleu et blanc de la Bavière (libre) et en rajoute un peu en *Lokalkolorit*, c'est peut-être pour se convaincre elle-même que de toutes les grandes villes allemandes, elle demeure la seule *Weltstadt mit Herz* (« métropole qui a du cœur »).

Un peu d'histoire

Avant d'en venir à la naissance de Munich, il est essentiel de dire quelques mots sur les populations qui, aux débuts de notre ère, vivaient en cette partie de la Bavière que l'on nomme Oberbayern. La Haute-Bavière va de Munich jusqu'à la frontière autrichienne, au nord, et forme un petit quart du Land de Bavière. Le paradoxe veut que cette portion congrue de la Bavière, et *a fortiori* de l'Allemagne, est souvent identifiée avec l'Allemagne tout entière, bien que ses habitants originels soient les seuls à ne pas faire partie de la race germanique. Le terme *Bayrisch* (Bavarois) serait une déformation de *Baioarii*, langue parlée par les peuplades bajuvares, qui furent les premières à occuper cet espace du sud de l'Allemagne après le retrait des Romains, au VIe siècle ; dans le même temps, la partie nord de l'actuel Land de Bavière, c'est-à-dire la Franconie, était l'objet de disputes incessantes entre les Francs de Clovis et les Goths de Theodorich. Curieusement, l'Histoire semble avoir oublié la partie méridionale de la Bavière pour se consacrer aux rebondissements de la Franconie. On ignore ainsi à peu près tout des premiers Bavarois bajuvares. Certains historiens s'accordent à dire qu'ils viendraient de Bohème et d'Arménie, voire d'Inde. Toujours est-il qu'un (haut-) Bavarois, c'est-à-dire un Munichois pure souche, est assez éloigné des caractéristiques physiques de la race germano-aryenne. Brun, souvent trapu et basané, il s'apparente davantage aux Slaves.

Munich elle aussi nous réserve un paradoxe amusant : la ville la plus connue d'Allemagne et qui semble être, du moins d'un point de vue touristique, la quintessence de la Bavière, est d'abord née saxonne et d'un acte de violence ! Au XIIe siècle en effet, le duc de Saxe Henri le Lion contrôlait dans ses contrées du nord de l'Allemagne le commerce du sel et possédait un fief dans cette partie méridionale qui ne s'appelait pas encore la Bavière. Or, il voyait d'un fort mauvais œil que l'évêque de Freysing touchât un droit de passage auprès des caravanes chargées de sel qui, venant de Salzbourg, étaient obligées d'emprunter le pont de Freysing, le seul alors à franchir l'Isar. Sans autre forme de procès, Henri le Lion fit détruire le pont de l'évêque de Freysing pour en reconstruire un autre sur ses terres, à quelque deux kilomètres en amont. L'affaire fit grand bruit. L'évêque s'en fut plaider sa cause auprès de l'empereur germain Frédéric Ier, dit Barberousse, pendant la diète annuelle d'Augsbourg. L'empereur trancha en permettant à Henri de conserver son pont et son droit d'octroi mais lui imposa de reverser un tiers des recettes à l'évêque. Ce document, qui scelle la naissance de la ville de Munich, est daté du 14 juin 1158.

Quant au nom de Munich, il peut être considéré comme une revanche de l'évêque. Car qu'ont en commun les villes de Des Moines aux Etats-Unis, Monaco sur la Côte d'Azur et Munich en Bavière ? Rien, sinon leur nom. En effet, Munich (München en allemand) signifie « des moines » : le pont de Henri le Lion (aujourd'hui le Ludwigbrücke, toujours visible) fut érigé à l'emplacement d'une petite communauté de moines, en allemand *bei den Mönchen* (« près des moines »). Le blason de Munich en atteste, qui arbore un moine à la bure marron et or; les Italiens d'ailleurs ne manquent pas de préciser *Monaco di Bavaria* lorsqu'ils parlent de Munich. Pendant plusieurs siècles, Munich a conservé son droit de douane sur le commerce du sel. L'Isartor (porte de l'Isar) est toujours là pour rappeler que tous les voyageurs, obligés de passer l'Isar en cet endroit, devaient montrer leur passeport. De même, les marchands de sel étaient tenus, outre l'acquittement des taxes, de déposer leur stock dans des entrepôts de Munich une semaine durant – moyennant de nouvelles taxes – et de proposer leur marchandise en priorité aux habitants de Munich ; si le sel était à cette époque l'objet de tant de convoitises, c'était plus pour son pouvoir de conservation des denrées périssables que pour son caractère gustatif !

Munich ne fut pourtant pas longtemps saxonne. Dès 1160, la légitimité des Guelfes, dynastie saxonne dont était issu Henri le Lion, est remise en question par une autre grande dynastie naissante, celle des Wittelsbach qui, avec les deux autres grandes lignées de l'histoire allemande (les Habsbourg d'Autriche et les Hohenzollern de Prusse), se chargera d'approvisionner l'Histoire en multiples rebondissements jusque dans les premières décennies de notre siècle.

En 1180, Munich devient bavaroise et possession des Wittelsbach. Le duché de Bavière s'organise et, en 1255, les Wittelsbach résident officiellement à Munich. Du XIIIe au XVe siècle, aucun événement marquant ne vient troubler la ville, hormis les cataclysmes courants au Moyen Age : les ravages du feu succédant aux épidémies de peste. Puis les corporations s'en prennent aux « patriciens », et les persécutions des Juifs s'amplifient nettement au milieu du XVe siècle, jusqu'à leur exil forcé en 1442. C'est également à cette époque que sont posées les premières pierres des monuments qui aujourd'hui encore sont les symboles de Munich : la construction de la Frauenkirche, la cathédrale Notre-Dame, débute en 1468 ; celle de Saint-Pierre avait commencé un siècle plus tôt, dix ans avant l'édification de la Residenz, ou château des Wittelsbach. L'année 1487 est une date importante pour Munich et pour l'Allemagne : cette année-là, le duc Albrecht IV édicte le *Preu Aid*, c'est-à-dire la fameuse ordonnance d'intégrité (*Reinheitsgebot*) pour la fabrication de la bière (« la bière ne peut être produite qu'avec de l'eau, du houblon, du malt et rien d'autre »). Toutes les marques de bière allemandes se prévalent encore aujourd'hui de ces directives, véritable label de qualité pour la bière *made in Germany* (voir aussi « Fête de la Bière », p. 178).

En 1505, Munich devient la capitale du duché de Bavière. Le rôle capital qu'a joué Munich pendant la Contre-Réforme à partir de la seconde moitié du XVIe siècle est dû au duc Albrecht V (1528-1579), qui fit venir les jésuites à Munich pour restaurer la foi catholique au moment où la Thuringe, la Saxe et la Franconie se convertissaient au culte de l'Eglise luthérienne. Son action fut également décisive pour faire de Munich une ville d'art : il est à l'origine de la Schatzkammer (salle des trésors des Wittelsbach), enrichie depuis et toujours visible à la Residenz. Dès 1563, Munich se profile comme le grand centre de résistance à la Réforme. L'année 1589 est marquée par la naissance de la célèbre brasserie *Hofbräuhaus*, dont les mauvaises langues disent que c'est aujourd'hui encore le monument le plus visité de la ville (voir p. 150). L'agitation de la Contre-Réforme culmine dans les premières années du XVIIe siècle avec la création en 1609, à Munich, de la Sainte Ligue qui tente de restaurer, contre l'Union évangélique des Réformés, le dogme de l'Eglise catholique romaine.

Davantage que les rivalités entre protestants et catholiques, la terrible guerre de Trente Ans (1618-1648) a pour toile de fond la réaction d'une grande partie de l'Europe du Nord (réformée) contre les velléités hégémoniques des Habsbourg (catholiques), dont la légitimité sur le trône du Saint Empire est contestée. Les Suédois, soutenus financièrement par la France – qui fait ainsi paradoxalement passer la raison d'Etat avant la raison du culte –, transforment l'empire allemand en un immense champ de bataille. Munich, centre de la Contre-Réforme et alliée aux Habsbourg d'Autriche – la guerre de Trente Ans avait commencé à Prague (possession des Habsbourg) car la noblesse locale refusait de revenir à l'ancien culte catholique – fut de ce fait une cible privilégiée des Suédois, qui occupèrent la ville pendant quinze ans. C'est de cette époque que date la ceinture de remparts qui entoure la ville et dont on retrouve aujourd'hui le tracé le long du Ring (boulevard circulaire). Sur ces entrefaites, une épidémie de peste, favorisée par les mauvaises conditions d'hygiène dues au siège de la ville, emporte en 1634 la moitié de la population. L'empereur germanique (un Habsbourg) témoignera sa reconnaissance au duc de Bavière en l'élevant au rang de

Kurfürst (prince électeur) : ce dernier pourra désormais user de sa voix pour élire l'empereur allemand, ce qui aura pour effet de renforcer encore la position des Habsbourg.

Le début du XVIIIe siècle est marqué par un affaiblissement du pouvoir des Wittelsbach sur le sol de Bavière, au profit des Habsbourg. La dispute s'envenime dès 1704 au sujet de la succession au trône d'Espagne et ne faiblira qu'en 1714, la maison d'Autriche entrant dans un conflit plus sérieux contre Louis XIV en France. En 1705, la Bavière est placée sous contrôle des Habsbourg, qui envoient un *Statthalter* (gouverneur) autrichien à Munich. L'occupation autrichienne doit essuyer, le soir de Noël 1705, une insurrection sanglante des Munichois, aussitôt durement réprimée. En 1742, les Autrichiens, pour affirmer leur puissance en Bavière (l'empereur germanique est toujours un Habsbourg), font de Munich *de jure* la nouvelle capitale du Saint Empire. Il faudra attendre le renversement du rapport de forces entre Autriche et Prusse au profit de cette dernière et, surtout, l'avènement de Napoléon Ier et le congrès de Vienne (1815) pour observer un changement radical de la situation en Bavière. En 1805, Napoléon entre dans Munich. Allié des Wittelsbach contre la Prusse des Hohenzollern, il fait du duché de Bavière un royaume. Rappelons d'ailleurs que depuis plus d'un siècle, les dynasties concurrentes (que ce soit la Saxe, la Prusse ou l'Autriche) s'étaient érigées en royaume, à l'exception de la Bavière, sous tutelle autrichienne pendant tout le XVIIIe siècle. La refonte de la géopolitique européenne par le congrès de Vienne fera de la Bavière un Etat membre de la Confédération du Rhin.

Le premier roi de Bavière, Maximilien Ier, œuvrera pour faire de Munich une grande métropole culturelle. C'est de cette époque que datent les grands aménagements néoclassiques de la ville et la création, au nord, du centre historique de la Maxvorstadt (faubourg de Max), qui correspond aujourd'hui au quartier des commerces de luxe. C'est Maximilien Ier qui fit construire l'Opéra national de Munich, en 1818. Il n'est pas inintéressant de remarquer ici que le futur Louis II de Bavière, qui est pourtant la figure la plus connue tant des Allemands que des étrangers, n'a laissé son nom à aucun monument ni à aucune rue alors que tout le quartier de Maxvorstadt semble être dédié au roi Maximilien Ier (Maximilianstrasse, Maximilianeum, Max-Denkmal) ou à Louis Ier (Ludwigstrasse).

Louis Ier succède à Maximilien en 1825. Il poursuit l'œuvre de son père et accélère l'extension de la ville. L'université de Bavière quitte Landshut pour Munich. Louis Ier donnera un accent particulièrement libéral à la nouvelle Constitution bavaroise. En 1837 naît, à Munich, Elizabeth de Wittelsbach, nièce de Louis Ier et future impératrice d'Autriche, plus connue sous le nom de Sissi. La liaison – jugée scandaleuse – de Louis Ier avec la célèbre danseuse écossaise Lola Montes, surnommée la Pompadour bavaroise et élevée par son royal amant au rang de comtesse de Landsberg, marque pour le roi le début d'une longue série de difficultés dans la seconde partie de son règne. Les membres du Kabinet de Bavière le démissionnent et Lola Montez est bannie. En 1848, la révolution de Mars touche la Bavière. On reproche à Louis Ier d'avoir favorisé les soulèvements populaires par une politique trop libérale. Celui-ci opte alors pour une stratégie de renforcement du pouvoir royal. Dans tous les royaumes qui composent l'Empire, l'autorité monarchique vacille sérieusement. Dans l'urgence est ébauchée, à Francfort, la Constitution d'une monarchie parlementaire pour éviter l'anarchie menaçante. Mais la tentative de révolution libérale échoue et, en Allemagne comme dans le reste de l'Europe, on assiste à un mouvement de restauration des monarchies. Louis Ier aurait pu en sortir renforcé dans sa position mais, usé par les scandales et les hésitations de sa politique, il est finalement contraint d'abdiquer à la fin de 1848. Maximilien II lui succède et restaure l'autorité monarchique.

Dans la dynastie des Wittelsbach, une place toute particulière doit être réservée à Louis II, dit le *Märchenkönig* – « le roi de contes de fées ». Fils de Maximilien II, il naît en 1845 à Munich, au château de Nymphenburg, et succède à son père en 1864. Son penchant pour la rêverie et, surtout, l'influence qu'exerça sur lui Wagner le feront se retrancher progressivement de la réalité politique pour se constituer un monde personnel et artificiel. L'extravagance de ses constructions – il fit ériger les célèbres châteaux de Neuschwanstein, Linderhof et Herrenchiemsee –, sa désinvolture à dépenser l'argent de l'Etat, les troubles mentaux dont il est atteint conduisent à sa destitution en 1886. Les circonstances troubles de sa mort – ou de son suicide – dans le lac de Starnberg, au sud de Munich, ont contribué à renforcer le caractère légendaire de son règne (Louis II aimait à dire : *Ein ewiges Rätsel will ich bleiben*, « Je veux demeurer une énigme permanente »; voir aussi encadré p. 205). En 1995, Munich a fêté le cent cinquantième anniversaire de sa naissance. Occultée par toute cette aura quasi mythique, l'action politique de ce roi reste méconnue, quoique bien réelle. On lui doit d'avoir audacieusement prêté main-forte à l'Autriche dans la guerre décisive qui l'opposait à la Prusse en 1866, puis d'avoir sagement, une fois l'Autriche évincée et bannie de l'empire allemand, conclu un traité avec la Prusse en 1867, avant la proclamation de l'empire prussien par Guillaume Ier à Versailles en 1871. A cette date, la Bavière se fond dans l'empire prussien.

Le XXe siècle commence à Munich sous le signe de la culture. En effet, en 1900 est lancé, avec le journal *Die Jugend* (« La Jeunesse »), l'Art nouveau (Jugendstil, mot à mot « style de la jeunesse »). Sous la férule de Georg Hirth, des artistes tels qu'Obrist, Riemerschmid ou Bruno Paul contribuent à l'émergence du style munichois. A cette époque, la ville compte 500 000 habitants, et un certain Lénine, émigré russe, publie dans des magazines révolutionnaires des articles – que personne ne prend encore très au sérieux – inspirés des thèses des Berlinois Marx et Engels.

Dans les années 1900-1920, Munich accède au rang de grande capitale intellectuelle de l'Europe avec l'effervescence du quartier de Schwabing qui voit le lancement de la revue satirique *Simplicissimus* par Frank Wedekind et la création du mouvement *Der Blaue Reiter* (Le Cavalier bleu) en 1911 par les peintres expressionnistes Wassily Kandinsky et Franz Marc (voir « Il était une fois Montmartre à Munich », p. 161). Parmi les habitués des ateliers et des cafés de ce quartier, on trouve encore Paul Klee, la comtesse de Reventlow, Max Beckmann, Thomas Mann, Heinrich Heine ou Rainer Maria Rilke. La fébrilité créatrice de Munich n'est pas empreinte de ce caractère cynique et quelque peu apocalyptique qui caractérisera l'effervescence culturelle de Berlin de 1920 à 1933 : dans la capitale bavaroise, toute l'activité artistique est antérieure à la grande crise de Weimar et à la montée du nazisme (Schwabing est résolument 1900, alors que le Berlin de la République de Weimar incarne la décadence des « modernes » qui précède le cataclysme hitlérien).

En 1918, la débâcle prussienne sonne également le glas de l'ancien ordre monarchique en Europe. L'Autriche-Hongrie disparaît, de même que la dynastie des Wittelsbach. Comme dans le reste de l'ex-empire wilhelminien, les tentatives de putschs spartakistes sont réprimées dans le sang en Bavière (Räte-Revolution). En novembre 1918, le révolutionnaire munichois Kurt Eisner est assassiné. L'Etat libre de Bavière est proclamé, alors qu'à Weimar le Parlement socialiste doit composer avec l'humiliation de la défaite, l'agitation politique et la crise économique pour instaurer un régime démocratique.

De même que l'on prend souvent par erreur le Reichstag de Berlin pour l'emblème du nazisme, on considère généralement la ville elle-même comme la capitale du mouvement national-socialiste. Rien n'est plus faux car s'il fallait réellement décerner ce titre de capitale du nazisme à une ville allemande, il serait plus juste de citer d'une part Nuremberg, où se tenaient les congrès du NSDAP (parti des travailleurs allemands national-socialistes), d'autre part Munich où fut créé le parti hitlérien. En effet, Hitler a toujours eu une relation privilégiée avec le sud de l'Allemagne, et Munich en particulier. Il dut s'accommoder de Berlin comme capitale, rôle que cette ville assumait depuis l'unification du pays en 1871, mais la métropole prussienne lui resta toujours étrangère. D'un côté, elle était une capitale rouge avec un pourcentage élevé de la population sensible aux discours social-démocrates et communistes. Mais, surtout, elle n'était pas, comme Nuremberg ou Munich, ancrée dans cette tradition germanique héritée d'un passé médiéval sublimé et récupéré par les nazis. Certes, c'est d'abord à Vienne que Hitler s'est laissé gagner aux thèses antisémites et racistes, mais c'est bien à Munich – et non à Berlin – qu'il a gravi toutes les marches de son ascension politique. Il restera d'ailleurs à Munich jusqu'à sa nomination au titre de chancelier, en janvier 1933. Hitler arrive à Munich en 1913, fuyant l'Autriche où il refusait d'accomplir son service militaire. Après avoir participé à la Première Guerre mondiale dans un régiment d'infanterie allemand, il retourne à Munich, où il est affecté à un service d'observation de diverses formations politiques plus ou moins clandestines, dont le DAP, un groupuscule antisémite qui se réunissait dans la cave de la brasserie munichoise Sterneckerbräu. Il y reconnaît tout de suite ses propres convictions, en devient membre en septembre 1919 et s'illustre rapidement comme un des éléments porteurs du DAP. Le premier rassemblement de masse de ce mouvement a lieu à la célèbre brasserie Hofbräuhaus le 24 février 1920 et prend dès lors le nom de NSDAP. Dès juillet 1921, Hitler en devient le *Führer* (le « guide », ou chef de file). En 1923, il estime que le temps est venu de renverser la fragile république de Weimar. Ses tentatives pour démettre le Generalstaatskomissar de Bavière Ritter von Kahr n'ayant pas abouti, un groupe de SA (la « section d'assaut » du parti) encercle sur ses ordres, le 8 novembre 1923, la brasserie Bürgerbräu dans laquelle von Kahr prononce un discours devant une assemblée. Hitler fait irruption, tire un coup de revolver, décrète que le gouvernement bavarois est renversé et annonce sa « marche sur Berlin » (*den Marsch gegen Berlin*). Le lendemain, il défile en effet dans Munich, avec à ses côtés le général Ludendorff et trois mille membres du NSDAP. La marche sur Berlin se termine sous un tir nourri de la police munichoise et dans un bain de sang à la hauteur de la Feldherrnhalle (fameuse copie de la Loggia dei Lanzi de Florence, qui honore à Munich les armées bavaroises depuis 1841). Ainsi échoue la tentative de putsch d'un Hitler encore un peu naïf. Un tribunal bavarois le condamne à cinq ans de prison ferme mais il est relaxé au bout de neuf mois. Pendant sa détention, Hitler rédige le tristement célèbre *Mein Kampf* dans lequel il expose les grandes lignes de la « croisade » qu'il est plus que jamais décidé à conduire : suspension de l'application du traité de Versailles, remise du pays au travail, politique expansionniste (la conquête de « l'espace vital »), valorisation de la race aryenne (prétendument supérieure), définition du rôle de la propagande et de l'encadrement de la jeunesse par les *Hitlerjugend* (Jeunesses hitlériennes), élimination des dissidents et opposants par les SA, les SS et la police d'Etat. Dès sa libération, il s'attaque depuis Munich à la restauration de son parti jusqu'à gagner les élections législatives de 1933 et contraindre le président Hindenburg à le désigner chancelier. Pendant les douze années de son « gouvernement », de 1933 à 1945, Hitler séjournait fréquemment à Munich. Tous les ans, il venait se recueillir devant la Feldherrnhalle en souvenir des « martyrs » de la tuerie du 9 novembre 1923. Son anniversaire, le 20 avril, était célébré non pas à Berlin mais à Munich, par une prestation de serment nocturne sur la Königsplatz (place Royale). Enfin, chaque 24 février, Munich commémorait en grandes pompes la création du NSDAP. Bien que la chancellerie du Reich se trouvât à Berlin, le siège du NSDAP n'en demeurait pas moins dans cette *Hauptstadt der Bewegung* (« capitale du mouvement ») qu'était Munich pour Hitler, dans la Braunemhaus (« maison brune », aujourd'hui école de musique). De cette ascension, Munich garde quelques traces aussi encombrantes qu'ineffaçables, telle que la Haus der Kunst (maison de l'art, aujourd'hui musée d'Art contemporain), dans la Prinzregentenstrasse (rue du Prince-Régent).

Enfin, il faut rappeler que c'est dans la banlieue ouest de Munich, à Dachau, que fut construit, dès 1933, le premier camp de concentration d'Allemagne et que Heinrich Himmler – que l'on peut à juste titre considérer comme le plus grand responsable du génocide juif et des autres persécutions nazies en sa qualité de chef de la Police secrète (Gestapo) – était fils du précepteur des princes de Wittelsbach et natif de Munich.

Il convient de dire ici un mot sur la résistance allemande au nazisme, pratiquement inconnue – ou volontairement passée sous silence ? Le hasard de l'Histoire fit que Hitler faillit périr dans un attentat à la bombe perpétré en 1938 par le Souabe Georg Elser dans la brasserie Bürgerbräu, le lieu même où, quinze ans plus tôt, le Fürher avait commencé sa tentative de putsch. Il faut aussi évoquer Hans et Sophie Scholl, étudiants à l'université de Munich qui, malgré une participation zélée aux Jeunesses hitlériennes, se rétractèrent et prirent une part active et courageuse à la résistance allemande. Ils éditèrent des tracts signés *Die Weisse Rose* (« La Rose blanche ») incitant au sabotage des équipements nazis afin de lutter contre la tyrannie. Dénoncés le 18 février 1943 par quelqu'un qui les vit lâcher une volée de ces tracts dans la cour de l'université, ils furent exécutés aussitôt après leur procès, rendu par un tribunal créé spécialement par Hitler quelques années plus tôt et baptisé le *Volksgerichtshof* (« Cour de justice du peuple »), qui siégeait... à Munich.

De la capitale bavaroise, rappelons encore qu'elle servit de cadre aux accords de Munich (1938), par lesquels les signataires Mussolini, Chamberlain et Daladier reconnaissaient l'intégration du territoire des Sudètes (une partie de la Pologne et de l'actuelle Tchéchie) au Reich et avalisaient ainsi tacitement la politique hégémoniste de Hitler en Europe.

En 1972, Munich accueille les vingtièmes Jeux olympiques d'été et se dote d'un réseau de métro. Les manifestations sont assombries par un attentat et la prise en otage des membres de l'équipe israélienne par des terroristes palestiniens ; tous les otages seront exécutés ou tués lors de l'assaut donné à l'avion où les terroristes s'étaient embarqués. En 1980, un attentat à la bombe cause la mort de douze personnes lors de la fête de la Bière. En 1988, l'ex-ministre-président de Bavière Franz-Josef Strauss est enterré à Munich lors de funérailles quasi « nationales ». Le nouvel aéroport de Munich, dans la banlieue d'Edinger Moos, est inauguré sous le nom de Franz-Josef-Strauss en 1992 et demeure à ce jour l'aéroport le plus moderne d'Europe – et l'un des plus grands scandales municipaux de Munich ; les Munichois ne manquent pas de commenter l'événement en ces termes : « Le vieux grigou s'est payé la dernière blague de nous pousser, nous Bavarois et bêtes comme on peut l'être, à donner à notre aéroport le nom d'un oiseau qui ne sait pas voler. » (*Strauss* signifie « autruche » en allemand...)

LA VILLE AUJOURD'HUI

Après la guerre, une large partie de ce qui restait du grand capital et de l'aristocratie en Allemagne se rassembla à Munich. L'exemple le plus parlant est le transfert dans la capitale de la Bavière de la société berlinoise Siemens. Cet état de chose a largement contribué à forger sa réputation de « capitale secrète » de l'Allemagne. Ainsi, jusque vers la fin des années 70, Munich demeurait la seule grande ville allemande à offrir des commerces de luxe, ce qui fit les belles heures de la Maximilianstrasse. Les autres grandes villes brillaient plutôt par leur caractère très provincial. Cependant, les blessures de la guerre étant pansées et la consommation effrénée des années 60 dépassée, on a assisté dans les autres grandes villes à une lente mais irrémédiable transformation. Aujourd'hui, toutes les métropoles régionales allemandes ont dans leur centre-ville au moins une ou deux rues entièrement consacrées au luxe. Le centre de Hambourg ou la Königsallee de Düsseldorf rivalisent avec la Maximilianstrasse de Munich. Cette dernière est bien consciente d'avoir perdu sa première place, perte qui se trouve renforcée depuis que Berlin est redevenu officiellement capitale de l'Allemagne.

Par ailleurs, l'installation de nombreuses entreprises de haute technologie dans la région de Munich a conduit, dans les années 80, à une arrivée massive de cadres, provoquant une flambée démesurée des loyers (trois fois plus élevés qu'à Berlin en 1987 !). Depuis, la crise du logement (on ne construit pas assez d'immeubles d'habitation en Allemagne), la situation économique générale et le fait que la réunification a davantage profité à une ville comme Hambourg (qui a retrouvé ainsi son arrière-pays, débouché vital pour le port) sont d'autres facteurs qui ont contribué non pas à sonner le glas de Munich – elle demeure une des villes les plus prospères d'Allemagne – mais à redistribuer les cartes de façon plus équitable dans un pays qui a fait du fédéralisme une règle de base (ce qui signifie, entre autres, d'empêcher la prépondérance d'une métropole). Depuis peu, la ville compose avec une nouvelle politique culturelle et touristique et se veut une grande métropole « cordiale et ouverte sur le monde ».

Sur la scène culturelle, Munich reste un passage obligé des grandes vedettes internationales. Même si son budget culturel par habitant n'atteint pas celui de Francfort, elle reste la seule ville allemande qui peut concurrencer, voire dépasser, Berlin. Beaucoup de spectacles ou de films sortent à Munich en avant-première. Ses musées sont célèbres dans le monde (Villa Lenbach, Residenz, Altes et Neue Pinakothek, Haus der Kunst, Deutsches Museum...) et la création, à la fin des années 70, du centre culturel de Gasteig témoigne d'un réel souci de ne pas se reposer sur un acquis. La capitale bavaroise est depuis des décennies une municipalité de gauche (SPD) qui a quelquefois maille à partir avec le Parlement bavarois, à très forte majorité conservatrice (CSU) et dont les députés fournissent plusieurs des ministres de l'actuel cabinet de Helmut Kohl. Munich est aussi le siège de la très florissante société BMW, de la multinationale Siemens (une des plus grandes entreprises du pays, aujourd'hui en difficulté), de l'Hypo-Bank (une des plus grandes banques allemandes) et du *Süddeutsche Zeitung* qui, après le *Frankfurter Allgemeine Zeitung* et *Die Welt*, est certainement le seul quotidien régional qui ait pu obtenir une audience fédérale de premier ordre.

Coup d'œil sur la ville

QUAND ?

Munich mérite un voyage en toute saison. Sachez cependant que l'hiver y est glacial et que le föhn – ce vent souvent décrié mais qui dégage si bien le ciel que les sommets alpins semblent avoir été rapprochés aux portes de la ville, comme un décor roulant de cinéma – peut souffler en toute saison. Le föhn est un vent chaud, qui s'accompagne donc de brusques remontées de température et fait fondre la neige en hiver ; venant du sud, il se refroidit en passant la barrière des Alpes et se purifie en perdant l'humidité et les pollutions dont il était chargé en Italie. Les jours où il se manifeste, le taux d'humidité de l'air peut passer sous la barre des 20 % et perturber le métabolisme de nombreuses personnes (maux de tête, humeur maussade...).

Sachez aussi que les précipitations sont particulièrement abondantes et brutales (souvent accompagnées d'averses de grêle) en mai, juin et juillet. Munich est sujette au *smog*, essentiellement en automne (les masses d'air chargées d'humidité viennent « butter » contre les Alpes et stagnent au-dessus du plateau bavarois où se trouve Munich). La fête de la Bière en revanche, injustement appelée en allemand *Oktoberfest* alors qu'elle se déroule les deux dernières semaines de septembre, connaît pratiquement toujours un temps clément. L'été indien (fin septembre-début octobre) semble se plaire à Munich ; c'est pourquoi cette courte période du début de l'automne est vraisemblablement la meilleure pour découvrir la capitale bavaroise, même si vous n'appréciez que modérément les réjouissances de la fête de la Bière.

Une autre bizarrerie « climatique » de Munich est constituée par la *Bierschnee* (littéralement, « neige de la bière »). Le phénomène se produit lorsque l'air chaud et très humide des brasseries entre en contact avec un air extérieur très froid. Il s'ensuit la formation de petits cristaux qui se déposent sur les toits et les rues de la ville en une fine couche qui ressemble à du sucre-glace.

QUE VOIR ?

Il faut voir l'ensemble de la Marienplatz, avec le Neues Rathaus et la cathédrale Notre-Dame ; tout près, ne manquez pas non plus le « complexe » de la Residenz (salle du Trésor, Opéra national et théâtre Cuvilliés). L'église baroque des frères Asam et l'église des Théatins ne sauraient être oubliées ; réservez-vous aussi du temps pour flâner de la Briennerstrasse et de Maximilianstrasse, dans le quartier de Maxvorstadt. Incontournable également, une balade dans l'Englischer Garten (Jardin anglais) et la remontée, depuis l'arc de la Siegestor, de la Ludwigstrasse jusqu'à l'Odeonsplatz. Une visite du château de Nymphenburg (surtout pour l'exquis petit palais d'Amalienburg et le Jardin botanique), de même que quelques heures à la Villa Lenbach (peinture expressionniste) et à l'Alte Pinakothek (peinture classique) font impérativement partie du programme munichois. Enfin, un séjour à Munich serait incomplet sans l'expérience d'un Biergarten à la belle saison ou d'une brasserie typique en hiver.

EN COMBIEN DE TEMPS ?

Il faut compter 5 jours pour saisir Munich dans sa diversité, en faisant quelques excursions aux alentours. Voici une proposition d'itinéraires (chargés mais variés et équilibrés) à faire en 5 jours à la belle saison. Cependant, une des principales qualités de Munich étant l'hédonisme et l'absence de stress, on ne saurait trop vous conseiller de rajouter 2 journées à votre programme pour faire du shopping ou pour vous laisser aller au farniente et goûter, dans un parc ou sous les frondaisons d'un Biergarten, à la douceur de la vie munichoise.
Si vous disposez d'une seule journée, employez la matinée à découvrir les alentours de la Marienplatz et de la Residenz. L'après-midi, vous pouvez flâner à l'Englischer Garten (Biergarten près de la pagode chinoise), puis redescendre la Ludwigstrasse depuis la Siegestor jusqu'à l'Odeonsplatz (où se trouve l'église des Théatins). Si le temps n'est pas clément, visitez au moins un musée : Haus der Kunst pour l'art moderne, Villa Lenbach pour les expressionnistes – profitez-en pour jeter un coup d'œil à l'ensemble architectural de la Königsplatz – ou Alte Pinakothek pour les amateurs de peinture classique.

Première journée :
« Du petit pont sur la route du sel aux aménagements du Reich »
Axe ouest. Partir du Ludwigbrücke (pont Ludwig), rejoindre l'Isartor, porte d'entrée dans la vieille ville : Viktualienmarkt (marché quotidien), Marienplatz (place Marie), avec les églises Saint-Pierre et du Saint-Esprit, l'Altes Rathaus (ancien hôtel de ville), le Neues Rathaus (hôtel de ville), la Mariensaüle (colonne de Marie) et, à quelques pas, la célèbre cathédrale Notre-Dame.
Continuer ensuite vers l'ouest en prenant la rue piétonne Kaufingerstrasse ; poursuivez sur la Neuhauserstrasse où vous pourrez admirer l'église Saint-Michel (Michaeliskirche ; caveau de Louis II) et l'église baroque de la

Bürgersaal. Un peu en retrait, rendez-vous à la célèbre église d'Asam (Asamkirche), sur la Sendlingerstrasse.
Autour de la Karlsplatz (surnommée Stachus par les Munichois), vous pourrez voir le Palais de justice, la Bourse et la fontaine des Wittelsbach (Wittelsbacherbrunnen). De là, reprenez le chemin de la vieille ville en direction de la Promenadenplatz où vous pourrez voir l'église de la Sainte-Trinité (Dreifaltigskeitskirche) et les palais Morcia, Montgelas et Törring-Jettenbach.
Reprendre enfin le grand axe ouest en direction de la Königsplatz : collection des Antiquités (Staatliche Antikensammlung), Glyptothek (sculptures grecque et romaine), Ecole de musique (Musikhochschule, ancien QG du parti national-socialiste) et Propylées. Terminer la promenade par la visite de la Villa Lenbach et sa collection de peinture expressionniste du Blauer Reiter.

Deuxième journée :
« Du duché au royaume. Munich, capitale des Wittelsbach »
Axe nord. Commencer cette promenade derrière le Neues Rathaus, à hauteur de l'Alter Hof; vous passez ensuite devant la brasserie Hofbräuhaus, avant de remonter la Theatinerstrasse vers le nord, jusqu'à l'Odeonsplatz, où se trouve la Feldherrnhalle (monument à la gloire des armées bavaroises), et l'église des Théatins. Coup d'œil dans la Briennerstrasse (Wittelsbacherplatz), puis visite de la Residenz (salle du Trésor, galerie de peintures et meubles anciens..., théâtre Cuvilliés, Hofgarten et Opéra national). Quelques pas dans la Maximilianstrasse avant de gagner le Jardin anglais. En métro, rejoindre le quartier de l'Olympiapark et visiter les installations olympiques de 1972 et la célèbre Olympiaturm (Tour olympique). Tout à côté, ne manquez pas le musée BMW.
Rejoindre ensuite en taxi ou en métro le quartier de Schwabing : Leopoldstrasse et ses cafés, Siegestor, ensemble homogène de la Ludwigstrasse (Université et église Saint-Louis). Possibilité de flâner dans le beau quartier du Lehel ou de visiter un musée dans la Prinzregentenstrasse : Haus der Kunst (art moderne), Bayrisches Museum (Musée bavarois) ou galerie Schack (art contemporain).

Troisième journée :
« Munich typique : musées, palais baroques et Biergärten »
Consacrer la matinée à ces deux musées incontournables que sont l'Alte Pinakothek (tous les grands noms de la peinture européenne jusqu'aux premières années du XIXe siècle) et la Neue Pinakothek (peinture du XIXe siècle-début XXe siècle : romantisme, Nazaréens, Restauration, réalisme, mouvement de la Jeune Allemagne, impressionnisme, Sécession, Jugendstil).
L'après-midi peut être consacré à la découverte de Nymphenburg : château, parc, petit palais d'Amalienburg et Jardin botanique.
Si le temps est clément, délassez-vous dans un des plus beaux Biergärten de Munich, à deux pas de Nymphenburg, dans le Hirschgarten (jardin aux cerfs) ou flânez dans le quartier résidentiel de Nymphenburg.

Munich

N
Allacherstr.
Wintrichring
Westfriedhof
Dachauerstr.
Baldurstr.
Ring
Werner-Von Linde-Halle
Kl. Olymp. Halle
Olympiaturm
Olympia Halle
Theatron
OLYMPIAPARK
Olympiaberg 564 m
Olympia Radstation
Ackermanstr.
Luitpold Park
Belgrad-str.
Parzivalstr.
Karl-Theodor-Str.
Leopoldstr.
Ungererstr.
Isaring
SCHWABING
Menzingerstr.
Botanisscher Garten
GERN
Mittlerer
Schloss Nymphenburg
Schloss-Park
Amalienburg
Norburgastr.
NYMPHENBURG
Dom-Pedrostr.
Allee
Leonrodstr.
Schwere-Reieter-Str.
Schleissheimerstr.
Hohenzollernstr.
SCHWABING-WEST
Georgenstr.
Josephsplatz
Nordendstr.
Siegestor
Mandlstr.
Englisher Garten
Isar
Rotkreuzp
Landshuter
Dachauerstr.
Schelingstr.
Neue Pinakothek
Königinstr.
Chinesischer Turm
Ifflandstr.
Montgelasstr.
MAXVORSTADT
Universität
NEUHAUSEN
Nymphenburgerstr.
Linsenstr.
Alte Pinakothek
Barerstr.
Königsplatz
Arnulfstr.
Hirschgarten
Wotanstr.
Wilhelm-Hale-Str.
Seidlstr.
Brienerstr.
BOGENHAUSEN
Prinzregentenstr.
Friedensengel
Prinzregentenstr.
Donnersberger-brücke
Landsbergerstr.
Trappentreustr.
Hauptbahnhof
LEHEL
LAIM
Landsberger
Strasse
Bayerstr.
Max-Weber Pl.
SCHWANTHALER-HOLE
Theresien-wiese
LUDWIGS-VORSTADT
Sonnenstr.
Einsteinstr.
WESTEND
Pettenkoferdstr.
Gotthardstr.
Zschokkestr.
Hansastr.
Bavariaring
Nussbaumstr.
Ludwigstr.
HAIDHAUSEN
Museums- Insels

Quatrième journée :
« De l'autre côté de l'Isar »
Passer de l'autre côté du fleuve Isar et voir, en matinée, le quartier cossu de Bogenhausen (Friedensengel, Parlement, théâtre du Prince-Régent), puis gagner, en longeant les berges de l'Isar, le quartier de Haidhausen (nouveau quartier branché de Munich) : centre d'Art contemporain de Gasteig et Musée allemand (science et technique). De là, vous pouvez descendre l'Isar en radeau jusqu'au quartier de Thalkirchen.
Si vous êtes à Munich pendant la fête de la Bière, franchissez de nouveau l'Isar et rendez-vous à la Theresienwiese (sorte de vaste Champs-de-Mars où se déroulent les festivités). Ce lieu mérite de toute façon un détour pour son Ruhmeshalle (hall de la Gloire).

Cinquième journée :
« Aux alentours de Munich :
Freysing, Schleissheim et les lacs »
Au nord de Munich, la ville épiscopale de Freysing et la ville de Schleissheim (château) méritent le détour. L'ancien camp de concentration de Dachau se trouve dans la banlieue nord-ouest de Munich. Les lacs situés au sud de la capitale bavaroise peuvent également faire l'objet d'une excursion d'une demi-journée : l'Ammersee est célèbre pour la splendide église de Diessen (une des plus représentatives du baroque bavarois, avec celle de Wies, de Rott am Inn et l'Asam de Munich), ainsi que le splendide panorama depuis le promontoire d'Andechs ; le Starnbergersee est connu pour avoir été le « décor théâtral » de la mort (suicide ?) du roi fou Louis II de Bavière (c'est également sur ses rives que fut élevée celle qui deviendra l'impératrice Sissi) ; enfin, le Tegernsee, le lac le plus proche des grands sommets alpins, est sans doute aussi le plus beau des trois.

SE REPÉRER

Il n'est pas difficile de se repérer à Munich. Le centre historique, délimité par la Ringstrasse – boulevard circulaire qui suit les anciennes fortifications du XVIIe siècle – est très compact et étonnamment petit. La Marienplatz en occupe le centre avec le Neues Rathaus, l'Altes Rathaus, la Mariensaüle et l'église Saint-Pierre. Derrière l'Altes Rathaus se cache le célèbre Viktualienmarkt. Les deux grandes rues piétonnes de la ville partent de la Marienplatz : d'une part la Kaufingerstrasse, prolongée par la Neuhauserstrasse, vers l'ouest en direction de la Hauptbahnhof (gare centrale), d'autre part la Theatinerstrasse vers le nord, qui marque le commencement de la zone des commerces de luxe. La Theatinerstrasse débouche sur l'Odeonsplatz, où trônent la très belle église baroque des Théatins et la Feldherrnhalle. Dans le prolongement de la Theatinerstrasse, la très longue Ludwigstrasse prend, à partir de la Siegestor, le nom de Leopoldstrasse. C'est là que commence le célèbre quartier de Schwabing.
La partie commerçante située entre l'Odeonsplatz et la Siegestor porte le nom de Maxvorstadt (faubourgs de Max [imilien]), en hommage au premier roi de Bavière, Maximilien Ier, qui

fit réaliser ces aménagements de la ville au XIXe siècle. La grande percée ouest-est de Maxvorstadt est constituée par la Briennerstrasse et sa prolongation à l'est, la Prinzregentenstrasse. Entre la Marienplatz et la Maxvorstadt se trouvent, d'une part l'ensemble de la Residenz et le Hofgarten (jardin du palais de la Residenz), d'autre part quelques-unes des plus célèbres brasseries de la ville, dont la Hofbräuhaus. La cathédrale Notre-Dame, avec son double clocher à bulbe, se trouve à quelques pas de la Marienplatz en allant vers l'ouest.

L'Isar coule un peu à l'est du centre de la ville, du sud vers le nord. Du torrent de montagne qu'il est encore à quelques kilomètres en amont, il garde à Munich son caractère impétueux. Ses berges, non canalisées, sont verdoyantes et des buts de promenade recherchées des Munichois en été. Le célèbre Englischer Garten, tout en longueur, commence dans la Maxvorstadt, sur la Prinzregentenstrasse. Il suit, dans la partie nord de Munich, le cours de l'Isar sur plus de 8 kilomètres. C'est un centre du nudisme en été et l'on y trouve, près de la Chinesisches Haus (la pagode chinoise), un des Biergärten les plus fréquentés de la ville.

Tout au nord se trouve le Village olympique, avec la célèbre Olympiaturm (tour de télévision), et le musée BMW. L'ouest de la ville, quant à lui, est marqué par la présence néoclassique de la Königsplatz, autour de laquelle se dressent l'Alte Pinakothek et la Neue Pinakothek, ainsi que la Villa Lenbach. Encore plus à l'ouest, les quartiers résidentiels de Nymphenburg avec le château baroque agrémenté d'un parc immense ; à l'ouest également, le grand parc de Hirschgarten, très prisé en été pour son Biergarten. C'est sur l'immense espace de la Theresienwiese, un peu au sud-ouest du centre historique, qu'a lieu la fête de la Bière. En traversant l'Isar vous atteignez l'est de Munich et les quartiers de Haidhausen (nouveau quartier branché depuis le déclin de Schwabing) ou de Bogenhausen (le plus huppé de Munich).

L'épicentre de Munich est donc la Marienplatz d'où partent deux axes importants pour les curiosités touristiques : le nord (Residenz, Theatinerkirche, Odeon, Leopoldstrasse, Schwabing, Englischer Garten, Village olympique…) et l'ouest (Notre-Dame, église d'Asam, grands musées, château de Nymphenburg).

Découvrir Munich

DU PETIT PONT SUR LA ROUTE DU SEL AUX AMÉNAGEMENTS DU REICH

Ce premier itinéraire suit délibérément un axe qui coupe la vieille ville d'est en ouest. Il laisse ainsi de côté toute la zone autour de la Residenz, ainsi que le nord de la ville, que nous décrirons dans la seconde promenade (voir « Du duché au royaume… », p. 148). La capitale bavaroise étant particulièrement riche à l'intérieur du périmètre de l'Altstadt, il n'est pas recommandé d'essayer de tout voir en une seule journée. S'accorder

2 jours pour cette découverte de la vieille ville permet, d'une part de suivre une thématique logique, d'autre part d'équilibrer le programme entre visites culturelles et flâneries ou détentes dans les parcs.

De l'Isartor à la Marienplatz

L'emplacement du premier pont qui, sous la volonté d'Henri le Lion décida, au XIIe siècle, de la création d'une ville *bei den Mönchen* (« près des moines »), marque le début de notre promenade. Ce pont était à l'époque le seul point de passage de l'Isar pour les caravanes chargées de sel en provenance de Salzbourg (littéralement, « la ville du sel » ; ainsi dénommée en raison des nombreuses mines de sel de ses environs). Certes, le pont d'origine a depuis longtemps disparu. Il a été remplacé par l'actuel **Ludwigbrücke** (pont Louis) mais témoigne des débuts de l'aventure munichoise. En remontant l'ancienne Salzstrasse (rue du Sel), actuelle Zweibrückenstrasse, vous atteignez l'**Isartor** (porte de l'Isar), la plus ancienne porte d'entrée dans Munich. A ce propos, soulignons une particularité du goût allemand qui considère que tout effet de patine fait laisser-aller ou négligé et qu'il convient donc de « restaurer à neuf » les monuments sur lesquels le temps commence à laisser sa trace ; ne vous étonnez donc pas si l'Isartor, dont le crépi est refait régulièrement, semble avoir été construite il y a à peine une décennie. Cet édifice date de 1158 (sous son aspect actuel, il remonte au XIVe siècle), et c'est ici que les marchands de sel acquittaient le fameux droit de passage qui fit la richesse de la ville. Au-dessus des arches centrales, une fresque de 1854 dépeint l'entrée triomphale à Munich du duc de Bavière Louis IV (qui deviendra empereur d'Allemagne en 1328) après la bataille d'Ampfing contre l'Autriche des Habsbourg.

De l'Isartor, la Talstrasse vous conduit en ligne droite à la Marienplatz, qu'il faut absolument aborder par le côté est. Mais avant de franchir l'arche de l'Altes Rathaus pour gagner cette place, il convient de faire une halte au célèbre **Viktualienmarkt**, qui se tient tous les jours sauf le dimanche depuis 1807. C'est là sans doute que l'on goûte le mieux à l'étrange atmosphère de cette ville qui, malgré son million d'habitants, n'a rien perdu de sa joie de vivre ni de son caractère rustique. Il faut préciser que les marchés – à fortiori les marchés quotidiens – sont devenus d'une très grande rareté en Allemagne, sauf en Bavière. Et Munich ne fait pas exception en se prêtant à ce rituel à deux pas de la Marienplatz, son véritable centre. Le Viktualienmarkt (alimentation et fleurs) est un plaisir pour les yeux. Des maisonnettes aménagées tout autour de la place permettent de se restaurer et, à l'ombre des platanes, se cache l'un des plus fameux Biergärten de Munich. Cette disposition à joindre l'utile (les emplettes) à l'agréable (un verre de bière sous les platanes…) est typique de cette ville-village qu'est Munich. Alors faites comme les Munichois, installez-vous sur un banc et offrez-vous votre premier *Brotzeit* de la journée : une *Weisswurst* (sorte de saucisse proche de notre boudin blanc

Munich centre

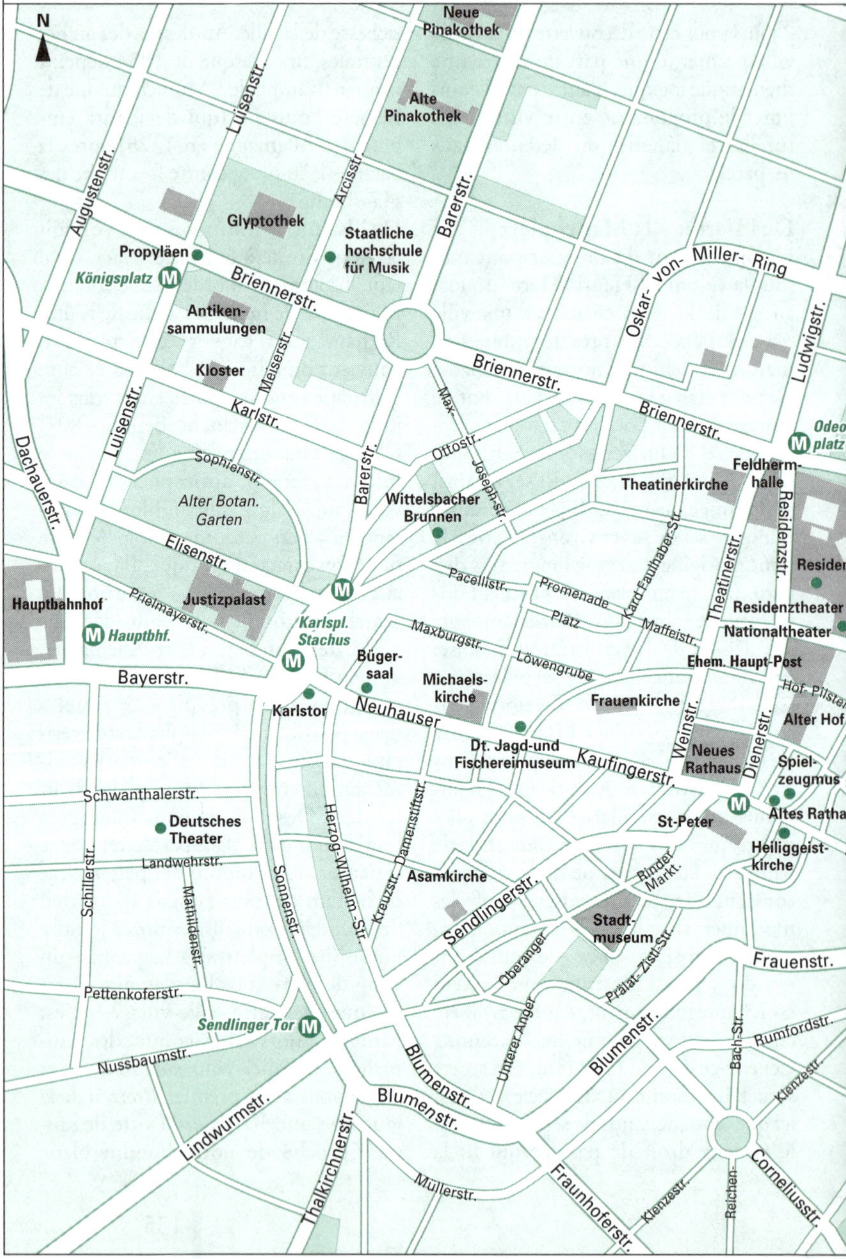

Munich centre

français mais relevée avec des herbes) accompagnée d'un gros *Brezel* (pain bavarois) et d'une bonne *Mass Weizenbier* (1 litre de bière) pour faire passer le tout ! Un *Maibaum* (arbre de Mai, ou mât de cocagne, omniprésents en Bavière) marque, dès le retour des beaux jours, le centre de la place et arbore les couleurs bavaroises : le damier bleu et blanc. Attention, ne vous rendez pas pour la première fois sur le Viktualienmarkt un dimanche ou trop tard dans l'après-midi : les stands remballés et les maisonnettes cadenassées, la place ne s'offre pas sous son meilleur jour.

Malgré le brouhaha, les platanes et le mât de cocagne, vous ne pourrez manquer la silhouette baroque de l'**église du Saint-Esprit** (Heiliggeitskirche), qui marque le côté nord de la place. Il s'agit en fait de l'ancien édifice gothique de l'hospice du Saint-Esprit (aujourd'hui disparu) ; cette église fut entièrement remaniée de 1724 à 1730 et dotée par les célèbres frères Asam d'une décoration du rococo le plus débridé. La façade néobaroque ne date que de 1885 (année où l'hospice, attenant, s'effondra). Enfin, le clocher de 1730, avec sa coupole en lanterne, est typique des églises baroques munichoises. N'hésitez pas à pénétrer à l'intérieur de cet édifice, qui recèle un assez beau mobilier liturgique de style gothique flamboyant et rococo. La nef et le chœur ont été refaits à grands frais en 1991.

Avant de gagner la Marienplatz, rendez-vous d'abord à l'**Alter Peter** (le « Vieux Pierre »), comme les Munichois aiment à nommer l'église Saint-Pierre (Peterskirche), située sur le bord ouest du Viktualienmarkt (en fait, elle ferme la Marienplatz sur le côté sud). A l'origine, cet édifice religieux était le lieu de culte de la petite colonie monacale qui donna son nom à la ville et était installée sur la colline Saint-Pierre. De l'église romane originelle, il ne reste plus rien. Saint-Pierre apparaît aujourd'hui comme une église gothique mais son clocher ne date que du XVIIe siècle et est lui aussi orné d'un capuchon à lanterne typique de l'architecture munichoise. Très endommagée pendant la Seconde Guerre mondiale, l'église Saint-Pierre – peut-être plus chère au cœur des Munichois que la très célèbre cathédrale Notre-Dame – fut reconstruite dès 1951. Afin d'inciter les dons pour financer la reconstruction de l'Alter Peter, la station de radio bavaroise avait suspendu la diffusion du carillon de l'église Saint-Pierre (*das Lied des Alter Peter*, ou « chanson du Vieux Pierre »), motif musical cher aux Munichois et utilisé sur les ondes pour annoncer la pause avant les informations. En 1951, une fois l'église reconstruite, la radio diffusa à nouveau le carillon de Saint-Pierre.

A l'intérieur de l'édifice, le regard est attiré par le plafond de la nef, dit en tonneau. Le chœur ainsi que les trois chapelles absidiales datent du XVIIe siècle et sont de style baroque. En ce qui concerne le mobilier, voyez, à droite en entrant, les beaux fonts baptismaux de Krumper et, dans la nef latérale gauche, l'autel de Schreck (1407) et l'autel du Corpus Christi. Le maître-autel, haut de 20 mètres, est dû à Prötzner et aux frères Asam, de même que la chaire.

Dans la nef latérale droite, juste avant le chœur, ne manquez pas l'autel de Notre-Dame-de-Bon-Secours (1756). L'ascension jusqu'à la balustrade du clocher se fait par l'escalier (299 marches) situé à gauche juste après le portail d'entrée. Les jours de föhn ou de grand beau temps, le panorama sur les sommets enneigés des Alpes est splendide.

L'**église d'Asam** (Asamkirche) nécessite un petit détour qui vous éloigne un peu de la Marienplatz. Depuis le Viktualienmarkt, remontez la Sendlingerstrasse (rue très commerçante, avec une tendance marquée pour les produits haut de gamme). L'église se trouve à mi-hauteur, sur le côté droit de la rue. Attention, comme beaucoup d'édifices baroques, elle est encastrée dans la rangée d'immeubles qui longe la rue, et l'on peut donc facilement la manquer. Dédiée au culte de saint Jean Népomucène, elle est désormais connue sous le nom d'église Asam, du nom des deux frères Damian (1686-1739) et Quirin (1692-1750) Asam, sculpteurs, marbriers et peintres, qui réalisèrent ici leur œuvre la plus marquante. Elèves du Bernin à Rome, ils ont signé la décoration de la plupart des églises baroques de Munich et de nombre d'édifices de la région. Même si l'on n'apprécie pas démesurément le style baroque, l'église d'Asam ne peut laisser indifférent. La luxuriance du décor est à son apothéose et semble renforcée par la petite taille de l'édifice et la pénombre dans laquelle la nef et le chœur sont volontairement laissés par l'obstruction des fenêtres ; ce demi-jour rehausse l'éclat de l'or fin et du bronze, ainsi que les statues d'anges et le crucifix d'argent. D'une galerie qui surplombe la nef et le chœur s'élève une série de colonnes de stuc torsadées atteignant la fresque du plafond ; cette dernière, peinte en 1776 par Damian, retrace la vie de saint Jean Népomucène. Le maître-autel est divisé en trois niveaux : en bas, on remarque un coffret de verre contenant une statue en cire de saint Jean ; au niveau du chambranle de la galerie, l'autel figure la Trinité flanquée de deux anges adorateurs ; le dernier niveau, enfin, est dominé par un immense Christ d'argent sur lequel se penche Dieu le Père, coiffé de la tiare papale ; dans le nimbe du Christ est représentée la colombe de l'Esprit-Saint. La nef est rythmée sur toute sa longueur par des guirlandes et de la rocaille en encorbellement. Des angelots d'argent, de bronze ou de stuc semblent défier les lois de l'équilibre en trompetant dangereusement dans le vide. Même si l'Asam n'est pas le lieu le plus propice à la méditation, elle offre un exemple incomparable du style baroque religieux dans sa forme la plus aboutie et est, à ce titre, incontournable.

La Marienplatz

Remontons maintenant la Sendlingerstrasse en direction du Viktualienmarkt, et tournons à gauche sous l'arche de l'Altes Rathaus pour pénétrer sur la Marienplatz. L'**Altes Rathaus** est un bâtiment curieux qui évoque invariablement pour le visiteur un châtelet un peu simplifié tout droit sorti des dessins animés de Walt Disney. L'effet est renforcé par le côté décor de cinéma (surtout vu depuis la Marienplatz) : le revêtement impeccable de la façade, très régulièrement ravalée, donne envie de vérifier si le tout n'est pas une attrape en carton-pâte. Ainsi s'offre au regard la très digne Altes Rathaus, dont le corps principal est percé d'arches et surmonté d'un fronton gothique en escalier, le tout flanqué d'une tour clocher au toit pointu. Plusieurs tourelles effilées renforcent l'effet « kitsch » de l'ensemble. Une première mairie avait été construite à cet emplacement en 1310. Le bâtiment actuel fut aménagé en style gothique dans la seconde moitié du XIXe siècle et prit dès lors le nom d'Altes Rathaus puisque la ville venait de se faire construire un nouvel hôtel de ville (Neues Rathaus) de plus grande dimension. L'intérêt principal de l'Altes Rathaus, dont l'architecture n'a rien d'extraordinaire, est qu'elle offre, sitôt l'arche passée, un beau point de vue sur la Marienplatz et les deux célèbres tours en oignon de la cathédrale Notre-Dame.

La **Marienplatz**, dans son ensemble, n'a rien d'extraordinaire : le côté nord est occupé par le Neues Rathaus du XIXe siècle, d'un style très discutable, le côté est constitué par l'Altes Rathaus, le sud est bordé d'immeubles commerçants, dont certains datent des années 50 et sont plutôt laids, et le côté ouest, percé par la rue piétonne Kaufingerstrasse, comporte quelques immeubles du XVIIIe siècle assez quelconques. Mais la Marienplatz est le cœur névralgique de Munich, au centre de laquelle trône l'inévitable Mariensäule (colonne de Marie, que l'on retrouve sur les places centrales de tous les villages bavarois) et surplombée à l'ouest par la vision familière des tours de Notre-Dame; elle est invariablement encombrée d'une foule de badauds et de touristes : Munichois faisant leurs courses, marchands de quatre-saisons, visiteurs et cracheurs de feu. La Marienplatz a longtemps fait office de place du marché avant que le Viktualienmarkt ne soit transféré de l'autre côté de l'Altes Rathaus.

La **Mariensaüle** de marbre rouge, surmontée d'une statue de la Vierge à l'or fin, fut érigée en 1638 en hommage à la *Patrona Bavaricae* qui avait « protégé » Munich pendant la guerre de Trente Ans. Occupée quinze années durant par les Suédois, la ville ne fut en effet jamais rasée. Les quatre bambins ailés que l'on distingue aux quatre coins du socle symbolisent le combat contre la peste, la guerre, la faim et l'hérésie.

Le Neues **Rathaus** se donne des airs de mairie flamande, avec sa flèche de beffroi toute en dentelle gothique. Construite au XIXe siècle seulement, elle présente un style composite même si l'ensemble est typiquement néogothique. La construction dura de 1867 à 1892, à l'exception du beffroi et sa flèche, plus récents. Sur la façade qui donne sur la Marienplatz, on distingue à côté des attributs stylistiques propres au gothique un ensemble hétérogène de statues représentant diverses personnalités de l'histoire de la Bavière. En général, les visiteurs aiment se rassembler sur la place pour entendre le Glockenspiel (carillon), qui sonne tous les jours à 11 h (en été, à 11 h, 12 h, 17 h et 21 h) et dont les figurines retracent – dans une manière tout droit sortie de l'imagerie gothique revisitée et idéalisée – certains événements comme le tournoi dans lequel le preux chevalier bavarois est le vainqueur ou encore le mariage du duc de Bavière Guillaume V avec Rénate de Lorraine.

La cathédrale Notre-Dame

De la Marienplatz, nous continuons notre itinéraire vers l'ouest en empruntant la Kaufingerstrasse (piétonne) et en laissant délibérément de côté la Theatinerstrasse, qui s'ouvre à gauche du Neues Rathaus, dans le coin nord-ouest de la place, et constituera l'axe (nord) de notre deuxième itinéraire. Moins chic que la Theatinerkirche, l'ensemble Kaufingerstrasse-Neuhauserstrasse est occupé par les grands magasins. Transformée en rue piétonne comme sa concurrente Theatinerstrasse en 1972, à l'occasion des Jeux olympiques, le mobilier urbain (bancs, bacs à fleur, lampadaires...) ainsi que le revêtement dont elle a été gratifiée datent un peu aujourd'hui, et la municipalité de Munich les renouvelle progressivement. En été, de gros palmiers en pots sont disposés sur toute sa longueur. Cette rue ne respire pourtant pas la tristesse ni la monotonie propres à la plupart des rues piétonnes car elle est émaillée de quelques beaux immeubles (Alte Akamemie), de deux belles églises baroques (Bürgersaal et Saint-Michel) et, surtout, parce qu'elle conduit à la Frauenkirche par une ruelle.

La cathédrale Notre-Dame, symbole de Munich présent sur toutes les cartes postales et dépliants touristiques (les deux tours sont toujours prises un jour de föhn, avec les Alpes enneigées à l'arrière-plan et un ciel bien dégagé), semble se cacher juste derrière la Marienplatz. Elle est en fait située sur la Frauenplatz, dont la taille est si réduite qu'elle n'offre ni le recul nécessaire pour une vue d'ensemble satisfaisante de l'édifice, ni un dégagement suffisant autour de l'église pour la mettre en valeur. C'est pourquoi le meilleur endroit pour contempler la cathédrale (ou du moins ses deux célèbres tours) est situé sous les arches de l'Altes Rathaus, en direction de la Marienplatz. Ce n'est qu'en 1821, date de la création de l'évêché de Munich – depuis le IXe siècle, l'évêque de la Haute-Bavière résidait à Freysing –, que l'église Notre-Dame est devenue cathédrale et église métropolitaine des différentes provinces ecclésiastiques de Bavière. L'édifice impressionne tout d'abord par sa sobriété extérieure, ses dimensions (110 mètres de long sur 44 mètres de large ; ses tours culminent à 99 mètres de hauteur) et l'absence de tout arc-boutant pour la soutenir. Elle fut construite de 1468 à 1488 par Jörg Alspach Ganghofer. A la place des deux flèches gothiques prévues par Ganghofer, les tours furent coiffées en 1525 de ses deux capuchons caractéristiques – coupoles Renaissance préfigurant les bulbes du style baroque – dont le vert (dû à l'oxydation du cuivre) contraste avec le rouge brun de la brique. De style gothique, Notre-Dame ne surprend pas moins par sa retenue, voire son dépouillement extérieur, à une époque où les réalisations étaient flamboyantes. De même, on peut déceler dans la partie supérieure des tours des accents proches du style byzantin.

L'intérieur se présente comme un vaste hall à trois nefs soutenues par une double rangée de vingt-deux piliers octogonaux. Il n'y a pas de transept. De l'entrée, on ne peut distinguer les fenêtres des nefs latérales car les piliers forment de chaque côté un véritable mur ; rappelons en outre que la verrière du chœur était à l'origine dissimulée par le maître-autel. Une légende raconte que le diable serait venu visiter l'église quand celle-ci fut terminée. Fou de joie de constater qu'on avait oublié les fenêtres, il se serait mis à marteler si fort le dallage que son pied y aurait laissé une empreinte… encore visible aujourd'hui. A la fin du XVIe siècle, Notre-Dame reçut une décoration Renaissance avant d'être restaurée dans le style néogothique en 1858, conformément au nouveau goût de l'époque, friande de tout ce qui touchait au Moyen Age. Cependant, les bombes de la Seconde Guerre mondiale ont terriblement endommagé l'édifice. Sa reconstruction s'est achevée en 1953, mais la restauration de l'intérieur n'a pas conservé la décoration originale. Aussi l'église se montre-t-elle aujourd'hui d'une sobriété éloquente : un simple crépi blanc recouvre les murs et met ainsi en valeur la structure architecturale et les quelques pièces d'art et de mobilier liturgique qui ont pu être conservées. Mais ce sont les pièces modernes qui dominent l'ensemble : mosaïque de l'autel de la chapelle saint Pie, à gauche du chœur ; épitaphe au cardinal Döpfner, daté de 1981 et situé en bas de la nef, sur la gauche ; vitrail *Les Sept Souffrances de Marie* ; mobilier de la chapelle du Saint-Sacrement ; certains des tombeaux, chaire et, surtout, maître-autel du chœur, daté de 1971 et dû à Hubert Elsässer. Toutes ces pièces sont d'ailleurs loin de faire l'unanimité. Par sa nudité presque déroutante et son mobilier moderne, la cathédrale Notre-Dame risque de décevoir, sinon de surprendre, les visiteurs d'une ville que l'on considère trop rapidement comme exclusivement baroque.

Le Stachus

Reprenez la rue piétonne en direction du Stachus (Karlsplatz) et de la gare centrale. Sur le côté droit de la Neuhauserstrasse (au n° 52) se trouve l'**église Saint-Michel** (Michaeliskirche). Il s'agit de la plus vaste église Renaissance de ce côté-ci des Alpes. La construction de l'édifice fut ordonnée en 1583 par le duc Guillaume le Pieux, qui voulait en faire le nouveau centre spirituel de la Contre-Réforme (car Munich la catholique était le fer de lance du mouvement de la Contre-Réforme). L'église a été érigée en deux temps : de 1583 à 1588, elle est l'œuvre d'un architecte inconnu qui la dote d'un magnifique plafond voûté (le plus grand du monde après celui de Saint-Pierre de Rome). Certains émettaient des réserves quant à la solidité d'un tel ouvrage ; en fait, ce fut la tour qui s'effondra, en 1590, entraînant avec elle tout le chœur. La deuxième phase de la construction eut lieu entre 1590 et 1597 : on adjoignit à la nef restée intacte un transept, qui n'était pas prévu à l'origine, et un nouveau chœur. Endommagée pendant la Seconde Guerre mondiale, l'église a été restaurée en respectant le décor d'origine, notamment les éléments en stuc. La façade de Saint-Michel mérite une attention particulière. Sise entre l'ancienne **église des Augustins** (aujourd'hui musée allemand de la Chasse et de la Pêche [Deutsches Jagd-und Fischereimuseum]) et l'**Alte Akademie**, également de style Renaissance, l'église est un petit chef-d'œuvre d'harmonie, tout en symétrie, même si l'on peut déplorer la peinture trop fraîche qui recouvre la façade et masque le relief de la pierre.

La façade est rythmée par trois panneaux horizontaux, avant de s'élancer en un fronton typiquement Renaissance flanqué de volutes. Les statues qui ornent les niches de la façade présentent le programme politique de la Contre-Réforme : tout en bas, entre les deux portails, une niche accueille saint Michel combattant les forces du mal (très beau bronze de 1588), tandis que dans les niches supérieures se dressent les empereurs allemands et les ducs de Bavière qui contribuèrent à la diffusion de la Contre-Réforme et à la restauration du culte catholique. A l'intérieur, l'effet de la voûte est amplifié par l'absence de nefs latérales, puis le regard est attiré par l'arc triomphal du chœur. Le maître-autel, à trois étages, reprend le thème de saint Michel combattant le dragon. Dans les chapelles latérales, on peut admirer une belle collection de peinture religieuse de la Renaissance. La crypte, située sous le chœur, abrite le caveau des princes (Fürstengruft), dans lequel reposent quarante-six membres de la dynastie des Wittelsbach, parmi lesquels le prince électeur Maximilien Ier et le roi Louis II de Bavière (voir encadré p. 205).

A quelques pas de Saint-Michel, au n° 48 de la Neuhauserstrasse, se trouve la **Bürgersaal** (littéralement « salle des bourgeois ») qui servait de lieu de réunion et, surtout, de prière à la congrégation jésuite de l'Annonciation. La Bürgersaal, de style baroque, a été érigée entre 1709 et 1710, d'après les plans de Giovanni Antonio Viscardi (à qui l'on doit essentiellement le château de Nymphenburg). Depuis 1778, elle est utilisée comme lieu de culte. En partie endommagée pendant la Seconde Guerre, sa façade structurée par une double rangée de pilastres a été épargnée. A l'intérieur, les murs sont recouverts de stuc daté de 1710. Beau groupe d'anges gardiens d'Ignaz Günther (1763) sous le buffet d'orgues. Sur l'autel, relief en bois de l'Annonciation (1700). Dans la crypte qui servait d'imprimerie aux Jésuites est enterré le père Rupert Mayer, qui s'est illustré dans la Résistance allemande et qui a été béatifié en 1987 par le pape Jean-Paul II.

En continuant la Neuhauserstrasse vers l'ouest, vous passez bientôt la **Karlstor** (porte Charles), ancienne porte d'entrée dans Munich (répondant à l'Isartor, décrite précédemment). Vous pénétrez alors sur la vaste **Karlsplatz** – que les Munichois appellent plus souvent Stachus –, nœud de circulation important sur le boulevard circulaire. Vous pouvez traverser la place par un système peu engageant de passages souterrains et continuer vers la gare centrale (Hauptbahnhof), la plus vaste d'Allemagne après celle de Francfort. Le seul intérêt de cet édifice est qu'il abrite, dans le grand magasin de la chaîne Hertie, le Bistro Käfer – du nom de la dynastie de traiteurs munichois –, un bistrot parisien qui fut transféré en pièces détachées à Munich lors de la démolition des halles de Paris.

Au Stachus, le demi-cercle de beaux immeubles néobaroques, avec leurs balcons en fer forgé « à l'italienne » de Gabriel Seidl, ne date en fait que de 1900, et la fontaine de 1971. L'élargissement des boulevards circulaires n'a pas épargné cette place qui, à la Belle Epoque, a dû exhaler une ambiance méridionale. C'est dans les années 60 que la partie de la place où débouche la Neuhauserstrasse a été rendue aux piétons et que le labyrinthe de passages souterrains a été créé. La section ouest du Stachus est dominée par la monumentale silhouette du Palais de justice, d'un style néobaroque un peu écrasant.

La jonction entre le Stachus et la Lenbachplatz, au nord, se fait par le palais de la Bourse (1896), du même style ostentatoire et chargé que le Palais de justice. C'est ici que sont cotées les actions de sociétés comme Siemens, BMW, Allianz (assurances) ou Löwenbräu (bière). L'agencement de la **Lenbachplatz** est typique du tournant du siècle dernier : les bâtiments sont disposés sans lien entre eux mais de manière à offrir une perspective attrayante, quel que soit l'angle de vue. Aujourd'hui, ces considérations sont quelque peu occultées par le flot des voitures coincées contre les rails des tramways : car, comme le Stachus voisin, la Lenbachplatz est un nœud propice aux embouteillages. Pourtant, c'est peut-être ici, entre la gare centrale, le Stachus et la Lenbachplatz, que la capitale bavaroise perd son allure de grosse bourgade et se fait vraiment urbaine. Prise en étau par la circulation, la monumentale **fontaine des Wittelsbach** (Wittelsbacherbrunnen) exhibe une rocaille que dévale une cascade avant de se répandre dans une vasque. Sur les bords, on distingue un jeune homme vigoureux lançant des blocs de pierre et une jeune femme chevauchant un taureau aquatique, symboles de puissance et de pureté de l'eau, dont on fêtait à Munich la canalisation en 1893. Le sud de la Lenbachplatz est marqué par la **Künstlerhaus** – la maison des artistes –, érigée dans le même style exubérant et somptueux. Pour s'accorder une pause bien méritée, rien ne vaut une halte chez Mövenpick, la chaîne de glaciers helvétique qui occupe, au coin de la Maxburgerstrasse, la drôle de villa de style composite « néobaroque-rococo-1900 », avec crépi orange et cariatides meringueuses. C'est le meilleur endroit pour la pause déjeuner de cette première journée. Gardez les Biergärten et les brasseries folkloriques pour la deuxième journée.

Vers la Briennerstrasse

Il nous faut revenir à l'intérieur de la vieille ville avant de poursuivre notre promenade vers l'ouest. Empruntez la Pacellistrasse en direction de la Promenadeplatz. Juste avant d'atteindre cette dernière, vous voyez sur la gauche, au n° 6 de la Pacellistrasse, l'**église de la Sainte-Trinité** (Dreifaltigkeitskirche).

Pendant la guerre de succession au trône d'Espagne, qui opposa directement les Habsbourg d'Autriche aux Wittelsbach, la fille d'un bourgeois de Munich, Anna Maria Lindtmayr, avait prophétisé un jugement divin et annoncé que Munich pourrait être sauvée si l'on faisait le vœu de construire une église. Lorsque, en 1704, Munich se trouva menacée d'être mise à sac, les représentants de la noblesse, du clergé et de la bourgeoisie prêtèrent solennellement serment à l'intérieur de la Frauenkirche, jurant « de faire construire ici même, dans notre ville, une église avec plusieurs autels en vénération de la Très Sainte Trinité ». La première pierre fut posée en 1711, selon un plan de Viscardi. Après la mort de ce dernier en 1713, le chantier fut repris par Zuccalli. Cette église est la première en Bavière à avoir été dotée d'une façade convexe. La clarté de son ordonnancement et le rythme qui s'en dégage sont ses atouts principaux. Le plan, en forme de croix, n'excède pas 40 mètres dans la plus grande longueur. Curieusement, la partie la plus longue de la croix est formée par le chœur, où trône le maître-autel de Fichtl (1721-1728); le retable *La Trinité au-dessus de Munich* exécuté par Andreas Wolff est une allusion au serment prêté en 1704 et fut offert par le prince électeur de Bavière. Sur l'autel latéral gauche, on remarque une très belle *Sainte Thérèse* par Degler, alors qu'à droite un *Portrait de Joseph* dû à Ruffini (1718) attire le regard. Ne quittez pas l'église sans lever les yeux vers les magnifiques fresques d'Asam : dans la coupole, une Sainte Trinité, dans le transept gauche le Baptême du Christ et, à droite, la Transfiguration.

Tout à côté, la **Promenadeplatz**, de forme allongée, accueillait jadis le marché au sel. C'est un endroit calme, agrémenté de beaux arbres et de statues, dont une du compositeur Gluck. Le côté nord de la place est occupé par le **palais Montgelas**, aujourd'hui hôtel de luxe (Bayrischer Hof). De style néoclassique, il fut construit à la fin du XVIIIe siècle pour le comte Josef von Montgelas, qui fait figure de père de la Bavière moderne, puisqu'il a œuvré pour que le duché ne soit pas écrasé entre les deux grandes puissances qu'étaient l'Autriche et la France. Rien ne vous empêche d'entrer dans l'hôtel pour admirer certaines pièces historiques.

Prenez ensuite sur la gauche dans la **Kardinal-Faulhaber-Strasse**. Sur le côté droit, au n° 7, s'élève l'ancien **palais Holnstein**, qui abrite aujourd'hui l'Archevêché. Ce somptueux bâtiment de 1733 fut édifié par l'architecte wallon Cuvilliés (à qui l'on doit l'exquis théâtre rococo de la Residenz; voir « Du duché au royaume… », p. 148) pour la comtesse de Holnstein, qui était la maîtresse du prince électeur Karl Albrecht. La façade, très harmonieuse (beau balcon au-dessus du portail d'entrée), relègue au second plan les ornementations en stuc.

Enfin, le **palais Porcia**, au n° 12 de la rue, fut construit en 1693 par Zuccalli pour le comte Fugger (aujourd'hui propriété de la Bayrische Vereinsbank). C'est le premier exemple, à Munich, d'architecture civile de style baroque. Le nom lui vient de la princesse Porcia, maîtresse de l'héritier de Fugger, à qui le palais fut offert en 1731 avant d'être réaménagé en palais rococo.

L'**église Salvator** (XVe siècle), sur la place du même nom au bout de la Feulhauberstrasse, est la paroisse de la communauté grecque orthodoxe de Munich. Au bout de la Salvatorplatz, vous retrouvez le boulevard circulaire, à la hauteur de la Platz der Opfer des National-Sozialismus (place des Victimes du national-socialisme). Traversez la place et prenez par la Briennerstrasse jusqu'à la Karolinenplatz.

La Königsplatz par la Briennerstrasse

La **Briennerstrasse** est typique des aménagements du XIXe siècle qui ont contribué à former le quartier de Maxvorstadt et à faire sortir la ville du carcan des fortifications dans laquelle elle restait sanglée depuis huit siècles. Tout comme la Maximilianstrasse ou la Ludwigstrasse, la Briennerstrasse fut conçue comme une noble percée rectiligne bordée de beaux immeubles néoclassiques ou néo-Renaissance (même si beaucoup ont été endommagés pendant la guerre). Ce genre d'urbanisme, généreux et pompeux, est rare en Allemagne et fait sans doute de Munich la seule ville du pays à présenter un plan harmonieux, avec de vastes places et des perspectives étudiées (tout comme, à une autre échelle, le Paris du baron Haussmann). La partie la plus intéressante de la Briennerstrasse est décrite plus loin (p. 154) et nous ne la prenons ici qu'à hauteur du boulevard circulaire, sur la place dédiée aux victimes du national-socialisme. Avant d'atteindre la Königsplatz (place Royale), la Briennerstrasse est coupée par la **Karolinenplatz**, au centre de laquelle se dresse un obélisque. Cette place, pour laquelle son architecte Leo von Klenze s'était inspiré de la place de l'Etoile, à Paris, ne dégage en fait que le charme d'un rond-point de sous-préfecture. Mais les Munichois semblent en être fiers. De même, l'obélisque, de taille plutôt modeste et commémorant les 30 000 soldats bavarois tombés pendant la campagne de Russie en 1812, évoque plutôt, avec ses plates-bandes de pensées qui l'entourent, le monument aux morts d'une ville de province.

Juste avant d'atteindre la Königsplatz, on aperçoit, sur la droite, au coin de l'Arcisstrasse, l'Ecole de musique (Musikhochschule). Dès que l'on prononce le nom de cet édifice, les Munichois s'empressent en général de changer de conversation : ce bâtiment était en effet le QG de Hitler à Munich et demeura le siège du NSDAP même après que Hitler fut nommé chancelier, en 1933. La **Braunes Haus** (maison brune, d'après la couleur du parti nazi) servit, entre autre, de cadre à la signature des accords de Munich, en 1938 ; elle demeura en fait la centrale du parti jusqu'à la fin de la guerre, même si la chancellerie du Reich se trouvait à Berlin depuis 1934. L'édifice qui lui fait face (sur la Briennerstrasse, à l'angle de la Meiserstrasse) était aussi un bâtiment de l'administration nazie, conçu par l'architecte Troost (à qui l'on doit également la tristement célèbre Haus der Kunst, sur la Prinzregenstrasse; voir « Du duché au royaume… », p. 148).

Aujourd'hui il abrite la collection graphique nationale. Ajoutons encore que les Munichois qualifient, non sans une certaine ironie, les édifices nazis de leur ville du terme *troost-los* (jeu de mots sur le nom de l'architecte Troost, *trostlos* signifiant en allemand « déprimant »).
La **Königsplatz** est une vaste esplanade de style néoclassique. Les plans sont dus à l'architecte Leo von Klenze, qui fut à Munich un peu ce que Schinkel fut à Berlin. Son idée était d'ériger un Forum des Arts pour répondre au Forum des Sciences constitué par l'Université. Ce nouveau centre culturel de la capitale bavaroise devait comprendre, d'après la volonté du roi Louis Ier, deux bâtiments presque identiques inspirés des temples grecs de l'Antiquité et qui serviraient de musées. De nos jours, la **Glyptothek** est un des bâtiments néoclassiques les plus réussis d'Allemagne, avec son portique de colonnes ioniennes, son fronton sculpté d'un bas-relief et ses murs percés de niches abritant des sculptures qui annoncent les collections de statuaire grecque et romaine que l'on peut admirer à l'intérieur. A cet égard, cet édifice est certainement l'une des collections de sculptures antiques les plus riches d'Europe, une manière pour les régents bavarois, férus d'art antique, de concurrencer l'activité débordante des Hohenzollern de Prusse en ce domaine (Pergamon-Museum de Berlin).
En face se dresse (côté sud) un autre temple néoclassique, de style corinthien cette fois, la **Staatliche Antikensammlung** (Collection des Antiquités). Si le fronton de la Glyptothek est dominé par la déesse Athéna, celui de l'Antikensammlung arbore une statue de Bavaria. La Bavière et la Grèce fondues dans le même moule, tel était le message grandiloquent et légèrement grotesque que voulaient faire passer les architectes Klenze et Ziebland. On retrouve d'ailleurs une autre Bavaria sur la Theresienwiese, au sud-ouest de Munich, née sans doute de ce rapprochement forcé et quelque peu présomptueux entre la mythologie grecque et l'emblème fondateur de la Bavière.
Côté ouest, la place est fermée par les **Propyläen**, directement copiées sur les célèbres Propylées de l'Acropole d'Athènes. Mais la comparaison s'arrête là : l'ajout au corps central de deux sortes de tours confèrent aux Propylées munichoises un aspect assez sinistre qui les rapprocherait davantage de certains crématoriums un peu pompeux. Cette porte ouest de la ville, toute symbolique, est également due à Von Klenze. Les colonnes doriques des Propylées complètent l'échantillon des styles grecs représentés sur cette Königsplatz. L'engouement de Munich pour la chose grecque peut sans doute s'expliquer par le fait qu'Otto de Bavière, fils cadet de Louis Ier, se retrouva roi de Grèce en 1820. Le bas-relief du fronton des Propylées, qui illustre la bataille que livra la Grèce pour se libérer de l'emprise turque de 1821 à 1829, en atteste. A son abdication en 1848, Louis Ier finança d'ailleurs de ses propres deniers la construction des Propylées.
En 1933, Hitler décida d'un réaménagement de la place qu'il baptisa place Royale. La Königsplatz devait devenir rien moins que l'*Acropolis Germaniae.*

Le gazon de l'esplanade céda la place à des plaques de granit destinées à solenniser et lier entre eux les différents bâtiments. L'architecte Troost fut chargé de la réalisation de deux temples à la gloire du nazisme. De même, on enleva les arbres autour du QG du NSDAP et du bâtiment administratif lui faisant face, de façon à mieux les intégrer à ce nouvel ensemble glorieux. Durant toute la tyrannie nazie, Hitler quittait Berlin chaque 20 avril pour fêter en grande pompe son anniversaire sur cette même place. Les pontes du parti renouvelaient, de nuit et à la lueur des flambeaux, leur serment de fidélité au Führer. Depuis, la municipalité a fait raser les temples de Troost et reverdir la place pour souligner le caractère isolé des trois monuments néogrecs qui y demeurent, une manière aussi d'effacer physiquement les traces du nazisme dans Munich.

La Villa Lenbach

Tout près de là, au coin de la Königsplatz et de la Luisenstrasse, Munich offre ce qu'elle a peut-être de meilleur : la Villa Lenbach. Le pastiche est réussi : la Toscane s'offre aux visiteurs avec une villa Renaissance de toute beauté (l'ocre des murs est juste, les volets sont d'un beau vert sombre et le toit de tuiles a la patine qui convient) et un jardin idyllique (la mousse envahit les vasques des fontaines, les pots en terre cuite n'ont pas l'air d'avoir été achetés la veille). Même si la Villa Lenbach ne renfermait pas la fameuse collection d'art expressionniste – et notamment les tableaux du mouvement Der Blaue Reiter –, une pause dans ce havre de paix serait amplement justifiée. Les œuvres du Blauer Reiter occupent les salles 19 à 28 au premier étage, avec bien sûr Marc, Kandinsky, Klee, Jawlensky, Champendonck, Macke et Münter. Les salles précédentes sont consacrées à la peinture munichoise du XIXe siècle, avec notamment Spitzweg, Corinth et Slevogt. En outre, cinq petites salles (30 à 34) regroupent l'essentiel de l'œuvre de Franz von Lenbach, qui construisit avec Gabriel von Seidl cette villa en 1887. Les salles du rez-de-chaussée accueillent des expositions temporaires d'œuvres plus contemporaines. Attention, la Villa Lenbach ne se trouve pas sur la Lenbachplatz, comme on pourrait être tenté de le croire à la lecture d'un plan de Munich, mais au n° 33-35 de la Luisenstrasse, tout près de la Königsplatz. Le nom officiel du musée en allemand est Städtische Galerie im Lenbachhaus.

DU DUCHÉ AU ROYAUME. MUNICH, CAPITALE DES WITTELSBACH

L'Alter Hof et l'Hofbräuhaus

La promenade commence juste derrière le Neues Rathaus, au pied de l'**Alter Hof** (angle Altenhofstrasse-Burgstrasse), aujourd'hui Hôtel des Finances de Munich. Il s'agit de l'ancien château des ducs de Bavière (partiellement reconstruit après la guerre). Ici vécurent les régents bavarois aux XIIIe et XIVe siècles avant de faire construire la Residenz. L'Alter Hof se présente comme un vaste édifice moyenâgeux de forme carrée, agrémenté d'une tour côté sud et d'une

Der Blaue Reiter

Le mouvement du Cavalier bleu se rattache à la peinture expressionniste mais fut créé ultérieurement au mouvement *Die Brücke* (« Le Pont ») de Berlin (voir *Allemagne du Nord. De Berlin à Hambourg*, Arthaud, p. 147), le véritable fer de lance de cette révolution artistique dans l'Allemagne du début du XXe siècle.
L'opposition de l'expressionnisme à l'impressionnisme n'est pas seulement sémantique : les expressionnistes dénoncent chez leurs prédécesseurs la superficialité, la statique, la recherche d'un esthétisme convenu. En cette période d'intense mutation – entrée dans la société moderne d'une part, effondrement de l'ancien ordre politique européen, révolution russe et première expérience de la démocratie en Allemagne de l'autre –, l'expressionnisme accorde plus d'importance à la signification qu'à l'apparence.
Tout comme Die Brücke à Berlin, Der Blaue Reiter était à l'origine une revue dans laquelle s'exprimaient les artistes. Elle fut créée en 1912 par Wassily Kandinsky et Franz Marc. Son nom lui vient d'une toile de Kandinsky réalisée en 1903 et qui figure un cavalier bleu. De la toile – qui se trouve aujourd'hui à Zurich – se dégage une forte impression d'idéalisation du Moyen Age, le cavalier pouvant être associé au prince charmant d'un conte. Alors que les artistes de Die Brücke s'attachent à peindre la société moderne en gardant la grande ville comme source d'inspiration et que leur manière (schématique, rapide et aux couleurs criardes) est tout de suite identifiable, il n'y a pas en revanche de thème propre au Blauer Reiter, ni de technique iconographique commune à ses membres. Pourtant, à travers les manifestes publiés, on peut dire que la préoccupation du Blauer Reiter réside dans la volonté de laisser s'exprimer la subjectivité, en réaction aux changements de la société.
Si de nombreux membres du Blauer Reiter sont morts très jeunes pendant la guerre 1914-1918 (Franz Marc, August Macke...), le mouvement a eu de plus grandes répercussions que Die Brücke sur l'avènement de l'art moderne, notamment par les expositions organisées avec des artistes étrangers comme Braque ou Picasso et l'évolution du style de certains membres comme Kandinsky ou Paul Klee, qui ont profondément influencé l'art contemporain. Der Blaue Reiter comptait parmi ses membres, outre Marc et Kandinsky – les deux principaux –, des artistes comme August Macke, Heinrich Campendonck, Paul Klee, Alexeï Jawlensky, sa compagne Marianne Werefkin et, enfin, Gabriele Münter, la compagne de Wassily Kandinsky.
L'apport de Kandinsky au Blauer Reiter est le plus important. Si son œuvre fut initialement marquée par sa Russie natale (monde de paysans, contes), les théories qu'il met au point par ses manifestes successifs publiés dans la revue *Der Blaue Reiter*, notamment ses interrogations sur la spiritualité dans l'art et la question de la forme, puis leurs applications dans ses célèbres compositions, font de lui le précurseur de l'art abstrait.
Franz Marc, quant à lui, est d'abord influencé par Van Gogh (refus de l'espace statique, introduction d'une dynamique). Les êtres humains sont toujours absents de ses tableaux. Il ne peint que des animaux, surtout des groupes de chevaux ou de chevreuils. C'est un univers paisible, serein et pur. Pour Marc, que l'on aurait tort de confondre avec

un peintre naturaliste, il s'agit d'exprimer « *das absolute Wesen* » (« l'être absolu »), et ce ne peut être qu'un animal. Car seul ce genre représente le beau, le pur, le noble. Pour ce faire, Marc a besoin d'un style nouveau ; il est, à ce titre, franchement expressionniste, surtout par son trait et son utilisation de la couleur.
Alors que le mouvement expressionniste Die Brücke exprime l'angoisse résultant des transformations profondes que subit la société dans les premières décennies du XXe siècle, l'œuvre de Marc est symptomatique d'un rejet de cette mutation. En cela, il est plus proche de la démarche des romantiques qui, un siècle plus tôt, avaient idéalisé le Moyen Age allemand parce qu'ils rejetaient l'héritage baroque.

jolie cour intérieure ouverte au public. Les murs sont peints, comme cela se rencontre souvent en Bavière et en Autriche : pour pallier l'absence de pierre de taille, on a recours au trompe-l'œil. De même, les motifs décoratifs autour des fenêtres (certains encadrements supérieurs sont traités comme des trumeaux), le damier et les blasons peints remplacent moulures et autre ornementation architecturale. L'Alter Hof a été érigé en 1255 et connut son heure de gloire de 1328 à 1347, puisqu'à cette époque les princes électeurs avaient désigné un Wittelsbach empereur du Saint Empire romain germanique. Depuis la cour intérieure, vous pouvez admirer le donjon de style gothique flamboyant appelé tour du Singe. On prétend qu'un singe de la ménagerie des Wittelsbach aurait « kidnappé » le futur empereur, alors encore tout petit, et l'aurait caché tout en haut du donjon. La cour intérieure est le cadre de concerts en été. L'Alter Hof communique avec une dépendance construite au XVIe siècle et qui servait de bibliothèque. Au XIXe siècle, l'aspect extérieur de cet édifice changea radicalement : la façade ouest adopta un style néoclassique alors que le côté nord devint néogothique par l'ajout, entre autres, d'arcades en ogive. C'est en ce lieu que la Bavière, nouvellement promue royaume au début du XIXe siècle, faisait frapper sa monnaie, d'où son nom de Münzhof (Hôtel des Monnaies). La cour intérieure de cette dépendance mérite d'être vue, d'autant que c'est la seule partie à avoir conservé son style d'origine et que c'est le premier exemple à Munich d'architecture inspirée de la Renaissance italienne.

Tout près de l'Alter Hof (depuis le Münzhof, prendre par la Pfisterstrasse) se trouve, sur le Platzl (« petite place » en bavarois), une institution munichoise connue dans le monde entier, la célèbre brasserie **Hofbräuhaus**. Fondée en 1589, elle était le fournisseur de bière officiel de la Cour. Ce n'est qu'en 1828 que les Munichois ont pu goûter au breuvage des rois, et depuis cette date une brasserie (dans le sens de restaurant où l'on sert de la bière) a été aménagée à l'intérieur de la Hofbräuhaus (littéralement « brasserie de la Cour »). A l'intérieur se trouvent plusieurs salles, chacune avec son caractère propre. Mais la salle principale, appelée Schwemme, semble être le miroir de la

Bavière des clichés : orchestre de cuivres, bancs, tables en bois brut, chahut indescriptible. La Hofbräuhaus peut accueillir jusqu'à 3 300 clients, sans compter le Biergarten (ouvert en été seulement) aménagé dans la jolie cour intérieure autour de la fontaine au Lion (Löwenbrunnen). On trouve nettement plus de touristes que de Munichois parmi les clients. Rappelons enfin que c'est dans cette brasserie que fut créé le NSDAP, le 24 février 1920.

Vers l'Odeonsplatz

Reprenez par la courte Pfisterstrasse. Face au Münzhof (côté Hofgraben) s'élève l'ancien **palais Törring-Jettenbach**, aujourd'hui poste centrale de Munich. N'hésitez pas à entrer pour voir le beau travail de stuc et l'escalier. Construit entre 1747 et 1754, le palais Törring-Jettenbach a perdu, sur sa façade nord, son caractère baroque. En effet, cette façade donne sur la Max-Josef-Platz, où trône la Residenz, ancien palais royal de style Renaissance. En 1836, Louis Ier, qui désirait plus d'homogénéité architecturale dans les environs immédiats du palais royal, chargea son architecte Leo von Klenze de remanier le palais Törring; ce dernier transforma l'édifice dans un style Renaissance florentine en lui ajoutant une arcade. Du même coup, toutes les rues environnantes ont adopté ce style en déclinant tous les tons de l'ocre : c'est cela même qui donne à la ville son caractère plus typiquement néo-Renaissance que baroque.

Si la Marienplatz est le centre névralgique de la Munich civile, la **Max-Josef-Platz** est le centre de la Munich royale. C'est là que se trouvent la Residenz et l'Opéra royal. C'est également de là que part la fameuse **Maximilianstrasse**, sorte de Faubourg-Saint-Honoré munichois conduisant au Maximilianeum (Parlement bavarois) en passant devant le monument commémoratif au roi Maximilien II (Max-Zwo-Denkmal). Avant de revenir vers la Residenz (dont la visite n'a d'ailleurs rien d'extraordinaire), je vous conseille vivement de faire quelques pas dans ce quadrilatère du commerce de luxe, qui fit longtemps de Munich, depuis la création de la RFA jusqu'au milieu des années 80, la seule ville d'Allemagne spécialisée dans le haut de gamme. Certes, sur la Maximilianstrasse, le mobilier urbain fait maintenant un peu vieillot (que dire du tramway qui geint sur ses rails vétustes au milieu de la rue, des stations d'arrêt marquées par d'affreux panneaux en ferraille…) et *le* palace munichois Vier Jahreszeiten, sur cette même rue, n'est plus qu'à la 57e place dans le classement des cent meilleurs hôtels allemands (d'après la revue *DM 1995*). Pourtant, Munich demeure la ville du luxe, avec des étapes incontournables, comme les couturiers Rudolph Moshammer, Sonja Bogner, Escada, Strenesse, Hussmüller, ou des enseignes plus internationales, de Gucci à Vuitton en passant par Chanel, Donna Karan, Hermès et Ralph Lauren. Un chic munichois un peu tape-à-l'œil qui n'a pas peur de montrer qu'il a de l'argent : Rudolph Moshammer, par exemple, se fait conduire à sa boutique tous les matins par son chauffeur en gants blancs au volant d'une Rolls tout aussi blanche.

Composez vous-même votre itinéraire dans ce quartier en sachant que les rues piétonnes Theatinerstrasse et Residenzstrasse constituent un autre grand axe du luxe. Derrière le Neues Rathaus, leur tracé parallèle encadre la petite place du **Marienhof**, où l'on trouve notamment le traiteur Dallmayr, véritable institution à Munich. La bonne société y vient acheter son café (qu'une employée va moudre sous vos yeux) et grignoter un en-cas hors de prix dans l'un des salons du magasin avant de régler ses achats. Plusieurs ruelles piétonnes ou galeries commerçantes permettent de passer de la Theatinerstrasse à la Residenzstrasse. Juste avant de déboucher sur l'Odeonsplatz, où ces deux rues piétonnes finissent par se rencontrer, vous remarquerez, après la Viscardigasse, le **palais Preysing**, premier exemple de style rococo à Munich. Il fut construit dans les années 1723-1728 pour le maître de chasse de la Cour, le comte Preysing. Le palais, dont l'intérieur a été démoli au XIXe siècle, conserve un très bel escalier monumental soutenu par de vigoureuses cariatides. C'est aujourd'hui une galerie marchande regroupant des commerces de luxe. En continuant vers le nord, la perspective est marquée sur le côté gauche par la silhouette jaune de l'église des Théatins et par la percée nord de Munich, la Ludwigstrasse, barrée en son centre par l'arc de la Siegestor.

L'Odeonsplatz : Feldherrnhalle et église des Théatins

L'Odeonsplatz est une des places les plus importantes de Munich. Le côté sud, très resserré entre la Theatinerstrasse et la Residenzstrasse, est occupé par la **Feldherrnhalle**, cette fameuse Loge des généraux élevée à la gloire des armées bavaroises au XIXe siècle (1841-1844) et copie conforme de la Loggia dei Lanzi de la Piazza della Signoria, à Florence. Cependant, les arches sont ici dépourvues des trésors de sculpture qui ornent l'édifice florentin. Par la volonté de Louis Ier de Bavière, deux *Feldherren* (généraux) y figurent : à gauche le général Tilly (1559-1632), qui se distingua dans la guerre contre les Suédois, à droite le général Wrede (1767-1838), qui eut maille à partir avec l'Autriche. Sous l'arche centrale, un monument rend hommage à l'armée bavaroise engagée aux côtés de la Prusse contre la France. Ce monument commémoratif stigmatise, pour la Bavière, son ralliement forcé à la cause prussienne et la perte de son autonomie et de son particularisme au sein de l'empire allemand – qui prit le nom d'empire prussien à partir de 1871. Mais plus encore que ces lointaines réminiscences, la Feldherrnhalle demeure dans les esprits comme l'endroit où avorta la tentative de putsch de Hitler en 1923. C'est ici que la marche sur Berlin fut démantelée sous le tir de la police bavaroise (voir « Un peu d'histoire », p. 120).

Aujourd'hui, la Loggia sert de lieu de concerts improvisés pour les musiciens de rue, qui savent apprécier l'acoustique du lieu. Les quelques marches qui conduisent à l'édifice sont bordées par deux lions dans lesquels on peut voir un symbole de Munich et de la Bavière en général (rappelons que Munich est une Löwenstadt, c'est-à-dire une « ville du lion », puisqu'elle fut – comme Lüneburg, Braunschweig ou Landsberg – créée par le guelfe Henri le Lion). D'autres prétendent que ces deux lions sont porteurs d'un tout autre message : celui de gauche tourne la tête vers le palais royal de la Residenz et « *murrt gegen die Residenz* » (« gronde contre la Residenz »), tandis que celui de droite, regarde vers l'église des Théatins « *schweigt gegen die Kirche* » (« se tait devant l'Eglise »). En résumé, les Bavarois n'étaient pas souvent d'accord avec le pouvoir politique mais n'osaient lever la voix contre le pouvoir religieux, silence qui illustre bien la puissance de l'Eglise catholique en Bavière.

A gauche de la Feldherrnhalle s'élève l'**église des Théatins** (Theatinerkirche), dont la silhouette caractéristique se découpe dans le ciel munichois. En effet, sur quelque point dominant que ce soit d'où vous contemplerez Munich, vous verrez toujours se détacher dans le ciel le clocher de Saint-Pierre, le beffroi du Neues Rathaus, les deux tours en oignon de Notre-Dame et la coupole des Théatins. De l'extérieur, cette église est sans conteste la plus belle de la ville. Jusqu'à sa couleur jaune – entre citron et polenta – qui s'intègre parfaitement au lieu. Forte d'une architecture harmonieuse et qui n'est pas seulement feinte par quelques habiles traits de peinture, l'église des Théatins évite le côté carton-pâte de certains autres édifices munichois. Le meilleur endroit pour l'admirer avec le recul nécessaire est le coin nord-est de l'Odeonsplatz, à l'angle de la Hofgartenstrasse (là où commence le Hofgarten). On a alors une belle vue sur la façade marquée par un fronton baroque et flanquée de deux tours qui arborent, à la base des deux chapiteaux qui les coiffent, ces curieuses volutes jaunes et noires en forme d'escargot qui font la particularité de l'église. La coupole, très harmonieuse, se détache au-dessus de la nef. La construction de l'église commença en 1663 d'après les plans de l'Italien Agostino Barelli, qui s'inspira de l'église Saint-Jean-de-Latran à Rome. Les Théatins doivent leur édification à un vœu pieux prononcé par Henriette de Savoie, épouse du duc de Bavière Ferdinand, qui promit de faire ériger une église si elle parvenait à mettre au monde un descendant. En 1663 naissait le dauphin Max Emmanuel : une nouvelle église fut donc construite à la place de l'église de la Cour, dédiée à saint Gaetan (Hofkirche Sankt Kajetan), et fut offerte à la communauté religieuse des moines théatins (Teate est le nom latin de la ville italienne de Chieti, où fut créé en 1524 l'ordre de ces moines choristes, d'où le nom allemand Theatinerkirche, église des Théatins). Trois générations d'architectes ont œuvré à l'édification de ce lieu : si Agnelli a signé les plans dans un style encore influencé par la Renaissance, c'est Zuccalli qui fit rajouter la coupole et les deux tours, puis Cuvilliés et son fils qui lui donnèrent, au XVIIIe siècle, sa note rococo. Aujourd'hui, l'église apparaît comme un chef-d'œuvre du haut baroque. L'intérieur, très clair, est agrémenté d'un beau travail de stuc, dû encore une fois à Viscardi, dont une ruelle voisine porte le nom. Les frères Asam n'ayant pas contribué à la décoration de l'église, le décor a pu conserver une certaine retenue (très belle chaire en ébène de 1685). Sur l'Odeonsplatz, on peut encore voir le portique et le *basaar*, qui annoncent les jardins de la Cour (Hofgarten), ainsi que d'autres bâtiments représentatifs du style conçu par l'architecte Leo von Klenze, responsable de ces aménagements urbains qui devaient témoigner de la nouvelle importance prise par la Bavière, fraîchement propulsée au rang de royaume au début du XIXe siècle. Le **palais Leuchtenberg** (sur le côté gauche de la place, en face du Hofgarten), a été construit en 1816. Le palais Farnese de Rome servit de modèle à cette nouvelle résidence du comte de Leuchtenberg, qui n'était autre qu'Eugène de Beauharnais, vice-roi d'Italie en exil chez son beau-père, le roi de Bavière Maximilien Ier. Ce palais de style néoclassique fut en quelque sorte le prototype architectural pour l'agencement de la Ludwigstrasse, qui démarre à sa hauteur. Sur le côté ouest de la place, on distingue aussi une statue équestre à la gloire de Louis Ier. Enfin, l'Odeonsplatz doit son nom à l'ancien **théâtre de l'Odéon**, qui occupait une partie ouest de la place (entre la Briennerstrasse et le palais Leuchtenberg). Très endommagé pendant la Seconde Guerre mondiale, l'Odéon n'a été que partiellement reconstruit. Il abrite aujourd'hui le ministère de l'Intérieur de Bavière (Bayrisches Innenministerium).

La Briennerstrasse

Avant de regagner la Residenz, faites quelques pas dans la Briennerstrasse (nous avons déjà eu l'occasion de l'emprunter dans sa partie ouest dans le cadre de la première promenade). Cette partie est de la rue, au départ de l'Odeonsplatz, regroupe quelques-uns des magasins les plus luxueux de Munich et vous permet d'apercevoir la Wittelsbacherplatz (côté droit de la rue), de facture néoclassique et due également à Klenze. La place, presque fermée sur elle-même, est très homogène. On remarque au centre une statue équestre du prince électeur Maximilien. Le nord de la place est bordé par l'ancien **palais Alfons** (résidence personnelle de Leo von Klenze, qu'il fit construire en 1825) aujourd'hui siège central du Konzern Siemens. A l'ouest trône l'ancien **palais Arco-Zinneberg**, datant de 1820 (aujourd'hui galerie marchande), tandis que l'est est formé par l'arrière de l'ancien Odéon. Sur le côté gauche de la Briennerstrasse s'ouvre, en face de la Wittelsbacherplatz, la petite **Amiraplatz**, coquette et également bien pourvue en commerces de luxe. Il faut jeter un coup d'œil à la vitrine du décorateur le plus « glamour » de Munich, Pilati.

Vers la Max-Josef-Platz par la Residenzstrasse

Revenez vers l'Odeonsplatz et descendez la Residenzstrasse (elle commence juste à gauche de la Feldherrnhalle et est bordée sur toute sa longueur par une des façades de la Residenz) en direction de la Max-Josef-Platz, que nous avons déjà évoquée précédemment (voir p. 151). Sur cette place – cœur de la Munich politique puisqu'elle borde le palais royal et conduit, par la Maximilianstrasse, au Parlement de Bavière – s'élève l'un des plus grands Opéras d'Europe, le **Bayrisches Staatsoper** (Opéra national de Bavière). A l'endroit même où l'on voit, depuis que la Residenzstrasse est interdite au voiture, les Ferrari et les Porsche des clients des boutiques de la Maximilianstrasse faire demi-tour et noircir un peu plus la statue de Maximilien Ier, ce bon roi décida en 1811 de la construction d'un nouveau théâtre royal, alors même que la Residenz comportait déjà deux théâtres royaux : le théâtre Cuvilliés et l'ancien théâtre royal (Altes Residenztheater). Aussi l'Opéra est-il physiquement rattaché à l'ancien théâtre royal, lui-même partie intégrante de la Residenz. Ce n'est pas Klenze mais Karl von Fischer qui dessina cet édifice, dans un style antique qui pourrait être la copie conforme d'un temple grec avec son portique de colonnes corinthiennes et son double fronton en triangle. Le premier fronton accueille un bas-relief, *Apollon et les neuf muses*, tandis que le fronton supérieur est entièrement couvert d'une mosaïque polychrome sur fond or représentant *Pégase et les quatre saisons*. L'intérieur reprend le style antiquisant mais, comme il se doit, la salle d'opéra proprement dite est dans les tons rouge, ivoire et or. C'est sous le règne de Louis II que l'Opéra connut son heure de gloire. Ce dernier fit venir à Munich son protégé, le compositeur Richard Wagner, qui y donna pour la première fois *Tristan et Isolde*, *Les Maîtres chanteurs de Nuremberg*, *L'Or du Rhin* et *La Walkyrie*. De nombreux chefs d'orchestre (Hans von Bülow, Bruno Walter, Krauss, Keilberth, Celibidache...) ont fait de Munich une des places importantes de l'opéra mondial. En été, cette institution organise un festival, le Münchner Opernfestspiele.

La Residenz

Comme nous l'avons déjà laissé entendre, une visite de la Residenz n'est pas vraiment indispensable. Car cet immense bâtiment composite n'offre pas un grand intérêt sur les plans architectural et artistique et l'on peut avoir l'impression de ne pas trop savoir comment l'aborder. A la différence des autres palais royaux, qui forment un tout même s'ils ont été remaniés au cours des siècles, la Residenz semble se dérober. A tel point qu'on pourrait même ne pas la voir sur la Max-Josef-Platz tant le regard est attiré par l'Opéra et la percée de la Maximilianstrasse. Ensemble hétéroclite s'il en est, qui plus est une construction assez basse et présentant une façade souvent banale, le palais s'articule (ou plutôt se désarticule) autour de sept cours intérieures. Certaines sont accessibles gratuitement. A vous donc de vous laisser aller dans ce dédale dont on peut dire qu'il se dégage tout de même une note Renaissance.

La construction de la Residenz commença en 1385, après qu'il fut estimé que l'Alter Hof, trop exiguë, ne pouvait plus tenir correctement son rôle de résidence de la cour de Bavière. Pendant plus d'un demi-siècle, elle abrita les régents bavarois : ducs, puis princes électeurs, et enfin rois. Tous les styles y sont représentés : du gothique au classicisme en passant par la Renaissance, le baroque et le rococo. L'histoire de sa

construction est une longue suite d'incendies, d'effondrements, d'agrandissements et de remaniements selon le goût de l'époque.
Sous cette apparence confuse qu'offre la Residenz, on distingue trois corps de bâtiment principaux : le Königsbau (maison du roi), l'Alte Residenz (Ancienne Résidence) et le Festsaalbau (salon d'apparat). Le **Königsbau** – l'édifice le plus récent – ressemble, à l'extérieur, à un palais florentin du Quattrocento. C'est la partie que l'on peut voir depuis la Max-Josef-Platz et qui donne son adresse officielle à la Residenz : Munich, Max-Josef-Platz 3. L'**Alte Residenz**, quant à elle, longe la Residenzstrasse jusqu'à l'Odeonsplatz. Le **Festsaalbau**, enfin, se tourne vers le Hofgarten.
L'entrée principale de la Residenz se fait sur la Max-Josef-Platz, puisque c'est dans cette partie de l'édifice que sont situés le **Residenzmuseum** – avec le Schatzkammer, qui recèle les joyaux de la couronne de Bavière – ainsi que l'inévitable **Ahnengalerie** (ou galerie des ancêtres, sorte de galerie des glaces en réduction croulant sous le stuc et les portraits des Wittelsbach et ornée d'une fausse grotte tapissée de coquillages et de verroterie) ; nous vous conseillons cependant d'emprunter un des passages ouverts sur la Residenzstrasse pour jeter une rapide coup d'œil sur la Residenz. Le premier en venant de la Max-Josef-Platz vous fait déboucher dans la petite **Kappellenhof** (cour de la Chapelle), qui conduit à la cour la plus intéressante, la **Brunnenhof** (cour de la Fontaine). Le deuxième passage, situé un peu plus haut dans la Residenzstrasse, conduit en premier lieu à la **Kaiserhof** (cour de l'Empereur) avant de passer sous la **Münzsammlung** (collection des Monnaies) pour rejoindre la Brunnenhof. Cette cour est dominée par la présence de la fontaine érigée en l'honneur du duc Otto de Bavière, datée de 1611 et due à Hans Krumpper. Autour de la vasque, on reconnaît, couchées, les allégories des quatre fleuves bavarois : le Danube, l'Isar, le Lech et l'Inn, et, debout, les dieux Cérès, Vulcain, Neptune et Junon. Entre eux des grotesques figurent des poissons et des monstres.
La cour de la Fontaine sert aussi de porte d'entrée au **théâtre Cuvilliés**, exemple exquis et rare d'un théâtre rococo à l'intérieur d'un palais royal. Si vous ne devez voir qu'un seul édifice dans la Residenz, que ce soit celui-ci. C'est un vrai régal que d'admirer, depuis la scène, les quatre rangées de loges décorés à l'or fin, les lustres scintillants et les tentures rouge cramoisi. Cuvilliés, un Wallon exilé à Munich, a réussi le tour de force en 1751 d'allier exubérance et intimité. C'est dans cette salle que l'opéra de Mozart *Idoménée* fut donné pour la première fois, en 1781.

Du Hofgarten à l'Englischer Garten par le quartier du Lehel

Pour rejoindre le nord de la ville, nous conseillons de traverser le magnifique Englischer Garten avant de redescendre vers le centre en empruntant la Leopoldstrasse et la Ludwigstrasse : les perspectives depuis la Siegestor (qui concluent cet itinéraire) sont plus belles dans le sens nord-sud. On gagnera l'Englischer Garten soit en traversant le Hofgarten, soit en prenant à gauche dans la Maximilianstrasse, au coin de l'Opéra, avant de remonter sur la droite la Prinzregentenstrasse, soit, enfin, en faisant quelques pas à travers le quartier du Lehel.

Le **Hofgarten** (jardin de la Cour) s'étend au nord de la Residenz et est bordé sur deux côtés d'un péristyle. Il a conservé sa forme initiale datée de 1613 : celle d'un jardin à l'italienne orné de plusieurs fontaines. De taille réduite, il n'en est pas moins agréable, avec ses parterres soignés et ses belles rangées d'arbres. Au milieu s'élève le temple de Diane (1615). Si vous traversez le jardin en diagonale depuis l'Odeonsplatz, l'entrée de l'Englischer Garten se trouvera sur la Prinzregentenstrasse, juste après la Haus der Kunst.

Le **quartier du Lehel** est délimité par la Maximilianstrasse au sud, l'Englischer Garten au nord et l'Isar à l'est. Après Bogenhausen, c'est le quartier le plus chic de Munich. Il reste de très belles traces de l'architecture Jugendstil, notamment dans les Sternstrasse et Oetingerstrasse (partie est du Lehel). Des architectes célèbres de l'Ecole de Munich, comme Lincke, Littmann, ou von Seidl, ont façonné des rues entières en style néo-Renaissance et Gründerzeit (littéralement « période des bâtisseurs »). Jetez un coup d'œil dans la Thierschstrasse ou dans la Liebigstrasse, qui offre dans son intégralité un mélange intéressant des différents styles du Gründerzeit de 1870 à 1900. Dans la Reitmorstrasse, beaux exemples d'immeubles Biedermeier, néobaroques, néoclassiques ou Jugendstil, comme la maison due à Martin Dülfer au n° 23.

Au milieu du Lehel – qui, par certains aspects, a gardé un côté village – se trouve l'**église Sainte-Anne** (Sankt Anna im Lehel), la plus ancienne église rococo de Haute-Bavière. Elle date de 1727. Admirablement restaurée après les outrages de la dernière guerre, Sainte-Anne a retrouvé sa façade rococo d'origine, qui avait été sacrifiée en 1853 au profit d'un style néoroman, selon le goût d'une époque qui tentait de trouver ses racines nationales dans un Moyen Age idéalisé (voir « La peinture romantique », p. 167). La décoration intérieure est signée par les frères Asam, même si beaucoup d'éléments ne sont plus d'origine. Les fresques ont été en partie repeintes : elles retracent la vie de sainte Anne, mère de la Vierge Marie. Sur l'autel, très beau tableau représentant sainte Anne instruisant la Bible à sa fille Marie, dû à Asam. Le tabernacle et l'ange adorateur sont de von Straub (1737).

La **Prinzregentenstrasse**, qui franchit le Lehel d'est en ouest, abrite plusieurs musées. Si vous avez traversé le Hofgarten, vous n'avez pu manquer, au n° 1 de la rue, l'imposant bâtiment de la **Haus der Kunst** (maison de l'art), un musée construit par l'architecte hitlérien Troost. Hitler voulait en faire une vitrine de l'art propagandiste. L'immeuble est intéressant en ce qu'il permet de se faire une idée du style architectural de la période nazie et de ce qu'aurait pu devenir une ville comme Berlin si les projets mégalomanes de l'architecte Albert Speer avaient été réalisés. Aujourd'hui, par une heureuse bizarrerie des décisions municipales – à moins que cela ne fût mûrement réfléchi –, c'est précisément l'art que Hitler jugeait dégénéré qui est exposé en permanence à la Haus der Kunst, dans la Galerie nationale d'art moderne (Staatsgalerie moderner Kunst). Sur plus de cinq cents œuvres exposées, la moitié a trait à la peinture allemande expressionniste et moderne : Klee, Schlemmer, Nolde, Kokoschka, Lehmbruck, Ernst, Dix, Beckmann, Corinth... Un département est consacré au mouvement expressionniste berlinois Die Brücke, avec des œuvres de Kirchner, Schmidt-Rottluff et Heckel. Les mouvements étrangers du fauvisme, du cubisme et du surréalisme sont représentés par des œuvres de Matisse, Braque, Chagall, Delaunay, Gris, Léger, Picasso, Miró, Chirico, Dali, Magritte, Boccioni... Enfin, les collections débouchent sur une peinture plus contemporaine avec, notamment, Baselitz, Kiefer, Hartung, Nay, Bacon, Sutherland, Judd, Botero, Aroyo, Moore, Schultze, Soulages et Beuys. Un musée à voir absolument, ne serait-ce qu'en raison du retournement ironique de l'Histoire, mais aussi parce qu'il offre un résumé de l'art du XXe siècle en une vingtaine de salles.

Au-delà de la Haus der Kunst, la Prinzregentenstrasse borde l'Englischer Garten. Vous pouvez alors pénétrer dans ce jardin, à moins que vous ne préfériez prolonger votre tournée des musées. Au n° 3 de la rue se trouve le **Bayrisches Nationalmuseum** (Musée national bavarois), une immense bâtisse de style hétéroclite construite en 1900 par Gabriel von Seidl (toutes les influences du Gründerzeit sont représentées dans l'architecture de cet édifice, dont l'ensemble demeure malgré tout assez beau). Le musée propose plusieurs collections sur l'art et l'artisanat bavarois : art religieux (gothique et baroque, dont la *Madone* de Seeon ou les sculptures de Riemenschneider) et département d'anthropologie. Si vous n'êtes pas versé dans les *Res bavaricae*, privilégiez une visite de la **Neue Sammlung**, intégrée au Bayrisches Staatsmuseum (aile ouest, Westflügel). Cette collection fait office de musée des Arts décoratifs (Staatliches Museum für Angewandte Kunst). Vous pourrez y voir tous les grands noms du *design* moderne, ainsi qu'un département très intéressant d'*industrial design*. A quelques pas de là, du même côté, se trouve, au n° 9, la **Schackgalerie** (galerie Schack), dans un immeuble construit en 1907 par l'architecte Littmann pour la délégation prussienne (rappelons qu'en 1871, la Bavière n'avait eu d'autre choix, devant l'hégémonie confirmée de la Prusse, que de rallier la Confédération des Etats du Nord pour former l'empire prussien). L'immeuble a été transformé en musée et montre la collection constituée par le comte von Schack qui, à sa mort en 1894, la légua à l'empereur Guillaume II. Si vous n'avez pas le temps de visiter un grand musée comme la Neue Pinakothek, la galerie Schack présente un raccourci de très grande qualité sur l'art allemand du XIXe siècle, notamment la peinture romantique (voir encadré p. 167). Sur trois niveaux, vous pourrez admirer des œuvres de Dillis, Klenze, von Schwind, Spitzweg, Böcklin, Schleich, Rottmann et Feuerbach, entre autres.

L'Englischer Garten

L'Englischer Garten (Jardin anglais) est le plus grand jardin public d'Allemagne et le deuxième d'Europe après le Phoenix Park de Dublin. Il longe sur près de 10 kilomètres le cours de l'Isar, dans la moitié nord de Munich, et a une largeur d'environ 1,5 kilomètre. C'est un jardin paysagé doté d'immenses pelouses et de clairières, copié sur le modèle des parcs londoniens, d'où son nom. Sa création remonte à 1789. Le prince électeur Karl Theodor désirait un jardin militaire « *der nicht allein zum Vorteil und Ergötzung des Militärs, sondern auch zum allgemeinen Gebrauch als öffentlicher Spaziergang* » (« qui ne servirait pas qu'au plaisir et à la détente des militaires, mais serait un lieu de promenade ouvert au public »). En 1810, le jardin fut agrandi de moitié par l'adjonction du **Hirschau** (bois aux Cerfs) et du lac Kleinhesselohe. Aujourd'hui, l'Englischer Garten est connu dans le monde entier pour ses *Nackerten* (« nudistes » en bavarois). Les Bavarois, à qui l'on reproche quelquefois leur conservatisme et leur provincialisme étriqué, adorent rétorquer qu'il n'y a pas d'autre endroit au monde où l'on fasse preuve d'une assez grande ouverture d'esprit pour tolérer en plein centre-ville le nu intégral. Les zones de nudisme sont marquées par le panneau « FKK-Zone » (FKK est l'abréviation de *Freikörperkultur*, littéralement « culture du corps nu ») mais la « colonie » la plus importante se regroupe autour du Monopteros, petit temple néoclassique construit par Klenze en 1837 et qui, du haut de sa colline, offre une vue dégagée sur la vieille ville et ses clochers. Si vous ne succombez pas au bain de soleil intégral, continuez votre flânerie en vous dirigeant vers le nord, jusqu'à la **Chinesischer Turm** (pagode chinoise) en forme de tour, repérable de loin. On y trouve un Biergarten apprécié à Munich (voir « Les Biergärten », p. 174). Même en hiver, pour peu que le soleil fasse une apparition, on sort les bancs, et l'orchestre de cuivre vous fait plonger dans une ambiance improvisée d'Oktoberfest. Il est possible de louer un fiacre, comme à Central Park, pour continuer votre ballade. La pagode, toute en bois, date de 1789. Toujours en continuant vers le nord, vous atteignez le lac de **Kleinhesseloher** (canoë et Biergarten). Quittez le jardin à la hauteur du lac par la Liebergesellstrasse ou la Gunerzrainerstrasse, et gagnez le quartier de Schwabing, qui borde le jardin à l'ouest.

Le quartier de Schwabing

Le nom Swapinga est mentionné dès le VIIIe siècle mais jusqu'au début du XIXe siècle, Schwabing est un hameau d'à peine cinq cents âmes, à 2 kilomètres des portes de Munich. C'est la percée de la Ludwigstrasse et sa prolongation vers le nord (Leopoldstrasse) qui désenclava ce minuscule village et attira à lui une population heureuse d'échapper au périmètre réduit de la vieille ville. En 1887, Schwabing devient une véritable ville et, quatre ans plus tard, elle est incorporée à Munich. Le nouveau quartier se transforme bientôt en une colonie d'artistes, comparable au quartier de Montmartre à Paris au début de ce siècle. Artistes en tout genre, poètes, écrivains, philosophes, hédonistes, anarchistes, beaux penseurs ou tout simplement doux dingues y inventent un style bohème et refont le monde, la nuit, dans les cafés du quartier. Les résidents du centre de Munich, peu habitués à ce genre de vie, inventent aussitôt un surnom pour les habitants de Schwabing : au lieu de les appeler les *Schwabinger*, ils les baptisent du nom de *Schlawiner*, ce qui désigne en allemand parlé quelqu'un de filou, peu fiable ou fainéant. Schlawiner ou pas, il n'en reste pas moins que des noms comme Klee, Mann ou Kandinsky appartiennent à la postérité de Schwabing (voir « Il était une fois Montmartre à Munich », p. 161).

La « belle époque » ne dura pas longtemps, de 1890 à 1914 environ. Viennent ensuite la Première Guerre mondiale, puis l'épuration nazie. Le quartier subit une autre mutation dans les années 60 à 70 : il devient le repère des *Schicki-Mickis*, terme que l'on pourrait traduire par « chicos branchés ». Schwabing connaît les heures folles de nuits sans fin, où la *Schickeria* locale court de cafés en discothèques, défrayant la chronique (locale). Les Munichois apprennent, mi-offusqués mi-envieurs, les dernières frasques de la princesse Gloria von Thurn und Taxis. « Gloria » ayant été, pour les Allemands – qui comme les Français, déplorent l'absence d'une famille royale –, un peu l'équivalent de Caroline ou Stéphanie de Monaco en matière de potins mondains. Mais – et cette loi est valable pour toutes les villes du monde – à peine un endroit devient-il connu qu'il signe son arrêt de mort. C'est ce qui s'est passé pour Schwabing, dont le déclin s'est amorcé dès la fin des années 70. Les endroits à la mode perdant leur caractère confidentiel et privé, la *Schickeria* commence à essaimer. Aujourd'hui, même si Schwabing reste un haut lieu de la nuit munichoise, le quartier ne draine plus qu'une foule de banlieusards et de touristes. Une autre menace plane sur le quartier : le prix des loyers ayant atteint des niveaux astronomiques, les professions libérales, qui formaient la majorité des habitants du quartier jusqu'au début des années 90, quittent elles aussi Schwabing. La structure architecturale exceptionnelle du lieu (beaucoup d'immeubles Jugendstil et de villas épargnées par les bombes), de même que la proximité de l'Englischer Garten, expliquent l'engouement pour Schwabing et le prix des loyers.

La Leopoldstrasse coupe le quartier en deux. C'est dans la partie est (entre la Leopoldstrasse et l'Englischer Garten), autour de l'Occamstrasse et de la Marktstrasse, que l'on peut le mieux s'essayer à retrouver l'ambiance de la petite colonie bohème qui fit la gloire du quartier, tandis que les exemples architecturaux les plus intéressants sont à rechercher du côté ouest : Georgenstrasse (palais Pacelli au n° 8 et palais Bissing au n° 10, tous deux d'architecture Jugendstil et construits en 1881), Ainmillerstrasse (n° 22), Schackstrasse (n°s 1, 2 et 4), Römerstrasse, Belgradstrasse, Franz-Josef-Strasse, Kaiserstrasse ou Isabellastrasse. Perpendiculaire à la Leopoldstrasse, la Hohenzollernstrasse (côté ouest de Schwabing) abrite de nombreuses boutiques pour jeunes.

Il était une fois Montmartre à Munich

« Sous chaque toit un philosophe, des illuminés. Derrière chaque mur, un peintre avec modèle sur le divan. Dans les escaliers, des logeuses qui crient au scandale. Dehors, Thomas Mann passe en vélo. Des cabarettistes s'essayent à la rime, Lénine sert le poing, Kandinsky salue son voisin Paul Klee et la comtesse de Reventlow reçoit son nouvel amant. » (Traduction libre d'après Michael Skasa, journaliste allemand.)
Ce portrait de Schwabing entre 1890 et 1914 est juste. Mais comment expliquer l'arrivée subite d'intellectuels et d'artistes en provenance de Berlin, Lübeck, Moscou ? Il y a bien sûr la qualité de vie de Munich (la ville est plutôt belle, les lacs et les montagnes sont proches), la tradition de mécénat des régents bavarois, depuis Maximilien Ier jusqu'à Louis II, mais aussi, et surtout, la guerre de 1870 entre la Prusse et la France. Celle-ci, ayant perdu le conflit, paye d'énormes sommes au titre de réparations.
Cet afflux d'argent inaugure le Gründerzeit (« ère des bâtisseurs »), qui touche Munich plus encore que Berlin. La ville explose, sort de son vieux corset et crée de nouveaux quartiers, dont Schwabing. Les nouvelles maisons sentent encore le ciment frais et doivent être *trockengewohnt* : les propriétaires cherchent des occupants provisoires pour les « sécher ». Les annonces « *Billige Zimmer, gern an Studenten oder Künstler* » (« Chambres bon marché. Conviendraient à étudiants ou artistes ») font le tour du pays : de partout accourent des artistes à Munich. Quant à la tolérance légendaire des Munichois, la *Liberalitas Bavarica,* c'est plutôt d'indifférence générale dont il s'agit ici : « *Warrum denn nicht?* », « Pourquoi pas ? », du moment qu'ils ne nous dérangent pas !
Les points névralgiques du quartier sont les cafés : Noris, Dichtelei, Stefanie, Luitpold. Paul Heyse est le premier Allemand à recevoir le prix Nobel de littérature. Le poète Stefan George crée son *Kreis der Enormen,* « cercle des énormes ».
En 1896, Frank Wedekind fonde avec le dandy Albert Langen la revue *Simplicissimus.* La couverture est illustrée par un bouledogue dont les dents expriment la hargne envers le pouvoir impérial, la Prusse honnie de Guillaume II. *Simplicissimus* devient la plus importante revue satirique d'Allemagne et dépasse bientôt les 100 000 exemplaires. La Prusse censure, confisque. Wedekind, Langen et Eine se retrouvent en prison mais le succès de la revue décuple. Le jeune Thomas Mann, qui a déjà quitté le cocon familial de Lübeck et rédige les derniers chapitres de ses *Buddenbroks,* se joint au *Simplicissimus,* de même que son frère Henrich qui achève son *Professeur Unrat,* le dramaturge Max Halbe, le poète Rainer Maria Rilke ou le cabarettiste Ringelnatz. L'équipe du « Simpl » se retrouve au café Dichtelei ; quand une des serveuses du lieu, Kathi Kobus, décide de se mettre à son compte et d'ouvrir dix maisons plus loin son propre café, toute la joyeuse compagnie aide au déménagement : « *Mit brennenden Kerzen setzte sich der Zug in Bewegung. Wedekind, vorne mit Gitarre, hintendrein marschierten wir anderen mit Tischen und Stühlen, Weinregal und Vorräten.* » « Nous nous mîmes en route à la lumière des bougies. Wedekind ouvrait la marche, la guitare à la main. Nous autres suivions avec les tables, les chaises, les étagères et les provisions. » (Thomas Mann.) Le nouveau café a son nom tout trouvé : Simplicissimus.
Il devient la *Zentrale* des nuits de Schwabing.

Ringelnatz écrit : « *Mitternacht ist's. Längst im Bett/Liegt der Spiesser steif und tot,/ Ja, dann winkt das traulich-nette/Simpl-Glasglüh-Morgenrot/.* » « Il est minuit. Depuis longtemps au lit / gît le petit bourgeois raide et mort / Et déjà la lueur familière du matin fait signe au *Simpl* de la main. » (traduction libre).
Tout près, au n° 4 de la Siegfriedstrasse, troisième étage gauche, vit un monsieur qui rédige des articles révolutionnaires qu'il envoie en secret à Saint-Pétersbourg. Sa revue s'appelle *Iskra* (« L'Etincelle » en russe). Quant à lui, il pour nom Meyer, alias Jourdanoff, alias Lénine.
Paul Klee arrive en 1898 pour étudier l'art. Kandinsky est là depuis quatre ans déjà. Klee habite au n° 32 de la Ainmillerstrasse, Kandinsky au n° 36; entre les deux vit Rainer Maria Rilke. Puis viennent Jawlensky, Franz Marc (seul Munichois du groupe), Nolde et Gabriele Munther. Vaille que vaille, Der Blaue Reiter est créé. Quand Marc expose ses chevaux bleus, le public crache sur les toiles. Peu importe. Pour Kandinsky, Schwabing est un nid tenu au chaud par la muse de tout le quartier, la comtesse Franziska von Reventlow, dite Fanny. Acculée à la ruine, elle monte un commerce, une crémerie, mais c'est un échec. La « Muse qu'on embrasse toujours » (« *die stets geküsste Muse* ») met au monde un fils. On le surnomme « Wedestrind » : le père pourrait être Wedekind, à moins que ce ne soit Strindberg. De toute façon, il y a longtemps que la femme de Strindberg a un enfant de Wedekind... Quand en 1918 s'éteint la « *heidnische Madonna* » (la « madone païenne »), c'est aussi tout Schwabing qui s'en va.
Un homme d'une trentaine d'années, installé à Munich après la Première Guerre mondiale, avait l'habitude de traîner dans les cafés de Schwabing, surtout au Stefanie : « Il fallait que ce soit le café des littéraires. Il a ce penchant naturel pour les intellectuels qu'il admire, qu'il déteste, qu'il assassinera. Pas des étrangers. Ses voisins de tables. Il n'est pas assez sûr de lui pour leur adresser la parole. Il les a tous tués ». Ainsi parlait Heinrich Mann de Hitler.

L'Olympiapark

Si vous désirez continuer cette promenade vers le nord jusqu'à l'Olympiapark, ce qui est vivement recommandé, prenez le métro aux stations Giselastrasse ou Münchner Freiheit, toutes deux sur la Leopoldstrasse. La ligne U3 vous conduit après quatre arrêts au Village olympique (terminus Olympiazentrum). L'Olympiapark est un vaste ensemble de 3 km² créé en 1972 à l'occasion des XXe Jeux olympiques d'été, à l'emplacement d'un ancien aéroport militaire désaffecté sur lequel on avait, lors de la reconstruction de Munich, entassé les décombres de la ville (d'où la Montagne olympique – **Olympiaberg** –, au sud du parc, qui culmine à 600 mètres). Les installations olympiques, disséminées dans tout le vaste parc agrémenté d'un lac (Olympiasee), servent maintenant aux sportifs et sont devenues un centre récréatif multifonctions ouvert à tout public. C'est la **piscine** et le **stade** qui attirent le plus de touristes. A l'époque de sa construction, son toit en forme de multiples toiles de tente, imaginé par l'architecte Frei Otto, avait fait sensation. Depuis, le système de ces toits réglables et reliés au sol par des filins d'acier a été repris, notamment dans certaines gares françaises. Ce toit donne une note très aérienne et futuriste à l'endroit. Mais, plus encore que le stade ou la piscine, c'est la **Tour olympique** (Olympiaturm) qui recueille le plus de suffrages. Haute de 290 mètres, elle est le symbole du parc et sert aujourd'hui de tour hertzienne pour la télévision. De la plate-forme d'observation, on jouit d'un très beau panorama sur la ville et les sommets alpins, qui semblent très proches. La vue est encore plus belle un jour de föhn.

Tout près de là se trouve, sur le Petuelring, le siège de la société BMW, reconnaissable à son gratte-ciel en forme de cylindre quadruple dessiné par l'architecte autrichien Karl Schwanzer. Un musée très intéressant, le **BMW Museum**, a été aménagé dans un bâtiment annexe. Le principe est le même que celui du musée Guggenheim de New York : sans aucune fenêtre, une rampe en pente douce s'enroule autour de la paroi du bâtiment. Pour tout savoir sur l'épopée de l'automobile et les prototypes de l'avenir.

La Siegestor

De l'Olympiapark, reprenez le métro en sens inverse jusqu'à la station Giselastrasse. Vous êtes dans la dernière ligne droite de cette promenade au programme chargé. Rassurez-vous, le chemin est en cet endroit truffé de terrasses de cafés et réserve à la fin l'une des plus belles perspectives sur la ville. A la hauteur de la station de métro Giselastrasse, la Leopoldstrasse a encore des allures de grand boulevard où cinémas, cafés, restaurants et boutiques se disputent l'espace. Descendez la rue vers le sud. Déjà, dans l'axe, vous apercevez l'arc de la Siegestor. Cet arc de triomphe (littéralement « porte de la Victoire ») marque la limite sud du quartier de Schwabing. La Siegestor a été copiée sur l'Arc de Constantin, à Rome, et est l'œuvre de Friedrich von Gärtner (1843). A l'origine, cet arc à trois arches fut élevé à la gloire des armées bavaroises. Il est surmonté d'une Bavaria en bronze encadrée d'un quadrige de lions. Passablement endommagé pendant la Seconde Guerre mondiale, un côté de l'arc a volontairement été laissé tel quel (côté sud) pour que les jeunes générations n'oublient pas les horreurs de la guerre. Le côté que vous abordez venant du nord est le plus beau et celui vers lequel regardent les lions et Bavaria. Sur le fronton, on peut lire l'inscription : « *Dem bayrischen Heere* » (« A l'armée bavaroise »), datée de 1852. Après la Seconde Guerre mondiale, une autre inscription a été apposée : « *Dem Sieg geweiht, vom Kriege zerstört, zum Frieden mahnend* » (« Dédié à la victoire, détruit par la guerre, exhortant à la paix »). De l'arche centrale s'offre, par temps clair et quand il n'y a pas trop de circulation, une très belle perspective sur l'Odeonsplatz avec, tout au fond, la Feldherrnhalle, et sur la droite la silhouette rassurante de l'église des Théatins, dont la belle coupole se détache nettement au-dessus des immeubles de la Ludwigstrasse.

La Ludwigstrasse

Passé l'arc de la Siegestor, la rue prend le nom de Ludwigstrasse. Elle servait à relier la vieille ville au nouveau quartier de Schwabing et fut percée sous le règne de Louis Ier par Leo von Klenze. C'est sans aucun doute la plus belle rue de Munich, et aussi la plus monumentale. Pas un magasin, pas un café. Le contraste est saisissant avec la Leopoldstrasse, que l'on vient de quitter. La Ludwigstrasse offre une homogénéité architecturale un peu stricte. Le style est néo-Renaissance, avec certains emprunts au néoclassicisme (perrons à colonnes antiques dans la première partie) et au néoroman. Le côté gauche, avec ses arcades et la tache blanche que forme l'**église Saint-Louis** (Ludwigkirche), rappelle Venise, alors que le côté droit, légèrement ocre, a des allures plus florentines. Le côté gauche abrite divers ministères bavarois, la Bibliothèque nationale bavaroise et les Archives bavaroises. L'église Saint-Louis, à mi-hauteur de rue sur ce même côté gauche en direction du sud, a été construite de 1829 à 1844, sur ordre de Louis Ier, par le concurrent de Klenze, Friedrich von Gärtner. Comme beaucoup d'églises de la ville, elle est enchâssée dans le bloc d'immeubles de la rue. Mais ses deux hautes tours blanches qui évoquent des campaniles vénitiens se détachent fort bien dans le ciel munichois. L'intérieur est dominé par l'immense fresque de l'autel, *Le Jugement dernier* (1836-1840), exécutée par Peter von Cornelius, membre du mouvement nazaréen (voir « La peinture romantique », p. 167).

Le côté droit de la rue est occupé par les bâtiments de l'université de Munich. Le bâtiment central, le **Grand Amphithéâtre** (Grosse Aula), ne date que de 1904. Il remplace un corps de bâtiments, devenu trop petit, dessiné en 1830 par von Gärtner. Il conserve cependant un style néo-Renaissance romanisant, d'allure un peu raide. A l'intérieur, on peut admirer la très belle mosaïque *Hélios, dieu du soleil* de Wilhelm Koeppen, qui fut l'élève de Franz von Stuck (voir « La Villa Stuck », p. 176).

La petite place devant le Grosse Aula encadre une fontaine et porte le nom de **Geschwister Scholl**, en hommage à ces deux membres actifs de la résistance au nazisme, abattus alors qu'ils distribuaient des tracts dans la cour de cette université en 1943 (voir « Un peu d'histoire », p. 120).

S'il vous reste encore quelque force, allez faire un tour dans le fief des étudiants derrière l'université, entre la Türkenstrasse, l'Amalienstrasse, la Schellingstrasse et l'Akademiestrasse : ces rues sont très animées (en période universitaire) et pleines de cafés sympathiques.

MUNICH TYPIQUE : MUSÉES, CHÂTEAU BAROQUE ET BIERGARTEN

Après les deux journées assez chargées de découverte du centre de Munich, la troisième promenade aborde, à un rythme moins soutenu, des quartiers un peu plus éloignés de la vieille ville. Nous proposons de consacrer la matinée à ces deux musées incontournables que sont l'Alte et la Neue Pinakothek.

L'après-midi pourrait être réservé à Nymphenburg. Une visite de l'intérieur du château est incontournable, surtout pour sa Grande Salle et sa fabuleuse collection des carrosses de Louis II. Cependant, il faut absolument garder du temps pour le parc, dans lequel vous devrez absolument voir l'exquis rendez-vous de chasse d'Amalienburg et le très beau Jardin botanique. La journée pourra s'achever par un moment de détente au Hirschgarten, un Biergarten proche de Nymphenburg, sans aucun doute le plus joli et aussi celui qui a su le mieux garder la tradition.

Alte et Neue Pinakothek

Ces deux musées se trouvent dans la partie ouest de la Maxvorstadt, entre l'Université et la Königsplatz. L'**Alte Pinakothek** fait sans aucun doute partie des grands musées du monde. Ses collections couvrent l'histoire de la peinture européenne depuis le Moyen Age jusqu'aux premières années du XIXe siècle. Elle fut construite par Leo von Klenze de 1826 à 1836, en remplacement du musée du Hofgarten, devenu trop petit; située à proximité de la Königsplatz, elle devenait en quelque sorte le prolongement de ce Forum des Arts. Jugée en son temps comme un « chef-d'œuvre de proportion », l'Alte Pinakothek s'inspire du style des palais vénitiens de la Renaissance et a servi de modèle à la construction d'autres musées, notamment à Rome et à Bruxelles. Aujourd'hui, il est facile de reconnaître la partie médiane du bâtiment comme étant celle qui fut touchée par les bombes de la Seconde Guerre mondiale. La brique n'y a pas la même couleur et, par manque d'argent et de temps, on a paré au plus pressé lors de sa restauration (1953-1963) : les pilastres de la verrière du premier étage sont absents dans toute cette partie, de même que les ornementations Renaissance des fenêtres au rez-de-chaussée. En raison de la vétusté de sa conception – même si elle fut d'avant-garde en 1826 –, l'Alte Pinakothek sera restauré jusqu'en 1997. L'accrochage des œuvres sera plus logique et plus aéré.

L'origine de la collection remonte au duc Guillaume IV de Bavière, qui fit peindre aux alentours de 1530 de nombreux tableaux historiques. Viennent ensuite les célèbres toiles de Dürer, acquises par le prince électeur Maximilien Ier. Au XVIIIe siècle, la collection s'agrandit de tableaux français et hollandais, à tel point qu'aujourd'hui elle détient le plus grand nombre de Rubens au monde. Voici quelques exemples des plus célèbres toiles exposées dans ce musée :

Rez-de-chaussée : peinture allemande du Moyen Age au début du XVIe siècle (*Le comte palatin Philippe le Guerrier* et *Sainte Véronique* par Baldung-Grien, *Marie avec l'Enfant Jésus devant le banc de gazon* par Stefan Lochner, *Histoire de sainte Suzanne* par Hans Schöpfer) ; peinture hollandaise des XVIe-XVIIe siècles (*Paysage avec ferme* par Cornelis Van Dalem, *Receveur et sa femme* par Reymerswaele, *Pays de cocagne* et *Portrait d'une vieille paysanne* par Bruegel l'Ancien, *Bouquet de fleurs* par Jan Brueghel).

Premier étage : peinture flamande des XVe-XVIe siècles (*Autel des Rois Mages* par Van der Weyden, *Perle du Brabant* par

Bouts, *Les Sept Joies de Marie* par Hans Memling, *Madone à l'enfant* par Van Leyden) ; peinture allemande des XVIe-XVIIe siècles (*Saint Erasme et saint Maurice* par Grünewald, *Les Quatre Apôtres* et *Autoportrait à la pelisse* par Dürer, *Vénus et Cupidon* par Cranach l'Ancien, *La Fuite en Egypte* et *Incendie de Troie* par Elsheimer) ; peinture italienne du XIVe au XVIIIe siècle (*La Cène* par Giotto, *La Vierge à l'enfant* par Léonard de Vinci, *La Madone de la maison Tempi* par Raphaël, *Déploration du Christ* par Boticelli, *Charles Quint* et *Le Couronnement d'épines* par le Titien, *L'Adoration des Mages* par Tiepolo) ; peinture flamande du XVIIe siècle (*Audience* par Brouwer, *Le Satyre et le Paysan* par Jordaens, *Paysanne endormie dans un pré* par Siberechts, *Halte pendant la fuite en Egypte* par Van Dyck, *Isabelle Brandt et l'artiste sous la tonnelle de chèvrefeuille*, *Méléagre et Atalante* ou *Enlèvement des filles de Leucippe* par Rubens) ; peinture hollandaise du XVIIe siècle (*Guillaume d'Heythuysen* par Franz Hals, *Village sur la rivière* par Van Goyen, *Autoportrait* et *Cycle de la Passion pour le gouverneur d'Orange* par Rembrandt, *Orage menaçant* par Van Ruisdael) ; peinture française des XVIIe et XVIIIe siècles (*Port au soleil levant* de Claude Lorrain, *Déploration du Christ* par Nicolas Poussin, *Portrait de la marquise de Pompadour* et *Jeune fille assoupie* par François Boucher, *L'Eplucheuse de betteraves* par Jean Baptiste Chardin) ; peinture espagnole du XVIIe siècle (*Le Christ dépouillé de ses vêtements* par Le Greco, *Jeune Noble espagnol en habit noir* par Velasquez, *Le Mangeur de pastèques et de raisons* par Murillo).

La **Neue Pinakothek** se trouve de l'autre côté de la Theresienstrasse, en face de l'Alte Pinakothek. L'espace gazonné entre les deux musées sert de jardin aux sculptures (modernes), parmi lesquelles un Henry Moore de 1973. La Neue Pinakothek est un bâtiment récent (1975-1981) construit par Alexander von Branca en remplacement de celui de 1846, tellement touché par les bombes qu'il fut complètement rasé. Le musée est presque entièrement consacré à la peinture allemande du XIXe siècle : le romantisme (voir « La peinture romantique », ci-contre), le réalisme et l'Ecole de Munich. Quelques salles regroupent, en outre, des œuvres romantiques et impressionnistes françaises. Le musée abrite quelque 600 œuvres. C'est encore Louis Ier qui eut l'idée de créer le musée en rachetant la collection privée de son architecte fétiche Leo von Klenze en 1841. A la mort du roi en 1868, on comptait déjà 400 toiles. La collection a été complétée ultérieurement par les legs de Fiedler et de von Tschudi, avec notamment des œuvres de Cézanne (dont *Le Moulin de la Couleuvre près de Pontoise*, premier tableau de ce peintre acheté par un musée), Gauguin, Van Gogh, Manet et Monet.

Si le début du XIXe siècle a été marqué en peinture par l'avènement du mouvement romantique, qui n'est pas exclusivement munichois, la seconde partie du siècle est dominée par l'Ecole de Munich, courant qui a perduré jusque dans les deux premières décennies du XXe siècle avec Schwabing et Der Blaue Reiter. En Allemagne, on cite souvent le mot

La peinture romantique

La peinture romantique naît en Allemagne dans les premières années du XIXe siècle. Comme tous les grands courants intellectuels, le romantisme est le reflet d'une époque qui rejette l'héritage culturel du siècle précédent. Le romantisme allemand est symptomatique de l'état de crise d'un pays qui se cherche et qui, par l'idéalisation du passé moyenâgeux, tente de se forger une identité nationale. Plus qu'un style iconographique, il s'agit en fait d'une *weltanschauung* (« une perception du monde »). C'est en cela d'ailleurs que ce mouvement est révolutionnaire car c'est la première fois qu'un courant artistique est aussi une idéologie.

Le terme même de romantisme est très controversé. Après 1830, il a pu prendre, par exagération, une connotation un peu mièvre, jusqu'au soupçon de sentimentalisme qui lui est aujourd'hui bien souvent attaché. Or, les peintres romantiques ne se sont jamais définis eux-mêmes comme tels. Le terme apparaît en Grande-Bretagne en 1650. Péjoratif, il est utilisé dans la littérature héroïque et galante pour désigner un état dramatique exacerbé « *like in the old romances* ». Au XVIIIe siècle, Jean-Jacques Rousseau emprunte le mot à l'anglais pour décrire le panorama « romantique » des Alpes dans *La Nouvelle Héloïse.* Le mot prend alors le sens de « fantastique », « bizarre ».

En peinture, l'idéologie romantique s'articule autour de trois axes : le passé, la nature et la religion. Le contexte historique (début du XIXe siècle) permet de comprendre pourquoi l'Allemagne essaie alors de se forger un idéal en puisant dans les utopies et les grands mythes du Moyen Age. Cette période reculée se présente en effet, plusieurs siècles plus tard, comme une époque parfaite, aux valeurs universelles et unificatrices. En 1806, le Saint Empire romain germanique, qui avait tant bien que mal rassemblé les différents Etats allemands pendant mille ans sans parvenir pourtant à s'ériger en nation, est définitivement dissout avec l'abdication de l'empereur François II, immédiatement suivie par l'occupation napoléonienne. La fuite en arrière dans ce Moyen Age idéalisé et utopique est l'expression flagrante du rejet de l'occupation française. Novalis traduit en ces termes le retour vers un âge d'or : « *Die Zukunft liegt in der Vergangenheit* » (« L'avenir est dans le passé »). Pour les peintres romantiques, la référence au Moyen Age est un alibi pour renouer avec l'époque où l'Allemagne disposait d'un art « national », avec des peintres comme Dürer ou Cranach (« les plus grands peintres que l'Allemagne ait jamais connus »). En fait, cette vision de la société allemande au Moyen Age est inexacte puisque l'on sait qu'alors l'Empire était encore plus morcelé (360 Etats et villes libres contre 39 en 1815, après le congrès de Vienne). La référence au Moyen Age peut également s'expliquer à la lumière du contexte culturel. Les romantiques, en effet, rejettent en bloc l'héritage de l'art baroque, c'est-à-dire l'*Aufklärung* (les Lumières, en Allemagne) et l'avènement de la Raison. Pour eux, ces théories « dégénérées » n'ont eu d'autre résultat que de conduire à la Révolution. Cette distance critique exprime aussi leur opposition à l'hégémonie française dans toutes les formes d'art au cours du XVIIIe siècle. Les Lumières affirmaient la suprématie de l'homme sur la nature. L'exemple le plus parlant est la mode en Allemagne des jardins à la française, fondés sur une domestication des forces de la nature.

Or, pour les romantiques, l'homme est inférieur à l'ordre de la nature, puisqu'il n'est qu'un maillon de l'ensemble des créations divines regroupées sous le terme de nature. Plutôt que de chercher à la dominer, il doit s'y insérer de manière harmonieuse. Ces réflexions sont illustrées à merveille dans les toiles de Caspar David Friedrich où l'homme, souvent seul, apparaît minuscule dans l'immensité de l'œuvre divine (*Moine au bord de la mer, Paysage de la Riesengebirge*).

Les romantiques ont aussi entrepris de « repoétiser » le monde. C'est par là que ce mouvement fut le plus original : « Romantiser, c'est redonner du mystère au commun, de la dignité à l'inconnu, de l'infini à la création » (C.D. Friedrich). Pour un peintre comme Otto Philipp Runge, la peinture paysagiste est la représentation d'une nature dont les éléments (hommes, végétaux, animaux…) sont dotés d'une âme. Quels qu'ils soient, tous symbolisent l'omniprésence divine. Aucun élément de la nature n'est privé de sens. Les motifs les plus courants dans les paysages romantiques sont le monde souterrain (grottes, mines…, c'est-à-dire la profondeur par rapport à la superficialité baroque), les forêts (symbolisant l'exploration du moi intérieur), les sommets de montagne (les personnages s'y séparent ou y prennent, dans l'élévation nécessaire de l'âme, les grandes décisions de leur vie), enfin la mer (l'immensité, la nature sans cesse renouvelée), très présente chez Friedrich. Nombre de peintres romantiques ont représenté l'homme de dos, comme pour mieux signifier que l'âme du personnage se lit dans la nature et non pas dans son visage. Pour les romantiques, la peinture paysagiste n'est donc pas un genre mineur. Elle est l'instrument de la contemplation et est profondément liée au sentiment religieux.

Cet aspect religieux, troisième axe de définition de la peinture romantique, fait référence à la peinture italienne de l'époque de Raphaël. Il s'agit en fait de rejeter le classicisme ambiant du XIXe siècle et sa référence encombrante à l'Antiquité, époque polythéiste ou athée. Pour les romantiques, il faut restaurer la foi car la religion permet l'unification du peuple (on retrouve là cette obsession du désir de nation). Dans cette démarche, la religion catholique est mise en avant, au détriment du protestantisme. Cela peut paraître paradoxal puisque les romantiques rejettent par ailleurs l'art baroque, qui avait pourtant été créé pour restaurer la foi catholique, la rendre séduisante par rapport à l'ascétisme du protestantisme. En fait, les romantiques critiquent la religion protestante en ce que sa pratique est fondée sur l'exercice de la vertu comme devoir rationnel et dénoncent par là l'avènement de la Raison. Pour eux, il faut revenir à la pratique religieuse de Moyen Age, contemplative et irrationnelle. La religion doit accompagner « tous les instants de la vie comme une musique sacrée ». Elle est partie intrinsèque de l'Etre.

Cet aspect religieux a ouvert la voix à un mouvement de peinture plus radical : en 1808, Carl Pforr et Friedrich Overbeck créent la confrérie de Saint-Luc en réaction au classicisme qu'on leur enseigne à la Kunstakademie de Vienne. A cette époque, le voyage en Italie et les études à l'Akademie de Vienne étaient les passages obligés pour tout artiste allemand qui voulait se faire un nom. Le but de la confrérie est de « donner une éthique à l'art jugé dégénéré par le matérialisme et les doctrines de l'Aufklärung ».

Overbeck s'emporte en disant : « On nous apprend à peindre des perspectives, le tombé d'un drapé, mais il n'y a dans cette peinture ni cœur, ni âme, ni sentiment [*weder Herz noch Seele noch Empfindung*]. » Overbeck et Pforr décident de quitter Vienne et se rendent à Rome avec six « disciples ». Leurs cheveux longs, qu'ils portent à la manière du Christ, leur vaudra l'appellation de nazaréens. Sortes de peintres-moines, ils mènent une vie de reclus en prêchant l'humilité et l'obéissance (principe catholique) contre la voie de la vertu (principe protestant).
Parmi les grands peintres romantiques, il faut citer Friedrich, Blechen, Schinkel, Gärtner, Runge, Schick, Rottmann, Kersting, les nazaréens Overbeck et Pforr.
Parmi les *Spätromantiker*, les romantiques « tardifs » plus influencés par « l'Ecole de Munich » : Slevogt, Spitzweg, Liebermann, Menzel, Leibl, Schwind, Corinth.
Si le romantisme a d'abord touché la peinture, il s'étend à la littérature avec Hölderlin et Kleist ou les auteurs de la Jeune Allemagne comme Heine, Conrad ou Hauptmann.
Mais, après la peinture, c'est en musique que ce mouvement culmine, révélant sa forme la plus achevée chez un compositeur comme Wagner. Certains avancent que l'idéalisation moyenâgeuse que constituent les opéras wagnériens et leur référence à la « mythologie » allemande portaient en germe les fondements du pangermanisme habilement récupéré un demi-siècle plus tard par Hitler. De fait, on retrouve dans la peinture de propagande nazie certains points communs à la peinture romantique du XIXe siècle : idéalisation de la famille, éloge du travail physique (et respect de la nature), célébration presque naïve de la pureté et de l'innocence, éléments « gothisants » du décor, etc. En 1995, une exposition anglaise ayant pour titre « L'esprit romantique dans la peinture allemande, de Friedrich à l'Allemagne nazie » est en ce sens tout à fait significative : elle permet de comprendre la récupération démagogique par les nazis d'une certaine idéologie romantique.

de Thomas Mann qui écrivait en 1902, dans sa nouvelle *Gladius Dei* : « *München leuchtete* » (« Munich étincelait »). Si l'action des rois de Bavière Louis Ier, Maximilien II et Louis II a été décisive pour l'émergence de Munich en tant que *Kunststadt,* la véritable raison de cette prépondérance de la ville est sans doute à chercher dans la fondation, en 1808, de l'Akademie der bildenden Künste (Académie des beaux-arts). Proche du mouvement nazaréen (voir « La peinture romantique », p. 167), son directeur Peter Cornelius (1783-1867) sut s'entourer de personnalités comme les peintres historiens von Piloty et Diez, qui marquèrent la nouvelle génération parmi laquelle on compte les grands noms de l'Ecole de Munich : Carl Spitzweg, Wilhelm Leibl, Franz von Lenbach, Lovis Corinth, Max Liebermann ou Franz von Stuck (voir « La Villa Stuck », p. 176). En cette seconde moitié du XIXe siècle, on dénombre à Munich davantage de peintres qu'à Vienne et Düsseldorf réunis. Dans ce contexte, Der Blaue Reiter peut être considéré comme l'ultime épisode de l'effervescence munichoise dans le domaine artistique.

Ce mouvement étant celui qui a ouvert la voie à l'art abstrait, il a tendance à occulter quelque peu les mouvements antérieurs qui virent jour tout au long du XIXe siècle dans le cadre de l'Ecole de Munich. On peut citer le *Kunstverein* en 1825, la *Künstlergenossenschaft* en 1868 et sa contre-réaction, la Sécession munichoise, en 1892. Dans le domaine de l'architecture, l'Ecole de Munich a pour toile de fond le Gründerzeit, qui débouche sur l'avènement en 1900 d'un style d'un genre nouveau, dédié à la jeunesse, le Jugendstil. Ce dernier jette les jalons du design moderne et se trouve résumé dans les manifestes de la revue *Die Jugend*.

Voici quelques œuvres parmi les plus importantes de la Neue Pinakothek :

Peinture allemande : *Paysage de la Riesengebirge* par Caspar David Friedrich, *Vue d'Assise* par Karl Blechen, *Jeune Femme à la lueur d'une lampe* par Kersting, *Sikyon et Corinthe* par Rottmann, Portrait de Goethe par J. Stieler, *Paysage héroïque* par Koch, *Italia et Germania* par Overbeck, *La Visite* par von Schwind, *Le Poète pauvre* – sans doute le tableau le plus célèbre d'Allemagne – et *L'Auteur* par Spitzweg, *Femme avec chèvres* par Liebermann, *Les Roseaux* par Böcklin, *Portrait de madame Gédon* par Leibl, *Portrait du comte Eduard von Keyserling* par Corinth et *Seni devant le cadavre de Wallenstein* par von Piloty.

Peinture française : David, Delacroix, Géricault, Millet, Daumier (salles 1 et 10) et les collections de Fiedler et von Tschubi riches en œuvres impressionnistes (salles 18 et 19).

Le château de Nymphenburg

Pour vous rendre de la Neue Pinakothek au château de Nymphenburg, à quelques kilomètres plus à l'ouest, vous pouvez emprunter le métro à la station Theresienstrasse, ligne U2 jusqu'à Hauptbahnhof. De là, prendre la U1 jusqu'à Rotkreuzplatz puis le tram 12 (arrêt Schloss Nymphenburg). Si vous êtes bon marcheur, prenez à Rotkreuzplatz le tram 83 ou le bus 177 et descendez à St Gallerstrasse puis remontez à pied sur deux kilomètres le grand canal bordé d'allées boisées (Auffahrtsalleen) jusqu'au château (recommandé par beau temps : les arbres sont magnifiques et la perspective du château entre les frondaisons est superbe).

Nymphenburg, un des plus vastes châteaux d'Allemagne, doit son existence, tout comme l'église des Théatins, à la naissance tant espérée d'un héritier mâle pour succéder au prince électeur Ferdinand. Si la princesse Henriette de Savoie remercia Dieu de la naissance de Max-Emmanuel, son époux quant à lui la remercia en lui faisant construire une « petite maison de plaisance pour l'été », dont la façade mesure plus de 600 mètres ! La princesse Henriette est directement responsable de cette monumentalité puisqu'elle refusa les plans de l'architecte turinois Castellamonte, qu'elle jugeait trop peu grandioses, et leur préféra ceux de l'architecte Barelli. En 1664, les fondations étaient creusées ; onze ans plus tard, le toit était posé mais Henriette de Savoie mourut moins d'un an après. Cinq générations de Wittelsbach œuvrèrent à l'agrandissement et à l'embellissement de Nymphenburg en s'entourant de maîtres comme Viscardi, son concurrent Zuccalli, Cuvilliés, Gunetzrhainer, von Klenze ; en somme, à l'exception des frères Asam, tous les grands noms qui façonnèrent le visage de Munich ont participé au Nymphenburg. Mais en dépit de tous ces efforts conjugués, il n'est pas certain que Nymphenburg soit un beau château. Ses plans sont en effet curieux : la façade, démesurément longue est prolongée, côté cour d'honneur (Ehrenhof), par deux ailes en arc de cercle qui viennent se refermer sur le château, un peu comme les pinces d'un crabe. Par ailleurs, l'ensemble manque cruellement d'harmonie : dans la partie médiane, un pavillon central d'assez belle facture, mais trop haut (cinq étages), est relié par une galerie d'un seul étage (donc trop basse) à deux pavillons identiques dont l'architecture, curieusement dépouillée, tient davantage du bâtiment administratif que du château baroque. De chaque côté commence une enfilade interminable de communs. Le château a été en outre gratifié d'une épaisse couche de chaux blanc et gris clair, qui jure avec les tuiles trop neuves, presque orange, de la toiture.

Cependant, la vue sur le château depuis la cour d'honneur (Ehrenhof), avec le canal qui brusquement s'élargit et les beaux massifs de rhododendrons au printemps, vaut vraiment le coup d'œil. Curieusement, le château vu de l'autre côté, c'est-à-dire côté parc, semble tout petit car on ne voit de lui, en raison des bosquets latéraux, que le pavillon central et les petits pavillons. La visite de l'intérieur se révèle très intéressante. Plutôt que d'essayer de tout voir très vite, nous vous recommandons de privilégier les pièces décrites ci-après. Dès l'entrée dans le pavillon central (Mittelpavillon), Nymphenburg offre ce qu'il a de meilleur, c'est-à-dire sa grande salle (Grossersaal, aussi appelée Festsaal ou Steinernersaal). De proportions parfaites, elle occupe toute la largeur du pavillon et s'envole sur trois niveaux jusqu'à la fresque du plafond, en dégageant un volume impressionnant. Nymphenburg n'a pas été détruit à la guerre et la décoration se présente au visiteur dans son aspect d'origine. La magnifique fresque du plafond n'a rien à envier à celle du château de Würzbourg signée par Tiepolo. C'est le peintre Jean-Baptiste Zimmermann qui l'a réalisée, à l'âge de 76 ans ! On y voit Apollon sur son char, Bacchus enivré, d'autres dieux dans de galantes occupations et des nymphes (Nymphenburg signifie « château des Nymphes ») rendant hommage à la déesse Flore. Les grandes fenêtres, percées sur les deux côtés et sur trois étages, empêchent tout effet d'écrasement. Le sol est recouvert d'un damier rouge et blanc en marbre de Carrare. Beau mobilier de style Louis XIV. En été se déroulent ici, à la lumière des candélabres, les Nymphenburger Festspiele (festival de musique baroque), qui perpétue la tradition inaugurée à la fin du XVIIIe siècle par le prince électeur Ferdinand III, lequel avait fait transformer le Mittelpavillon en salle de concert.

En tournant le dos au parc, prenez alors sur la gauche vers l'aile nord (Nordflügel). L'antichambre présente un beau plafond à caisson de 1675 et un mobilier français de style Louis XIV. Portraits de Max-Emmanuel (dont la naissance décida de la construction du château) et de son épouse Thérèse de Pologne. La pièce suivante est appelée salle des Gobelins en raison des belles tapisseries réalisées à Bruxelles entre 1690 et 1720 qui représentent des allégories du Printemps et de l'Eté, ainsi qu'une Diane chasseresse. Dans l'enfilade, vous atteignez alors l'ancienne chambre de Max-Emmanuel, aujourd'hui appelée Kleine Schönheitsgalerie : la petite galerie des Beautés. Y figurent les portraits des neuf beautés de la cour de Louis XIV, représentées en déesses et dont on prétend qu'elles auraient été les maîtresses de Max-Emmanuel pendant son exil. En effet, lorsque l'Autriche des Habsbourg fit main-basse sur la Bavière en envoyant à Munich un gouverneur, le prince électeur put trouver refuge chez Louis XIV, roi de France et ennemi juré des Habsbourg. Beau mobilier en bois de rose d'époque Louis XV.

Revenez dans la grande salle et pénétrez dans l'aile opposée (Südflügel). La première antichambre (Erstes Vorzimmer) possède de belles boiseries blanc et or. La deuxième, toute tendue de damas rouge, est la salle à manger. En son centre trône la pièce de mobilier la plus précieuse de Nymphenburg : une table monumentale italienne en *pietra dura*, avec des incrustations dans le marbre de pierres précieuses et semi-précieuses figurant des oiseaux multicolores. La salle suivante est une chambre à coucher tendue de velours vert et rehaussée de moulures en argent. Tableaux des fondateurs du château Ferdinand de Bavière et Henriette de Savoie. La dernière salle, appelée Cabinet chinois (Chinesisches Kabinett), offre une belle décoration en laque du XVIIe siècle en son état d'origine.

Revenez sur vos pas jusqu'à la salle blanc et or et prenez sur la droite, vers le pavillon sud. La première pièce, dite galerie des Beautés de Louis Ier, accueille les portraits de plusieurs jeunes femmes munichoises issues de toutes les couches sociales ; Louis, premier roi de Bavière par la volonté napoléonienne, en fit faire le portrait, imitant en cela son aïeul Max-Emmanuel. Aujourd'hui aménagée dans ce qui servait jadis de salle à manger, la Schönheitsgalerie exhibe entre autre le portrait de la célèbre Lola Montez, danseuse de son état et maîtresse en titre de Louis Ier. Elevée au rang de baronne, celle qu'on appelle aussi la Pompadour bavaroise avait un ascendant énorme sur le roi ; ses agissements ont d'ailleurs contraint ce dernier, empêtré dans la révolution de 1848, d'abdiquer la même année. Parmi les trente-cinq autres portraits, on note celui d'Hélène Sedlmayer, fille de cordonnier, dont la beauté frappa le roi lors d'une promenade en ville. Il la fit venir au château pour des séances de pose (le portrait fut exécuté, comme tous les autres, par le peintre Joseph Stieler). La belle tomba amoureuse d'un laquais du château. Le roi, secrètement épris, paya pourtant le mariage et tint à jouer le rôle de témoin de sa *schönste Münchnerin* (sa « plus belle Munichoise »). De cette union naquirent neuf enfants. Beau mobilier et lustres Directoire. Traversez ensuite une pièce où figure le portrait de Louis Ier et de son épouse (1844), un second cabinet, la Petite Galerie et le Salon bleu avant d'arriver dans la pièce d'angle donnant sur le parc, la fameuse chambre où vit le jour le futur roi Louis II le 25 août 1845. La pièce étant trop petite pour contenir les ministres et autres huissiers qui devaient attester de la légitimité de l'héritier, ceux-ci se regroupèrent dans la pièce attenante (Salon bleu), d'où ils suivirent l'accouchement à travers le miroir dans lequel se reflétait la scène.

Avant de vous rendre dans le parc, faites un saut au Marstallmuseum où se trouve exposée la collection de carrosses, attelages et traîneaux des souverains de Bavière, depuis Karl-Albrecht de Wittelsbach (devenu ensuite empereur du Saint Empire) jusqu'au prince-régent Léopold (1912). La collection occupe les anciennes écuries, dans l'aile sud. Ce sont surtout les carrosses et les traîneaux de Louis II qui retiennent l'attention. Les mots manquent devant ces réalisations qui dépassent les rêves les plus fous et sont proprement ahurissantes, époustouflantes. Devant ces montagnes d'or sur essieux, Marie-Antoinette aurait pu passer en son temps pour une reine modérément dépensière (voir « Louis II de Bavière », p. 205).

Le parc est divisé en sa moitié par la prolongation du canal de Nymphenburg, dont on a pu apercevoir l'autre partie depuis la cour d'honneur. A proximité du château, il est agencé à la française, avec son Grand Parterre, puis se transforme en parc à l'anglaise agrémenté de pavillons et de pagodes. Rendez-vous en premier lieu à l'Amalienburg, petit rendez-vous de chasse construit en 1734 par le génial François de Cuvilliés, à qui l'on doit aussi le théâtre rococo de la Residenz (voir p. 155). Si l'architecture extérieure de Nymphenburg est assez discutable, l'Amalienburg fait quant à lui l'unanimité : c'est un exemple parfait de l'art rococo et Cuvilliés a su merveilleusement concilier l'exubérance du décor avec l'harmonie et l'intimité désirées. L'Amalienburg avait été conçu comme une folie pour l'épouse de Karl-Albrecht, Marie-Amélie d'Autriche. A l'extérieur, on remarque un groupe figurant Diane et des bustes de satyres. C'est le fils de Zimmermann qui a signé la décoration intérieure : la salle des Glaces (Spiegelsaal), toute ronde avec des moulures en argent, la salle de repos (Ruhezimmer) jaune et argent, la salle de chasse (Jagdzimmer) or et argent, la chambre aux chiens (Hundekammer), originale s'il en est, et la petite cuisine bleu et blanc avec ses carreaux de faïence hollandaise.

Le Jardin botanique (Botanischer Garten) se trouve dans la partie nord du parc. Nous en conseillons vivement la visite. Avant de l'atteindre, vous apercevez déjà, au-delà du Grand Parterre, ses grandes serres (Gewächshäuser). Dans la serre des palmiers (Palmenhaus) fut installé le premier système de chauffage à eau d'Allemagne. Le labyrinthe végétal (Irrgarten) et le théâtre de verdure (Heckentheater) se trouvent juste à côté.

Une bière au Hirschgarten

Pour terminer cette journée, rien ne vaut une bonne chope de *Weizenbier*, que l'on dégustera à l'ombre d'un châtaignier dans un Biergarten. Le Biergarten du Hirschgarten se trouve à 1 kilomètre au sud-est du château. Vous pouvez vous y rendre à pied : revenez dans la cour d'honneur de Nymphenburg et longez sur la droite l'aile sud, où se trouve le musée des carrosses. De là, remontez la rue qui part en oblique, la Hirschgarten-

La plus belle invention de Munich : le Biergarten

Même si elle n'en a plus l'exclusivité, Munich est l'inventeur du Biergarten, ce symbole de la convivialité à l'allemande qui fait l'unanimité chez tous les touristes.
L'origine du Biergarten est né d'une tentative de concilier l'abstinence du carême aux contraintes saisonnières du brassage de la bière. Il faut rappeler en effet que le carême est très respecté en Allemagne, particulièrement en Bavière. Du mercredi des Cendres au vendredi saint, le Moyen Age prônait l'abstinence, ce qui incluait de ne pas boire de bière. Mais une ordonnance interdisait dans le même temps le brassage de la bière pendant les mois chauds (du 23 avril au 29 septembre), en raison des risques d'incendie. On s'arrangea alors pour que la bière fût brassée et goûtable en mars, donc en plein carême. Devant l'impérieuse nécessité de la dégustation de la bière nouvelle, les brasseurs obtinrent qu'on dérogeât à la règle d'abstinence. La dégustation de mars prit le nom de *Märzen* (de *März*, qui signifie « mars » en allemand).
Pour stocker les grandes quantités de bière produite, il était impossible de creuser des caves profondes car on risquait de rencontrer la nappe phréatique qui, à Munich, est très proche du niveau du sol. On se mit alors à creuser à faible profondeur dans des espaces non construits. Pour conserver la bière au frais, on recouvrit les fûts de gravier. Et pour agrémenter le tout, quelqu'un eut la bonne idée de planter quelques arbres : le concept de Biergarten (jardin de bière) était né et les Munichois furent ravis de pouvoir, même pendant le carême, célébrer leur fameux « *Oans, zwoa, g'soffa!* » (« Un, deux, c'est bu ! »).
Cette paix munichoise faillit pourtant être de courte durée lorsque les aubergistes montèrent sur les barricades pour protester contre le risque de voir leur chiffre d'affaires baisser si les propriétaires de Biergärten, en plus du Schankrecht, recevaient également le droit de vendre des provisions. Pour calmer les esprits, le prince électeur trancha en interdisant aux propriétaires de Biergärten de servir autre chose que de la bière. C'est de là que vient la tradition munichoise de se rendre au Biergarten avec son *Brotzeit*, c'est-à-dire ses propres provisions. Mais beaucoup de temps a passé depuis cette ordonnance princière. Aujourd'hui, les Biergärten remplissent de plus en plus les fonctions de restaurants en plein air (certes la bière y est toujours de rigueur; n'allez pas commander un coca ou de l'eau, vous vous couvririez de ridicule!), où l'on sert de la *Weisswurst* (boudin blanc), du *Grillhändl* (poulet) et, bien sûr, des *Brez'n*, ces incontournables Brezels qui donnent tellement soif !
Devant le mécontentement des Munichois, qui se sentent de plus en plus « exploités », certains Biergärten ont séparé leur espace en deux parties, une où l'on peut apporter ses provisions (c'est toujours la plus petite et la moins bien placée) et l'autre où l'on fait tinter le tiroir-caisse à grands coups de demi-poulets grillés.

strasse, après avoir traversé la Zuccallistrasse. Elle vous conduit jusqu'à l'entrée du Biergarten. Le Hirschgarten (jardin aux cerfs) est un ancien bois qui se trouvait jadis à 5 kilomètres des portes de Munich. Aujourd'hui au milieu de la ville, c'est un espace naturel protégé dans lequel des faucons viennent encore couver leur nichée. Les arbres : chênes, hêtres et châtaigniers, sont magnifiques. Sous Karl-Theodor, le bois servait de réserve de chasse, d'où son nom actuel. On peut toujours y voir des cerfs et des chevreuils dans de vastes enclos. Les origines du Biergarten remontent à 1791, lorsque l'*Oberjagdmeister* (le maître de chasse) reçut du prince électeur le *Schankrecht* (autorisation de vendre des boissons pour désaltérer ces messieurs les chasseurs). A la différence des Biergärten de la Hofbräuhaus ou de la Chinesischer Turm dans l'Englischer Garten, envahis par les touristes, le Hirschgarten est essentiellement fréquenté par les Munichois. Une raison de plus pour y aller, loin des bus et des flashs des appareils photos. Tous les ans aux alentours du 22 juillet, le Hirschgarten est le cadre de la Magdalenendult, une kermesse d'une semaine en l'honneur de sainte Madeleine, la patronne du quartier de Nymphenburg.

Fort de ses 8 000 places, le Hirschgarten est le plus grand Biergarten de Munich et aussi le plus traditionnel. On peut toujours y venir avec ses provisions (son *Brotzeit*) et y déployer sa nappe sur la table de bois. Pendant que les parents s'étourdissent à la bière, les enfants se régaleront sur les chevaux de bois d'un antique manège.

LE LONG DE L'ISAR

La quatrième journée de découverte de la capitale bavaroise nous fait traverser l'Isar. La promenade commence sur le pont Luitpold, au bout de la Prinzregentenstrasse.

Le Friedensengel

Le monument qui se dresse de l'autre côté du pont est dit Friedensengel (l'Ange de la Paix). Il s'agit d'une colonne corinthienne haute de 23 mètres au sommet de laquelle trône l'ange qui lui donne son nom, copié sur le Nicée de Paionios. La colonne est elle-même édifiée sur un socle imposant en forme de petit temple, et un escalier double permet d'accéder à une terrasse aménagée à sa base. Ce monument a été inauguré en 1871, au même moment que la célèbre Siegessäule (colonne de la Victoire) de Berlin, et commémore la fin des guerres de l'unification allemande (*Einigungskriegen*) menées par la Prusse de Bismarck contre le Danemark, l'Autriche et la France. A Berlin, capitale prussienne, l'accent est mis sur la victoire, alors qu'à Munich – plus liée à l'Autriche – on célèbre la paix retrouvée et l'instauration d'un nouvel Etat. De fait, une fois l'Autriche sortie de la Confédération germanique après sa défaite contre la Prusse en 1866 (bataille de Sadowa), la Bavière n'eut d'autre choix que de combattre aux côtés de cette dernière dans l'ultime épisode de cette unification allemande : la guerre de 1870 contre la France. La même année, l'ange doré offrait aux Munichois une version « acceptable » de ce qui était en fait pour eux une défaite, présentée sous les nobles traits de la paix.

Le quartier de Bogenhausen : église Saint-Georges et Villa Stuck

Depuis ce monument, il est intéressant de faire quelques pas à pied dans le quartier de Bogenhausen. C'est l'adresse la plus chic de Munich, un agréable but de promenade pour ses villas splendides et ses rues ombragées de grands arbres. Pour ce faire, vous pouvez prendre à gauche du Friedensengel, dans la Maria-Theresia-Strasse. Vous passez devant la bibliothèque Monacensia (au n° 23), qui occupe l'ancienne demeure du sculpteur Adolph von Hildebrand à qui l'on doit, notamment, l'imposante fontaine des Wittelsbach, sur la Lenbachplatz.

Au bout de la Maria-Theresia-Strasse, le regard est attiré par la charmante église baroque **Saint-Georges**, avec son oignon vert-de-gris et son clocher rose. A l'intérieur, vous pourrez admirer une très belle chaire rococo d'Ignaz Günther et un maître-autel imposant signé par Straub. On y voit saint Georges en compagnie de sainte Irène et de saint Donatien. Les fresques du plafond, dans le chœur, datent de 1770. Elles représentent le martyre de saint Georges et son arrivée au paradis. Un petit cimetière entoure l'église. Les écrivains Annette Kolb et Erich Kästner y sont enterrés.

Pour rejoindre la Prinzregentenstrasse, empruntez une rue parallèle à la Maria-Theresia-Strasse, comme la Möhlstrasse ou l'Ismanningerstrasse. En arrivant à proximité du Friedensengel, vous trouverez, au n° 60 de la Prinzregentenstrasse, la **Villa Stuck**. Il s'agit de la demeure de Franz von Stuck, qui fut directeur de la Kunstakademie de Munich et que l'on considère comme le père du Jugendstil en Allemagne. La villa a été construite par Stuck en 1897 et l'on y distingue des éléments annonçant le Jugendstil, même si l'ensemble est plutôt de facture néoclassique. La villa abrite aujourd'hui un petit musée. Outre l'exposition permanente sur le Jugendstil munichois (1er étage), on peut y voir différents tableaux caractéristiques de la Sécession munichoise ; certains sont signés par Stuck, comme *Die Sünde* (*Le Péché*) qui fit scandale en son temps. Plusieurs pièces recèlent une décoration murale inspirée des fresques de Pompéi. L'atelier du peintre, sculpteur et architecte se visite également et l'on peut y admirer son œuvre la plus célèbre : *L'Amazone* (bronze de 1913).

En remontant la Prinzregentenstrasse vers l'est, vous atteignez, sur la place du même nom, le Prinzregententheater (théâtre du Prince-régent). Il porte lui aussi le nom de l'avant-dernier souverain bavarois, le prince-régent Léopold (Luitpold en allemand), mort en 1912, qui succéda à Louis II après sa destitution en 1886. Le théâtre, bâti en 1900 par Littmann, un élève de Stuck, offre un bon exemple de l'architecture Jugendstil. A l'origine, cet édifice portait le nom de Richard Wagner et fut rebaptisé à la mort du prince Leopold. La décoration intérieure s'inspire de celle du grand théâtre de Bayreuth. Essayez de vous faufiler à l'intérieur par l'entrée des artistes (Künstlereingang), située sur le côté du bâtiment. Avec un peu de chance…

Du Parlement bavarois au Deutsches Museum

Revenez vers le Friedensengel et prenez à gauche, dans la partie sud de la Maria-Theresia-Strasse. Après avoir longé quelque temps, sur votre droite, le petit parc qui surplombe la rive escarpée de l'Isar, vous atteignez le **Maximilianeum** (Parlement bavarois), qui ferme, à l'est, la perspective de la Maximilianstrasse. Elevé de 1857 à 1874 dans un style très hétéroclite, il devait devenir une sorte d'Athénée bavarois. Son nom lui vient du roi Maximilien II, qui gouverna de 1848 à 1864. Achevé sous le règne de son fils Louis II, le bâtiment abrita la fondation Maximilianeum, qui finançait les études d'élèves munichois particulièrement doués et soutenaient les jeunes artistes. Pour entrer au Maximilianeum, il fallait être un *Einser-Abiturient* (c'est-à-dire obtenir une sorte de prix d'excellence). Ce n'est qu'en 1949, lors de la constitution de la République fédérale, que le Maximilianeum fut chargé d'accueillir le Sénat et le Parlement du Land de Bavière.

Contournez le Maximilianeum par le sud et suivez le cours de l'Isar, en direction du sud également. Sur le **Maximilianbrücke** (pont Maximilien) qui enjambe le fleuve et la petite île du Prater, une monumentale statue de Pallas Bavarica de 1901 rappelle la prétention des rois de Bavière d'inscrire leur mécénat dans la tradition de la Grèce antique. En remontant le cours de l'Isar, vous atteignez bientôt une autre île, juste après être passé sous le Ludwigbrücke, qui marquait le début de notre découverte de Munich (voir p. 137). Si vous êtes amateur de photographie, le parapet du pont offre une belle perspective sur le Friedensengel, vers le nord, apparition surréaliste entre les frondaisons touffues des bords de l'Isar. L'île est entièrement occupée par un bâtiment immense qui abrite le **Deutsches Museum**, musée des sciences et des techniques, le plus intéressant du genre en Allemagne et peut-être en Europe. Le plus grand en tout cas, avec ses 60 000 m^2 de surface d'exposition (nombreuses simulations et reconstitutions de phénomènes naturels).

A côté du Deutsches Museum, au n° 5 de la Rosenheimerstrasse, se trouve l'immense complexe du **Kulturzentrum Gasteig**, centre culturel construit dans les années 70 qui regroupe la nouvelle Philharmonie de Munich, plusieurs auditoriums, le conservatoire Wagner ainsi que de nombreuses salles où sont organisées d'importantes expositions d'art contemporain (se renseigner auprès de l'office de tourisme ; les concerts à la Philharmonie sont chroniquement *ausgebucht*, c'est-à-dire complets). Le nom de Gasteig vient de la contraction de *Gascher Steig*, qui signifie « chemin pentu » en bavarois. Ce centre culturel a été érigé à l'emplacement de la brasserie Bürgerbräukeller, qui disposait d'une salle encore plus vaste que celle de la Hofbräuhaus. Rappelons que c'est dans cette brasserie que Hitler entama son putsch en 1923 en tirant un coup de revolver sur l'assemblée réunie par le gouverneur de Bavière von Kahr, avant de se faire arrêter le lendemain près de la Feldherrnhalle. C'est là également que Hitler échappa de justesse à un attentat à la bombe perpétré en 1938.

La fête de la Bière

La tradition de l'Oktoberfest remonte au mariage, le 17 octobre 1810 (d'où son nom d'Oktoberfest, alors qu'elle a lieu maintenant en septembre), de Louis de Wittelsbach – fils aîné du premier roi de Bavière Maximilien Ier et futur roi Louis Ier – avec Thérèse de Saxe. L'esplanade, à l'époque couverte d'herbe, fut baptisée Theresienwiese (littéralement « pré de Thérèse »). Le roi y organisa, en l'honneur de sa belle-fille, une course de chevaux suivie d'une réjouissance populaire à laquelle tous les Munichois furent conviés. On venait de lancer la tradition de l'Oktoberfest, qui devint très vite la plus grande kermesse du monde. La durée passa rapidement d'une journée à plus de quinze. La clé du succès de ce type de manifestation dépendant largement du temps, on déplaça la fête en plein été indien, fin septembre, la mi-octobre ayant souvent à Munich un avant-goût d'hiver.

Les six plus grands brasseurs munichois (Augustinerbräu, Hacker-Pschorr, Hofbräu, Löwenbräu, Paulaner et Spatenbräu) sont tous vieux d'au moins quatre siècles et se partagent âprement la Theresienwiese pour y ériger les immenses toiles sous lesquelles plusieurs milliers de « convives » boiront leurs *Mass* de bière. Ils brassent pour la fête de la Bière une cuvée spéciale, la *Wies'nbier* (« bière du pré »). La bière la plus bue est sans aucun doute la *Weissbier* (« bière blanche »). En plus de la Weissbier, chaque brasseur décline sa production entre Hell, Dunkel, Bock, Export et Pilsner.

Quelques chiffres illustrent le succès de cette fête de la Bière : 6 millions de visiteurs (les organisateurs s'empressent de préciser que sur ces entrées, on dénombre 45 % de femmes, – qui ne boivent pas ou peu –, sans compter les enfants qui ne quittent pas les manèges), 7 millions de litres de bière avalés, 80 bœufs, 750 000 poulets, 250 000 porcs. Une Mass (chope de 1 l) coûte 10 DM. Il faut rendre un hommage particulier aux serveuses, qui font circuler les chopes à pleine brassées : ces *Servierdamen* parviennent à transporter jusqu'à 20 Mass par voyage et obtempèrent dès qu'on leur lance un « *Ha, bringst mir halt no oane!* », (« Hey, ramène-m'en encore une! »). Le très sérieux *Verein gegen das betrügerische Einschenken* veille à ce que l'on ne fraude pas en faisant mousser la bière exagérément de façon à vendre des Mass de 80 cl au lieu de 1 l. Une année, un grand quotidien avait calculé qu'on servait en moyenne 275 Mass par *Hirsch'n,* alors que la contenance de ces fûts est de 200 l… Quoi qu'il en soit, si vous vous rendez à la fête de la Bière, ne faites pas comme ces Berlinois qui – aux dires des Munichois – demandent invariablement s'il n'est pas possible d'avoir des chopes plus petites! Vous vous verriez immanquablement répondre un « *Ha?* » un brin arrogant qu'il faut traduire par : « *Nein, warum?* » (« non, pourquoi? »).

La descente de l'Isar en radeau

Si vous vous sentez en mal de sensations fortes, pourquoi ne pas libérer toute cette énergie en jouant les casse-cou? Une des traditions de Munich est la descente de l'Isar en radeau (« descente en radeau » se dit *Flossfahrt* en allemand). Affluent du Danube qui prend sa source dans le massif alpin, l'Isar conserve l'impétuosité des torrents de montagne. Ce fleuve coule du sud vers le nord et il vous faut donc gagner d'abord la périphérie sud de Munich pour redescendre en radeau vers le centre. Les descentes se font de Wolfratshausen jusqu'à Thalkirchen. Du Deutsches Museum, prenez la ligne de métro U1 ou U2 jusqu'à Hauptbahnhof, puis le S-Bahn ligne S7 jusqu'au terminus Wolfratshausen. Attention, le trajet est assez long (une vingtaine de stations). Il faut réserver la descente à l'avance et prévoir une bonne demi-journée pour cette aventure. On embarque sur de grands radeaux de bois qui servaient autrefois à approvisionner la ville de Munich en bois provenant des forêts alpines.

La Therensienwiese et la Ruhmeshalle

Toujours au chapitre casse-cou, vous préférerez peut-être goûter aux délices du vertige du haut des super-loopings et autres montagnes russes de l'Oktoberfest. La fête de la Bière est aussi une immense fête foraine, avec toutes les attractions que ce genre de manifestation peut compter. La plus grande kermesse du monde se tient tous les ans, les deux dernières semaines de septembre et le premier week-end d'octobre, sur la Theresienwiese, au sud-ouest du centre historique de la ville.

Sur le bord ouest de cette vaste esplanade, on remarque un bâtiment néoclassique en forme de temple antique. Il s'agit de la Ruhmeshalle, érigée par Klenze de 1843 à 1853. Tous les noms glorieux de l'histoire bavaroise y sont immortalisés sous forme de bustes (soixante-dix-sept au total) abrités sous le péristyle corinthien du bâtiment. La gloire gréco-bavaroise est portée à son comble par l'énorme statue de Bavaria qui, sous les traits d'une Athéna mi-guerrière, mi-protectrice des Arts, lève de la main gauche une couronne de lauriers tandis que la pointe du glaive qu'elle porte dans la main droite vient caresser la tête d'un lion. La statue est gigantesque (en 1850, il s'agissait de la plus grande statue jamais fondue) et l'on peut même atteindre la tête en gravissant les cent vingt-six marches qui s'ajoutent aux nombreuses marches nécessaires pour gagner le socle...

Aujourd'hui, Bavaria (alias Athéna, alias Pallas Bavaricae) semble bénir de sa couronne de lauriers l'agitation de l'Oktoberfest et les flonflons qui proviennent des immenses tentes représentant chacune une marque de bière différente, la plus grosse étant la Löwenbräu. Un patronage aussi noble n'a pourtant pas empêché qu'une bombe explosât en pleine fête de la Bière en 1980, quelques jours après la visite du pape Jean-Paul II, causant la mort de douze personnes.

Les environs de Munich

SCHLEISSHEIM

La petite ville de Schleissheim, située à 12 kilomètres au nord de Munich (accessible en métro, ligne S1, station Oberschleissheim), est célèbre pour son château. En 1597, le duc de Bavière Guillaume V abdique en faveur de son fils Maximilien Ier, qui deviendra le premier prince électeur de Bavière.

Guillaume, désireux de se consacrer à la méditation religieuse, se retire alors à Schleissheim où il rachète un ensemble de fermes. Il fait construire un monastère que son fils transforme en château en 1623.

L'**Altes Schloss** (Vieux Château) est très vite délaissé par le Kurfürst Max-Emmanuel, celui-là même dont la naissance tant attendue fut célébrée par la construction de l'église des Théatins et le château de Nymphenburg, à Munich. Au faîte de sa gloire après sa victoire contre les Turcs, Max-Emmanuel ordonne la construction, tout près de l'Altes Schloss, d'un nouveau château (**Neues Schloss**), dont l'architecture est plus harmonieuse que celle de Nymphenburg. Moins long, plus équilibré, il a été construit en 1704 par Zuccalli. A l'intérieur, belles fresques d'Asam et de Zimmermann. La grande galerie contenait à l'origine la collection de peinture acquise en Hollande par Max-Emmanuel, aujourd'hui exposée à l'Alte Pinakothek. On peut toutefois encore admirer à Schleissheim plusieurs œuvres du Tintoret et de Véronèse, qui ont remplacé l'espace laissé vacant par les maîtres flamands. De part et d'autre de la galerie se trouvent les chambres d'apparat du prince électeur (blanc et or) et de la princesse (bleu et argent). Dans la salle à manger, belle fresque de 1772 (*Odyssée chez Calypso*). Tout au bout de l'aile sud se trouve la Maximilianskapelle de 1724, avec une fresque de *L'Ascension* due à Asam.

Le parc, entièrement à la française, conduit, avec ses parterres et ses massifs taillés, au petit château de Lustheim.

FREYSING

Freysing, à 33 kilomètres au nord de Munich, est une ancienne ville épiscopale de Bavière. Au XIIe siècle, l'évêque de Freysing eut maille à partir avec le guelfe Henri le Lion qui fit sauter son pont d'Unterföhring. Ce dernier fit ériger son propre pont quelques kilomètres plus bas, ce qui fut le point de départ de l'histoire de Munich. Au XIXe siècle, Freysing perd aussi, au profit de Munich, son titre de ville épiscopale.

L'histoire de ce lieu est beaucoup plus ancienne que celle de Munich : on estime que le **Domberg** (la colline où se trouve la cathédrale) était déjà peuplé en 2000 avant J.-C. Vinrent ensuite les Celtes, les Romains et les Bajuvares. L'évêché fut constitué dès 739 par saint Boniface, sur ordre du pape. Au XIIe siècle, Freysing, privée d'une source importante de revenus depuis que l'octroi sur le sel enrichissait la ville de Munich, commença à perdre de son influence. Jusqu'au XIVe siècle, elle reste cependant le *Mittelpunkt* spirituel de la Haute-Bavière, jusqu'à ce que les Wittelsbach fassent définitivement de Munich leur résidence.

Il faut voir la **Marienplatz**, place centrale où se tient le marché. Comme à Munich, une colonne dédiée à Marie en occupe le cœur. Belles maisons gothiques et Renaissance avec peintures en trompe-l'œil sur le pignon de la mairie. Sur la place se dresse également l'**église Saint-Georges**, avec son très beau clocher baroque. Construite en 1440 par Ganghofer (à qui l'on doit la cathédrale Notre-Dame de Munich) elle était à l'origine de style gothique. En face se trouve l'ancien Lyzeum (lycée épiscopal), aujourd'hui théâtre municipal ; on peut toujours y admirer, à l'intérieur, une très belle décoration et une fresque de Hans Georg Asam, père des frères Asam.

La **cathédrale** de Freysing (Dom) se trouve un peu à l'écart sur sa colline. Elle fut édifiée en 1162 avec le matériau récupéré après l'incendie de la première cathédrale de Freysing en 1161. Son style roman à l'extérieur contraste avec la décoration intérieure de style baroque, exécutée par les frères Asam. Le tableau du maître-autel est une copie de *L'Apocalypse* de Rubens, dont l'original se trouve maintenant à l'Alte Pinakothek de Munich. La crypte romane, sous l'édifice, serait la plus ancienne d'Allemagne (beaux chapiteaux sur les colonnes supportant la voûte).

Enfin, sachez que Freysing est le siège de la plus ancienne brasserie d'Allemagne, la Weihenstephan, créée en 1040 par les moines bénédictins. Cette marque est toujours vendue aujourd'hui et très appréciée, particulièrement à Munich !

DACHAU

A 17 kilomètres au nord-ouest de Munich ; accessible en métro par la ligne S2. Le nom de Dachau est le symbole de la barbarie nazie. C'est dans cette banlieue de l'ouest munichois que Himmler fit construire, en 1933, le premier camp de concentration d'Allemagne. Les baraquements ont été détruits mais la trace de leur alignement est toujours visible au milieu du périmètre de l'ancien KZ, aujourd'hui monument historique. Il subsiste le crématorium et le Wirtschaftsgebäude (intendance), dans lequel un musée du souvenir a été aménagé. Une petite synagogue à la mémoire des victimes juives, ainsi que deux chapelles (la Todesangstkapelle, dédiée à la peur de la mort, et la Versöhnungskapelle, ou chapelle de la réconciliation) ont été édifiées en 1964.

LES LACS DU SUD MUNICHOIS

La proximité de trois grands lacs à environ 35 km au sud, réservant de splendides panoramas sur les sommets alpins, est un des grands attraits de la capitale bavaroise.

L'Ammersee

Long de 16 kilomètres pour une largeur de 3 à 6 kilomètres, l'Ammersee est le moins montagneux des trois lacs du sud de Munich mais recèle deux curiosités touristiques qui comptent parmi les plus importantes de Bavière : l'église de Diessen et le point de vue d'Andechs. L'Ammersee est le troisième lac de Bavière par la taille (après le Chiemsee et le lac de Starnberg), mais il ne cesse de rétrécir. En effet, la rivière qui l'approvisionne, l'Amper, charrie des alluvions et des débris morainiques venant des Alpes. On pense qu'à la période glacière, sa longueur était de 36 kilomètres. Néanmoins, il reste le lac proche de Munich le plus authentique, moins mondain et moins urbanisé que ses voisins et concurrents Starnberg et Tegernsee. La route qui en fait le tour ne passe pas toujours près des berges; il est donc recommandé, pour avoir une impression générale de l'Ammersee, de faire une petite croisière à bord d'un des bateaux de l'Ammersseflotte. Elles durent de 2 à 3 heures et réservent, lorsque la vue est dégagée, les meilleurs points de vue sur les douces collines aux alentours et les sommets enneigés. Les croisières se font au départ du lieu-dit Stegen, dans la partie nord du lac.

Sur la rive ouest du lac, il faut absolument s'arrêter à **Diessen**, patrie du compositeur Carl Orff (*Carmina Burana*), qui y vécut jusqu'à sa mort en 1982. En ville, au n° 3 de la Hofmarktsrasse, un petit musée rassemble quelques documents sur la vie et l'œuvre de Carl Orff. La petite ville est la plus importante du lac et s'étage sur trois niveaux : en bas l'ancien village de pêcheurs, au milieu la ville commerçante et tout en haut la partie religieuse de la ville, avec l'ancien monastère augustin créé dès 1132 et dont l'église Sainte-Marie-de-l'Ascencion de 1732 est considérée à juste titre comme une des trois perles de l'art baroque religieux en Bavière. L'église est due à Jean-Michel Fischer. La décoration intérieure est signée par certains grands noms munichois comme Ignaz Günther (très bel ange adorateur sur l'autel du rosaire juste après l'entrée) ou François de Cuvilliés, qui a réalisé le monumental maître-autel. Dans la coupole du chœur, se dresse la fresque de Bergmüller *Le Ciel des saints de Diessen*, où sont représentés plusieurs membres de la dynastie des comtes d'Andechs qui fondèrent le monastère au XIIe siècle et dont beaucoup furent par la suite béatifiés ou canonisés. *Le martyr de saint Sébastien*, sur l'autel de Sébastien, a été exécuté par Tiepolo. Se renseigner auprès du *Pfarramt* (presbytère) pour visites commentées, tél. (08807) 4486.

De l'autre côté du lac (rive est), le regard est attiré par un promontoire sur lequel trône le **monastère d'Andechs** (Kloster Andechs), situé à 4 kilomètres au sud de Herrsching. Andechs et sa Montagne sacrée (Heiliger Berg) étaient, au Moyen Age, le lieu de pèlerinage le plus important de la moitié sud de l'Allemagne. On raconte qu'au Xe siècle, saint Rasso aurait ramené des reliques très précieuses de Jérusalem, parmi lesquelles des éclats de la croix du Christ et un morceau de la couronne d'épines, pieusement conservés aujourd'hui dans un reliquaire en or. On peut le voir dans la Chapelle sacrée (Heilige Kapelle) attenante à l'église du monastère, créé comme celui de Diessen par la lignée des comtes d'Andechs, puis transformé à la disparition de ceux-ci en monastère bénédictin par les Wittelsbach. Aujourd'hui encore, 250 000 pèlerins se rendent chaque année à Andechs. Les mauvaises langues prétendent que c'est à cause de la bière brassée au monastère, la Andechser Bier, connue dans toute la région. Du promontoire, la vue embrasse le lac et les contreforts alpins. L'église du monastère est gothique mais l'intérieur est de style rococo, avec des fresques de Zimmermann (qui signa la décoration de Nymphenburg à Munich).

A 22 kilomètres à l'ouest de l'Ammersee, la petite ville de **Landsberg** mérite un détour (depuis Munich, prendre l'autoroute A96 direction Ammersee,

Landsberg et Memmingen). Fondée comme Munich par Henri le Lion, elle garde de son passé florissant plusieurs beaux immeubles. Sa mairie de style Renaissance, baroquisée au XVIIIe siècle par l'adjonction de pilastres en stuc et de motifs peints, ne manque pas d'allure. Mais c'est sa situation au sommet d'une colline dominant la rivière Lech qui témoigne le mieux du passé de forteresse de Lendsberg. En effet, les ducs de Wittelsbach y résidèrent avant de se fixer définitivement à Munich. On a une très belle vue sur la vallée de la Lech depuis la Bayerntor (ou Porte bavaroise, ancienne porte d'entrée dans Landsberg pour qui venait de Munich). De même, la Malteserkirche (église de Malte) réserve, depuis sa terrasse, une vue plongeante sur les pignons et les toits de l'Altstadt (vieille ville).

Le Starnbergersee

Le Starnbergersee, plus à l'est, est beaucoup plus mondain que l'Ammersee et très encombré aux beaux jours. La ville de Starnberg, à 15 minutes de Munich par l'autoroute de Garmisch, fait figure de banlieue ultra-chic. Aussi faut-il s'attendre à une ambiance très différente de l'Ammersee. On se rend à Starnberg parce qu'on y habite, pour jouer au golf ou simplement pour se faire voir. Les jours de grand beau temps, le panorama depuis les berges surélevées de la rive ouest (comme, par exemple du village de Possenhofen ou de Feldafing) est superbe et découvre jusqu'au Zugspitze, le plus haut sommet d'Allemagne. Quand le föhn souffle, ce mont paraît si proche qu'on a l'impression de pouvoir le toucher ! Le lac de Starnberg est auréolé d'un passé un peu mythique : en effet, c'est sur ses rives que la future impératrice d'Autriche, la célèbre Sissi, a été élevée et que son arrière-grand-oncle, le roi Louis II, vint se noyer. Une branche des Wittelsbach habite encore le château de Leutstetten, à Starnberg (qui ne se visite pas).
La meilleure façon de découvrir le Starnbergersee est de faire une croisière (durée : 3 heures environ). Un autre facteur plaide également pour ce mode de promenade : en été, les berges du lac ne sont qu'un immense bouchon, les Biergärten sont surpeuplés et la ville de Starnberg, bien qu'elle concentre la plupart des commerces et soit fière de ses « planches », n'a rien d'extraordinaire (elle est même assez laide).
L'engouement pour le Starnbergersee remonte au XVIIe siècle, lorsque Henriette de Savoie et son époux, le prince électeur Ferdinand, embarquaient sur le *Buccentaur*, un bateau spécialement construit pour donner de somptueuses « fêtes flottantes ». Cette vogue a duré jusqu'au XIXe siècle, au cours duquel de riches industriels et négociants se firent bâtir de luxueuses villas et châtelets tout autour du lac, ce qui explique que la voie des berges s'éloigne souvent des rives pour contourner les parcs des propriétés avec plages privées. Le XXe siècle et la démocratisation des loisirs ont renforcé la fréquentation des lieux, qui accueillent désormais la foule des week-ends.
Sur la rive est, la petite ville de **Berg** est intéressante. On y trouve un château construit au XVIIe siècle par les Wittelsbach et qui faisait fonction de

petite résidence de plaisance. C'est de là que partait et accostait le *Buccentaur*. Le château a malheureusement subi au XIXe siècle une cure de « médiévalisation » et s'offre aujourd'hui sous un déguisement néogothique peu convaincant. Le parc en revanche reste très joli. A quelques pas de là, vous serez peut-être intrigué par la présence d'une petite chapelle au bord de l'eau. En s'approchant, on découvre une croix à quelques mètres du rivage. La croix marque l'endroit où le roi Louis II se noya en compagnie du docteur Gudden, qui ne le quittait jamais. La même année (1886), le roi avait dû abdiquer en raison de ses troubles mentaux. Ses frasques, ses dépenses inconsidérées, le monde irréel dans lequel il s'enfermait de plus en plus l'obligèrent à quitter ses fonctions de chef d'Etat. Il vivait en reclus depuis quelques mois dans le château de Berg, assisté du docteur Gudden. On s'interroge encore sur la nature de la noyade de Louis II et de son médecin : suicide ou accident, les avis restent partagés (voir « Louis II de Bavière, un roi fou ? » p. 205).

Précisons encore que sur la rive est – de tout temps plus chic et moins encombrée que la rive ouest –, la circulation automobile vient d'être interdite entre le lieu-dit Leoni (juste après Berg) et le village d'Ambach. Belles possibilités de randonnée pédestre sur environ 12 kilomètres.

Sur la rive ouest (qui offre de très belles vues en raison de ses décrochements orientés au sud), la ville de **Tutzing** – la plus importante du Starnbergersee – offre un splendide panorama sur les Alpes depuis le sommet de la colline Ilka-Höhe. Les sommets allemands, même s'ils ne dépassent pas 3 000 mètres (le Zugspitze culmine à 2 962 mètres), n'en paraissent pas moins très élevés en raison de dénivelé important qui les sépare du plateau bavarois ; en outre, le versant nord de la chaîne des Alpes forme un mur particulièrement abrupt qui accentue cette impression de hauteur ; enfin, l'exposition au nord favorise les neiges éternelles même sur des sommets d'altitude moyenne.

A quelques kilomètres au nord de Tutzing, le minuscule village de **Feldafing** est célèbre pour son golf et ses deux châteaux des Wittelsbach : le Schloss Possenhofen, et le Schloss Garatshausen (tous deux d'une architecture assez médiocre conjuguant des éléments néoclassiques avec une ornementation byzantine). Belle vue sur les Alpes depuis la partie haute du village ou sur la terrasse de l'hôtel Kaiserin Elizabeth. L'impératrice Elizabeth d'Autriche (Sissi) y descendait tous les étés, revenant ainsi sur les lieux où elle avait passé son enfance.

Le Tegernsee

Le Tegernsee est le lac le plus éloigné de Munich (50 km par l'autoroute A8 Munich-Salzbourg), mais c'est sans conteste le plus beau des lacs munichois et, après le Königssee de Berchtesgaden, le plus beau de toute la Bavière. Plus petit que l'Amersee et le Starnbergersee (6 km de long sur 2 km de large), il est tout près des grands sommets et offre un caractère résolument montagneux : la frontière autrichienne est à moins de 10 kilomètres à vol d'oiseau de sa rive sud. Nous ne saurions trop vous conseiller de le découvrir en bateau (croisières possibles).

De tous les lacs bavarois, le Tegernsee est celui qui détient la meilleure qualité d'eau pour la baignade. Il a la réputation d'accueillir une clientèle « nouveaux riches », ce que ne semble pas démentir la foule quelque peu tape-à-l'œil qui se presse dans les boutiques hors de prix de la petite ville de Rottach-Egern, la « capitale » du lac. Déjà, pendant la période nazie, il attirait les éminences du NSDAP et s'était vu affublé du surnom de Lago di Bonzo.

C'est de la petite ville de **Gmund**, au nord du lac, qu'on a la plus belle vue sur les montagnes qui bordent les rives du Tegernsee (le Wallberg s'élève tout de même à 1 822 mètres) et, en arrière-plan, sur l'imposante chaîne du Karwendel. Le Zugspitze est visible sur la droite. Sur la rive est, la petite ville de **Tegernsee** fut fondée au VIIIe siècle. A ne pas manquer, l'église Saint-Quirin, décorée par Zuccalli en 1678. Au sud de Tegernsee, la promenade du *Grosser Parapluie* réserve un beau panorama sur le lac. Mais la ville la plus jolie est sans conteste **Rottach-Egern**. Si l'on oublie son ambiance un peu particulière, elle peut être le point de départ de très belles randonnées. La ville est dominée par la silhouette du Wallberg, dont on peut atteindre le sommet par téléphérique (*Seilbahn*). Une route permet d'accéder à mi-hauteur en voiture (parking) ; on peut ensuite emprunter à pied plusieurs chemins de randonnée très bien balisés, dont le Setzberg, le Risserkogel et le Moni-Alm, qui offrent une vue magnifique sur les sommets allemands et autrichiens.

A 15 kilomètres environ au nord-ouest du Tegernsee se trouve la charmante petite ville de cure de **Bad Tölz** (jolies maisons à pignons peints de motifs bavarois sur la Marktstrasse).

L'Allemagne des livres d'images

HAUTE-BAVIÈRE – BADE-WURTEMBERG

LA HAUTE-BAVIÈRE

Un peu d'histoire

Avant l'invasion romaine (Ier siècle), la Bavière était occupée par les Celtes. Après le retrait des Romains, l'Histoire se jouera dans la partie nord de la Bavière, l'héritage de Charlemagne ayant donné naissance, d'une part à la France et la Lotharingie, d'autre part à la Franconie, appelée à devenir Saint Empire romain germanique. Curieusement, le Sud, c'est-à-dire la Haute-Bavière, reste oublié des rebondissements de l'Histoire. On sait qu'à partir du VIe siècle, une peuplade (les Bavujares), non apparentée à la race germanique et probablement venue d'Europe de l'Est, vint s'installer sur le plateau bavarois et le versant nord des Alpes. S'organisant en duché, elle donnera naissance à la Bavière et verra l'émergence d'une des dynasties les plus illustres de l'histoire allemande, les Wittelsbach. Par un retournement de l'Histoire, cette Bavière « bavaroise » finira par englober la Franconie.

La religion connaît un rayonnement exceptionnel en Bavière sous la conduite des moines bénédictins, qui évangélisent cette région à partir du VIIIe siècle. Rares sont les lieux au monde qui présentent une densité d'édifices religieux comparable à celle qu'offre la Bavière. Les monastères et les églises, souvent érigés en pleine nature, façonnent le paysage bavarois et témoignent de l'influence séculaire de la religion sur un milieu exclusivement rural. En Haute-Bavière, à peu près exempte de véritables centres urbains, l'Eglise assurera, du VIIIe au XIXe siècle, la diffusion de la culture et de l'art. C'est elle qui a véritablement irrigué cette contrée, dont l'aspect n'était pas, à l'origine, aussi paisible et bucolique qu'aujourd'hui. A force d'un travail acharné, l'hostile nature fut transformée en un aimable *Kulturlandschaft*, un paysage cultivé et culturel. On pense que le premier monastère de la région fut Benediktbeuern, créé en 740 par saint Boniface. Suivirent Freysing (préfigurant l'établissement du siège épiscopal), Schäftlarn, Andechs, Diessen (voir « L'Ammersee », p. 181) et Wessobrunn. Aujourd'hui, les historiens s'accordent à dire que la *Wessobrunner Gebet* (*Prière de Wessobrunn*) est le premier document écrit en langue allemande. D'autres documents très anciens attestent l'influence fondamentale qu'ont exercée ces centres religieux pour l'émergence d'une culture allemande : les *Carmina Burana*, mis en musique en 1937 par le compositeur Carl Orff, sont en fait un recueil de chants de Benediktbeuern et datent de 788. De même, le *Ruodlieb*, premier récit épique de chevalerie rédigé en allemand, fut retrouvé au monastère de Tegernsee. Les moines bénédictins ont encore été les premiers à brasser la bière. Le caractère quasi légendaire de ce breuvage « national » est un signe supplémentaire de l'influence religieuse dans tous les domaines de la vie bavaroise. Il faudra attendre le XIXe siècle pour que l'Eglise voit son pouvoir décliner, avec la sécularisation de ses biens et la dislocation de nombreux monastères (Wesobrunn ou Benediktbeuern ne sont plus aujourd'hui que des points sur la carte). Mais auparavant, elle eut encore un rôle non négligeable à jouer en Bavière. En effet, la région est le point de départ, au XVIe siècle, de la Contre-Réforme. Tout au long du XVIIe siècle, les jésuites œuvrent pour restaurer le culte catholique et contribuent à répandre l'art baroque dans toute la région. Encore une fois, la diffusion de l'art en Bavière, même si elle répond cette fois à des fins clairement stratégiques et politiques, est étroitement associée à l'action de l'Eglise. L'art baroque, inauguré en Italie par Bernin et Borromini, est en quelque sorte récupéré par les jésuites à la fin du XVIIe siècle pour redonner de la vigueur à la Contre-Réforme. L'idée est d'une part de rendre l'Eglise catholique plus séduisante par la beauté et la gaieté de ce nouveau style, d'autre part d'intimider par sa magnificence. Les princes sauront d'ailleurs fort bien en utiliser le caractère somptueux et théâtral pour exprimer l'absolutisme. De plus en plus, le but du baroque sera d'éblouir, d'étonner en se jouant des lois de l'équilibre et de l'harmonie.

Dans les églises, les effets de lumière, de couleur et de surcharge tendent à repousser les limites naturelles de l'espace. En Bavière, le style baroque et sa spécificité germanique, le rococo, ont dominé jusqu'à la fin du XVIIIe siècle. Cependant, ils s'appliquent surtout à des édifices religieux (les châteaux baroques de Louis II ont été construits à la fin du XIXe siècle seulement, alors que le style baroque était tombé en désuétude depuis près d'un siècle). Plus encore que la somptuosité, ce qui domine dans l'art baroque religieux en Bavière, c'est la joie de vivre qui s'en dégage, une joie renforcée par un cadre paisible mais souvent bucolique. Nature et églises communient dans le même hymne à la vie : la religion se fait hédoniste. En cela, le baroque bavarois s'oppose davantage au style gothique qu'au style Renaissance. Alors que les prouesses architecturales du gothique (hauteur des nefs, voûtes en plein cintre…) devaient aider l'âme à s'élever et instauraient une distance infranchissable entre le fidèle et Dieu, l'art baroque bavarois n'est pas aussi propice à la méditation contemplative : jouant de la décoration plutôt que de l'architecture, il est une invitation à aimer la vie. Parce qu'on le rencontre souvent en pleine nature et que le contraste entre les dimensions des édifices et la richesse du décor est toujours étonnant, le baroque bavarois demeure aérien, léger, frais, même si certaines réalisations témoignent d'une exubérance

Haute-Bavière

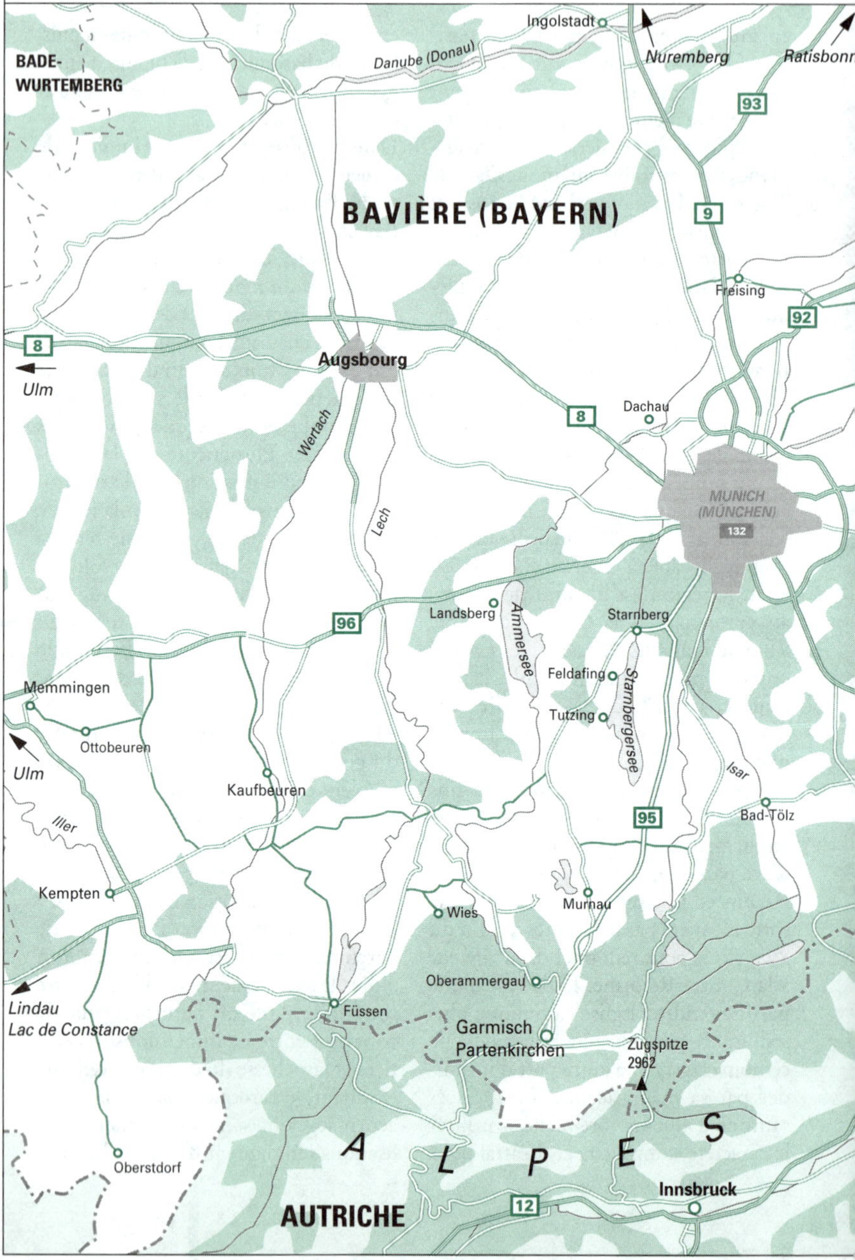

Haute-Bavière

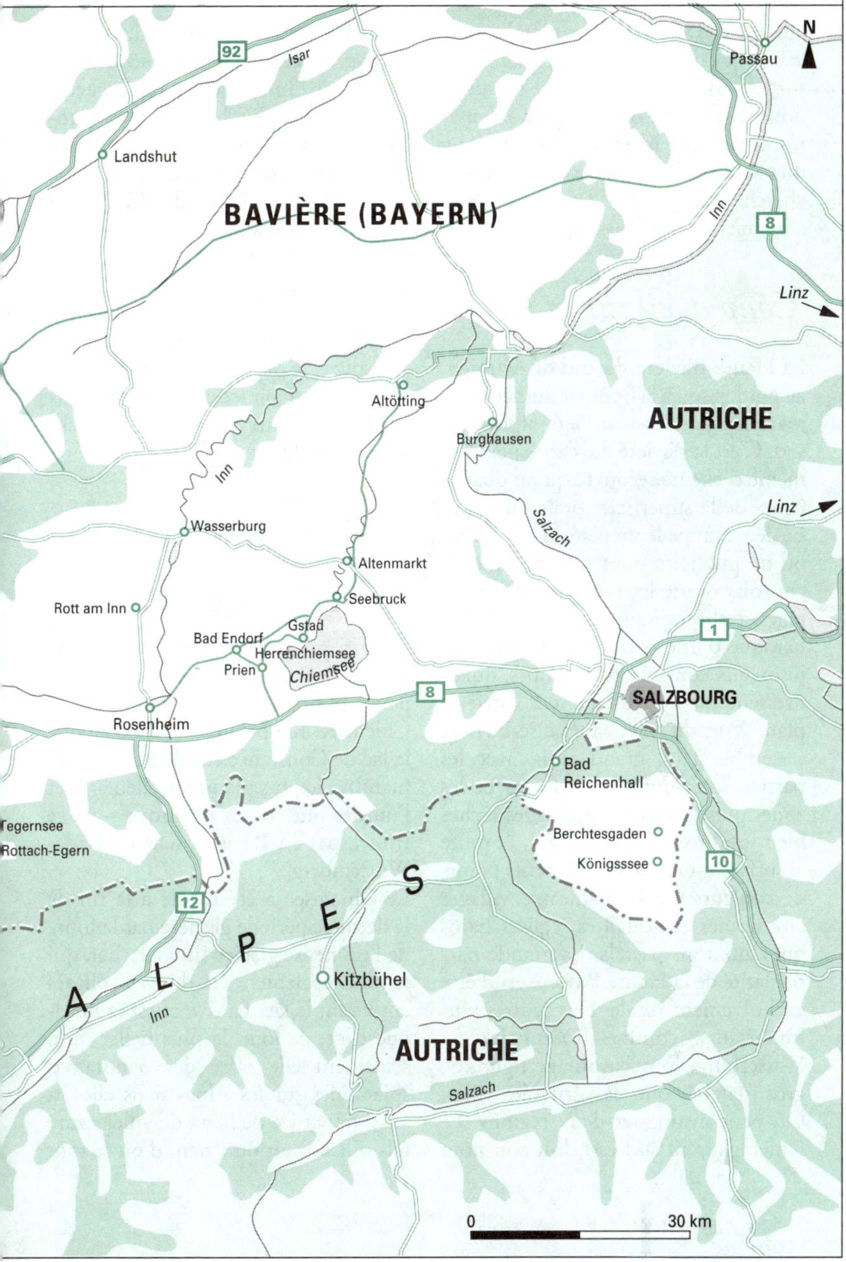

sans égale. Tandis qu'ailleurs en Europe, le baroque débouche, avec les Lumières, sur le classicisme, le baroque bavarois, dont le souci est de s'intégrer à l'environnement, se maintient tout au long du XVIIIe siècle. Le style classique, qui cherche à maîtriser la nature, n'aura ainsi aucune répercussion en Bavière.

Coup d'œil sur la région

La Haute-Bavière s'étend de Munich, au nord, jusqu'à la frontière autrichienne marquée par les sommets alpins, au sud. C'est la Bavière des cartes postales, même si elle ne recouvre qu'un quart à peine de la superficie totale du Land. Le décor rappelle un plateau de cinéma ou de publicité pour une marque de chocolat ou de lessive : de verts pâturages, rythmés ici ou là par le clocher baroque d'une petite église, ondoient jusqu'aux contreforts des Alpes, qui se dressent majestueusement à l'arrière-plan. Vue du ciel, la Haute-Bavière ressemble à un grand tapis, avec les parties vert sombre des forêts et les zones plus claires des prés. Des tâches bleu sombre figurent les lacs, et toute la surface est constellée de petits points de couleurs vives : hameaux, villages aux fermes étincelantes, églises baroques aux tons pastels. La grande particularité de la Haute-Bavière est d'être exclusivement rurale. Des centres plus importants, comme Rosenheim ou Wasserburg, font davantage figure de gros marchés que de véritables villes. On peut distinguer deux régions. Le Chiemgau, au sud-est, doit son nom au lac Chiemsee. Il comprend, outre ce dernier, des centres touristiques comme la vallée de l'Inn (Rott am Inn accueille une des trois plus belles églises baroques de Bavière) mais, surtout, le pays de Berchtesgaden, quintessence de la Bavière avec la chaîne du Watzmann (le Cervin allemand) et le Königssee, le plus beau des lacs bavarois.

L'Allgäu, au sud-ouest, n'est pas en reste : l'église de Wies est mondialement connue et Garmisch accueille le Zugspitze, le plus haut sommet d'Allemagne. La région recèle également deux des trois châteaux de Louis II : Neuschwanstein et Linderhof.

Le Chiemgau

LE LAC CHIEMSEE

La partie orientale de la Haute-Bavière, le Chiemgau, est occupée en son centre par le plus grand des lacs bavarois, le Chiemsee. Rappelons d'ailleurs ici que le lac de Constance (Bodensee en allemand) – le plus grand lac allemand et l'un des plus vastes d'Europe – ne se trouve pas en Bavière mais en Bade-Wurtemberg.

Le Chiemsee a été formé à la fin de la dernière période glacière par la fonte de l'immense glacier Inngletscher, qui modela également les douces collines entourant le lac. La rive ouest et nord-ouest est, de loin, la plus belle : non seulement elle offre des panoramas splendides sur les Alpes mais elle est aussi ponctuée de lieux de villégiature tels que Gstadt ou Prien, d'où se font généralement les départs pour les hauts lieux touristiques comme les îles Frauenchiemsee et Herrenchiemsee. La rive sud, longée par l'autoroute Munich-Salzbourg et assez marécageuse, n'encourage pas à faire le tour du lac en voiture. Si vous tenez à longer le lac sur toute sa rive, faites-le plutôt à vélo (70 kilomètres). Il est aussi possible de faire une croisière en bateau, ce qui peut se révéler la manière la plus agréable de découvrir Chiemsee, surtout pour les amateurs de photo.

★ **Frauenchiemsee** (« l'île des femmes ») doit son nom à la création, au VIIIe siècle, d'un couvent de religieuses bénédictines, le Kloster Frauenwörth, d'après la volonté du duc de Bavière Tassilo III. Aujourd'hui encore, la communauté religieuse forme la moitié de la population de cette île minuscule. Il faut absolument éviter de s'y rendre en milieu de journée les mois d'été, car le lieu est envahi par les visiteurs. Privilégiez plutôt l'automne (le matin, la traversée depuis la petite ville de Gstadt est sublime, avec le clocher en oignon du couvent qui émerge des nappes de brouillard et, à l'arrière-plan, les sommets alpins rosis par les rayons du soleil) ou le printemps. A défaut, en été, rendez-vous sur l'île en fin de journée, passez-y la nuit et découvrez-la au petit matin, avant l'arrivée des premières vedettes. (Les départs se font depuis la petite ville de Gstadt am Chiemsee, sur la rive ouest du lac.)

Dans le couvent, vous pouvez découvrir la Torhalle, datant de l'époque carolingienne (belles fresques du XIXe siècle). L'abbaye (Münster) repose sur des fondations romanes. L'intérieur baroque offre de beaux autels (au nombre de 11) et de belles stèles. Le clocher, de forme octogonale, est surmonté d'un splendide bulbe en oignon, devenu le symbole de tout le Chiemgau.

Mais plus encore que le couvent, c'est l'ambiance incomparable du site – avec, d'un côté les religieuses, de l'autre les pêcheurs et les artisans vaquant à leurs occupations – qui fait le charme de cette île. Pour vous en convaincre, parcourez-en le tour à pied : les pêcheurs réparent leurs filets, les religieuses vendent le massepain et la liqueur qu'elles produisent elles-mêmes et, devant l'atelier du potier Klampfleuthner, les potiches sèchent au soleil. Une vie simple et paisible qui reprend ses droits dès que le dernier bateau a quitté les berges.

A quelques encablures de Frauenchiemsee se trouve **Herrenchiemsee** (« l'île des hommes »). Comme pour sa voisine féminine, l'île doit son nom à la création d'un monastère bénédictin. Cependant, la communauté des moines n'y a pas perduré. Aujourd'hui, l'île – qui fait près de vingt fois la surface de Frauenchiemsee – est surtout connue pour abriter l'un des trois *Märchenschlösser* (« châteaux de contes de fées ») de Louis II de Bavière. Schloss Herrenchiemsee, édifié le dernier, est celui qui fait le moins « conte de fées ». La raison en est très simple : il est la réplique exacte et grandeur nature du château de Versailles, ou plutôt d'une partie de Versailles puisqu'il ne fut jamais achevé, les crédits pour la construction ayant été suspendus en 1885, au moment où le roi fut démis de ses fonctions. De l'ultime folie de Louis II qui rêvait d'un

Versailles au milieu du Chiemsee ne fut construit que la partie médiane de la façade du modèle français, celle qui abrite notamment la galerie des Glaces. Le résultat est stupéfiant : après avoir débarqué de la vedette, un fiacre vous conduit par un long chemin ombragé à Versailles, plus vrai que nature, si ce n'étaient les sommets alpins qui se détachent au-dessus du château. En s'approchant, l'illusion se dissipe, puisque l'on peut constater qu'il manque, de chaque côté de la façade, les ailes qui composent le vrai Versailles. La visite de l'intérieur du château n'a rien d'indispensable ; sachez seulement que la galerie des Glaces mesure ici un mètre de plus que l'originale et s'offre dans une version beaucoup plus exubérante. De même, la chambre de Louis II (qui n'y passa que 9 nuits !) est copiée sur la chambre du roi à Versailles, mais sa décoration présente une exagération outrée très révélatrice de l'affection de Louis II. C'est peut-être essentiellement en raison de cette surcharge ornementale et de l'accumulation ahurissante de dorures que l'intérieur peut justifier une visite. Le parc s'inspire aussi de celui de Versailles.

A peine descendus du bateau, la plupart des visiteurs filent en calèche ou se dépêchent de couvrir à pied les 3 kilomètres qui séparent le débarcadère du château. Pourtant, en chemin, celui qui se montre moins pressé de s'agglutiner à la foule des curieux se trouve récompensé par l'Altes Schloss (Vieux Château), construit avant le Versailles de Louis II à l'emplacement du monastère bénédictin. On peut notamment admirer la très baroque Kaisersaal et la Bibliothek, dans laquelle, en 1948, se réunit en conclave le Verfassungskonvent zur Vorbereitung des Grundgesetzes, c'est-à-dire la commission qui rédigea la Constitution et la Loi fondamentale de la future République fédérale d'Allemagne. Aujourd'hui l'Altes Schloss est un château-hôtel dont le principal attrait – outre sa cuisine excellente – est de permettre de visiter l'île de bon matin avant l'arrivée des groupes.

La petite ville de **Prien** (8 000 hab.) est la capitale incontestée du lac. La ville prit son essor en 1860, avec la création de la ligne de chemin de fer Paris-Munich-Salzbourg-Vienne qui y faisait escale. Pour épargner aux visiteurs venus s'adonner ici aux joies des bains de parcourir à pied les 2 kilomètres qui séparent la ville de son petit port (Stock), l'homme d'affaires Ludwig Fessler fit prolonger la ligne de chemin de fer jusqu'au bord de l'eau. Vous emprunterez peut-être cette ligne où serpente un train antique si vous effectuez la traversée pour Herrenchiemsee au départ de Prien-Stock.

Le grand intérêt de Prien est son église Sainte-Marie-de-l'Ascension (Pfarrkiche Mariä Himmelfahrt), édifice de style gothique flamboyant dont l'intérieur fut entièrement remanié au XVIIIe siècle par Jean-Baptiste Zimmermann, qui y apporta un joyeux déferlement de stuc et d'angelots. La fresque du plafond, *Victoire des forces catholiques à Lépante*, est également de lui.

Tout près de Prien (prendre la route 305 vers le sud, en direction de Reit im Winkel ; tourner à droite après le pont de chemin de fer), le minuscule hameau

Lac en Forêt-Noire aux environs de Fribourg.

L'Allemagne romantique : lac de Bavière.

Le Carnaval, qui dure toute une semaine dans des villes comme Cologne ou Mayence, a beaucoup d'adeptes en Allemagne.

Le château de Hohenschwangau, où fut élevé Louis II de Bavière, date du XIIIe siècle.

d'**Urschalling** cache une petite merveille : l'église Saint-Jacques, dont l'intérieur est entièrement recouvert de fresques du XIVe siècle, de facture naïve. Pour vous remettre de vos émotions et parce que l'on est en Bavière, offrez-vous une bière et un Brotzeit composé de Weisswurst et de Brezel à l'auberge Mesner Stub'n. Ambiance authentiquement (haute-) bavaroise, sans fioritures ni couleur locale ajoutée.

Sur la rive ouest de Chiemsee, la petite ville de **Gstadt**, outre qu'elle réserve la plus belle vue sur l'île de Frauenchiemsee et les Alpes, se révèle la plus mondaine du lac (très belles villas du côté de Gstadt-Gollenshausen) et peut servir de point de départ à une excursion à la Eggstätter Seenplatte, sorte de parc naturel miniature autour du village d'**Eggstätt** ; on y trouve de nombreux petits lacs et étangs (17 au total) qui conviennent très bien pour le repos absolu ou la baignade. Un peu plus à l'ouest, la petite ville de cure de **Bad Endorf** recèle un charmant théâtre datant de 1790.

Tout au nord du lac, la petite station balnéaire de **Seebruck** dispose du plus grand port de plaisance en Bavière. A 5 kilomètres au nord, le minuscule hameau de **Seeon** avait, au XVIIIe siècle, retenu l'attention de Mozart qui prétendait qu'il n'y avait pas au monde endroit plus idyllique. Du monastère bénédictin, on peut toujours admirer le cloître Saint-Lambert (Kreuzgang Sankt Lambert), de style roman. Aujourd'hui encore, on peut comprendre ce que ressentait Mozart en contemplant ces ruines trônant au milieu d'un silence absolu et le petit embarcadère de bois au bord du lac de Seeon. Plus au nord, en direction de Trostberg, arrêtez-vous à **Altenmarkt** : de loin, vous avez pu apercevoir, sur son promontoire, la collégiale Sainte-Marie de Baumburg, la plus impressionnante église rococo du Chiemgau. La bière, jadis brassée par les moines de Baumburg, est aujourd'hui servie à la brasserie attenante, la Klosterbräustuberl.

Si vous êtes amateur d'édifices religieux, prenez à Altermarkt la route 304 en direction d'Obing et Wasserburg. Au lieu-dit **Rabenden** (à 5 kilomètres environ d'Altermarkt), l'église Saint-Jacques (Sankt Jakobkirche) vous émerveillera, avec son autel en triptyque du XVIe siècle, admirablement ciselé ; cette œuvre est due à un sculpteur inconnu appelé Maître de Rabenden. En revenant à Altermarkt, poussez jusqu'à **Trostberg** (à 15 kilomètres de Seebruck) : cette très jolie bourgade médiévale reste superbement ignorée par les flots de touristes.

LA VALLÉE DE L'INN

L'Inn est un affluent du Danube qui prend sa source en Suisse et coule sous forme de torrent de montagne au Tyrol autrichien, où il arrose notamment la ville d'Innsbruck (littéralement « le pont sur l'Inn »). Contrairement à l'Isar, qui conserve à Munich son côté impétueux de cours d'eau montagneux, l'Inn apparaît, sitôt passé le versant nord des Alpes, comme un fleuve calme et étonnamment large. Au Moyen Age, ce cours d'eau était une artère vitale pour le transport du bois et du sel, tout comme l'Isar. Le long de son cours, les villes de

Rosenheim, Wasserburg, Altötting et, surtout, Passau (au confluent du Danube ; voir p. 237) témoignent d'une certaine prospérité.

Rosenheim

La ville de Rosenheim n'est certes pas un haut lieu du tourisme mais, forte de ses 57 000 habitants, elle est le plus grand marché du Chiemgau ; plus « gros village » que ville véritable bien qu'elle puisse se targuer d'abriter une université, elle se montre attachante, très bavaroise et particulièrement vivante. Dès le Moyen Age, elle se révéla un point de convergence des axes nord-sud et est-ouest du Saint Empire.

Il existe un style architectural typique des villes situées entre la vallée de l'Inn et la vallée de la Salzach (autre affluent du Danube qui arrose notamment Salzbourg en Autriche), appelé en allemand Inn-Salzach-Stil. A Rosenheim, les meilleurs exemples se trouvent regroupés autour de la Max-Josef-Platz, où des frontons baroques surplombent des arcades gothiques.

Au sud de Rosenheim (prendre la U24 vers le sud jusqu'à Raubling et franchir l'Inn), il faut absolument voir le petit village de **Neubeuern**, plusieurs fois élu plus beau village de Haute-Bavière, de Bavière et d'Allemagne. Ce bourg sorti tout droit des livres d'images offre des maisons à pignons et des façades en trompe-l'œil, que les Bavarois désignent du doux nom de *Lüftlmalereien* (« peintures à l'air »). Pourtant, l'ensemble de la Marktplatz ne date que de 1890. Le Schloss Neubeuern offre une très belle vue sur la vallée de l'Inn, en contrebas. La Schlosskapelle présente un superbe exemple d'ornementation en stuc de Wessobrunn.

Rott am Inn

A quelques kilomètres en aval de Rosenheim (donc au nord de cette ville) se trouve Rott am Inn, petit village insignifiant en apparence mais qui recèle une des trois églises baroques les plus remarquables de Bavière (les deux autres étant celle de Diessen, sur le lac d'Ammersee, et l'église de Wies, près d'Oberammergau en Allgäu). Edifiée dans l'ancienne abbaye bénédictine de Rott construite en 1759-1767 d'après les plans de Fischer, la Klosterkirche est dédiée à saint Marin (sankt Marinus) et la sobriété de son extérieur ne laisse rien présager des splendeurs baroques qui vous attendent à l'intérieur. Le travail en stuc de Wessobrunn est dû à Feichtmayer, la belle fresque du plafond à Matthias Günther et l'autel est signé Ignaz Günther. Il représente le couple impérial Henri II et Cunégonde, ainsi que les saints paysans Notburga et Isidor. La lumière entre à flots par les grandes baies constituées de simples carreaux transparents, et les pilastres blancs empêchent tout effet d'étouffement et de surcharge.

L'ancien ministre-président de Bavière Franz Josef Strauss, décédé en 1988, est enterré dans le petit cimetière de Rott am Inn, dans le caveau de la famille Kaiser à laquelle appartenait son épouse.

Wasserburg am Inn

C'est sa situation unique en Allemagne qui fait tout le charme de Wasserburg. Sanglée dans un méandre particulièrement resserré de l'Inn, la petite ville, à l'étroit sur sa presqu'île, s'offre, en venant de l'est, dans un joyeux mélange de clochers, de pignons médiévaux et de façades rococo.

En franchissant l'Innbrücke, vous parvenez à la Brucktor, principale porte d'entrée dans Wasserburg et datant de 1470. Dans l'église de l'Hospice (Spitalkirche), située juste après le pont, on peut admirer une représentation très réussie du miracle de la Pentecôte.

Très vite, vous atteignez la place principale, la Marienplatz, toute en longueur. Ne manquez pas, au n° 9, la maison occupée aujourd'hui par le restaurant Paulanerstuben. Il s'agit de la Kernhaus, ancienne maison de la famille Kern, riches négociants en sel de Wasserburg qui furent anoblis en 1600 par l'empereur Rudolf II. Leurs descendants chargèrent Jean-Baptiste Zimmermann de transformer leur maison en un somptueux palais rococo. L'artiste, natif du village de Wessobrunn où fut créé à la fin du VIe siècle l'un des premiers monastères de Bavière, s'exécuta et couvrit la façade d'une débauche de moulures et motifs en stuc (1738). Depuis, ces ornementations dans le style de Zimmermann sont appelées « stuc de Wessobrunn ». Rappelons que Zimmermann œuvra entre autres au palais de Nymphenburg, à Munich, ainsi qu'à la célèbre église de Wies.

La mairie de Wasserburg, presque en face de la Kernhaus, est de style gothique et fut construite à la fin du XVe siècle. La distribution intérieure du bâtiment permet d'en deviner l'ancienne fonction : d'un côté se trouvait la halle aux pains, dans laquelle les boulangers de l'Inn venaient vendre leurs produits, de l'autre la salle du Conseil municipal (belles fresques allégoriques sur les murs).

L'église Saint-Jacques (Pfarrkirche Sankt Jakob), église principale de Wasserburg, se trouve un peu coincée entre la Marienplatz et le fort. Elle fut construite en 1430 par l'architecte salzbourgeois Stefan Krumenauer. L'intérieur a malheureusement perdu sa décoration baroque au XIXe siècle, la ville ayant succombé alors à la vague du romantisme néogothique. La très belle chaire en bois de chêne tourné des frères Zürn (1639) a toutefois pu être sauvée. Ne manquez pas, dans le chœur, le très bel arbre de vie peint en 1451.

Pour les amateurs de couleur locale, il existe plusieurs échoppes d'artisanat bavarois à Wasserburg, comme au n° 7 de la Marienplatz ou au n° 2 de la Schmiderzeile. Dans cette même rue se trouve aussi l'Irlbeckhaus, la plus ancienne maison de Wasserburg (1497). Gardez un peu de temps pour flâner encore ici ou là et admirer l'architecture typique Inn-Salzach, avec ses frontons baroques et ses arcades gothiques : Herrengasse (parallèle à la Marienplatz), Ledergasse, Nagelschmiedgasse, Bruckgasse. En revenant vers la Marienplatz par la Bruckgasse, ne manquez pas, à l'angle, l'Am Alten Mauthaus et son pignon Renaissance.

Avant de quitter Wasserburg, rendez-vous au **château d'Amerang** (prendre la route 305 au départ de Wasserburg, direction Bad Enndorf et Prien ; au lieu-dit Zillham, à 12 kilomètres de Wasserburg, tourner à gauche vers Amerang).

Le château se dresse sur un promontoire à quelques kilomètres au sud-est de la ville. Belles galeries avec arcades Renaissance et concerts de musique classique en été (renseignements à l'office du tourisme de Wasserburg). Tout près se trouve le Bauernhausmuseum Amerang, petit musée en plein air consacré à l'habitat rural de Haute-Bavière ; la plus vieille ferme, la très belle Holzmannhof, date de 1576.

A une vingtaine de kilomètres en aval de Wasserburg, sur les berges de l'Inn, trône le **Kloster Au am Inn** (prendre la route fédérale B15 jusqu'à Haag, puis la B12 en direction de Mühldorf ; au bout de 6,5 kilomètres, prendre, sur la droite, la petite route qui descend vers l'Inn : Au am Inn se trouve 4 kilomètres plus bas). Ce monastère fut édifié en 1120, puis remanié dans le style baroque en 1717, d'après les plans de l'architecte munichois de la cour des Wittelsbach, Zuccalli (à qui l'on doit plusieurs églises à Munich). Belle chaire dans l'église Sainte-Marie, mais ce sont surtout les peintures et les fresques de la bibliothèque qui retiennent l'attention. Il est possible de se restaurer dans le minuscule hameau à l'auberge du monastère, Klosterbräustuberl, dans une ambiance rustique et typiquement bavaroise.

Mühldorf am Inn

Cette jolie petite ville située à 45 kilomètres environ en aval de Wasserburg est restée pratiquement intacte et particulièrement représentative – plus encore que Wasserburg – de l'architecture Inn-Salzach. Celle qu'on surnomme « le petit Salzbourg » fut, pendant près de 1 000 ans, possession de l'archevêché de Salzbourg et, de ce fait, enclave autrichienne au milieu de la Bavière, à qui elle fut définitivement rendue en 1802. La Stadtplatz (place centrale), toute en longueur, est bordée de jolies maisons aux tons pastels dont le troisième étage n'est que trompe-l'œil puisqu'il cache le *Grabendach*, toit typique de l'architecture Inn-Salzach. Belles arcades sur le côté est de la place. Sur la place également, ne manquez pas la mairie (Rathaus), de style gothique (beau plafond à caisson dans la Sitzungssaal).

L'église Saint-Georges est un bel exemple de baroque tardif. On peut toujours y voir les deux *Traidtkästen*, déformation bavaroise de l'allemand *Getreidekasten* (grenier à grains), dans lesquels l'archevêque de Salzbourg stockait jalousement le *Zehntel*, le dixième qui lui revenait sur les récoltes de céréales de la région. Aujourd'hui la « réserve » de l'évêque fait office de bibliothèque municipale !

Altötting

Altötting n'est certes pas une très jolie petite ville mais sa Kapellenplatz (place de la chapelle) retiendra l'attention : bon an mal an, près d'un million de pèlerins viennent chaque année vénérer la Vierge noire de la chapelle de la Grâce (*Schwarze Muttergottes der Gnadenkapelle*). L'objet de ce culte est une petite madone taillée dans le bois et datée de 1330, qui a pris au fil des ans cette couleur sombre qui lui vaut son nom de la suie des cierges brûlant en permanence à sa dévotion. Près de l'autel, une grande statue d'argent peut intriguer : elle représente le dauphin Max Josef (futur Maximilien III), qui aurait été miraculeusement guéri à l'âge de 10 ans par la Vierge noire d'une maladie jugée incurable. Les centaines d'*ex-voto* qui tapissent les murs de la chapelle témoignent des nombreuses grâces de la Vierge d'Altötting.

A proximité se trouve l'église Saint-Philippe-et-Saint-Jacques, du XVIe siècle. A l'intérieur, on remarque *La Mort* d'Eding, squelette perché sur l'horloge qui agite sa lance funèbre toutes les secondes. Afin de pouvoir dignement conserver tous les présents offerts à la Vierge en remerciement d'une grâce, il fut décidé, en 1510, de la construction d'une salle des trésors où l'on peut tous aussi bien voir de riches dons en or ou en argent que de simples cadeaux de paysans. La pièce maîtresse est constituée par la *Goldener Rössl* (*Jument d'or*), pièce d'orfèvrerie réalisée par un joaillier parisien et apportée en offrande par la reine de France Isabeau de Bavière lors d'un pèlerinage dans son pays natal. La chapelle Tilly, près de la collégiale Saint-Philippe-et-Saint-Jacques, abrite la dépouille du maréchal de Tilly qui, au service du prince électeur Maximilien Ier, conduisait les troupes catholiques bavaroises pendant la guerre de Trente Ans (voir « Rothenburg », p. 277).

Burghausen

Burghausen ne se trouve certes pas au bord de l'Inn mais la ville et ses environs recèlent trop de richesses pour qu'on ne l'inclue pas dans ce petit périple de la vallée de l'Inn. Située à environ 17 kilomètres au sud-est d'Altötting, au bord de la Salzach sur la frontière autrichienne, la ville est célèbre pour son vieux centre, intact, et son imposant château fort, l'un des plus grands d'Europe. Pour mieux appréhender la physionomie de la ville, il est préférable de prendre un peu de recul et de franchir la frontière autrichienne par le pont de Burghausen ; prendre alors immédiatement sur la gauche vers le petit village d'Ach. Une côte à forte déclivité escalade les berges escarpées de la Salzach et réserve, tout en haut, le meilleur panorama sur Burghausen. Si vous venez d'Altötting, faites un détour car il faut impérativement aborder la ville par le sud et non par le nord. Le premier coup d'œil est capital et une mauvaise impression de départ peut être souvent irréparable.

Burghausen est la « capitale » de cette petite région de Haute-Bavière appelée Rupertiwinkel en allemand (littéralement, « le coin de saint Rupert »). Ce territoire s'étend le long du fleuve Salzach, frontière naturelle entre l'Allemagne et l'Autriche, et fut, au cours des siècles, tantôt possession des Wittelsbach, tantôt possession des Habsbourg. La plus grande partie fut donnée à l'Autriche en 1275, en échange du Chiemgau ; le congrès de Vienne le restitua à la Bavière en 1815. Le nom de Ruperti provient d'un saint missionnaire, originaire de Worms en Palatinat, qui évangélisa la région au VIIIe siècle et fonda l'évêché de Salzbourg. C'est à lui que cette ville doit sa prospérité puisqu'il fut à l'origine de l'exploitation des mines de sel. Le commerce du sel prenant bientôt

le pas sur tout le reste y compris les affaires religieuses, saint Rupert fut bientôt surnommé Salzheiliger (« le saint du sel »). On le représente toujours avec un tonnelet de sel.
On raconte que le poète Rainer Maria Rilke a longtemps cherché à louer une pièce du château de Burghausen pour la transformer en cabinet d'écrivain tant il était fasciné par cet enchevêtrement de cours intérieures, d'enceintes et de tours de guet. Il faut préciser en effet que le fort de Burghausen s'étend sur plus d'un kilomètre de long (1 034 mètres exactement!), au sommet d'une colline surplombant la ville. Imprenable sur trois côtés, seul le nord posait quelques problèmes. C'est pourquoi, au XVe siècle, le duc de Landshut, Georges le Riche, décida de renforcer le système de défense côté nord en faisant construire pas moins de six enceintes, que l'envahisseur devait franchir pour attaquer le château à proprement parler. Le visiteur doit donc, aujourd'hui, passer plusieurs murailles et traverser plusieurs cours avant de gagner le corps principal du château. Ces enceintes portent en allemand le nom de *Vorburg* (littéralement « l'avant-château ») ; ce terme, qui se prononce « Fobourk », a donné le mot français « faubourg ».
Au Moyen Age, le château formait une véritable petite ville avec ses écuries, ses échoppes d'artisans, ses greniers à grains. D'imposantes tours, comme la Pechtlturm ou la Folterturm (tour des supplices), attestent la puissance du lieu. Dans l'Aventinhaus vivait, au XVIe siècle, l'historien bavarois Johannes Turmaier, surnommé l'Aventin.

Le logis seigneurial comporte le *Kemenaten* (logis des dames), et le *Fürstenbau* (logis des princes). A voir aussi la chapelle Sainte-Elisabeth et le cachot (*Kerker*), dans lequel séjournaient épisodiquement les archevêques de Salzbourg.
Dans la ville elle-même, ne manquez pas la Satdtplatz, avec la Kurfürstliche Regierungsgebäude (maison du prince électeur), reconnaissable de loin à son fronton en triple pignon et à sa couleur bleue. Cet édifice est typique de l'architecture Inn-Salzach, avec ses arcades et ses murs peints couverts de moulures en stuc; le dernier étage masque les *Grabendächer* (littéralement, « toits en fosses »), cavités pratiquées sur les combles et dans lesquelles on stockait notamment le bois. La Küifürstliche Regierungsgebäude arbore sur sa façade un splendide blason bavarois en stuc de Wessobrunn. Toujours sur la place, le Tauffkirchen-Palais abrite le tribunal.
Depuis cette place, faites quelques pas dans la rue In den Grüben (piétonne) en direction du Spitalvorstadt (faubourg de l'hôpital), dont vous pourrez admirer les belles demeures. Si vous êtes amateur de costume traditionnel bavarois, le magasin Babarino, au n° 110 de la Stadtplatz, a sans doute l'une des meilleures collections de *Dimdl* bavarois.
Ne quittez pas Burghausen sans vous rendre à l'église de l'ancien monastère de Raitenhaslach, à 5 kilomètres au sud de la ville en suivant les berges de la Salsach. Au XIIe siècle, des moines cisterciens originaires du lac de Constance vinrent s'installer sur les berges giboyeuses de la Salzach et fondèrent Raitenhaslach, qui devint au fil des siècles

un grand centre économique, spirituel et culturel dans la région, ce dont témoigne la Klosterkirche (abbaye). L'extérieur ne laisse en rien présager de la splendeur baroque qui orne l'intérieur. On peut cependant déplorer la surcharge du décor, dû encore une fois à Zimmermann pour le travail de stuc. La fresque du plafond, signée Johann Zinck, retrace la vie de saint Bernard de Clairvaux, premier abbé de l'ordre de Citeaux. Juste à côté, la Klostergasthof (auberge de l'abbaye) propose une cuisine assez raffinée.

Tout près de là, l'église de **Marienberg** est un haut lieu de pèlerinage et mérite une visite (sur la route principale en venant de Burghausen, juste avant la bifurcation pour Raitenhaslach). Elle fut érigée à la fin du XVIIIe siècle par la communauté cistercienne de Raitenhaslach, dans un style rococo totalement débridé. Avant d'admirer ce que l'on appelle « *die schönste Blüte des ländlichen rokoko* » (« la plus belle fleur du rococo pastoral »), il vous faudra gravir quelque 53 marches. Sur le maître-autel trônent la Vierge Marie, entourée d'une nuée d'angelots battant des ailes, et saint Rupert, à qui l'on rendit ici grâce d'avoir été à l'origine de l'extraction du sel des mines de Salzbourg. Au plafond, belle fresque du Munichois Martin Heigl.

Plus au sud, sur les bords de la Salzach (à 20 kilomètres environ de Burghausen), la petite ville de **Tittmoning** ne manque pas de charme. Bien préservée avec sa Stadtplatz longue de 400 mètres, elle offre quelques belles maisons typiques aux tons pastels et sa curieuse fontaine à la cigogne (Storchenbrunnen) de 1625, qui symbolise le combat entre la Raison et la Passion (la cigogne tient un serpent dans son bec). Au XIIe siècle, le château fort de Tittmoning (jolie vue sur la Salzach) braquait ses tirs vers le château de Burghausen, bavarois à cette date. Après 1275 et la restitution du Rupertiwinkel à l'Autriche, le château de Tittmoning perdit sa vocation guerrière et devint le rendez-vous de chasse des archevêques de Salzbourg. Il abrite aujourd'hui un petit musée sur le Rupertiwinkel.

LE PAYS DE BERCHTESGADEN

Le pays de Berchtesgaden forme une enclave profonde en forme de triangle à l'intérieur de l'Autriche, à un jet de pierre de Salzbourg. Véritable condensé de la Haute-Bavière des cartes postales, il regroupe sur une superficie minuscule les paysages les plus majestueux du Land. Citons entre autres le célèbre Watzmann – moins élevé que le Zugspitze en Allgäu mais plus impressionnant par sa silhouette en aiguille – et le Königssee qui, à défaut d'être le plus grand lac de Bavière, en est incontestablement le plus beau. La région regorge aussi de crêtes offrant de splendides panoramas et de délicieuses églises posées en plein champ, qui illustrent à la perfection la spécificité du baroque bavarois, qu'on pourrait résumer en ces termes : un mariage réussi de la nature et de la dorure.

Berchtesgaden

Station climatique en été et station de ski en hiver, cette petite ville constitue le cœur de la région. Bien qu'elle ne soit pas démunie de centres d'intérêt, vous passerez plus de temps dans ses alentours que dans la ville elle-même.

De quelque lieu où l'on se trouve dans la ville, on voit se profiler les masses impressionnantes du Watzmann (le deuxième sommet allemand) et du Hochkalter, qui supporte l'unique glacier allemand, le Blaueisgletscher (ou « glacier bleu »). Evitez de visiter Berchtesgaden en plein été : les rues sont engorgées par une circulation effrayante et les centaines de bus masquent souvent les belles perspectives et échappées sur les sommets. Le printemps et l'automne (plus sec en général) sont les saisons idéales pour flâner ici. Une visite à pied de Berchtesgaden peut commencer sur la jolie place du marché (Marktplatz) qui, avec sa fontaine au lion (Löwenbrunnen), sa maison au cerf (Hirschenhaus) et ses arcades, renvoie une image assez typique d'un bourg du sud bavarois. Tout près de la place se trouve le château (Schloss). Il s'agit en fait de l'ancien prieuré impérial de Berchtesgaden, transformé en château au XIXe siècle.

Berchtesgaden fut fondé au XIIe siècle par des moines augustins qui, à force de labeur et d'acharnement, transformèrent cette région à l'origine hostile et couverte de forêts en un vaste jardin. Accédant à la richesse avec le commerce du sel, Berchtesgaden commença au XVe siècle d'éveiller l'intérêt de l'empereur germanique, qui transforma l'abbaye en un prieuré royal et nomma un prévôt issu de la noblesse, le *Fürstprobst.* Le château est resté propriété de la famille des Wittelsbach. Cependant, certaines salles sont ouvertes au public. On ne saurait trop recommander une visite du Dormitorium, l'ancien dortoir des moines, offrant une belle architecture gothique et où se trouve rassemblée aujourd'hui une importante collection de sculptures de la fin du Moyen Age, avec entre autres des œuvres de Lucas Cranach et Erasme Grasser.

La collégiale Saint-Pierre-et-Saint-Jean, attenante au château, date de 1108 : les fondations romanes sont encore visibles même si la nef est de style gothique. C'est la première église bâtie à Berchtesgaden par les moines augustins. A l'intérieur, belle madone baroque et tombeaux de marbres des prévôts. Accès au cloître, de style roman, par la Schlossplatz.

Ascension sur les hauteurs

L'ascension au sommet du **Jenner** (1 900 mètres) par le téléphérique Jennerbahn surplombe Berchtesgaden et permet, par temps clair, de voir Salzbourg au nord. Au sud, on entrevoit la chaîne du Watzmann, qui constitue le parc national de Berchtesgaden. L'escale à mi-pente est le point de départ de superbes excursions à l'intérieur de ce parc ; citons entre autres la randonnée au Gotzenalm (la plus belle), qui offre une vue à couper le souffle sur le Königssee, sur la chaîne du Watzmann et sur tout le Tyrol autrichien (compter 4 à 5 heures). En hiver, le Jenner est une piste de ski classée « noire ».

L'ascension au **refuge de Kehlstein**, sur l'Obersalzberg, est tout aussi gratifiante, quoiqu'elle n'offre pas de vues aussi plongeantes sur le parc national. L'itinéraire se fait au départ de Berchtesgaden-

Hintereck et emprunte la route privée Kehlsteinstrasse par bus spécial. Les derniers 130 mètres de dénivelé se font à pied en empruntant un tunnel, puis par ascenseur jusqu'au sommet.

Si vous êtes en voiture, vous pouvez faire le **circuit de la Rossfeldringstrasse**, à l'est de Berchtesgaden (départ à 7 kilomètres à l'est par la B425). C'est de là que part la célèbre Deutsche Alpenstrasse (route des crêtes alpines), qui conduit de Berchtesgaden à l'est jusqu'à Lindau à l'ouest au bord du lac de Constance. En réalité, cette route, si belle soit-elle par endroit, n'est pas d'un seul tenant. Tantôt elle se fond dans une autoroute, tantôt elle est inexistante sur plusieurs kilomètres. Aujourd'hui, il est à peu près sûr que les liaisons manquantes entre plusieurs lieux ne seront jamais réalisées, en raison de la pression des écologistes. Nous déconseillons de tenter de suivre la route des crêtes sur tout son parcours, car l'entreprise se révèle un véritable casse-tête (la route disparaissant subitement des cartes, un peu comme la route 66 aux Etats-Unis) et une épreuve pour les nerfs (caravanes ou touristes s'arrêtant sans prévenir pour prendre une photographie ou admirer un panorama). Quoi qu'il en soit, ce circuit – même partiel – de la Rossfeldringstrasse est incontournable.

Le parc national de Berchtesgaden

Ce parc couvre tout le sud du pays de Berchtesgaden et est traversé d'est en ouest par la chaîne du **Watzmann**. Une légende raconte qu'un roi géant particulièrement cruel et passionné de chasse aurait été pétrifié, ainsi que toute sa famille : le Watzmann (2 713 mètres) serait ce méchant roi, et le Kleiner Watzmann (2 307 mètres), en face, serait sa femme ; entre eux, les sommets moins élevés figurent les cinq enfants. L'ascension de la façade est du Watzmann (le « mur » que l'on voit de Berchtesgaden) serait techniquement l'une des plus difficiles des Alpes (une centaine d'alpinistes ont déjà payé de leur vie cette tentative).

Outre le Watzmann, le **Königssee** (littéralement « lac du Roi ») reste un des grands attraits du parc national. Imaginez une sorte de fjord norvégien s'enfonçant dans les massifs enneigés. Il faut absolument entreprendre une petite croisière jusqu'à la délicieuse **chapelle Saint-Barthélemy** (Barthomäikapelle), dont le double clocher en oignon se mire dans les eaux vertes du lac ; derrière elle se dresse l'orgueilleuse face est du Watzmann. Accueillant quelque 800 000 visiteurs par an, la minuscule chapelle serait l'endroit le plus photographié de Bavière. Laissez les hordes de touristes descendre à Saint-Barthélemy (la chapelle est plus belle vue du milieu du lac) et continuez votre balade en bateau dans un calme enchanteur jusqu'à Salet.

Le parc national de Berchtesgaden a été créé en 1978 et couvre une superficie de 20 800 hectares. Plus de 190 kilomètres de randonnées et 8 refuges permettent de savourer une nature intacte.

Les environs de Berchtesgaden

Un séjour à Berchtesgaden serait incomplet sans une excursion à l'église de Maria Gern ou au hameau de Ramsau.

Maria Gern, facilement accessible à pied depuis Berchtesgaden (3 kilomètres au nord), est un lieu de pèlerinage et peut-être la quintessence du baroque bavarois, où se mêlent si bien douceur pastorale et joie de vivre (ce que l'allemand désignerait sous les noms *Lieblichkeit* et *Heiterkeit*). Curieusement, la petite église ne fut édifiée qu'au XVIIIe siècle par l'archevêque de Cologne qui tomba sous le charme du lieu et promit d'y faire élever un sanctuaire. La vieille école et l'auberge, à côté de l'église, ajoutent à l'ambiance « à la recherche du temps perdu » de l'endroit.

Ramsau, à l'ouest de Berchtesgaden (prendre la B305 par Schönau), est situé en bordure du parc national et recèle la petite église Sainte-Marie-de-l'Ascension (Maria Himmelfahrt Wallfahrtskirche), tout aussi charmante que celle de Maria Gern. Une église toute blanche coiffée d'un oignon en ardoise, un torrent où se baigne un chêne centenaire (symbole de la germanité et de l'inébranlable foi des catholiques), un pré en pente et les sommets enneigés composent un tableau idyllique; de plus, il y a moins de monde ici qu'à Maria Gern. Signalons enfin que les marcheurs peuvent entreprendre depuis ce lieu des randonnées moins difficiles que celles du parc national; citons entre autres celle qui conduit au lac de Hintersee après avoir traversé le Zauberwald (littéralement, « la forêt enchantée »). Au siècle dernier, la petite auberge (Gasthof Auzinger), esseulée sur les bords si calmes du lac, était un rendez-vous d'artistes.

Les Alpes du Chiemgau

On appelle Chiemgauer Alpen (Alpes du Chiemgau) la partie des Alpes bavaroises situées entre l'enclave de Berchtesgaden, à l'est, et les Alpes de l'Allgäu, à l'ouest. L'épicentre de la région est la petite ville d'**Aschau**, point de départ des excursions vers le **Kampenwand**, certes pas aussi difficile que le Watzmann ou le Zugspitze, mais dont la position médiane offre des vues très spectaculaires. Ascension au sommet par téléphérique (vue magnifique sur le Chiemsee, au nord).

L'Allgäu

L'OSTALLGÄU (AUTOUR D'OBERAMMERGAU)

Le village d'Oberammergau peut être le point de départ pour découvrir cette partie de l'Allgäu, région la plus visitée de Bavière. A la belle saison, la vallée est encombrée d'innombrables bus de touristes. La raison en est simple : sur un périmètre réduit se trouvent le village d'Oberammergau – mondialement connu pour ses *Lüftlmalereien* et son festival de la Passion du Christ –, la non moins célèbre église de Wies – inscrite au patrimoine mondial de l'Unesco –, les deux châteaux les plus connus de Louis II – Linderhof et Neuschwanstein –, l'abbaye bénédictine d'Ettal – dont l'immense coupole baroque se détache sur les sommets alpins – et le « toit de l'Allemagne », le Zugspitze, près de la station de ski de Garmisch-Partenkirchen. Dans un rayon un peu plus large, on peut également englober le village de Murnau, rendu célèbre par le mouvement expressionniste du Blauer Reiter, et le Hohenpeissenberg, sur le haut plateau bavarois, qui offre un panorama splendide sur tout le sud de la Bavière.

Oberammergau

En 1991, les *Passionsspiele*, les Jeux de la Passion du Christ, ont attiré plus de 850 000 visiteurs à Oberammergau, en majorité des Américains. Le prochain festival aura lieu en 2001.

La tradition remonte à l'année 1633 : une épidémie de peste sévissait alors dans la région, qui ne fut enrayée que lorsque serment fut fait de jouer tous les dix ans la Passion du Christ. En 1930, on construisit un théâtre de la Passion, ouvert d'un côté sur le panorama des Alpes qui sert de décor naturel. Si votre séjour à Oberammergau ne coïncide pas avec les Passionsspiele, consolez-vous à l'idée que ce lieu offre un exemple excellent du village bavarois typique. Oberammergau est aussi réputé mondialement pour sa sculpture sur bois (*Holzschnitzerei*) et ses *Lüftmalereien* (« peintures à l'air »). A Oberammergau, la plupart de ces fresques ornant les murs extérieurs des maisons sont dues au peintre Franz Zwink et datent de la seconde moitié du XVIIIe siècle. Ne manquez pas, entre autres, la Geroldhaus (Am Malereck), les maisons sises au n° 5 de la Mühlgraben, au n° 5 de la Kleppergasse et au n° 10 de la Ettalerstrasse ni, surtout, la Pilatushaus, sur Ludwig-Thomas-Strasse ; cette dernière abrite aujourd'hui un musée local d'art décoratif et l'on peut y voir à l'œuvre les sculpteurs sur bois qui font la renommée de la ville.

L'église Saint-Pierre-et-Saint-Paul (Kirche Sankt Peter und Paul), érigée en 1742 d'après les plans de l'architecte Josef Schmuzer, est considérée comme le chef-d'œuvre de cet artiste. Les magnifiques fresques du plafond sont dues au peintre augsbourgeois Matthieu Günther.

Ettal

L'abbaye bénédictine d'Ettal se trouve à 5 kilomètres au sud-est d'Oberammergau, sur la Deutsche Alpenstrasse (route des sommets alpins). Cette route constituait déjà au Moyen Age un axe important entre Augsbourg, la « capitale du Saint Empire », et Venise.

En 1330, l'empereur Louis le Bavarois, qui venait d'échapper à un traquenard en revenant de Rome, fut tellement soulagé de fouler sain et sauf le sol bavarois en atteignant Ettal qu'il promit d'y faire ériger un lieu de culte. L'abbaye fut achevée en 1370. Seule la base en décagone de l'abbatiale permet de se faire une idée du bâtiment original, de style gothique. Au XVIIIe siècle, Ettal fut revisitée au goût baroque et se trouve depuis coiffée d'une grande coupole qui lui donne une silhouette étrange. Il existe peu d'exemples au monde de ce genre d'architecture monumentale en pleine campagne. Le remaniement baroque d'Ettal est dû à Zucalli et Schmuzer. A l'intérieur, splendide fresque dans la coupole du Tyrolien Zeller (431 personnages sur 1 300 m^2), buffet d'orgue de Jean-Baptiste Zimmermann et, dans le tabernacle du maître-autel, statue de marbre datant de 1339 et offerte à l'abbaye par l'empereur reconnaissant.

Linderhof

Situé à environ 10 kilomètres au sud-ouest d'Ettal, Linderhof, par sa situation extrêmement isolée juste avant la frontière autrichienne, répond à la volonté de Louis II qui ne voulait faire bâtir que dans des lieux quasi inaccessibles, ou du moins très éloignés de la civilisation. De tous les châteaux construits par Louis II, Linderhof est le plus petit et, paradoxalement, le seul où il vécut réellement. Construit de 1869 à 1879 sur le modèle du Petit Trianon de Versailles, Linderhof dégage une certaine intimité. La juxtaposition de différents styles architecturaux et ornementaux est représentative du goût du souverain, qui se souciait peu d'unité esthétique et voulait puiser ce qu'il y avait de meilleur à l'intérieur de chaque style. Si les dimensions du château sont modestes, le parc l'est moins : on peut y voir notamment le kiosque mauresque qui constituait le pavillon prussien de l'Exposition universelle de 1867 et la reconstitution du décor de l'opéra *Siegfried* de Richard Wagner. La Grotte de Vénus atteste de l'ampleur des troubles dont souffrait Louis II : le roi avait fait creuser cette grotte pour disposer d'un refuge artificiel qui le couperait complètement des réalités du monde. Il y séjournait fréquemment, se déplaçant dans un décor féerique à bord d'une gondole en forme de coquillage géant. Revêtu d'une cotte de maille médiévale, il voguait ainsi entre les cygnes sur le minuscule lac souterrain où, fort de la toute nouvelle installation électrique qui plongeait la grotte dans des coulisses de théâtre, tantôt bleues, tantôt rouges, il jouait plusieurs scènes du célèbre *Tannhäuser* de Wagner.

Wies et Neuschwanstein

Du village d'Oberammergau, vous pouvez aussi, au lieu de prendre la route du sud vers Ettal et Linderhof, partir vers le nord en direction de l'église de Wies, puis rallier Neuschwanstein. Prendre la B23 vers le nord, en direction de Peiting/Landsberg. Avant d'atteindre Rottenbuch (à 18 kilomètres d'Oberammergau), prendre sur la gauche en direction de Steingaden. Avant le village prendre sur la gauche et suivre les panneaux « Wieskirche ».

L'**église de Wies** (Wieskirche, littéralement « l'église dans le pré ») est inscrite au patrimoine mondial de l'Unesco. Il est difficile cependant de décider si Wies est *la* plus belle église baroque de Bavière et l'on peut lui préférer celles de Rott am Inn et de Diessen ou encore l'Asam de Munich. Quoi qu'il en soit, Wies est sans doute l'église la plus représentative du mariage entre la nature et l'exubérance décorative du baroque bavarois. Esseulée au milieu de son pré, elle surprend par sa situation et par ses dimensions modestes. Pour décrire l'enchantement qu'est l'intérieur, saturé de lumière et d'ors, les historiens d'art allemands ont inventé le terme *himmlischer Festsaal*, « salle de bal céleste ». Apparemment, on est bien loin d'une architecture incitant au recueillement et à la prière, mais n'oublions pas que le

Louis II de Bavière, un roi fou ?

Né le 25 août 1845 au château de Nymphenburg, à Munich, Louis II de Wittelsbach fut élevé dans le château de Hohenschwangau, près duquel il fera construire plus tard le célèbre Neuschwanstein. Il devient roi de Bavière à partir de 1864. Influencé très tôt par la mythologie et les légendes allemandes du Moyen Age, il trouve dans les œuvres de Richard Wagner (*Lohengrin, Tannhäuser*) – dont il devient le protecteur – une illustration du monde artificiel dans lequel la schizophrénie dont il est atteint l'enferme progressivement. Destitué en 1885, il est retrouvé noyé, le 13 juin 1886, dans le lac de Starnberg au bord duquel il vivait reclus depuis un an sous l'étroite surveillance de son médecin, le docteur Gudden. Il est enterré dans le caveau royal des Wittelsbach, dans la crypte de l'église Saint-Michel de Munich.

Louis II vouait un amour sans limite aux beaux-arts, seule discipline, selon lui, susceptible d'élever l'homme au-dessus de la médiocrité. Tout jeune, il dévore les livres et comprend vite qu'il n'est doué ni pour l'écriture ni pour la composition musicale. Il en est profondément meurtri. Sa rencontre avec Wagner, qu'il vénère, va le bouleverser et l'influencera toute sa vie. Conscient de son manque de talent, il prend pour devoir de servir la beauté et les arts. Il devient ainsi le protecteur de Wagner, à la disposition duquel il laissera l'Opéra de Munich avant de lui faire édifier l'Opéra de Bayreuth, où seront jouées exclusivement les œuvres de ce compositeur.

Louis II se met aussi à faire construire des châteaux extravagants dont il veut qu'ils soient le reflet d'une tradition esthétique qu'il juge être en péril en cette seconde moitié du XIXe siècle.

Le souverain vit en décalage complet avec son époque. Alors que le pays, conduit par la Prusse, connaît les premières heures de l'industrialisation, que la noblesse, jadis foncière, devient capitaliste en investissant dans les nouvelles activités, Louis II s'enferme dans un passé qu'il tente désespérément de recréer. Tout de suite, il déteste Munich et son mercantilisme ambiant. Il établit un parallèle entre la situation de la capitale bavaroise, en plaine, et la bassesse des manœuvres humaines. Rappelons qu'il fut élevé en montagne, dans le château de Hohenschwangau. Ses palais seront toujours construits dans des endroits retirés du monde, soit en hauteur sur des pitons montagneux comme Neuschwanstein, soit sur une île au milieu d'un lac comme Herrenchiemsee. Pour les faire édifier, il décline le concours des grands architectes de son temps, trop préoccupés selon lui de modernité et d'homogénéité stylistique, et s'entoure de gens de théâtre, d'ensembliers, de décorateurs qui vont réaliser des œuvres aussi fantasmagoriques que Neuschwanstein. Sa devise est de puiser ce qu'il y a de meilleur dans tous les styles.

Neuschwanstein (édifié à partir de 1869) est l'archétype du château de conte de fées. Perché sur son rocher d'où l'on aperçoit plusieurs lacs de montagne, il a, avec ses tourelles et ses échauguettes, servi de modèle à Walt Disney dans le dessin animé

La Belle au bois dormant et pour la création du château du premier Disney World des Etats-Unis. Edifié dans un style composite très marqué par l'architecture médiévale, Neuschwanstein témoigne du courant romantique qui touche l'Allemagne au XIXe siècle, courant caractérisé par sa référence à un Moyen Age glorifié et idéalisé qui traduit bien que le pays est en pleine crise d'identité. Louis II voulut aller encore plus loin en concevant les plans de Falkenstein, version plus élaborée d'un château médiéval idéalisé. Mais Falkenstein ne sera jamais construit.

Neuschwanstein et Falkenstein étaient donc tout à fait dans l'air du temps ; il n'en va pas de même avec les châteaux de Linderhof (1869-1879) et, surtout, de Herrenchiemsee (1878-1886). Alors que l'Allemagne venait de s'ériger en nation sous la férule de Bismarck, Louis II choisit de reconstruire Versailles, le symbole, entre tous, de l'ennemi et d'une monarchie absolue dépassée et dissoute depuis un siècle. Car bien que Louis II fût contraint de prendre une part active à la constitution de la nation allemande en soutenant Bismarck, il n'en méprisait pas moins la Prusse, son manque de goût, sa brutalité, son efficacité. Choisir Versailles comme modèle pour Herrenchiemsee, c'était désapprouver manifestement l'hégémonie accomplie de la Prusse sur le reste de l'Allemagne, c'était se placer dans une descendance en droite ligne des souverains français, à la cour desquels l'Art était inégalé.

Louis II disait souvent en français : « Je suis Louis le Roi ». Son parrain, Louis Ier de Bavière, était lui-même le filleul de Louis XVI. Louis II se voyait donc l'héritier de la monarchie française et se faisait un devoir d'en perpétrer la tradition. Cependant, si Versailles avait été placé par Louis XIV sous le signe du soleil, Louis II se faisait plutôt le chantre des astres nocturnes. Il vivait la nuit et considérait que la lune était plus en accord que le soleil avec le monde imaginaire, fait de beauté et de poésie.

Son comportement ne manquait pourtant pas d'être paradoxal : s'il se réfugiait, d'un côté, dans la tradition germanique, devenant lui-même certains des héros de la mythologie wagnérienne, de l'autre il vivait dans l'héritage français du Grand Siècle et du siècle des Lumières.

Mais Louis II était-il pour autant manifestement fou ? Son penchant à se reconstituer un monde qui le coupait des réalités n'en fait-il pas l'incarnation même du romantique ? Son refus des valeurs d'une époque était-il nécessairement pathologique ? Après tout, les grands souverains ont souvent eu des conduites extravagantes et mégalomanes. De même, son suicide – puisqu'il est permis de penser qu'il s'agissait d'un suicide – n'atteste-t-il pas, paradoxalement, un esprit assez lucide pour décider de mettre fin à ses jours à partir du moment où la réclusion et la surveillance ne lui permettaient plus d'accomplir sa mission et de servir les arts ? Louis II a-t-il vraiment été contraint d'abdiquer pour cause de schizophrénie grave, ou bien son éloignement du pouvoir n'a-t-il pas été plutôt favorisé pour mettre fin à des dépenses jugées inconsidérées, surtout au regard du projet de Falkenstein ?

baroque bavarois est une manœuvre de séduction et un hymne à la joie que procure la foi. L'église fut construite en 1745, sur des plans de Dominique Zimmermann, tandis que son frère Jean-Baptiste fut chargé des fresques et des stucs. On passe insensiblement de la nef à l'ovale du chœur, symbole du passage de ce monde à l'au-delà.

Pour rejoindre Neuschwanstein depuis Wies, reprendre par Steingaden pour retrouver la B17, puis prendre la direction de Füssen (belle portion de la route romantique qui conduit de Wurtzbourg à Füssen). Avant d'atteindre Füssen, tourner à gauche vers Schwangau, puis suivre les panneaux « Neuschwanstein ».

Neuschwanstein est le plus « photogénique » des châteaux de Louis II. C'est aussi ce que semblent penser les hordes de touristes qui envahissent le petit village de Schwangau aux beaux jours. Tout près de Neuschwanstein se cache, dans la verdure, le château de Hohenschwangau, où fut élevé Louis II. Edifié au XIIIe siècle, il fut remanié sous Maximilien II en style Tudor.

Le château de Neuschwanstein ne présente pas un grand intérêt sur le plan architectural, puisqu'il mêle différents styles, du néoroman au néo-Renaissance en passant par le néogothique. Pourtant, même si on l'a vu des dizaines de fois sur des cartes postales ou des posters d'offices de tourisme, faire l'ascension (au demeurant assez fatigante – un service de minibus permet de rejoindre le château mais nous vous recommandons de faire l'excursion à pied) jusqu'au château, c'est un peu comme s'offrir le luxe de toucher pour de vrai un château de conte de fées, une sorte de concrétisation subite d'une partie de notre inconscient collectif occidental. Plutôt que de visiter l'intérieur, continuez votre ascension en direction du lac d'Alpsee. Du Marienbrücke qui enjambe un torrent, on surplombe le château qui apparaît sous son meilleur angle avec, au loin, le lac de Forgensee et le plateau bavarois et, à l'opposé, le petit lac d'Alpsee, seul au milieu des montagnes.

Le château fut édifié de 1869 à 1886, d'après les plans du décorateur de théâtre Christian Jank qui s'est en partie inspiré du château de la Wartburg, à Eisenach (ex-RDA). A l'intérieur, ne manquez pas l'invraisemblable salle du Trône (Thronsaal) et ses peintures murales illustrant les opéras de Richard Wagner. Sachez toutefois que Louis II n'a pratiquement jamais résidé à Neuschwanstein.

Murnau et ses environs

D'Oberammergau, redescendre vers Ettal et Oberau, puis prendre la B2 vers le nord jusqu'à Murnau (direction Starnberg/Munich).

Si vous séjournez dans la région d'Oberammergau et désirez vous éloigner un peu des sentiers battus, une visite au village de **Murnau**, au bord du lac de Staffelsee, prend tout son sens. Tout droit sorti des livres d'images avec sa charmante église, Murnau vibre encore du souvenir des peintres expressionnistes munichois qui l'avaient élu comme lieu de villégiature.

Gabriele Münter, la compagne de Kandinsky, y possédait une villa, aujourd'hui transformée en musée du Blauer

Reiter (voir p. 149). En été, Marc et Jawlensky étaient souvent les hôtes de Gabriele Münter et de Kandinsky.

A quelque 20 kilomètres au nord-ouest de Murnau se dresse le **mont Hohenpeissenberg** (depuis Murnau, prendre la B2 vers le nord sur 12 kilomètres, puis emprunter, sur la gauche, la B472 en direction de Huglfing/Peissenberg ; à Peissenberg, suivre la direction Auffahrt zum Hohenpeissenberg). Ce sommet offre une vue splendide et inattendue sur tout le plateau bavarois, au nord, et la chaîne des Alpes, au sud. S'élevant à près de 1 000 mètres au-dessus des prés légèrement ondoyants du haut plateau, le Hohenpeissenberg procure une agréable sensation de tranquillité qui permet d'oublier un instant l'affluence touristique de la région. Sur le mont, il est impossible de manquer l'église Sainte-Marie-de-l'Ascension (Wallfahrtskirche Mariae Himmelsfahrt), construite en 1620 et haut lieu de pèlerinage en Bavière. A l'intérieur, vous serez étonné par la monumentalité du maître-autel baroque et séduit par la chapelle de la Grâce (Gnadenskapelle, 1747), considérée comme un chef-d'œuvre rococo du trio Franz Xavier Schmädl (plastique), Matthieu Günther (fresques) et Joseph Schmuzer (stuc). Sur le toit de l'église fut installé, en 1772, le premier poste d'observation météorologique de montagne.

Pour vous reposer de tout ce baroque ambiant, sachez que le petit village d'**Altenstadt bei Schongau** (à 10 kilomètres à l'ouest par la B472) recèle la seule église romane de Haute-Bavière, avec de très belles voûtes et des fonts baptismaux du XIe siècle.

Garmisch-Partenkirchen et Mittenwald

Au sud d'Oberammergau s'élève la chaîne de Wetterstein (Wettersteingebirge) avec, notamment, les sommets du Karwendel et le Zugspitze, le plus haut sommet allemand. Le Zugspitze est un peu le mont Blanc des Allemands, et la station de ski de **Garmisch-Partenkirchen** fait figure de Chamonix bavarois (avec laquelle elle est d'ailleurs jumelée). Cependant, bien qu'il soit plus élevé que le Watzmann de Berchtesgaden, le Zugspitze (2 965 mètres) n'en a ni l'allure ni la silhouette marquante et il ne se distingue pas vraiment des sommets voisins. En outre, le « toit de l'Allemagne » est envahi par les visiteurs et les commerces : il faut donc réfléchir à deux fois avant de tenter l'expérience de l'ascension du Zugspitze.

Garmisch-Partenkirchen (« Ga-Pa » pour les Bavarois, les deux villages ayant fusionné depuis longtemps) ne présente pas grand intérêt ; il faut cependant rappeler que Garmisch accueillit, en 1936, sur la volonté de Hitler, les Jeux olympiques d'hiver. Ga-Pa est devenu une station de ski moderne et anonyme, accueillant une clientèle aisée. De l'ancien *Kuhdorf* (« village de vaches ») que fut Garmisch il ne reste qu'une portion de la Frühlingstrasse, malheureusement trop bien restaurée.

A l'inverse de Garmisch-Partenkirchen, la petite ville de **Mittenwald**, à la frontière autrichienne (30 kilomètres à l'est de Ga-Pa), mérite vraiment le détour. Au sud s'élève le Karwendel et depuis que la route Munich-Innsbruck a été déviée, Mittenwald a retrouvé son aspect d'avant les grandes transhumances estivales. Le centre a été assez bien restauré : il faut y voir l'église paroissiale Saint-Pierre-et-Saint-Paul (stuc de Wessobrunn dû à Schmuzer, 1738) et admirer les fresques, sur les façades des maisons, dont la beauté surpasse peut-être celles d'Oberammergau. Ne manquez pas les maisons sises au n° 23 de la Goethestrasse, au n° 28-30 am Gries, aux n°s 1, 2, 4 et 24 de l'Obermarkt. L'ascension par téléphérique au sommet du Karwendel réserve des vues au moins aussi belles qu'au Zugspitze et il y a nettement moins de monde.

L'OBERALLGÄU (AUTOUR D'OBERSTDORF)

On nomme Oberallgäu, ou Haut-Allgäu, la partie la plus occidentale des Alpes bavaroises, entre Füssen, à l'est, et le lac de Constance, à l'ouest. Oberstdorf constitue le centre de cette région. Contrairement à l'Ostallgäu, l'Oberallgäu n'a que fort peu de monuments à exhiber (à l'exception de l'abbatiale d'Ottobeuren), mais cette région est devenue un lieu de vacances très prisé par les amateurs de tourisme « vert ». Ce développement est d'ailleurs une véritable manne pour cette partie de la Bavière car, si l'on observe les registres de décès du Bezirk d'Oberstdorf, on constate qu'il y a encore soixante-dix ans, de nombreuses personnes mouraient littéralement de faim (le terme *verhungert,* « mort de faim », figure très fréquemment sur ces registres). Mais cette région reculée de la Haute-Bavière n'a pas bradé son patrimoine naturel : si elle occupe aujourd'hui la première place en Allemagne pour les randonnées d'été et le nombre de nuitées pour les vacances d'hiver, elle a su, par exemple, interdire la circulation automobile dans Oberstdorf ou classer NSG (*Naturschutzgebiet*, c'est-à-dire site naturel protégé) de nombreuses pentes.
L'Oberallgäu est la seule région d'Allemagne dont les frontières sont relativement floues. En effet, certains secteurs de haute montagne font officiellement partie de l'Autriche voisine, mais demeurent physiquement rattachés à l'Allemagne dans la mesure où ils forment un ensemble géographique avec l'Allgäu. C'est le cas de l'enclave de la Jungholz ou la vallée de Kleinwalsertal, qui n'ont pas de poste frontière réel et ont un code postal allemand, bien qu'elles se trouvent en Autriche ; en outre, leur monnaie est le Deutsche Mark et non le Schilling autrichien.

Oberstdorf

Oberstdorf, où sont organisés les championnats du monde de saut à ski, est le centre incontesté de l'Oberallgäu. Depuis 1992 la municipalité encourage les visiteurs motorisés à laisser leur véhicule sur les parkings des abords de la ville et à gagner le centre en bus (électrique). Un incendie ravagea la petite ville en 1865 et il subsiste peu de monuments vraiment dignes d'intérêt à Oberstdorf, si ce n'est la mairie (Gerberhaus, 1694) ou la chapelle de la peste (Pestkapelle), au pied du téléphérique du Nebelhorn. Oberstdorf doit sa renommée au fait que la région constitue, en hiver le plus grand domaine skiable d'Allemagne, en été le plus grand centre de randonnées pédestres ; citons, entre autres, les découvertes de la vallée de la Trettach, des lacs de Christlesee et de Freibergsee (accès facile) ou l'ascension du Gerstruben depuis la Trettach avec traversée du torrent de Hölltobel. En été, on peu entreprendre quelques promenades en voitures à cheval au départ de la place du Marché (Marktplatz) vers Einödsbach ou la vallée d'Oytal.

La grande aventure d'Oberstdorf reste l'ascension du **Nebelhorn** en téléphérique (Nebelhornbahn) et les nombreuses randonnées en haute montagne qui partent de ce sommet. Si vous prenez un ticket pour le sommet (2 500 mètres), demandez un *Gipfelstationsticket* ; en haut, la vue est splendide mais sachez que les randonnées à partir du sommet sont réservées aux alpinistes chevronnés. A mi-pente (Bergstation) commencent plusieurs randonnées techniquement plus faciles, comme celle du Gros Pouce (*Wanderung zum grossen Daumen*) par le col de Koblat, ou celle du Laufbacher Eck.

Moins envahi par les randonneurs, le **Fellhorn**, accessible également par téléphérique (Fellhornbahn), peut être le point de départ de somptueuses randonnées, comme le chemin conduisant du sommet (Gipfelstation) à la Mittelstation par les crêtes de Schlappoltkopf et de Söllerkopf (panoramas magnifiques). Le matin, possibilité de visiter la fromagerie Di, juste au pied du téléphérique du Fellhorn.

Le **Heilbronnerweg**, seul sentier de randonnée de très haute montagne des Alpes bavaroises, démarre également d'Oberstdorf. S'il ne requiert aucun équipement particulier, il s'adresse cependant aux randonneurs en très bonne condition physique et qui n'ont pas le vertige (plusieurs passages au bord du vide). Il faut compter 7 heures de marche pour relier le refuge de Kempten (Kemptenerhütte) à celui de Rappensee (Rappenseehütte). A faire de préférence tôt le matin et dans ce sens (est-ouest) pour ne pas être aveuglé par les rayons du soleil.

Sonthofen

A environ 12 kilomètres au nord d'Oberstdorf, la petite ville de Sonthofen, insignifiante (voire laide en raison de ses nombreuses casernes de chasseurs alpins), est elle aussi le point de départ de belles randonnées pédestres ou de promenades en voiture. L'ascension au sommet du Grünten au départ du village de Burgberg (4 kilomètres au nord-est de Sonthofen) est un must. Plusieurs sentiers possibles sur la pente sud du Grünten (1 738 mètres), particulièrement ensoleillée. En chemin, vous pourrez vous arrêter dans quelque auberge typique de la région : Alpenblick, Alpe Topfen ou Alpe Schwande. Se renseigner auprès de l'office du tourisme de Burgberg.

En voiture, l'ascension à **Oberjoch** par la Jochstrasse (partie intégrante de la fameuse route des crêtes ou Deutsche Alpenstrasse) démarre à Hindenlang (10 kilomètres à l'est de Sonthofen par la B308) et grimpe en lacets (306 virages !) jusqu'à la frontière autrichienne. Magnifiques vues en route. Passez la frontière autrichienne à l'Oberjochpass. Nous recommandons fortement de redescendre vers l'Allemagne en empruntant la route pittoresque de l'**Engetal** en direction de Pfronten. Pour ce faire, continuez depuis le poste frontière sur la route 199 en traversant les hameaux de Zöblen et Tannheim. Juste avant le lac d'Haldensee, prendre à gauche dans le village de Grän. Arrivé à Pfronten (Allemagne), faites la courte ascension en voiture jusqu'à la ruine de **Falkenstein**. C'est là que Louis II avait dessein de construire le plus fou de ses châteaux, une version amplifiée de Neuschwanstein (voir « Louis II de Bavière », p. 205). Le château ne fut jamais réalisé. Très belle vue depuis le promontoire.

Mittelberg

Depuis Oberstdorf, une incursion au sud par la B19 vous permet de visiter Mittelberg, enclave allemande en territoire autrichien, le long de la vallée de Kleinwalsertal. Juste avant la frontière, le Breitachklamm est un lieu de randonnée très apprécié qui longe les gorges de la Breitach. Départ depuis le village de Tiefenbach-Breitlachkamm, à 8 kilomètres au sud-ouest d'Oberstdorf (bus depuis le Postplatz d'Oberstdorf). De là, si vous êtes en voiture, continuez vers Mittelberg pour une ascension fantastique au Widderstein (« roche du bélier », 2536 mètres) à partir du lieu-dit Baad, cul-de-sac de la route autrichienne longeant la vallée de la Kleinwalser (route 201).

Kempten

Située à 34 kilomètres au nord d'Oberstdorf, Kempten est la porte d'entrée de l'Oberallgäu et la seule vraie ville de la région (60 000 hab.). Elle recèle une très jolie basilique baroque, l'église Saint-Laurent (St Lorenz-Basilika). L'histoire de la ville est curieuse : Cambodinum était une des colonies romaines les plus importantes de la province de Ratiae. En 725, les moines Mang et Théodore, venus du canton suisse de Saint-Galle, répandent le christianisme. Une abbaye bénédictine est fondée, qui sera à l'origine de la partie catholique de Kempten. L'autre partie, la ville des bourgeois, devient ville d'empire en 1289 et obtient le statut de ville libre en 1525. Elle se convertit au protestantisme. En 1632 (guerre de Trente Ans), les Suédois rasent la partie catholique de Kempten. Un an plus tard, une contre-offensive impériale anéantit la moitié protestante. Ce n'est qu'en 1803 que les deux communautés fusionnent pour former une ville enfin unifiée.

Ottobeuren

Au départ de Kempten, prendre l'autoroute A7 vers le nord en direction d'Ulm. Sortir à Grönenbach (à 20 kilomètres de Kempten). Prendre sur la droite, en direction de Wolfertschwenden et Ottobeuren.

Si vous disposez d'un peu de temps, faites une excursion à Ottobeuren, un des monastères allemands les mieux conservés avec Ettal (voir p. 203), Corvey (Allemagne du Nord) et Maulbronn, près de Pforzheim (voir p. 225). La pièce maîtresse est l'abbatiale baroque de la Sainte-Trinité (Abtei zur Heiligen Dreifaltigkeit). L'harmonie architecturale et la beauté du décor dépassent sans nul doute Ettal. L'édifice est dû à l'abbé

Bade-Wurtemberg

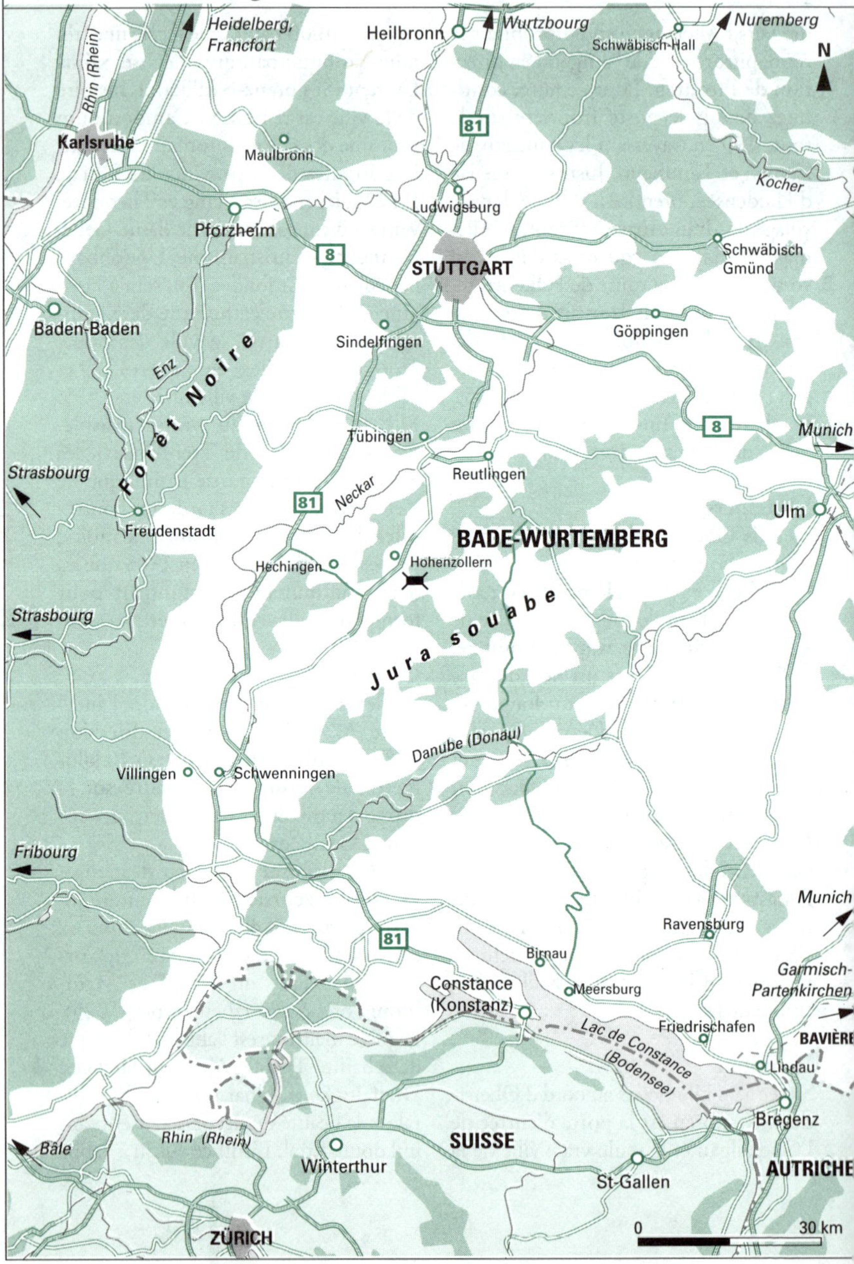

Ruppert Ness von Wangen, qui décida en 1711 de la construction d'une nouvelle église pour le monastère bénédictin d'Ottobeuren. Les travaux se prolongèrent jusque en 1766. Zimmermann, Effner, Fischer y ont travaillé; les fresques sont de Feuchtmayer et le stuc de Zeiller. Les dimensions de la coupole laissent augurer (comme à Ettal) de la magnificence intérieure. Le chœur, les stalles, le buffet d'orgues et, surtout, la croisée du transept sous la coupole sont admirables.

LE BADE-WURTEMBERG

Coup d'œil sur la région

Le Bade-Wurtemberg (Baden-Württemberg en allemand) est le Land le plus prospère d'Allemagne et bénéficie de l'installation des entreprises Daimler-Benz, Porsche et SEL autour de sa capitale Stuttgart, de celle de BASF à Ludwigshafen et d'une concentration exceptionnelle de PME particulièrement performantes sur l'ensemble de son territoire. De tous les Länder, c'est celui qui résiste le mieux à la crise économique des années 90.

Le Bade-Wurtemberg est né en 1949 de la fusion des anciens duchés de Bade (ouest) et de Wurtemberg (est). Dans sa partie orientale, le Land couvre une partie de la Souabe. C'est pourquoi l'on appelle généralement ses habitants les Souabes (*Schwaben*), que l'on reconnaît rapidement à leur accent chantant et à leur curieuse propension à minimaliser toute chose : pour un Souabe, une maison est obligatoirement une « maisonnette » (*ein Häusle*). Les mauvaises langues dénoncent la mentalité petite-bourgeoise des Souabes dont la devise serait : « *Schaffe, schaffe, Häusle baue* » (« Travaille, travaille, construis ta petite maison »). A ce trait de caractère s'ajoute, chez beaucoup, un esprit quelque peu étriqué, méfiant et perfectionniste, qui les rapproche de leurs voisins suisses.

La région, quant à elle, apparaît tout autre : certes privée des sommets bavarois, elle n'en est pas moins indéniablement pittoresque avec ses massifs montagneux tels que la Forêt-Noire (Schwarzwald) ou le Jura souabe (Schwäbisch Alb) et la présence du plus grand lac allemand, le lac de Constance (Bodensee). Certains considèrent le Bade-Wurtemberg comme la plus belle région d'Allemagne. A défaut de pouvoir trancher, on doit concéder que c'est la région la plus ensoleillée du pays.

Constance

Le lac de Constance forme la frontière entre la Suisse et l'Allemagne. Sa bordure orientale est occupée par l'Autriche (Vorarlberg, région de Bregenz). Avec une longueur de 60 kilomètres pour 15 à 20 kilomètres de largeur, c'est le troisième lac d'Europe et un grand centre touristique. La rive allemande (rive nord) est la plus ensoleillée puisqu'elle est orientée vers le midi. C'est aussi de cette rive que l'on peut admirer les plus beaux panoramas sur les sommets alpins qui se trouvent en Suisse. Le climat autour de Constance ou de Lindau est quasi méditerranéen. L'arrière-saison y est très belle (de septembre à fin octobre). Le Rhin traverse le lac de Constance d'est en ouest et fait son entrée en Allemagne à Constance avant de retourner en Suisse pour arroser Bâle et rejoindre la plaine d'Alsace, où il fait office de frontière entre la France et l'Allemagne.

Constance a beaucoup d'atouts : le charme indéniable de la ville épargnée par les bombes et riche d'édifices médiévaux dont beaucoup ont subi au XVIIIe siècle une cure de jouvence au goût baroque ; sa situation privilégiée à la confluence du lac de Constance, du Rhin et du lac d'Untersee (ramification occidentale du lac qui, à l'ouest de Constance, se sépare entre lac inférieur – Untersee – et lac d'Überlingen) ; la grande richesse culturelle de cette ville qui ne compte pourtant pas plus de 70 000 habitants ; la douceur de son climat, la proximité de la montagne et ses environs exceptionnels (îles de Mainau et de Reichenau)... Autant de qualités qui font de Constance une étape quasi obligatoire.

Un peu d'histoire

Après l'occupation romaine au Ier siècle après J.-C., Constance devient en 590 le siège du premier évêché catholique sur le sol allemand. Mère de l'Eglise catholique en Allemagne, la ville n'hésitait pas à s'attribuer le titre de Felix Mater Constantia, en comparaison avec la Ville Eternelle. L'évêché de Constance était non seulement le plus ancien d'Allemagne mais également le plus étendu : au Moyen Age, il couvrait une partie de la Bavière occidentale (région d'Ulm et Augsbourg), le Vorarlberg (région de Bregenz en Autriche), l'ensemble de l'actuel Land de Bade-Wurtemberg, l'Alsace et la Suisse alémanique (c'est-à-dire les deux tiers de la Suisse actuelle).

En 1183 la paix de Constance signée par l'empereur Frédéric Barberousse de Hohenstaufen vint mettre un terme à des années de guerre avec les villes italiennes. En effet, avant que la dynastie des Hohenstaufen n'accédât à la dignité impériale, leurs prédécesseurs saxons – les empereurs ottoniques – s'étaient employés à placer la papauté sous tutelle et à soumettre l'Italie.

Profitant également d'une situation géographique avantageuse, la ville devint, au haut Moyen Age, un grand centre pour le commerce des étoffes, ce dont témoignent les magnifiques fresques du *Cycle des Tisserands – Weberfresken –* des XIIIe et XIVe siècles que l'on peut admirer encore aujourd'hui à la Haus zur Kunkel. Au XVe siècle, la ville connut son heure de gloire en accueillant le concile de Constance (1414-1418), qui mit fin au Grand Schisme d'Occident divisant l'Eglise catholique et procéda à l'élection d'un pape sur le sol allemand (Martin V).

Le Moyen Age, qui fit de Constance une capitale spirituelle mais aussi marchande, est documenté par une concentration exceptionnelle de fresques et

Le concile de Constance (1414-1418)

De 1414 à 1418, une assemblée de cardinaux et de théologiens se réunit à Constance pour discuter de graves questions doctrinales. L'Eglise catholique est en effet divisée : certains cardinaux ont commencé à contester la validité de l'élection d'Urbain VI et élisent un autre pape, Clément VII, qui s'installe en Avignon en 1378. La situation se prolonge après la mort des deux papes, auxquels leurs partisans ont trouvé des successeurs. En 1409, le schisme est porté à son comble avec le concile de Pise qui, face au refus des deux papes de se démettre, les dépose et en élit un troisième. Ce schisme fragilise l'autorité de l'Eglise romaine et favorise amplement le développement de doctrines réformatrices. En Angleterre, John Wycliff (né en 1320) critique violemment l'autorité du pape et les abus ecclésiastiques. Ce qu'on appelle déjà « l'esprit anglican » va fortement influencer un certain Jan Hus, né en Bohème en 1370. Il mène un véritable réquisitoire contre la hiérarchie romaine. Excommunié en 1412, il est appelé à comparaître à Constance, où un groupe de sages ecclésiastiques se réunit pour tenter de mettre fin au schisme et enrayer la progression des idées réformatrices. Le concile condamne Jan Hus pour hérésie (ainsi que Wycliff par contumace). Refusant de se rétracter, il est brûlé vif à Constance en 1417. Le concile de Constance parviendra à mettre fin au Grand Schisme d'Occident et à proclamer sa supériorité de concile œcuménique sur les papes d'Avignon, de Rome et de Pise en faisant élire pour la première fois sur le sol allemand un nouveau pape : Martin V. L'unité est ainsi rétablie.

de peintures murales : outre l'admirable *Cycle des Tisserands*, il faut mentionner les fresques de la cathédrale Notre-Dame, la frise augustine de l'église de la Sainte-Trinité, les fresques de l'ancien monastère dominicain (aujourd'hui hôtel Steigenberger) ou les fresques ottoniques (du nom des rois Otton Ier, Otton II et Otton III de Saxe, premiers empereurs germaniques ayant régné au Xe siècle) de la collégiale Saint-Georges, sur l'île de Reichenau.

Tombée dans l'oubli en raison de la montée en puissance des Etats allemands (en particulier du margraviat de Bade et du duché de Wurtemberg), la ville a connu au XIXe siècle un regain d'intérêt, le futur Napoléon III y ayant habité avec sa mère, la reine Hortense, de 1815 à 1817 puis de 1822 à 1838. Les châteaux de Gottlieben (ancienne résidence d'été des évêques de Constance) et d'Arenenberg-Thurgau où ils demeurèrent se trouvent aujourd'hui en territoire suisse (la frontière passe à moins de 300 mètres de la cathédrale). La famille de banquiers Macaire, grands financiers de Napoléon III, résidait dans l'ancien couvent des Dominicains. C'est là que naquit, en 1838, l'inventeur du ballon dirigeable rigide, le comte Ferdinand von Zeppelin.

DÉCOUVRIR CONSTANCE

La visite de la ville peut se faire à pied. Le mieux est de commencer au bord du lac, à la hauteur du débarcadère des bateaux de croisière. Une statue de 1993 marque maintenant l'entrée du « port » : elle représente **Impéria**, une jeune femme qui se serait distinguée pendant le concile de 1414. La géante porte dans ses mains deux saltimbanques, respectivement coiffés des symbole du pouvoir impérial (couronne), et du pouvoir ecclésiastique (tiare papale) ; ces attributs sont une allusion au Grand Schisme d'Occident mais aussi au comportement politique des empereurs germaniques, qui ont de tout temps essayé de soumettre le pape et lui ont contesté la primauté pour l'investiture des évêques, dont le rôle, en Allemagne, était éminemment politique.

Vers le nord en remontant le lac, on rencontre le **Konzil**, bâtiment qui accueillit le concile de Constance. Edifié en 1388, il était à l'origine utilisé pour entreposer les marchandises en provenance d'Italie. C'est là que le pape Martin V fut élu en 1417. A proximité, le **Stadtgarten** est un joli jardin offrant de belles vues sur le lac. En face, sur le Fischmarkt (marché au poisson), la **mairie** baroque datant 1733 a conservé son portail gothique (1484) d'un bâtiment antérieur. A côté, le grand bâtiment ocre de style baroque est l'ancien couvent jésuite.

Entre le jardin et le pont sur le Rhin, le rivage du lac est occupé par **l'Insel**, une petite île où s'élève l'ancien monastère dominicain de 1785 transformé aujourd'hui en hôtel. Jan Hus y fut emprisonné et c'est là que naquit le comte Zeppelin.

Avant de rejoindre la cathédrale, il est conseillé de parcourir les ruelles resserrées du quartier de **Niederburg**, entre la cathédrale et le Rhin. Curieusement délaissé des touristes, on trouve dans cet entrelacs de vieilles ruelles quelques-uns des plus beaux bâtiments de la ville (anciens couvents, auberges pittoresques) dont, entre autres, l'ancien presbytère de la cathédrale (entre la Rheingasse et la Konzilstrasse) ou la maison sise au n° 13 de la Rheingasse.

La **cathédrale Notre-Dame** (Münster Unserer lieben Frau) fut érigée au XIe siècle et très remaniée aux XVe et XVIIe siècles. Le portail de la façade est très beau. A l'intérieur, belle collection de *Goldscheiben* (disques d'or sculptés relatant les grands événements de l'histoire de la ville ou des épisodes de la Bible), Saint Tombeau du XIIIe siècle, fresques du XVe siècle (assassinat des pèlerins de Compostelle, cycle de saint Nicolas). Tout près, à l'angle des rues Obermarkt et Wessenberg, se trouve la **Haus zum hohen Hafen**, dans laquelle, en 1417, le burgrave de Nuremberg reçut des mains de l'empereur la Marche de Brandebourg (future Prusse).

Au n° 13 de la Wessenberggasse, la **Haus zum Mönch und zur Nonne** est dotée d'une fresque extérieure datant de l'époque baroque et représentant la Fuite en Egypte. En continuant vers le sud, on traverse le **Marktstätte**, principale rue commerçante de Constance. Au n° 4 de la Rosgartenstrasse (perpendiculaire au Marktstätte) se trouve la **Haus zum Wolf** (maison du loup), de 1774, avec une très belle façade en stuc. Tout près, l'ancienne église des Augustins, aujourd'hui **église de la Sainte-Trinité** (Dreifaltigkeitskirche) est ornée au plafond d'une fresque baroque sur la vie de saint Augustin qui contraste avec la frise augustine de la nef, réalisée au XIIIe siècle.

LES ENVIRONS DE CONSTANCE

Aux alentours de Constance (à 7 kilomètres au nord, sur le lac d'Überlingen), ★ **Mainau** a la faveur des touristes. L'île a appartenu pendant près de cinq cents ans aux chevaliers de l'Ordre teutonique. En 1739, l'architecte Bagnato fut chargé d'y construire un château baroque. A la dissolution de l'Ordre, le grand-duc de Bade racheta l'île en 1853. Il en fit sa résidence d'été et transforma le site en un jardin délicieux où poussaient des essences aussi rares qu'exotiques, ramenées de ses multiples voyages. A sa mort, Mainau échut à son arrière-petit-neveu, le comte Lennart Bernadotte. Depuis cette date, l'île et son château baroque appartiennent à l'actuelle famille royale de Suède.

Grâce à son microclimat, « l'île aux fleurs » n'a rien à envier aux jardins des îles Borromée en Italie : cyprès, roseraies, bananiers, palmiers, orchidées y poussent à profusion. On trouve aussi un arboretum avec des arbres géants.

A quelques de kilomètres à l'ouest de Constance, **Reichenau**, sur le lac d'Untersee, se présente comme un berceau de l'art roman religieux, notamment avec les très belles fresques ottoniques (Xe siècle) de l'église Saint-Georges d'Oberzell. On ne manquera pas non plus l'église Saint-Pierre d'Unterzell et la basilique Sainte-Marie-et-Saint-Marc de Mittelzell, également dotées de fresques (Xe-XIIIe siècles). Ces trois églises faisaient partie du vaste monastère de Reichenau, fondé en 724 par Charles Martel, le père de Charlemagne. Le reste de l'île est occupé par la vigne. Cette visite sur Reichenau constitue une belle excursion, d'autant que l'île est moins fréquentée que Mainau.

Sur la rive nord du lac, qui prend ici le nom d'Überlingen, ne pas manquer la très belle église baroque de **Birnau** (entre Überlingen et Meersburg) ni le charmant village de **Meersburg**, avec ses deux châteaux et ses rues en pente bordées de maisons à colombages ou baroques.

Dans la partie orientale du lac de Constance, la petite ville de **Lindau** (à quelque 50 kilomètres à l'est de Constance) est construite sur une île reliée au rivage par un pont. Très pittoresque et donc encombrée de touristes (genre voyages organisés), elle n'en demeure pas moins une excursion tout à fait intéressante. La ville se trouve officiellement en Bavière, comme le rappellent les lions de pierre du XIIIe siècle qui trônent à l'entrée du port. Le plus rapide pour se rendre à Lindau au départ de Constance est de passer par la rive sud du lac, c'est-à-dire par la Suisse et l'Autriche, ce qui évite de faire le tour du décrochement du lac d'Überlingen (35 kilomètres en plus), ou bien de prendre le bac Constance-Meersburg. La plus belle manière d'approcher Lindau reste toutefois de prendre le bateau à Constance (la traversée dure 2 heures 45). On pénètre ainsi dans la ville par son très joli port aux jetées farouchement gardées par ses lions au lieu d'y entrer par l'arrière-pays où les abords de la cité sont défigurés par un triste pont de chemin de fer et les vilains parkings où s'entassent bus et voitures interdits dans les murs.

La Forêt-Noire

La Forêt-Noire (Schwarzwald en allemand) est réputée pour ses « coucous » (*Kukuksuhren*), son gâteau crémeux au chocolat et aux cerises (*Schwarzwäldische Kirschtorte*, « forêt-noire » en français) et une certaine clinique qui donna son nom à une série télévisée.
Géologiquement, la région fait partie du massif montagneux des Vosges, l'effondrement de la vallée du Rhin ayant donné naissance à la plaine d'Alsace et séparé en deux cette région montagneuse.
La Forêt-Noire est une région éminemment touristique, dont les deux pôles d'attraction sont constitués par les villes de Fribourg et de Baden-Baden, reliées entre elles par la très pittoresque route des crêtes (Schwarzwaldhochstrasse). Fribourg concentre l'essentiel de l'activité économique, estudiantine et culturelle de la région, étant située à deux pas des hauts lieux touristiques que sont le lac de Titisee ou le mont Feldberg (point culminant de la région). Baden-Baden, quant à elle, est la station thermale la plus mondaine d'Allemagne, avec ses grands hôtels 1900 et son célèbre casino.
La Forêt-Noire est la première région gastronomique du pays et dispose du meilleur équipement hôtelier.

FRIBOURG

Fribourg (Freiburg im Breisgau en allemand) est une ville animée qui ne manque pas de cachet. La belle tour de grès rose de sa cathédrale, l'ambiance presque méridionale de ses places encombrées d'artistes et de musiciens en tout genre, le charme de ses nombreux canaux (*Bächle*, littéralement « petits ruisseaux ») et la vue qui s'offre sur les toits de la ville depuis la colline du Schlossberg en font un lieu particulièrement agréable à visiter. Ajoutons que Fribourg est une des rares villes d'Allemagne (avec Munich) où l'on vit beaucoup dehors.
La ville fut créée en 1120 par le duc Konrad von Zähringen ; en 1200, débuta la construction de la cathédrale qui deviendra, avec celle de Rothenburg, un des édifices gothiques les plus importants du sud de l'Allemagne. En 1368, Fribourg s'affranchit de la tutelle du comte Egino III contre 15 000 marks or et se place sous la protection des Habsbourg d'Autriche. L'Université est fondée en 1457 et, en 1529, la ville accueille le chapitre de la cathédrale de Bâle, qui fuit la ville nouvellement réformée et s'installe dans l'hôtel de Bâle ; un siècle et demi plus tard, Louis XIV séjournera dans cet hôtel après avoir fait de la ville une possession française, en même temps que Strasbourg, de l'autre côté de la plaine d'Alsace. Vauban transforme Fribourg en une place forte qui abrite 5 000 soldats mais, en 1698, la ville redevient autrichienne alors que quelque soixante-dix ans plus tôt elle avait subi cinq sièges et autant de destructions dans le cadre de la guerre de Trente Ans.

A la fin du XVIIIe siècle, Fribourg devient italienne : elle échoit au duc de Modène avant d'être rattachée en 1805 par Napoléon Ier au grand-duché de Bade, que l'empereur français vient de fonder. En 1821, la ville devient siège de l'évêché, jusque-là installé à Constance.

Pendant la Seconde Guerre mondiale, l'aviation allemande, croyant reconnaître la flèche de la cathédrale de Strasbourg redevenue française depuis 1918, bombarde Fribourg. Malgré les destructions de la guerre, la vieille ville conserve un certain charme mais beaucoup de monuments ou édifices importants ne sont pas d'époque.

Il n'y a pas d'itinéraire à recommander pour découvrir Fribourg, le mieux étant de se laisser guider par la curiosité. La partie ancienne de la ville est séparée en deux par la rue piétonne Kaiser-Josef-Strasse. La partie ouest est dominée par la mairie et l'université, la partie est étant constituée par le quartier de la cathédrale.

La **cathédrale** (Münster) fut construite entre le XIIIe et le XVIe siècle. A l'intérieur, on notera de beaux vitraux du XIVe siècle dans le transept, le célèbre maître-autel de Hans Baldung-Grien exécuté entre 1512 et 1516, ainsi qu'un autel dû à Hans Holbein le Jeune dans la chapelle dite de l'Université (Universitätskapelle) daté de 1521. La magnifique flèche filigrane de la cathédrale (1320-1330) est munie d'une plate-forme d'où l'on jouit d'une belle vue sur la Forêt-Noire. Sur la **Münsterplatz** (place de la cathédrale), on remarque sur le côté sud (n° 10) le **Rotes Kaufhaus** (Magasin Rouge) achevé en 1532, avec ses arcades Renaissance et son pignon en escalier, le tout flanqué d'échauguettes aux toits pointus. Au n° 30 se dresse la **maison Wenziger**, édifice baroque de 1761. Le côté nord est occupé par l'ancien **grenier à grain**, reconstruit en 1971, originellement du XVe siècle. En allant ensuite vers le sud, on trouve, dans la rue Salzstrasse, l'**Augustiner-Museum**, un ancien couvent d'ermites de l'ordre de saint Augustin transformé aujourd'hui en musée d'art religieux. La Salzstrasse est fermée à l'est par la **Schwabentor** (porte Souabe), du XIIIe siècle. On peut rejoindre la partie ouest de la ville en remontant par exemple la Schusterstrasse, une rue parallèle à la Salzstrasse bordée d'un côté par l'ancien **palais épiscopal**, de l'autre par le **palais Sickingen**. Traversez la Kaiser-Josef-Strasse (piétonne) et dirigez-vous vers la **mairie** (Rathaus). La partie ancienne date du XVIe siècle, alors que l'**église Saint-Martin**, sur le côté nord de la place, est du XIVe siècle (l'intérieur, cependant, est neuf et décevant).

Dans la Franziskanerstrasse (avoisinant la mairie), ne manquez pas la **Haus zum Walfisch** (maison à la baleine), construite en 1516, qui s'orne d'une belle tour d'angle et devait servir de retraite à l'empereur Maximilien Ier de Habsbourg (rappelons que Fribourg fut autrichienne avant de devenir française). Au sud-ouest, dans la Bertoldstrasse, les bâtiments de l'**Alte Universität** (Ancienne Université) datent des XVIe-XVIIe siècles. Les nouveaux bâtiments, sans intérêt, se trouvent à l'ouest du Stadttheater (Théâtre municipal).

Un peu à l'extérieur du centre (2,5 kilomètres à l'est), le **Schlossberg** offre une vue dégagée sur la ville. Le château des ducs de Zähringen qui fondèrent la ville trônait jadis sur cette colline (ascension en téléphérique ; départ dans le Stadtgarten, au nord-est de la cathédrale). Plus au centre, le quai de Gerberau, entre la Schwabentor et la Augustinerplatz, ménage de belles perspectives sur la flèche de la cathédrale.

Fribourg étant situé dans la partie sud du massif de la Forêt-Noire, on peut depuis la ville rejoindre les sites les plus pittoresques de la région comme le ★ **mont Feldberg** (1 493 mètres d'altitude, à quelque 35 kilomètres au sud-est de Fribourg), les lacs d'origine glaciaire de ★ **Titisee** ou **Schluchsee** (à proximité du ★ Feldberg) ou encore la **Montagne Bleue** (Blauen, à 30 kilomètres au sud-ouest de Fribourg), qui réserve les plus belles vues sur la plaine d'Alsace et la « ligne bleue des Vosges ».

Se renseigner auprès de l'office du tourisme de Fribourg (près de la mairie) pour les nombreuses randonnées ou les vols en deltaplane.

BADEN-BADEN

Pour rejoindre Baden-Baden depuis Fribourg, on ne saurait trop vous conseiller d'emprunter la **Schwarzwaldhochstrasse** (route des crêtes). Bien que les montagnes soient plus élevées au sud, c'est paradoxalement la partie nord de cette route, appelée Höhenstrasse entre Freudenstadt et Baden-Baden, qui est la plus belle, offrant des vues très dégagées sur le massif.

La route, très accidentée mais peu dangereuse, se parcourt à vitesse réduite (relief et touristes).

Baden-Baden, lieu mondain par excellence, peut irriter par son ambiance surannée de ville de cure, son architecture ostentatoire et bourgeoise de la Belle Epoque ; elle sait séduire par son luxe, sa grande propreté, ses parcs nombreux et l'animation de son casino.

La ville, célèbre au temps des Romains pour ses sources curatives qui jaillissent à 68° C, a connu une histoire assez mouvementée. A la fin du XIIe siècle, elle devient résidence des ducs de Zähringen. Au pied du château, la ville moyenâgeuse s'agrandit et, en 1507, le margrave Christophe Ier lui accorde son statut de ville thermale. Brûlée par les armées françaises de Louis XIV à la fin du XVIIe siècle, Baden-Baden devient deux cents ans plus tard le centre du grand-duché de Bade fondé par Napoléon Ier. A partir de 1838, la création du casino et les premières courses hippiques transfigurent la ville qui devient une station très mondaine. Au début du XXe siècle, les Allemands l'appelaient un peu présomptueusement *die Sommerhauptstadt Europas*, « la capitale estivale de l'Europe ». Il est vrai que, proche de la Suisse, de l'Italie et de la France, Baden-Baden faisait partie du circuit qui conduisait les grandes fortunes européennes de Marienbad (aujourd'hui en République tchèque) à la côte d'Azur en passant par Baden-Baden, Evian et Montreux.

Le **Kurgarten** (jardin des Thermes), vaste parc qui regroupe les installations thermales, constitue le centre de la ville.

Il ne faut pas manquer la célèbre **Lichtentaler Allee** sur laquelle règne, entre autres, le Brenner's Park Hotel. Brahms vécut tout près de là, de 1865 à 1874. Dans la partie orientale de l'Altstadt, les **thermes de Caracalla**, installation mi-récréative mi-thermale, n'ont de romain que le nom mais valent néanmoins le détour. Le vieux **château des Zähringen**, aujourd'hui en ruine, se trouve à 4,5 kilomètres au nord de la ville, au lieu-dit Hohenbaden. Belles randonnées pédestres à partir du **mont Merkur** (670 mètres), à 5 kilomètres à l'est de Baden-Baden.

KARLSRUHE

L'origine de ce nom, qui signifie « le repos de Charles », serait à chercher dans une légende locale qui raconte qu'un jour le margrave Karl-Wilhelm de Bade-Durlach se serait égaré dans la forêt, au cours d'une partie de chasse. Des animaux le guidèrent alors vers une clairière où il put se construire un abri et se reposer, et il décida d'y établir sa nouvelle résidence. Ainsi naquit Karlsruhe en 1715. A l'image des princes, ducs et autres margraves de l'empire allemand qui voulaient imiter l'absolutisme des nouvelles monarchies comme la Prusse ou la Saxe, Karl-Wilhelm fit construire un grand château baroque d'après les plans du célèbre Balthasar Neumann, à qui l'on doit notamment la célèbre Residenz des princes-évêques de Wurtzbourg. Au XIXe siècle, la ville a été considérablement agrandie selon un concept néoclassique, les rues partant du château en formant un vaste éventail.

Le **château** (Schloss), qu'il n'est pas indispensable de visiter, est agrémenté d'un très beau parc où l'on ne manquera ni l'**orangerie** ni le beau **Jardin botanique**. Karlsruhe a été considérablement endommagé pendant la Seconde Guerre mondiale mais la partie nord du centre ville (entre le château et la Kriegstrasse) a été relativement préservée. Ainsi, la **Marktplatz** (place du Marché), avec sa pyramide « retour d'Egypte » et sa mairie néoclassique, ne manque pas de charme. Les rues qui composent l'éventail sont émaillées de quelques belles demeures néoclassiques, et, fait rare en Allemagne, la plupart des maisons ont des volets en bois qui rappellent que l'Alsace n'est pas loin. La grande artère commerçante, la Kaiserstrasse (en partie piétonne) est plus agréable que la majorité des rues allemandes de ce type : avec 300 000 habitants, Karlsruhe est la troisième ville du Land de Bade-Wurtemberg et sans conteste le pôle économique de l'extrême sud-ouest de l'Allemagne (c'est-à-dire du pays de Bade).

Stuttgart

Coup d'œil sur la ville

La capitale du Land de Bade-Wurtemberg est une ville déconcertante : Stuttgart – qui signifie littéralement « jardin des juments » (de *Stuttengarten*) – est la seule grande ville d'Allemagne (elle compte 600 000 habitants et l'agglomération dépasse le million) à ne pas être construite sur du plat. Peu s'en faut : pour accéder au centre ville tapi au fond d'une profonde cuvette (les Allemands désignent ce type de configuration du terme *Talkessel*, c'est-à-dire « vallée en chaudron »), il faut dévaler des pentes abruptes occupées soit par les quartiers résidentiels qui s'étagent en gradins et en terrasses, soit par des vignes lorsque la côte est trop abrupte. On trouve des coteaux jusque derrière la gare centrale. La ville n'a pas une réputation éminemment touristique et l'on dit souvent d'elle que c'est une *Rentnerstadt* (une ville de retraités et de rentiers) ; pourtant, si Stuttgart compte une forte population de personnes très riches et plutôt âgées, elle n'en est pas moins une cité industrieuse – et industrielle – puisqu'elle accueille le siège de très grandes sociétés comme Daimler-Benz (Mercedes), Porsche, Bosch ou SEL. A ce titre, la ville est une des plus prospères d'Allemagne. Les loyers y sont d'ailleurs aussi élevés qu'à Berlin ou à Munich. Mais, forte de sa situation unique qui relègue les zones industrielles en lointaine banlieue, très au-delà des collines couvertes de vignes et des nombreuses forêts, la ville paraît presque bucolique et beaucoup plus petite qu'elle ne l'est en réalité.

Un des plus grands plaisirs que procure Stuttgart est, lorsqu'on l'aborde par le sud, de dévaler à fond de train la fameuse Alte Weinsteige (« Vieille Côte du vin »), la rue la plus raide de la ville qui domine de plusieurs centaines de mètres la marée des toits de tuile du centre et fait couiner les pneus des voitures qui ont fort à faire pour négocier les virages serrés et ne pas déraper sur les rails glissants du tramway.

La deuxième attraction de la ville est une visite au grand magasin Breuninger, unique en son genre. Labyrinthique s'il en est, l'illustre maison a fini par grignoter tous les bâtiments alentour, et l'on y passe sans transition de la quincaillerie la plus médiocre aux rayons de luxe avant de replonger dans une ambiance plus *discount*, et ainsi de suite. La sortie est toujours très difficile à trouver. Ceci étant, même si Stuttgart n'est pas un haut lieu du tourisme, on devrait tout de même y consacrer une demi-journée et assister à une représentation de son Ballet, qui est de loin le meilleur ensemble chorégraphique du pays, le seul à vrai dire de réputation internationale.

DÉCOUVRIR STUTTGART

Stuttgart – du moins sa partie la plus intéressante – se visite à pied, le tout formant un périmètre n'excédant pas 600 mètres de côté. Le centre de ce périmètre est marqué par la **Schlossplatz** (place du Château), le cœur de la ville. Cette vaste esplanade est bordée à l'est par le **Neues Schloss**, au sud par l'**Altes Schloss**, et à l'ouest par le **Königsbau** (Pavillon royal). Au milieu de la place, un vaste espace couvert de gazon est agrémenté de quelques ornements du XIXe siècle, d'un goût un peu douteux, comme le kiosque à musique ou la colonne grandiloquente édifiée à la gloire du roi de Wurtemberg. Car Stuttgart a été pendant un peu plus d'un siècle la capitale du royaume de Wurtemberg érigé par la volonté de Napoléon et dissout par le règlement de la Première Guerre mondiale en 1918.

Connue dès 950 comme haras du duc Liutolf, fils de l'empereur Otton Ier, la ville est devenue au XIVe siècle résidence des comtes de Wurtemberg, bientôt élevés au rang de ducs par l'empereur Maximilien en 1495. En 1717, le duc Eberhard Ludwig, imitant ses homologues à la tête de la myriade d'Etats qui composaient alors l'Empire, commença à trouver le château de ses ancêtres (l'Altes Schloss) un peu trop poussiéreux à son goût et fit transférer sa résidence à **Ludwigsburg** (à quelques kilomètres au nord de la ville), où il se fit construire un très beau et très grand palais baroque au milieu d'un vaste parc que l'on peut (et doit) visiter encore de nos jours.

Son successeur, le duc Karl Eugen, préféra revenir dans la ville. Toutefois, refusant de réintégrer le vieux château, il en fit construire un troisième (le Neues Schloss) qui trône désormais face à l'ancienne résidence des ducs de Wurtemberg sur la Schlossplatz de Stuttgart. Le bâtiment, d'assez belle facture, ne se visite pas car il est occupé par divers ministères régionaux. Cependant, il constitue la porte d'entrée du **Schlosspark**, agréable jardin qui, en un peu plus de 4 kilomètres, relie le centre de la ville à la station thermale de Bad Cannstatt, depuis longtemps agglomérée dans Stuttgart. Ce parc comporte quelques édifices publics comme le Parlement régional du Bade-Wurtemberg (Landtag), le Théâtre national de Stuttgart (siège du célèbre Ballet de Stuttgart), le planétarium et divers instituts.

En revenant vers la Schlossplatz, la vue de cette place apparaît différente sous cet angle : à droite la colonnade néo-classique du Pavillon royal (qui abrite la poste centrale et divers magasins), à gauche le Neues Schloss et, dans le fond, la perspective ouvrant sur l'Altes Schloss et la collégiale. L'Altes Schloss, édifié à la Renaissance, cache une belle cour intérieure à arcades. L'espace qui sépare sa façade ouest de la collégiale (de style gothique, assez peu intéressante) forme la **Schillerplatz**, hommage au poète et dramaturge Friedrich von Schiller, le fils le plus célèbre de la ville, contemporain et grand ami de Goethe.

Pour gagner le magasin **Breuninger**, il faut malheureusement traverser la **Marktplatz**, dont la vue provoque un choc, même pour le visiteur le plus rompu aux désastres architecturaux des années 50 et 60. La tour de la mairie, haute de quelque 60 mètres, est d'une telle laideur qu'elle pourrait vous faire regretter d'avoir fait étape à Stuttgart. Sachez aussi que la **Königsstrasse**, rue piétonne qui conduit en droite ligne de la gare (Hauptbahnhof) à la Marienstrasse en longeant à mi-parcours la Schlossplatz, ne vaut guère mieux. Si vous tenez à faire encore du shopping après l'expérience (incontournable) de Breuninger, rendez-vous plutôt du côté de la **Kalwerstrasse**, nettement moins banale et ennuyeuse que la Königsstrasse.

LES ENVIRONS DE STUTTGART

Le Schloss Solitude

Ce château, situé à environ 10 kilomètres du centre de Stuttgart, est un très joli rendez-vous de chasse que fit ériger en 1763 le duc Karl Eugen au milieu de la forêt de Kräherwald. A voir absolument.

Ludwigsburg

A quelque 20 kilomètres au nord de la ville, Ludwigsburg fut construit en style baroque par Eberhard Ludwig, le prédécesseur de Karl Eugen, avide de mener aussi grand train que les monarques absolus du XVIIIe siècle. Ce château constitue, avec la résidence des évêques de Wurtzbourg, le plus vaste édifice baroque d'Allemagne (452 pièces). En été, de nombreux concerts sont organisés (se renseigner auprès de l'office du tourisme).
Le jardin du château (Schlossgarten) comprend plusieurs volières et un adorable **Märchengarten** (« jardin de contes de fées ») à l'intention des plus petits. Au nord s'étend l'immense **Favoritenpark** qui cache, entre autre, les folies baroques Favorite (1718) et Monrepos (1760, au bord d'un petit lac) ; ces constructions sont à Ludwigsburg ce que le Grand et le Petit Trianon sont à Versailles.

Tübingen

Situé à 35 kilomètres au sud de Stuttgart, au bord du Neckar, Tübingen (75 000 hab. et quelque 25 000 étudiants) est une charmante ville médiévale et possède l'une des plus anciennes universités d'Allemagne (1477), fondée par le comte de Wurtemberg Eberhard im Bart qui avait élu Tübingen comme lieu de résidence. Il faut flâner dans la vieille ville autour de la Marktplatz (belle fontaine), de la Stiftskirche (collégiale) – dont le clocher offre une vue superbe sur les toits de tuiles rousses de la cité – et du Holzmarkt (Marché au bois). Le vieux château du comte Eberhard Im Bart trône toujours sur sa colline à l'extrémité de la vieille ville (Altstadt).

Burg Hohenzollern (Hechingen)

A 65 kilomètres au sud de Stuttgart par la B27 (direction Rottweil/Villingen-Schweningen).
Moins connu et moins envahi par les touristes que Neuschwanstein, le Burg Hohenzollern à Hechingen trône lui aussi sur un promontoire escarpé, dans une contrée magnifique. Rappelons en effet que le Bade-Wurtemberg est souvent considéré (à juste titre) comme la première région d'Allemagne pour la beauté de ses paysages. Hohenzollern est le château de la Belle au bois dormant par excellence et, à l'inverse de Neuschwanstein, ne présente pas ce déplorable effet de décor de cinéma en carton-pâte dont est affublé son homologue bavarois.
En fait, Hechingen est, avec Eltz (dans la vallée de la Moselle), le plus séduisant des châteaux de contes de fées d'Allemagne. Paradoxalement, c'est depuis la route nationale qu'il apparaît dans toute sa majesté. Pour accéder jusqu'au château, il faut effectuer une ascension assez difficile.
Si l'intérieur de Hechingen ne présente pas un grand intérêt, son histoire, elle, l'est beaucoup plus, puisqu'il s'agit de la demeure médiévale de la dynastie des Hohenzollern, originaire de cette bourgade de Bade-Wurtemberg. Rappelons

que les comtes de Hohenzollern furent nommés burgraves de Nuremberg, c'est-à-dire qu'ils avaient la charge honorifique de veiller sur le château impérial de Nuremberg quand l'empereur n'y séjournait pas. En 1417, à Constance, ils reçurent des mains de l'empereur le Brandebourg, une contrée sablonneuse située dans les Marches orientales de l'Empire et qui sera à l'origine de la fulgurante et fatale ascension de la Prusse. Les figures les plus illustres de la dynastie des Hohenzollern furent le despote éclairé Frédéric le Grand et Guillaume Ier qui réalisa, avec Bismarck, l'unité allemande en assurant la prépondérance de la Prusse sur le reste de l'Allemagne et en se proclamant empereur du Reich allemand en 1871.

Schwäbisch Hall

A 50 kilomètres au nord-est de Stuttgart (prendre la direction de Bad Cannstatt, puis Waiblingen, Backnang et Schwäbisch Hall), l'ancienne ville libre de Schwäbisch Hall (35 000 hab.) mérite un détour pour deux raisons.

La première est qu'elle recèle la **Marktplatz** la plus originale de tout le pays, bordée d'un côté par une adorable mairie de 1728 pareille à un petit palais baroque, de l'autre par l'escalier le plus célèbre d'Allemagne qui s'élance à l'assaut de la belle **église Saint-Michel** (tour-clocher romane du XIIe siècle, nef du XVe siècle) : cet édifice juché au sommet des cinquante-quatre marches de l'escalier domine donc de plusieurs étages le rez-de-chaussée de la mairie. Le reste de la place est bordé de belles maisons bourgeoises.

La seconde raison d'un détour à Schwäbisch Hall est que la cité possède l'un des plus beaux monastères de style roman du pays, le **Kloster Gross-Comburg**, dans l'ancien village d'Unterlimpurg aujourd'hui rattaché à Schwäbisch Hall. Cet ancien monastère bénédictin connut son apogée au XIe et XIIe siècle, sous le règne des empereurs de Hohenstaufen. Depuis quelques années, le monastère est aménagé en centre de recyclage professionnel. Très bien conservé, avec toutes ses annexes et ses fortifications, il faut absolument le visiter. La basilique romane, construite entre 1108 et 1120, est dotée de très belles fresques du XIIe siècle récemment restaurées. Très belle vue sur la vallée de la Kocher depuis la colline sur laquelle se dresse le monastère.

Le Kloster Maulbronn

A 40 km au nord-ouest de Stuttgart. Prendre l'autoroute A8 vers l'ouest en direction de Karlsruhe, jusqu'à la sortie Pforzheim-Ost. De là, prendre à droite jusqu'à Mühlacker (environ 7 kilomètres), puis à gauche en direction du village de Maulbronn.

Si Comburg est de toute évidence le plus bel édifice roman du pays, le **Kloster Maulbronn** est considéré à juste titre comme le plus beau monastère d'Allemagne du Sud. Il est un exemple unique de style gothique dans cette moitié méridionale du pays dominée par le style baroque en matière d'art religieux. Le cloître de Maulbronn (Kreuzgang) est une merveille d'architecture, avec ses chapiteaux finement ciselés et ses croisées d'ogives en enfilades

dans le plus pur style gothique. C'est un havre de paix et de tranquillité (belle fontaine du XIIIe siècle dans le jardinet du cloître).
Très représentatif de la transition du roman tardif au gothique, Maulbronn fut fondé en 1147 comme abbaye cistercienne. L'abbaye Sainte-Marie est dotée d'un beau porche appelé Paradis (1220) et, à l'intérieur, se trouve un splendide crucifix en pierre daté de 1473, de même que de très belles stalles du XVe siècle.
Si vous devez, pour des questions de temps, choisir entre Maulbronn et Comburg, privilégiez plutôt le premier, quoique ces deux monastères soient géographiquement situés à l'opposé. Une visite de Comburg permet de découvrir la ravissante ville de Schwäbisch Hall, alors que Maulbronn est plus facilement accessible si l'on vient de la Forêt-Noire et de la région Baden-Baden et Karlsruhe.

Ulm

Poste frontière entre le Wurtemberg et la Bavière (la ville se trouve en Bade-Wurtemberg alors que le quartier de Neu-Ulm, de l'autre côté du Danube, est en Bavière), Ulm, traversée par le Danube, est fière de sa cathédrale dont la flèche est la plus haute du monde. La ville elle-même (mal reconstruite et assez lourdement provinciale) n'est pas très intéressante mais sa cathédrale, la deuxième après celle de Cologne par la superficie, justifie à elle seule le détour.

DÉCOUVRIR ULM

Pour mieux apprécier l'architecture de la cathédrale, il est indispensable de prendre un peu de recul ; nous conseillons de passer le Danube et d'admirer la flèche de la cathédrale depuis le **quai de Jahnufer**, dans le quartier de Neu-Ulm. Revenez ensuite vers la cathédrale en traversant le quartier pittoresque du **Fischerviertel** (ancien quartier de pêcheurs, seule partie intéressante de la ville avec la cathédrale).
La **cathédrale** (Münster) est un chef-d'œuvre de l'art gothique en Allemagne. Commencé en 1377, le chantier financé par les bourgeois de la ville fut interrompu pendant plusieurs siècles, et ce n'est qu'en 1890 que la flèche fut ajoutée et l'ouvrage enfin terminé (la fin du chantier fut financée par les deniers prussiens, exactement comme pour la cathédrale de Cologne). Il peut paraître inconcevable que des villes comme Ulm ou Cologne qui, au Moyen Age, figuraient au tableau des grandes villes européennes, n'aient pas trouvé les moyens et l'énergie de mener à terme la construction de leur cathédrale. C'est que l'on ne mesure pas bien le désastre que fut, en Allemagne, la guerre de Trente Ans qui décima la population de régions entières et ruina bon nombre de villes, dont Ulm. Quand cette guerre s'acheva, les villes libres comme Ulm n'ont jamais pu véritablement se relever car il leur manquait l'appui financier et militaire d'une véritable structure étatique. Seuls en disposaient les grands-duchés ou les Etats comme la Prusse ou la Saxe, qui s'auto-proclamèrent monarchies,

désavouant ainsi un empire fantoche et anachronique. Or, les villes libres, longtemps favorisées au Moyen Age par leur statut, ont cruellement ressenti après la guerre de Trente Ans la faiblesse du Saint Empire et le désintérêt des empereurs successifs, qui délaissaient de plus en plus la chose impériale pour se consacrer à leur propre maison. Il fallut attendre l'émergence de la Prusse – qui mit fin au rapport de forces entre les différentes dynasties et permit l'unification allemande – suivie de la proclamation par Guillaume Ier de l'empire prussien, à la fin du XIXe siècle, pour que l'argent de Berlin permît paradoxalement d'achever les grands chantiers du Moyen Age tels que les cathédrales d'Ulm et Cologne.

Toutefois, la cathédrale disposait d'une nef et d'un chœur complets dès la fin du XVe siècle. Le mobilier magnifique (de style gothique flamboyant) que l'on peut admirer aujourd'hui date de cette époque. Parmi les œuvres d'art les plus connues figurant à l'intérieur de la cathédrale, il faut mentionner les magnifiques stalles dues à Jörg Syrlin le Jeune (qui passent pour être les plus belles du monde chrétien), la chaire du même artiste et les magnifiques vitraux de la verrière du chœur datés de 1450. A l'extérieur, la statuaire qui orne le portail principal mérite une attention particulière, notamment le *Schmerzensmann* (*L'Homme de douleur*) sculpté par Hans Multscher.

Après la visite de la cathédrale et du quartier des pêcheurs, il n'est pas indispensable de flâner en ville : la rue piétonne est d'une indicible laideur et la Stadthaus (maison de la Ville inaugurée en 1991), sur la place de la cathédrale, ressemble à un météorite qui se serait fourvoyé à Ulm et qui aurait tout aussi bien pu échouer au cœur de la forêt amazonienne.

LES ENVIRONS D'ULM

Nous ne saurions trop vous recommander la découverte des environs d'Ulm, en particulier le circuit de la route baroque du Jura souabe (Oberschwäbische Barockstrasse), au sud-ouest de la ville. Cet itinéraire vous conduit vers les monastères baroques de **Wiblingen** (voir notamment la bibliothèque) ou de **Rot an der Rot**, les châteaux baroques de **Bad Wurzach** ou **Erbach** ou les églises, tout aussi baroques, de **Zwiefalten** ou de **Schüssenried-Bad Steinhausen** (la plus belle de ce circuit). (Se munir d'une bonne carte; renseignements auprès de l'office du tourisme d'Ulm.)

★ Le Jura souabe (Schwäbisch Alb), outre ses édifices baroques, est en soi une très belle région dont les paysages faits de collines, de gorges et de vertes prairies, justifient à eux seuls un petit détour.

Augsbourg

Coup d'œil sur la ville

La ville d'Augsbourg (Augsburg) ne se situe certes pas en Bade-Wurtemberg mais fait partie géographiquement du Jura souabe; surtout, elle permet de boucler cet itinéraire à travers l'Allemagne des livres d'images. Située à quelque

60 kilomètres à l'ouest de Munich, Augsbourg est résolument bavaroise. C'est une fort belle ville, riche en monuments et marquée par le sceau du baroque, mais encore davantage par celui de la Renaissance. Beaucoup d'édifices ont été revus au goût baroque au XVIIIe siècle, mais un œil averti décèle à coup sûr l'origine Renaissance de la plupart d'entre eux. Ville natale du peintre Hans Holbein, du père de Mozart et de Bertold Brecht, Augsbourg est davantage connue pour avoir servi de cadre à des événements importants pendant la période agitée de la Réforme.
Il est aisé de se repérer dans Augsbourg, quoique les quartiers historiques soient très étendus pour une ville qui ne compte que 250 000 habitants. Un axe principal traverse le centre historique du nord au sud : il commence à la hauteur de la cathédrale (Dom) et du palais Fronhof, et porte alors le nom de Hoherweg. Baptisé ensuite Krolinenstrasse, il s'élargit à mi-parcours en une large place où trônent l'imposante mairie Renaissance coiffée de ses oignons augsbourgeois et la tour Perlach (symbole de la ville), de même que la fontaine d'Auguste. Au sud de cette place, l'axe prend le nom de Maximilianstrasse et s'ouvre en une longue rue bordée de palais baroques et de maisons patriciennes, qui remonte lentement vers la silhouette familière de l'église Sainte-Afra, dominée par un clocher baroque. La rue est bordée de fontaines monumentales comme celle de Mercure ou d'Hercule. A l'est de cet axe, la rivière de Lech se divise en plusieurs bras et canaux qui irriguent un quartier pittoresque d'artisans.
On trouve aussi plusieurs églises baroques et la fameuse Fuggerei, du nom de la plus riche famille marchande de la ville pendant la Renaissance : les Fugger. A l'ouest de l'axe nord-sud, Augsbourg est marquée par le style Gründerzeit, avec ses belles villas de la fin XIXe-début XXe, la gare, le théâtre mais aussi les églises Sainte-Croix et Sainte-Anne.

Un peu d'histoire

Augsbourg est née en l'an 15 avant J.-C., de la volonté de l'empereur romain Auguste dont elle porte le nom. Dès le Moyen Age, elle a su mettre à profit sa situation géographique pour devenir un point de passage obligé du commerce entre l'Italie et le Saint Empire, redistribuant notamment les biens en provenance d'Orient débarqués à Venise. Ville libre d'empire dès le XIIIe siècle, elle a toutefois, à l'inverse des autres cités ayant le même statut, résisté au lent déclin qui la menaçait après la Guerre de Trente Ans et l'effondrement du pouvoir impérial : elle put en effet compter avec l'influence, aux XVe-XVIe siècles, des deux richissimes familles patriciennes des Welser et des Fugger. Ceux-ci, comprenant qu'ils devaient composer désormais avec la puissance affichée des Habsbourg comme occupants incontournables du trône impérial, surent attirer leur attention sur Augsbourg qui, par le truchement de ces deux grandes familles, devint la nouvelle ville où se tenaient les diètes de l'Empire ; la ville bénéficia donc de retombées économiques et culturelles, au moment même où les autres villes libres comme Wismar, Rostock, Nuremberg ou Ulm connaissaient un déclin inéluctable.

A côté de Wittenberg, Eisenach ou Worms, Augsbourg est une des grandes villes ayant servi de cadre à plusieurs épisodes de la Réforme. Dès 1518, Luther – qui a publié un an auparavant ses fameuses thèses dans lesquelles il dénonce, notamment, « la vente des indulgences » – se rend une première fois à Augsbourg sur l'invitation du pape Cajetan, qui lui demande de se rétracter. Deux ans après, Luther brûle publiquement la bulle pontificale et se voit sommer de venir s'expliquer en 1521 à la diète de Worms. Il en ressort excommunié et doit se cacher à la forteresse de la Wartburg, à Eisenach, sous la protection du duc de Saxe Frédéric le Sage. En 1530, pendant la diète d'Augsbourg réunie par Charles Quint, Luther rend publique sa célèbre *Confession d'Augsbourg*, qui sert aujourd'hui encore de base doctrinale à cent sept des Eglises membres de la Fédération luthérienne mondiale (le nom de ces églises est précédé de l'abréviation « AB », signifiant *Augsburger Bekenntnis*, c'est-à-dire « Confession d'Augsbourg »). Par cette *Confession d'Augsbourg*, Luther affirmait entre autres que la Bible est la seule autorité en matière de foi. Il rejetait aussi la croyance au purgatoire, au culte des saints et, surtout, à la Vierge. En 1535, le réformateur strasbourgeois Martin Bucer signe à Augsbourg l'ébauche de ce qui deviendra par la suite le concordat de Wittenberg et qui vise à unifier luthériens et réformés. Il a fallu attendre 1973 et le concordat de Leuenberg pour que cette fusion s'opère. En 1548, l'empereur Charles Quint se croit assez fort pour régler par la force la question religieuse, mais c'est assurément mal augurer de l'opiniâtreté de la ligue de Smalkalde, qui allait entraîner l'empereur dans une guerre civile d'usure. Dans un premier temps, Charles Quint semble l'emporter et, pendant ce que l'on a appelé « l'intérim d'Augsbourg », il permet aux protestants de communier à la condition qu'ils s'engagent à respecter à nouveau l'ordre liturgique catholique et reviennent sur leur infirmation du culte des saints. Mais, du côté de la Saxe ernestine, les passions ne s'apaisent pas et Charles Quint, de guerre las et usé par un règne tumultueux, finit par accorder aux princes allemands la liberté de choisir leur religion et celle de leurs sujets. La paix d'Augsbourg est signée en 1555, neuf ans après la mort de Luther, l'instigateur de toute cette révolution religieuse et culturelle.

Cependant, cet accord portait en lui les germes de la guerre de Trente Ans, qui éclata en 1619. Car seules les villes libres d'empire détenaient effectivement la liberté de culte. La population des cités qui tombaient sous la coupe d'un Etat – qu'il fût principauté, duché ou margraviat – embrassait automatiquement la religion du souverain. Ainsi, les habitants de Saxe ernestine devinrent protestants, ceux de Saxe albertine demeurèrent catholiques. Dans la ville d'Erfurt, géographiquement située en Saxe ernestine mais possession du prince-évêque de Mayence, les habitants demeurèrent catholiques.

Dans une ville libre d'empire comme Augsbourg, les deux religions purent coexister quelque temps. En pleine Contre-Réforme, pendant la guerre de Trente Ans, le culte protestant y fut interdit et les hérétiques poursuivis et décimés. Augsbourg demeurait aussi largement sous l'influence des descendants des Fugger, qui avaient un siècle plus tôt attiré l'intérêt des Habsbourg sur la ville, l'empêchant ainsi de connaître le lent déclin des autres villes libres d'empire. Les Fugger et les Welser, en tant que serviteurs de l'empereur, étaient de fervents catholiques qui se firent fort de résister à l'invasion suédoise et de rétablir l'ancien dogme. Il fallut attendre la paix de Westphalie, signée en 1649, pour mettre un terme définitif aux persécutions. Augsbourg devint officiellement un centre important du protestantisme et accueillit notamment, entre 1732 et 1734, la population réformée de Salzbourg, qui n'avait d'autre choix que la fuite puisque leur ville était possession de la maison des Habsbourg, catholiques invétérés. Aujourd'hui rattachée au Land de Bavière, Augsbourg occupe la position originale d'une ville à majorité protestante au cœur de la très catholique Bavière.

DÉCOUVRIR AUGSBOURG

Augsbourg mérite qu'on lui consacre une journée entière, que l'on mettra à profit pour parcourir la ville à pied. Le mieux est de commencer par la partie située au nord de l'axe principal (Hoherweg-Karolinenstrasse-Maximilianstrasse), à la hauteur de la **cathédrale**. L'édifice, qui possède deux chœurs, fut construit entre le IXe et le XIVe siècle. La partie la plus ancienne est la crypte, située sous le chœur ouest. Sur le transept sud, on note un magnifique portail constitué de trente-cinq bas-reliefs sculptés dans le bronze (XIe siècle) représentant diverses scènes de l'Ancien Testament. A l'intérieur, il faut voir absolument les quatre retables peints par Hans Holbein l'Ancien pendant la Renaissance et les quatre vitraux des prophètes (Moïse, Josué, Jonas et Daniel) se trouvant dans la nef côté sud : ce sont les vitraux figuratifs les plus anciens d'Allemagne (vraisemblablement réalisés avant 1100).

A côté de la cathédrale se trouve l'ancienne **résidence épiscopale de Fronhof** (Residenz am Fronhof), construite dans le style baroque de 1743 et 1777 à la place d'un palais médiéval dont subsiste une tour de 1507 et où se tenaient les diètes de l'Empire sous Charles Quint. C'est à cet endroit que Luther fit, le 25 juin 1530, sa fameuse profession de foi connue sous le nom de *Confession d'Augsbourg*. Attenant à l'édifice, le **Hofgarten**, agencé à la mode rococo, est l'ancien jardin du palais épiscopal.

Continuez alors vers l'ouest par la Kohlergasse et la Heiligkreuzstrasse, où cohabitent deux édifices religieux qui témoignent de la coexistence à Augsbourg des cultes catholique et protestant à partir de 1649. L'**église catholique Sainte-Croix** (Katholische Heilig-Kreuz-Kirche) se trouvait, à l'origine (1195), au milieu d'un monastère augustin. La partie principale de l'édifice est cependant gothique (XVe siècle). Restaurée dans le style baroque au XVIIIe siècle puis détruite par les bombes en 1945, elle présente aujourd'hui un intérieur gothique, quoique dans une forme très simplifiée. Elle abrite plusieurs tableaux de Rubens, Vermiglio et Kager. Juste à côté se tient son homologue protestant, l'**église évangélique Sainte-Croix**, construite entre 1650 et 1653 à l'emplacement d'une petite chapelle. A l'intérieur, tableaux du Tintoret et de Schönefeld.

Rejoignez ensuite le Fronhof et continuez vers l'axe central nord-sud en empruntant la Peutingerstrasse. Au n° 11 se trouve la **Peutingerhaus** (maison Peuting) où habita l'humaniste et historien augsbourgeois Conrad Peuting. Elle offre un très bel exemple de façade rococo dans le style augsbourgeois. En longeant sur la droite l'axe principal (qui porte ici le nom de Karolinenstrasse), on atteint bientôt le centre névralgique d'Augsbourg, où se dresse la monumentale **mairie** (Rathaus) : cette imposante construction Renaissance est surmontée au septième étage d'un grand fronton flanqué de chaque côté de deux tourelles coiffées de bulbes en oignon, qui furent rajoutées à l'ère baroque. A l'époque des Fugger et des Welser, cet édifice se voulait le symbole de la richesse commerçante de la ville et de sa souveraineté affichée de ville libre d'empire. Il fut construit entre 1615 et 1620 par l'architecte augsbourgeois Elias Holl et demeure le plus vaste édifice profane de style Renaissance au nord des Alpes. A l'intérieur, beau plafond à caissons dans la Goldener Saal (salle dorée).

La place de la mairie est également marquée par la présence de la **Perlachturm** (tour Perlach), ancien clocher de la collégiale Saint-Pierre-de-Perlach transformé en beffroi à la Renaissance. Elias Holl y fit ajouter une lanterne munie d'une cloche en 1614. Haute de 71 mètres, la vue qu'elle procure depuis son sommet vaut vraiment l'ascension. A l'occasion du 1 600e anniversaire de la naissance d'Augsbourg, le sculpteur Hubert Gerhard créa en 1585 l'**Augustusbrunnen** (fontaine Auguste) en l'honneur de l'empereur romain qui fonda la ville.

Avant de continuer vers le sud, faire une petite incursion à l'est. Par la rue Perlachberg et la Barfüsserstrasse, on atteint la Brechthaus, maison natale de Bertold Brecht sise au n° 7 de la ruelle Auf dem Rain. C'est une maison d'artisan typique, comme on en rencontre beaucoup dans ce quartier traversé par la rivière de Lech et ses nombreux canaux. En chemin, on a pu remarquer la **Barfüsserkirche** (littéralement « église des Va-nu-pieds »), qui appartenait à l'origine (1243) à un ancien couvent de franciscains installé au bord de la Lech. A la Réforme, les luthériens s'en emparèrent pour en faire une paroisse protestante. Très endommagée pendant la guerre, on peut néanmoins y admirer le chœur baroque (le reste a été reconstruit dans un style très dépouillé, conformément au dogme protestant) et quelques belles œuvres d'art comme le *Baptême du Christ* et un grand crucifix, attribués à l'Augsbourgeois Georg Petel. Beau cloître de style gothique flamboyant avec voûtes nervées.

En continuant vers l'est, vous remontez la Jakobstrasse. Un peu en retrait de l'**église Saint-Jacques** (Jakobskirche) se trouve une des curiosités les plus intéressantes d'Augsbourg, la **Fuggerei**. Cette cité fut fondée en 1516 par Jacques Fugger le Riche, qui lui a donné son nom. Il ne s'agit pas d'un hospice de charité pour les nécessiteux mais d'un ensemble de logements attribués à des habitants méritants, honnêtes, catholiques mais endettés, contre un loyer dérisoire (1 florin rhénan). Toujours en service, elle continue d'accueillir les personnes se trouvant en difficulté. Cette cité est composée de 67 maisons regroupant 147 appartements et comprend une église, un moulin et une fontaine. Rien ne semble avoir bougé depuis 1516. Les pensionnaires restent aujourd'hui encore tenus, outre l'acquittement du loyer (dérisoire), de réciter le Notre Père en l'honneur des donateurs. Une partie des maisons de la Fuggerei constitue de nos jours le **Fuggerei-Museum**.

Revenez sur vos pas pour retrouver l'axe principal nord-sud, qui porte désormais le nom de **Maximilianstrasse** et constitue la plus belle rue d'Augsbourg. Avant de la descendre vers le sud, il peut être intéressant de faire une petite incursion à l'ouest. Prenez, à la hauteur de la place de la Mairie (Rathausplatz), la Philipp-Welser-Strasse, du nom de cette seconde dynastie augsbourgeoise contemporaine des Fugger. Au n° 24 de cette rue se trouve le **Welserhof** (ancienne demeure des Welser), belle maison patricienne de 1546 aux détails architecturaux peints à la main. Elle accueille aujourd'hui un musée sur l'artisanat de la Renaissance à nos jours. Un peu plus loin, l'**église Sainte-Anne** (Sankt-Anna-Kirche), à l'origine église d'un monastère carmélite (1321), a été transformée sous la Réforme en église protestante. Son clocher Renaissance est postérieur (1607) ; il est signé par Elias Holl. A l'intérieur, tombeau Renaissance des Fugger et retable de Lucas Cranach. La très belle chaire est signée Heinrich Eichler.

Entre l'église et le Welserhof se trouve le **monument aux Fugger**, offert à la ville d'Augsbourg par le roi de Bavière Louis Ier en 1857. Ce monument rend hommage à Jacques Fugger qui, avant sa mort en 1525, avait cédé pour un prix dérisoire tout le fonds de sa bibliothèque au duc de Bavière. Ces livres constituent toujours la partie la plus importante de la Bibliothèque nationale de Bavière.

Empruntez la Martin-Luther-Platz pour rejoindre la Maximilianstrasse qui s'offre, depuis cette place, en une perspective magnifique. La rue est fermée tout au fond par le clocher baroque de l'**église Sainte-Afra** et ponctuée de deux fontaines monumentales : la **fontaine de Mercure** fut exécutée en 1599 par le Flamand Adrien de Vries et figure un Mercure de bronze symbolisant la vitalité du commerce de la ville ; plus bas, la **fontaine d'Hercule** (la plus monumentale d'Augsbourg), également due à Adrien de Vries et datée de 1602, représente un vigoureux Hercules de bronze qui se bat contre l'hydre à sept têtes ; la vasque est flanquée de trois naïades au bain.

En descendant la Maximilianstrasse, on ne manquera pas aux nos 36-38 la **maison Fugger** (1512), constituée de plusieurs maisons patriciennes qui servaient de domicile et de comptoir commercial à Jacques Fugger le Riche. L'ensemble offre de belles cours sous arcades de style Renaissance italienne et une splendide cour des Dames (Damenhof) ornée de colonnes de marbre et de fresques dues à Jörg Breu l'Ancien (1515).

A la hauteur de la fontaine d'Hercule se trouve (du même côté que la maison Fugger) le **palais Schätzler**, petite merveille d'équilibre et d'harmonie baroques (sans doute la plus belle bâtisse de la rue, rehaussée par la présence de la fontaine d'Hercule). Il s'agit de l'ancien domicile d'un banquier augsbourgeois édifié entre 1765 et 1770. A l'intérieur, belle salle d'apparat en style rococo (23 mètres de long), avec abondance de dorures et effets de stuc. Ce palais abrite aujourd'hui le musée national d'Art baroque (Deutsche Barockgalerie und Staatsgalerie).

Continuez la Maximilianstrasse puis tournez à droite dans la Kapuzinerstrasse (la deuxième rue à droite depuis le palais Schätzler) pour admirer, un peu en retrait de la Maximilianstrasse (au n° 22), les belles fresques en trompe-l'œil qui ornent les murs extérieurs de la **Kathanhaus** (maison Kathan).

Reprenez ensuite la Maximilianstrasse et remontez jusqu'à l'église Sainte-Afra, qui ferme la perspective. Construite en 1474 comme abbaye bénédictine, elle est surtout intéressante pour son haut clocher baroque (93 mètres) coiffé d'un oignon typiquement bavarois. L'**église Saint-Ulrich**, qui fait corps avec Sainte-Afra, était à l'origine la salle de prêche de l'ancien couvent. Elle fut transformée en chapelle baroque en 1709 et l'on peut toujours y admirer une splendide chaire, un plafond en stuc et de beaux tableaux baroques.

Contournez ces deux églises et continuez vers le sud jusqu'à la **Rotestor** (Porte Rouge), bastion marquant la limite sud de la ville et le commencement de la fameuse route d'Italie, artère vitale pour Augsbourg à la Renaissance. Tout près de là, ne manquez pas l'ancien **hôpital du Saint-Esprit** (Heilig-Geist-Spital), dernière œuvre d'Elias Holl (1623-1631), aujourd'hui transformé en musée de Poupées et arborant toujours une très belle cour intérieure sous arcades. Cette cour permet d'accéder au **Kastenturm**, un ensemble constitué des trois châteaux d'eau des XVIe-XVIIe siècles dans lesquels des artisans se sont aujourd'hui installés.

De là, il peut être intéressant de remonter vers le centre en traversant le **quartier des artisans**, qui se situe de part et d'autre de la rivière de Lech et de ses canaux coulant parallèlement à l'axe principal. On y trouve, entre autres, plusieurs orfèvreries médiévales remises en état – Die Alte Silberschmiede (orfèvrerie d'argent), Wolfgang Eidel (orfèvrerie d'or et platine), Günter Winkler (orfèvrerie d'or) –, une ancienne boulangerie comme au Moyen Age (Bäckerei Laxgang) et un atelier de marqueterie (Intarsienwerkstatt Ewald Müller, angle Spitalgasse-Kirchgasse).

Sur le canal de Vorderer Lech (au n° 20) se trouve la **Holbeinhaus** (maison du peintre Hans Holbein) ; reconstruite après la guerre et transformée en galerie d'art, elle accueille désormais d'intéressantes expositions.

Bavière-Franconie

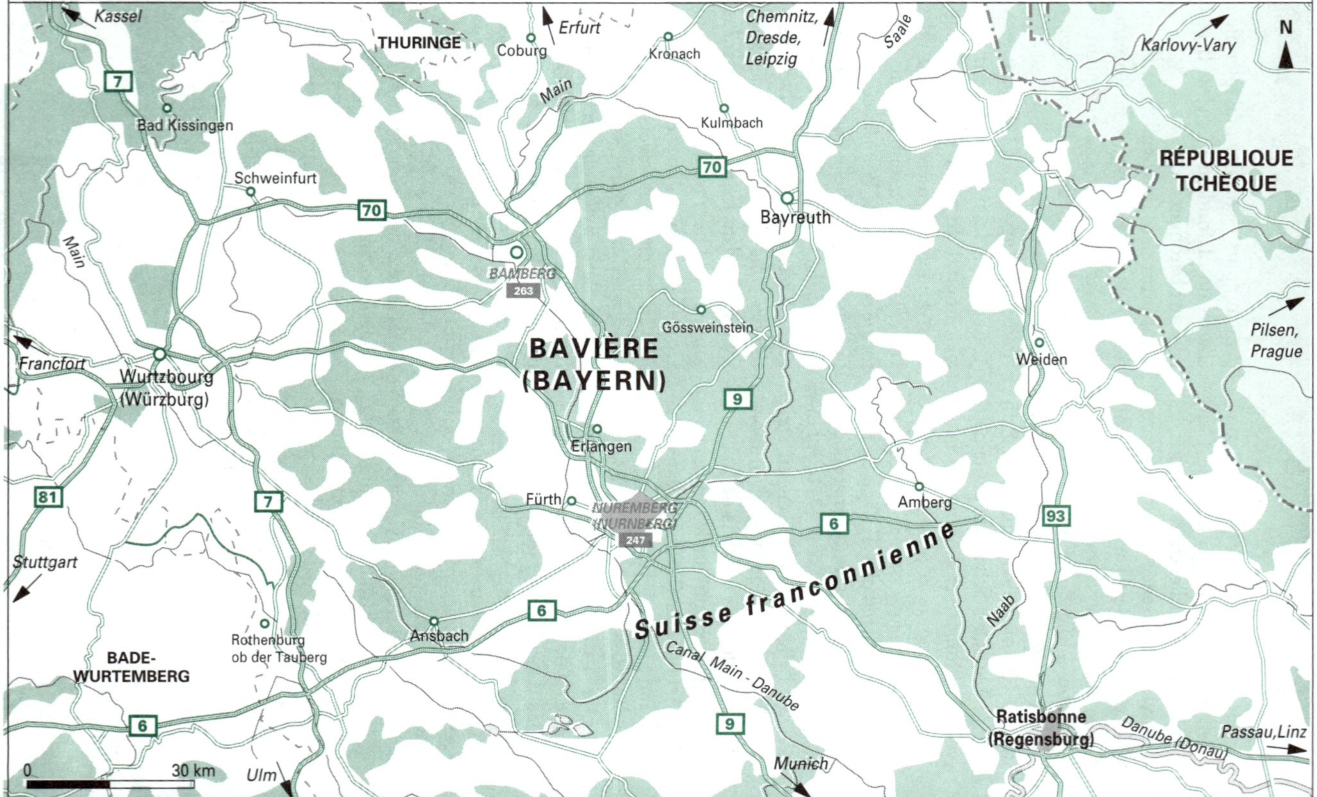

L'Allemagne romantique : de Munich à Francfort

FORÊT BAVAROISE – FRANCONIE – FRANCFORT

LA FORÊT BAVAROISE

Coup d'œil sur la région

Comparée à la Franconie, qui occupe tout le nord du Land de Bavière, la Forêt bavaroise paraît bien peu importante historiquement, culturellement et géographiquement. Cette région excentrée et fort mal connue possède pourtant, avec Passau et Ratisbonne, deux très jolies villes. Couverte de sombres forêts et dotée d'un climat sain mais très rude en hiver, la Forêt bavaroise constitue le versant occidental des monts de Bohême et sert de frontière avec la République tchèque. La partie montagneuse est peu urbanisée : c'est surtout un grand centre pour le ski de fond ou la randonnée, tandis que les villes se trouvent soit sur les fleuves (Danube, Isar) soit sur le plateau bavarois.

Landshut

L'ancienne capitale du duché de Basse-Bavière (Niederbayern) a été englobée au grand-duché de (Haute-) Bavière à partir du XVIe siècle. Auparavant, le mariage, en 1475, du dernier duc de Landshut avec la fille du roi de Pologne marque l'apogée de l'histoire de la ville ; considéré à l'époque comme le « mariage du siècle », il donna lieu à une des plus grandes fêtes princières du Moyen Age. Landshut fut dotée avant Munich d'une université.

La partie ancienne de la ville est assez bien conservée malgré quelques rénovations un peu trop simplificatrices. Dans la rue principale appelée Altstadt, il faut voir la **mairie** (XIVe-XVe siècles) et, juste en face, l'ancienne **résidence du duc de Landshut**, dont l'aile italienne (1537-1543) constitue le premier palais de style Renaissance construit en Allemagne.

Toujours dans la même rue, le regard est bientôt attiré par l'**église Saint-Martin**, dont le clocher (133 mètres) est le plus haut de Bavière. L'édifice, de style gothique flamboyant, est dû à Hans Stethaimer, qui a également construit à la même époque (fin de XVe siècle) l'église du Saint-Esprit, située à l'extrémité opposée de l'Altstadt.

La ville est dominée par la silhouette massive du **château Trausnitz**, résidence des Wittelsbach au XVe siècle. Edifié en 1204 sur cette colline haute de 500 mètres (accès depuis la Dreifaltigskeitsplatz en 15 minutes à pied), il fut transformé de 1568 à 1578 en palais d'agrément d'après le modèle de la Renaissance italienne. Voir en particulier le Narrentreppe (escalier des Bouffons), doté de belles fresques.

Dans le quartier Saint-Nicolas, de l'autre côté de l'Isar, se trouve l'**abbaye cistercienne de Seliegenthal**, qui offre notamment une belle église rococo (1732-1734) dont les travaux de stuc et les fresques sont signés Jean-Baptiste Zimmermann.

Passau

Passau doit sa grande beauté à sa situation, au confluent de trois fleuves (Danube, Inn et Ilz). Le centre de la ville, sur la presqu'île entre Inn et Danube, s'articule autour d'une colline tandis que sur les rives opposées le relief est encore plus accentué : montagne de la Citadelle côté Danube, montagne Notre-Dame-de-Bon-Secours côté Inn. Vue des berges de l'Inn, la ville rappelle un peu Salzbourg : la cathédrale, coiffée d'une coupole baroque, est dominée à l'arrière-plan par la Citadelle. De la place centrale, des escaliers forment des coulisses pittoresques vers les rives du Danube et de l'Inn. Après l'incendie survenu en 1680, la ville fut reconstruite en un style homogène, condensé d'architecture Inn-Salzach et de baroque italien.

Un peu d'histoire

Passau, qu'Alexandre de Humboldt classait parmi les sept villes du monde offrant le plus beau site (ce qui semble assez exagéré), existait du temps des Romains et portait alors le nom de Castra Batava. Au VIIe siècle, les ducs de Bavière firent ériger un château à l'emplacement des ruines romaines. Un évêché, dont la frontière allait jadis jusqu'en Hongrie, fut créé en 735.

L'évêque Pilgrim (971-991) a été immortalisé dans le *Chant des Niebelungen.* En 1217, l'évêque Ulrich II accède à la dignité princière. Favorisée par sa situation géographique, Passau devient un grand centre commerçant au Moyen Age mais c'est au XVIe siècle qu'elle va connaître son apogée, notamment grâce à la signature, en 1552, du traité de Passau par Charles Quint et le prince électeur de Saxe, traité préfigurant la paix d'Augsbourg qui mettra fin aux guerres de religion. Au cours du XVIIe siècle, la ville est par deux fois ravagée par le feu. Lors de la seconde reconstruction (1680), le prince-évêque fait appel à des artistes et architectes italiens qui donneront à Passau son aspect baroque italien qu'elle possède encore aujourd'hui. L'évêché est considérablement réduit en 1784, une grande partie orientale revenant à l'Autriche des Habsbourg, et finalement sécularisé en 1803 avant d'être incorporé au nouveau royaume de Bavière au début du XIXe siècle.

DÉCOUVRIR PASSAU

Le centre de la ville (Altstadt) occupe l'étroite presqu'île au confluent de l'Inn et du Danube. On peut commencer la visite par la Ludwigplatz, centre névralgique de Passau. De là part la Ludwigstrasse, prolongée par le Rindermarkt qui constitue le grand axe commerçant de Passau. Dans la Heilig-Geistgasse (première rue à droite) se trouve l'ancien **Heilig-Geist-Spital** ; seule demeure aujourd'hui l'église, datée de 1345. Plus bas, tout près des berges de l'Inn, la petite **église Saint-Nicolas** recèle d'admirables fresques datées de 1720 (belle crypte romane également). En remontant vers l'axe principal du Rindermarkt en direction de la Domplatz (place de la Cathédrale), on passe devant l'**église Saint-Paul** de 1678, de style baroque. La **cathédrale Saint-Etienne** (Stephansdom) est un édifice étrange : en venant du Rindermarkt, l'aspect général de l'édifice est baroque (le portail et les deux tours coiffées de bulbes) mais lorsqu'on le contourne, on s'aperçoit qu'il fait corps avec plusieurs bâtiments annexes formant le Chapitre ; l'abside, du plus pur gothique, est surmontée à la croisée du transept par une coupole de cuivre qui reprend la forme en oignon (beaucoup plus grand) des bulbes de la façade. La partie orientale (le chœur, daté de 1407-1530) a pu échapper aux deux incendies de 1662 et 1680. Lors de la reconstruction, l'Italien Lurago fut chargé de la nef et du portail, baroques (1686), tandis que son compatriote Carlone signa la décoration intérieure. La place attenant à la cathédrale côté oriental, appelée **Residenzplatz**, exhibe sans doute le plus bel ensemble architectural de Passau avec de nobles maisons patriciennes, l'abside gothique de la cathédrale faisant corps avec le **Neue Bischöflische Residenz** (palais épiscopal, 1712-1772), qui accueille aujourd'hui le Diözesanmuseum (Musée diocésain ; entrée par l'intérieur de la cathédrale). Côté sud, la nef de la cathédrale est flanquée de l'**Alte Residenz** (ancien palais épiscopal) avec, notamment, un beau théâtre baroque qui abrite l'ancien Opéra des princes-évêques (Ehemaliges Fürstbischöflisches Opernhaus) de 1783. En prenant sur la gauche dans la Schrottgasse, on atteint la mairie, au bord du Danube, édifice de 1398 constitué de plusieurs maisons patriciennes et flanqué d'une tour de 70 mètres de haut. Au coin de la place de la mairie et de la Schrottgasse, la maison patricienne dite Wilder Mann (« le Sauvage ») abrite le **musée du Verre** (Glasmuseum), où l'on peut admirer une belle collection de cristal de Bohême. Il faut se rendre jusqu'à la pointe de la presqu'île, appelée **Dreiflusseck** (le « coin des trois fleuves »), d'où l'on a une très belle vue sur la **citadelle d'Oberhaus**. A quelques mètres en aval, les trois fleuves, qui coulent désormais dans le même lit, n'ont pas encore mélangé leurs eaux : vert-jaune pour le Danube, grises pour l'Inn et brunes pour l'Ilz. On atteint la citadelle par le **Luitpoldbrücke**, puis en passant par une ouverture pratiquée dans la roche en 1762. A cet emplacement se cache, entre Danube et Ilz, la petite **église Saint-Sauveur** (Salvatorkirche) du XVe siècle, aujourd'hui salle de concert. Après avoir laissé sur la droite le pont qui franchit l'Ilz, un sentier escalade le rocher jusqu'à l'entrée de la **Citadelle** (Veste Oberhaus). L'intérêt principal de cet édifice complexe, dont la construction s'étendit sur quatre siècles, réside dans la vue magnifique qu'il offre sur la ville.

Ratisbonne

Ratisbonne (Regensburg en allemand) fait partie de cette poignée de villes moyennes allemandes miraculeusement épargnées et dont l'intérêt et le charme proviennent de leur caractère authentique et de leur rareté dans un pays où les villes furent dévastées pendant la Seconde Guerre mondiale. Dans cette moitié sud du pays, seules Bamberg, Rothenburg, Constance, Heidelberg et Augsbourg ont pu être sauvegardées. Ratisbonne, à l'écart des grands circuits touristiques, reste méconnue, même des Allemands. Avec 130 000 habitants, elle est moins importante que Nuremberg et Munich et ne joue pas un rôle économique prépondérant en Bavière. Pourtant, la ville sur le Danube se révèle être un petit bijou médiéval authentique.

Un peu d'histoire

Le nom français de Ratisbonne vient des origines celtes de la ville : Radasbona. En 179 après J.-C., l'empereur romain Marc Aurèle fonda un camp de légionnaires, le Castra Regina. Au début du VIe siècle, Ratisbonne devient ville de résidence des Bajuvares (ancêtres des Haut-Bavarois) avant que Charlemagne ne leur dispute ce territoire en 788 et en fasse, avec Aix-la-Chapelle, une des résidences carolingiennes. Entre-temps, saint Boniface y avait fondé un évêché en 739. Ratisbonne connaît son apogée au Haut Moyen Age, époque où la ville est la plus peuplée et la plus riche du sud de l'Allemagne (à cette date, le commerce avec Venise se fait par le passage du Brenner). Le déclin de la ville s'amorce avec la montée en puissance des villes d'Augsbourg et Nuremberg, c'est-à-dire dès le XIVe siècle.

De 1663 à 1806, Ratisbonne est le siège de diètes impériales. A partir de 1748, la ville devient la résidence de la lignée des Thurn und Taxis, qui délaissent Francfort. Le prince von Thurn und Taxis cumulait les charges de Premier Commissaire à la diète (Prinzipalkommissar beim Reichstag) et d'Intendant général de la Poste impériale (Generalpostmeisteramt im Deutschen Reich), titres qui lui permirent d'amasser une immense fortune. Aujourd'hui, la princesse Gloria von Thurn und Taxis continue d'habiter le grand château de Ratisbonne (St Emmeram) et ses frasques ont longtemps défrayé les chroniques mondaines (cette famille « royale » a été pour la presse à scandale allemande ce que sont les Grimaldi de Monaco en France).

En 1806, l'évêché est rattaché aux possessions épiscopales du prince-évêque de Mayence avant de dépendre du royaume de Bavière en 1810.

DÉCOUVRIR RATISBONNE

Le **pont de pierre** du XIIe siècle offre la meilleure vue sur la cité, ses clochers et ses nombreuses tourelles qui, comme dans les villes toscanes, témoignaient au Haut Moyen Age de l'importance des familles nobles ou patriciennes.

L'effervescence de la ville bat son plein autour de la Domplatz. La **cathédrale Saint-Pierre**, construite entre le XIIIe et le XVIe siècle, est l'édifice gothique le plus important de Bavière. Avec ses deux flèches hautes de 105 mètres, elle n'est pas sans rappeler la cathédrale de Cologne, en moins imposant. Le portail ouest (façade) est un chef-d'œuvre de sculpture et d'ordonnance. A l'intérieur, il faut absolument admirer les magnifiques vitraux du chœur (XIVe siècle), le groupe de l'Annonciation de maître Erminold (1280-1290), autour du pilier ouest de la croisée du transept. Le très beau cloître (XIVe-XVIe siècles) jouxte à l'est la **chapelle de la Toussaint** (Allerheiligenkapelle) dotée de fresques et au nord la **chapelle Saint-Etienne**, d'époque carolingienne. A l'ouest du cloître, le **Bischofshof** représente l'ancienne résidence épiscopale et abrite le trésor de la cathédrale (Domschatz). Sur le côté nord du Bischofshof, la **Porta Praetoria** est un vestige du Castra Regina (IIe siècle). Derrière l'abside de la cathédrale, les jardins de l'évêché bordent l'**église Saint-Ulrich** (1250), de style gothique, aujourd'hui transformée en Musée diocésain. La ruelle Domgarten, qui passe entre la cathédrale et les jardins, conduit au **Bischöflisches Palais** (Palais épiscopal) et à la **Niedermünster** (XIIe et XVIIIe siècles), dont la crypte sert de lieu d'expositions de fouilles romaines, mérovingiennes et carolingiennes récemment mises au jour. De la Niedermünster, une courte ruelle conduit à une très jolie place presque entièrement fermée sur elle-même, l'ancien **marché au grain** (Alter Kornmarkt), occupé côté sud par l'**Alte Kapelle** (Vieille Chapelle), édifiée en 1005 (le chœur date de 1452, l'intérieur est rococo), et côté est par la chapelle de l'ancien **couvent des Carmélites**, de style baroque (1641-1673). Une telle profusion d'édifices religieux (on compte au moins douze églises et chapelles dans un rayon de 200 mètres autour de la cathédrale) n'était pas rare à l'époque médiévale. On trouve aussi sur cette place les vestiges de l'ancienne résidence impériale carolingienne appelée à tort la **Römerturm** (Tour romaine).

Revenez vers la cathédrale et empruntez la Goliathstrasse en direction de l'**Altes Rathaus**, qui se dresse au milieu du **Kaufmannsviertel**, le quartier des marchands, hérissé de tours qui témoignent de la puissance des grandes familles. La vieille mairie est un édifice hétéroclite mais pittoresque (XIVe-XVIIIe siècles). C'est dans la Reichssaal que se tenaient les diètes de l'Empire de 1663 à 1806. A quelques pas de là, plus à l'ouest, la **Haidplatz**, marquée en son centre par la fontaine de la Justice (Justiziabrunnen), se révèle un des ensembles les plus charmants de Ratisbonne (balance municipale du XVe siècle). En prenant vers le sud, on atteint la **place Saint-Emmeram**, où trône la collégiale bénédictine du même nom, une des plus anciennes d'Allemagne : l'ensemble regroupe les églises **Saint-Rupert** et **Saint-Emmeram**, ainsi que le **Schloss Thurn und Taxis**. L'église Saint-Emmeram, construite au VIIIe siècle, présente une très belle décoration intérieure exécutée par les frères Asam (1731), de même que plusieurs tombaux royaux. Sous la nef, trois niveaux de cryptes peuvent être visités. Les bâtiments annexes de l'ancienne collégiale bénédictine ont été transformés au début du XIXe siècle en château où résident aujourd'hui encore les descendants de la lignée des Thurn und Taxis, en particulier la princesse Gloria qui, depuis la mort de son mari en 1989, s'est considérablement assagie pour se consacrer à l'éducation de ses trois enfants et à la gestion d'une des plus grandes fortunes d'Allemagne. Le château ne se visite pas.

LA FRANCONIE

Un peu d'histoire

Si la Franconie fut à l'origine de la fondation du Saint Empire romain germanique par l'héritage de Charlemagne (voir « Les enfants de Charlemagne », p. 39), elle a par la suite cessé d'exister comme entité culturelle et historique. Elle sera même incorporée à la Bavière au début du XIXe siècle, alors que cette dernière est historiquement plus récente. Il exista certes un duché de Franconie – et un duc qui en reçut la charge – mais il ne renvoyait à rien de concret géographiquement; rappelons d'ailleurs qu'à une époque, un grand nombre de cités jouissait du statut de villes libres d'empire et que de nombreux Etats (burgraviats de Nuremberg, margraviats de Coburg, d'Ansbach ou de Bamberg) s'administraient de façon souveraine. A cela s'ajoutait la présence d'évêchés indépendants (Wurtzbourg, Bamberg), qui illustrent à quel point les évêques étaient les détenteurs d'un vrai pouvoir politique. Subissant à la fois les influences de la Saxe et de la Prusse au nord, de la Bavière et de l'Autriche au sud, la région de Franconie se trouva au centre de la querelle qui opposa au XIIe siècle les Guelfes aux Gibelins. Au moment de la guerre de Trente Ans, ce fut une des régions les plus dévastées de l'Empire. Si une moitié fut gagnée aux thèses de la Réforme, l'autre moitié demeurait, par jeu politique ou par alliance, fermement catholique et souhaitait la restauration du culte dans tout l'Empire. Devant ces différences structurelles et les destins particuliers de tous les composants de la Franconie, il nous a semblé intéressant de développer une partie historique pour chaque ville visitée.

Coup d'œil sur la région

La Franconie s'étend de la vallée du Danube (au sud) jusqu'à l'ancienne frontière RFA-RDA (au nord). A l'est, elle est séparée de la République tchèque par la Forêt bavaroise et s'étend, à l'ouest, jusqu'à la banlieue francfortoise. Les villes principales sont Nuremberg, Wurtzbourg, Bamberg, Bayreuth. La majeure partie du territoire de cette région recouvre occupe le plateau de Souabe-Franconie, au relief légèrement ondulant. Dans sa partie ouest (autour de Wurtzbourg), la région est occupée par la vigne. Certaines de ses villes n'ont pratiquement rien conservé de leur forme d'origine. Si quelques-unes sont des témoins de la tradition germanique médiévale (Nuremberg, Rothenburg),

L'église de Maria Gern près de Berchtesgaden : douceur pastorale d'un paysage de Haute-Bavière.

L'un des nombreux châteaux de la vallée du Rhin.

Le château de Cochem dans la vallée de la Moselle.

d'autres sont une vitrine éloquente du style baroque allemand (Bamberg, Ansbach, Wurtzbourg) mais rares sont les villes de Franconie où coexistent encore ces deux types architecturaux. Des villages se dégage une rusticité moins kitsch qu'en Bavière et sans doute plus authentique. La modernisation à outrance ne pèse pas autant que dans d'autres régions d'Allemagne. Comme dans l'ex-RDA voisine, on trouve encore nombre de villages constitués de vieilles fermes, et les bâtiments n'ont pas été systématiquement remplacés par des constructions neuves. A l'ouest, la Franconie viticole est synonyme de joie de vivre et de *Lieblichkeit* (douceur), alors que plus à l'est la région perd un peu ce caractère enjoué. Le paysage se fait plus mélancolique, sans perdre en beauté, bien au contraire. Administrativement, les habitants font partie de la Bavière mais se considèrent avant tout comme Franconiens.

Nuremberg

Nuremberg (Nürnberg en allemand) est, avec Bamberg, une des étapes les plus originales et les plus passionnantes d'un voyage dans le sud de l'Allemagne. Visiter Nuremberg, c'est un peu remonter aux sources de l'histoire allemande. Résidence des empereurs romains germaniques depuis le XIIe siècle, elle allait devenir le symbole de la germanité moyenâgeuse et un grand centre de l'Humanisme. La ville qui réalisa la première représentation de la terre sous forme de globe, qui inventa la montre et le crayon, est aussi la patrie de grands artistes comme Veit Stoss, Adam Kraft, Albrecht Dürer ou Hans Sachs, le plus célèbre des maîtres chanteurs du Moyen Age et dont Wagner s'inspira dans son opéra. Il n'en fallait pas plus pour que Hitler voie dans cette cité si admirablement médiévale, si pétrie de tradition germanique, si étrangère à la décadence berlinoise et à son prolétariat communiste, le cadre rêvé pour développer les lois racistes et accueillir les congrès nazis où il galvanisait les foules. Nuremberg devint donc à la fin de la Seconde Guerre mondiale une ville à rayer en priorité de la carte. Démolie à 90 % par les bombes alors qu'elle avait su préserver à travers les siècles son étrange aspect médiéval qui faisait d'elle la quintessence de la ville allemande gothique avec toutes ses tours, ses clochers, ses remparts et sa forteresse, elle devint en 1946 le siège du tribunal international qui devait juger les crimes des nazis contre l'humanité. Cette tragédie, ce dérapage de l'humanisme à la barbarie, est sans doute ce qui fascine aujourd'hui dans cette ville habilement reconstruite. Avec ses recoins idylliques si anachroniques et si inattendus dans une ville d'un demi-million d'habitants, ses odeurs de pains d'épices, ses immenses toits de tuiles brunes sagement patinés, Nuremberg continue d'exercer une fascination un peu trouble. On comprend soudain pourquoi cette grosse ville provinciale, où les gens qui donnent le ton ne sont ni les notabilités ni la bohème riche mais une bourgeoisie raisonnable qui ignore les excès et cultive les valeurs ancestrales, portait en elle le germe d'une catastrophe.

« Fidèle et tranquille, courageuse au labeur, qu'elle est paisible, au milieu de l'Allemagne, ma belle Nuremberg. » (*Les Maîtres chanteurs de Nuremberg* par Wagner, sur un livret de Schenkendorff.)

Un peu d'histoire

Nourembere, la « montagne rocheuse », est mentionnée pour la première fois en 1050. Ce sont les descendants des carolingiens de Franconie qui créèrent la dynastie des Hohenstaufen et érigèrent une forteresse sur le rocher de grès rose de Nuremberg. En 1219, la ville reçoit ses droits de cité de l'empereur Frédéric Barberousse de Hohenstaufen et figure, en 1250, parmi les lieux de résidence des empereurs du Saint Empire. Elle prend alors le titre de ville libre d'empire, qui lui confère des avantages tels qu'elle devient, avec sa concurrente Augsbourg, le lieu de passage obligé pour la redistribution vers le Nord des produits d'Orient et de Venise. La mort de Frédéric Barberousse, qui marque la disparition de la dynastie des Hohenstaufen, voit apparaître les premières fissures dans la charpente du Saint Empire dont le projet de domination universelle est sérieusement mis à mal par les querelles répétées entre les grandes familles de l'Empire. Cette fragilité entraîne un flottement qui profite d'abord aux puissances territoriales laïques et ecclésiastiques, puis aux villes libres, dont Nuremberg. En 1273, quand Rudolf de Habsbourg monte sur le trône impérial, la maison des Habsbourg ne possède qu'un petit comté entre Suisse et Alsace. Habsbourg bat le roi de Bohême en 1278 et acquiert le Mark Österreich (Marche autrichienne). Rudolf fonde ainsi un état patrimonial qui liera le nom de Habsbourg à celui de l'Autriche. Sur ces entrefaites, qui marquent le passage du Saint Empire romain à l'empire germanique, Nuremberg reste fidèle à la nouvelle dynastie régnante et se voit accorder la protection de l'empereur. Son statut de ville libre d'empire en fait une sorte de république miniature et l'empêche de tomber sous la coupe des princes ou margraves de Franconie. A cette époque du Haut Moyen Age, on trouve deux sortes de villes libres en Allemagne : d'une part celles de la Hanse, qui ont profité de la faiblesse de structures de l'Empire pour s'auto-ériger en villes libres et créer une association de marchands extrêmement puissante ; d'autre part les villes libres d'empire, comme Nuremberg, Augsbourg ou Rothenburg, affranchies par le bon vouloir de l'empereur. Le conseil municipal de ces dernières était composé de familles aisées issues de la noblesse et de la bourgeoisie commerçante et formait le patriciat. Ces familles remplissaient souvent un rôle de mécènes auprès des artistes. On peut encore admirer, dans les églises de Nuremberg, des retables portant le nom de ces familles patriciennes (comme celles de Tucher ou de Nassau), qui avaient commandé aux artistes locaux ces œuvres qui leur sont dédiées. En 1356, Charles IV, de la maison de Luxembourg-Bohême, qui résidait tantôt à Prague tantôt à Nuremberg, rédige la fameuse Bulle d'or qui devait mettre fin à la montée en puissance de certaines maisons et permettre de se passer de l'aval du pape pour élire l'empereur. Charles IV stipule ainsi que l'empereur serait désormais élu par un collège de sept princes électeurs (quatre princes et trois évêques) et que la première diète doit se tenir au château de Nuremberg, considérée comme le berceau du Saint Empire. Cette première Constitution de l'empire allemand, si elle écarte de fait certaines maisons, contribuera davantage à miner l'autorité impériale, permettant de fédérer des groupes puissants autour de quelques grandes dynasties (Habsbourg, Hohenzollern, Wittelsbach, Saxe) qui auront l'ambition d'agrandir leur domaine héréditaire respectif. De plus, le pouvoir politique de certains évêques rivalise désormais avec celui des plus grandes lignées.

En 1424, l'empereur Sigismond confie à Nuremberg la garde des joyaux de la couronne impériale. Au XVe siècle, Nuremberg, Cologne et Augsbourg sont les plus grandes villes du Saint Empire, voire d'Europe. Au début du XVIe siècle, le rayonnement culturel de Nuremberg est intense. Les maîtres chanteurs, qui perpétuent la tradition séculaire du divertissement courtois, sont formés à l'église Sainte-Marthe (voir encadré p. 258). La ville est la première à éditer les thèses du Polonais Copernic sur l'astronomie moderne. En 1491, le cosmographe Martin Behaim fabrique le premier globe terrestre, sur lequel manque l'Amérique, découverte un an après par Christophe Colomb. Parmi les savants que la ville a vu naître ou a hébergés figurent encore Hartmann Schedel, un médecin qui rédigea l'encyclopédie *Schedelsche Weltchronik*, ainsi que le serrurier de génie Peter Henlein qui inventa la montre appelée *Œuf de Nuremberg*. Dans le domaine artistique, la ville se distingue par les sculpteurs Adam Kraft, Riemenschneider, Peter Vischer et Veit Stoss (voir encadré p. 249), dont on peut encore admirer quelques chefs-d'œuvre dans les églises Saint-Laurent ou Saint-Sébald de Nuremberg ou dans la cathédrale de Bamberg (voir p. 262). Mais c'est Albrecht Dürer, considéré comme le plus grand peintre allemand de la Renaissance avec Cranach et Holbein, qui reste le plus célèbre de tous les artistes de la ville (voir encadré p. 257). Si l'Humanisme est important à Nuremberg (tous les noms cités précédemment appartiennent à la même génération), la ville constitue une exception dans une Allemagne qui passera presque sans transition du Moyen Age au baroque. A côté de Nuremberg, seule Wittenberg, avec Luther et Cranach, forme un centre important de l'Humanisme. Si Luther n'est pas seulement le réformateur de la religion chrétienne mais également le père de l'allemand moderne « national », l'Allemagne n'en demeure pas moins profondément gothique jusqu'au XVIIe siècle.

La période humaniste de Nuremberg contraste fortement avec le long déclin qui va suivre et faire de cette cité une ville oubliée et endormie pendant près de trois siècles. N'ayant presque rien ressenti des vagues de la Renaissance, du baroque puis du classicisme, Nuremberg arbore jusqu'en 1945 un visage exclusivement gothique. Les raisons de cette mise à l'écart et de ce déclin sont multiples. On peut évoquer le fait que la ville a longtemps profité de la faveur des Hohenstaufen, dynastie qui doit s'effacer devant les Habsbourg. Car l'accession, en 1519, de Charles Quint au pouvoir marque un tournant dans l'histoire de la ville. En effet, si l'empereur Maximilien Ier, auquel succède Charles Quint, est sans doute le dernier à conférer à Nuremberg son éclat de résidence impériale, son héritier au trône préférait quant à lui tenir ses diètes à Augsbourg. A cela s'ajoute l'affaiblissement grandissant de la charge impériale, confrontée à la montée en puissance des grands-duchés comme la Prusse ou la Saxe. De plus, des villes jusque-là insignifiantes émergent au XVIIe siècle en qualité de villes de résidence (*Residenzstädten*) des princes des multiples territoires de l'Empire. Pour la Franconie, cela se traduit par l'avènement de villes comme Ansbach ou Bayreuth. Mais c'est peut-être par les *Bischofstädte* (villes de résidence des évêques) que le coup le plus rude est porté. Depuis toujours en effet, les évêques ont tenu un rôle politique important en Allemagne. En Franconie, le très riche prince-évêque de Wurtzbourg se fait construire une résidence dans cette cité; cet édifice, l'un des plus vastes châteaux baroques d'Europe, a été réalisé par Balthasar Neumann et décoré par Tiepolo.

Mais c'est encore une fois la question religieuse qui fut fatale à Nuremberg. La très catholique dynastie régnante des Habsbourg, qui allait se faire le chantre de la Contre-Réforme, ne pouvait pas tenir ses diètes dans une ville gagnée au protestantisme. Dès le début du XVIe siècle, la ville se convertit au luthéranisme et cela suffit pour que l'empereur la délaisse. Plus tard, Nuremberg n'est épargnée ni par les guerres entre les margraviats de culte opposé ni, au XVIIe siècle, par la guerre de Trente Ans. Tous ces facteurs contribuent à précipiter le déclin de Nuremberg. En 1806, Napoléon met fin à la souveraineté de la ville en la rattachant à la Bavière, à laquelle ses habitants restent encore aujourd'hui formellement étrangers. La Franconie, qui portait à l'origine le même nom que la France (voir « Les enfants de Charlemagne », p. 40) et donna naissance au Saint Empire, se trouve alors englobée dans le grand-duché de Bavière.

Au XIXe siècle, les habitants de Nuremberg retrouvent leur ingéniosité et la ville se profile comme un des nouveaux grands centres industriels : entre Nuremberg et Fürth roule, en 1835, le premier train allemand; les Faber-Castell inventent le crayon; les Cramer-Klett créent une entreprise qui deviendra MAN, un des plus grands Konzern allemands; le Musée national germanique, qui recèle beaucoup des chefs-d'œuvre artistiques de la période humaniste, ouvre ses portes en 1852 et, en 1868, Richard Wagner élève la ville au rang de symbole national avec ses *Maîtres chanteurs de Nuremberg*. Cette dernière distinction sera pourtant fatale à la ville puisqu'elle en fera un des bastions du nazisme, Nuremberg accueillant sur le Zeppelinfeld les congrès extraordinaires du parti national-socialiste. Après la guerre, la ville sera en partie reconstruite, grâce notamment à l'initiative privée de quelques grandes familles industrielles. Dans les années 70, la ville se dote d'un métro, d'un aéroport, devient la centrale de l'agence allemande pour l'emploi et le moteur de la conurbation Nuremberg-Fürth-Erlangen, sans toutefois accéder au rang de capitale régionale, ce rôle étant dévolu à Munich pour le sud-est de l'Allemagne.

Coup d'œil sur la ville

Si Nuremberg n'a pas l'éclat d'une véritable métropole, elle a recouvré beaucoup de sa splendeur passée, malgré la présence de quelques constructions des années 50. Les ensembles monumentaux ont été reconstruits. La physionomie de la ville ne peut laisser indifférent car on trouve peu de cités de cette taille dont le centre soit entièrement fermé par une aussi imposante ceinture de remparts. La muraille et ses 64 tours ont résisté aux bombes. La forteresse sur son rocher de grès rose semble sortie d'un livre d'images : Nuremberg incarne le Moyen Age tel qu'on le rêve. Toute la ville baigne dans un camaïeu de bruns renforcé par ses célèbres toits de tuiles qui comportent jusqu'à 6 étages de lucarnes. Au nord de la Pegnitz, l'église Saint-Sébald donne son nom au Sebalder Seite alors que la rive sud (Lorenzer Seite) est dominée par l'église Saint-Laurent. La ville est riche en cours intérieures, en recoins secrets. Le long de la Pegnitz, du côté de l'Hôtel-Dieu ou de la Halle aux vins, on pourrait se croire revenu au XVe siècle. Pourtant, autour des remparts, la circulation est tonitruante. Comme au Moyen Age, les marchands de fruits et légumes s'installent sur les ponts de la Pegnitz. Sur le Hauptmarkt, le marché a lieu tous les jours, et certaines paysannes revêtent encore le costume traditionnel de Franconie. C'est là que se tient en décembre le célèbre Christkindlmarkt, le plus beau d'Allemagne. Il faut déambuler en ville, en prenant soin d'éviter les zones critiques où dominent les constructions des années 50. C'est en commençant par le Lorenzer Seite que l'on a les plus belles perspectives sur le Kaiserburg. Nuremberg est célèbre pour son Musée germanique, son industrie du jouet et du crayon, que se disputent pour cette dernière les dynasties Faber-Castell et Staedtler, son pain d'épice (*Lebkuchen)* et ses saucisses (*Nürnberger Würstl).* Car à Nuremberg la nourriture est chose sérieuse. Autrefois, les condamnés à mort se voyaient offrir un festin pantagruélique pendant les trois jours qui précédaient le rendez-vous fatidique avec le bourreau. Certains y voient même une explication de la petite taille des saucisses de Nuremberg : pouvoir passer dans la serrure d'une porte de cachot. Il faut au moins deux jours pour découvrir Nuremberg : une journée pour visiter la vieille ville, une seconde pour découvrir le Musée germanique (incontournable), se rendre sur le Reichsparteitagsgelände ou faire une excursion dans le Knoblauchland.

LA VIEILLE VILLE

Le mieux est de commencer cette promenade par la gare centrale, sur le Frauengraben, c'est-à-dire sur le côté sud des fortifications. Il faut emprunter le passage souterrain à l'intérieur de la gare, la traversée du boulevard circulaire étant interdite aux piétons. On accède au pied du mur d'enceinte qui cerne la ville historique sur un peu plus de 6 kilomètres. L'entrée sud-est de Nuremberg est marquée par la **Frauentor**, flanquée de la grosse **Königstor**, qui a résisté aux assauts des attaques aériennes. Les fortifications datent de 1346 et furent achevées en 1450, mais on continua d'améliorer l'ensemble jusqu'à la veille de la guerre de Trente Ans. Les fortifications se composent d'un fossé d'une largeur de 20 mètres, le *Graben*, d'un mur d'enceinte et du rempart proprement dit. A l'origine, le rempart était renforcé par une tour tous les 45 mètres. Les quatre portes principales (Frauentor, Splittertor, Neutor et Laufertor) présentent une forme arrondie, alors que la Tiergärtnertor, au nord de la ville (près de la maison d'Albrecht Dürer), a gardé sa structure carrée d'origine. Ces tours trapues, coiffées d'un petit toit (on croirait un bonnet trop juste), sont devenues la caractéristique de Nuremberg. Aujourd'hui, 67 tours trônent encore sur la ville, à peu près autant ayant été rasées lors de la percée de rues au XIXe siècle. La partie la plus photogénique et la moins morcelée des fortifications se trouve à l'ouest, entre l'esplanade du Plärer et la forteresse du Kaiserburg.

Le sud de la Königstrasse

Avant d'atteindre cette rue, il faut traverser un village d'artisans installé dans le bastion de la Frauentor et créé en 1971 à l'occasion de l'année Dürer. La Königstrasse, une des principales rues commerçantes, conduit de la gare à l'église Saint-Laurent. On remarque, sur le côté droit (entre les n°s 73 et 79), l'**église Sainte-Marthe** (Marthakirche), où se rassemblaient les maîtres chanteurs. L'église date de 1360 et fut acquise en 1809 par la communauté évangélique. C'est pourquoi l'intérieur est aussi dépouillé avec, à la place du maître-autel, une simple bible ouverte. Les vitraux du chœur comptent parmi les plus anciens de la ville (1390). Demander la clé à la sacristie, située dans la cour sur le côté droit de l'église. Un peu plus haut, sur le côté gauche de la Königstrasse, l'**église Sainte-Claire** (Clarakirche), de 1270, rappelle la présence en ce lieu du monastère du même nom, l'un des huit couvents du Nuremberg avant la Réforme. L'abbesse Carita Pirckheimer – sœur de l'humaniste et conseiller municipal Willibald Pirckheimer – plaida au Conseil la cause de la religion catholique (Nuremberg venait de se convertir au luthéranisme) et obtint qu'on laissât les religieuses habiter le couvent jusqu'à leur mort. On a récemment dégagé, entre le portail de l'église et la Silbertürmchen, des vestiges du cimetière des religieuses. La pierre tombale de l'abbesse, partiellement conservée, se trouve désormais dans le chœur de l'église, revenue au culte catholique en 1854. En remontant la Königstrasse, le regard est bientôt attiré sur la gauche par un vaste bâtiment perpendiculaire à la rue. Il s'agit de la **Mauthalle** (octroi, 1498) qui faisait office de grenier à blé. Ses proportions sont étonnantes : 32 mètres de long et 9 étages,

Nuremberg

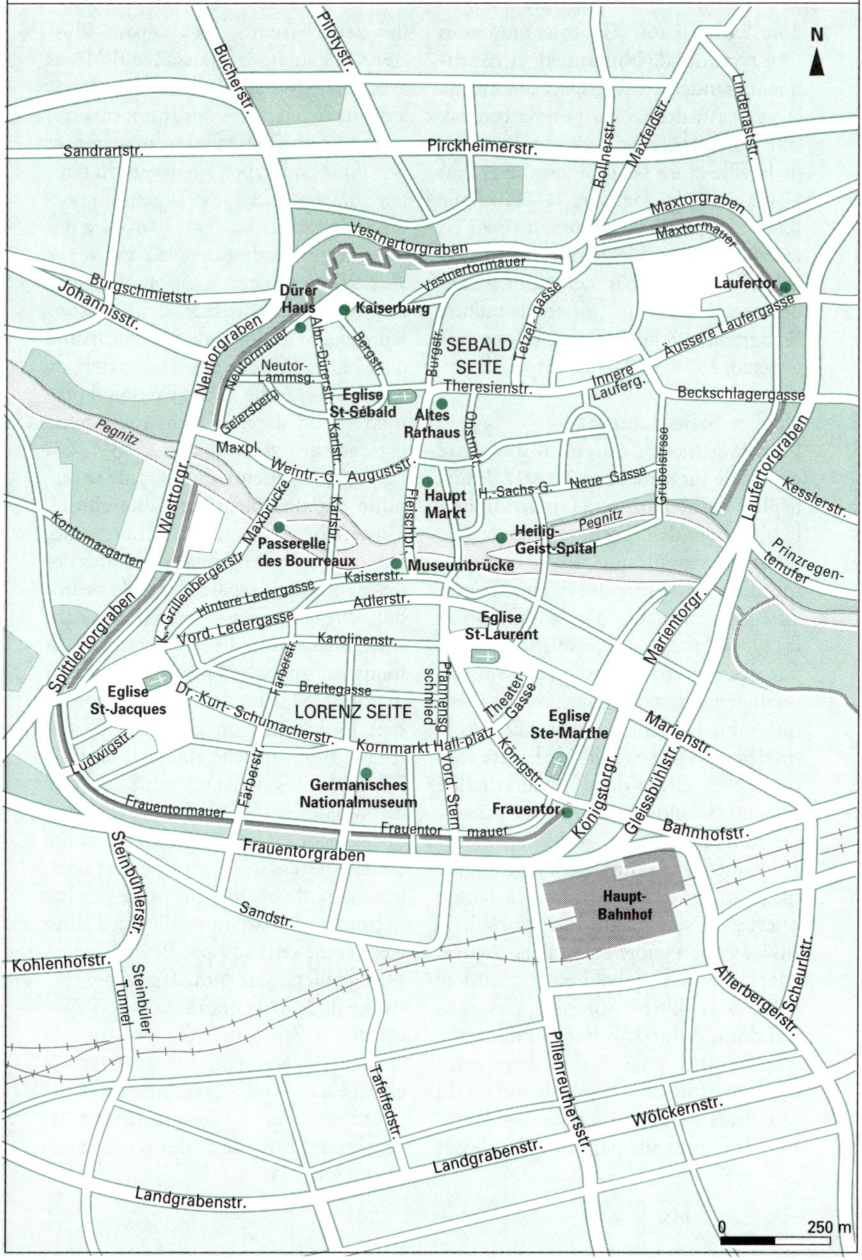

N
Pilotystr.
Bucherstr.
Lindenaststr.
Maxfeldstr.
Rollnerstr.
Sandrartstr.
Pirckheimerstr.
Maxtorgraben
Maxtormauer
Vestnertorgraben
Vestnertormauer
Burgschmietstr.
Johannisstr.
Dürer Haus
Kaiserburg
Laufertor
Äussere Laufergasse
Tetzel-gasse
SEBALD SEITE
Neutorgraben
Neutormauer
Albr.-Dürerstr.
Bergstr.
Burgstr.
Neutor-
Lammsg.
Theresienstr.
Innere Lauferg.
Beckschlagergasse
Eglise St-Sébald
Altes Rathaus
Obstmkt.
Geiersberg
Karlstr.
Pegnitz
Maxpl.
Weintr.-G.
Augustastr.
Grübelstrsse
Laufertorgraben
Kesslerstr.
Westtorgr.
Maxbrucke
Haupt Markt
H.-Sachs-G.
Neue Gasse
Fleischbr.
Kontumazgarten
Passerelle des Bourreaux
Heilig-Geist-Spital
Prinzregen-tenufer
K.-Grillenbergerstr.
Museumbrücke
Kaiserstr.
Hintere Ledergasse
Adlerstr.
Eglise St-Laurent
Vord. Ledergasse
Karolinenstr.
Marientorgr.
Spittlertorgraben
Färberstr.
Pfannensg schmied
Breitegasse
Theater-Gasse
Eglise St-Jacques
Dr.-Kurt-Schumacherstr.
LORENZ SEITE
Eglise Ste-Marthe
Marienstr.
Ludwigstr.
Kornmarkt
Hall-platz
Königstr.
Vord. Stern
Germanisches Nationalmuseum
Frauentormauer
Färberstr.
Frauentor
Königstorgr.
Gleissbühlstr.
Frauentor
mauer
Bahnhofstr.
Steinbühlerstr.
Frauentorgraben
Haupt-Bahnhof
Sandstr.
Kohlenhofstr.
Steinbüler Tunnel
Allerbergerstr.
Scheurlstr.
Pillenreuthersstr.
Tafelfedstr.
Wölckernstr.
Landgrabenstr.
Landgrabenstr.
0
250 m

dont 5 sous le toit. Ces toits immenses sont typiques de Nuremberg et contribuent grandement à l'aspect original de la ville. Au-dessus du porche central, côté Königstrasse, on remarque les armes de la ville et un beau pignon nervé dû à Adam Kraft. Derrière la Mauthalle (côté Hallplatz) se trouve, un peu en retrait mais visible depuis la Königstrasse, un curieux bâtiment de guet flanqué de deux de tours coiffées de bulbes. Il s'agit du porche de l'ancien Zeughaus (arsenal, 1558) de la ville impériale.

L'église Saint-Laurent

La Königstrasse s'élargit en une vaste esplanade sur laquelle se dresse, à droite, l'**église Saint-Laurent** (Lorenzkirche), la plus vaste de Nuremberg. La façade ouest est magnifique. Il est quelquefois difficile de prendre le recul nécessaire pour embrasser d'un coup toute la façade, la place étant souvent occupée par des marchands de quatre saisons ou une manifestation quelconque. Bien que Saint-Laurent fût construite sur le modèle de Saint-Sébald (de l'autre côté du fleuve), elle la dépasse par la taille. Si Saint-Sébald est typique du passage du roman tardif au gothique, Saint-Laurent couvre toute la période gothique jusqu'au style flamboyant : la façade ouest avec son magnifique portail, sa rosace et son gâble en sont la preuve. Alors que Saint-Sébald est la première église de la ville par son rang, c'est sans nul doute Saint-Laurent qui tient lieu d'église principale, toutes deux étant de culte protestant depuis le milieu du XVIe siècle. Le portail retrace la rédemption de l'humanité par Jésus. Au-dessus des deux battants, les tympans illustrent, à gauche la Naissance de Jésus avec, en dessous, l'Adoration des Mages, à droite le Massacre des Innocents qui surmonte une Présentation au temple et une Fuite en Egypte. Au dessus du tympan, une frise occupe la largeur du portail et retrace la Passion. La rosace qui orne cette façade ouest n'a pas d'axe vertical et semble en rotation. A gauche et à droite de la rosace, deux blasons représentant les armes de Bohême (patrie de Charles IV) et de Silésie (patrie de son épouse, Anne de Schweidnitz) permettent de dater la construction de la façade aux alentours de 1353-1363. La partie supérieure de la façade se termine par un splendide gâble ajouré. L'intérieur recèle un mobilier et des œuvres d'art très originaux. En plus des dix-neuf autels répartis dans le déambulatoire et les nefs latérales (dont, dans la nef latérale sud, l'autel de saint Roch montrant son bubon pestilentiel et celui de sainte Marthe de Tarascon domptant le dragon), on note sur le quatrième pilier gauche une statue de la Vierge, la plus ancienne statue de pierre de Nuremberg (1280), dont l'expression de bonheur est bouleversante. A droite trône une chaire splendide. Le sombre lustre de bronze qui pend très bas (à hauteur de visage au milieu de l'allée) a été coulé en 1489 par Peter Vischer. Deux piliers plus loin, à gauche, une statue de Michel brandissant son épée est due à Veit Stoss. En arrivant à la croisée du transept, on découvre le chœur, flamboyant, avec une très belle voûte nervée et une admirable verrière. Le chœur abrite deux des plus remar-

Veit Stoss

Le sculpteur sur bois Veit Stoss, dont l'Angelus de Saint-Laurent à Nuremberg ou le retable de la Nativité de la cathédrale de Bamberg sont de véritables chefs-d'œuvre, est une des figures marquantes de cette génération d'artistes qui régna à Nuremberg au début du XVIe siècle. Stoss est né en 1450 à Horb, au bord du Neckar. Il exerce le métier de sculpteur et vient s'installer à Nuremberg à l'âge de 23 ans, qu'il quitte quatre ans plus tard pour Cracovie, en Pologne, où il réalise le plus grand autel gothique du monde. En 1496, il revient à Nuremberg où il commence à faire parler de lui pour ses frasques et son mode de vie licencieux. Sa soif de vivre n'avait d'égale que son talent, immense. En 1503, Maître Stoss investit une grande somme d'argent dans une société de commerce qui fait faillite. Ruiné, il falsifie un billet à ordre et se fait prendre. Condamné à être marqué au fer blanc, il doit d'être réhabilité à l'empereur Maximilien Ier, sensible au talent exceptionnel du sculpteur. Il meurt en 1533, à l'âge de 83 ans, un record pour l'époque, et prouve à la postérité qu'aimer la vie, fût-ce dans la débauche et les excès, est le secret de la longévité.

quables œuvres de l'art religieux nurembourgeois : l'Engelsgruss de Veit Stoss et le tabernacle d'Adam Kraft. Les figures, plus grandes que nature, de l'œuvre de Stoss représentent l'Annonciation. Ce médaillon exécuté en 1518 est suspendu à 10 mètres du sol au milieu du chœur et semble comme une ultime glorification de la Vierge à la fin du Moyen Age, alors que les thèses de Luther commencent à se répandre et que quelques années seulement séparent Nuremberg de sa conversion au protestantisme.

Le tabernacle d'Adam Kraft, réalisé entre 1493 et 1495, est tout aussi exceptionnel. Haute de plus de 20 mètres, cette pièce façonnée dans la pierre éblouit par la souplesse de ses formes et par les scènes représentées. En s'approchant on aperçoit un homme qui porte tout l'ouvrage sur ses épaules : il s'agit d'un autoportrait d'Adam Kraft. Le tabernacle a la forme d'une immense tour gothique idéalisée. Le maître-autel, sobre, comporte un crucifix de Veit Stoss.

Les vitraux méritent d'être observés en détail. Le deuxième vitrail du chœur, à gauche, raconte l'exode du peuple juif. Le vitrail central du chœur est un don impérial de 1477. Sous ce vitrail, un petit autel offre une image de Nuremberg en 1483. Le deuxième vitrail à droite est dû au Strasbourgeois Peter von Amlau et représente l'arbre de Jessé.

Vers la Pegnitz

Sur le parvis de Saint-Laurent, l'**Hôtel de Nassau** (Nassauer Hof) est une maison patricienne du XIIe siècle à l'allure de forteresse. D'une grande sobriété, l'immeuble de grès rose n'est orné que de quatre tourelles d'angle, d'un couronnement crénelé et d'un encorbellement à l'étage noble ou oriel. Les oriels, caractéristiques des maisons nobles de Nuremberg, abritaient autrefois un petit sanctuaire privé : cette fonction est attestée par le nom allemand de cet élément architectural, *chorlein* signifiant « petit chœur ». Cet ajout décoratif fut réalisé en 1421 par les maîtres des lieux, les Nassau, riche famille d'argentiers, habituée à prêter de l'argent à l'empereur. En 1431, Sigismond dut gager la couronne impériale pendant quatre mois pour obtenir un crédit de ces financiers. Depuis Saint-Laurent, la Königstrasse descend doucement vers le fleuve Pegnitz, au nord. La place offre une vue saisissante sur les toits typiques de Nuremberg : tout au fond, sur la colline du Kaiserburg située au-delà du fleuve, le toit magnifique des écuries impériales surplombe une mer de toits déclinés dans tous les tons de rouge brun qui contrastent avec les toits verts et bulbeux de l'ancienne mairie, tandis que sur la gauche trône le double clocher de Saint-Sébald. Cette vue qui s'offre soudain au visiteur sans qu'il s'y attende permet de mieux comprendre la magie de Nuremberg.

L'hospice du Saint-Esprit

Enjambant le fleuve, le Museumbrücke, dont les bords sont occupés en semaine par les marchands de quatre saisons, conduit directement au Hauptmarkt, le marché principal de Nuremberg et son véritable centre.

Plutôt que de se rendre tout de suite dans le Sebalder Seite, il est préférable de prendre sur la gauche dans la Kaiserstrasse afin de profiter de belles vues sur le fleuve. On pourra toutefois traverser le pont des marchands pour parcourir les cours intérieures de l'hospice avant de rejoindre la rive sud du fleuve et le Lorenzer Seite.

Sur la droite avant le Museumbrücke, le parapet offre la plus belle vue sur l'**hospice du Saint-Esprit** (Heilig-Geist-Spital), situé de l'autre côté de la Pegnitz. A droite, une aile du bâtiment enjambe un bras du fleuve. Si la reconstruction, trop récente, est moins convaincante qu'en d'autres lieux de la ville (le très beau grès manque cependant un peu de patine), l'édifice reste admirable avec ses arches dominant la Pegnitz, son oriel à colombages, ses lucarnes et ses fenêtres fleuries. C'est d'ailleurs lui qui orne les boîtes de fer contenant le célèbre pain d'épice de Nuremberg.

Tout comme l'hospice du Saint-Esprit de Lübeck, celui de Nuremberg, certes moins ancien, accueillait les orphelins et les déshérités de la ville impériale. C'est un exemple typique de ces grandes institutions du Moyen Age soucieuses de protéger la vie de la communauté. Le sentiment d'appartenance à une communauté a toujours été très fort dans ces villes souveraines non rattachées à une structure étatique de tutelle, et ce n'est pas un hasard si les hospices sont caractéristiques des villes de la Hanse ou des villes libres d'empire. L'hospice de Nuremberg a été fondé en 1340 grâce aux dons d'un dénommé Konrad Gross. Aujourd'hui, il fait office de maison de retraite. Il se présente comme une véritable petite ville dans la ville. Une fois le pont franchi, on se retrouve sous des arcades ornées d'une belle enseigne néoclassique qui conduisent à la cour du Petit-Jean (Hänselhof), du nom de la fontaine qui s'y trouve. Monter l'escalier et longer le couloir qui donne sur un hall où se trouve la tombe du donateur, mort en 1356. Le hall débouche sur la cour de la Crucifixion, véritable cloître, peut-être le plus bel endroit de l'hospice. Le crucifix est dû à Adam Kraft (1507). En traversant la cour, on aperçoit le petit clocher de la chapelle de l'hospice, où étaient conservés les joyaux de la Couronne impériale de 1424 à 1796. Depuis la cour Saint-Jean, quelques marches conduisent à la cour Noris. Après le portail, on franchira de nouveau le Museumbrücke avant de tourner encore à droite : on contemple alors l'hospice sous son angle le plus pittoresque.

Vers l'Unschlittplatz par la Kaiserstrasse

A l'extrémité de la Königstrasse, juste avant le Museumbrücke, empruntez la Kaiserstrasse, sur votre gauche en venant de Saint-Laurent. Cette rue piétonne bordée de commerces de luxe, sans grand intérêt architectural quoique sans laideur, suit le cours du fleuve et nous rapproche du Maxbrücke. Il faut quitter la Kaiserstrasse au moment où elle bifurque sur la gauche et prendre, à droite, l'Obere-Wörthstrasse, bordée de maisons anciennes à colombages qui abritent des antiquaires et des bouquinistes. On atteint alors l'**Unschlittplatz**, ornée de belles maisons. Ici, deux ponts enjambent la Pegnitz. Le premier est une passerelle de bois. Le second, le Maxbrücke, plus éloigné, est en pierre. Avant de l'atteindre, on remarque sur la place un grand bâtiment, l'**Unschlitthaus** (ancien grenier à grain). Les maisons n°s 8 et 12 (grès à la base, colombages aux étages) sont d'origine. La première a retrouvé la petite Vierge gothique qui ornait sa façade (en fait un moulage, l'original étant exposé au Musée germanique). C'est sous cette statue que, le 26 mai 1828, Gaspard Hauser fit son apparition dans la ville (voir encadré page suivante).

Du Maxbrücke au Hauptmarkt

En empruntant le Maxbrücke, une des plus belles vues sur les bords de la Pegnitz s'offre sur la droite : la **passerelle** et la **tour du Bourreau** (Henkersteeg und Turm) ainsi que la **Halle au vin** (Weinstadel). Ces deux bâtiments proviennent d'une première ceinture de fortification datant de 1325. En 1400 fut érigée, un peu plus à l'extérieur, une nouvelle enceinte qui permettait de gagner du terrain pour l'expansion de la ville. Les bâtiments n'ayant plus de raison d'être, le Conseil les réquisitionna et aménagea dans la tour un logement pour le bourreau. La passerelle qui permet d'accéder à l'île où se trouve la tour prit alors le nom de passerelle du Bourreau. Quant à la grande bâtisse à colombages au bout du Maxbrücke, elle fut transformée en Halle au vin. L'édifice, une des plus vastes constructions à colombages d'Allemagne, accueillait pendant la semaine sainte les lépreux, qui étaient à cette occasion autorisés à séjourner trois jours dans la ville.

Depuis la Halle au vin, nous laissons volontairement de côté la rue qui part sur la droite et conduit d'un trait au Hauptmarkt. Nous prenons vers la gauche et suivons la Pegnitz en longeant la Maxplatz, que nous traversons

L'affaire Gaspard Hauser

Gaspard Hauser, un gamin coupé de tout contact humain puisqu'il avait vécu jusque-là dans un cachot, fait irruption le 26 mai 1828, un lundi de Pentecôte, devant le n° 8 de l'Unschlittplatz, où il aborde deux passants. Il n'a pas l'usage courant de la parole; aux questions qui lui sont posées sur sa provenance ou son identité, il ne sait que répondre : « *Dös woss i nit* » (« Je ne sais pas », en dialecte du sud-ouest de l'Allemagne). Il parvient seulement à griffonner son nom sur une feuille. Son comportement étrange, mélange de peur et de sauvagerie, finit par susciter la pitié et l'intérêt des Nurembourgeois. Plus tard, sa rencontre avec le bourgmestre Binder fera du mystère Hauser un cas dont s'empareront les gazettes, les criminologues et les scientifiques en tous genres. Gaspard quant à lui va de famille en famille. Parmi celles-ci se trouve le juriste d'Ansbach, Anselm von Feuerbach, qui s'occupera de son éducation. Le gamin apprend à lire et à écrire, et devient moins farouche. Bientôt, il sait jouer du piano, rédige des vers et se met à peindre. Ses progrès rapides déroutent autant que son étrange apparition sur l'Unschlittplatz un an et demi plus tôt. Mais Gaspard ne se sent pas en sécurité à Nuremberg. Il échappe de justesse à un guet-apens et se rend à Ansbach, chez l'instituteur Meyer, une relation du juriste. Un an plus tard, un Anglais mystérieux du nom de lord Stanhope fait intrusion dans la ville et s'intéresse vivement à Gaspard, le couvre de cadeaux puis devient son tuteur. Stanhope disparaît aussi mystérieusement qu'il était apparu. Gaspard, devenu entre-temps très sollicité par la noblesse locale désœuvrée, évolue à la Residenz du Margrave de Ansbach-Bayreuth. Mais il semble toujours redouter un attentat. Ses soupçons étaient sans doute fondés puisque le 14 décembre 1833 on le retrouve poignardé dans l'orangerie de la Residenz, à Ansbach. Depuis, l'histoire de Gaspard Hauser n'a cessé d'occuper les esprits. En 1967, l'écrivain Peter Handke a donné une libre interprétation du mystère dans son texte *Kaspar*. En 1974, Werner Herzog adapte l'histoire à l'écran (*L'Enigme de Kaspar Hauser*). En France, Jean-Marie Queffelec s'en est inspiré pour ses *Noces barbares*. Aujourd'hui, les spécialistes du « cas » Gaspard Hauser s'accordent à dire qu'il s'agissait sans doute du prince héritier de Bade que l'on aurait volontairement écarté du pouvoir en le faisant vivre en captivité. Ayant refait surface et risquant de devenir gênant, on l'aurait finalement assassiné. Mais à qui profitait le crime et pourquoi? Les descendants de la dynastie de Bade, qui résident toujours en Bade-Wurtemberg, sont de temps à autre interrogés par les médias mais se refusent à tout commentaire.

avant d'emprunter la première rue sur la droite (piétonne), la **Weissgerbergasse**. Il s'agit d'une des ruelles les mieux conservées du vieux Nuremberg : ses maisons, dont le rez-de-chaussée en grès est surmonté d'étages à colombages, sont typiques de l'architecture de la ville (et d'ailleurs très photogéniques avec leurs immenses toits troués de lucarnes); elles étaient habitées par les artisans et les pauvres alors que les familles patriciennes se faisaient construire d'austères hôtels en pierre, seulement ornés d'oriels. Plusieurs cours intérieures superbes dans la ruelle. Au bout de la Weissgerbergasse se trouve le **Weinmarkt** (Marché au vin), qui offre une très belle vue sur la façade et les deux clochers de Saint-Sébald. Eglise majeure de la ville, cette dernière donne son nom à cette partie de la vieille ville située sur la rive nord de la Pegnitz (Sebalder Seite). Au n° 6 du Weinmarkt se dresse l'une des plus belles demeures de Nuremberg, possession de la famille Praun depuis 1518 jusqu'à la fin du XIXe siècle et où Goethe résida plusieurs fois. Sur la façade, le bas-relief figurant saint Georges est dû à Adam Kraft (vers 1520). Aux nos 12 et 12a, séparés par une ruelle, deux madones se font face et semblent converser : l'une est de Veit Stoss et date du début du XVIe siècle, l'autre est plus ancienne et aurait été réalisée vers 1370 (seuls les moulages sont exposés, les originaux étant conservés au Musée germanique). En contournant Saint-Sébald par la gauche, on accède au **Rathaus** (mairie), dont on découvre ici la façade ouest, de style Renaissance, ainsi que les bulbes verts qui la surmontent et que l'on avait déjà entrevus depuis la place de l'église Saint-Laurent. Pour gagner le côté opposé de l'édifice, il est possible de traverser la cour intérieure, ornée d'une petite fontaine dite des Chérubins (Puttenbrunnen, 1557).

Prendre sur la droite en sortant de la cour et longer le bâtiment jusqu'à l'angle. Le côté sud-est du Rathaus arbore un visage très différent : son pignon en escalier est orné de redents de chaux et de lésènes de briques, comme on en rencontre en Allemagne du Nord. C'est la partie la plus ancienne de la mairie (1340). En haut du pignon, on distingue une niche où se trouvait autrefois une cloche qui appelait les membres du Conseil.

Le Hauptmarkt

Contourner la mairie par le côté sud puis descendre sur la gauche les quelques mètres qui conduisent au **Hauptmarkt** (marché principal). Le sympathique marché qui s'y tient tous les jours ne suffit pas à masquer les édifices assez laids qui, sur trois côtés, défigurent la place. Heureusement, il reste la très belle église Notre-Dame (Frauenkirche) et la Belle Fontaine (Schöner Brunnen), toujours habilement représentées sur les cartes postales pendant le célèbre marché de Noël (Christkindlmarkt; voir « De ville en ville »). Curieusement, c'est sur cette place centrale de Nuremberg que la reconstruction de la ville est la plus désastreuse. Autrefois, le Hauptmarkt constituait le ghetto juif. Détruit en 1349, il fut remplacé par cette place, qui était jadis bordée par les maisons des plus riches marchands de la ville. Depuis, le Hauptmarkt est resté partagé entre sa fonction commerçante de place du marché et sa fonction festive de lieu où se célébraient les événements solennels de la ville, comme les tournois ou la présentation des joyaux de la couronne impériale, qui avait lieu chaque année jusqu'en 1523. La **Belle Fontaine** est l'emblème de la place. Haute de 19 mètres, elle s'élève à la manière d'une flèche gothique. Quarante personnages sculptés dans la pierre représentent l'ordre du monde selon la hiérarchie divine. On trouve, de bas en haut : la philosophie et les sept arts, les quatre évangélistes et les quatre pères de l'Eglise, les sept princes électeurs et neuf preux, enfin, tout en haut, Moïse et les sept prophètes. La fontaine a été presque entièrement refaite entre 1899 et 1903. Cependant, le bas de la grille qui l'entoure est d'origine, de même que le célèbre anneau d'or : qui le fait tourner dans ses doigts s'attire la grâce divine.

L'**église Notre-Dame** ressemble à une grande chapelle. L'architecture de la façade, splendide, est entièrement d'origine (1352). Construite à l'emplacement d'une synagogue, elle devait servir de chapelle à l'empereur Charles IV lorsqu'il tenait ses diètes à Nuremberg ou séjournait dans la ville. Ce que rappelle la balustrade ornée de blasons impériaux, juste au-dessus du magnifique portail, de même que la curieuse horloge astronomique au-dessus de la verrière (1507). Tous les jours, à midi, les princes électeurs défilent devant l'Empereur en souvenir de la Bulle d'or proclamée à Nuremberg par Charles IV en 1356. Une fois le portail franchi, il faut absolument consacrer quelques instants à l'examen du plafond du porche, sous la verrière du portail.

L'église Saint-Sébald

De la place du marché, revenir vers l'église Saint-Sébald en la longeant par le côté sud ; l'entrée se fait par le portail dit de la Vierge, côté ouest. Saint-Sébald est la plus ancienne église de Nuremberg, érigée entre 1230 et 1273. De cette période romane, on peut encore admirer le chœur ouest, la base de la nef ainsi que les étages inférieurs des deux tours-clochers. Archétype des églises à deux chœurs, fréquentes en Franconie, Saint-Sébald exhibe côté est un chœur gothique flamboyant qui occupe à lui seul la moitié de la longueur de l'édifice. Pour rééquilibrer l'ensemble, on rehaussa de deux étages les tours du côté opposé. C'est le toit du chevet, couvrant le chœur principal, qui donne à Saint-Sébald sa silhouette si particulière. A l'intérieur, on pourra s'arrêter un instant pour contempler la jonction entre la nef et le chœur est : d'un côté, la sévérité de la nef romane avec quelques attributs de style gothique primitif, de l'autre l'espace rayonnant du chœur gothique avec son déambulatoire. Parmi les nombreuses œuvres d'art conservées ici, on portera une attention toute particulière à la Vierge au nimbe (1430), sur le premier pilier gauche du chœur est, au tombeau de saint Sébald, une des œuvres maîtresses du bronzier Peter Vischer commandée vers 1500. Ce tombeau somptueux remplaçait la sépulture très simple que reçut le saint lors de sa canonisation en 1425. Saint Sébald vécut à l'époque de la fondation de Nuremberg et mourut vers 1070. Son tombeau fit très vite l'objet de pèlerinages et l'on enferma, en 1397, ses ossements dans un coffret d'argent toujours visible dans le tombeau actuel. Après sa canonisation, il devint le saint patron de Nuremberg. A l'origine, il était question d'ériger une tour gothique sur le modèle du tabernacle de Saint-Laurent, comme en attestent les huit solides piliers brutalement interrompus du tombeau, mais le projet fut abandonné avec l'émergence du style Renaissance, moins monumental. Remarquez comment le monument funéraire est porté par une escouade d'escargots, également coulés dans le bronze.

La poutre triomphale, derrière le tombeau de saint Sébald, est due à Veit Stoss (beau groupe de la crucifixion de 1506-1520), de même que, sous la verrière du chœur, les statues du Christ et d'une Vierge de douleur (1499), sans oublier le triptyque pour la famille Volckammer, œuvre pour laquelle Stoss fit exceptionnellement usage de la pierre. La Cène ressemble à une joyeuse ripaille du Conseil, tandis que l'Arrestation du Christ est d'une grande violence. Au-dessus, les vitraux méritent quelque attention : le plus central (où dominent le rouge et le blanc) est aux couleurs de la famille des Habsbourg et fut offert par l'empereur Maximilien Ier. A droite, le vitrail dit des Margraves est orné, notamment, du blason des Hohenzollern, de couleur blanc et noir. En longeant le déambulatoire vers la gauche, on observe une niche fort originale : les tableaux commandés par la famille Tucher et exécutés par Hans von Kulmbach, l'élève de Dürer, sont révélateurs de l'influence de la Renaissance, notamment par le traitement des couleurs, proche des maîtres vénitiens. Au-dessus, imposante statue de saint André par Veit Stoss et lampe du Saint Sacrement (vers 1500), qui survécut à la luthéranisation du lieu.

Vers le Kaiserburg

En quittant Saint-Sébald, on ne peut manquer le presbytère (dans l'angle, juste en face du portail), orné d'un oriel gothique tout à fait exceptionnel. Pour rejoindre l'Albrecht-Dürer-Platz, empruntez sur votre droite la Bergstrasse. Sur votre gauche, la **Füllstrasse** offre une idée assez juste de ce qu'étaient les rues des riches marchands de la ville, avec leurs alignements d'hôtels particuliers en grès, à l'allure austère, ornés seulement d'un oriel à l'étage noble. La différence est flagrante avec la Weissgerbergasse, constituée uniquement de riantes maisons à colombages qui abritaient les artisans. Du haut de la petite Albrecht-Dürer-Platz, prenez sur la droite l'**Untere Krämergasse** qui présente un bel ensemble de maisons à colombages admirablement restaurées (particulièrement aux n°s 16 et 18 de la rue).

Le Kaiserburg

Au bout de ce petit axe, remontez, sur votre gauche, la Burgstrasse qui conduit en raidillon vers le Kaiserburg (château impérial). L'édifice tient davantage de la forteresse militaire que de la résidence princière. C'est un ensemble composite juché sur un rocher de grès. La partie gauche constitue le château impérial proprement dit, avec le Palas ou appartements seigneuriaux. La partie médiane est dominée par une grande tour esseulée, qui n'est autre que l'ancien donjon (Sinwellturm), aujourd'hui emblème de la ville. La tour se dresse au milieu des communs, parmi lesquels on note aussi la présence de la chapelle Walpurgis et de la Terrasse, à l'emplacement de l'ancien château des burgraves. Enfin, sur la droite, on distingue un vaste bâtiment orné de deux grosses tours carrées qui encadre les anciennes écuries impériales : cette construction est surmontée d'un toit magnifique, assurément le plus beau de Nuremberg.

Il y avait à l'origine deux châteaux, le château impérial (la partie gauche) et le château des burgraves, destiné aux nobles choisis par l'empereur pour veiller en son absence sur sa résidence. C'est en 1192 qu'apparaît pour la première fois à Nuremberg le nom des Hohenzollern, originaires de Forêt-Noire et que l'empereur venait d'honorer de la charge de burgrave. Au fil des siècles, l'autorité impériale ne cessa de s'affaiblir tandis que l'influence des burgraves allait grandissant. Cet état de fait conduisit à une séparation physique des deux châteaux et l'administration de la partie impériale fut confiée au Conseil de la ville. La zone d'influence des Hohenzollern se renforça d'autant plus que, lorsque les Habsbourg furent élus sur le trône impérial, ils délaissèrent complètement les affaires de l'Empire pour se consacrer aux biens de leur propre maison, la maison d'Autriche. Les Hohenzollern fondèrent bientôt le margraviat de Ansbach-Bayreuth. Le pouvoir impérial fit alors ériger en 1420 la tour Luginsland, que l'on voit toujours aujourd'hui immédiatement à droite des écuries, afin de pouvoir mieux surveiller le château des burgraves. En 1427, le château fut détruit par un incendie et la ville parvint à racheter les ruines aux Hohenzollern, à l'époque très occupés à concentrer leurs efforts sur le Mark Brandebourg, nouvellement acquis et qui devait devenir, trois siècles plus tard, le royaume de Prusse, puis le Reich de Guillaume Ier.

La visite du château permet d'accéder au Palas, au donjon et au Puits profond (pour les horaires et conditions de visite, voir « De ville en ville »). Nous conseillons cependant de faire plutôt une halte sur la terrasse (l'accès à cette dernière, de même qu'aux communs et à la cour intérieure du château impérial est gratuit) : la vue sur les toits de la ville est sublime.

La Tiergärtnertorplatz et l'Albrecht-Dürer-Haus

Quittez le château en redescendant la Burgstrasse et prenez sur la droite aussitôt après l'escalier, dans une petite ruelle (Am Ölberg) qui longe le rocher sur lequel est édifié le château. Au bout, un petit escalier mène à la place la plus charmante de Nuremberg, la **Tiergärtnertorplatz.** Sur cette place très pittoresque avec ses gros pavés, ses imposantes maisons moyenâgeuses, ses terrasses de café, son puits médiéval, se dresse la célèbre **Albrecht-Dürer-Haus.** C'est une des plus belles maisons de la Tiergärtnertorplatz qui présente un splendide pignon brisé que l'on remarque tout de suite en descendant l'escalier qui vient du château. Ce lieu où Dürer exécuta un grand nombre de ses œuvres abrite aujourd'hui un musée consacré au peintre (copies uniquement) et à l'habitat nurembourgeois au tournant du Moyen Age et de la Renaissance. La maison date de 1418 pour la partie la plus ancienne et Dürer en fit l'acquisition en 1509. Il y vécut jusqu'à sa mort, en 1528.

Albrecht Dürer

Albrecht Dürer naît en 1471 dans une famille aisée de Nuremberg. Le père, originaire de Hongrie, est orfèvre. Après un apprentissage de ce métier, le jeune Albrecht s'initie à la peinture et son père, conscient des talents de son fils, ne cherche pas à le retenir. Dürer se forme auprès de Michael Wolgemut, le maître nurembourgeois de l'époque. Conformément à l'usage, ce temps d'apprentissage est suivi de plusieurs années de compagnonnage de ville en ville. Dürer séjournera notamment à Bâle, Strasbourg, Colmar et La Haye. Aux Pays-Bas, il découvre la peinture de Van Eyck, Van der Goes et Van der Weyden. En 1494, il rentre à Nuremberg pour épouser Agnès Frey, issue de l'élite patricienne de la ville. Puis il repart, pour l'Italie cette fois, étape incontournable dans la formation d'un artiste. Il séjourne à Venise. L'Italie, sortie du Moyen Age depuis un siècle et baignée par la Renaissance du Quattrocento, l'émerveille. Des maîtres vénitiens comme Bellini, Carpaccio ou Titien, il ne retiendra pas l'usage nouveau de la couleur ou la sensualité mais la pratique d'une peinture moins figée, moins doctrinale. Aussi les œuvres de Dürer seront-elles empreintes d'un curieux mélange de Renaissance et de Moyen Age. Aux représentations typiques de la tradition médiévale (portraits de profil et scènes religieuses allégoriques figurées dans un décor statique de ville gothique), il substitue des portraits et des scènes d'intérieur où la répartition des personnages et des éléments du décor procède d'études de composition très abouties. Mais avant d'être un peintre, Dürer est avant tout un formidable dessinateur : la précision de son trait, sa clarté, l'expression vivante qu'il sait mettre dans ses portraits (*Hiéronymus, Maximilien Ier*) caractérisent son œuvre. Dürer est aussi un grand humaniste (il était très lié à Willibald Perckheimer), et le thème de la science revient souvent dans ses œuvres (*Saint Jérôme étudiant dans sa cellule*). Attiré par la gravure sur bois, il se confectionnera une presse pour imprimer ses travaux. Ses suites de l'Apocalypse ou de la vie de la Vierge, ses estampes de la Mélancolie, de la Mort, du Diable sont célèbres.

Dürer meurt en 1528 dans sa maison de la Tiergärtnertorplatz, au moment où la ville impériale, boudée par Charles Quint, commence à sombrer dans un sommeil qui durera plusieurs siècles. Dürer aura été le contemporain des artistes nurembourgeois tels que Veit Stoss, Adam Kraft ou Peter Vischer. Il est aujourd'hui considéré comme le plus grand peintre allemand car il aura su comme nul autre allier la tradition germanique à l'art de la Renaissance.

Jakob Viertel

On peut, depuis l'Albrecht-Dürer-Haus, redescendre vers le Lorenzer Seite et explorer le **Jakob Viertel** (quartier Saint-Jacques), dans l'angle sud-ouest de la vieille ville. Pour suivre l'itinéraire le plus agréable, empruntez l'Albrecht-Dürer-Strasse jusqu'au Weinmarkt, puis remontez la Weissgerbergasse en direction de la Maxplatz, le long de la Pegnitz. Traversez alors le Maxbrücke, puis l'Unschlittplatz avant de continuer tout droit par la Hutergasse. Passez la Josefplatz et gagnez la Ludwigplatz.

Le quartier Saint-Jacques commence à la hauteur de cette dernière. La Ludwigplatz prolonge la Karolinenstrasse, la grande rue commerçante de Nuremberg qui démarre à hauteur de l'église Saint-Laurent. La place est dominée à son extrémité par la **Weisser Turm** (Tour Blanche), qui date de 1250 et faisait partie des anciennes fortifications. Devant la tour, la **fontaine des époux Sachs**, qui ne date que de 1984, est pourtant exécutée dans un style baroque. Jürgen Weber, le créateur de cette œuvre monumentale dédiée au plus célèbre des maîtres chanteurs de Nuremberg, s'inspira d'un poème de Sachs en l'honneur de son épouse : « Elle est mon mois de mai et mon rosier, souvent mon éclair et mon coup de tonnerre. » La fontaine constitue un « manège de la vie

Les maîtres chanteurs de Nuremberg

On trouve dans l'Allemagne des XIIIe et XIVe siècles une tradition vivace de poètes itinérants issus de la noblesse et appelés *Minnesänger* – que l'on peut traduire par ménestrels en français – et qui sont souvent les auteurs d'épopées héroïques ayant pour thèmes les grandes légendes germaniques comme *Siegfried et le trésor des Niebelungen*, *Le Chant de Gudrun* ou *Parsifal*. Les noms de Wolfram von Eschenbach ou Walther von der Vogelweide ont marqué cette époque. Le début du XIVe siècle annonce le roman picaresque d'apprentissage, bientôt suivi de l'épopée courtoise.
A la fin du Moyen Age, les Minnersänger laissent la place aux *Meistersinger* ou maîtres chanteurs, poètes bourgeois appartenant à des confréries d'artisans chargés d'embellir les offices par leurs chants. Le système se formalise progressivement et de véritables écoles de maîtres chanteurs sont créées, comme celle de Sainte-Marthe à Nuremberg, animée par Hans Sachs. Certaines dureront d'ailleurs jusqu'au XVIIIe siècle, perpétuant la tradition chantée du poème courtois. Ces écoles deviennent vite des corporations chargées de transmettre les règles de composition regroupées dans la tablature.
A l'origine, on n'autorisait que douze tons, en référence aux douze maîtres créateurs. A partir du XVIe siècle, les thèmes profanes sont acceptés et l'on encourage les maîtres chanteurs à inventer leur propre ton, dont ils gardent ensuite l'exclusivité.
Hans Sachs (1494-1576) était maître savetier et a laissé plus de 6 000 poèmes. Cette œuvre considérable est jugée souvent comme facile. C'est pourtant Sachs qui sauva de l'oubli la tradition des maîtres chanteurs. Il jouera un rôle actif dans la propagation du protestantisme à Nuremberg, notamment dans une allégorie célèbre appelée *Le Rossignol de Wittenberg*. Les maîtres chanteurs, défendant un genre moins noble que la grande épopée des Minnersänger, auront eu finalement une action éducative décisive avec leurs fabliaux et leurs satires dénonçant les jésuites, la scolastique et la superstition. Certains de leurs contes donneront naissance aux *Volksbücher*, recueils populaires dans lesquels on trouve notamment l'histoire d'un certain Doktor Johann Faustus. C'est Goethe qui, au XVIIIe siècle, remettra à l'honneur l'héritage des maîtres chanteurs et puisera dans ces Volksbücher l'inspiration pour son célèbre Faust.
Plus tard, Wagner fera des maîtres chanteurs un symbole national.

conjugale » et se compose de plusieurs chariots figurant chacun un stade de la vie de couple : le chariot des coquillages vénère la beauté féminine, celui de feu montre les époux enchaînés jusqu'à la mort; le chariot du cygne célèbre l'amour conjugal alors que celui du dragon figure deux squelettes dans une lutte acharnée; le pélican s'arrachant le cœur symbolise le sacrifice de la mère nourricière alors que le chariot du goinfre montre une femme repoussante qui engloutit tout ce que gagne son mari.

Dans la perspective de la place, on aperçoit, au fond d'une ruelle pittoresque, la coupole de l'**église Sainte-Elisabeth**, le seul édifice religieux de style néoclassique à Nuremberg, élevé à la place de la chapelle de l'Hôpital de l'ordre des Chevaliers teutoniques; plus à gauche se détache la silhouette gothique de l'**église Saint-Jacques**, qui donne son nom au quartier. Il faut flâner dans les ruelles médiévales de ce quartier d'artisans, peu touché par les destructions de la guerre (Mostgasse, Schlehengasse, Ludwigstrasse). En quittant la vieille ville par la **Splittertor**, on peut longer sur la droite le mur extérieur des fortifications. Cette partie des murailles, à l'ouest de la vieille ville, est la mieux conservée. En suivant le **Splittertorgraben** jusqu'à la porte de Westtor, on découvre les plus belles perspectives sur le château impérial.

LES MUSÉES

Après une première journée consacrée à la découverte de la vieille ville, on ne saurait quitter Nuremberg sans visiter au moins un musée. Le plus incontournable est le **Germanisches Nationalmuseum** (Musée national germanique), exclusivement dédié à l'art allemand, de la préhistoire au XXe siècle. Pas moins de 1 200 000 œuvres y sont rassemblées sur quelque 500 000 m². On peut y admirer les œuvres religieuses ou profanes des grands artistes du début du XVIe siècle (Kraft, Vischer, Stoss, Dürer, Riemenschneider…) et certaines des grandes découvertes de l'Humanisme, mais aussi toute la peinture allemande jusqu'au XXe siècle. Il s'agit d'un des plus importants musées d'Allemagne.

Le **Spielzeugmuseum (musée du Jouet)**, sur la Karlstrasse, peut être intéressant dans une ville qui est la capitale mondiale de l'industrie du jouet.

Le **Stadtmuseum im Fembo-Haus** (Musée municipal de la maison Fembo), installé dans une belle maison patricienne de style Renaissance, à proximité du château, renseigne sur l'habitat nurembourgeois et l'évolution du vieux Nuremberg.

Le **Musée Tucher**, dans l'ancien château nurembourgeois de la riche famille Tucher, propose un bon exemple de l'habitat patricien nurembourgeois du début du XVIe siècle, période où la ville connut son apogée culturelle. Les aménagements sont tous d'époque.

Le **site des congrès du Parti national-socialiste**, au sud-est de la ville, peut se visiter. On peut y voir les vestiges de la folie mégalomane de Hitler et d'Albert Speer, son architecte attitré : salle de Congrès, Tribune principale, Zeppelinfeld, Grande Avenue, autant de témoins muets du chapitre le plus sombre de l'histoire allemande. L'association « L'histoire pour tous » (Geschichte für Alle) organise des visites guidées.

LES QUARTIERS PÉRIPHÉRIQUES

Nous recommandons également une petite incursion dans le quartier extérieur nord de Nuremberg, le **Knoblauchland** (« pays de l'ail »), où les familles patriciennes avaient coutume de se faire construire des résidences d'été. Voir en particulier le **Schloss Neunhof** et l'**église-forteresse de Kraftshof**.
Dans le **quartier Saint-Jean**, le long de la Johannisstrasse, ne manquez pas le **cimetière Johannisfriedhof** : tombes de Dürer (n° 649), de Willibald Pirckheimer (n° 1414) et de Veit Stoss (n° 268). Les tombes sont toutes constituées d'un simple bloc de grès (l'égalité devant la mort) surmonté d'un épitaphe en bronze, dont certains furent exécutés par Adam Kraft. En chemin, plusieurs maisons patriciennes avec jardins baroques : nos 13, 19, 35, 39, 43 et 47 de la Johannisstrasse. Le cimetière est situé à environ 1,5 kilomètre de l'angle nord-ouest (Neutor) des fortifications de la vieille ville.

Bamberg

A 60 kilomètres au nord de Nuremberg, la ville de Bamberg (80 000 habitants) est sans doute la seule ville d'Allemagne dont la richesse architecturale et culturelle a été entièrement épargnée par les bombes de la Seconde Guerre mondiale. Ses nombreux monuments sont donc tous d'origine. Bamberg, classée au patrimoine mondial de l'Unesco, mérite qu'on y séjourne au moins trois jours : une journée est nécessaire pour découvrir la ville, une autre pour visiter un musée et flâner dans les vieilles ruelles et les nombreux jardins de la ville, une troisième enfin pour visiter les environs. L'itinéraire que nous proposons ici peut se parcourir en une demi-journée, à un rythme très soutenu…

Un peu d'histoire

Mentionnée pour la première fois en 902 sous le nom de Castrum Babenberg, la ville échoit en 906 à l'Empire, après que la famille des comtes de Babenberg s'est éteinte. En 973, Otto II en fait don à son neveu, le duc de Bavière Henri le Batailleur. Lorsque le fils de ce dernier, le futur empereur Henri II, épouse Cunégonde de Luxembourg, en 997, celle-ci reçoit en cadeau la *civitas papinberc*. Devenu empereur, Henri II confère à Bamberg le statut de ville épiscopale du nouveau diocèse et y fait ériger en 1007 la célèbre cathédrale. Canonisé à la Renaissance, le couple princier obtient une magnifique sépulture que l'on peut admirer aujourd'hui encore dans la cathédrale. Cunégonde est considérée comme la sainte patronne du diocèse de Bamberg.
La ville devint une Bischofstadt, c'est-à-dire une ville épiscopale souveraine, affranchie du joug impérial et gouvernée par un prince-évêque. Au fil du temps, la rivière de Regnitz sert de frontière

entre la ville épiscopale, regroupée autour de la cathédrale et de la somptueuse résidence du prince-évêque, et la ville bourgeoise, qui profite de son statut de ville libre pour se développer sur l'autre rive. La mairie-pont, construite sur un îlot au milieu de la rivière, assure alors une transition toute symbolique entre les deux communautés. Alors que la ville libre d'empire de Nuremberg se convertit très tôt à la nouvelle religion réformée, Bamberg rejoint pendant la guerre de Trente Ans la Sainte Ligue catholique, ce qui lui vaut d'être dévastée par les armées suédoises.

Mais la ville va connaître son apogée au XVIIIe siècle sous le gouvernement des évêques de Schönborn, particulièrement sous le règne de Lothar Franz, qui y fait construire sa nouvelle résidence, puis sous celui de Friedrich Carl von Schönborn, évêque de Bamberg et de Wurtzbourg, évêque et prince électeur de Mayence et duc de Franconie. En effet, il était alors possible pour un évêque d'administrer des diocèses se trouvant dans des archevêchés différents. La ville est alors fortement marquée par le sceau de l'art baroque (construction de la nouvelle résidence des princes-évêques, de palais de Concordia, de l'Hôtel de Bötting, de l'église Saint-Martin, remaniement du monastère Saint-Michel, de l'église Saint-Jacques et de la mairie).

Sécularisé en 1803, l'archevêché des princes-évêques de Bamberg est rattaché par la volonté de Napoléon au royaume de Bavière. Une fois de plus, la réalité historique du duché de Franconie et de ses nombreuses villes libres se trouve bafouée. En 1818, Bamberg devient un archevêché. La ville est aussi la patrie de l'écrivain E.T.A. Hoffmann (qui écrivit, entre autres, *Casse-Noisette* et *Le Roi des rats* en 1816, *Les Mines de Falún* en 1819), dont les œuvres inspirèrent les compositeurs Tchaïkovski et Offenbach.

DÉCOUVRIR BAMBERG

Le mieux est de laisser la voiture au parking souterrain central, Parking Altstadt-Geyerswörth. La promenade commence sur le quai nord de la Regnitz, au niveau de la Grue Kranen qui marque l'emplacement de l'ancien port de Bamberg jusqu'au début du XXe siècle. Depuis la percée du canal du Danube au Mai, par Louis Ier de Bavière au XIXe siècle, la ville jouissait en effet d'une certaine importance portuaire. Le site offre une très belle vue sur la ville : de l'autre côté du fleuve, on remarque d'emblée une première colline coiffée par les quatre flèches de la cathédrale et, plus à droite, une colline plus élevée abritant le monastère Saint-Michel. Entre les deux, on distingue le bâtiment élevé de la résidence baroque des princes-évêques. Le grand bâtiment du XVIIIe siècle qui ferme le quai Am Kranen et dont la façade est ornée d'un bœuf en pierre est l'ancien abattoir de Bamberg. Dirigez-vous maintenant vers la curieuse mairie-pont (nous reviendrons plus loin sur cet édifice, unique en Allemagne) pour franchir la Regnitz et découvrir la ville épiscopale. Au milieu du pont des Dominicains (Dominikanerbrücke ou Unterebrücke, c'est-à-dire pont inférieur), une statue souriante de sainte Cunégonde semble saluer les passants.

Le pont offre une vue magnifique sur les anciennes maisons de pêcheurs de Bamberg. Sur l'autre rive, prenez à gauche, puis tout de suite à droite dans la rue principale, la Karolinenstrasse, qui prend naissance au pont supérieur de la mairie. La rue est bordée de belles maisons et de nombreux magasins d'antiquités, et monte vers la colline de la cathédrale.

L'esplanade qui s'ouvre alors compte parmi les plus vastes d'Allemagne. Sur ce quadrilatère en pente (Domplatz), couvert de magnifiques pavés blonds, se dressent les monuments les plus importants de Bamberg : l'impressionnante cathédrale, à droite l'ancienne résidence Renaissance des évêques et, de l'autre côté, la Neue Residenz, de style baroque, qui surplombe de sa magnifique terrasse l'enchevêtrement de toits de la ville bourgeoise en contrebas, de l'autre côté de la rivière.

La **cathédrale Saint-Pierre-et-Saint-Georges** est une des plus importantes d'Allemagne. Curieusement conçue, avec deux chœurs surmontés chacun de deux flèches, sans façade principale, elle est typique dans son aspect actuel du style de transition entre le roman et le gothique. La première cathédrale, construite en 1007 par l'empereur Henri II, brûla entièrement peu après. La cathédrale actuelle est le troisième état de cet édifice et fut consacrée en 1285. Son aspect a peu changé depuis cette date. Vers le milieu du XVe siècle, cependant, des travaux d'harmonisation des quatre flèches ont été entrepris et le clocheton qui surmontait la croisée du transept a été supprimé. En 1777, l'architecte Neumann avait envisagé de la remanier en plaquant sur la façade un imposant portail baroque. Ces projets ne furent heureusement jamais réalisés. Entre 1828 et 1844, Louis Ier de Bavière fit même procéder à l'enlèvement de certaines œuvres d'art baroque qui avaient trouvé place à l'intérieur de l'édifice au cours du XVIIIe siècle.

Sur la place, la partie qui fait office de façade est constituée par l'abside du chœur-est : de pur style roman, la simplicité et la clarté de ses lignes sont tout à fait remarquables. Une frise sépare les deux niveaux de l'abside. En bas, murs pleins séparés en sections verticales par des colonnettes, en haut un dodécagone de fenêtres à arc en plein cintre. L'abside est flanquée de deux tours hautes de sept étages, qui répondent aux deux autres tours du chœur ouest, à l'autre extrémité de la nef. Sous cette apparente symétrie, on remarque que les tours du chœur ouest sont plus aériennes, plus gothisantes que celles de la façade, bien qu'elles aient les mêmes flèches et qu'elles paraissent au premier abord rigoureusement identiques. En bas de chaque tour, un portail. A gauche, le portail d'Adam est le plus ancien. Il était jadis utilisé par les pénitents du Jeudi saint. Le portail de droite, par lequel on pénètre dans l'édifice, est celui de la Grâce. La double porte est flanquée de cinq piédroits à colonnes cannelées, tandis que le tympan est entouré de cinq rangées d'archivoltes richement ornées. Sur ce dernier sont figurés une Vierge à l'enfant Jésus et les titulaires de la cathédrale : saint Pierre, saint Georges

Bamberg

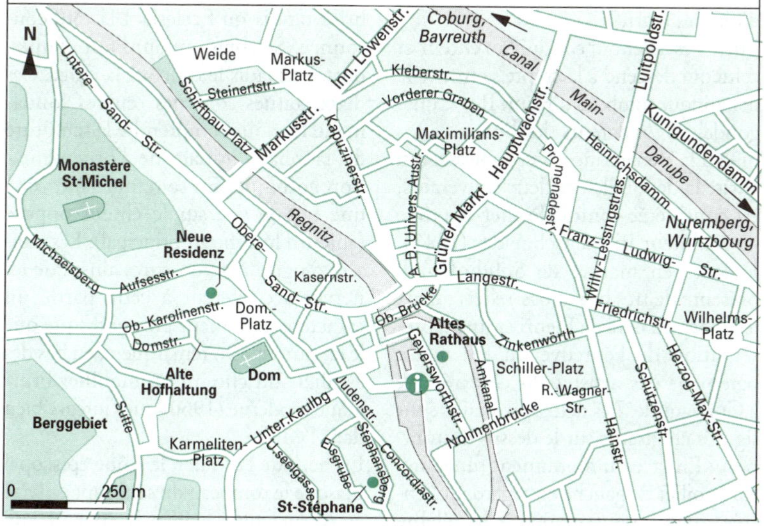

et les fondateurs Henri et Cunégonde. Les colonnes sont séparées des archivoltes par une frise splendide représentant le groupe des apôtres.

En pénétrant à l'intérieur de la cathédrale, on est frappé par l'austérité qui y règne. Autre détail marquant, le portail débouche sur la nef latérale nord, séparée de la nef centrale par un mur d'arcades, à la façon d'un cloître ; on a l'impression d'entrer dans un couloir. On ne peut accéder à la nef centrale qu'après avoir longé la nef latérale sur la moitié de sa longueur. En chemin, on notera sur le deuxième pilier gauche un très beau groupe de la Visitation figurant, de face sainte Elisabeth, et de profil la Vierge sous un dais. Toutes les œuvres de la cathédrale, qui datent des XIIIe et XIVe siècles et dont la plupart sont des œuvres majeures de la statuaire religieuse allemande, ont été exécutées *ad Dei gloriam*, c'est-à-dire par des inconnus. Tout au fond de la nef latérale se trouve l'autel de Mühlhausen. En prenant sur la gauche, à mi-hauteur, on accède à la partie médiane de l'édifice, qui révèle quelques surprises. On a l'impression d'être sur le pont d'un vaisseau : la nef principale, très haute, n'occupe qu'un tiers de la longueur totale de l'édifice, la proue et la poupe du navire étant formées par les deux chœurs, aussi longs que la nef principale et surélevés par rapport à celle-ci d'environ 2,50 mètres. Ce n'est que depuis Vatican II que le chœur ouest est devenu le chœur principal. Auparavant, la liturgie était célébrée

dans le chœur est et c'est dans cette partie de l'édifice que l'on trouve le plus d'œuvres d'art.
Entre l'escalier qui conduit au chœur et celui qui descend à la crypte se trouve le magnifique tombeau d'Henri II et Cunégonde, les fondateurs du diocèse canonisés à la Renaissance. Cette châsse, qui abrite la dépouille des deux souverains, est considérée comme le chef-d'œuvre du sculpteur Riemenschneider (1513). Exécuté en marbre de Solnhofen, il présente de très beaux bas-reliefs : deux légendes du côté de Henri et une représentation de l'épreuve du feu et du paiement des artistes du côté réservé à Cunégonde. Les deux souverains sont figurés en gisants sur le dessus du tombeau. En face du monument funéraire, sur le pilier de gauche en regardant l'entrée, on ne peut manquer le célèbre *Cavalier de Bamberg*. Cette œuvre datée de 1235 est une énigme : d'un artiste inconnu, on ne sait pas qui elle représente. Selon certains historiens, il pourrait s'agir de saint Etienne de Hongrie (le frère de Cunégonde), pour d'autres d'une représentation de l'empereur Constantin, pour d'autres encore celle d'un des Rois Mages. Tout le monde cependant s'accorde pour y voir une figure symbolique de souverain médiéval germanique. L'œuvre surprend par sa beauté, par l'attitude du cheval et l'air majestueux mais sans arrogance du cavalier, dépourvu d'armes. Du côté de la nef latérale opposée (sur les premier et second piliers à droite du tombeau) se trouvent aussi deux œuvres importantes : *Ecclesia* et *Synagogue*, qui symbolisent respectivement le Nouveau et l'Ancien Testament. Synagogue a les yeux bandés et tient à la main un bâton brisé tandis qu'Ecclesia a la tête couronnée. Ses bras, aujourd'hui coupés, portaient jadis le calice et la croix. Ces deux statues sont des œuvres fondamentales pour comprendre la sculpture de la phase initiale de l'ornementation gothique. En se retournant, on a une bonne vue sur le chœur opposé (aujourd'hui chœur principal). Les croisées d'ogive des voussures ainsi que les nervures confèrent à cette partie un caractère nettement plus gothique que le chœur est. On remarquera, en bas des escaliers du chœur, un mobilier liturgique moderne (1960) qui s'intègre bien dans l'édifice.
En haut de l'escalier, le trône épiscopal masque le tombeau du seul pape enterré en Allemagne, Clément II, élu en 1046. Le tombeau est flanqué de deux rangées de magnifiques stalles en gothique flamboyant. Du côté de la verrière, les stalles encadrent le groupe de la Crucifixion coulé dans le bronze en 1650 par Glesker de Francfort. Cette œuvre, la plus importante du mobilier baroque, fut retirée de la cathédrale sous Louis Ier en 1830, puis rachetée et replacée sur cet autel en 1912. Le groupe est grandiose, avec Marie et Marie-Madeleine abîmées de douleur.
Tout au fond du transept sud (à gauche du chœur), on trouve un des autels les plus importants de Franconie : il s'agit du retable de la Nativité, sculpté dans le bois par Veit Stoss en 1523. En face, tableau du Rosaire, peint sur bois vers 1515. A proximité, un petit escalier permet d'accéder à la chapelle mortuaire

du chapitre, où sont enterrés les chanoines. Magnifiques voûtes. Ne quittez pas la cathédrale sans jeter un coup d'œil à la crypte située sous le chœur est (on y accède par un escalier de part et d'autre du tombeau impérial). Depuis 1814, la cathédrale de Bamberg est aussi l'église paroissiale de la ville. Au début du XXe siècle, elle a été élevée par le Saint-Siège au rang de basilique majeure. L'archevêché de Bamberg est l'un des plus étendus d'Allemagne. Il couvre une partie de la Thuringe, au nord, et englobe Nuremberg, au sud.

De retour sur la place, il faut absolument jeter un coup d'œil à la cour intérieure de l'ancienne résidence des princes-évêques, l'**Alte Hofhaltung**, très représentative de l'architecture Renaissance (à droite de la cathédrale). Les bâtiments à colombages de la fin du gothique (fin du XVe siècle), avec leurs balustrades fleuries, donnent à cette cour un aspect accueillant et rural que la façade extérieure de l'édifice ne laissait pas supposer. La partie visible de la place, appelée pignon du Conseil, date de 1569 et abrite aujourd'hui le Musée historique de la ville. On pénètre dans la cour par la Belle Porte, surmontée d'une allégorie des fleuves Main et Regnitz.
De l'autre côté de la place se dresse la **Neue Residenz** (nouvelle résidence des princes-évêques). Le bâtiment surprend par sa hauteur et sa masse, et semble comme suspendu dans le vide. Il est l'œuvre de l'architecte Leonhard Dientzenhofer (à qui l'on doit tous les monuments baroques de la région de Bamberg) et fut érigé de 1697 à 1703, sur ordre de l'évêque Lothar von Schönborn. Même si vous ne visitez pas les collections de la Neue Residenz (splendides appartements baroques et collections de peinture européenne des XVIIIe et XIXe siècles), il faut absolument vous rendre dans le Rosengarten (Roseraie). Outre le parfum des roses, on y jouit de la plus belle vue sur Bamberg avec, en haut la colline du monastère Saint-Michel, en bas les toits de la ville bourgeoise. (Pour accéder au Rosengarten, passer sous l'arche de l'aile de Vierzehnheiligen.)

Depuis la place de la cathédrale, empruntez l'Obere Karolinenstrasse en direction du monastère Saint-Michel. En haut de la rue, le **portail de Torschuster** marque la frontière de la ville épiscopale. En face se trouve l'**église Saint-Jacques** (Jakobskirche), ancienne construction romane de forme basilicale à piliers (XIe siècle) et jadis étape sur la route de Saint-Jacques-de-Compostelle pour les pèlerins d'Europe centrale. Depuis 1711, l'église arbore une façade baroque.
Prenez sur la droite la rue qui descend avant de remonter en pente raide jusqu'au monastère. **Saint-Michel** est le centre d'une vaste abbaye bénédictine fondée en 1015 à l'initiative de Henri II. Cependant, son aspect actuel remonte à l'époque baroque et sa splendide façade dominant un large escalier bordé de balustrades est due à Dientzenhofer (1697). L'intérieur manque d'unité mais demeure cependant d'une grande beauté : piliers romans, entrelacs gothiques, plafond peint de quelque

six cents plantes médicinales différentes. La chaire baroque de Georges Adam Reuss (1751) est magnifique. Le chœur, tout aussi baroque, est l'œuvre de Balthasar Neumann. Aujourd'hui, les nombreux édifices du monastère, à l'exception de l'église Saint-Michel, ont été convertis en maisons de retraite ou bâtiments administratifs. Depuis la terrasse située derrière l'abside de l'abbaye, on peut admirer tous les éléments romans et gothiques originaux de l'édifice (alors que la façade est entièrement baroque). Depuis le monastère, on peut continuer l'ascension de la colline jusqu'à l'**église Sainte-Foy** (Sankt-Getreu-Kirche) et la **Villa Remeis** (très belle vue). En redescendant, on empruntera le même chemin jusqu'au portail de Torschuster, puis l'on empruntera la Domstrasse, sur la droite. La rue longe de beaux hôtels du XVIIIe siècle et des maisons médiévales bien conservées. Un peu plus bas, on arrive sur une petite place, la Domgasse, délimitée par l'arrière de l'Alte Hofhaltung. Sur la droite se dresse la résidence du prieur de la cathédrale et le palais du chapitre (Domprobstei), adossé à la nef de la cathédrale et séparée de celle-ci par un cloître. En redescendant cette rue, on peut contempler la cathédrale sous un angle différent qui permet d'admirer de l'extérieur le chœur ouest aux accents gothiques.

Rejoignez la Karolinenstrasse en empruntant le même chemin qu'à l'aller. Dans la partie basse de la rue, la perspective embrasse toute la mairie. Cet édifice, appelé **Althes Rathaus**, résume à lui seul le charme et la grâce de Bamberg : bâtiment unique en son genre, plus pont que mairie, il est constitué de trois parties distinctes. Au centre, un élégant pavillon rococo coiffé d'un clocheton et percé d'un porche sous lequel passe le pont principal. Le porche est surmonté par un balcon en fer forgé très ouvragé. Entre le premier et le second étage a été apposé un cartouche de stuc aux motifs exubérants. A gauche de ce pavillon s'étire un corps de bâtiments d'un style baroque moins débridé mais entièrement peints de fresques en trompe-l'œil. Enfin, la partie droite de la mairie est constituée par une assez incroyable maison à colombages qui repose dans le vide au-dessus de la rivière et semble retenue par un aimant à la paroi du pavillon central. Ce bâtiment médiéval comportait jadis les appartements du concierge de la mairie. Plus encore que la cathédrale, l'ancienne mairie est le symbole de la ville pour son originalité, son charme baroque et, surtout, parce qu'elle marque la transition entre le pouvoir politico-religieux de la ville haute et l'effervescence commerciale de la ville laïque. L'édifice fit office de mairie jusqu'en 1737. Avant de franchir le porche, il est préférable de rejoindre, sur la droite, le premier pont après la mairie. C'est de là que s'offre la plus belle vue sur l'Altes Rathaus avec, au premier plan, l'avancée à colombages se dressant, telle une proue, au-dessus des eaux de la Regnitz.

Au bout du pont se dresse le **château de Geyerswörth**, ancien palais épiscopal construit en 1585 dans le style de la Renaissance. Dans la cour, très bel escalier. Le château abrite aujourd'hui l'école de musique de Bamberg et diverses dépendances administratives. L'office du tourisme se trouve dans la Geyerswörtherstrasse, en contrebas du château. Descendez cette rue jusqu'au Nonnenbrücke, que vous empruntez sur la droite avant de franchir la Regnitz sur la passerelle Obere Mühlbrücke. Sur votre gauche, très belle vue en contrebas sur le **palais Concordia**, château baroque entouré d'eau et construit par Dientzenhofer en 1720. De la passerelle, on jouit également d'une vue superbe sur l'**église Saint-Etienne**, qui se dresse sur une des sept collines de la ville. Cette église fut consacrée en 1020 par l'évêque Benoît VIII à l'occasion de sa rencontre à Bamberg avec l'empereur Henri II. Au XVIIe siècle, Giovanni Bonalino et Antonio Petrini en firent un édifice baroque. Elle reste, depuis 1807, le principal lieu de culte protestant dans ce bastion farouchement catholique qu'est Bamberg.

Après la passerelle, remontez sur la droite la Concordiatrasse jusqu'au carrefour. Sur votre gauche, au pied de la colline Saint-Stéphane se trouve l'**Hôtel de Bötting**, un des plus beaux palais baroques d'Allemagne, construit entre 1707 et 1713. Sa façade déborde d'ornements baroques. La cour intérieure est richement décorée et agrémentée d'un jardin en terrasse. Empruntez ensuite la Judenstrasse (rue des Juifs). La petite place qui la termine, appelée **Pfahlpflätzchen**, est une zone piétonne. Le philosophe Hegel (1770-1831) a longtemps habité dans la maison d'angle à l'encorbellement très original. Faites encore quelques pas jusqu'à la partie basse de la Karolinenstrasse et dirigez-vous vers l'Altes Rathaus. Il s'agit cette fois de franchir l'arche centrale de la mairie pour se retrouver enfin dans la ville bourgeoise. Même si les frontières entre les deux cités (la ville épiscopale et la ville marchande) ont disparu depuis belle lurette, la densité de magasins et boutiques se fait nettement plus forte ici. Après avoir traversé la Langestrasse, la principale rue encore ouverte à la circulation automobile dans le vieux Bamberg, on aborde la rue piétonne appelée Grünermarkt. Contrairement à la plupart des villes allemandes, cette rue commerçante s'est vue épargner les laideurs architecturales des années 50 et arbore plusieurs hôtels du XVIIIe siècle dont les façades baroques dissimulent de grands magasins. Après quelques mètres, la rue esquisse une courbe vers la droite et l'on ne peut manquer, sur le côté gauche, l'**église Saint-Martin**, de style baroque (1686-1693). A l'intérieur, on peut admirer à la croisée du transept une fausse verrière en rotonde peinte en trompe-l'œil. Remonter la rue piétonne jusqu'à la **Maxplatz** (place du Marché), qui s'ouvre sur la gauche avec ses stands de maraîchers bien alignés et gaiement bariolés. Sur le fond de la place, côté nord, s'élève la **Neues Rathaus**, construite entre 1732 et 1737 par Balthasar Neumann dans le style baroque. La place tient son nom du roi Maximilien Ier de Bavière, dont une statue orne le centre.

Si vous disposez de plus de temps, profitez-en pour découvrir quelques autres curiosités de Bamberg. Au n° 26 de la Schillerplatz, rendez visite au **musée E.T.A. Hoffmann**, dans l'ancienne demeure de l'écrivain ; en face, le théâtre municipal porte le nom de l'artiste. Dans l'Unterer Kaulberg (prendre à gauche dans la Judenstrasse) se trouve l'église de l'ancien **monastère des Carmes.** Les bâtiments conventuels, encore habités, ont été fondés en 1170 puis baroquisés par Dientzenhofer de 1692 à 1701. Le cloître, en revanche, est de style roman tardif et date du XIIIe siècle (il se visite en journée). En chemin, on passe devant l'Obere Pfarre (littéralement, « paroisse du haut »), principal édifice de style purement gothique à Bamberg. L'intérieur présente un mobilier hétéroclite, dont une Assomption de la Vierge due au Tintoret dans le bas-côté droit. Un peu éloigné du centre, au sommet d'une route escarpée, le **château d'Altenburg** offre une très belle vue sur la cathédrale, en contrebas, et la ville bourgeoise (voiture nécessaire).

LES ENVIRONS DE BAMBERG

La Suisse franconienne

On désigne sous le nom de Suisse franconienne (Fränkische Schweiz en allemand) la partie orientale du Jura franconien (Fränkische Alb), c'est-à-dire le triangle inclus entre Bamberg à l'ouest, Bayreuth au nord et Nuremberg au sud. La région comprend les vallées de la Regnitz, de la Wiesent, de l'Ailsbach et de la Püttlach. A bien des égards, ces vallées très encaissées ressemblent à la haute vallée de l'Elbe, en Saxe, avec leurs canyons effondrés dont les pans esseulés forment de hautes et bizarres cheminées de dolomite. La partie la plus intéressante se trouve autour de **Gössweinstein**, un sympathique village franconien avec une belle basilique baroque de 1730 (Sainte-Trinité) construite sur des plans de Balthasar Neumann. Le presbytère (Pfarrhaus), attenant, est un véritable palais qui servait de résidence d'été aux évêques de Bamberg. En été, concerts dans la basilique (se renseigner sur place). Le village est situé sur un rebord particulièrement escarpé de la Wiesent.

A proximité de Gössweinstein, il faut voir le village troglodyte de **Tüchersfeld**, dans la vallée de la Püttlach. **Pottenstein** est connu pour ses nombreuses grottes, comme la grotte du Diable (Teufelshöhle) creusée dans le lit de la Püttlach (à 20 kilomètres à l'est de Gössweinstein en longeant le cours de la Wiesent). Plusieurs excursions possibles depuis Pottenstein, à faire en 4 ou 5 heures : ces randonnées vous conduiront à la grotte du Diable et au château de Hollenberg, ou bien à la Walberla, la plus haute « montagne » de la Suisse franconienne. Si vous séjournez dans la région à Pâques, sachez aussi que les villages pratiquent l'*Osterbrunnenschmücken.* Ce nom désigne en fait le concours de la plus belle fontaine, titre que se disputent les villages de la Suisse franconienne. Les fontaines sont décorées d'incroyables guirlandes d'œufs de Pâques multicolores. Un circuit organisé vous permet de suivre ces festivités. Pas moins de 169 villages et hameaux y participent, avec 236 fontaines.

Dans la partie nord de la région, à **Heiligenstadt**, vous pourrez visiter le

château de Greifenstein, détruit pendant la guerre des Paysans et reconstruit en 1690. Le château est depuis plusieurs siècles la résidence des comtes de Stauffenberg. Le 20 juillet 1944, Klaus von Stauffenberg avait déposé une bombe à retardement au QG de Hitler. L'attentat échoua. Le lendemain, le château était occupé par la Gestapo, les membres de la famille « interrogés ». Stauffenberg et toute sa famille furent fusillés. 7 000 habitants furent arrêtés et déportés.
Pour tous renseignements sur la région, se reporter à la partie « De ville en ville » (Ebermannstadt). Pour vous rendre en Suisse franconienne, prendre l'autoroute A73 (Bamberg-Nuremberg) et sortir à Forchheim.

Vierzehnheiligen et Banz
Au nord-est de Bamberg, il serait vraiment dommage de manquer les deux églises baroques qui semblent se défier sur les deux bords escarpés du Main. D'un côté, la **basilique de Vierzehnheiligen** trône à 387 mètres au-dessus des eaux du Main. Elle fut édifiée en 1743 par Balthasar Neumann, à l'endroit où un berger aurait vu dans une apparition le Christ et quatorze saints sauveurs (Vierzehnheiligen signifie littéralement « les quatorze saints »). Neumann conçut pour cette basilique un plan tout à fait original et inédit : pas de nef ni de transept mais un vaste chœur central autour duquel gravitent des chapelles rondes. Dans le chœur, l'imposant autel de la Grâce (Gnadenaltar) est impressionnant. Stuc de Feuchtmayer et fresques au plafond de Joseph Appiani. Presque en face, le **monastère de Banz** n'est pas en reste avec son église édifiée en 1710 par Dientzenhofer. Il évoque davantage un palais baroque qu'un édifice monacal. Commencé par Dientzenhofer, il fut achevé par Balthasar Neumann.
Banz et Vierzehnheiligen se trouvent sur la commune de Staffelstein, entre cette dernière et la ville de Lichtenfels, au bord du Main. Depuis Bamberg, prendre l'autoroute A73 vers le nord, en direction de Kronach. Sortir à Staffelstein.

Le château de Weissenstein
Dans le village de Pommersfelden, au sud de Bamberg, l'imposante masse baroque du château de Weissenstein surgit brusquement au milieu des champs de Franconie. Il fut construit en 1711 par Dientzenhofer. Beau parc paysagé. L'escalier du château est célèbre. Bon restaurant dans la cour d'honneur.
A 20 kilomètres environ au sud de Bamberg : depuis le centre de la ville, suivre la direction de Wurtzbourg puis, avant de quitter la ville, prendre à gauche la B505 vers le sud en direction de Höchstadt/Aisch. Au bout de 15 kilomètres, avant l'embranchement avec l'autoroute A3 Wurtzbourg-Nuremberg, prendre à droite en direction de Pommersfelden.

Bayreuth

Peu de villes présentant un festival lyrique sont aussi intrinsèquement liées à un compositeur que Bayreuth, au point que l'on se demande ce qu'elle serait sans Wagner. Car en dehors de la période du

festival, cette petite cité de 60 000 habitants paraît bien provinciale malgré son université. A Bayreuth tout évoque Wagner, jusqu'aux rues qui portent les noms de Wagner, Siegfried, Niebelungen, Parzifal, Cosima, Opéra, Walkyries, Maîtres chanteurs. Que dire d'autre de la ville? Qu'elle est un grand centre de production de cigarettes (plus de 100 millions par jour)? Que son équipe de basket est l'une des meilleures du pays?
En fait, deux personnages du passé ont contribué à rendre la ville célèbre : Wilhelmine de Hohenzollern et Richard Wagner.

Wilhelmine de Hohenzollern et la naissance de Bayreuth

La seule grande question à se poser est de savoir si Bayreuth aurait pu exister sans Wilhelmine de Hohenzollern, sœur préférée du roi de Prusse Frédéric le Grand, que l'on avait dessein de marier à l'héritier du trône anglais mais que l'on préféra unir au margrave de Bayreuth, pensant à juste titre qu'une alliance au sein de l'Empire était une bonne chose pour rivaliser contre la Saxe et l'Autriche. Comme son frère, Wilhelmine appartenait à l'élite intellectuelle de son siècle, composant des sonates, écrivant des pièces de théâtre, chassant le gibier comme un homme et menant grand train. Elle fit de la bourgade de Bayreuth un immense salon où s'arrêtaient les beaux esprits, toujours en tournée à travers les cours européennes. Ainsi de Voltaire qui faisait escale chez la comtesse quand il revenait de Potsdam à Ferney. Wilhelmine fit aménager autour du Neues Schloss un splendide jardin, le Hofgarten, agrémenté d'un temple du Soleil et d'un canal. On peut se faire une idée de la splendeur d'antan en parcourant l'Eremitage. Un jour que Wilhelmine recevait Voltaire, le philosophe aurait prononcé ces mots : « Ces jours comptent parmi les plus beaux de ma vie. »
Mais c'est surtout pour la construction de son fabuleux théâtre baroque, le Markgräfliches Opernhaus, que Wilhelmine s'est rendue illustre. Cette petite merveille qui ne compte que 520 places et fut construite en 1745 est à juste titre considérée comme le plus beau théâtre d'Europe. La comtesse de Hohenzollern y donna la réplique à Voltaire et y fit jouer les succès de Haendel. Il existe peu de théâtres d'époque baroque en Europe, la plupart des grandes maisons ayant été construites au milieu du XIXe siècle (Opéra Garnier à Paris, Scala de Milan), et celui de son frère Frédéric II à Berlin, s'il fut construit à la même époque, présente un style déjà néoclassique. C'est d'ailleurs l'Opéra de Bayreuth qui fut choisi pour le tournage du film *Farinelli*, étant le mieux à même de reconstituer fidèlement l'ambiance d'un théâtre de l'époque de Haendel, même si l'intrigue est censée se dérouler à Londres. Ce théâtre attira l'attention de Wagner sur Bayreuth en 1868. Sans lui, Bayreuth ne serait jamais devenue le sanctuaire wagnérien que l'on connaît. Paradoxalement, les opéras de Wagner ne sont pas donnés dans l'Opéra de Wilhelmine mais dans un édifice offert à Wagner par Louis II de Bavière.

Wagner et le festival de Bayreuth

… Ou jusqu'où l'être humain peut supporter Wagner. Tous les ans, la foule des wagneromanes se presse dans les rues étroites de Bayreuth et pendant plus d'un mois la grosse bourgade devient un des lieux les plus mondains de la planète. Pour 57 000 places disponibles (30 représentations d'opéras), l'administration du festival reçoit environ 650 000 demandes. Le prix d'une place pour *Le Crépuscule des dieux* peut dépasser un mois de salaire. Au marché noir, les billets se vendent couramment à 3 500 marks (environ 12 000 francs français), voire plus. Depuis la dernière semaine de juillet jusqu'au 31 août, Bayreuth vit au rythme de Wagner, de la rue Wotan à la rue Tannhäuser, de l'allée Siegfried à la rue Niebelungen.

Depuis sa mort, la réputation de Wagner n'a cessé de croître. En 1981, après la représentation d'un des volets de la *Tétralogie*, l'assistance en délire fit une ovation qui dura 89 minutes, soit 10 minutes de plus que le dernier acte…

Pourtant, assister à un opéra de Wagner au Festspielhaus peut se révéler éprouvant : le système d'aération est antédiluvien et la chaleur dégagée par la machinerie et l'assistance élève la température ambiante au-dessus de 35 °C. Les fauteuils sont d'une dureté inouïe et les dossiers tout simplement en bois. Depuis quelque temps, des hôtesses distribuent à l'entrée une pochette discrète contenant des cachets pour améliorer la circulation ainsi que des mouchoirs rafraîchissants : les habitués de Bayreuth appellent cela le *Wagner-Survival-Kit*. Apparemment, ni le prix des places, ni la durée de la pause (1 heure), ni les conditions difficiles ne peuvent entamer la détermination des inconditionnels. Pendant la représentation, le public est si concentré que c'est sans doute l'endroit au monde où l'on tousse le moins pendant un spectacle. Les mises en scène grandioses y sont sans doute pour beaucoup.

Cette passion irraisonnée pour Wagner, beaucoup de grands noms l'ont aussi exprimée à leur manière. Pour Louis II, Wagner est *der Urquell des Lebens* (« la source originelle de la vie »), pour Thomas Mann *ein Wonnen der Nerven und des Intellekts* (« un ravissement pour les nerfs et l'intellect »), pour Gerhardt Hauptmann *die grösster Künstler der letzten Jahrtausende* (« le plus grand artiste du dernier millénaire »). Hitler se servit de l'œuvre de Wagner en réinterprétant à sa façon le *tausendjähriges Reich* (l'empire vieux de mille ans) ; il affirmait que le compositeur était le *Kraftzentrum des NS-Staates* (« le moteur, le centre de l'Etat national-socialiste »). Mais pour l'écrivain contemporain Wolf Schneider, Wagner n'est qu'un *sächselnder Gnome*, un nain à l'accent saxon (Wagner ne mesurait que 1,63 mètre).

Admiré ou décrié, Wagner reste, en dépit des commentaires qu'il suscite, un grand nom de la musique allemande du XIXe siècle. Il naît le 22 mai 1813 dans le ghetto juif de Leipzig, alors occupée par l'armée napoléonienne, d'un père officier de police qui décède six mois plus tard. On confie l'enfant à un ami de la famille, le peintre et dramaturge Ludwig Geyer, dont Wagner portera d'ailleurs le patronyme pendant toute sa jeunesse. L'enfant souffre de cauchemars chroniques, son équilibre nerveux est fragile. Sa constitution physique est faible et c'est le plus mauvais élève de sa classe. A la récréation, il échange des poèmes de Schiller contre des choux à la crème. En 1821, à la mort de son tuteur, l'entourage se demande ce que Richard va bien pouvoir devenir. Il semble avoir du goût pour la musique mais joue médiocrement. S'il prend quelques leçons de piano, il n'effectuera jamais un véritable apprentissage musical. Le 24 décembre 1830, âgé de 17 ans, il donne à Leipzig sa première composition, la *Nouvelle Ouverture*. Le public reste interdit, n'applaudit pas : c'est un échec complet. A 20 ans, il écrit *Les Fées*, son premier opéra, qui ne sera jamais donné de son vivant.

Dans les années qui suivent, il ne connaît que de timides succès. Très déprimé, il se lie d'amitié avec un Russe, Mikhail Bakounine, et participe à ses côtés à la révolution de mai 1849. Considéré comme anarchiste, Wagner doit s'exiler à Zürich. En 1861, il est sifflé par le public parisien pour son *Tannhäuser*. Il écrit alors : « *Ich lebe ein unbeschreiblich nichtswürdiges Leben* » (« Je vis une existence incroyablement misérable »). Les créanciers le poursuivent, la maladie le taraude. Atteint de troubles psychosomatiques, il est persuadé qu'il va bientôt mourir. Mais en 1864, sa vie change radicalement après sa rencontre, à Vienne, avec Louis II de Wittelsbach, futur roi de bavière, alors âgé de 17 ans. Pour Louis II, Wagner est un éblouissement. Le compositeur lui offre une concrétisation des songes qui peuplent le monde irréel dans lequel il est en train de sombrer. Pour le souverain bavarois, Wagner devient le *göttlicher Freund* (« l'ami divin »), *der Herr meines Lebens* (« le maître de ma vie »). Il finit chacune de ses lettres à Wagner par ces mots : « *O Heiliger, ich bete Dich an* » (« Ô mon saint, je t'adore »). Pour Wagner, ce renversement de situation tombe à point nommé. D'emblée, il reçoit de Louis II un traitement de ministre de 13 600 marks par an. Entre-temps, il a découvert l'Opéra de Bayreuth et, jouant de la faiblesse de Louis II, il réussit à le convaincre de lui faire construire une salle où il pourra donner la pleine mesure de son art. A sa femme Cosima, la fille de Franz Liszt, il écrit à Munich : « *du wirst sehen, bald bist du die Markgräfin von Bayreuth* » (« tu verras, tu seras bientôt la comtesse de Bayreuth »). Les « contrats de Bayreuth » sont signés et les époux Wagner s'installent dans la Villa Wahnfried (un cadeau de Louis II). Le 13 août 1876, le nouveau Festspielhaus est inauguré.

DÉCOUVRIR BAYREUTH

Ne manquez pas l'ensemble de l'**Eremitage**, avec le Hofgarten, le Sonnentempel et, à l'intérieur de l'Altes Schloss, le cabinet de musique de Wilhelmine. Mais le joyaux de Bayreuth est assurément le fabuleux **Markgräflisches Opernhaus**, édifié par Wilhelmine au n° 14 de l'Opernstrasse.

Si vous êtes un admirateur de Wagner, sachez que le **Festspielhaus** (Palais du festival), inauguré en 1876 pour Wagner, se trouve sur la Colline Verte

(Grüner Hill), au nord de la ville, et que la **Villa Wahnfried**, où habitaient les époux Wagner, est devenu un musée où les inconditionnels font la queue pour voir, de leurs yeux voir, ici du génie le chapeau (les mauvaises langues disent qu'il portait ce béret pour ressembler à l'empereur Maximilien Ier sur le portrait qu'en réalisa Dürer), là une partition écrite de sa plume.

Wagner prend une telle place à Bayreuth que la plupart des visiteurs ignorent que la ville est aussi celle d'un des plus grands poètes romantiques allemands, Jean-Paul, de son vrai nom Jean-Paul Friedrich Richter (1763-1825). La maison où il vécut et mourut se trouve au n° 5 de la Friedrichstrasse.

LES ENVIRONS DE BAYREUTH

Kulmbach

A 20 kilomètres au nord de Bayreuth. Cette petite ville est célèbre dans toute l'Allemagne pour sa bière fumée, la Kulmbarer Pils. Sa forteresse, le Plassenburg, semble extrêmement sévère mais cache une magnifique cour intérieure à arcade. Possession des Hohenzollern depuis le XIIIe siècle, Kulmbach devint au XVIIIe siècle une enclave prussienne à deux pas de la Saxe. En été, des concerts sont organisés dans la cour Renaissance de la forteresse.

Kronach

A 20 kilomètres au nord de Kulmbach. Porte de la Forêt franconienne (Frankenwald), ce massif montagneux et boisé proche de l'ancienne frontière de la RDA, la ville est dominée par une imposante forteresse, le Veste Rosenberg, vieille de 1 000 ans et qui ne fut jamais envahie. La bataille la plus dure fut menée un certain 21 mars 1634 lorsque le duc Bernhard de Saxe-Weimar, allié au margrave Christian de Brandebourg-Kulmbach, essaya de prendre la ville. Depuis 1122, Kronach était possession de l'évêque de Bamberg et se révélait comme la plus importante place forte pour la défense de ce comté épiscopal.

La ville doit sa célébrité à Lucas Cranach, qui y naquit en 1472 (Cranach est en fait une déformation de Kronach). Ce très grand peintre contemporain de Dürer et grand ami de Luther a exécuté l'essentiel de son œuvre à Wittenberg et à Weimar, sous la protection du prince électeur de Saxe-Weimars. Il mourut à Weimar en 1553.

Coburg

A 30 kilomètres à l'ouest de Kronach et à 35 kilomètres au nord de Bamberg. Coburg est protégée par une forteresse, la Veste Coburg, qui est certainement l'une des plus impressionnantes d'Allemagne. Ancienne possession des grands-ducs de Saxe-Coburg-Gotha (famille du mari de la reine Victoria d'Angleterre), la ville choisit pourtant, après la débâcle prussienne de 1918, d'être rattachée à l'Etat de Bavière plutôt qu'à celui de Thuringe. La forteresse de Coburg n'est certes pas auréolée d'autant de mystère et de légendes que la Wartburg d'Eisenach, mais une visite s'impose.

Ne manquez pas non plus le château Ehrenburg (résidence cobourgeoise des grands-ducs de Saxe-Goburg-Gotha), où séjourna la reine Victoria, ni le Markt avec sa mairie Renaissance (1579) et la Cantzley (ancien tribunal, 1600).

Ansbach

Archétype de la petite ville provinciale, Ansbach fut promue au XVIIIe siècle au rang de capitale culturelle par le truchement des princes de Hohenzollern, dont elle fut la résidence. Si elle demeure, avec ses 35 000 habitants, une bourgade de province, elle garde de nombreuses traces de son passé de résidence baroque.

Un peu d'histoire

C'est le colon Onolzbach qui, s'installant dans la vallée vers l'an 700, donna son nom à la ville. En 748, saint Gomberty y fonde une abbaye bénédictine, devenue aujourd'hui l'emblème de la cité et son église paroissiale. Ansbach, mentionnée en tant que ville pour la première fois en 1221, est achetée par les Hohenzollern en 1331 alors qu'ils ne sont encore que burgraves de Nuremberg. En 1415, cette famille reçoit de l'empereur Sigismond la Marche de Brandebourg en remerciement de la campagne de Hongrie. Rien ne laisse augurer que ce fief sablonneux et éloigné sera au centre du développement de la future Prusse.

Vers 1456, les Hohenzollern choisissent d'établir leur résidence à Ansbach, laissant à une branche cousine le soin d'administrer le Brandebourg, jugé peu intéressant. Ansbach devient alors un margraviat, et Albrecht Achille (1440-1486) y transfère le tribunal impérial du burgraviat de Nuremberg. Personnalité importante de cette période de l'histoire du Saint Empire puisqu'il est à la fois archichambelland impérial, margrave d'Ansbach et qu'il détient le titre de prince électeur, Albrecht Achille de Hohenzollern crée en 1480 l'ordre des Chevaliers au cygne (Schwanritterorden).

Au XVIe siècle, George le Pieux (1515-1543) se fait le propagateur des thèses de la Réforme dans son margraviat franconien. La guerre de Trente Ans ne touche que modérément la ville et les blessures sont vite pansées. Le XVIIe siècle est calme et prospère. Dans les dernières années du siècle, le margrave Johan Friedrich marie sa fille Wilhelmine Caroline à Georges. Consécutivement à cette alliance, le compositeur Haendel quitte l'Allemagne pour s'installer à Londres.

C'est au XVIIIe siècle qu'Ansbach prend un éclat particulier et se transforme en une somptueuse résidence baroque. La régente Christiane Charlotte (1723-1729) et son fils Carl Wilhelm Friedrich (1729-1757), surnommé « le margrave sauvage » en raison de son tempérament impétueux, s'avéreront de remarquables bâtisseurs. De cette époque datent la Résidence, le Hofgarten, la nef de Saint-Gombert et de nombreux hôtels. Carl Wilhelm avait épousé sa cousine Louise Frédérique, sœur de Frédéric II dit Frédéric le Grand, roi de Prusse. Ainsi allait-il se retrouver par son mariage le beau-frère d'un des rois les plus importants d'Europe et celui

de la célèbre Wilhelmine, comtesse de Bayreuth. A partir de cette époque, les comtés fusionnent pour créer le margraviat d'Ansbach-Bayreuth.
Le fils de Carl Wilhelm, Alexander (1757-1791), fit parler de lui par ses liaisons : il fut l'amant de Mademoiselle Clairon, une « actrice » française, et de Lady Craven. En 1791, il abdique et part pour l'Angleterre avec sa maîtresse. De 1792 à 1806, Ansbach-Bayreuth échoit à la Prusse et est administré par le baron Hardenberg. Mais dès 1806, Napoléon incorpore le margraviat au nouveau royaume de Bavière.

DÉCOUVRIR ANSBACH

Il faut une bonne demi-journée pour découvrir Ansbach. La ville étant très concentrée, tout se fait à pied. Il est préférable de commencer la visite par la résidence des Hohenzollern, avant de se rendre dans le centre-ville pour terminer par le Hofgarten.

La **résidence des Hohenzollern** (Markgräflische Residenz) est le bâtiment profane le plus marquant d'Ansbach, bien qu'il soit situé en bordure de ville et malheureusement enclavé entre la Promenadestrasse et la Residenzstrasse, points de passage obligés des véhicules en transit. Le premier château, construit sous Albrecht Achille au XVe siècle, fit place deux cents ans plus tard à une somptueuse construction commencée sous le règne de Christiane Charlotte et achevée par son fils Carl Wilhelm. L'architecte Gabriel de Gabrieli conçut l'extérieur alors que la décoration intérieure est signée Zocha et Retty, deux artistes à l'origine du style rococo d'Ansbach. Il faut absolument voir la suite de 27 salons d'apparat : la Grande Salle (Grosser Festsaal), qui sert de salle de concert pendant le Festival rococo et la semaine Bach, en été ; la salle d'Audience, avec un lustre en porcelaine offert par Frédéric le Grand ; le cabinet des Glaces (Spiegelglasskabinett) ; la Salle carrelée (Fliesensaal), tapissée de 2 800 pièces de faïence de la manufacture d'Ansbach. Ne manquez pas non plus la Galerie nationale de peintures (Gemäldestaatsgalerie), où sont exposées plusieurs œuvres de Vivien, Rigaud et Poussin, et la très belle collection de porcelaines du XVIIIe siècle (Porzellansammlung).
En quittant le château, prendre à droite puis encore à droite. Une fois franchi le portail, voici la Schlossplatz (place du Château), où trône le monument dédié à **Simon Marius**, astronome de la cour d'Ansbach qui découvrit Jupiter en 1609.
Prenez à gauche au bout de la place, dans la Johann-Sebastian-Bach-Platz. Belles cours intérieures de style Renaissance au n° 20 dans la **Kronenhof** (ancienne demeure des chanoines, plus tard hôtel de Seckendorff), au n° 7 dans la **Nennichshof** (ancien décanat de la collégiale Saint-Gombert), qui offre en outre un beau pignon et un escalier du XVIe siècle, et au n° 5 dans la **Behringershof** (ancien logement du bedeau de la collégiale) : la cour de cette dernière maison est de loin la plus belle et présente une splendide tour à escalier (l'entrée se fait juste avant l'église, à droite de la fontaine Carl-Wilhelm).

La **collégiale Saint-Gombert** est un édifice curieux. Depuis la Johann-Sebastian-Bach-Platz, seule l'abside gothique atteste la présence d'une église. En effet, la nef ressemble à un palais rococo (crépi bleu pâle et ornements en stuc) bizarrement encastré entre abside et clocher. C'est seulement sur la Martin-Luther-Platz (prolongation de Johann-Sebastian-Bach-Platz, de l'autre côté de la maison Landhaus postée au milieu et obstruant la perspective) que l'on peut avoir une vue satisfaisante sur la façade et ses trois flèches crénelées, devenues le symbole d'Ansbach. L'église porte le nom du saint qui fonda à cet emplacement, vers 748, une abbaye bénédictine. L'édifice date du XIIe siècle (on peut encore voir certains éléments romans). De l'église, on peut se rendre à la chapelle de l'ordre des Chevaliers au cygne, bâtie entre 1501 et 1523 (épitaphes et boucliers funéraires). La crypte romane serait la plus ancienne de Franconie.
La place Martin-Luther, tout en longueur, est agrémentée d'une **fontaine** dédiée au margrave Georges le Pieux, qui propagea la Réforme à Ansbach.

La **Landhaus** (XVe siècle), qui sépare les deux places Johann-Sebastian-Bach et Martin-Luther abritait jadis le tribunal impérial de Nuremberg, transféré à Ansbach par Albrecht Achilles (aujourd'hui office du tourisme). Sur la place, la mairie (Rathaus) de 1623 est décorée des blasons des différents possesseurs d'Ansbach (damier noir et blanc des Hohenzollern, aigle de Prusse, damier bleu et blanc de Bavière). En face se trouve l'hôtel baroque de Gabriel de Gabrieli (1729). L'esplanade est dominée par l'**église Saint-Jean** (Johanniskirche), bel édifice gothique de 1410, de culte protestant. De belles maisons derrière l'église, sur la Storchenplatz.
Revenez ensuite sur la Martin-Luther-Platz et empruntez, à la hauteur de l'église Saint-Jean, la Platenstrasse. Au début de la rue, à gauche, n'hésitez pas à passer le porche pour gagner la ravissante **Bonhoefferhof**. Au bout de la rue, monument à Gaspard Hauser datant de 1981 et, derrière, ancienne **loge maçonnique** créée par le margrave Alexandre en 1758. Tournez à gauche dans la Rosenbaldstrasse, à l'angle du **gymnasium Carolinum**, le lycée d'Ansbach dont la grosse tour faisait partie du mur d'enceinte de la ville jusqu'au XVIe siècle. Sur le côté droit de la rue se trouve la **synagogue** (1764), un exemple très rare de synagogue de style baroque au mobilier d'époque parfaitement conservé. La rue débouche ensuite dans l'Uzstrasse, une voie piétonne que l'on remonte sur la droite jusqu'à la **Herrenriedertor** (porte d'Herrenried, 1750) : l'édifice compose, avec les monuments attenants, un des plus charmants ensembles baroques d'Ansbach. Devant la porte, remontez la Neustadtstrasse sur la gauche (au n° 4, ancienne poste baroque construite par de Gabrieli) jusqu'à la **Neuetor**, construite en 1791 dans le style néoclassique. De là, traversez la rue principale, la Promenadestrasse, qui marquait jusqu'à la fin du XVIIIe siècle les limites de la ville, et gagnez la **Neustadt** (ville neuve), aménagée dans un style classique qui lui donne un air de ville de garnison. La Karlstrasse débouche sur le quadrilatère de la Karlplatz,

dominée par l'**église Saint-Louis**, seule église catholique d'Ansbach, de style néo-classique (1838) : à cette date en effet, Ansbach était tombée dans l'escarcelle du très catholique royaume de Bavière. A gauche, on remarque la **Karlshalle**, ancien oratoire de la petite communauté catholique d'Ansbach, construit en 1777, sous le règne éclairé et tolérant du margrave Alexandre. L'oratoire accueille aujourd'hui le centre culturel de la ville. Par la Karolinenstrasse, on atteint le **Hofgarten**. A l'origine, l'ancien jardin de la Cour, agencé en 1726, n'était pas séparé du palais des margraves par le grand axe urbain de la Promenade-strasse. Seul un chemin, qui marquait la frontière de la ville, le séparait du château. Au fond du jardin à la française, enrichi d'un belle double allée de tilleuls vieux de plus de 250 ans, on distingue le bâtiment allongé de l'**Orangerie**, inspiré du Grand Trianon de Versailles. A droite se trouve le mémorial de Gaspard Hauser, assassiné en cet endroit précis en 1833 (voir encadré p. 252). Le monument porte l'inscription « *Hic occultus occulto occisus est* » (« Ici fut mystérieusement assassiné un personnage mystérieux »). En longeant l'Orangerie, on rejoint la Promenade et la résidence des margraves de Hohenzollern.

Rothenburg ob der Tauber

Pour les *Liebhaber* (amoureux) de la route romantique (parmi lesquels de nombreux Japonais tout droit venus de Neuschwanstein), Rothenburg est la « perle » des villes médiévales allemandes, pour ses détracteurs la ville est assimilée à Disneyland et jugée un « piège à touristes ». Elle est de fait parmi les lieux les plus visités d'Allemagne, avec Neuschwanstein. Il faut donc s'efforcer d'ignorer la foule des touristes en tenue estivale et la récupération commerciale inhérente à ce genre d'endroits. Car Rothenburg est une ville exceptionnelle par son état de conservation et son homogénéité. Si on devait lui trouver un équivalent en France, on devrait dire qu'elle est un mélange heureux de Carcassonne et Sarlat, même si ses maisons et monuments sont, comme très souvent en Allemagne, trop bien restaurés et manquent de patine. Les populations anglo-saxonnes, à majorité protestantes, considèrent le vieillissement des édifices comme un signe évident de laisser-aller et s'acharnent à en effacer régulièrement les marques du temps pour faire plus net. Chez les latins au contraire, la patine est synonyme d'authenticité et un facteur d'esthétisme. A Rothenburg comme dans presque toutes les villes d'Allemagne, la plupart des maisons sont enduites d'un badigeon à la chaux pour lequel la municipalité laisse le choix entre quatre couleurs : rose, ocre, vert-brun et jaune.

Un peu d'histoire

Le nom allemand de Rothenburg est singulier. La ville devrait en effet s'appeler Rothenburg *an* der Tauber (littéralement « sur » la Tauber) et non *ob* der Tauber (« au-dessus » de la Tauber).

Car à l'origine de la ville, vers 970, fut construit le château de Grafenburg (aujourd'hui disparu) sur un promontoire dominant toute la vallée de la Tauber.
En 1116, l'empereur Henri V donne la ville à son neveu Conrad de Hohenstaufen, duc de Souabe. Celui-ci est élu empereur en 1137, sous le nom de Conrad III. Quand il décède, son fils Frédéric, né à Rothenburg, n'a que huit ans. C'est donc son cousin, le célèbre Frédéric Barberousse, qui deviendra empereur à sa place. L'empereur Barberousse nomme Frédéric, dit le Beau, duc de Rothenburg et lui donne la Souabe et la Franconie occidentale en cadeau. Ce dernier fonde une cour brillante à Rothenburg et épouse la fille d'Henri le Lion, le fondateur de Munich. L'Empire est secoué par la querelle entre les Guelfes et les Gibelins. Ces derniers sont opposés à l'investiture par le souverain pontife des évêques germaniques, qu'ils désirent nommer eux-mêmes et à qui ils entendent conférer un rôle plus politique que religieux. Frédéric Barberousse et Frédéric le Beau, attachés au camp des Gibelins, se rendent en Italie pour destituer le pape Alexandre II, soutenu par les Guelfes. Les Gibelins sont victorieux mais Frédéric le Beau succombe à une épidémie en 1167.
En 1172, Rothenburg acquiert droit de cité et, en 1204, une première ceinture de fortifications est construite : la tour Blanche, la tour Saint-Marc et l'arc de Röder sont encore visibles aujourd'hui. Dès 1250, une nouvelle ceinture de remparts est érigée qui triple la superficie de la ville et porte le périmètre d'enceinte à 4 400 mètres. Ce sont ces remparts, parfaitement conservés, qui donnent à la cité sa physionomie particulière et en font la Carcassonne germanique.
En 1251, l'empereur Conrad IV cède la ville aux Hohenlohe mais celle-ci réussit à se racheter et devient ville libre d'empire en 1274.
En 1356, Rothenburg est presque totalement détruite par un tremblement de terre. Le XVe siècle est une période de prospérité et, sous la férule du bourgmestre Toppler, la ville s'embellit. Cependant, lorsque l'empereur Ruprecht du Palatinat accède au pouvoir, il fait enfermer Toppler, accusé de conspiration. Ce dernier mourra dans son cachot de l'hôtel de ville.
En 1525, la ville est durement touchée par la guerre des Paysans. Un certain Florian Geyser, gagné aux thèses de l'illuminé Thomas Müntzer, entraîne avec lui une foule de paysans qui met à sac la région et brûle les églises. Le 30 juin, le margrave d'Ansbach fait décapiter les rebelles devant l'hôtel de ville. Cependant, en 1552, le margrave de Brandebourg-Kulmbach oblige Rothenburg à se rallier à la ligue de Smalkalde contre l'autorité impériale de Charles Quint.
En 1618, pendant la Contre-Réforme, l'Union évangélique siège à Rothenburg et la ville se rallie au protestantisme. Quelques années après, le roi de Suède, qui conduit les armées protestantes contre les catholiques des Habsbourg, y séjourne. En 1632, la ville, devenue une place-forte, est assiégée par les troupes impériales de Tilly et condamnée à payer de lourdes indemnités de guerre. Récupérée un an après par les Suédois, elle retombe aux mains des troupes

impériales avant de subir un dernier assaut par les troupes françaises de Turenne. En 1648, la paix de Westphalie marque la fin de la guerre de Trente Ans. Rothenburg est une des villes allemandes qui a le plus souffert. Elle doit payer 50 000 florins d'indemnités, qu'il lui faut emprunter, et la moitié de sa population est décimée. Devenue une petite ville provinciale sans importance, elle sombre dans l'oubli. En 1802, elle perd son statut d'indépendance et est rattachée à la Bavière. En 1945, elle essuie quelques bombes mais un général américain refuse de la détruire. A partir des années 50, Rothenburg devient un haut lieu du tourisme dans une Allemagne presque entièrement détruite.

DÉCOUVRIR ROTHENBURG

De la Röderturm à la mairie

Nous commençons la visite de la ville par la **Röderturm** (porte Röder), à l'est. La tour est l'une des trente qui hérissent si formidablement les remparts de Rothenburg. La porte elle-même est constituée d'un double bastion en avant-poste, puis de cette tour. La plus grande partie des fortifications fut édifiée au XIIIe siècle ou à la fin du XIVe siècle (reconstructions après le tremblement de terre de 1356) : c'est d'ailleurs de cette seconde époque que date la section autour de la Röderturm. Sachez qu'il est possible d'emprunter le chemin de ronde, d'où l'on découvre par les meurtrières une belle vue sur la ville sanglée dans son corset de murailles. Entre la porte du deuxième bastion et la Röderturm se trouvait jadis un pont-levis. En remontant la Rödergasse, on aperçoit déjà dans la perspective la **tour Saint-Marc** et l'**arc de Röder**, correspondant à la première enceinte de 1204. Les jolies maisons à colombages, l'arc surmonté d'une horloge et d'un lanternon, le toit de tuiles moussues de la tour Saint-Marc, la petite fontaine fleurie qui gargouille composent un de ces décors ravissants et typiques de petite ville allemande médiévale dont Rothenburg a le secret. Une fois l'arc passé, on peut voir en se retournant la petite **Büttelhaus** adossée à la tour Saint-Marc. Elle servait jadis de prison municipale et porte le surnom de Seltenleer (« la rarement vide »). La Hafengasse débouche sur la place centrale de Rothenburg, dominée par le Rathaus, un édifice Renaissance de 1572. Cette mairie figure parmi les plus grandes de ce style en Allemagne. Elle est constituée de deux bâtiments distincts : la mairie à proprement parler, qui étale sa large façade sur la place et, au second plan, une construction blanche ornée d'un joli beffroi effilé (plate-forme d'observation en haut) qui correspond en fait à la partie la plus ancienne de l'ensemble.

De belles maisons patriciennes bordent la place. A droite de la mairie, on remarquera la maison au crépi rose orangé avec un beau pignon à volutes abritant un cadran solaire. Il s'agit de l'ancienne **taverne du Conseil**, aujourd'hui office du tourisme. De l'autre côté de la place, à gauche de la mairie, la très belle maison à colombages et sa charmante tourelle d'angle est la **maison Jagstheimer** (XIVe siècle), ancienne auberge accueillant aujourd'hui une pharmacie.

Elle est considérée comme l'une des plus belles maisons patriciennes de la ville. Tout à côté, une autre maison à colombages, plus massive, abritait jadis la **halle à viande**. Les deux bâtisses encadrent la plus jolie fontaine de Rothenburg, la **fontaine Saint-Georges**. La ville étant édifiée sur un plateau, il était très coûteux d'y installer des fontaines car l'eau devait être amenée sur de grandes distances. L'emplacement des conduites était tenu secret pour empêcher qu'on ne coupe l'eau en cas de siège. La fontaine Saint-Georges coule ici depuis 1446. C'est devant elle, à un jet de pierre du Rathaus, qu'on installait gibet, pilori et cages des suppliciés. Les décapitations lors de l'insurrection paysanne de 1525 eurent lieu à cet emplacement, entre la fontaine et l'hôtel de ville.

L'église Saint-Jacques

Repassez devant la mairie et dirigez-vous vers l'église Saint-Jacques, dont on aperçoit déjà les deux tours sur la droite. Saint-Jacques est une basilique gothique à deux chœurs. Le chœur oriental est la partie la plus ancienne (1311). La nef fut construite de 1373 à 1436 et le chœur ouest fut achevé en 1471. La basilique fut consacrée en 1484 par l'évêque de Wurtzbourg. C'est de la galerie du chœur occidental que le chef des paysans Florian Geyser appela en 1525 à l'insurrection. A l'intérieur (entrée payante) se trouvent deux œuvres d'art remarquables, l'autel des Apôtres et l'autel du Saint Sang.

Le maître-autel du chœur est, appelé **autel des Apôtres**, fut réalisé en 1466 grâce à une souscription organisée par le célèbre bourgmestre Toppler. Il est considéré comme l'un des plus précieux d'Allemagne. Les peintures ont été réalisées par Friedrich Herlin et les sculptures de la châsse par des maîtres artisans souabes. A gauche du crucifix, Marie, saint Jacques et sainte Elisabeth ; à droite, saint Jean, saint Léonard et saint Antoine. Le Christ en croix est entouré de quatre anges qui symbolisent d'une part l'incrédulité et le doute (partie gauche), d'autre part la foi et la prière (partie droite). Les douze apôtres représentés sur la prédelle ont donné son nom à l'autel. Mais les peintures de Herlin retraçant, sur les volets de l'autel, les grands épisodes de la vie de la Vierge sont encore plus fascinantes que les sculptures. On remarque sur le volet gauche, en haut l'Annonciation et la Visitation, en bas la Nativité et la Circoncision du Christ. Sur le volet de droite, l'Adoration des Mages, la Présentation au Temple, deux tableaux de la Mort de la Vierge. Il faut ensuite passer derrière l'autel pour admirer les peintures qui ornent l'autre face des volets (le triptyque était très souvent fermé, sauf pour les grandes fêtes religieuses). L'ensemble figure la légende de saint Jacques, saint patron de l'église. De droite à gauche et de haut en bas se trouvent représentés en premier lieu l'arrestation du saint, son exécution et le transport de sa dépouille dans une ville médiévale (Rothenburg). Suit une scène ou des pèlerins en route pour Saint-Jacques-de-Compostelle déjeunent dans une auberge. L'aubergiste cache un gobelet en or dans le sac d'un pèlerin avant de se plaindre aux autorités.

Lorsque le gobelet est retrouvé dans le sac, le fils du prétendu coupable se dénonce pour protéger son père et est pendu. Mais son père le retrouve encore en vie sur le gibet, protégé par saint Jacques, et se rend à l'auberge avec le juge pour confondre le coupable. L'aubergiste prétend que le pendu est aussi mort que les poulets rôtissant sur la broche, mais ceux-ci reviennent à la vie et s'envolent, prouvant ainsi l'innocence du fils. Ce dernier est libéré et l'aubergiste prend sa place sur le gibet, tandis que le père et le fils continuent leur chemin vers Saint-Jacques.
La seconde pièce maîtresse de l'église est constituée par l'**autel du Saint Sang**, dans la tribune du chœur ouest (prendre l'escalier en bas de la nef). Il s'agit d'un des deux chefs-d'œuvre du sculpteur Tilman Riemenschneider, le second étant le tombeau impérial de Henri II et Cunégonde conservé dans la cathédrale de Bamberg. L'autel fut commandé par les bourgeois de Rothenburg afin de fournir un cadre digne à une relique précieuse, une ampoule de cristal contenant trois gouttes du sang du Christ et incrustée dans une croix en or de 1270. L'autel fut terminé en 1505, au terme de six années de travail. La représentation de la Cène, au centre, est très expressive et la répartition des personnages inhabituelle : ce n'est pas Jésus qui se tient au centre mais Judas, tenant le salaire de son forfait. Tandis que Jésus le désigne en lui tendant du pain (« l'un d'entre vous va me trahir… »), les visages des apôtres traduisent la perplexité et la consternation. Saint Jean, en partie dissimulé par Judas, appuie sa tête sur la poitrine de Jésus. Sur les volets latéraux sont représentées, à gauche l'entrée de Jésus à Jérusalem, à droite l'agonie au mont des Oliviers.
Enfin, ne manquez pas les trois vitraux qui composent la verrière orientale. Hauts de 17 mètres, ils datent de 1350 et 1400 et figurent, de gauche à droite, la vie de la Vierge, vie et Passion du Christ, la Rédemption du Christ exprimée par les sacrements. Belles stalles de 1514. L'église est ouverte jusqu'à 17 h en été.

Le quartier du château

Repassez par la place centrale et prenez à droite, dans la large Herrngasse située entre la mairie et la fontaine Saint-Georges. Au Moyen Age, cette rue était occupée la noblesse locale. Elle conduit à la **Burgtor** (porte du château), du XIIIe siècle, qui ouvrait jadis sur la citadelle aujourd'hui disparue de Grafenburg. A l'emplacement du château, un jardin a été aménagé, le **Burggarten**, qui offre une vue exceptionnelle sur le quartier de l'hôpital. En remontant la Herrngasse dans le sens inverse, on note à mi-hauteur sur la droite l'ancienne **église des Franciscains**.

Le quartier de l'hôpital

Revenu sur la place centrale, prendre à droite dans la Obere Schmiedgasse. A mi-parcours on atteint le **Plönlein**, ou « petite place », un des endroits les plus pittoresques de Rothenburg avec sa maison à colombages qui s'avance en saillie entre deux rues formant un angle aigu. Celle de droite descend vers la **Kobolzelltor** et la vallée de la Tauber,

celle de gauche vous conduit vers l'arche de la **Sieberstor**. Après cette porte, la rue prend le nom de Spitalgasse (ruelle de l'Hôpital). On aperçoit tout au bout la **Spitaltor**, qui annonce la plus fière muraille de Rothenburg, un double bastion en forme de 8.
Avant de quitter la ville, il faut impérativement se hasarder à l'intérieur du **Spital**, ancien hospice pour les nécessiteux fondé par les bourgeois de la ville, selon une tradition des villes libres allemandes inaugurée avec la fondation de l'hospice de l'Esprit-Saint à Lübeck. Le Spital est un vaste ensemble regroupant une douzaine de bâtiments et fait aujourd'hui office d'hôpital municipal. L'entrée est située à droite, trois maisons avant la Spitaltor. L'intérêt de cet ensemble est qu'il est intégré sur les côtés nord et ouest à la ceinture de remparts. A l'intérieur, on remarquera, au milieu de la cour, la **maison Hegereiter**, du XVIe siècle, ancienne demeure de l'intendant de l'hôpital chargé d'administrer le vaste domaine. Lors de sa création à la fin du XIIIe siècle, l'hôpital se trouvait, pour des raisons d'hygiène, en dehors de la ville. La Sieberstor marquait la limite de la ville. Le bastion de l'hôpital correspond à la phase de construction d'une seconde enceinte.
Devant la maison Hegereiter se trouve l'ancienne boulangerie du Spital. L'hôpital proprement dit est le plus grand bâtiment sur la gauche en entrant, alors que l'ensemble est fermé côté nord par l'ancienne maison des pestiférés.
On peut aussi voir la Rossmühle, ou moulin aux chevaux, qui remplaçait les moulins de la Tauber en période de guerre. Dans la grange qui lui fait face était stockée la part des récoltes revenant à la ville. Habitué aux sièges, le Conseil de Rothenburg obligeait ses administrés à constituer des réserves durables pour au moins deux ans.
Nous quittons Rothenburg par le bastion de l'hôpital, dont les remparts étaient carrossables pour les canons. Le double bastion comprenait une tour, sept portes, deux herses et un pont-levis.

Wurtzbourg

Un peu d'histoire

Wurtzbourg (Würzbourg en allemand) fut fondé en 704 par le moine irlandais Kilian (la cathédrale porte son nom). En 706, le duc Hedann II fait construire, sur une colline surplombant le Main, une chapelle dédiée à Marie, qui sera plus tard remplacée par la forteresse de Marienberg, château des princes-évêques sur la « montagne de Marie ». Le premier évêque investi à Wurtzbourg est Burkhardt, en 748. Sous le règne des empereurs de Hohenstaufen (XIIe-XIIIe siècles), plus de vingt églises sont construites dans la cité. En 1156, Frédéric Barberousse y célèbre son mariage avec Béatrice de Bourgogne. Quelques années plus tard, il élève les évêques de Wurtzbourg au rang de princes en leur conférant le titre de ducs de Franconie. Lui et son fils Heinrich VI y tiennent souvent leur diète annuelle. En 1201 l'évêque Konrad von Querfurt, honoré du titre de chancelier de l'empereur, fait construire la forteresse de Marienberg pour se protéger des bourgeois de la ville qui gagnent en puissance et tolèrent mal le joug politique imposé par les évêques. Le pouvoir de ces derniers culminera cependant avec les évêques de la maison Schönborn qui régneront sur la Franconie et le Palatinat selon un modèle de monarchie absolue inspiré de la France. Au XVIIIe siècle, la cour des évêques de Wurtzbourg est aussi brillante que celle des monarchies comme la Prusse, la Saxe et la Bohême, qui se font jour à l'intérieur de l'empire germanique. La présence des plus grands artistes et architectes du temps (Tiepolo) lui donne un éclat particulier. En 1803, Wurtzbourg est sécularisée avant de devenir, trois ans plus tard, un grand-duché rattaché à la Confédération des Etats du Rhin. En 1815, la ville est englobée dans la Bavière.

Coup d'œil sur la ville

La ville la plus ensoleillée d'Allemagne, où furent découverts les rayons X en 1895 par W.C. Röntgen, pose un cruel dilemme. D'un côté, la ville ne saurait être négligée, avec son palais des princes-évêques, la Residenz, inscrite depuis 1982 au patrimoine mondial de l'Unesco, célèbre pour ses fresques de Tiepolo et considérée comme la plus importante construction baroque en Allemagne. D'un autre, il serait malhonnête de ne pas évoquer la reconstruction désastreuse d'une ville très endommagée par la Seconde Guerre mondiale, ce que les panoramas depuis les hauteurs du Main ne laissent pas supposer. C'est que le site de Wurtzbourg ne manque pas de charme : enchâssée dans les coteaux pentus de la vallée du Main, la ville est dominée par la forteresse de Marienberg et le sanctuaire baroque de Käpelle. Depuis le vieux pont qui enjambe le fleuve avec sa collection de statues de saints et d'évêques, Wurtzbourg laisse entrevoir des flèches et des coupoles prometteuses. Pour un peu, on se croirait à Prague, en plus petit. Mais la ville ne tient pas ses promesses. La rue principale, piétonne, est déprimante avec son tramway qui passe en geignant, ses magasins bas de gamme aux néons affreux, la médiocrité de son urbanisme des années 50 à 70. Même chose sur la place du marché. Apparemment, la municipalité a choisi de sacrifier l'ambiance autrefois baroque de la ville pour une reconstruction systématique de édifices religieux et de la Residenz, en grande partie détruite et dont la reconstruction ne laissa que peu de moyens pour le reste. Quant aux églises, dont l'extérieur a été refait avec plus ou moins de bonheur, elles plongent le visiteur dans un état de stupeur lorsqu'il comprend qu'elles ne sont que des coquilles vides : à l'intérieur, un affreux mobilier des années 50 vous accueille et les quelques parties du décor baroque refaites ici ou là sont de si piètre facture qu'elles vous font regretter qu'on ait pris l'initiative d'une restauration. Plus loin, l'énorme collégiale baroque Haug, fraîchement reconstruite, paraît grotesque et irréelle dans son environnement de Nachkriegskasten, ces constructions hideuses de l'après-guerre qui tiennent davantage de la boîte que de l'immeuble d'habitation. Il en va de même de l'église de Neumüntser ou de la chapelle de Marie, sur la place du marché, qui ne parvient même pas à convaincre les moins initiés. Manque de moyen, manque de goût? On en vient à se demander s'il faut ou non rayer Wurtzbourg de son itinéraire? La réponse est pourtant non, ne serait-ce que pour les fresques de Tiepolo, notamment celles de l'escalier et de la salle de l'Empereur (miraculeusement épargnés par les bombes), ou encore pour la forteresse de Marienberg et le Käpelle, situés sur des hauteurs à l'extérieur du centre désastreux de la ville. Limitez votre visite à ces trois sites et contentez-vous de voir la cathédrale et les flèches de la ville depuis le pont de pierre. Ainsi, vous conserverez l'illusion d'un petit Prague. S'aventurer plus profondément dans la ville ne peut que décevoir.

DÉCOUVRIR WURTZBOURG

La Residenz

De l'extérieur, l'édifice fait un peu neuf. De fait, sa reconstruction ne s'est achevée qu'en 1987, ce qui donna illico l'occasion de la reproduire (ainsi que son architecte Balthasar Neumann) sur les nouveaux billets de 50 DM. L'événement fut fêté en grandes pompes : la ville recouvrait la splendeur de sa Residenz, renouait avec les fastes d'une époque révolue – celle des princes de Schönborn, évêques de Wurtzbourg (entre autres), grands bâtisseurs et protecteurs des arts – et se berçait de l'illusion qu'elle sortirait ainsi de sa médiocrité provinciale. Depuis, la municipalité enchaîne sous les lustres flambant neuf fêtes baroques et semaines Mozart.

Pourtant, le cœur de la Residenz, une enfilade de pièces d'apparat au nombre desquelles se trouvent l'escalier et la salle de l'Empereur, a été épargné par les bombes, à peine un peu égratignée ça et là. Pour les fresques grandioses de Tiepolo, pour la décoration sublime, ces pièces valent le voyage ; mais évitez le cabinet des Glaces (Spiegelkabinett, inauguré en 1987) clinquant à l'envi et kitsch à souhait, ou plutôt ne le manquez pas pour bien faire la différence avec le baroque authentique.

La construction de la Residenz fut décidée par Philipp Franz von Schönborn, désireux de quitter la sombre forteresse médiévale de Marienberg. Il chargea l'architecte Balthasar Neumann du projet mais mourut avant que sa nouvelle demeure ne soit achevée. Après 25 années de travaux, Neumann présentait en 1744 le résultat de son labeur, l'œuvre de sa vie, à l'évêque de Bamberg et de Wurtzbourg, Friedrich Carl von Schönborn, successeur de Philipp Franz. Lui-même n'en profita pas longtemps et c'est sous Carl Philipp de Greiffenklau, au pouvoir de 1749 à 1754, que le peintre vénitien Giovanni Baptista Tiepolo fut appelé à la cour de Wurtzbourg, moyennant un salaire très élevé, pour y réaliser un ensemble qui compte parmi ses chefs-d'œuvre. La fresque du plafond de l'escalier, d'une superficie de 540 m^2, est le plus grand tableau jamais peint au monde. Il représente les quatre continents (à l'époque, l'Océanie n'était pas connue), symbolisés par une allégorie féminine figurant une déesse antique et évoluant dans un décor exotique pour l'Afrique, l'Asie et l'Amérique. L'Europe quant à elle est symbolisée par la cour de Wurtzbourg divinisée en grande protectrice des Arts. Au milieu de la fresque, les dieux de la mythologie ouvrent la voie du ciel. Si cette œuvre de Tiepolo marque un des sommets de la peinture du XVIIIe siècle et convainc par sa grandeur, ses couleurs et son trait, il n'en va pas forcément de même pour la composition centrale, moins harmonieuse. En revanche, les fresques de la salle de l'Empereur (Kaisersaal), moins grandes, ne supportent aucune critique. La salle occupe le premier étage du Kaiserbau, le pavillon médian de l'édifice. C'est sans aucun doute la plus belle réussite de la Residenz : les proportions sont harmonieuses ; les fresques du plafond en forme de dôme percé de lucarnes laissent de la place aux éléments de décor tels que les rocailles à l'or fin et le stuc ; enfin, la pièce « respire » en ouvrant sur le jardin. Les fresques de Tiepolo mettent en comparaison l'histoire de Wurtzbourg et celle de l'Empire. On y voit le mariage de Béatrice de Bourgogne avec Frédéric de Hohenstaufen, dit Barberousse, en 1156 à Wurtzbourg, l'évêque de Wurtzbourg investi du titre de duc de Franconie par l'Empereur Barberousse en 1168 et, dans la fresque centrale, une allégorie de Béatrice de Bourgogne conduite vers le trône impérial dans le char céleste d'Apollon tiré par des chevaux pour le moins fougueux. Tiepolo travailla près de quatre années à la réalisation des fresques de la Residenz.

La forteresse de Marienberg

Situé sur une hauteur de l'autre côté du Main, il s'agit de l'ancien château occupé par les princes-évêques avant l'édification de la Residenz. Sa construction démarra en 1201 sous Konrad von Querfurt, mais l'édifice fut sans cesse agrandi et transformé jusqu'à la Renaissance. Le nom de forteresse (*Festung* en allemand) lui vient de la ceinture de fortifications à la Vauban ajoutées dès 1631 sous Johann Philipp von Schönborn, alors que le château épiscopal était assiégé par l'armée suédoise pendant la guerre de Trente Ans. La reconstruction de la forteresse ne s'est achevée qu'en 1990 après avoir englouti quelque 70 millions de DM. La forteresse abrite aujourd'hui le Mainfränkisches Museum (musée de la région Main-Franconie), avec en particulier une collection splendide du sculpteur Tilman Riemenschneider, qui fut bourgmestre de Wurtzbourg et réalisa l'autel du Saint Sang à Rothenburg et le tombeau impérial dans la cathédrale de Bamberg.

Le Käpelle

De ce même côté du Main se dresse, sur une colline voisine de Marienberg, le **Käpelle.** Cette « petite chapelle » est en fait une vaste église de pèlerinage construite en 1747 par Balthasar Neumann dans un style baroque qui évoque certaines églises russes et décorée à l'intérieur de belles fresques signées Matthias Günther. La vue sur le fleuve, les coteaux, la forteresse et la ville tout entière est très belle, surtout le soir. La seule église valant vraiment le détour à Wurtzbourg.

LA VALLÉE DU MAIN

La vallée du Main, affluent du Rhin, porte en allemand le nom de Mainfranken mais tout le monde comprend Weinfranken, c'est-à-dire Franconie viticole. Cette partie occidentale de la Franconie est en effet la deuxième région allemande productrice de vin, après le Palatinat (vallées de la Moselle et du Rhin). Le vin est à 95 % blanc et porte l'appellation Frankenwein.

La vallée du Main déroule, entre ses méandres resserrés, des paysages pittoresques qui ont déjà un accent méridional. Les arbres fruitiers alternent avec la culture de la vigne. La ville d'Aschaffenburg marque l'extrême limite ouest de la Bavière, à moins de 30 kilomètres en amont de la grande métropole du Main, Francfort. Le Main se jette dans le Rhin à 35 kilomètres en aval de Francfort, au sud de Wiesbaden et en face de Mayence. Dès qu'il entre dans le Land de Hesse, c'est-à-dire dans la conurbation francfortoise appelée Rhein-Main, le fleuve perd son caractère bucolique pour devenir radicalement industriel. Sur son cours inférieur se trouvent certaines des plus grandes sociétés allemandes, comme le géant de la chimie Hoechst ou le constructeur automobile Opel. C'est entre Wertheim et Aschaffenburg que le cours du Main est le plus joli. A mi-parcours se niche la petite ville de **Miltenberg**, appelée aussi la « Perle du Main », toute pleine de jolies maisons à colombages aux balcons fleuris. Au sud du Main se trouvent les monts très boisés de l'Odenwald et du Spessart. On y trouve notamment le village d'**Amorbach**, qui recèle une église célèbre dans toute l'Allemagne, l'église baroque de l'ancienne abbaye bénédictine (ne confondez pas avec l'église paroissiale, la Pfarrkirche, en grès rose, de style baroque également). A l'extérieur, l'abbatiale a des accents romans malgré ses deux bulbes baroques rajoutés au XVIIIe siècle. L'abbatiale d'Amorbach est l'une, sinon la plus époustouflante église baroque d'Allemagne.

Selon une tradition orale, saint Pirmin fonda à Amorbach en 743 un couvent qu'il transmit à son disciple saint Amor. Les dons de Charles Martel rendirent l'abbaye riche et réputée. Quelques années après le millénaire de 1742, l'ancienne basilique romane à trois nefs fut complètement remaniée. Le plan en forme de croix a été conservé mais une façade baroque a été plaquée devant les lourds clochers. A l'intérieur, le débordement et la richesse de l'ornementation ne contrarient en rien l'atmosphère de calme et la clarté de l'édifice. L'abbé qui est à l'origine de ces transformations s'était adjoint le concours de deux des meilleurs représentants de l'école de Wessobrunn, Feichtmayer et Übelher, qui portèrent à son apogée leur génie créateur. A côté de leurs travaux de stuc et d'or fin, le peintre augsbourgeois Matthias Günther réalisa entre 1745 et 1747 vingt-deux fresques illustrant la vie de saint Benoît. Quelques pièces de mobilier remarquables, dont la chaire d'un rococo tout à fait débridé, signée Feichtmayer et réalisé avec deux montées, et la grille séparant la nef centrale du chœur à la manière des jubés médiévaux, véritable ouvrage d'orfèvre. L'accès à l'intérieur ne peut se faire qu'en groupe, la visite est payante (et chère) et les commentaires assez assommants. En été, si vous n'avez pas la patience d'attendre, un grillage placé après le portail principal permet d'avoir une vue en perspective sur la nef et ses fresques, la chaire dorée, à mi-hauteur, et, tout au fond, le splendide maître-autel. Les visites se font au départ de l'abbaye et l'on entre dans l'église par le transept.

FRANCFORT

Capitale économique de l'Allemagne et deuxième place financière d'Europe • Le deuxième aéroport et le plus haut gratte-ciel d'Europe • La ville la plus cosmopolite d'Allemagne • Patrie des Rothschild, de Goethe, Telemann, Schopenhauer, Hölderlin, Brentano, Hindemith, Ernst-W. Nay, Bernard Schultze • Siège du premier Parlement allemand (1848) et ville de sacrement des Empereurs germaniques • Le plus haut budget culturel en Allemagne (11 % du budget global de la municipalité !) • 382 enseignes bancaires, dont 237 étrangères • Le taux de criminalité le plus élevé d'Allemagne • Siège de la Bundesbank, de la Deutsche Bank, du géant chimique Hoechst • La plus grande gare ferroviaire d'Europe et la plus grande collection de Pop Art au monde.

La ville a mauvaise réputation. Presque entièrement détruite après la guerre, elle a su profiter de l'agonie de Berlin pour recouvrer son statut de grand argentier qu'elle détenait depuis le Moyen Age et que la capitale prussienne lui avait ravi pendant quelques décennies. Même si les grands financiers, presque tous d'origine juive comme les Rothschild, ne sont plus très nombreux, Francfort est redevenu la grande place financière du pays et s'est hérissée d'orgueilleux gratte-ciel. Privilégiée par sa situation au centre de la nouvelle RFA, elle s'est dotée d'une infrastructure exceptionnelle et est devenue la plaque tournante du trafic routier, aérien et ferroviaire en Allemagne. Longtemps dénigrée et jugée comme une ville sans âme d'un mercantilisme éhonté, force est de reconnaître qu'elle a quelque chose de brutal. A bien des égards on peut – toute proportion gardée – la comparer à Chicago, avec laquelle elle est d'ailleurs jumelée : Francfort a mauvaise réputation, dispose du plus grand aéroport du pays, a « les épaules larges », est une capitale de l'architecture moderne mais également de la pègre. Mais tout comme Chicago, où personne ne veut aller, on a du mal à quitter la ville une fois installé. Car la mauvaise réputation de Francfort n'est pas justifiée : ses gratte-ciel harmonieusement intégrés dans le tissu urbain (et non pas rejetés dans un ghetto d'affaires en périphérie, comme la Défense à Paris) en font une ville sans pareil en Europe et une grande réussite architecturale. Des grandes métropoles régionales allemandes, elle est, avec seulement 600 000 habitants, la plus petite mais aussi la plus stimulante. Francfort, tout le monde en convient, déborde d'énergie et ses habitants la disent sympathique. Avec son caractère cosmopolite (24 % de la population est étrangère), le *Frankfurter Allgemeine Zeitung* qui fait autorité dans la presse quotidienne, ses Salons du livre et de l'automobile qui sont les plus importants du genre au monde, ses allures de ville américaine, ses grandes maisons d'édition, grâce également à une municipalité particulièrement riche en raison du nombre de banques et de grandes sociétés payant leur impôt à la ville, celle qu'on appelle « Bankfurt » ou « Mainhattan » est sans doute la seule *Weltstadt* d'Allemagne.

Moins provinciale, la ville l'est aussi malheureusement en ce qui concerne la criminalité : à l'ombre du gratte-ciel de la Deutsche Bank, les junkies se piquent à l'héroïne en plein jour. La nuit, la ville n'est pas sûre et le quadrilatère entre la gare et les jardins du Taunusanlage, si bourgeois en apparence avec ses immeubles cossus de l'époque Gründerzeit, est entre les mains d'une pègre organisée qui tire les ficelles de la prostitution dans toute l'Europe. A la différence de Hambourg, qui dispose du plus grand *red light district* du monde mais dont la prostitution reste « artisanale », la pègre francfortoise est moins « pittoresque » mais opère à un niveau que l'on pourrait qualifier d'industriel.

Francfort ne laisse pas indifférent : on aime ou on déteste. Et il y a peu de chance pour que l'on révise son jugement. Comme le dit le slogan de la municipalité (un peu brutalement et en anglais dans le texte) : *Frankfurt, Love it or leave it.* Personnellement, elle est, avec Hambourg, la ville que je préfère en Allemagne.

Un peu d'histoire

En l'an 794, Charlemagne fuyant les Saxons avant sa consécration définitive, cherchait un passage pour traverser le Main avec son armée. La légende raconte que c'est à la hauteur de l'actuelle ville de Francfort qu'il put traverser le fleuve à gué, d'où le nom de la ville : « Frank-Furt », littéralement le gué des Francs. Après l'héritage de Charlemagne, Francfort devient une des résidences des rois de Franconie, bientôt empereurs germains.

La première foire de Francfort a lieu en 1240, à la Saint-Barthélemy. Un siècle plus tard, l'empereur bavarois Louis IV permet à Francfort d'organiser une seconde foire annuelle, au printemps, en remerciement de la fidélité des Francfortois à la couronne impériale pendant l'interdiction de l'empereur par le pape. En fait, neuf ans plus tard, en 1339, tous les princes allemands, à l'exception de l'archevêque de Cologne, confirment que l'empereur n'est plus soumis à l'approbation du Saint-Siège. Par la Bulle d'or de 1356, Charles IV décrète que les élections impériales auront lieu désormais en l'église Saint-Barthélemy de Francfort, appelée depuis Kaiserdom (cathédrale impériale) bien que l'église ne fût (et c'est encore le cas) qu'une église paroissiale, Francfort n'étant pas un évêché.

Jusqu'à la Réforme, Francfort va régner, avec ses foires, sur toute l'Allemagne et une partie de l'Europe. Au XVe siècle, la ville est confirmée comme le grand centre européen du livre. Les éditeurs d'Anvers, Genève, Bâle, Strasbourg, Vienne ou Cologne y exposent leur production et, le transport des livres étant aléatoire, les grands éditeurs commencent à s'installer au bord du Main. En 1454, Jean Gutenberg, l'inventeur de l'imprimerie, ouvre une maison d'édition à Francfort. L'organisation deux fois par an de ce qui était à l'époque la plus grande manifestation commerciale d'Europe a également favorisé l'expansion de la prostitution. L'historien francfortois Iring Fetscher explique que, pendant la Renaissance, les bordels de Mayence, Worms et Cologne eurent tôt fait d'installer des « dépendances » à Francfort. Ceci explique que la ville soit devenue une plaque tournante européenne de la prostitution alors qu'elle compte à peine 600 000 habitants.

Dès le début du XVIe siècle, Francfort doit compter avec la concurrence de Leipzig, encore accrue après la Réforme puisque le centre névralgique de la vie intellectuelle et culturelle s'est déplacé vers le Nord, à majorité protestante. Bien qu'elle se soit très vite convertie aux nouvelles idées luthériennes, elle reste ancrée dans une moitié sud catholique. Un autre paradoxe, et non des moindres, est que les empereurs, catholiques, ont continué à être élus au Kaiserdom de Francfort. En 1562, alors que la ville avait rallié trente ans plus tôt la ligue de Smalkalde en conflit avec l'autorité impériale de Charles Quint, Maximilien II en fait le lieu de consécration des empereurs germaniques. La vocation de Francfort comme place financière, à côté de ses activités marchandes et éditoriales, remonte à la fin du XVIe siècle. La création de la Bourse en 1585, la présence d'un grand nombre de Néerlandais fortunés fuyant les persécutions dans leur pays et d'une communauté juive détentrice du grand capital et particulièrement entreprenante en sont à l'origine. A cette époque, Francfort compte plus de Juifs que Berlin et autant que Prague et Vienne ; en pourcentage de population, c'est elle pourtant qui accueille la plus importante communauté juive. Tout au long du XVIIIe siècle, des familles telles que les Bethmann, les Städel, les Neufville, les Rothschild, les Metzler ou les Willemer conforteront la réputation de Francfort en tant que grand argentier de l'Empire. La présence de ces familles aura été également décisive dans la vie sociale et culturelle : la famille Städel est à l'origine du plus grand musée de la ville, le Städelmuseum ; les Rothschild ont essaimé dans toute l'Europe et laissent à Francfort leur palais, aujourd'hui Musée Juif; la fondation Bethmann gère plusieurs écoles et hôpitaux.

Goethe naît à Francfort en 1749 ; dans le même temps, le compositeur Telemann est nommé maître de chapelle et *Musikdirektor* de la ville. En 1772 est créé le *Frankfurter Gelehrte Anzeigen*, auquel collaborent Goethe et Herder et qui par la suite deviendra le célèbre *Frankfurter Allgmeine Zeitung*, plus connu sous son abréviation FAZ. Vingt ans plus tard ont lieu les dernières élections impériales qui consacrent Franz II ; en 1806, c'en est fini de l'Empire : Napoléon occupe l'Allemagne. Contrairement à Hambourg qui perd alors son principal débouché commercial sur la mer du Nord, le blocus continental est une aubaine pour Francfort puisqu'il élimine la concurrence anglaise en matière de finance. Sous la férule de Napoléon, Francfort perd son statut de ville libre d'empire et l'administration de la ville est confiée à Karl Theodor von Dalberg, qui crée le grand-duché de Francfort (Francfort, Fulda, Hanau, Aschaffenburg, Wetzlar). En 1813, la Prusse l'emporte sur les armées napoléoniennes aux batailles de Leipzig et Auerstedt et libère Francfort du joug français. Le grand-duché est dissout ; Francfort retrouve son titre de ville libre. Jusqu'à la proclamation de l'empire prussien en 1871, l'Allemagne, privée d'empereur, tente de se doter d'une Constitution fédéralisante pour cimenter les multiples Etats qui la composent. En 1815, le Deutscher Bundesakt crée la Confédération germanique regroupant 39 Etats souverains. Francfort est choisie comme siège de la Bundesversammlung, l'Assemblée fédérale. Cet organe, qui n'a rien à voir avec un parlement démocratique, remplace en fait les anciennes diètes impériales et est placé sous la présidence de l'Autriche. Le pouvoir exécutif de cette Assemblée est pratiquement nul puisqu'il s'avère que l'Autriche et la Prusse ne peuvent s'accorder sur aucun point. L'assemblée siège dans l'ancien palais Thurn und Taxis, aujourd'hui poste centrale de Francfort. En 1848, influencée par les événements de février en France, l'Allemagne est gagnée par une révolution qui arrache aux princes d'importantes concessions : un Parlement est constitué dans l'urgence. Il siège dans l'église Saint-Paul de Francfort. Cette manière d'Assemblée nationale travaille à l'élaboration d'une Constitution qui permettrait aux Etats allemands de se regrouper en nation, sur le modèle d'une monarchie constitutionnelle. Car partout en Europe, des mouvements de Restauration se font jour et l'on craint davantage un dérapage vers l'anarchie qu'un retour en arrière. En septembre, le Parlement de Francfort s'avère aussi démuni de pouvoir exécutif que l'Assemblée fédérale de 1815 : les émeutes des radicaux de gauche un peu partout dans l'Empire se soldent par les assassinats, à Francfort, de plusieurs députés prussiens et ne peuvent être réprimées que par l'intervention commune des armées autrichienne et prussienne. En mars 1849, le Parlement plébiscite la constitution d'une nation allemande sans l'Autriche, la Petite Allemagne, et propose la couronne au roi de Prusse Frédéric Guillaume IV. Celui-ci refuse ce qu'il définit comme « un diadème modelé dans la boue de la révolution » (*ein Diadem, aus dem Dreck der Revolution geknetet*). La tentative de monarchie parlementaire vient d'échouer : l'Allemagne ne deviendra pas une nation. Très vite, les acquis constitutionnels sont annulés (dissolution du Parlement de Francfort avec ses députés) et l'on revient au système de la confédération germanique de 1815, avec ses 39 Etats dont l'Autriche. Francfort demeure le siège d'une assemblée à forme fédérale sans pouvoir exécutif.

En 1866, la Prusse – qui vient de contraindre l'Autriche de quitter la confédération germanique – fait avaliser par l'Assemblée de Francfort son projet de création d'une Confédération des Etats du Nord. Le 20 septembre 1866, la ville libre de Francfort est annexée à la Ligue des Etats du Nord, qui préfigure l'hégémonie de la Prusse, consommée quatre ans plus tard lors de la proclamation de l'empire prussien par Guillaume Ier dans la Galerie des Glaces de Versailles, le 18 janvier 1871. Le traité marquant la fin de la guerre franco-prussienne (1870-1871) prendra d'ailleurs le nom de paix de Francfort.

En 1927, la Ville de Francfort remet pour la première fois le prix Goethe à une personnalité « dont l'œuvre est digne d'être associée au souvenir de Goethe ». Il s'agit de l'écrivain Stefan George. Suivront Albert Schweitzer (1928), Sigmund Freud (1930), Gerhard Hauptmann (1932), Max Planck (1945), Hermann Hesse (1946), Thomas Mann (1949), Annette Kolb (1955), Walter Gropius (1961), Arno Schmidt (1973), Ingmar Bergmann (1976), Raymond Aron (1979), Ernst Jünger (1982).

LA VILLE AUJOURD'HUI

La reconstruction désastreuse de Francfort dans les années 50 (on a paré au plus pressé avec une économie dans les choix des matériaux et la conception, de même qu'un manque de goût évident) et la démolition d'anciens quartiers résidentiels, pourtant non touchés par les bombes (l'exemple le plus flagrant est le quartier du Westend, quartier chic avant la guerre constitué de villas bourgeoises), qui laissait le champ libre à la spéculation immobilière la plus outrée, en bref une politique aussi désastreuse qu'intéressée a subi dans les années 70 un changement de cap radical. L'arrivée au pouvoir du tandem formé par le maire Walter Wallmann et le Kulturdezernent Hilmar Hoffmann – surnommé Monsieur 11 % en raison de la part du budget allouée à la culture – a permis la mise en place d'un développement urbain éclairé. Le premier *Wenn bauen dann musterhaft* (« construire, mais de façon exemplaire ») concernait le nouveau visage architectural de la ville : la surface étant réduite et la ville manifestement appelée à jouer un rôle économique sans rapport avec sa taille, on opta pour les gratte-ciel à l'américaine. Mais au lieu de les rejeter en périphérie, il fut décidé de les insérer dans le tissu urbain du centre-ville. Les plus grands cabinets d'architecte ont été mandatés : Helmut Jahn, Osborne and Johnson, OM Ungers, Richard Meier… Ainsi est né peu à peu le Bankenviertel, ou quartier des banques avec ses gratte-ciel rutilants. Le deuxième axe se proposait de combattre l'image calamiteuse d'une ville mercantile et sans âme en s'appuyant sur un budget culturel lui laissant les coudées franches. En dix ans, treize musées ont été créés, s'ajoutant aux « valeurs sûres » de la culture francfortoise émanant pour la plupart de legs des anciennes dynasties argentières comme le musée Städel et le musée Senckenberg. Le long du Main, en face

Francfort-sur-le-Main

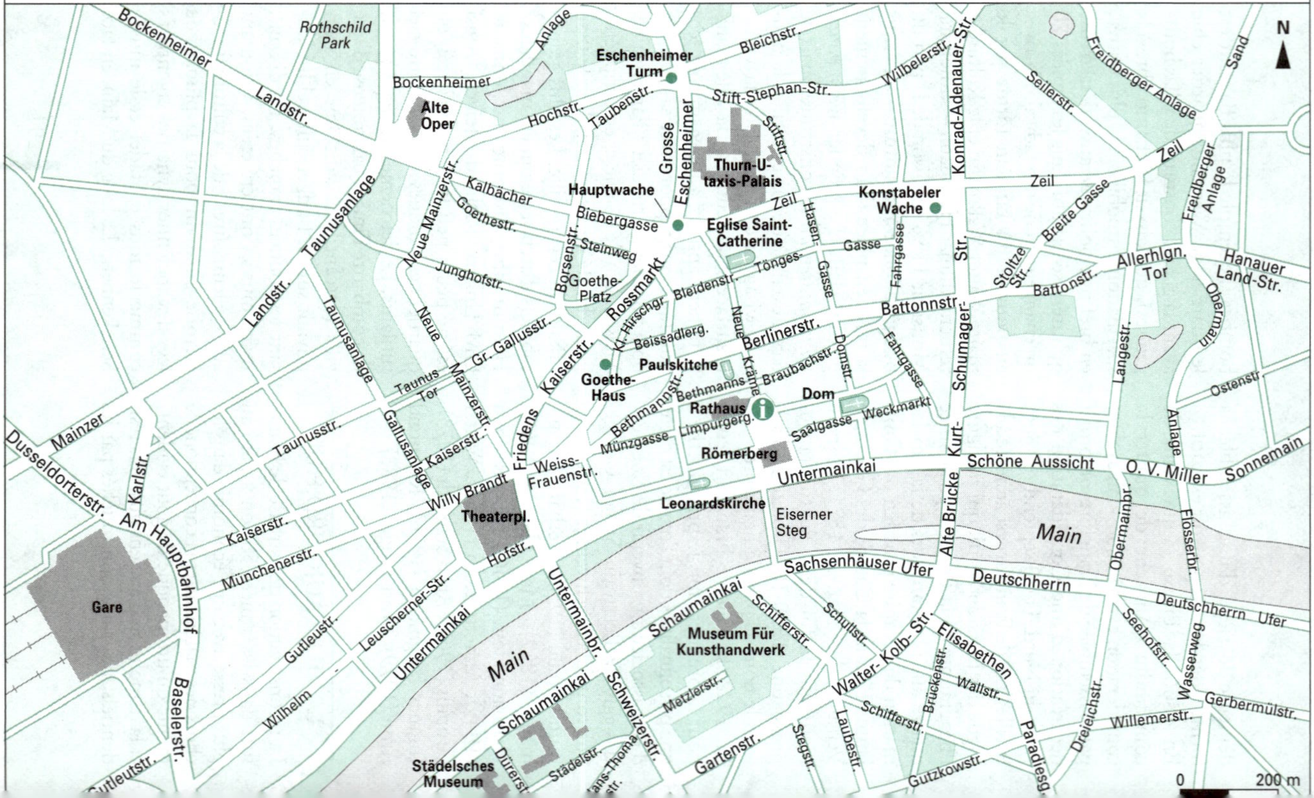

du *skyline* des gratte-ciel est ainsi né le Museumsufer, ou quai des Musées. Il faut citer le Schirnhalle pour les expositions temporaires d'envergure internationale, le musée d'Art moderne, le musée de l'Architecture, le musée du Film, le musée de l'Artisanat d'art...

Au-delà des musées, il s'agissait de rendre la culture accessible à tous : comme sur les plazas de Chicago, des œuvres d'artistes renommés ont été disposées sur les places, dans les rues ou dans les jardins. Le vieil Opéra, promis à la démolition, a été entièrement restauré et brille à nouveau de tous ses feux depuis 1987. Sur la place historique du Römer, Walter Wallmann a inauguré en 1982 le Ostzeile, le côté est de la place, reconstruction exemplaire s'il en est des maisons médiévales qui bordaient le Römer jusqu'en 1945 (dans les années 50 un groupe de bâtiments hideux avait été érigé à cet emplacement, juste en face de la mairie). Ailleurs, les immeubles les plus discutables ont été rajeunis; le secteur piétonnier, symptomatique des erreurs d'urbanisme des années 60, a été entièrement repensé. Le centre-ville a été entouré d'une ceinture de jardins agrémentés de fontaines et d'œuvres d'art contemporaines qui reprend exactement le tracé en dents de scie des anciennes fortifications. Un nouveau Schauspielhaus a été construit dans les années 70, accueillant plusieurs scènes de théâtre, une scène d'opéra (la ville dispose donc de deux opéras) et le Ballet de Francfort, dirigé par William Forsythe et dont la réputation internationale n'est plus à faire. Cette politique architecturale et culturelle n'aurait pas été réalisable par une municipalité moins à l'aise financièrement et aujourd'hui elle ne serait sans doute plus possible. Pour Francfort, le changement inauguré par Walter Wallmann tombait à pic et lui a permis de liquider son déficit en matière d'image.

Découvrir Francfort

Une journée suffit pour se faire une idée de la ville. Cependant, en raison de ses nombreux musées et des multiples expositions d'art que la ville accueille, de son magnifique jardin botanique (le Palmengarten avec ses serres ultramodernes qui comptent sans doute parmi les plus riches du genre au monde) et de ses alentours, il peut être plus judicieux de prévoir une halte de 2 ou 3 jours.

LE WESTEND

Un des grands attraits de Francfort étant le célèbre Palmengarten, il peut être original de commencer par là cette promenade, d'autant que le jardin se trouve au début du Westend, très représentatif de la transformation d'un ancien quartier huppé en quartier d'affaires. Si l'on visite le Palmengarten en matinée, on aborde le quartier des gratte-ciel à l'heure qui convient le mieux, c'est-à-dire au moment de la pause de midi.

Fondé en 1869 pour accueillir la collection de plantes tropicales du duc Adolf de Nassau, le **Palmengarten** a subi depuis de nombreuses transformations. Il doit son nom à une grande serre 1900. Dans les années 70, un complexe de serres ultramodernes a été ajouté, recréant les conditions naturelles des différentes familles de fleurs : tropicales, subtropicales, équatoriales, arctiques, du désert... Le parc est agrémenté d'un lac, d'une somptueuse roseraie et de magnifiques parterres. L'ancienne Villa Leonhardsbrunn accueille une incroyable collection d'orchidées. Plusieurs restaurants dans le parc. Le mieux est d'entrer par la Palmengartenstrasse, petite rue perpendiculaire à la **Bockenheimer Landstrasse**, l'artère principale du Westend. En quittant le parc (on peut facilement y passer 2 à 3 heures) par la même entrée, remontez, sur votre gauche, la Bockenheimer Landstrasse en direction du centre-ville. Le **Westend** a défrayé la chronique à la fin des années 60 et jusqu'au milieu des années 70. La proximité de l'université, l'influence de Mai 68 en France, la prise de conscience de beaucoup de jeunes que le quartier allait être entièrement détruit pour devenir une City et laisser la place à une incroyable spéculation ont permis de sauver près de 70 % de la substance architecturale de ce quartier, composé en majorité d'immeubles bourgeois et de villas Gründerzeit ou Jugensdtil. Un certain Daniel Cohn-Bendit, personnage haut en couleur des émeutes parisiennes de Mai 68, s'est illustré comme l'un des chefs de file de la résistance du Westend, occupant les immeubles ou campant dans les arbres pour empêcher qu'on ne les arrache. Pour arriver à ses fins, la municipalité avait présenté ces revendications comme émanant de dangereux activistes alternatifs proches des milieux terroristes qui ébranlaient le pays à l'époque. Aujourd'hui, Daniel Cohn-Bendit, issu d'une famille juive franco-allemande, est adjoint au maire de Francfort.

Si certains regrettent la présence d'immeubles modernes et de quelques tours d'agences de publicité dans le quartier, il faut convenir qu'ils s'intègrent plutôt bien à l'ensemble et que ces sièges de sociétés, dont l'architecture est au demeurant plus réussie que celle des horribles immeubles à trois ou quatre étages des années 50, ont permis de faire du Westend une sorte de vaste parc qui n'a sans doute pas son pareil : la Bockenheimer Landstrasse est bordée de grands carrés de pelouses, de massifs de roses et, les rues adjacentes ouvrent des perspectives inattendues vers les gratte-ciel édifiés autour de l'ancien Opéra ou dans le quartier des expositions. On aperçoit, entre autres, la silhouette caractéristique de la **Messeturm**, dessinée par l'architecte américain Helmut Jahn, la plus haute tour de bureaux en Europe (270 mètres) et le nouveau symbole de Francfort.

LES ANCIENNES FORTIFICATIONS

La Bockenheimer Landstrasse débouche sur la vaste esplanade où, depuis 1982, a été réinauguré l'**Alte Oper**, le vieil Opéra de Francfort. La rue piétonne qui prolonge cet axe est familièrement appelée **Fressgasse** (littéralement « la rue de la bouffe », officiellement Grosse Bockenheimerstrasse). De tout temps, elle a été entre les mains des restaurateurs, des limonadiers et des marchands des quatre saisons. Dès les premiers beaux jours, les employés de banque viennent y déjeuner en plein air. Plutôt que d'emprunter cette rue, nous prenons sur la droite, à hauteur de l'Opéra, vers les jardins du **Taunusanlage**, qui correspondent à la partie ouest des anciennes fortifications de la ville. C'est d'ici que l'on sent le mieux le pouls de la ville. Sur la droite se dressent les deux tours jumelles de la **Deutsche Bank**, sans doute les deux plus beaux gratte-ciel de la ville. Dans ce parc, les amateurs de photos pourront faire leurs meilleurs clichés sur les autres gratte-ciel (la plupart sont des sièges de banques), qui émergent au-dessus des arbres ou surgissent, inattendus, entre les frondaisons.

Mais le Taunusanlage réserve bien d'autres surprises qui composent comme un résumé des contradictions qu'offre Francfort : ainsi de ces junkies qui se piquent en plein jour au milieu des statues de Goethe, Schiller, Beethoven, Schopenhauer, Heine ou d'autres œuvres plus modernes. La municipalité a longtemps essayé de « nettoyer » les jardins de cette « faune » indésirable de toxicomanes à l'ombre des gratte-ciel rutilants mais, devant les échecs répétés, elle a opté pour une politique de tolérance. Aujourd'hui, personne ne s'inquiète plus ni ne fait particulièrement attention à cette présence. Il est cependant déconseillé d'arpenter le Taunusanlage à la nuit tombée.

LE QUARTIER DE LA GARE

Arrivé à la hauteur de la troisième rue transversale depuis l'Opéra (après la statue de Goethe), prenez sur la droite dans la **Kaiserstrasse** en direction de la gare centrale. Ce quadrilatère entre le Taunusanlage et la gare porte évidemment le nom de Bahnofsviertel (quartier de la gare) et contribue largement à la réputation que s'est forgée Francfort de plaque tournante de la prostitution. Cependant, son apparence est contradictoire car les rues qui conduisent vers la gare, particulièrement la Kaiserstrasse, sont bordées d'immeubles cossus représentatifs de l'époque Gründerzeit. Les commerces haut de gamme ne laissent pas augurer des trafics en tous genres (humains compris) auxquels se livre la pègre francfortoise. En revanche, les axes perpendiculaires, qui portent tous des noms de fleuves (Weserstrasse, Moselstrasse, Elbestrasse...) n'ont apparemment que sex-shops ou « cabarets » à offrir. Pour mieux saisir le contraste, nous longerons la Kaiserstrasse jusqu'à la gare et regagnerons le centre commerçant en empruntant une des rues perpendiculaires (le quartier n'est pas dangereux de jour).

La **gare** de Francfort (Hauptbahnhof) est un monument : avec ses 300 mètres de façade, ses 27 quais, elle respire ce style pompeux et sûr de soi caractéristique de la fin du XIXe siècle. La verrière centrale est surmontée d'un groupe d'atlantes supportant le monde. De la Kaiserstrasse, un passage souterrain permet de rejoindre le hall central et de jeter quelques coups d'œil dans le labyrinthe des couloirs de métro et des galeries marchandes où se regroupe une population malheureusement typique de ce quartier : SDF ayant sombré depuis longtemps dans la toxicomanie ou l'alcoolisme, dealers en tout genre... L'architecture intérieure de la gare est quant à elle très intéressante.

Ressortez par le même passage mais au lieu de remonter la Kaiserstrasse, longez d'abord la place de la gare vers la gauche puis empruntez la deuxième rue sur votre droite (la courte Karlstrasse), qui rejoint en diagonale la **Mainzer Landstrasse** (belle vue sur un ensemble de gratte-ciel). Suivez la rue vers la droite sur un bloc d'immeubles et prenez à droite dans l'Elbestrasse : la différence avec « l'innocente » Kaiserstrasse se passe de commentaire. Pour étoffer les diverses impressions, tournez, au deuxième carrefour à gauche, dans la Taunustrasse puis prenez la première à droite, la Weserstrasse. Au carrefour, on rejoint la Kaiserstrasse.

Retraversez alors le Taunusanlage. La Kaiserstrasse se prolonge au-delà du jardin jusqu'au **Rossmarkt** (ancien marché aux chevaux) et se fait de plus en plus chic (à ce propos, sachez que la rue des boutiques de luxe de Francfort est la **Goethestrasse**, qui démarre un peu cachée dans le coin sud-est de la place du vieil opéra). Juste avant le Rossmarkt s'ouvre, sur la gauche, une vaste esplanade, la **Goetheplatz**. Sans y entrer, on peut apercevoir tout au fond un vaste immeuble néoclassique qui est l'ancien siège du journal *FAZ*, déménagé depuis peu en périphérie.

LA VIEILLE VILLE

Le Rossmarkt conduit au centre névralgique de Francfort, la **Hauptwache**, du nom du poste de garde principal de la ville. Le bâtiment de garde, une charmante bâtisse baroque à un étage, a été entièrement démonté lors de la construction du métro. Sous ce qui est aujourd'hui un salon de thé se trouvent 5 niveaux souterrains de lignes de métro – 13 lignes différentes : la disproportion entre l'infrastructure, exemplaire, de la ville et sa taille, somme toute réduite, est caractéristique de Francfort qui ne compte guère plus que 600 000 habitants mais constitue en fait le centre d'une agglomération d'environ 2 millions d'habitants qui s'étend jusqu'au Rhin –, plusieurs galeries marchandes et l'accès souterrain au plus grand magasin de la ville, le Kaufhof Frankfurt. Sur le côté droit, la place est dominée par l'**église Sainte-Catherine**, la plus importante paroisse protestante de Francfort, ancienne paroisse de la famille Goethe. L'écrivain naquit le 28 août 1749 au n° 23 de la Grosser Hirschgraben. Sa maison est aujourd'hui transformée en **musée Goethe**, dont l'intérêt est loin d'être évident : la maison a été reconstruite après la guerre et servait d'atelier de fabrication après que la famille Goethe l'eut revendue en 1795. Il est donc peu probable que les objets ou meubles exposés aient réellement appartenu de loin ou de près à Goethe. Seuls quelques documents et tableaux permettent de reconstituer un peu l'ambiance du mouvement Sturm und Drang.

Depuis la Hauptwache, empruntez la rue piétonne Schillerstrasse (dans l'axe, légèrement sur la gauche). A mi-hauteur s'élève, sur une petite place, la **Börse** ou Bourse de Francfort, fondée en 1874 et dont l'importance fut capitale pour la ville. Les statues en bronze devant le bâtiment symbolisent les fluctuations des cours : hausse (le taureau) ou baisse (l'ours). Au bout de la Schillerstrasse se dresse, incongrue, la charmante tour médiévale **Eschenheimerturm**, ancien bastion du XIVe siècle édifié sur la ceinture de fortifications de la ville (aujourd'hui restaurant).

Rejoignez ensuite la Hauptwache en empruntant la Grosse Eschenheimerstrasse, parallèle à la Schillerstrasse. A mi-hauteur, sur votre gauche, le portail baroque en grès rose (tout aussi incongru puisqu'il conduit au bâtiment moderne de Deutsche Telekom) est le seul vestige du palais baroque des Thurn und Taxis, ou siégea de 1815 à 1848 et de 1850 à 1866 l'Assemblée fédérale (Bundesversammlung) de la Confédération germanique. Revenu sur la Hauptwache, prenez sur votre gauche la rue piétonne Zeil sur quelques mètres, puis la première rue à droite, la **Liebfrauenstrasse**, qui porte le nom de l'église Notre-Dame; ancien édifice gothique en grès rose, elle fut baroquisée au XVIIIe siècle et fidèlement reconstruite en 1956; malheureusement l'intérieur rococo est perdu à jamais.

Continuez tout droit jusqu'à la Berliner Strasse, la prochaine rue perpendiculaire à grande circulation. Sur la place qui s'ouvre alors se dresse, sur la droite, la masse compacte et rose de l'**église Saint-Paul**, de style néoclassique (1792), hautement symbolique puisqu'elle abrita le premier Parlement allemand qui essaya, de 1848 à 1850, de doter l'Empire d'une structure qui ferait de lui une nation. Certes il ne s'agissait que d'un projet de monarchie constitutionnelle, et non d'une véritable démocratie, mais au regard des mille ans d'histoire qui n'avaient pas suffi à ériger l'Empire en nation, l'intermède de l'église Saint-Paul est d'une importance considérable. Cependant, la révolution libérale échoua misérablement (voir « L'histoire », p. 47).

En continuant toujours tout droit, on accède à une seconde place, le fameux **Römerberg**, où se trouve la **mairie** de Francfort (Rathaus), l'**église Saint-Nicolas** et l'**Ostzeile**, ensemble de maison à colombages sur le côté droit de la place, inauguré en 1982 par Walter Wallmann. Le Römer est la grande place historique de la ville : marché de Noël en hiver, lieu de manifestation en tout genre et, au XIIIe siècle, la place où se tenaient les premières foires de Francfort. Au milieu de la place, on distingue la **Gerechtigskeitsbrunnen** (1611) ou fontaine de l'Equité. La mairie est composée de trois bâtiments contigus présentant des frontons en escalier. Le plus ancien date de 1405 (reconstruit). L'élection et le couronnement des empereurs germaniques avaient lieu dans le **Kaiserdom**, la cathédrale impériale que l'on aperçoit sous son meilleur angle en regardant dans la ruelle qui commence juste à gauche du groupe de maisons à colombages. Il ne reste plus grand-chose d'intéressant à l'intérieur et les abords immédiats de l'église Saint-Barthélemy (nom véritable de l'édifice) sont si désastreusement bordés de sinistres constructions des années 50 qu'il vaut mieux la contempler du Römerberg. L'église, toute en grès rose, est pourtant d'une très élégante facture. Sa tour-clocher laisse voir, dans la partie supérieure, un superbe travail d'ornementation en style gothique flamboyant digne des plus grandes cathédrales. Entre le Römerberg et la Kaiserdom se trouve la **Schirnhalle**, inaugurée en 1986 et où sont organisées des expositions d'art (moderne et contemporain) de très grande envergure.

Le côté sud de la place Römerberg est occupé par l'**église Saint-Nicolas** (1290, reconstruite), qui servait à l'origine de chapelle pour les membres du Rat (Conseil des bourgeois de Francfort). A l'intérieur belle chaire baroque de 1769. Carillon à 9 h 05, 12 h et 17 h. Derrière l'église, on aperçoit l'ancien **château du Saalhof** qui abrite aujourd'hui l'**Historisches Museum** (Musée d'histoire de la ville de Francfort). Du château originel du XIIIe siècle ayant appartenu à la dynastie des empereurs Hohenstaufen, il reste encore le beffroi (Bergfried) et la chapelle romane. Au cours des siècles, divers aménagements (et destructions) ont été opérés. La tour des Rentiers (Rententurm) date de 1455. C'est là que l'on encaissait l'octroi pour le passage du Main. L'aile baroque, dite de Bernus, date de 1715.

LA RIVE GAUCHE DU MAIN

Le Main se trouve tout près du Römerberg. La passerelle **Eisernersteeg** permet de le traverser. De là, on peut soit remonter le quai vers la gauche pour gagner le quartier d'**Alt Sachsenhausen** où, dans une ambiance « médiévale reconstituée » essentiellement destinée aux touristes, l'on peut boire, dans les nombreux cafés et échoppes, la spécialité alcoolisée de Francfort, l'Ebblwoi (Äpfelwein en haut-allemand), c'est-à-dire du cidre (attention, il est très différent du cidre français). Le quartier est situé entre l'Altebrücke et l'Obermainbrücke, et délimité par la Dreieichstrasse, la Deutschherrnufer et l'Elizabethstrasse. L'alternative consiste à aller boire un verre d'Ebblewoi dans la Zum Gemalten Haus (« la maison peinte »), une institution un peu moins fréquentée par les bus de touristes et qui offre une très jolie cour intérieure. Cette institution francfortoise est sise au n° 67 de la Schweizerstrasse, la rue commerçante un peu chic du quartier de **Sachsenhausen** (qui n'a rien à voir avec son voisin l'Alt Sachsenhausen). Dans ce quartier, on pourra monter au dernier étage de la **Henningerturm** pour avoir une vue d'ensemble des gratte-ciel de la ville. Au n° 60 du Hainerweg. Le lieu idéal pour les amateurs de photographie.

Si vous choisissez de longer le Main sur la droite, vous gagnez alors le quai des Musées, où d'anciennes villas bourgeoises agrandies de complexes modernes ont été transformées en divers musées dans les années 80 et sont venues s'ajouter aux institutions que forment le Städel ou la collection Liebig. En arrivant de la passerelle Eisernersteeg, on trouve dans l'ordre : le **musée de l'Artisanat** (Museum für Kunsthandwerk), Schaumainkai 17 (très agréable cafétéria donnant sur le parc) ; le **musée d'Anthropologie** (Museum für Völkerkunde), Schaumainkai 29 ; le **Musée national du film** (Deutsches

Filmuseum), Schaumainkai 41 (angle Schweizerstrasse) ; le **Musée national d'architecture** (Deutsches Architekturmuseum), Schaumainkai 43 ; le **Musée national de la Poste** (Deutsches Postmuseum), Schaumainkai 53 ; le **musée Städel** (Städelsches Kunstinstitut und Städtische Galerie), Schaumainkai 63 ou Dürerstrasse 2 (entrée principale) : créé en 1816 par le legs du banquier Johann Städel, il présente un échantillon de toute la peinture européenne, de Cranach à Dubuffet en passant par Boticelli, Rembrandt, Goya, Watteau et Manet ; la **collection Liebig** (Museum Alter Plastik im Liebighaus), Schaumainkai 71 ; dans l'ancienne villa du baron Liebig, toute la sculpture de la Haute Egypte jusqu'à nos jours. (Liste complète des musées de Francfort *in* « De ville en ville ».)

Les environs de Francfort

★ LE TAUNUS

La petite chaîne du Taunus s'étend d'est en ouest au nord du bassin de Francfort. Par sa proximité et la beauté de ses paysages, c'est un lieu de détente apprécié des Francfortois. Un des sites les plus pittoresques est la petite ville de **Königstein**, dominée par les ruines romantiques d'un château du XIIIe siècle dévoré par le lierre. La région est un haut lieu du thermalisme allemand : on y trouve un nombre impressionnant de petites villes de cure offrant cette allure bourgeoise des constructions de la Belle Epoque. On peut citer **Bad Homburg**, **Bad Ems** ou **Bad Vilbel**, la plus proche de Francfort, considérée comme la banlieue chic de la ville.

A **Kronberg** se trouve l'ancien château Friedrichshof, construit par la fille aînée de la reine Victoria, également appelée Victoria et veuve de l'empereur allemand Frédéric III (foudroyé par la maladie, il ne régna que 99 jours). Celle qu'on appelait la Kaiserin Friedrich vint se retirer sur les pentes du Taunus qu'elle connaissait pour avoir fait plusieurs cures à Bad Homburg. Aujourd'hui, son château a été transformé en hôtel. Les chambres sont décorées de tableaux réalisés par l'impératrice, qui a aussi signé la décoration de la Nationalgalerie de Berlin. Kronberg est devenu, à la fin du XIXe siècle, une petite colonie d'artistes fréquentée par de nombreux élèves de l'Ecole du Städel, à Francfort. On peut admirer plusieurs œuvres de Victoria au musée Städel de Francfort. Kronberg est une petite ville attachante offrant un mélange de constructions à colombages et de villas 1900 un peu tape-à-l'œil.

WILHELMSBAD ET ASCHAFFENBURG

Tout près de Hanau (ville satellite située à environ 25 kilomètres de Francfort) se trouvent les **bains de Wilhelmsbad**, une exquise petite station thermale de la fin du XVIIIe siècle lancée par le Landgrave Wilhelm de Hesse-Kassel, fraîchement élevé au rang de Kurfürst (prince électeur). Au XIXe siècle, lorsque la source s'est soudain tarie, Wilhelmsbad a sombré dans l'oubli. Ce n'est que récemment que la municipalité de Hanau a décidé de sauver la station. Le résultat en vaut la peine : on se croit transporté au XVIIIe siècle. Il ne faut pas manquer le petit théâtre, avec ses bancs en bois, ses marbrures et ses pilastres peints en trompe-l'œil, ni le Kurpark, qui réserve bien des surprises, comme cet antique manège de chevaux de bois.

A 45 kilomètres au sud-est de Francfort, **Aschaffenburg**, déjà située en Bavière, recèle un beau château Renaissance, le Schloss Johannisburg, construit en 1605 comme seconde résidence du prince électeur de Mayence, à qui la ville d'Aschaffenburg appartenait.

DARMSTADT

La ville de Darmstadt (35 kilomètres au sud de Francfort) est un des berceaux du Jugendstil en Allemagne. Dans le quartier de **Mathildenhöhe** sont concentrés de nombreux exemples de ce style architectural né avec le siècle. Le quartier a été créé en 1899 sous l'impulsion du grand-duc Ernst-Ludwig de Hesse-Darmstadt. Celui-ci invita plusieurs architectes et artistes parmi les meilleurs représentants à travailler sur un nouveau concept, un idéal de *Gesamtkunstwerk*, une œuvre d'art totale. Il faut retenir les noms de Josef Maria Olbrich, Peter Behrens (futur membre du Bauhaus), Bernhard Hoetger ou Albin Müller. On peut voir plusieurs villas, la résidence d'Ernst-Ludwig, l'Atelierhaus transformé en musée Jugendstil et la chapelle Russe, offerte par le tsar Nicolas II qui ramenait en Russie une fille de la maison Hesse-Darmstadt. Mathildenhöhe est resté un « laboratoire de l'art » (peinture et architecture essentiellement) jusqu'à l'éclatement de la Première Guerre mondiale.

HÖCHST AM MAIN ET WIESBADEN

L'ancienne ville de **Höchst am Main**, rattachée depuis longtemps à Francfort, évoque surtout l'immense complexe chimique du Konzern Hoechst, une des plus grandes sociétés allemandes. Pourtant, à un jet de pierre des cheminées et des fumées plus ou moins nocives, Höchst a préservé sa structure médiévale et s'enorgueillit de posséder deux châteaux. Le plus intéressant est le palais Bolongaro, une folie baroque avec un beau jardin en terrasse au bord du Main. Du centre de Francfort, prendre les lignes S1 ou S2 depuis la Hauptwache ou la gare centrale (Hauptbahnhof), station Höchst, ou bien l'autoroute A61 en direction de Wiesbaden, sortie Franckfurt-Höchst.

Wiesbaden (280 000 habitants) est la capitale du Land de Hesse ; c'est donc là, et non à Francfort, que siège le parlement régional. La ville, très bourgeoise, possède de belles villas Gründerzeit et, en tant que centre très important de thermalisme, tout un cortège de grands hôtels, de boutiques de luxe, d'antiquaires, de parcs impeccables et d'établissements thermaux inspirés de l'architecture antique.

L'Allemagne viticole : de Heidelberg à Cologne

PALATINAT – VALLÉE DU RHIN – COLOGNE

Les régions traversées par cet itinéraire – qui nous conduit de Heidelberg en Palatinat à la capitale rhénane, Cologne, au terme d'une découverte de la célèbre vallée du Rhin – sont avant tout des régions viticoles.

Sur les coteaux abrupts du Rhin ou de la Moselle, les ruines de châteaux féodaux aux allures légendaires alternent avec les parcelles de vigne.

Ces deux fleuves aux méandres nombreux nous entraînent au cœur de l'Allemagne romane : la trilogie des cathédrales majeures de Mayence, Worms et Spire est en effet sans égale, de même que les dix-sept églises romanes de Cologne.

Cette région est aussi, même si on a trop souvent tendance à l'oublier, le berceau de l'Allemagne romaine car nulle part ailleurs en Allemagne la présence des Latins n'est aussi évidente qu'entre Moselle et Rhin. Ainsi, Cologne doit son nom à la « colonie » romaine d'Agrippina (voir « Un peu d'histoire », p. 321) et Trèves est la seule ville au nord des Alpes à offrir autant de vestiges importants de l'époque romaine.

Quant au Palatinat, il réveille en nous le souvenir de la princesse palatine, mariée au frère de Louis XIV, et des conflits d'intérêt qui suivirent cette union (voir « Heidelberg », p. 307).

LE PALATINAT

L'histoire du Palatinat s'est construite essentiellement à Heidelberg. Cependant, la région englobe également la partie septentrionale de l'actuel Land de Rhénanie-Palatinat, marquée par la présence romaine dans la région de Trèves, sur la Moselle. De même, les villes de Spire et de Worms, anciennes possessions épiscopales indépendantes du comté palatin, ont longtemps été de grands centres spirituels et, avec Cologne, l'un des creusets de l'art roman en Allemagne.

Coup d'œil sur la région

La partie historiquement fondamentale du Palatinat se situe autour de Heidelberg. C'est une région riante, rythmée par les monts de l'Odenwald et du Spessart, et dont le centre est marqué par la confluence du Neckar et du Rhin, à la hauteur de Mannheim. Paradoxalement, cette partie n'appartient plus à l'actuel Land de Rhénanie-Palatinat. Ce dernier, première région viticole d'Allemagne (elle assure les deux tiers de la production nationale), comprend les monts de Hunsrück et d'Eifel, la vallée

Palatinat - Vallée du Rhin

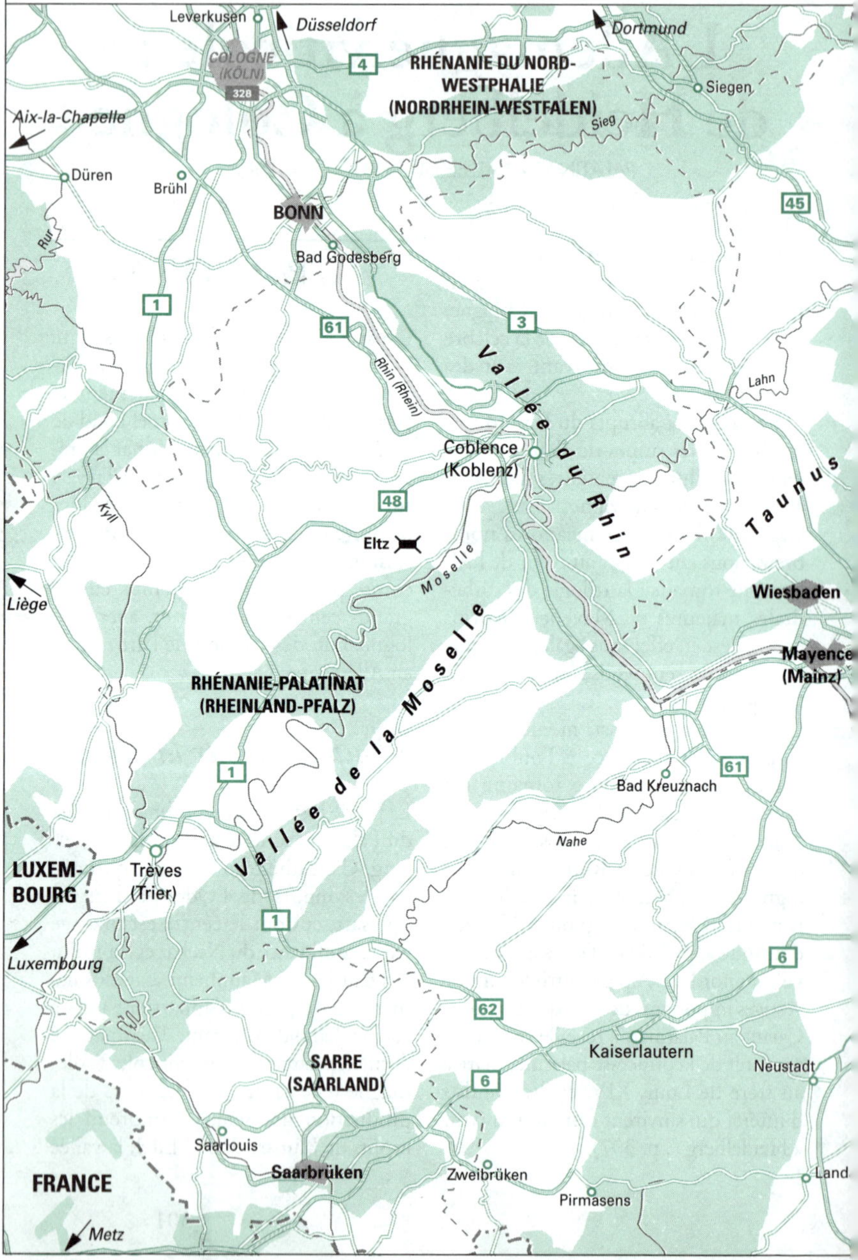

Palatinat - Vallée du Rhin

de la Moselle et, sur sa frontière orientale, la moyenne vallée du Rhin, comprise entre Mayence et Coblence. Dans cet intervalle, les pittoresques méandres du fleuve se frayent un passage dans le massif schisteux rhénan et offrent ces images aujourd'hui célèbres de coteaux à pic surmontés de hauts châteaux ; c'est d'ailleurs dans cette région que se trouve le rocher de la Lorelei.

En un mot, le Palatinat ressemble beaucoup à la Franconie de la vallée du Main, moins méridionale sans doute, mais plus imposante par la beauté de ses paysages. Le relief y est aussi plus nettement accentué qu'en Franconie. Quant à la vallée de la Moselle, elle est tout aussi pittoresque que celle du Rhin et bien moins encombrée. Son urbanisme n'y est pas aussi développé ; elle reste donc une région assez préservée et très attachante. Elle accueille le merveilleux château médiéval d'Eltz, édifié en pleine forêt et accessible seulement à pied.

Heidelberg

La réputation de Heidelberg tient pour moitié du mythe. Il est des lieux qui semblent avoir toujours fasciné et continuent d'exercer un ascendant curieux sur leurs visiteurs. Manifestement, Heidelberg en fait partie. La ville est tout bonnement considérée comme *le* sanctuaire du romantisme à l'allemande. Sans doute sa situation sur le Neckar y est-elle pour beaucoup, mais il faut aussi souligner que la destruction partielle de son château à la fin du XVIIe siècle par les armées de Louis XIV en fit *de facto* une vraie ruine romantique, juchée sur une montagne surplombant la ville au bord du fleuve. Goethe chanta Heidelberg (il y perdit même son cœur pour la belle Marianne de Willemer) et, après lui, tous les grands poètes du romantisme, de Hölderlin à Brentano, d'Arnim à Jean-Paul. Karl Maria von Weber vint y chercher l'inspiration pour son opéra *Der Freischütz*, Robert Schumann y commença sa carrière de compositeur, Victor von Scheffel rédigea en son honneur ces vers célèbres : « Ô noble cité comblée d'honneurs, Heidelberg la vieille / Sur le Neckar ou le Rhin à aucune autre pareille. »

Aujourd'hui, la tradition universitaire de la ville (Heidelberg possède la plus ancienne université d'Allemagne et la plus cotée) et le fait que la cité ait été épargnée par les bombes de la Seconde Guerre mondiale contribuent à la parer d'une aura quasi mythique. Ses quelque 30 000 étudiants perpétuent la tradition des associations héritée des premières universités. Mais attention, à trop en faire, à trop en dire, on risque de décevoir. Certes, la ville a gardé tout son charme, avec son château de grès rouge chargé d'histoire, l'enchevêtrement de ses toits, son vieux pont sur le Neckar, ses cafés... Mais comme Rothenburg ou Neuschwanstein, Heidelberg souffre des inconvénients propres à tous ces lieux très visités. D'une manière générale, c'est tard dans l'après-midi, voire en soirée, que la ville se laisse le mieux découvrir, si possible en prenant d'abord un peu de recul. Le mieux, pour le premier coup d'œil, est de monter au chemin des Philosophes (Philosophenweg), sur la Heiligenberg (montagne sacrée) située sur la rive opposée du Neckar. De là, la vue sur toute la ville, le pont Karl-Theodor et le château ne peut être plus belle. En été, il faut attendre que le soleil commence à décliner et tempère de ses rayons couchants le rouge un peu dur du grès de l'Odenwald qui prend alors, du château au vieux pont et à l'église du Saint-Esprit, une splendide couleur dorée.

Un peu d'histoire

On a retrouvé en 1907, sur la montagne du Heiligenberg, en face de Heidelberg, la mâchoire de l'*Homo heidelbergensis*, datée de 550 000 ans avant J.-C. et qui atteste la plus ancienne présence de l'être humain en Europe. Vers 400 avant J.-C., des Celtes s'établirent sur la montagne sacrée, puis un castel romain fut édifié au même endroit cinq cents ans plus tard. Mais l'histoire de Heidelberg ne commence véritablement qu'au XIIIe siècle. En 1220, l'évêque de Worms donne Heidelberg en fief au comte palatin, duc de Bavière qui avait reçu le Palatinat des mains de l'empereur Frédéric II de Hohenstaufen en 1214. Un siècle plus tard, l'empereur Louis IV de Wittelsbach et son neveu Ruprecht Ier signent le traité de Pavie qui entérine la séparation de la Bavière et du Palatinat. La Bulle d'or de 1359 élève le comte palatin au rang de prince électeur. Ruprecht Ier installe sa résidence à Heidelberg et crée en 1386 l'Université (la troisième du Saint Empire après celles de Prague et de Vienne, et la plus ancienne de l'actuelle RFA). Son successeur, élu empereur germanique, fait édifier la première aile du château de Heidelberg, toujours visible aujourd'hui.

Au XVIe siècle, le prince électeur Louis V agrandit le château en lui octroyant l'aile Louis V et le dote d'imposantes fortifications. Son successeur, Frédéric II, protégé de Charles Quint, est nommé Grand Ecuyer impérial et occupe à ce titre le rang le plus élevé dans la hiérarchie élective. Othon-Henri, qui ne restera que trois ans (1556-1559) sur le trône palatin, s'opposera fermement à Charles Quint en adoptant la religion réformée. Il est à l'origine de l'aile Othon-Henri, considérée comme la plus belle façade Renaissance d'Allemagne. Son successeur, Frédéric IV, gouverne deux ans (1608-1610) et dote le château de la splendide aile Frédéric, la seule qui soit restée intacte. Frédéric V monte tout jeune sur le trône et épouse la fille du roi d'Angleterre, Elizabeth Stuart, en 1612. Alors que la guerre de Trente Ans est sur le point d'être déclarée, il s'emploie à démanteler la ceinture de fortification que son aïeul avait mise en place ; il la remplace par des pièces d'apparat et fait planter le jardin du château, l'Hortus Palatinus, considéré en son temps comme la huitième merveille du monde. En 1619, la guerre éclate en Bohême après que la noblesse locale protestante s'est rebellée contre l'autorité impériale et catholique des Habsbourg. Frédéric V part prêter main-forte aux Bohêmes mais il est défait contre les armées impériales à la bataille de la Montagne Blanche. Méprisé pour cet échec, il entrera dans la postérité sous le sobriquet de Roi des Neiges. C'est le duc de Bavière qui administre désormais le Palatinat, jusqu'à la paix de Westphalie signée en 1648. Mais Heidelberg, assiégée et occupée par les troupes françaises du maréchal Tilly, puis par les Suédois, est dévastée. En 1649, la Bavière s'approprie l'Oberpfalz (partie orientale se trouvant toujours dans le Land de Bavière), et son prince le titre d'électeur, qui jusque-là lui faisait défaut. Pour éviter une guerre presque fratricide, l'empereur crée pour le prince Charles-Louis un huitième titre d'électeur. Ce Palatinat amputé prendra le nom de Palatinat du Rhin (Heidelberg se trouve pratiquement au confluent du Neckar et du Rhin).

Charles-Louis reconstruit le château et l'Université et marie sa fille, Liselotte, au duc d'Orléans, frère de Louis XIV, en 1671. Quelques années plus tard, la succession palatine déclenche un nouveau conflit : après la mort de Charles-Louis et du duc d'Orléans, mari de la princesse palatine, Louis XIV réclame le Palatinat pour la France. L'empereur allemand repousse les exigences du Roi Soleil mais la population de Heidelberg s'enfuit devant les armées de Mélac. En 1689, les Français détruisent la ville, avant de faire sauter le château en 1693. Les tombeaux des princes électeurs palatins dans l'église du Saint-Esprit sont ouverts et profanés. Cinquante ans après la guerre de Trente Ans, Heidelberg est à nouveau en ruine. Cependant, par ce conflit, Louis XIV s'est enlisé dans une guerre beaucoup plus vaste contre la Ligue d'Augsbourg, qui le met aux prises avec l'Angleterre et la Hollande. Sa capitulation, suivie de la paix de Ryswick, en 1697, met fin à cette guerre. Le joyau Renaissance qu'était Heidelberg va faire place à une nouvelle ville, de style baroque, tandis que le château restera en ruine. En 1720, agacé par les tergiversations entre catholiques, calvinistes et luthériens dans sa propre ville, le prince Karl-Philipp quitte Heidelberg pour Mannheim, où il fait construire un nouveau château pour y installer la cour palatine. Son successeur Karl-Theodor n'abandonne pas tout à fait Heidelberg, puisqu'il entreprend de reconstruire le château. Mais en 1764, celui-ci est touché par la foudre, ce qui entraîne l'arrêt définitif des travaux. Le château parviendra jusqu'à nous dans cet état de ruine romantique qui plut tant à Goethe. Sur ces entrefaites, Karl-Theodor, qui hérite de la succession au trône ducal des Wittelsbach, doit quitter Mannheim pour Munich. Heidelberg passe alors en 1803 au grand-duché de Bade, ce qui explique son appartenance actuelle au Land de Bade-Wurtemberg et non à celui de Rhénanie-Palatinat, alors que la ville fut pourtant au centre de l'histoire palatine. Le grand-duc Charles-Frédéric de Bade fonde une nouvelle université, qui prend le nom de Ruperto Carola (de Ruprecht, son fondateur, et Charles, son sauveur).

DÉCOUVRIR HEIDELBERG

La vieille ville

Laissez la voiture sur la rive opposée du Neckar et empruntez à pied le Vieux

Pont ou **Karl-Theodor-Brücke**. Le pont se termine par un portail néoclassique en grès rouge de l'Odenwald et est flanqué de deux tourelles baroques. Devant, sur la droite, trône une statue de Karl-Theodor, qui fit construire ce pont en 1793, date à laquelle les princes palatins avaient déjà transféré leur résidence à Mannheim. Après le pont, prendre sur la droite puis remonter la première rue sur la gauche, la **Haspelgasse**. Dans la perspective, on remarque, sur la gauche, le chevet de l'église du Saint-Esprit et, tout au fond, une splendide maison Renaissance, la **maison Ritter**, unique témoin du Heidelberg d'avant les destructions des armées françaises de Louis XIV, entre 1689 et 1693. A mi-hauteur, au n° 12, se trouve un vaste édifice baroque, la **maison Cajeth**. En haut de cette courte rue et avant d'atteindre l'église, empruntez, sur votre droite, l'Unterestrasse. Au troisième croisement se trouve, au n° 11, le **palais Rischer**, construit en 1711. Arrivé sur la petite place du Heumarkt (marché au foin), tournez à gauche; l'**Université** est située de l'autre côté de la Hauptstrasse, la grande rue commerçante. Ce bâtiment baroque (blanc avec pilastres rouge et or) fut construit au milieu du XVIIIe siècle par Karl-Theodor, mais c'est véritablement le grand-duc de Bade, Charles-Frédéric, qui sauva en 1803 la prestigieuse institution de la débâcle dans laquelle elle avait sombré depuis la guerre contre la France et le transfert de la cour à Mannheim. La fondation de l'Université fut approuvée par le pape Urbain VI dans sa Bulle d'or de 1386. Les statuts de l'Université étaient lus chaque année le 1er novembre dans l'église du Saint-Esprit. Maîtres, élèves, clercs et libraires étaient exemptés d'impôt et jouissaient d'un sauf-conduit. Forte de 30 000 étudiants (pour une population d'un peu plus de 100 000 habitants), l'Université de Heidelberg a fourni depuis le début du siècle douze prix Nobel. Les départements de médecine et de physique nucléaire jouissent d'une renommée internationale. L'édifice abrite le Centre allemand de recherche contre le cancer, l'Institut de calcul astronomique, le Laboratoire européen de biologie moléculaire et l'institut Max-Planck (équivalent allemand du CNRS et de l'institut Pasteur en France).

De l'autre côté de la place, on distingue un bâtiment assez laid appelé la nouvelle université. Depuis longtemps pourtant, l'essentiel du campus a été transféré dans un quartier périphérique. Derrière le bâtiment baroque se trouve le **cachot des étudiants** (Studentenkerker). Il fut utilisé de 1612 à 1914, aussi longtemps que la souveraineté de droit sur les étudiants a appartenu à l'Université. Les délits comprenaient les beuveries, le tapage nocturne, les bagarres avec la police, qui étaient passibles de quatre semaines de cachot.

Contournez le bâtiment par l'Universitätsplatz et continuez tout droit, dans l'axe. Sur la droite, le **quartier des jésuites** avec, au premier plan, l'église baroque de 1712 (l'intérieur n'est pas très intéressant). Derrière se trouvent le **Jesuitengymnasium**, ou lycée jésuite, et le **Collegium Academicum**, séminaire érigé en 1750.

Rejoignez ensuite la rue principale par l'une des ruelles latérales. Dans la Hauptstrasse, tournez à droite. On atteint bientôt la **place du Marché**, dominée par le **Rathaus** et l'**église du Saint-Esprit**. Cette dernière fut construite en 1400 sous Ruprecht Ier et serait la plus grande construction gothique du Palatinat. Le bulbe de la tour date de l'époque baroque. Des 55 tombeaux de princes électeurs profanés par les soldats français en 1693, il ne reste que le gisant de Ruprecht Ier et de son épouse (1410). A l'intérieur, ne manquez pas les tribunes situées au-dessus des nefs latérales. C'est là qu'était conservée la fameuse Bibliotheca Palatina, commencée en 1419 et enrichie des collections du prince Othon-Henri, ce qui en fit la plus riche bibliothèque de son temps. Après la prise de la ville par le maréchal Tilly en 1623, le duc de Bavière, qui administrait alors temporairement le Palatinat, refusa de laisser ce trésor culturel plus longtemps dans les mains d'une population protestante et en fit don au pape. Aujourd'hui encore, la plupart des précieux manuscrits se trouvent au Vatican. Par la suite, le sort de l'église du Saint-Esprit est resté lié aux rebonds de cette interminable guerre de religion. Tour à tour vouée au culte catholique, luthérien ou réformé, l'église finit par être divisée à partir de 1705 par une cloison permettant aux deux confessions de cohabiter. En 1718, quand Karl-Philipp arrive au pouvoir, il chasse les protestants de l'église, la réclamant comme église de la Cour, et de ce fait catholique. Mais deux ans plus tard, il part s'installer à Mannheim et les protestants rachètent peu à peu leurs parts aux catholiques (l'église est aujourd'hui protestante).

En face de l'abside, semblant curieusement lui tourner le dos, se dresse le Rathaus, vaste édifice baroque datant de la reconstruction de Heidelberg au début du XVIIIe siècle. Attenante au Hauptmarkt, le petit **Kornmarkt** (marché au grain) est une des places les plus pittoresques de la ville : au centre se dresse une fontaine surmontée de la **Vierge** de Peter van den Brandens, tandis que, depuis l'extrémité de l'esplanade, on a une vue magnifique sur les murailles du château en ruine. En continuant dans le même axe, on atteint la **Karlsplatz**, bordée à droite par le **palais grand-ducal**, résidence de Karl-Frédéric de Bade lors de ses passages à Heidelberg. En face, le **palais Boisserée** accueillait Goethe. Dans l'angle nord-est de la place se trouvent deux cafés célèbres dans la plus pure tradition des repères estudiantins d'Alt Heidelberg, le Seppl, au sublime décor patiné, et le Roter Ochsen. En continuant tout droit, on atteint (juste avant la deuxième rue perpendiculaire gauche depuis la Karlsplatz), le **palais Buhl** et, lui faisant face, le **palais Weimar**, deux beaux exemples d'architecture du XVIIIe siècle. Le premier sert pour les réceptions de l'université, le second abrite la fondation Von Postheim.

Le château

Pour accéder au château, il faut revenir sur le Kornmarkt et prendre la ruelle du Burgweg, puis la montée (en partie en escalier) dite Kurzer Buckel. On atteint le château par le côté opposé à la façade visible depuis la ville. L'édifice est un ensemble complexe de plusieurs ailes correspondant aux règnes des différents princes palatins. Ces ailes sont entourées d'impressionnantes fortifications. On pénètre dans le château par un pont enjambant le fossé (Graben). Depuis la cour, on trouve de gauche à droite l'aile Ruprecht, la bibliothèque, le Logis des Dames, l'aile Frédéric (la mieux conservée), l'aile des Glaces, l'aile Othon-Henri et l'aile Louis. L'aile Ruprecht correspond à la partie la plus ancienne du château (fin du XIVe siècle), et fut édifiée par Ruprecht Ier, qui installa sa résidence à Heidelberg, fit construire l'église du Saint-Esprit, fonda l'Université et donna le coup d'envoi à la construction du château. A gauche de l'entrée, l'aigle impérial, qui tient dans ses serres le lion palatin et le damier des Wittelsbach, rappelle que Ruprecht fut également empereur d'Allemagne de 1400 à 1410.

La clé de voûte du **porche** est une merveille d'art gothique : ne pas manquer le détail des deux anges tenant une couronne de roses et un compas. La légende dit que l'architecte y aurait représenté ses deux fils, tués en tombant de l'échafaudage avant la fin des travaux. La façade de la bibliothèque est un peu en retrait : le caractère romantique de ce pan en ruine est augmenté par la présence d'un sublime oriel, encore intact, accroché au mur. A côté, le **Logis des Dames** se présente aujourd'hui sous la forme d'un pavillon de plein pied. Son toit date du XVIIIe siècle et fut ajouté après que les Français eurent fait sauter les trois étages de l'édifice.

L'**aile Frédéric**, la mieux conservée, fut construite sous Frédéric V, surnommé le Roi des Neiges. Plusieurs appartements d'apparat à l'intérieur. La façade Renaissance est très belle : les statues sur le fronton représentent des princes palatins et des empereurs allemands (Charlemagne est au troisième niveau à gauche, Frédéric V tout en bas à droite).

Un passage permet de gagner la grande terrasse, appelée **Altan**. De là, on surplombe toute la ville et le cours du Neckar, qui s'élargit subitement en entrant dans la vallée du Rhin. A l'opposé, on peut voir le chemin des philosophes, encore plus beau dans la première partie de la journée.

De retour dans la cour, le bâtiment à arcades contigu à l'aile Frédéric est appelé **aile des Glaces**. Il contenait jadis une sorte de galerie entièrement tapissée de miroirs vénitiens. Tout a disparu dans un incendie provoqué par la foudre en 1764. L'aile fut construite en 1546 par Frédéric II qui venait d'être nommé Grand Ecuyer par le très catholique empereur Charles Quint. C'est pourquoi figurent, entre les arcades, aussi bien les blasons palatins et bavarois que le globe impérial, qui symbolise le titre honorifique reçu en 1544 par Frédéric II.

Par une ironie de l'Histoire, l'aile suivante, dite **aile d'Othon-Henri**, fut édifiée par le successeur de Frédéric II, grand diffuseur de la Réforme en Palatinat qui devait entrer en conflit direct avec son autorité de tutelle, le pouvoir impérial de Charles Quint. Othon-Henri ne régna que trois ans et mourut un an après Charles Quint, mais Heidelberg lui doit la plus belle aile du château. L'unique pan qui a pu échapper aux guerres et aux intempéries est un chef-d'œuvre d'architecture Renaissance. La façade, très harmonieuse, présente des lignes horizontales soulignées par de vastes corniches, tandis que des pilastres divisent chaque étage en cinq champs égaux. Chaque champ est percé de deux fenêtres séparées par une niche abritant une statue. Un escalier mène au rez-de-chaussée, surélevé, dont l'entrée est marquée par un superbe portail en forme d'arc de triomphe flanqué d'atlantes. Les magnifiques statues de la façade représentent, de bas en haut et de gauche à droite : les héros de l'Ancien Testament : Josué, Salomon, Hercule et David (rez-de-chaussée) ; les cinq vertus : Force, Foi, Amour, Espérance et Justice (1er étage) ; les dieux Saturne, Mars et Mercure, et les déesses Vénus et Diane (2e étage) ; le Soleil et Jupiter (dernière corniche).

Pour finir, l'**aile Henri** fut construite en 1524 par Henri V dans un style beaucoup plus fonctionnel et faisait office de communs. Ce prince éclairé (pressentait-il les guerres qui suivraient au siècle prochain ?) fit édifier les bastions de défense du château. Pour avoir une idée de ces impressionnantes fortifications (bien qu'elles soient en ruine), il est préférable de sortir de la cour par le pont, dominé par la plus haute tour de défense du château, la Torturm (tour de la porte, qui s'élève à 52 mètres). Après avoir franchi le fossé, contournez-le par la droite. On accède alors au Stückgarten, un terre-plein rehaussé qui servait de champ d'exercice pour l'artillerie sous Louis V. Tout au fond, on ne peut manquer la Grosse Tour, bastion imprenable. Les Français n'en vinrent pas à bout en 1689 mais parvinrent à en faire s'écrouler le côté donnant sur la ville en 1693 en plaçant des explosifs à l'intérieur. Les deux statues que l'on voit du côté du Stückgarten représentent les deux régents Louis V et Frédéric V ; ce dernier s'employa à transformer les remparts édifiés par son aïeul en un aimable jardin alors que la terrible guerre de Trente Ans était sur le point d'éclater. En accédant à cet ancien rempart transformé en jardin, on remarque un curieux petit portail Renaissance, cadeau de Frédéric V à sa future épouse Elizabeth Stuart d'Angleterre.

De l'autre côté du château (il faut repasser devant le pont de l'entrée), on note la tour de la Poudrière (dont un pan finit par s'effondrer sous l'acharnement français), puis la tour de l'Apothicaire (musée allemand de la Pharmacie au sous-sol), enfin, dans l'angle nord-est, la tour Octogonale et l'Arsenal.

Il ne faut pas quitter le château sans avoir jeté un coup d'œil à l'Hortus Palatinus, planté par Frédéric V qui fit sauter des rochers au détriment de la défense du château. Les pentes abruptes se métamorphosèrent en cinq terrasses suspendues munies de bains chauffés (on était en 1617 !). Las, les jardins étaient à peine terminés qu'ils furent ravagés par la guerre de Trente Ans. Transformés en potager, ils furent restaurés par Karl-Theodor au milieu du XVIIIe siècle. Aujourd'hui, le visiteur les découvre tels que Goethe les aima.

Un petit banc de pierre où le poète venait s'asseoir porte d'ailleurs gravés quelques-uns de ses vers.
La visite de l'intérieur du château (guidée uniquement) dure au moins 90 minutes et n'est que partiellement intéressante. Un billet séparé permet de voir le fameux tonneau de Heidelberg, le plus grand au monde (d'une contenance de 221 000 litres), construit sous Karl-Theodor. Selon la légende, son gardien, le nain Perkeo (1,10 mètre mais haute figure de la littérature allemande), bouffon de Karl-Theodor, aurait bu 18 litres de vin de son contenu par jour.
A la rentrée universitaire, les nouveaux étudiants de Heidelberg sont obligés de « jouer à Perkeo », ce qui fait les bonnes heures des repères d'étudiants du côté de la Karlsplatz ou de l'Unterestrasse.

MANNHEIM-LUDWIGSHAFEN

Au confluent du Neckar et du Main se trouve la double ville de Mannheim-Ludwigshafen. Au milieu du XVIIIe siècle, Karl-Theodor y avait fait installer sa nouvelle résidence, délaissant Heidelberg et ses incessantes querelles religieuses, avant d'occuper peu de temps après le trône du grand-duché de Bavière. Cette résidence est encore visible et se présente comme une copie du style de Versailles, sans grande harmonie toutefois. La ville ne présente pas d'autre intérêt et constitue en fait, avec Ludwigshafen de l'autre côté du Rhin, un des sites industriels les plus denses d'Allemagne, accueillant notamment le très grand groupe chimique BASF.

La trilogie romane

SPIRE

Des trois grandes cathédrales romanes de la haute vallée du Rhin (Oberrhein), celle de Spire (Speyer) est sans conteste la plus belle. La première rencontrée en venant du sud, Spire est située à une vingtaine de kilomètres au sud-ouest de Heidelberg. La cathédrale, qui fait partie du patrimoine mondial de l'Unesco depuis 1980, est le plus vaste édifice religieux de style roman au monde. La première pierre fut posée par l'empereur Konrad II en 1030, puis la construction fut poursuivie sous Henri III et Henri IV. Tout comme la cathédrale de Bamberg, construite à la même époque, celle de Spire, avec sa structure à deux chœurs, est typique des édifices romans élevés sous le règne des empereurs de la dynastie des Salier. Dès le départ, elle fut conçue comme une cathédrale impériale (Kaiserdom) devant abriter les sépultures des empereurs. On y trouve ainsi les tombes de huit empereurs et trois impératrices germaniques.
A l'inverse de nombre d'édifices religieux romans de France, la cathédrale de Spire est dépourvue d'ornement et de statuaire. L'accent est mis d'emblée sur la monumentalité de l'édifice et l'architecture en tant que volume et non comme ornementation. D'un style très dépouillé, la cathédrale de Spire étonne par ses dimensions, la hauteur de ses quatre tours et sa coupole à la croisée du transept, caractéristiques d'autant plus remarquables que, en règle générale, le style roman français concerne

pour sa part plutôt des édifices de taille réduite et souvent situés en milieu rural. A Spire, sous la coupole, domine une impression de sérénité et d'élévation (un peu comme dans les cathédrales gothiques). L'alternance du grès rose et de la pierre calcaire dans les voûtes et arcatures rappelle le style mauresque de certaines églises du sud de l'Espagne. La luminosité intérieure émane de la coupole et des deux chœurs. De la croisée du transept se dégagent une force et une énergie inhabituelles pour un édifice roman. Il faut absolument descendre dans la crypte, la plus belle et la plus grande d'Allemagne. Elle mérite à elle seule le voyage à Spire : 78 piliers et colonnes supportent une voûte magnifique.

WORMS

Tout comme Spire, Worms fut une ville importante au Moyen Age. Destinée à jouer un rôle impérial majeur (la diète y siégea plus de 100 jours), l'ancienne colonie celte fut dotée au XIe siècle d'une cathédrale romane. Auparavant, Worms avait été détruite par les Huns en 437. Tous ces combats sont d'ailleurs à l'origine de la légende des Niebelungen, écrite au XIVe siècle et dont le thème fut repris cinq siècles plus tard par Wagner dans sa célèbre *Tétralogie*.

La cathédrale n'était pas encore achevée lorsque la ville des Niebelungen fit à nouveau parler d'elle, en 1162, avec la signature du concordat de Worms qui devait mettre fin à la querelle opposant les Guelfes aux Gibelins (voir « L'histoire », p. 41). Tout comme Spire et Mayence, la cathédrale de Worms reprend le schéma classique du style roman germanique, à deux chœurs flanqués de deux tours-clochers. Ici, la croisée du transept ouest est coiffée d'une tour octogonale. La cathédrale abrite les dépouilles de cinq générations de Salier ; cette dynastie, qui donna plusieurs empereurs avant les Hohenstaufen, était originaire de Worms. La ville, attaquée comme toutes les cités de la région par les armées de Louis XIV, a subi de graves dommages. Tout l'intérieur de la cathédrale ayant brûlé en 1689, Balthasar Neumann, l'architecte de la Residenz de Wurtzbourg, fut chargé trente ans plus tard de construire un nouveau maître-autel dans le style baroque.

Il faut tout particulièrement admirer l'intérieur du chœur Saint-Laurent (chœur ouest), bel exemple de l'architecture allemande du XIIe siècle. A l'extérieur, sur le portail dit de l'Empereur (nord), on s'attardera sur les représentations de Frédéric Barberousse et du pape Léon IX, élu à Worms en 1048. Tout comme Spire, Worms est marquante par sa monumentalité mais aussi par sa sobriété (absence quasi totale de sculptures ou de statuaire à l'extérieur).

MAYENCE

Mayence (Mainz), Landeshauptstadt (capitale) du Land de Rhénanie-Palatinat, est la seule grande ville de la région. Elle se situe en face de Wiesbaden, la capitale du Land de Hesse, de l'autre côté du Rhin. La cathédrale Saint-Martin-et-Saint-Etienne de Mayence ferme la trilogie des cathédrales romanes majeures de la vallée du Rhin. Si vous avez déjà vu Worms et Spire, celle de Mayence risque de vous décevoir un peu, d'autant que la ville, très endommagée par les bombes de la Seconde Guerre mondiale, n'a pas beaucoup de charme. Elle reste pourtant célèbre pour être la ville où Gutenberg inventa, en 1450, son fameux procédé d'imprimerie moderne, à caractères mobiles.

La construction de la cathédrale commença en 975, sous l'archevêque Willigis, à une époque où Mayence représentait tout bonnement le centre de la chrétienté en Germanie. La ville connut son apogée au XIIIe siècle, notamment grâce à la ligue des villes rhénanes (Rheinischer Städtebund) ; elle prit alors le nom d'Aurea Moguntia, c'est-à-dire Mayence d'or. Ravagée par la guerre de Trente Ans (elle fut occupée pendant vingt ans par les Suédois), elle connut ensuite un nouvel essor : au XVIIIe siècle, l'archevêque de Mayence n'était autre que Lothar de Schönborn, également évêque de Wurtzbourg et de Bamberg. La ville fut détruite par les armées napoléoniennes en 1799, puis elle passa au landgraviat de Hesse. Détruite une troisième fois à 80 % pendant la Seconde Guerre mondiale, elle est devenue en 1949 la capitale du Land de Rhénanie-Palatinat, à la place de Heidelberg, qui dépend depuis 1803 du Bade-Wurtemberg.

La cathédrale de Mayence présente elle aussi deux chœurs et se trouve flanquée d'un joli cloître qui abrite le Musée diocésain. Elle a été en grande partie reconstruite après la guerre.

LA VALLÉE DE LA MOSELLE

Trèves

Trèves (Trier) est une ville romaine qui conserve de très nombreux vestiges apparents de ce passé (et parmi les plus importants d'Allemagne), à la différence d'une « capitale » romaine comme Cologne où tous les vestiges étaient enfouis et ne furent mis au jour (par hasard) que dans les années 50, au moment de la reconstruction de la ville.

La cité fut fondée en l'an 16 avant J.-C. par l'empereur Auguste, sur le site où Jules César s'était rendu vainqueur d'une peuplade de Trévises. En 117, Trèves devient capitale de la Provincia Belgicae, ou province belge de l'Empire, et ville de résidence des empereurs romains, dont Constantin. La ville acquiert le statut d'évêché (le premier au nord des Alpes) dès le IVe siècle, et est élevée au IXe siècle par Charlemagne au rang d'archevêché. Du XIIe au XVIIIe siècle, Trèves connaît le destin sans accroc d'une principauté élective (le titre d'électeur était détenu par l'archevêque). La ville, occupée par les armées françaises dès 1794, passe à la Prusse en 1815.

DÉCOUVRIR TRÈVES

Riche en monuments d'époque romaine et romane, il faut une bonne journée pour découvrir la ville. Le centre est délimité sur trois côtés par un boulevard circulaire (Nordallee, Ostallee et Südallee) qui reprend le tracé des anciennes fortifications romaines. Le côté ouest du quadrilatère est constitué par la Moselle. Avant de pénétrer dans la ville historique, nous conseillons vivement de remonter un peu plus au nord, sur la Paulinstrasse puis, à droite, dans la Balthasar-Neumann-Strasse. On découvre alors **l'église Saint-Paulin**, un des rares exemples d'église baroque dans cette région sise entre Moselle et Rhin. Comme la rue l'indique, c'est Balthasar Neumann qui a signé les plans de l'édifice, achevé en 1751. Ferdinand Tietz a réalisé quant à lui le splendide maître-autel rococo, tandis que les fresques ont été exécutées par Thomas Scheffler.

Revenant sur vos pas, la Paulinstrasse vous conduit tout droit à l'édifice le plus célèbre de la ville, la **Porta Nigra** (Porte Noire), monumentale entrée nord de Trèves, datant du IIe siècle. Les énormes pierres ne sont pas cimentées entre elles mais taillées de façon à s'assembler parfaitement et retenues par des agrafes en fer. Cette porte de 3 étages fut transformée en église romane au XIe siècle. L'abside de ce qui devint la collégiale Saint-Siméon est encore parfaitement visible sur le côté est de la porte. Attenant à l'ensemble (côté ouest), on trouve une jolie cour intérieure fermée par le splendide **cloître Saint-Siméon**, qui renferme le Städtisches Museum Simeonsstift (Musée municipal). On peut y admirer plusieurs documents sur l'évolution de la ville, ainsi qu'une assez belle collection de peinture allemande du XIXe siècle (romantisme et réalisme).

De la Porta Nigra, la voie piétonne Simeonsstrasse aboutit à la place principale, le Hauptmarkt. En chemin, on remarquera sur la gauche la **Dreikönigenhaus** (maison Aux Rois Mages), une tour d'habitation de style roman datant du XIIIe siècle. Ces exemples d'architecture civile de style roman sont extrêmement rares. Le **Hauptmarkt**, de forme triangulaire, est une place hétéroclite mais d'une assez grande beauté. Au centre, la **fontaine Saint-Pierre** date de 1595 ; derrière elle, la tour-clocher de l'**église Saint-Gangolf** (XIVe-XVe siècle) émerge des toits formant le bord sud de la place. Au milieu de cette rangée de maisons disparates (Renaissance, baroques et médiévales), un curieux porche rococo très ouvragé cache une forme de couloir qui mène directement à l'église. Dans ce joyeux pêle-mêle architectural, on notera également, sur le côté ouest de la place (à droite en arrivant par la Paulinstrasse), la maison **Zur Steipe**, de style gothique, datant du début du XVe siècle. Dans la perspective qui s'ouvre sur ce même côté (Dietrichstrasse), la **Frankenturm** est un autre bel exemple d'habitation romane datée du XIe siècle. Du côté opposé, une courte ruelle ouvre sur la **cathédrale** romane (Dom). Il s'agit de la plus ancienne cathédrale allemande, commencée dès le IVe siècle. La façade ouest, de style roman, date du XIe siècle. Il faut absolument contourner la cathédrale par son côté sud pour admirer le splendide tympan roman du portail sud. A l'intérieur, ne pas manquer de visiter le cloître (Kreuzgang), d'où l'on jouit d'une belle vue sur l'abside alvéolaire de la cathédrale et le clocher de l'église Notre-Dame, voisine. La chapelle de 1716, où se trouve conservé le trésor de la cathédrale (Domschatzkammer), mérite également une visite. A droite de la cathédrale est nichée, dans l'espace restreint qui sépare le bord sud de la nef et le cloître, la charmante petite **église Notre-Dame** (Liebfrauenkirche), l'un des premiers exemples d'art gothique en Allemagne (achevée en 1270). A l'intérieur se trouve le tombeau de Metternich, le fondateur de la cathédrale.

De là, remontez la courte rue Liebfrauenstrasse pour atteindre le **Palast Aula** ou palais impérial des empereurs romains, une des curiosités de la ville. Construit au début du IVe siècle, l'empereur Constantin y fut couronné. Constantin joua un rôle décisif dans l'édification du futur Saint Empire romain germanique puisqu'il éleva la religion catholique au rang de religion d'Etat. Après le repli des troupes romaines, le palais impérial fut transformé en basilique (aujourd'hui paroisse évangélique). Accolé au bord est du Palast Aula, le **Bischöflisches Palais** était, au XVIIIe siècle, la résidence des évêques de Trèves. Ce bâtiment, petit chef-d'œuvre de style baroque, nous éclaire de façon symbolique sur la manière dont le pouvoir passa, à Trèves, des mains des empereurs romains à celles des évêques, puis à celles des archevêques, lesquels détenaient en 1536 le titre de princes électeurs (seuls trois archevêques allemands bénéficiaient de ce titre). Les ailes nord et est du Bischöflisches Palais sont de style Renaissance (ne pas manquer la Roterturm ou tour Rouge), tandis que l'aile sud donne sur les jardins et déroule sa longue façade joyeusement baroque signée Johann Seiz (1761). Les jardins s'étendent jusqu'à l'ancienne limite sud-est de la ville romaine (vestiges de l'ancienne enceinte romaine). En continuant vers l'angle sud-est, on passe devant la **bibliothèque** (Stadtsbibliothek), offrant une belle collection de globes baroques ainsi que de livres du XVIe siècle richement enluminés et décorés par Dürer, Memling ou Holbein. A la même hauteur, de l'autre côté du jardin, se trouve le **musée régional de Rhénanie-Palatinat** (Rheinisches Landesmuseum), qui présente de splendides sarcophages romains et, surtout, la plus importante collection de pièces d'or romaines jamais retrouvée (exhumée à Trèves en 1983).

Dans l'extrême angle sud-est de l'ancienne ville romaine, tout au fond du jardin épiscopal, se trouvent les **thermes impériaux** (Kaiserthermen), ruine d'un ancien palais de bains du IVe siècle dans lequel on distingue les bains froids, les bains chauds et une salle de sport. On peut visiter d'autres thermes romains à Trèves, comme les **thermes de Barabara** (Barbarathermen, Südallee ou Kaiserstrasse 48), plus anciens (mais moins bien conservés) que les Kaiserthermen puisqu'ils datent du IIe siècle, ou encore les **thermes du marché au bétail** (Viehmarktthermen), découverts en 1987 sous l'ancienne place du même nom (près du théâtre municipal). Il s'agit des plus anciens thermes de la ville (Ier siècle).

Depuis les thermes impériaux, on peut gagner l'**amphithéâtre** par l'Olewigerstrasse (n° 25). Il s'agit d'une ruine d'une ancienne arène du Ier siècle après J.-C.

Avant de quitter Trèves, sachez que l'apôtre Matthieu est enterré dans l'abbaye romane qui porte son nom (Xe-XIIe siècles), au sud de la vieille ville romaine (longer la Moselle vers le sud et prendre à gauche à la hauteur du pont Konrad-Adenauer-Brücke). Enfin, rappelons que le père du communisme, Karl Marx, était natif de Trèves bien qu'il rédigeât son manifeste à Berlin. On peut visiter sa maison natale, la **Karl-Marx-Haus**, au n° 10 de la Brückenstrasse.

De Trèves à Coblence

La vallée de la Moselle en aval de Trèves, jusqu'à sa confluence avec le Rhin, ne saurait laisser insensible. Ce paysage véritablement idyllique est en général plutôt préservé de toute présence industrielle… ce qui n'est pas toujours le cas de la vallée du Rhin. Sans avoir le caractère majestueux et quelquefois dramatique de cette dernière, la vallée de la Moselle est parfois plus charmante et plus authentique en ce sens qu'elle est moins impitoyablement exploitée par l'industrie touristique. Ses châteaux, également bâtis à flanc de coteaux, ne sont pas aussi nombreux mais ils n'ont rien à envier à ceux du Rhin. Deux d'entre eux, **Eltz** et **Cochem**, sont d'ailleurs célèbres. Eltz est accessible uniquement à pied, après une promenade à travers la forêt ; il surgit brusquement au détour d'un taillis, véritable château de conte de fées. Avec le château des Hohenzollern, à Hechingen, Eltz est sans doute un des châteaux de la Belle au bois dormant les plus captivants d'Allemagne, et tellement plus authentique que Neuschwanstein en Bavière.

Enfin, le charmant village de **Beilstein**, sur la rive droite de la Moselle (à environ 15 kilomètres en amont de Cochem), admirablement sorti d'un long sommeil médiéval, résume à lui seul le charme de cette verdoyante vallée encaissée. Du minuscule village, des chemins partent à l'assaut des coteaux escarpés. De nombreuses possibilités de randonnées s'offrent au visiteur. Les chemins sont suffisamment élevés pour réserver des panoramas merveilleux sur la vallée et ses nombreux méandres encadrés par les pentes des vignes. Il existe plusieurs bons restaurants à Beilstein.

La Moselle se jette dans le Rhin à la hauteur de **Coblence** (Koblenz), au pied d'un joli pont à tourelles baroques, le Balduinbrücke. A cet endroit se dresse aussi la forteresse d'Ehrenbreitstein (rive droite du Rhin), d'où l'on a une vue imprenable sur le confluent appelé Deutsches Eck (littéralement, « le coin allemand »). Coblence appartenait aux princes-évêques de Trèves. Au XVIIIe siècle, l'archevêque et dernier prince électeur de Trèves Clemens von Wenzeslau y fit construire un château de style classique, copié sur Versailles (rive gauche du Rhin, à la hauteur du pont de Pfaffendorff).

LA VALLÉE DU RHIN ★

Suivre la vallée du Rhin relève tout à la fois du must et de la gageure. En voiture, la route est encombrée et l'on ne peut plus pénétrer à l'intérieur des riants villages ; sur les routes de rocade, il faut se contenter d'un décor industriel où alternent entrepôts divers, installations de dragage, industrie légère, sans compter les stations-service, les parkings et les voies ferrées. Descendre le fleuve en bateau, solution de prime abord fort séduisante car c'est la meilleure manière de jouir du paysage, n'est pourtant pas de tout repos : la vallée du Rhin est en effet la destination favorite des excursions scolaires et des voyages pour personnes du troisième âge. Sur les bateaux de la Köln-Düsseldorfer (compagnie qui gère les bateaux de touristes sur le Rhin), l'ambiance est toujours assez kitsche : flonflons et vin blanc de mauvaise qualité le disputent aux odeurs de friture et à la médiocrité générale. Reste le train. La ligne Francfort-Cologne, dont le tracé suit les courbes du Rhin à même les berges, est un réel enchantement sur une bonne centaine de kilomètres. On peut quand même regretter de ne faire « qu'effleurer » le grandiose paysage. Quel que soit le moyen de transport choisi, nous vous donnons ici les points importants d'une croisière sur le cours moyen du fleuve, de Bingen à Bonn.

Bingen, sur la rive gauche, est une jolie petite ville pittoresque, avec maisons à colombages aux toits inégaux et enseignes à l'ancienne. Très vite on voit, au milieu du fleuve, la Mäuseturm (littéralement, « la tour aux souris »), ancien octroi du XIIIe siècle, qui témoigne des tragiques péripéties de l'archevêque de Mayence dévoré par les rats en cette tour où il pensait trouver un refuge. La population, écrasée de taxes et d'impôts, s'était soulevée tandis que les rats, affamés, avaient traversé le Rhin à la nage pour dévorer le mauvais évêque. En face, sur la rive droite, une très belle promenade permet de rallier le château de Hattenheim à la ruine de l'ancienne abbaye cistercienne d'Eberbach, transformée en domaine viticole (commune d'Eltville).

Toujours sur la rive droite, **Rüdesheim** est sans doute le village viticole le plus touristique de toute la vallée. A 15 kilomètres en aval, **Kaub** est peut-être le ★ plus bel endroit de toute la vallée, en raison notamment de la présence, sur un îlot au milieu du Rhin, d'une petite citadelle restaurée au XVIIIe siècle dans le style baroque : le Pfalzgrafenstein servait à renforcer le péage de Kaub. La rive droite est aussi dominée par la ruine de l'ancien château de Gutenfels (XIIIe siècle). En face, sur la rive gauche, le village de **Bacharach**, célèbre pour son vin.

Toujours plus en aval, **St Goarshausen** annonce le méandre de Lorelei avec, sur ★ le rocher, la silhouette pétrifiée de la sirène enchanteresse qui envoûtait de son chant les bateliers. Il s'agit en fait de pli schisteux de la roche et il faut une bonne dose de crédulité pour y reconnaître une silhouette de sirène. Un peu plus bas, sur la rive droite, **Braubach** est dominé par le château de Marksburg, la seule citadelle de la vallée du Rhin à n'avoir jamais été détruite. Belles maisons à colombages dans Braubach.

A **Boppard**, le Rhin offre sans doute le ★ plus beau méandre de tout son parcours (vaste panorama). Arrive alors Coblence, au confluent de la Moselle, avec la fière citadelle d'Ehrenbreitstein et le charmant pont baroque sur la Moselle, le dernier du fleuve avant de rencontrer le Rhin. Entre Coblence et Bonn, **Linz** est l'un des plus beaux villages mais c'est surtout les sept sommets majestueux de la petite chaîne de la **Siebengebirge** (en fait un contrefort de monts du Westerwald) qui rassemblent tous les suffrages. Très belles randonnées dans ce parc naturel, notamment l'ascension de l'Ölberg, le point culminant, fort prisé pour sa vue magnifique sur Bonn. Dans la vallée du Rhin en amont jusqu'à Neuwied, citons encore la ruine romantique du Drachenfels et le château de Petersberg (sur l'un des sept sommets), qui sert notamment de résidence aux chefs d'Etat étrangers en visite officielle en Allemagne.

Enfin, **Bonn**, malgré sa réputation de ville ennuyeuse et de village capitale (elle compte quand même 300 000 habitants), mérite une visite. Le centre est charmant (mairie baroque, université, château de Poppeldorf, maison natale de Beethoven, cathédrale Saint-Florent-et-Saint-Cassius), et le quartier résidentiel sud appelé Südstadt se révèle, avec ses allées ombragées et ses villas cossues, un creuset de l'architecture allemande du Gründerzeit et du Jugendstil. Fière de sa fonction de capitale allemande, du moins jusqu'au déménagement du gouvernement à Berlin, Bonn est sans doute la seule ville de cette taille à offrir des musées d'une si grande qualité. Il faut absolument visiter le nouveau musée national d'Art moderne (Bundeskunsthalle), au sud de la ville, en direction de Bad Godesdorf et inauguré en 1991. Très belle architecture, toute la peinture allemande moderne et contemporaine. Enfin Bad Godesdorf (Bonn Sud) abrite les ambassades et l'appareil gouvernemental, regroupé sur les bords du Rhin autour du gratte-ciel du Bundeshaus (littéralement, la Maison fédérale).

Le Rhin, un fleuve européen

Qu'on le dise « le plus noble de tous les fleuves » (*der edelste der Ströme*), comme Hölderlin, ou « Nil de l'Occident », comme Lamartine, le Rhin, fleuve germanique par excellence, semble avoir toujours été auréolé de légendes. Mais c'est par le romantisme que s'établit sa solide réputation de *Rheinmythos*, *Rheinlyrik* ou *Rheinromantik*. Car si la légende de l'archevêque de Mayence dévoré par les rats dans la Mäuseturm au milieu du Rhin date du Moyen Age, celle de Lorelei, en revanche, est née au XIXe siècle. Lorelei, la belle sirène germanique qui, au difficile passage du rocher qui porte son nom, attirait par son chant les bateliers du Rhin, ces Ulysse rhénans.
Le XIXe siècle allemand, dans son rejet de l'héritage culturel français du classicisme, se réinvente un glorieux passé médiéval ou se fabrique des légendes copiées sur la mythologie antique. De fait, les ruines des châteaux qui, dans la moyenne vallée du Rhin, coiffent une colline sur deux, ont pratiquement tous été remis en état au XIXe siècle. Construits au Haut Moyen Age, ils étaient les témoins en ruine des luttes incessantes que se livraient

les chefs des multiples fiefs du Saint Empire. Mais, pétri de ce romantisme un peu facile, le Rhin semble propice à la mélancolie : la belle Lorelei ne chante-t-elle pas en peignant ses longs cheveux « *ich weiss nicht, was soll das bedeuten, dass ich so traurig bin* » (« je ne sais ce qui me rend si triste ») ? Curieusement, ce ne sont pas les Rhénans, mais un poète de Silésie et deux compositeurs saxons qui ont le plus contribué à la fabrication de cette aura mythique du fleuve : dans les vers d'Eichendorff, on retrouve cette ambiance empreinte de tristesse, mise en musique par Robert Schumann, attiré au bord du Rhin comme par magie (il était originaire de Zwickau en Saxe) ; ce dernier composa en 1850 sa IIIe Symphonie, la *Rheinische Symphonie*. Quatre ans plus tard, Richard Wagner, un autre Saxon, écrivait l'ouverture de son nouvel opéra *Rheingold* (*L'Or du Rhin*). Comme Schumann, qu'il détestait cordialement, Wagner utilise aussi le mi bémol majeur, le diapason le mieux à même de rendre ce subtil mélange de splendeur et de mélancolie. Pendant que Wagner composait dans son exil zurichois *L'Anneau des Niebelungen*, Schumann, installé à Düsseldorf, décidait en ce mois de février 1854 de se jeter dans le Rhin pour s'y noyer. On pense alors à Siegfried, repêché mort dans les eaux du Rhin et porté solennellement à Gudrun qui l'attend à Worms. Schumann, dans une lettre adressée à sa femme Clara, lui demandait de jeter son alliance (*Ring* en allemand) dans le Rhin, comme il le fit lui-même avant de se noyer. On peut spéculer sur les parallèles entre la vie de Schumann et le drame wagnérien, mais on ne peut s'empêcher de se poser la question suivante : qu'est-ce qui poussa ces deux Saxons à mettre en scène leurs tragédies, réelles ou fictives, au bord du Rhin ? Ne pouvait-il y avoir une Symphonie de l'Elbe et ce dernier fleuve ne joua-t-il pas pour les Niebelungen un rôle au moins aussi important que le Rhin ?
Long de 1 370 kilomètres, le Rhin est la voie fluviale la plus importante d'Europe en termes de trafic. Une flotte de 20 000 bateaux (13 millions de tonnes) emprunte ses eaux. Beaucoup l'ignorent, mais le Rhin prend sa source en Suisse dans le canton de Graubünden, à plus de 2 500 mètres d'altitude. Composé au départ de trois bras (Vorderrhein, Mittelrhein et Hinterhrein), il prend d'abord cours vers l'est, puis se tourne vers l'ouest et se jette dans le lac de Constance. Des 180 000 m^3 que le fleuve déverse dans le lac chaque minute il n'en ressort que 72 000, à l'extrémité ouest. Entre sa sortie du lac et Bâle, le fleuve prend le nom de Hochrhein et fait une chute assez vertigineuse à la hauteur de Schaffhausen. A Bâle, où il reçoit ses premières grandes pollutions (usine chimique de Ciba-Geigy), il change son cours et s'écoule vers le nord. C'est sur ces quelque 120 kilomètres qui séparent Bâle de Breisach qu'il est le moins navigable. Dans ce fossé d'effondrement qu'on appelle plaine d'Alsace et qui coupe en deux l'unique massif montagneux connu sous le nom de Vosges en France et de Forêt-Noire en Allemagne, le Rhin est longtemps demeuré une des zones les plus insalubres d'Europe, où sévissait la malaria jusqu'à la fin du XIXe siècle. C'est par le traité de Versailles que la France a obtenu de son ennemi vaincu qu'il creusât un canal parallèle, achevé en 1956. Auparavant, les chevaux qui tiraient les bateaux sur les chemins de halage refusaient quelquefois de s'enfoncer dans les berges marécageuses. Sur ce cours, le Rhin sert de frontière entre France et Allemagne depuis que Louis XIV, dans son souci de donner au royaume des formes harmonieuses et symétriques, réclama

le rattachement du Palatinat à la Couronne. Au confluent du Neckar, le Rhin se fait plus fougueux et plus navigable mais reçoit de son affluent, qui arrose le bassin industriel de Stuttgart (Bosch, Mercedes, Porsche), des eaux extrêmement sales. A quelques kilomètres en aval, il longe, à Ludwigshafen, la plus grande usine du monde (BASF), puis est grossi à la hauteur de Mayence par les eaux du Main, elles aussi fort polluées par la présence, entre Francfort et le confluent, des usines Hoechst et Opel. Entre Mayence et Bingen, il s'élargit à plus de 800 mètres et coule subitement plein ouest pour contourner les monts du Taunus. C'est là que commence la célèbre vallée du Rhin, en fait le cours moyen du fleuve, qui enchante les touristes et lui a valu sa réputation de fleuve romantique entre tous. Cette « trouée héroïque » dans la pierre dure du massif schisteux rhénan va de Bingen à Bonn en passant par Coblence, soit une distance d'environ 150 kilomètres. A droite, les pentes raides du Taunus puis du Westerwald, à gauche celles de l'Unsrück puis de l'Eifel, toutes pareillement couvertes de vignes et surmontées de plus de 70 châteaux.
La navigation y est délicate : il faut éviter les écueils schisteux qui émergent du lit du fleuve, naviguer entres les nombreuses îles et bien négocier les méandres, dont le plus célèbre est le rocher de la Lorelei, où le fleuve ne mesure plus que 90 mètres de large. A Coblence, le fleuve rencontre la Moselle : le paysage s'apaise quelque peu mais redevient dramatique entre Neuwied et Bonn, avec notamment les crêtes majestueuses du Parc national de la Siebengebirge. En aval de Bonn, le fleuve prend le nom de Niederrhein (Bas-Rhin), et c'en est fini du paysage romantique. Le Rhin retrouve une largeur moyenne de 450 mètres et se dirige vers les Pays-Bas, où il se divise en plusieurs bras avant de se jeter dans la mer du Nord. Il a d'abord franchi les villes industrieuses de Cologne, puis de Düsseldorf. A Duisburg, il reçoit la Ruhr, qui vient de traverser le plus grand bassin industriel d'Europe, puis il passe aux Pays-Bas, dans les installations portuaires gigantesques de Rotterdam, le plus grand port du monde. De ses allures de torrent, à sa source en Suisse, aux eaux turquoises du lac de Constance, des eaux marécageuses d'Alsace aux méandres du Palatinat puis aux grands sites industriels, le Rhin a sans doute le cours le plus varié qu'on puisse imaginer. Il charrie avec lui tant de déchets et d'alluvions qu'il faut, chaque année, en drainer plus de 2400 tonnes. La pollution ayant sensiblement fait augmenter sa température moyenne, le fleuve ne gèle plus guère. Auparavant, il était pris environ tous les dix ans par les glaces.

COLOGNE

La quatrième ville d'Allemagne (1 million d'habitants) et la plus ancienne des grandes agglomérations de ce pays, cette antique ville de la Hanse qu'est Cologne (Köln en allemand) fut longtemps considérée comme la Rome du Nord. Architecturalement très riche puisqu'elle ne compte pas moins de 17 églises romanes, sa cathédrale est aussi le monument le plus célèbre du pays. Cologne est en outre un très grand centre européen d'art contemporain (près de 120 galeries) et une des villes

les plus riches en musées. Elue ville la plus branchée d'Allemagne, elle peut séduire par son côté bohème. De la vieille ville d'origine, il ne reste presque plus rien, près de 95 % du centre ayant été détruit par les bombardements de la Seconde Guerre mondiale.

Un peu d'histoire

C'est Jules César qui, vers 50 avant J.-C., repoussa les limites de l'empire romain jusqu'au bord du Rhin et gagna la confiance des Ubiers, les peuplades non germaniques qui vivaient là. Le général Marcus Agrippa transféra ces peuplades de la rive droite du Rhin à la rive gauche, contrôlée par les Romains, et créa en 38 avant J.-C., sur le site de l'actuelle Cologne, l'Oppidum Ubiorum. En 48 après J.-C., l'empereur romain Claudius épousa la petite-fille de Marcus Agrippa et fille du général Germanicus, Julia Agrippina, née et élevée à Cologne. Deux ans après son mariage, elle accordait à son lieu de naissance le droit de cité romain, qui prit ainsi le nom de Colonia Claudia Ara Agrippinensium ou CCAA. Cologne, la colonie romaine la plus avancée en territoire germain et gardienne de l'autel impérial, était née. Par cet acte, Agrippine est considérée comme la patronne de la ville et est à l'origine de la prospérité qui devait affecter ce coin nord-est de l'Empire pendant près de quatre siècles (quant à Agrippine, bientôt rattrapée par ses intrigues, elle fut assassinée en 58 à Cologne par son fils Néron, né d'un premier lit). La civilisation romaine s'installa donc : un aqueduc amenait l'eau des pentes de l'Eifel et un système souterrain de canalisation (mis au jour après la guerre) fut bientôt élaboré. A l'emplacement de l'actuel hôtel de ville se trouvait le Praetorium, ou siège du gouverneur impérial de la Colonia, vaste bâtiment qui descendait jusqu'au Rhin et dont les fondations ont été également mises au jour à la reconstruction de la mairie. C'est là que Vitellius fut élevé à la dignité d'empereur en 69, suivi de Trajan trente années plus tard. C'est là également que vécut l'empereur Constantin lorsqu'il annexa, en 310, la rive droite du Rhin en construisant le premier pont de Cologne. De cette époque datent la *Mosaïque de Dionysos* et celle dite *des Philosophes*, conservées au Musée romain germanique et considérées comme les plus importantes de leur genre au nord des Alpes. A partir du IVe siècle après J.-C., les Francs commencent à chasser les Romains des bords du Rhin. L'« épuration » romaine et la christianisation ne se sont pas faites en une fois mais ont connu plusieurs vagues de renaissance païenne. De cette époque, qui correspond aussi aux grandes migrations tribales à l'intérieur de l'empire d'Occident (le Saint Empire romain germanique n'existe pas encore en tant que tel), datent les objets de la formidable collection Diergardt (essentiellement des bijoux et objets précieux) conservée au Musée romain germanique de la ville.
Cologne devient évêché dès le IVe siècle. Si Agrippine est la patronne de la Cologne romaine et laïque, les saints patrons de la ville chrétienne sont saint Géréon,

saint Séverin et sainte Ursule. Des basiliques romanes sont élevées au Ve siècle au-dessus de leurs tombes et constituent aujourd'hui, après la cathédrale, les églises majeures de Cologne dans la hiérarchie ecclésiastique. Comme pour mieux enrayer le polythéisme romain, les églises sont souvent construites au-dessus de temples romains ou réutilisent des matériaux de ces édifices. Ainsi Sainte-Marie-du-Capitole justifie-t-elle son nom pour avoir été érigée au-dessus du temple du Capitol de Cologne.

Au IXe siècle, Charlemagne élève Cologne au rang d'archevêché et, en 870, le coup d'envoi de la construction de la cathédrale est donné, à l'emplacement du temple de Mercure, dont l'enfouissement est à l'origine de la légère élévation sur laquelle repose aujourd'hui l'imposant édifice. Cette cathédrale glorieuse ne sera achevée que 1 000 ans plus tard, en 1880, et deviendra alors le symbole de l'hégémonie prussienne sur le reste de l'Allemagne !

Dès le Xe siècle, à Cologne comme dans tout l'Empire, le rôle politique des évêques devient de plus en plus marqué. L'archevêque de Cologne se comporte comme un prince qui livre bataille pour augmenter ses propriétés foncières. Cette situation dure jusqu'à la fin du XIIIe siècle. Entre-temps, le concordat de Worms a mis fin à la prétention des empereurs de se passer du Saint-Siège, la guerre entre Guelfes et Gibelins ayant plutôt renforcé le pouvoir épiscopal aux dépens de l'Empire. Rome investit de nouveau les évêques et, à Cologne, le pouvoir passe aux mains de la *Bürgerschaft*, c'est-à-dire du patriarcat. La cité devient *de facto* ville libre d'empire en 1288, avant la confirmation *de jure* par l'empereur deux cents ans plus tard, en 1475. A cette époque, Cologne est la plus grande ville d'Europe, avec un mur d'enceinte en demi-cercle de plus de six kilomètres, l'autre moitié des fortifications étant assurée par près de cinq kilomètres de quais le long du Rhin. Douze portes permettent d'entrer dans la ville, qui compte 50 000 habitants. La construction de ces fortifications, de même que le redémarrage du chantier de la cathédrale en 1248 (dans un style gothique cette fois), attestent la puissance commerciale de la ville. Le Rhin est une artère vitale et les dynasties commerçantes de Cologne contrôlent l'ensemble des échanges sur le fleuve (si la ville a perdu aujourd'hui sa richesse financière et jusqu'à l'existence de son port, elle demeure la plus importante agglomération sur tout le parcours du Rhin). Elle obtient le droit de foire et devient membre de la Hanse. En 1388, le patriarcat colonais décide de la création d'une université. Tout au long des XIVe et XVe siècles, la ville construit davantage d'églises, et le chantier gigantesque de la cathédrale se poursuit (en France, les cathédrales gothiques de Paris, Amiens ou Reims sont achevées depuis longtemps).

Le XVe siècle est une époque de grand rayonnement artistique sous l'égide notamment de la Kölner Malerschule (l'Ecole de Cologne) conduite par le peintre Stefan Lochner (mort en 1451), à qui l'on doit le splendide autel de Marie dans la cathédrale Notre-Dame. Cologne est à son apogée entre le

XVe siècle finissant et le début du XVIIe siècle. Pendant ces quelque cent cinquante années où s'épanouit sa gloire marchande, elle jouit d'une armée propre, en plus de celle commune aux villes de la Hanse stationnée à Lübeck, frappe monnaie et s'établit une solide réputation dans les domaines du commerce des étoffes, de la fabrication d'armes et du travail des métaux précieux. La Réforme ne trouve pratiquement aucun écho dans cet inébranlable bastion catholique. Mais aux conséquences de la guerre de Trente Ans, désastreuses pour la majorité des villes de la Hanse, s'ajoutent les modifications radicales engendrées par les grandes découvertes : en effet, le centre de gravité du commerce, qui se faisait jusque-là par voie fluviale et terrestre au centre de l'Europe (Venise, Augsbourg, Bâle, Cologne, Hambourg, Lubeck...), se déplace vers l'Atlantique. Le parcours du jeune peintre colonais Peter Paul Rubens illustre bien le destin qui guette les villes libres d'empire en ce milieu du XVIIe siècle : affaiblies commercialement, fragilisées par l'effritement de la charge impériale, elles glissent vers un déclin irréversible, alors qu'aux portes de l'Empire des villes comme Amsterdam ou Anvers profitent de l'expansion portuaire de l'Atlantique. A l'intérieur même de l'Empire, des villes jusque-là perdues dans la nébuleuse d'Etats qui le constituent s'affranchissent progressivement du joug impérial et deviennent les Residenz (capitales) des monarchies qui composent cet empire fantoche : Berlin pour la Prusse, Dresde pour la Saxe... Cologne se meurt, et Rubens quitte alors cette ville dans laquelle il a passé toute sa jeunesse et ses premières années de peintre pour rejoindre Anvers, à l'apogée du baroque et plus à même de lui permettre une carrière éblouissante que l'orgueilleuse Colonia Agrippensis, en plein déclin et gangrenée par une corruption endémique.

La fin du XVIIIe siècle voit l'arrivée des troupes napoléoniennes, qui occuperont la ville pendant vingt ans, confisquant les biens de l'Eglise et réformant tous les systèmes. Le congrès de Vienne de 1815 mettra fin à cet état de chose en accordant Cologne à la Prusse. Ainsi la ville fut-elle prussienne de 1815 à 1918, soit plus d'un siècle, bien que ses habitants s'en défendent âprement. Mais, comme le faisait justement remarquer Heinrich Böll, pourquoi nier avec tant d'acharnement cette réalité alors que la Prusse permit, entre autres, l'achèvement d'une cathédrale mégalomane laissée à l'abandon depuis trois siècles et l'éclatement du corset médiéval qui empêchait la ville de s'agrandir. Sous la férule prussienne furent créés les quartiers de la ville nouvelle (Neustadt), à l'extérieur du boulevard circulaire, aujourd'hui la partie la plus agréable de la ville, son véritable centre-ville. Comment nier cette marque prussienne quand les grands axes de ces quartiers ont pour nom Hohenzollern, Kaiser-Wilhelm, Bismarck, Göben, Spichern... De même, le célèbre pont de chemin de fer qui enjambe le Rhin à la hauteur de la cathédrale s'appelle Hohenzollernbrücke et est orné de quatre statues équestres prussiennes, dont celle de Guillaume Ier ! En 1880, la cathédrale,

commencée en 1248, est donc achevée et inaugurée en grandes pompes en présence de Guillaume Ier, empereur de Prusse depuis 1871.
Après la faillite de l'empire prussien et la Première Guerre mondiale, Cologne connaît un nouvel essor sous la férule de son nouveau maire Konrad Adenauer, qui recrée l'université en 1919 (elle avait été dissoute par l'administration prussienne en 1816), rencontre Henri Ford dont il obtient l'installation à Cologne d'une grande usine de production de voitures (1922) et, fonde la Kölner-Messe GmbH, la société qui gérera désormais les salons et foires de Cologne qui se tiennent à partir de 1923 dans de tout nouveaux bâtiments sur la rive droite du Rhin. Avec l'arrivée de Hitler au pouvoir en 1933, Adenauer est destitué de sa fonction de maire. Même si une majorité de la population est ouvertement opposée au NSDAP, rien ne peut empêcher, à Cologne comme dans toute l'Allemagne, que des exactions contre la communauté juive soient perpétrées pendant la tristement célèbre « nuit de cristal », le 9 novembre 1938. Les quatre synagogues de la ville sont incendiées.
En 1945, la ville, durement touchée par les bombes, n'est plus qu'un champ de ruine. On estime qu'elle a été détruite à près de 95 % dans sa partie centrale. Heinrich Böll a laissé dans ses écrits un témoignage poignant du silence extraordinaire qui pesait sur la ville et de la poussière qui recouvrait tout. « *Solche Grösse und Ernst hatte die Stadt noch nie gehabt* » (« Jamais la ville n'avait été empreinte d'une telle grandeur et de tant de sérieux »), écrit-il de cette cité qu'il aimait mais dont la superficialité et la propension à toujours faire la fête l'énervait. De 800 000 habitants en 1940, Cologne n'en comptait plus que 40 000 en 1945…
Cologne a fêté en 1986 l'achèvement d'un long et ambitieux projet : l'inauguration des splendides musées Wallraf-Richartz (peinture classique) et Ludwig (peinture moderne et contemporaine), de même que la superbe salle souterraine de la Kölner Philarmonie, classée comme une des toutes premières salles d'Europe.

LA VILLE AUJOURD'HUI

Il y a la Cologne des touristes (qui restent en moyenne 2 jours), limitée aux alentours de la Domplatte (le « plateau de la cathédrale »), avec les principaux musées et les vestiges romains, les cafés de l'Altstadt reconstruite après la guerre de façon peu convaincante, et quelques églises romanes faisant partie du parcours obligatoire. En général, ces visiteurs pressés n'essayent pas d'aller plus loin, frappés de stupeur par la laideur d'une ville, qui plus que nulle autre en Allemagne, illustre les désastres d'une reconstruction non pensée et qui s'est faite dans un climat de spéculation immobilière outrancier. Ainsi en va-t-il de la désastreuse voie express Nord-Süd-Fahrt qui coupe le centre en deux parties, ou de l'affreux Opéra conçu par Walter Riphahn (1957) et édifié sur les bord de la Nord-Süd alors que l'ancienne salle lyrique de la Rudolfplatz était récupérable. (Soulignons d'ailleurs

que c'est Walter Riphahn qui a signé la plupart des laideurs architecturales dont regorge la ville, de même que le concept des « autoroutes » qui en quadrillent le centre.)
Pourtant, au-delà de cette Alstadt où se concentrent les administrations, les rues piétonnes banales et les habitations plutôt bon marché, il y a la vraie Cologne, organisée autour d'un pôle qui souvent ne se trouve déjà plus sur le plan agrandi du centre historique. Rudolfplatz en est le point névralgique, ainsi que toutes les rues perpendiculaires au Ring (grand boulevard circulaire qui marque les anciennes limites de la ville), datant de l'intermède prussien et destinées à permettre l'agrandissement de la ville. Aujourd'hui, Cologne possède une vaste superficie urbaine que nombre de grandes villes allemandes lui envient et justifie pleinement sa réputation de capitale allemande de la créativité, de la « bohème », de ville la plus « branchée », la plus « cool », la « plus sympa ». Qui supposerait, à la vue des quartiers ternes qui entourent le « plateau touristique », qu'autour de ces fameux boulevards se cachent des quartiers aussi colorés, animés et riches de découvertes que le Belgisches Viertel (ou quartier belge, les rues portant des noms de villes du Benelux), qui regroupe la plupart des galeries d'art, que le Kwartier Lateng (déformation phonétique de quartier latin), qui vit davantage la nuit que le jour, que la Südstadt (quartier sud), synonyme de bohème intellectuelle et artiste, ou encore, plus au nord, que le quartier de Nippes, où vit une majorité d'immigrés turcs qui fait bon ménage avec une grande concentration de *Szenelokalen*, les bars et restaurants branchés. Cologne est par excellence une ville sans centre, organisée en *Veedel*, c'est-à-dire en quartiers « typés ».
Il y a aussi la Cologne bigote, et ses enragés des églises romanes (seuls monuments historiques intégralement reconstruits après la guerre). Au nombre de dix-sept, ces églises justifient pleinement, avec la cathédrale, la réputation de *hillige Stadt* (ville sainte) qu'a Cologne. La plupart de ces édifices sont malheureusement situés dans l'ancien cœur de la ville, si disgracieux. Leur extérieur peut étonner, voire déplaire, par l'étrangeté de leur architecture, leurs proportions (sans rapport avec l'aspect rural des églises romanes françaises) mais elles réservent souvent un intérieur original, avec des trésors artistiques insoupçonnés comme les fresques de Sainte-Marie-du-Lys, la *Crucifixion de saint Pierre* par Rubens à Saint-Pierre ou la chapelle mortuaire entièrement tapissée d'ossements de Sainte-Ursula.
Puis il y a la Cologne qui se repaît d'un folklore qui dure toute l'année, lui donnant cet aspect de ville bazar. Cette cité se montre souvent un brin narcissique (et le justifie par ses illustres origines romaines), voire suffisante (quand vous interrogez les Colonais sur leurs origines, ils répondent invariablement : « nous descendons des Romains »). Une des manifestations les plus grotesques de cet état d'esprit est sans doute illustrée par les campagnes de publicité à répétition organisées par la municipalité, dans lesquelles Cologne s'auto-proclame *la* ville du bien vivre, la Medienstadt n° 1

(la capitale des médias) ou va jusqu'à calculer la somme totale de sa surface commerçante. Ces campagnes s'adressent paradoxalement aux Colonais eux-mêmes au lieu de diffuser hors de la ville une image positive dont elle aurait pourtant besoin pour attirer davantage d'investisseurs. Car la municipalité est une des moins bien nanties du pays. Les caisses sont à ce point démunies que, souvent, la ville n'a ni les moyens d'alimenter en eau ses fontaines ni ceux d'entretenir ses espaces verts. Les raisons de ce marasme sont multiples : d'une part la ville est sous-industrialisée pour sa taille (Cologne est une ville de cols blancs), d'autre part elle n'est jamais parvenue à englober dans son agglomération les communes de Leverkusen et Dormagen (siège du n° 2 allemand de la chimie, le géant Bayer), alors que les taxes industrielles de cette immense Konzern aux affaires plutôt florissantes, pourraient alimenter les caisses de la municipalité. Mais la raison la plus importante est à chercher ailleurs et a trait aux origines mêmes de la ville. De tout temps, Cologne a souffert d'une corruption endémique, à tel point que le mot *Klüngel* a été inventé pour décrire cet état de choses et forme le troisième K du surnom le moins flatteur de la ville : KKK (Eglise [Kirche], Art [Kunst], Corruption [Klüngel]). Certaines mauvaises langues font remonter le Klüngel à l'impératrice Agrippine, un personnage des plus machiavéliques, retors et corrompus. Plus tard, le statut de ville libre d'empire puis de membre de la Hanse dont bénéficia Cologne a favorisé la promiscuité entre le pouvoir politique et le pouvoir commerçant, les deux ne faisant souvent qu'un, détenu par les riches bourgeois de la ville, c'est-à-dire le patriarcat. Aujourd'hui, Cologne est la seule ville d'Allemagne à avoir trois maires (et non un seul) à sa tête, montage complexe qui ne favorise pas toujours la transparence des décisions municipales. Des travaux incohérents, incessants, voire inutiles, aux scandales financiers régulièrement déterrés et tout aussi vite oubliés, cette Cologne-là fait souvent la une des journaux. Le carnaval est l'illustration parfaite des réseaux colonais : est élu prince de carnaval (le titre est très honorifique et pris très au sérieux) qui aura dépensé et flatté qui il fallait quand il fallait (le prince est sûr de connaître toute une année des affaires florissantes).

Vient enfin, pour achever ce tour d'horizon, la Cologne obsédée par ses origines romaines. Les décombres de la guerre ont permis de retourner le sol de la ville et de mettre au jour des vestiges romains assez nombreux et importants pour constituer le grand Musée romain germanique. De la même manière, on a pu retrouver des vestiges du célèbre Praetorium, ou palais gouvernemental de la Colonia Claudia Ara Agrippinensium. Cependant, aucune recherche n'a abouti concernant le fabuleux temple de Mars dans lequel était conservée une précieuse relique, le glaive personnel de Jules César. Aussi la ville s'acharne-t-elle à laisser derrière elle d'immenses trous béants en plein centre, vite envahis par les ronces et les orties, jusqu'à ce que les budgets alloués à la *Römerkrankheit* (la « romanite ») soient épuisés et les fouilles interrompues. Actuellement, trois de ces trous béants à moins de 500 mètres de la cathédrale décorent l'Altstadt. La municipalité s'est engagée à construire un nouveau musée sur l'un d'entre eux et des parkings souterrains sur les deux autres si rien n'est trouvé… En attendant, les ronciers prolifèrent.

Découvrir Cologne

LA DOMPLATTE

Le mieux, une fois n'est pas coutume, est d'aborder Cologne en train. Dans l'hypothèse où vous viendriez de Francfort, sachez que la ligne de chemin de fer Francfort-Cologne traverse la pittoresque vallée du Rhin, avec ses méandres et ses coteaux surmontés de châteaux en ruine. Arriver en train à Cologne permet de découvrir tout de suite la cathédrale et de se plonger immédiatement dans l'ambiance de la vieille ville (mais cette immersion n'est pas toujours facile…).

Au sortir de la gare, la cathédrale est tellement près qu'on croirait pouvoir la toucher. L'édifice semble écraser de son immense masse sombre tout l'espace alentour, impression d'autant plus forte que la cathédrale est surélevée par rapport au niveau de la gare. On la savait imposante et sombre, on ne la voyait pas si menaçante et si implacablement noire. Une fois le choc passé, on comprend le sens de cette expression « plateau de la cathédrale » (Domplatte) ; ces mots désignent le socle de béton coulé sur la colline artificielle sur laquelle la cathédrale a été construite. Pour gagner ce plateau, surélevé d'une vingtaine de mètres par rapport au niveau de la gare, les architectes des années 60 ont aménagé une série d'escaliers en béton d'une laideur indicible. Sans oublier un horrible escalier roulant, le plus souvent en panne en raison des détritus qui bloquent le mécanisme. Enfin, il y a l'odeur, ce mélange qu'on ne trouve qu'à Cologne de *Rievekkoche* (la spécialité locale : des galettes de pommes de terre râpées puis frites), d'urine et de bière rance : toute une faune d'alcooliques, de junkies et de sans-abri a élu domicile en cet endroit. Vous voilà donc à Cologne. Arrivé sur le plateau, il vous faudra vous frayer, difficilement, un passage jusqu'au portail central de la cathédrale en louvoyant entre les groupes de touristes, les portraits de Mona Lisa ou de Goethe dessinés à la craie, la demi-douzaine de baraques de loteries (l'argent ramassé par la vente des tickets finance en partie la rénovation incessante de la cathédrale, les vraies Ford modèle Fiesta exposées sur le faîte de ces bicoques de fortune représentant le gros lot et servant à attirer le chaland), les gros palmiers en pot dispersés sur toute la place et le Klagemauer, ce mur des lamentations colonais, constitué de bouts de carton sur lesquels les touristes du monde entier viennent inscrire leurs doléances et leurs messages de paix et de liberté. La municipalité essaie de se débarrasser de ce disgracieux monument à la gloire du *Peace and Love* universel mais elle se heurte à l'archevêché sur la question de savoir à qui (de la ville ou de l'archevêché) appartient cette

Cologne

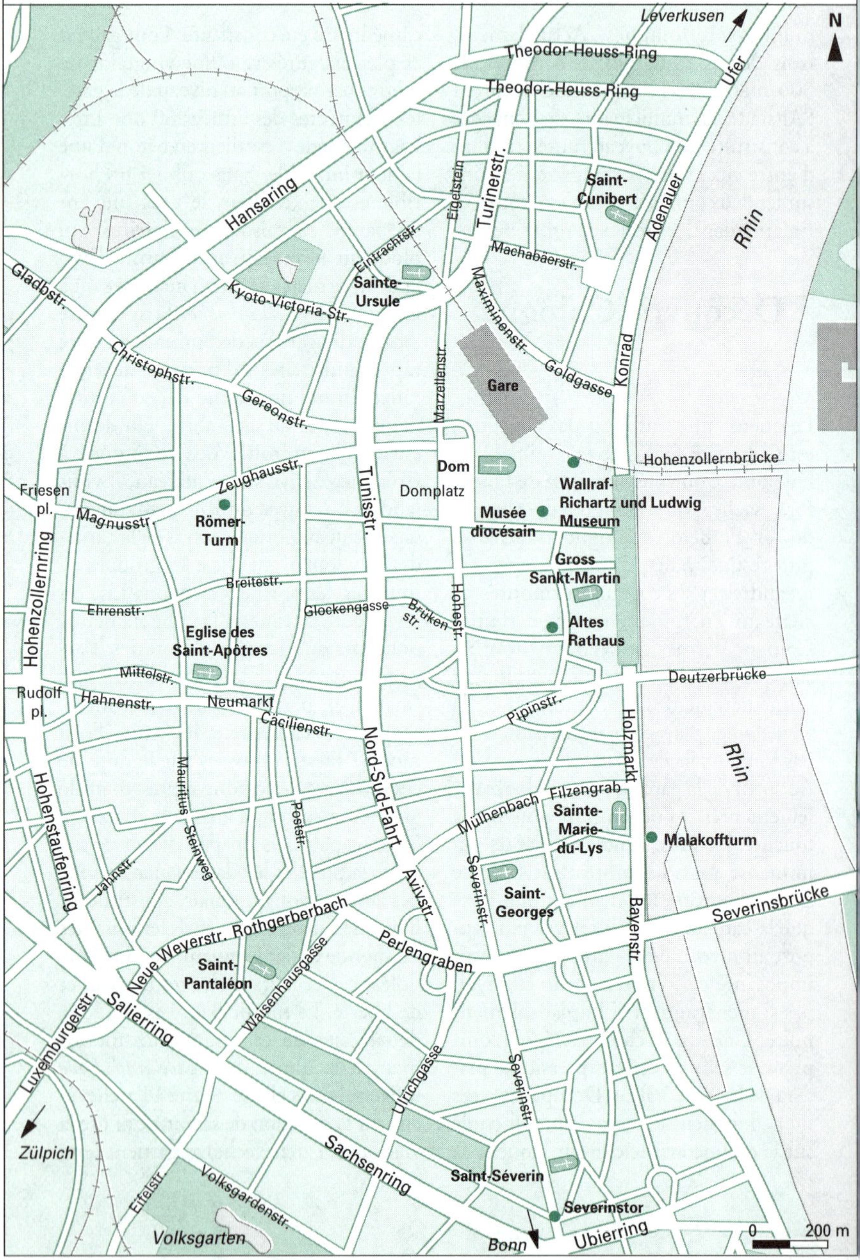
Leverkusen
N
Theodor-Heuss-Ring
Theodor-Heuss-Ring
Ufer
Saint-Cunibert
Adenauer
Rhin
Hansaring
Eigelstein
Turinerstr.
Eintrachtstr.
Machabäerstr.
Sainte-Ursule
Gladbstr.
Kyoto-Victoria-Str.
Maximinenstr.
Konrad
Christophstr.
Marzellenstr.
Gare
Goldgasse
Gereonstr.
Hohenzollernbrücke
Dom
Domplatz
Tunisstr.
Zeughausstr.
Wallraf-Richartz und Ludwig Museum
Friesen pl.
Magnusstr.
Römer-Turm
Musée diocésain
Gross Sankt-Martin
Breitestr.
Hohenzollernring
Ehrenstr.
Glockengasse
Bruken str.
Hohestr.
Altes Rathaus
Eglise des Saint-Apôtres
Mittelstr.
Deutzerbrücke
Rudolf pl.
Hahnenstr.
Neumarkt
Cäcilienstr.
Pipinstr.
Holzmarkt
Nord-Sud-Fahrt
Rhin
Mauritius
Steinweg
Poststr.
Mülhenbach
Filzengrab
Sainte-Marie-du-Lys
Malakoffturm
Hohenstaufenring
Jahnstr.
Severinstr.
Aviystr.
Saint-Georges
Bayenstr.
Severinsbrücke
Neue Weyerstr.
Rothgerberbach
Perlengraben
Saint-Pantaléon
Waisenhausgasse
Luxemburgerstr.
Salierring
Ulrichgasse
Severinstr.
Zülpich
Sachsenring
Saint-Séverin
Volksgardenstr.
Eifelstr.
Severinstor
Volksgarten
Bonn
Ubierring
0
200 m

parcelle du plateau de la cathédrale. Généralement, il règne une telle activité de bazar sur cette place qu'il est presque impossible de prendre un peu de recul pour admirer la **cathédrale** dans toute son immense proportion. Avant d'y pénétrer le mieux est faire quelques pas en direction de la voie piétonne Hohestrasse jusqu'à la petite Wallrafplatz. De là, rejoignez lentement en levant le nez : c'est de cet angle sud-ouest que le caractère imposant de l'édifice est le plus saisissant.

Commencé en 1248 à une époque où les grandes cathédrales françaises étaient en cours d'achèvement, le chantier de la cathédrale de Cologne a été interrompu de 1560 à 1842. Puis il fallut encore quarante années à la Prusse pour pouvoir inaugurer l'édifice, le 15 octobre 1880. De cet interminable projet qui dura des siècles est sortie la plus grande cathédrale du monde par son volume et la seconde plus haute au monde (157 mètres) après la flèche de la cathédrale d'Ulm en Bade-Wurtemberg. Avant la bénédiction du chantier par l'archevêque Konrad de Hochstaden en 1248, un premier sanctuaire avait été érigé dès 870 à l'emplacement exact de l'ancien temple romain consacré au culte de Mercure. Au milieu du XIIIe siècle, Konrad de Hochstaden ayant décidé de doter la précieuse relique que conservait Cologne d'un cadre digne et gigantesque, il engagea les travaux d'une immense cathédrale gothique qui abriterait la dépouille des Rois Mages. Si le chœur put être inauguré dès 1320, la construction de la base des deux tours et de la nef s'étira jusqu'en 1560, date à laquelle les travaux furent suspendus. S'il était possible depuis la fin du XIVe siècle de tenir des offices religieux dans la cathédrale, il n'en fallut pas moins en 1560 recouvrir la nef d'un toit plat provisoire et fermer les deux tours de façade, qui ne s'élevaient que sur deux étages. La célèbre grue médiévale que l'on voit sur de nombreuses gravures de Cologne restera quant à elle juchée en haut de la tour sud jusqu'en 1842 !

On entre par le portail central (celui de droite est dit de saint Pierre et celui de gauche des Rois Mages). En pénétrant dans l'édifice, on est frappé par la légèreté qui s'en dégage et qui contraste avec l'effet massif de l'extérieur. La nef centrale est relativement étroite par rapport à la profondeur de l'édifice, ce qui semble rehausser les piliers et encore les voussures en ogive qui flottent à plus de 45 mètres de hauteur. Il faut absolument admirer les 5 vitraux (1507) de la nef latérale nord produits par la fameuse Ecole de Cologne. A la croisée du transept, le regard se porte vers la grande curiosité de la cathédrale, la précieuse relique des Rois Mages dont la dépouille est conservée dans cet énorme sarcophage d'or coulé en 1181 (2,20 mètres de long) et incrusté de pierres précieuses. Les stalles du chœur datent de 1320 et sont les plus grandes d'Allemagne (104 places). En passant sous le buffet d'orgue, on accède au déambulatoire, dont les chapelles recèlent de très nombreuses œuvres d'art. Dans la chapelle de Géréon, on peut admirer la croix offerte en 971 par l'archevêque Géréon, la plus ancienne œuvre de grande taille représentant la Crucifixion au nord des Alpes. La chapelle attenante, dite des Saints Sacrements, recèle la célèbre *Madone de Milan.* Suivent la chapelle d'Engelbert, la chapelle Maternus et la chapelle Saint-Jean, qui abrite le tombeau du fondateur de la cathédrale, l'archevêque Konrad de Hochstaden (1320). A côté, la chapelle des Rois Mages présente un ensemble incomparable de vitraux du début du XIVe siècle. Il faut dépasser les chapelles Sainte-Agnès, Saint-Michel et Saint-Etienne avant d'atteindre la chapelle de Marie, décorée de la célèbre *Adoration des Mages* peinte en 1450 par Stefan Lochner et considérée comme le chef-d'œuvre de cet artiste et l'une des œuvres d'art les plus importantes de la cathédrale (à l'entrée de la chapelle, grande statue en pierre de saint Christophe). Dans le transept sud se trouve un très important autel en triptyque, l'autel d'Agilolphus, provenant de l'Ecole d'Anvers et daté de 1520. Le **trésor** de la cathédrale (Domschatz) est conservé dans une crypte donnant sous la croisée du transept (accès à partir du bras nord du transept).

Juste à côté de la cathédrale, sur la Roncalliplatz (d'où l'on a d'ailleurs une belle vue dégagée sur la flèche sud et la nef), se trouve l'incontournable **Römisch-Germanisches Museum** (Musée romain germanique), où sont conservées les pièces romaines les plus importantes mises au jour lors de la reconstruction de Cologne après la guerre. Le musée, inauguré en 1974, s'articule autour de la célèbre *Mosaïque de Dyonisos*, retrouvée dans son intégralité sous une villa du XIXe siècle. Une autre attraction est le monument funéraire de Lucius Poblicius, haut de 3 étages, découvert en 1970 sous un grand magasin de la Chlodwigplatz et daté de vers 30-40 après J.-C. A voir également, la *Mosaïque des Philosophes* et la splendide collection Diergardt (Sammlung Diergardt), témoignage important de la période troublée du repli romain et de la montée en puissance des Francs (IVe-VIIIe siècles).

Formant pendant au Römisch-Germanisches Museum, l'**Erzbischöflisches-Diözesanmuseum** (Musée diocésain ; Roncalliplatz 2) présente une fort belle collection d'objets sacrés du Haut Moyen Age, des ornements en or provenant de tombes de rois francs, le très beau tableau *La Madonne aux violettes* de Stefan Lochner, de même qu'une grande partie de la statuaire originale qui ornait le portail Saint-Pierre de la cathédrale avant que celles-ci ne fussent remplacées par des copies.

Pour rejoindre les impressionnants **Wallraf-Richartz-Museum** et **Museum Ludwig**, il suffit de repasser devant le Römisch-Germanisches Museum et de prendre à droite vers le Rhin en longeant l'abside de la cathédrale par son côté sud. Le musée, inauguré en 1986 en même temps que la nouvelle philharmonie, a été conçu pour redonner un cœur à la ville et terminer le forum culturel qu'est ce plateau de la cathédrale par un bâtiment susceptible d'abriter à la fois la collection d'art moderne la plus importante d'Europe (léguée à la ville par le mécène Peter Ludwig, industriel d'Aix-la-Chapelle), de même que celle qui se trouvait jadis dans le musée offert à la ville par l'industriel Richartz

et qui contient la collection Wallraf retraçant toute l'histoire de la peinture européenne, du Haut Moyen Age à la fin du XIXe siècle. Parmi les pièces maîtresses, il faut signaler plusieurs œuvres de Lochner, Cranach, Dürer et Bosch, la plus grande collection en Allemagne de tableaux du peintre romantique Leibl, de même que des toiles de Sisley, Degas, Pissarro, Manet, Cézanne, Slevogt, Libermann, Corinth… Le sous-sol est consacré à l'art contemporain (la plus grande collection d'Andy Warhol d'Europe) tandis que le troisième étage présente des œuvres du XXe siècle, toutes tendances confondues : Kirchner, Heckel, Pechstein, Marc, Nay, Chagall, Picasso, Dali, Modigliani, Ernst, Munch, Mondrian, Vasarely, Nolde, Kokoschka, Jawlenski, Feininger, Klee, Oldenburg, Spoerri, Klein, Tinguely, Segal, de Saint-Phalle, Beuys, Richter…
Actuellement, la ville construit, entre la ruine de l'église Saint-Alban et l'Altes Rathaus, un bâtiment qui abritera la collection Wallraf de peinture dite classique. Ainsi l'actuel musée Wallraf-Richartz-Ludwig deviendra-t-il le Ludwig Museum et sera exclusivement consacré à l'art moderne. Il accueillera notamment le second legs que Peter Ludwig s'est engagé à faire à la ville (plus de 250 œuvres grand format d'art contemporain à partir des années 60), à la condition toutefois que la ville mette à disposition un bâtiment digne de recevoir la collection et de l'exposer dans de bonnes conditions. Cette fabuleuse collection a été présentée une première fois au public pendant l'été 1995, à l'occasion d'une exposition exceptionnelle organisée au Wallraf-Richartz-Ludwig pour les 75 ans du mécène milliardaire. La séparation des deux musées est prévue pour le début des années 2000. Dès son ouverture, le Wallraf-Richartz-Ludwig a été considéré comme le premier musée d'art moderne d'Europe et l'un des plus importants pour la peinture classique. Si l'aspect extérieur peut déranger (gigantesque usine recouverte de plaques de tôle), l'intérieur fait l'unanimité pour ses beaux volumes (surtout dans le monumental escalier), les proportions des salles et l'intelligence de l'accrochage. La place qui sépare le musée de l'escalier dévalant vers le Rhin a été appelée Heinrich-Böll-Platz (vue splendide sur l'abside de la cathédrale).

L'ALSTADT

Depuis l'esplanade de la cathédrale, il est possible de gagner l'Alstadt en longeant les bords du Rhin, transformés en cet endroit en jardin depuis l'inauguration d'un tunnel pour la circulation automobile. Au milieu de la vieille ville s'élève la tour carrée de l'**église Saint-Martin** (Gross St Martin), édifiée au-dessus de la *horra* romaine, c'est-à-dire le marché couvert de CCAA. Cette église de 1172 (entièrement reconstruite) présente une abside en forme de trèfle (trois alvéoles romanes) et une imposante tour carrée à la croisée du transept (formé par deux des feuilles du trèfle), à la manière des églises de style anglo-normand.
Remontez ensuite vers la mairie par une des ruelles pittoresques, comme la Salzgasse. Une partie de l'ancienne

splendeur de l'Altes Rathaus se lit dans la partie reconstruite d'après les plans originaux : la tour et l'aile espagnole, avec sa très belle loggia de style Renaissance espagnole. Ce bâtiment a le nom d'Altes Rathaus, et l'on fait tout de suite la différence avec les autres bâtiments qui l'encadrent (et qui abritent différents services de la mairie), tous construits dans ce style navrant des années 50. De l'aile espagnole, un ascenseur permet d'accéder au sous-sol pour admirer les impressionnantes fondations de ce qui fut jadis, à l'époque romaine, le fameux *praetorium*, c'est-à-dire le quartier général de la Colonia Agrippinensis. La petite pyramide de verre au centre de la place de la mairie éclaire le *mikwê* (bassin pour le bain rituel de la communauté juive), à 20 mètres sous la terre.

LES ÉGLISES ROMANES

Il ne s'agit certes pas de visiter les 17 églises romanes de la ville, d'autant que certaines ont perdu tout leur mobilier et leurs œuvres d'art. Si toutes ont été reconstruites, quelques-unes offrent encore à l'intérieur des pièces originales, voire exceptionnelles. Il est impératif de se munir d'un bon plan agrandi du centre de Cologne car certaines églises sont difficiles à trouver. Nous signalons ici les quelques édifices incontournables.

L'**église Saint-Pierre** (Sankt Petri) pour la splendide *Crucifixion de saint Pierre* peinte en 1640 par Rubens. Celui-ci tenait à honorer la paroisse de son enfance en offrant ce tableau qui compte parmi ses plus grandes œuvres. La violence de l'action est saisissante, de même que l'emphase du style pictural propre au baroque, avec ses effets de lumière sur les corps athlétiques. Le tableau, confisqué par les troupes napoléoniennes puis exposé au Louvre, fut ramené en grandes pompes à Cologne par les troupes prussiennes en 1815.

Juste à côté de Saint-Pierre, **Sainte-Cécile** (Cäcilien) a été transformée en musée d'art religieux (Schnütgen-Museum).

L'**église Sainte-Ursule** (Ursula) séduit par son adorable clocher de style baroque, qui ne parvient cependant pas à occulter l'origine romane de l'église, élevée en 1135 au-dessus de la tombe de sainte Ursule, un des trois saints martyrs de la ville avec Séverin et Géréon. Oubliez les alentours désastreux de l'église, malencontreusement située dans une des zones les plus laides du Cologne des années 50, pour admirer la curieuse chambre Dorée (Goldene Kammer), une chapelle mortuaire de 1643 entièrement tapissée d'ossements figurant des arabesques et des messages divins.

Saint-Pantaléon (près de Barbarossaplatz) témoigne de l'architecture ottonienne par son allure de forteresse. La façade ouest est très intéressante (IXe-Xe siècles) mais c'est surtout le magnifique jubé de 1502, à l'intérieur, qui retient l'attention. Tombeau de l'impératrice Theophranu dans la crypte.

Sainte-Marie-des-Lys (St Maria Lyskirchen) est assez difficile à trouver : elle se situe juste en retrait des quais, à la hauteur de la Grosse-Witsch-Gasse, entre le Deutzerbrücke et le Serinsbrücke. Les fresques du plafond, datées de 1220-1280, sont admirables. Elles valent à elles seules une visite à Cologne.

Sainte-Marie-du-Capitole (St Maria im Kapitol) se cache sur la minuscule Marienplatz (accès par la Pipinstrasse, puis par la ruelle Lichthoh ou par la rue An der Malzmühle, avant de prendre l'escalier sur la droite). Elevée au-dessus du Capitole romain de Cologne, l'église, inaugurée en 1065, possède un chœur en forme de trèfles à trois alvéoles. Belle croix de la Peste de 1304 et jubé de 1523. Admirables portes avec 26 splendides bas-reliefs représentant différents épisodes de la vie de Jésus taillés dans le bois (vers 1050).

Saint-Cunibert (au bord du Rhin, à 500 mètres au nord du Hohenzollernbrücke) est sans doute, d'un point de vue architectural, la plus jolie des églises romanes de Cologne, la plus harmonieuse et sans doute la plus proche par le style des édifices de cette époque en France. Magnifique verrière (sans doute un des cycles de vitraux romans du début du XIIIe siècle les plus importants d'Allemagne). Sur les piliers de la croisée du transept, beau groupe de l'Annonciation de 1439. La chapelle baptismale est peinte d'une fresque de la Crucifixion.

LES MUSÉES

Si vous séjournez plusieurs jours à Cologne, nous ne saurions trop vous recommander une visite de quelques musées très intéressants.

Le **Rautenstrauch-Joest-Museum** (dans le quartier de Südstadt, Ubierring 45), est un très beau musée d'anthropologie (surtout Afrique et Océanie).

Le **Museum für Angewandte Kunst** (musée d'Arts décoratifs, An der Rechtschule 2) présente une bonne collection d'arts appliqués et décoratifs (rappelons que Cologne est la capitale du meuble et du design en Allemagne).

Le **Museum für Ostasiatische Kunst** (musée d'Extrême-Orient) est situé à l'extérieur du centre-ville, dans la première ceinture verte, le Grüngürtel, au bord du petit lac d'Aachener Weihe (entrée par la Universitätsstrasse 100). Impressionnante collection d'estampes japonaises et d'art sacré chinois, indien et japonais. Construit par Kunio Mayekawa, un ancien élève de Le Corbusier. Cafétéria très agréable avec jardin de pierre japonais au bord des eaux tranquilles de l'Aachener Weihe, serti dans la verdure.

Le **Kölnisches Stadtmuseum** (Musée historique de la Ville, Zeughausstrasse) se trouve dans l'ancien arsenal où Cologne gardait jalousement les armes et les munitions de sa propre armée au temps de sa gloire marchande. Maquettes, tableaux et divers documents sur le développement de la ville, des Romains à nos jours.

L'AUTRE COLOGNE

S'il vous reste du temps, flânez dans la partie agréable de la ville. La découverte peut commencer à la hauteur de Neumarkt, bordé de plusieurs galeries marchandes (Olivandenhof, à l'architecture intéressante, Neumarktpassage, Bazaar, Richmodishaus…) et dirigez-vous vers la Rudolfplatz (le véritable centre de la ville pour les Colonais), soit en descendant la très chic Mittelstrasse, soit en suivant l'Ehrenstrasse, pleine de surprises et beaucoup plus amusante : cette rue est en effet un mélange de King's Road, dans le quartier de Chelsea à Londres, et de Melrose Avenue à Los Angeles. La faune qui y évolue est plus créative que nulle part ailleurs en Allemagne et les magasins font tous dans la fringue branchée ou déglingue. On peut ensuite arpenter le Ring (boulevard circulaire), dont la partie la plus intéressante va de la Rudolfplatz à la Friesenplatz, ou aller à la découverte des quartiers situés de l'autre côté du Ring, mélange de zone résidentielle et commerçante truffé de quelques magasins étonnants et de restaurants (Belgisches Viertel, Kwartier Lateng). La Südstaat et le quartier de Nippes sont encore plus excentrés et il vous faudra prendre le métro.

Les environs de Cologne

Ceux qui, sur une carte de géographie, placent Cologne au milieu du bassin industriel de la Ruhr (à tort puisque la ville se trouve à plus de 60 kilomètres) apprendront avec étonnement qu'elle est bordée sur trois côtés de petits massifs montagneux : l'Eifel à l'ouest, le comté de Berg à l'est (Bergisches Land) ou le parc naturel des Sept-Montagnes au sud (Naturpark Siebengebirge). Tous trois se prêtent à une découverte au hasard en voiture ou à des randonnées pédestres plus systématiques (se renseigner à l'office du tourisme de Cologne). Si vous ne parvenez pas à dépenser votre argent dans les boutiques de Cologne, sachez que Düsseldorf, l'éternelle rivale de Cologne et capitale du Land de Rhénanie-Westphalie, est presque exclusivement entre les mains du commerce de luxe (à 30 kilomètres au nord de Cologne). Une balade le long de la légendaire Königsallee, la « Kö » comme on affecte de dire à Düsseldorf, s'impose. Juste au sud de Cologne, à Brühl, se trouve l'Augustusburg, l'ancienne résidence d'été de l'archevêque de Cologne Clemens August, construite au XVIIIe siècle par Balthasar Neumann. L'escalier, d'un baroque totalement débridé, offre un magnifique travail de stuc. Les jardins sont également très beaux. Une balade à travers le parc à l'anglaise permet de rejoindre l'exquis rendez-vous de chasse de Falkenlust (à l'intérieur, magnifique cabinet chinois, entre autres). Le nom du petit château (littéralement, « le plaisir du faucon ») indique qu'on y pratiquait la chasse au faucon. Depuis Cologne, prendre l'autoroute A555 vers Bonn et sortir à Brühl.

Renseignements pratiques

De ville en ville

N.B. : L'ADAC est l'automobile club allemand (peut aussi venir en aide aux non-adhérents étrangers).

Altötting

✉ 84503.
✆ 08671.
ⓘ Kapellplatz 2a, ☎ 8068, fax 6303.

▪ Hébergement

Zur Post, Kappellplatz 2, ☎ 5040, fax 2614.
Chambres de 145 à 290 DM. L'hôtel appartient à l'ancien ministre de Bavière Gerold Tandler. 5 restaurants et salons de thé pour grignoter, dîner ou souper plus tardivement.

▪ Restaurant

Zwölf Apostel, Bruder-Konrad-Platz 3, ☎ 5922.
Cuisine bourgeoise sans fioriture et copieuse.

Ammersee
(lac)

ANDECHS

✉ 82346.
ⓘ Verkehrsbüro, Bahnhofsplatz 2, 82211 Herrsching/Ammersee, ☎ (08152) 5227.

DIESSEN

✉ 86911.
✆ 08807.
ⓘ Mühlstr. 4a, ☎ 1048, fax 4459.

▪ Restaurant

Klosterbräustüberl, Andechs, ☎ 1012.
Une institution à ne pas manquer, dans le genre auberge du pélerin.
Il s'agit de l'auberge du monastère, célèbre pour sa bière dont on dit qu'elle est la meilleure de toute la Bavière.
Ici, on reçoit encore avec provisions. Donc, ne pas oublier son Brotzeit.
On peut toujours se rabattre sur la spécialité maison, l'*Andechser Klosterkäse* (fromage du monastère), très goûteux et délicieux.

▪ Loisirs

Eglise Sainte-Marie-de-l'Ascension, Diessen.
Ouvert t.l.j. ; se renseigner au presbytère pour les visites commentées, ☎ (08807) 4486.
Musée Carl-Orff, Hofmarktstr. 3, Diessen, ☎ (08807) 4235 ; ouvert sam. et dim. de 14 h à 17 h.
Croisières sur le lac, Staatliche Seeschiffahrt Ammersee, 82266 Stegen, ☎ (08143) 229.

Amorbach

✉ 63916.
✆ 09373.
ⓘ Im Alten Rathaus, Marktplatz, ☎ 4778, fax 2566.

▪ Hébergement

Der Schafhof, Im Otterbachtal, ☎ 8088.
Cadre très agréable dans une ancienne abbaye bénédictine baroque.
14 ch. de 180 à 350 DM (suite historique avec lit à baldaquin).

▪ Restaurant

Même adresse que ci-dessus, dans un cadre plus rustique. Cuisine savoureuse.
Menus de 70 à 160 DM (assez cher). Fermé de Noël à mi-février.

Andechs

Voir Ammersee.

Ansbach

✉ 91522.
✆ 0981.
ⓘ Martin-Luther-Platz 1,
☎ 51243, fax 51390.

■ **Adresse utile**
ADAC,
Promenade 21, ☎ 17700.

■ **Visite**
Markgräflisches Residenz,
☎ 3186. Entrée sur la Promenadestrasse. Ouvert t.l.j. sauf lun. Visites guidées à 9 h, 10 h, 11 h, 15 h et 16 h en saison, à 10 h, 11 h, 14 h et 15 h l'hiver.

■ **Restaurants**
Aschaffenburgerhof : même adresse que l'hôtel. Fermé sam. et dim. soir.
Post : même adresse que l'hôtel. Sans doute la meilleure table en ville, beaucoup de poisson, très bon rapport qualité-prix. Ouvert t.l.j. jusqu'à 24 h.
Sonne Meier's, Hauptstr. 2, 63867 Johannesberg, ☎ (06021) 42177, fax 413964. A 8 km au nord d'Aschaffenburg par la Müllerstrasse. Possibilité de déjeuner et dîner dans le jardin. Cher mais cuisine excellente. 5 menus de 85 à 125 DM.

Aschaffenburg

✉ 63739.
✆ 06021.
ⓘ Schlossplatz 1,
☎ 395800, fax 395777.

■ **Adresse utile**
ADAC,
Wermbachstr. 10,
☎ 27890, fax 29511.

■ **Hébergement**
Aschaffenburgerhof, Frohsinnstr. 11, ☎ 21441, fax 27298. Central, assez proche du château. Terrasse. De 108 à 196 DM pour une chambre, 280 DM pour une suite.
Hotel Post*, Goldbacherstr. 19, ☎ 3340, fax 13483. Un peu excentré. Piscine et sauna. De 95 à 220 DM.

Aschau

✉ 83229.
✆ 08052.
ⓘ Kurverwaltung,
Kampenwandstr. 38,
☎ 392, fax 4717.

■ **Hébergement, restaurant**
Residenz Heinz Winkler, Kirchplatz 1, ☎ 17990, fax 179966. Une adresse exceptionnelle autant pour l'hébergement que pour la table. La vue sur les sommets du Kampenwand est imprenable, la terrasse en cour intérieure délicieuse. L'hôtel est un ancien relais de poste du XVIIe siècle, peut-être un peu trop bien restauré. La petite église attenante, avec ses deux tours en oignons, achève de parfaire le décor bavarois de carte postale. Mais le luxe et un tel cadre ont un prix : de 120 DM le midi à 200 DM le soir, au menu ; de 220 DM pour une chambre simple à 750 DM pour une mini-suite.
Alpengasthof Brucker, Schlossbergstr. 12, ☎ 4987, fax 1564. Bon marché mais très correct et très calme. L'auberge dispose d'un charmant petit Biergarten, idéal pour une bière bien fraîche en contemplant les Alpes. Chambres de 42 à 80 DM. Menus à partir de 35 DM (t.l.j. sauf jeu.). Une bonne adresse pour les petits budgets.

Augsbourg

✉ 86150 à 86199.
✆ 0821.
ⓘ Tourist und Kongress Service (gare), Bahnhofstr. 7, ☎ 502070, fax 502 0745 ;
Tourist-Info (mairie), Rathausplatz, ☎ 502070.

■ **Hébergement**
Steigenberger Drei Mohren, Maximilianstr. 40, 86150, ☎ 50360, fax 157864. La grande adresse d'Augsbourg, sur la plus belle artère de la ville, à deux pas du palais Schätzler. Ces dernières années, la chaîne Steigenberger a racheté d'anciens établissements de grande tradition qui n'ont rien à voir avec l'ambiance glaciale et anonyme de la plupart des chaînes hôtelières. Beau jardin

intérieur mais la maison étant un immeuble du XVIIIe siècle, il n'y a ni piscine, ni sauna. De 235 à 350 DM.
Romantik Hotel Augsburgerhof, Auf dem Kreuz 2, 86152, ☎ 314083, fax 38322. Beau jardinet, juste en face de la maison natale du père de Mozart. De 115 à 240 DM.

■ **Restaurants**

Gregor-Cheval Blanc, Landsbergerstr. 62, 86179 Augsbourg-Haunstetten, ☎ 80050. La meilleure table de la ville (à 7 km du centre, vers le sud). La décoration est peut-être un peu chargée en rideaux vénitiens et bougeoirs en argent, mais la cuisine est excellente. Les prix sont à l'avenant, mais cela est justifié; cependant, le menu le plus cher ne dépasse pas 130 DM.
Palladio, Jesuitengasse 20, 86152, ☎ 157717. Une adresse très sympathique à deux pas de la cathédrale avec une merveilleuse cour Renaissance. A l'intérieur on dîne sous des croisées d'ogive du XVIe siècle blanchies à la chaux. La cuisine est inventive et les menus s'étagent le soir de 40 à 80 DM. Concerts, poésie ou happenings sont souvent à l'ordre du jour. Fermé lun.
Fuggerei-Stube, Jakoberstr. 26, 86150, ☎ 30870. Juste au coin de la fameuse Fuggerei, réserver obligatoirement. Fermé lun., déjeuner dim. et jours fériés. Fermé aussi en août. A la carte uniquement. Prix raisonnables.

■ **Achats**

(Quartier des artisans)
Die Alte Silberschmiede, Bartel und Sohn, Pfladergasse 10, ☎ 38945. Orfèvrerie d'argent. Ouvert t.l.j. sauf dim. de 9 h 30 à 18 h, sam. 9 h 30 à 13 h.
Wolfgang Eidel, Auf dem Rain 6, ☎ 510432. Orfèvrerie d'or et platine.
Bäckerei Laxgang, Spitalgasse 8, ☎ 502680. Boulangerie.
Günter Winkler, Zeuggasse 5, ☎ 151346. Orfèvrerie d'or.
Intarsienwerkstatt Ewald Müller, angle Spitalgasse et Kirchgasse, ☎ 312607. Atelier de marqueterie. Ouvert t.l.j. sauf dim. et lun. de 9 h à 12 h et de 14 h à 18 h, sam. de 9 h à 13 h.

■ **Visites**

Fuggerei-Museum, ouvert t.l.j. de 9 h à 18 h.
Holbeinhaus, Vorderer Lech 20, ouverte t.l.j. sauf dim. de 11 h à 18 h.
Kastenturm, Beim Rabendad 6, 86150, conditions de visites en téléphonant au ☎ (0821) 325 9220 ou 325 9270. Visites guidées gratuites.
Mairie, visites t.l.j. de 10 h à 18 h.
Palais Schätzler, Deutsche Barock und Staatsgalerie, ouvert t.l.j. sauf lun. et mar. de 10 h à 16 h.
Perlachturm, ouvert du 1er mai à la mi-octobre de 10 h à 18 h.
Welserhof, musée de l'Artisanat. Ouvert t.l.j. sauf lun. et mar. de 10 h à 16 h.

Bacharach

✉ 55422.
✆ 06743.
ℹ Oberstr. 1, ☎ 2968.

Baden-Baden

Voir aussi Bühl et Baiersbronn.

✉ 76530 à 76534.
✆ 07221.
ℹ Haus des Kurgastes, Augustaplatz 8, 76530 Baden-Baden, ☎ 275200, fax 275202.

■ **Adresse utile**

ADAC, Langestr. 57, 76530, ☎ 22210, fax 26106.

■ **Hébergement**

Brenner's Park Hotel, Schillerstr. 6, 76530, ☎ 9000, fax 38772. La grande adresse de Baden-Baden pour un hôtel auréolé de légende, où se pressaient au début du siècle nantis et têtes couronnées. De 395 à 1 370 DM. Le restaurant de l'hôtel, Schwarzwaldstube, est, paraît-il, à la hauteur.
Atlantic, Sophienstr. 2a, 76530,

☎ 3610, fax 26260.
Une adresse bon chic bon genre au centre du Baden-Baden élégant des établissements thermaux et des casinos. Le long du charmant ruisseau d'Oosbach. De 110 DM en chambre simple à 310 DM en double.
Hotel Rebenhof, Weinstr. 58, 76534 Geroldsau, ☎ 7435, fax 7432. A 5 kilomètres du centre et de son ambiance mondaine, une adresse confortable, au grand calme et disposant d'un beau parc offrant une très belle vue sur les coteaux, la vallée du Rhin et les Vosges. De 85 à 170 DM. Possibilité de demi-pension à 120 DM. Recommandé.
Hotel am Markt, Marktplatz 18, 76530, ☎ 22747, fax 391887. Une adresse simple mais très convenable. Sur la place du marché, en face de la collégiale. Chambres de 55 à 150 DM. Restaurant pour les résidents de l'hôtel uniquement.

▪ **Restaurants**

La région de Baden-Baden est le centre incontesté de la gastronomie allemande. Car la grande cuisine existe réellement en Allemagne ; après tout, l'Alsace voisine, classée en France parmi les toutes premières places pour sa gastronomie, est un ancien comté allemand.
Brenner's Park, même adresse que l'hôtel du même nom. Si la cuisine n'est pas très inventive, c'est quand même l'adresse la plus chic pour un dîner à Baden-Baden avant d'aller dilapider sa fortune au casino voisin.
Zum Alde Gott, Weinstr. 10, 76534 Neuweier, ☎ 5513, fax 60624. A environ 8 kilomètres du centre mais c'est assurément la meilleure table de Baden-Baden (lotte et homard au champagne, rognons de veau à l'estragon sur crêpes, cassolettes de Saint-Jacques...). Menus de 70 à 150 DM. Fermé jeu. et ven. midi.

Bad Ems

✉ 56130.
✆ 02603.
ⓘ Römerstr. 1., ☎ 4041, fax 4488.

▪ **Hébergement**

Kurhotel, Römerstr. 1, ☎ 7990, fax 799252. L'hôtel (assez luxueux, l'équivalent d'un 3 étoiles au moins). Massages, piscine, sauna, golf 18 trous à 5 kilomètres (Denzerheide), de 200 à 350 DM.

Bad Endorf

✉ 83093.
✆ 08053.
ⓘ Kurverwaltung im Rathaus, Bahnhofstr. 6, ☎ 9422, fax 300830.

Bad Homburg

✉ 61348.
✆ 06172.
ⓘ Kurhaus, Louisenstr. 58, ☎ 121310, fax 121327.

Bad Oberdorf

Voir Hindelang.

Bad Reichenhall

✉ 83435.
✆ 08651.
ⓘ Kurgastzentrum, Wittelsbacherstr. 15, ☎ 3003, fax 2427.

▪ **Hébergement**

Axelmannstein, Salzburgerstr. 4, ☎ 7770, fax 5932. Inauguré en 1846 le meilleur hôtel de la ville n'a pas perdu de son faste. Son appartenance à la chaîne Steigenberger garantit luxe et service impeccable. De 200 à 500 DM. Forfaits demi-pension intéressants.
Hofwirt, Salzburgerstr. 21, ☎ 98380, fax 983836. Demeure Renaissance classée récemment rénovée avec beaucoup de talent. Cuisine régionale bavaroise et franconienne.

▪ **Restaurants**

Bürgerbräu, Waaggasse 2, ☎ 6089, fax 608504. A l'extérieur, une fresque symbolise la fraternité Bavière-Tyrol ; à l'intérieur, l'ambiance cossue et rustique annonce une bonne cuisine bourgeoise et solide. Ouvert t.l.j. de 10 h à 22 h.

Kirchbergschlöss, Thumseestr. 11, Bad Reichenhall-Kirchberg, ☎ 2760, fax 2524. Ambiance plus raffinée que l'adresse ci-dessus, quoique la cuisine soit d'inspiration traditionnelle. Compter 90 DM par personne pour dîner dans ce petit château baroque du XVIIIe siècle. Le midi, menu très étudié à 38 DM. Réservation conseillée. Fermé le mer.

Cafe Amadeo, Poststr. 29. Adresse étonnamment branchée dans cette ville de cure distinguée : idéal en fin d'après-midi pour un snack ou un verre de vin. Ouvert t.l.j. jusqu'à 1 h du matin.

Bad Schüssenried

✉ 88427.
✆ 07583.
ⓘ Kurverwaltung, Georg-Kaess-Str. 10, ☎ 40134, fax 4747.

Bad Tölz

✉ 83646.
✆ 08041.
ⓘ Kurverwaltung, Ludwigstr. 11, ☎ 70071, fax 70075.

■ **Restaurant**

Altes Fährhaus, an der Isarlust 1, ☎ 6030. Une adresse pleine de charme (il faut prendre le bac pour se rendre au restaurant, sur l'autre rive de l'Isar). Menus de 90 à 135 DM. Fermé lun. et mar.

Bad Vilbel

✉ 61118.
✆ 06101.
ⓘ Niddastr. 1, ☎ 602247, fax 602303.

Bad Wiessee

✉ 83707.
✆ 08022.
ⓘ Kuramt, Adrian-Stoop-Str. 20, ☎ 86030, fax 860330.

Baiersbronn

Au sud-est de Baden-Baden, sur la route des crêtes. Voir aussi Baden-Baden.

✉ 72270.
✆ 07442.

■ **Hébergement**

Hotel Traube Tonbach, Tonbachstr. 237, 72270, ☎ 4920, fax 492692. Maison de très grande tradition impeccablement tenue et disposant de toutes les installations d'un hôtel de grande classe. Cependant, l'endroit est surtout connu pour son restaurant, le Schwarzwaldstube (à ne pas confondre avec le restaurant du même nom au Brenner's de Baden-Baden), une des toutes premières tables d'Allemagne. Chambres de 202 à 540 DM. Demi-pension (fortement recommandée vu la qualité exceptionnelle de la table et la modicité du prix pour un tel niveau) de 200 à 305 DM.

Hotel Bareiss, Gärtenbühlweg, 72270 Baiersbronn-Mitteltal, ☎ 470, fax 47320. C'est la grande maison concurrente du Traube Tonbach. Si le Bareiss est un peu plus luxueux en tant qu'hôtel (3 piscines), il ne jouit pas d'une aussi belle vue et d'un calme aussi absolu puisque Mitteltal est traversé par la fameuse route des crêtes de la Forêt-Noire, très passagère en été. De 215 à 700 DM pour une chambre (les prix des suites sont astronomiques).

■ **Restaurants**

Schwarzwaldstube, restaurant de l'hôtel Traube Tonbach. Il s'agit d'un des meilleurs restaurants d'Allemagne, unanimement salué, de l'Aral au Michelin. Les menus vont de 158 à 210 DM. Il est préférable de réserver. Sans doute la meilleure adresse de la Forêt-Noire, car la table du Bühler Höhe (premier hôtel d'Allemagne) est loin d'être aussi réputée.

Bareiss, restaurant de l'hôtel du même nom. Classé un peu en dessous du Schwarzwaldstube, mais c'est une affaire de goût.

Les prix sont sensiblement les mêmes (compter 200 DM pour un menu). Sans doute la meilleure carte des vins de tout le pays.
Dorfstuben, Gärtenbühlweg 14, 72270 Baiersbronn-Mitteltal, ☎ 470, fax 47320. Beaucoup moins cher que les deux précédents pour une cuisine plus traditionnelle de qualité.

Bamberg

✉ 96047 à 96052.
✆ 0951.
ⓘ Geyerswörthstr. 3, 96047, ☎ 21077, fax 871960.

▪ **Hébergement**
Residenzschloss Bamberg, Untere Sandstr. 32, ☎ 60910, fax 609 1701. Ancien hôpital de style baroque, entièrement réaménagé. Chambres de 205 à 305 DM. Très bon restaurant (Fürstbiscof von Erthal) au sous-sol.

▪ **Restaurants**
Fürstbiscof von Erthal, restaurant du Residenzschloss Bamberg. Menus à 65 et 98 DM.
Messerschmitt, Langestr. 41, ☎ 27866. Très bon rapport qualité-prix. L'établissement a fait ses preuves depuis quelque 160 ans. Menus très étudiés de 25 à 75 DM. Avantageux.

Bayreuth

✉ 95444 à 95448.
✆ 0921.
ⓘ Luitpoldplatz 9, 95444, ☎ 88588, fax 88538.

▪ **Visites**
Markgräflisches Opernhaus, Opernstr. 14. Ouvert t.l.j. de 9 h à 12 h et de 13 h 30 à 17 h ; en hiver, jusqu'à 15 h 30.
Villa Wahnfried, Richard-Wagner-Str. 48. Ouvert t.l.j. de 9 h à 17 h.

Beilstein am der Mosel

✉ 56814.
✆ 02673.

Berchtesgaden

✉ 83471.
✆ 08652.
ⓘ Königsseestr. 2, ☎ 9670, fax 63300.

▪ **Hébergement**
Hotel Geiger, Stanggass, ☎ 9653, fax 965400. Adresse de bon standing avec joli parc. Sauna, 2 piscines. Chambres de 120 à 300 DM.
Hotel Krone, am Rad 5, ☎ 62051, fax 66579. Agencé en style rustique à la façon d'une ferme bavaroise. Très calme, jolie vue. De 70 à 160 DM.

▪ **Restaurants**
Bräustüberl im Hofbräuhaus, Brauhausstr. 13, ☎ 61903. T.l.j. sauf lun., cuisine jusqu'à 21 h. Authentique cuisine bavaroise avec bière maison. Adresse bon marché.
Hubertusstuben, Maximilianstr. 20, ☎ 9520, fax 5029. Ouvert t.l.j. Restaurant de l'hôtel Vier Jahreszeiten. Cuisine bourgeoise allégée.

▪ **Visites**
Am Schlossplatz, ouvert de Pâques au 1er novembre t.l.j. sauf sam. de 10 h à 12 h et 14 h à 16 h.
Nationalparkverwaltung Berchtesgaden, Doktorberg 6, 83471 Berchtesgaden, ☎ 61068 ou 62222.

▪ **Excursion**
Pour une croisière sur le Königssee, contacter le **Staatliche Schiffahrt Königssee**, 83471, Schönau am Königssee, ☎ 4026, ainsi que l'office du tourisme de Berchtesgaden.

Bingen am Rhein

✉ 55411.
✆ 06721.
ⓘ Rheinkai 21, ☎ 184205, fax 16275.

Birnau

Voir Meersburg.

Bonn

✉ 53111 à 53229.
✆ 0228.
ⓘ Cassius Bastei, Münsterstr. 20, ☎ 773466, fax 690368.

■ **Adresse utile**
ADAC, Godesbergerallee 125, 53175 Bonn-Bad Godesberg, ☎ 472747, fax 379873.

■ **Restaurant**
Le Marron, Provinzialstr. 35, 53127 Bonn-Lengsdorf, ☎ 253261. Ambiance rustique et feu de cheminée pour la meilleure table de la ville. Menus le midi à 50 DM, le soir à 95 ou 120 DM. Réservation obligatoire. Fermé dim.

Boppard

✉ 56154.
✆ 06742.
ⓘ Oberstr. 118, ☎ 3888, fax 81402.

Braubach am Rhein

✉ 56338.
✆ 02627.
ⓘ Rathausstr. 8, ☎ 976000, fax 976005.

Brühl

✉ 50321.
✆ 02232.
ⓘ Uhlstr. 3, ☎ 79345, fax 48051.

Bühl

Au sud-ouest de Baden-Baden, sur la route des crêtes.

✉ 77815.
✆ 07226.

■ **Hébergement**
Schlosshotel Bühlerhöhe, 77815 Bühl, ☎ 550, fax 55777.
Le Bühlerhöhe occupe depuis de nombreuses années le titre enviable de meilleur hôtel d'Allemagne.
La vue sur la Forêt-Noire est magnifique et porte jusqu'à la plaine du Rhin.
L'ambiance est moins prétentieuse et moins surannée qu'au Brenner's de Baden-Baden et le service est aussi discret qu'efficace. De 290 à 690 DM. Superbes salles de remise en forme.

Burghausen

✉ 84489.
✆ 08677.
ⓘ Rathaus, Stadtplatz 112, ☎ 2435, fax 887155.

■ **Restaurant**
Zur Post, Stadtplatz 39, ☎ 3043, fax 62091.
Cuisine bavaroise améliorée. Une très bonne adresse plutôt bon marché.
Quelques chambres avec vue sur le château de Burghausen.

Chiemsee
(lac)

Voir Gstadt, Prien et Seeon-Seebruck.

■ **Loisirs**
Croisières en bateau : Chiemseeschiffahrt, ☎ (08051) 6090.
Les départs se font de Seebruck (rive nord) ou de Gstadt (rive ouest).
Schloss Herrenchiemsee : t.l.j. de 9 h à 17 h d'avr. à sept., de 10 h à 16 h d'oct. à mars. ☎ (08051) 3069.
La traversée pour l'île de Herrenchiemsee se fait soit de Gstadt, soit de Prien.

Coblence

✉ 56068 à 56077.
✆ 0261.
ⓘ Pavillon am Hauptbahnhof, ☎ 31304, fax 129 3800.
En face de la gare.

■ **Adresse utile**
ADAC, Hohenzollernstr. 34, 56068, ☎ 13030, fax 12129.

Coburg

✉ 96450.
✆ 0956.
ⓘ Herrngasse 4, ☎ 74180, fax 741829.

■ **Adresse utile**
ADAC, Mauer 9, ☎ 94747, fax 95620.

■ **Restaurant Kräutergarten**, Rosenauerstr. 30, ☎ 75005. Mariage détonnant de la Bavière avec la Provence.

Cochem

✉ 56812.
✆ 02671.
ⓘ Endertplatz, ☎ 3971, fax 8410.

Cologne

✉ 50667 à 51149.
✆ 0221 (centre-ville), 02203 (sud-est), 02234 (est), 02236 (sud), 02238 (nord).
ⓘ Fremdenverkehrsamt, Unter Fettenhennen, ☎ (0221) 221 3340, fax (0221) 221 3320. En face de la cathédrale.

ADRESSES UTILES

ADAC, Luxemburgerstr. 169, ☎ (0221) 472747, fax (0221) 472 7452.
Aéroport Konrad-Adenauer, ☎ (02203) 401. A environ 17 kilomètres au sud-est de la ville.

NUMÉROS UTILES

Police, ☎ 110.
Pompiers, ☎ 112.
Urgences médicales, ☎ 19292 ou 19242.

INFORMATIONS CULTURELLES

■ **Presse quotidienne**
Kölner Stadtanzeiger, Kölner Express.

■ **Presse mensuelle**
Kölner Stadt Revue, Kölner Stadtillustrierte, Prinz.

RÉSERVATIONS SPECTACLES

Köln Ticket, angle Bischofsgartenstr.-Roncalliplatz, ☎ 2801. A côté du Musée romain germanique.
Next, angle Rudolfplatz-Hohenzollernring, ☎ 258 2957.
Theater-Konzertkasse, Hansaring, ☎ 121912.
Kaufhof, Schildergasse, ☎ 216692.

HÉBERGEMENT

Dom Hotel, Domkloster 2a, 50667, ☎ 20240, fax 2024444. Pour sa proximité avec la cathédrale, sa vue sur le marché de Noël et son jardin d'hiver sous arcades, ses alignements de palmiers l'été et sa superbe terrasse aux fauteuils confortables, le Dom est l'un de ces anciens hôtels de grande tradition qui résistent sur un marché où le luxe est occupé par les chaînes aseptisées et anonymes des grands trusts internationaux.
Excelsior Ernst Hotel, Trankgasse, ☎ 2701, fax 135150. Le grand concurrent du Dom pour le luxe et la tradition. Si l'Ernst l'emporte pour l'agencement (quoique aucune de ces deux grandes maisons ne dispose de piscine ou de centre de fitness), il doit s'incliner devant le Dom pour la restauration. De même, l'absence de terrasse et la rue bruyante sont autant de points négatifs.
Hotel im Wasserturm, Kaygasse 2, 50676. Qui irait chercher un hôtel de luxe dans ce quartier peu avenant ? Le Wasserturm est un ancien château d'eau du XIXe siècle, classé monument historique et transformé au début des années 90 en hôtel grand standing par la décoratrice française Andrée Putman. A l'intérieur sobriété, Art déco typique de Putman. Très bon restaurant (très cher). Le Waaserturm est l'établissement le plus cher de Cologne : les mini-suites coûtent jusqu'à 3 000 DM.
Hyatt Regency, Kennedy-Ufer 2a, 50679 Deutz, ☎ 828 1234, fax 828 1370. Situé sur la rive « pauvre » du Rhin (la plus grande partie de la ville et l'intégralité de la City se trouvent sur la rive opposée), à la hauteur du célèbre Hohenzollernbrücke (attention, ce pont de chemin de fer peut se révéler bruyant). L'atrium de verre du Hyatt offre une vue spectaculaire sur la vieille ville et l'abside

de la cathédrale. L'hôtel abrite un des meilleurs restaurants de Cologne, le Graugans. Piscine, sauna, fitness. En été, belle terrasse au bord du Rhin avec concerts de jazz pendant le brunch dominical. De 320 à 780 DM.
Holiday Inn Crowne Plaza, Habsburgerring 9 (Rudolfplatz), ☎ 20950, fax 251206. Construit à l'emplacement de l'Opéra détruit pendant les bombardements, le Plaza exhale l'opulence sans charme et offre l'esthétique commune à ces grandes chaînes américaines. Son grand avantage étant d'être le seul hôtel de luxe à ne pas être situé dans le centre historique mais dans le cœur commerçant et animé de la ville. Idéal pour ceux qui aiment sortir le soir : nombreux cafés et restaurants tout autour de Rudolfplatz et le long du Ring. De 323 à 656 DM.
Ascot Hotel, Hohenzollernring 95, 50672, ☎ 521076, fax 521070. Près de la Friesenplatz, sur le Ring. Nombreuses possibilités de sorties pour le soir et autant de magasins dans la journée. L'Ascot se trouve à mi-chemin entre les maisons luxueuses et les établissements plus simples. De 170 à 411 DM.
Flandrischerhof, Flandrischestr. 3, 50674, ☎ 252095, fax 151052. A proximité de la Rudolfplatz (demander une chambre donnant sur l'arrière, côté Flandrischestrasse, et non sur le Hohenzollernring). L'hôtel a subi récemment une cure de rajeunissement. Côté Ring, le restaurant de l'hôtel Brueghels, avec son très beau décor et ses concerts de jazz ou bossa nova, attire de nombreux Colonais. De la terrasse, on peut, en été, contempler jusqu'à tard dans la nuit le va-et-vient incessant sur le Ring. De 115 à 370 DM.
Antik Hotel Bristol, Kaiser-Wilhelm-Ring 48, 50672, ☎ 120195, fax 131495. Assez bon standing, avec quelques belles pièces d'antiquités. A deux pas du nouveau Media-Park (cinéma Cinedom ultra-moderne). De 165 à 320 DM.
Metropol, Hansaring 14, 50670, ☎ 133377, fax 138307. A deux pas du quartier d'Eigelstein, qui subit une phase d'ennoblissement où cohabitent Turcs, prostituées et *Dinks* (*double income no kids*). La Lübeckerstrasse, juste à côté, est un bon exemple de l'architecture urbaine du début du siècle en Allemagne (Gründerzeit, néo-Renaissance) et recèle quelques cafés très branchés (Spitz II, Daneben, Schmitz). Classe intermédiaire : de 145 à 320 DM (les prix des hôtels allemands semblent exorbitants alors qu'il s'agit ici d'un établissement moyen).

RESTAURANTS

■ Brasseries typiques

Früh am Dom, imhof 12, ☎ 258 0397. A l'extrémité de la Roncalliplatz, côté sud de la cathédrale, à l'entrée du Passage Stolwerck. Une institution incontournable pour tout touriste séjournant à Cologne. Il faut y aller pour l'ambiance, le décor et les *Köbes*, ces serveurs de Kölsch traditionnels.
Brauhaus Päffgen, Friesenstr. 64, ☎ 135461. A l'extérieur du périmètre touristique, Päffgen est sans doute la plus authentique des brasseries colonaises et la moins envahie par les touristes.

■ Autres établissements

Goldener Pflug Olpenerstr. 421, 51109 Merheim, ☎ 895509. Très excentré mais une des meilleures tables de RFA. Prix à la hauteur (menu le soir à 200 DM).
Alfredo, Tunisstr. 3, 50667, ☎ 257 7380. Difficile de dénicher ce restaurant dans ce quartier qui n'incite pas vraiment à une balade nocturne (voie express assez hideuse en plein centre). Mais Alfredo passe pour être l'Italien le plus créatif de la ville. Assez cher mais délicieux.
Le Moissonnier, Krefeldertr. 25, 50670, ☎ 729479. Victime de son succès, Vincent Moissonnier demande maintenant de réserver des semaines

à l'avance. Pari réussi de faire revivre certaines recettes françaises oubliées sans tomber pour autant dans le médiévalisme. L'intérieur réinvente un bistro Art déco, et la patine vous ferait jurer qu'il est d'époque (le tout n'a pas 10 ans). Très bonne adresse.
La Vita, Magnusstr. 3, ☎ 257 0451. Sur la petite place face à l'entrée de l'hôtel Dorint-Kongress. Cuisine italienne et internationale. Bon mais ambiance un peu affectée et décor un brin nouveau riche.
Gernot's, Mauenheimerstr. 32, 50733 Nippes, ☎ 766305. Dans le quartier nord de Cologne (coloré et typé), restaurant sympa. La carte n'est pas renversante mais c'est bon, copieux et c'est toujours plein.
4 Cani della Città, Benesisstr. 2 (à l'angle de L'Ehrenstrasse), ☎ 2574085, tlj, de 9 h à 11 h (cuisine jusqu'à 0 h 30). Situé au carrefour stratégique du Cologne branché, il n'y a pas de meilleure adresse pour regarder la jeunesse arpenter la Ehrenstrasse. La cuisine pseudo-italienne n'atteint pas des sommets de créativité mais obtenir une place en terrasse semble bien plus important que ce qu'il y a dans l'assiette.
Alter Wartesaal Restaurant, Johannisstrasse 11 (tunnel entre la gare et la cathédrale), ☎ 9128850, tlj de 18 h à 1 h , ven et sam jusqu'à 2 h (cuisine jsuq'à 24 h), dim de 10 h 30 à 15 h pour le brunch légandaire. Réservation conseillée. Merveilleux décor miraculeusement épargné des bombes de ce qui fut la salle d'attente des voyageurs de 1ère classe. Clientèle plutôt jeune et chic, cuisine quelquefois inventive.

CAFÉS, BARS

Spitz I, Ehrenstr. Idéal pour la pause shopping dans le quartier le plus coloré de Köln. Voir et être vu…
Stadtgarten, Venloerstr. 40. Le meilleur Biergarten en été (plein à craquer et plutôt branché).
Blue Shell, Luxemburgerst. 32 (Kwartier Lateng). Ambiance un peu déglingue pour ce bar coquille aux fenêtres murées. Très bonne musique et faux voyous.
Königswasser, Flandrischestr. 7. Idéal après le Blue Shell. La transition est parfaite : même pénombre, même foule gentiment allumée, même musique (très bonne).
Monterrey, Rolandstr. 14 (Südstadt). Ambiance West Coast et rock californien.
Six Pack, Aachenerstr. 33 (Rudolfplatz). Devient intéressant vers 3 h du matin
Hotel Lux, Rathenauplatz 21 (Kwartier Lateng). Tenture en velours cramoisi, tapis persans, tracts révolutionnaires : on se croirait dans le salon d'une aristocrate russe gagnée aux thèses bolcheviques... Ambiance géniale.
Gloria, Apostelnstr. 11. Décor très Barcelone (influence de Gaudi et Mariscal) pour ce bar qui attire une clientèle jeune, fêtarde et souvent homosexuelle.
Quattro Cani, angle Ehrenstr.-Pfeilstr. Bien pour un expresso sur la terrasse afin de regarder passer la jeunesse de Cologne.

DISCOTHÈQUES

Alter Wartesaal, Johannisstr. 11, ☎ 133061. Tout près de la gare. A éviter absolument le week-end. Très bonne musique disco le lundi soir (Blue Monday).
House of Unique, Hohenzollernring 93. Musique techno.
Neuschwanstein,Mittelstr. 12 (sous-sol de Bazaar de Cologne). Jadis très jeunesse dorée, cette discothèque est aujourd'hui en perte de vitesse.
42 DP, Hohenstaufenring 42.
E-Werk, Schanzenstr. 37, Mülheim. Espace immense.
Move Club, Hohenzollernring 90. Musiques techno, trip-hop et trance.
One World Café and Club-Petit Prince, Hohenzollernring 90. World music (jeu., sam. et dim.), funky, dance'n soul (mer.), pink triangle (gay, mar.).

MUSIQUE LIVE

Prime Club, Luxemburgerstr. 40, ☎ 219 5036. Rock et pop.
Rose Club, Luxemburgerstr. 37, ☎ 328523. Rock.
Live Music Hall, Lichtstr. 30, Ehrenfeld, ☎ 545 9713. Salsa, reggae, live-act.
« L », Hüttenstr. 24, 50823 Braunsfeld, ☎ 543172.
Cha-Cha, Hohenzollernring 76, 50672, ☎ 139 2705. Techno.
Tingel Tangel, Maastrichterstr. 6-8, ☎ 252601.
Underground, Vogelsangerstr. 200, Ehrenfeld, ☎ 544376. Hip-hop, indie, danse.
Schmuckkästchen, Stadtgarten, Venloerstr. 40, ☎ 516037. Jazz, récitals.
Theater am Rudolfplatz, Habsburgerring 18-20, 50674, ☎ 925 95710.

MUSIQUE CLASSIQUE, OPÉRA

Oper Köln, Offenbachplatz (Nord-Süd-Fahrt), 50667, ☎ 221 8400. Opéra de la Ville.
Kölner Philarmonie, Bischofsgartenstr. 1, 50667, ☎ 2801. Salle ultramoderne sous le Rhin. A ne pas rater.
Gürzenich, Martinstr. 1, 50667, ☎ 221 3337. Concerts classiques.
WDR, Hörsaal am Walraffplatz, 50600, ☎ 2200. Orchestre symphonique de la radio ouest-allemande WDR.

THÉÂTRE

Schauspielhaus, Offenbachplatz, 50667, ☎ 221 8400.
Schlosserei, Neven-Dumont-Str./ Krebsgasse, ☎ 221 8321.
Halle Kalk, Neueburgstr., Kalk, ☎ 221 8400.
Atelier Theater, Roonstr. 78, 50674, Kwartier Lateng, ☎ 242485.
Theater am Dom, Kölner Ladenstadt, 50667, ☎ 258 0154.

CABARETS, SPECTACLES

Senftöpfchen, Grosse Neugasse 2-4, 50667, ☎ 258 1058.
Machtwächter, Gertrudenstr. 24, 50667, ☎ 257 8360.
Filmdose, Zülpicherstr. 39, Kwartier Lateng, ☎ 239643.
Kaiserhof, Hohenzollernring 92, 50672, ☎ 139 2772.
Sartory, Friesenstr. 44-48, 50670, ☎ 136913.
Klimperkasten, Alter Markt 50-52, 50667, ☎ 258 2132.

ACHATS

Ehrenstrasse : boutiques jeunes et branchées.
Belgisches Viertel : entre Hohenzollernring, Bismarckstr., Innere Kanalstr. et Lindenstr. Beaucoup de galeries d'art.
Eigelstein : entre Hansaring, Neusserstr. et Eigelsteintor. Mélange d'épiceries turques, de brocanteurs, d'échoppes d'artisans, de boutiques de luxe, de second-hand shops et de cafés branchés.
Domplatte : autour de la cathédrale. Hermès, MCM, Gucci, Laura Ashley, Cartier, Vuitton… Les grands noms du luxe.
Kwartier Lateng : Zülpicherstr., Hohenstaufenring, Rathenauplatz et environs. Un mélange de boutiques de disques, de second-hand shops, de librairies et de cafés sympathiques. Il faut fouiner, chercher, entrer dans les cours. le nom de Kwartier Lateng est la transcription phonétique du Quartier latin, c'est-à-dire le quartier étudiant de Cologne.
Mittelstrasse, Pfeilstrasse, Rudolfplatz, Benesisstrasse, Neumarkt : commerces haut de gamme.
Pesch, Kaiser-Wilhelm-Ring. Un immense magasin de décoration.
Gonski, Neumarkt. Librairie avec atrium, salon de lecture, salon de thé, café, bar, rayon disques. De quoi passer la journée, même sans acheter.
Olivandenhof, Zeppelinstrasse (contigu au grand magasin Karstadt). Passage commerçant très high tech.

Saturn, Hansaring 86. Se veut le plus grand magasin de disques du monde.
Dürenerstrasse : un peu excentrée, dans le quartier résidentiel de Lindenthal (Köln-West). Quelques très bonnes boutiques, bons restaurants.
Neusserstrasse : à la hauteur du n° 200 (Köln-Nord), le quartier devient très commerçant, du commerce populaire au café branché.

Constance

✉ 78462 à 78467.
✆ 07531.
ⓘ Bahnhofplatz 13, ☎ 900376, fax 900364.

▪ Hébergement

Steigenberger, Auf der Insel 1, 78462, ☎ 1250, fax 26402. Ancien couvent dominicain où fut enfermé l'hérétique Jan Hus avant d'être brûlé vif à l'issue du Concile de Constance. C'est également dans ces murs que naquit le comte Zeppelin, l'inventeur du dirigeable. L'hôtel occupe une petite île charmante. Demander une chambre donnant sur le lac pour les magnifiques couchers de soleil sur les sommets autrichiens. Superbe adresse. De 235 à 500 DM.

▪ Restaurants

Hotel Halm Maurischer Saal, Bahnhofplatz 6, ☎ 1210. La salle Maure plonge le visiteur au cœur d'un élégant palais arabe. Très bonne cuisine et ambiance festive. Menus à 90 et 140 DM.
A côté, la **Brasserie Halm** propose un somptueux buffet dans une ambiance moins guindée. Moins cher également. Cuisine jusqu'à 22 h.

Darmstadt

✉ 64283 à 64297.
✆ 06151.
ⓘ Luisen-Center, Luisenplatz 5, 64283, ☎ 132780, fax 132075.

▪ Adresse utile

ADAC, Marktplatz 4, 64283, ☎ 132782, fax 132783.

Diessen

Voir Ammersee.

Ebermannstadt

L'office du tourisme d'Ebermannstadt vous donnera tous les renseignements utiles sur la Suisse franconienne : **Touristinformation Fränkische Schweiz,** Oberestor, 91320 Ebermannstadt, ☎ (09194) 8101, fax 9178.
Pour en savoir plus sur les concours de fontaines, renseignez-vous auprès du ☎ (09191) 84338.

Eberbach

✉ 65343.
✆ 06123.
ⓘ Schmittstr. 2, ☎ 697154, fax 81187.

Ettal

Voir Oberammergau.

Feldafing

✉ 82340.
✆ 08157.
ⓘ Voir Starnberg.

▪ Hébergement

Hotel Kaiserin Elizabeth : une adresse au charme désuet et exquis : il n'y a pas d'ascenseur, le parquet craque, les salles de bains ont de vieilles baignoires à pieds et sont grandes comme des chambres, les rideaux sont un peu fanés. Quel plaisir que de dîner sous la véranda d'un autre âge en contemplant le lac et, à l'arrière-plan, la chaîne enneigée des Alpes bavaroises ! C'est là que la future Sissi passa les étés de sa jeunesse.
De 85 à 290 DM.

Francfort

✉ 60311 à 65936.
✆ 069.
ⓘ Verkehrsamt im Römer, 60311, ☎ 212 38708 ; im Hauptbahnhof, 60329, ☎ 212 38849.

ADRESSES UTILES

ADAC, Schumannstr. 4, 60325, ☎ 743 80332, fax 749254 ; Schillerstr. 12, 60313, ☎ 743 80335, fax 28597.

Aéroport Rhein-Main Flughafen, ☎ 690 2595. A environ 12 kilomètres au sud-ouest de Francfort.

HÉBERGEMENT

Dans cette ville d'affaires qu'est Francfort, les hôtels sont souvent complets et les prix sont habituellement majorés pendant les salons internationaux (fréquents). Cependant, on peut très facilement obtenir des rabais substantiels le week-end, les grands hôtels n'étant alors occupés qu'à 30 %.

Steigenberger Frankfurterhof, Bethmannstr. 33, 60311, ☎ 21502, fax 215900. Première adresse de la ville, très centrale. L'affiliation à la chaîne Steigenberger est une garantie de luxe, de qualité et de tradition. Chambres de 385 à 650 DM.

Arabella Grand, Konrad-Adenauer-Str. 7, 60313, ☎ 29810, fax 2981810. Une alliance un peu froide de luxe et de modernité. De 395 à 685 DM.

Frankfurt Mariott, Hamburgerallee 2, 60486, ☎ 79550, fax 795 52432. Plus de 600 chambres réparties sur une quarantaine d'étages, en face du plus haut gratte-ciel de Francfort. A choisir pour la proximité de la Foire et surtout pour la vue sur la ville. De 391 à 538 DM.

Palmenhof, Bockenheimer Landstr. 89, 60325, ☎ 753 0060, fax 753 00666. Etablissement de bon confort dans le quartier résidentiel du Westend, juste en face de l'entrée du très beau Palmengarten. De 195 à 310 DM.

Liebig-Hotel, Liebigstr. 45, 60323, ☎ 727561, fax 727555. Simple mais confortable, dans une rue bourgeoise agréable. De 140 à 290 DM.

RESTAURANTS

Brückenkeller, Schützenstr. 6, 60311, ☎ 284238. Véritable institution francfortoise (elle date de 1652) installée dans une splendide cave voûtée. Très bonne cuisine d'inspiration germanique à prix élevés : le soir menus aux alentours de 150 à 160 DM.

Gargantua, Liebigstr. 47, 60323, ☎ 776442. Situé dans le Westend, le restaurant dispose d'une belle terrasse où les hommes d'affaires du quartier viennent souvent conclure leurs affaires. Menu intéressant le midi pour 40 DM ; le soir, compter 100 DM.

Florian, Kettenhofweg 59, 60325, ☎ 722891. Style contemporain avec banquettes de cuir gris. Dans l'assiette, la cuisine se veut nouvelle et italienne. A la carte uniquement. Fermé dim.

Bistro 77, Ziegelhüttenweg 1, 60598 Sachsenhausen (Francfort-Sud, de l'autre côté du Main). Savoureuse cuisine française concoctée par les frères Mosbach. Menus à tous les prix. Une bonne adresse, à éviter cependant en période de salons car le personnel est vite débordé.

Erno's Bistro, Liebigstr. 15, 60323, ☎ 721997. Le décor s'efforce de faire dans le style convivial, avec ses nappes à gros carreaux rouges et blancs. Mais les prix sont à la hauteur de ce quartier résolument bourgeois. La cuisine y est excellente (des truffes, du caviar, du confit, du foie gras…).

La Galleria, Theaterplatz 2, ☎ 552130. Cuisine italienne. Idéal pour dîner après un concert.

DISCOTHÈQUES

Dorian Gray, aéroport de Francfort, ☎ 690 2212. Boîte légendaire s'il en est, une des plus connues d'Allemagne. Connaît une sorte de renaissance après une passe difficile au début des années 90 (gay le vendredi, sinon dancefloor et techno).

Omen,
Junghofstr. 14, ☎ 282233. Musique techno. Le DJ Sven Väth et son label « *We got the power* » sont célèbres dans le monde entier.
Plastik,
Seilerstr. 34, ☎ 285055. Dans un parc du centre-ville, belle villa Gründerzeit 1900. Attire la jeunesse fortunée du Taunus. Techno et floor.
Music Hall,
Voltastr. 74-80. Même musique qu'au Plastik, clientèle moins chic.
Maxim's,
Karlstr. 17, ☎ 252532. Décor typé pour cette discothèque installée dans une ancienne maison close.
Funkadelic,
Brönnerstr. 11, ☎ 283808. Dancefloor (gay).
Cooky's,
am Salzhaus 4, ☎ 287662. L'« antichambre » inévitable de tous les noctambules de Francfort, qui s'y tiennent jusque vers 2-3 h du matin avant d'échouer au Plastik, à l'Omen ou au Batschkapp.

MUSIQUE LIVE

Batschkapp,
Maybachstr. 24, ☎ 531037. Underground rock, progressive rock, punk-rock.
Sinkkasten,
Brönnerstr. 5, ☎ 280385. Jazzrock.
Sound-Depot,
Ostparkstr. 25, ☎ 447018.
Brotfabrik,
Bachmannstr. 2-4, ☎ 789 4340. World music.
Tigerpalast,
Heiligkreuzgasse 20, ☎ 20770. Ambiance très prisée des directeurs de programmes de divertissements de certaines chaînes de télévision qui y enregistrent fréquemment des talkshows et autres spectacles de variétés d'une qualité souvent plus que médiocre.

MUSIQUE CLASSIQUE, OPÉRA, THÉÂTRE

Alte Oper,
Opernplatz, ☎ 134 0400. Opéra, concerts, danse.
Oper,
Theaterplatz 1-3, ☎ 236061.
Freies Schauspielensemble,
Hebelstr. 17, ☎ 519420. Théâtre.
Gallus Theater,
Kriftelerstr. 55, ☎ 738 0037.
Goethe Theater,
Leipzigerstr. 36, ☎ 708844.
Jahrhunderthalle Hoechst,
Silostr., Hoechst, ☎ 360 1240. Concerts.
Kammerspiel,
Hofstr. 2, ☎ 236061. Théâtre.
Theater am Turm,
Eschersheimer Landstr. 2, ☎ 154 5110.

VARIÉTÉS ET REVUES

Katakombe,
Pfingstweidtstr. 2, ☎ 491725.
Kellertheater,
Mainstr. 2, ☎ 288023.
Komödie,
Neue Mainzerstr. 18, ☎ 284580.
Mousonturm,
Waldschmidtstr. 4, ☎ 405 8950.
Die Schmiere,
Karmelitenkloster, Sckbächerstr. 2, ☎ 281066.
Titania,
Basaltstr. 23, ☎ 299 00243.

MUSÉES

Sur le quai des Musées, les établissements sont ouverts t.l.j. sauf lun. de 10 h à 17 h, mer. jusqu'à 20 h.
Frankfurter Kunstverein (expositions temporaires), Römerbergmarkt 44, ☎ (069) 285319.
Goethe Museum,
Grosser Hirschgraben 23 (à 3 min de la Hauptwache). Ouvert t.l.j. de 9 h à 16 h, dim. et jours fériés de 10 h à 16 h.
Historisches Museum,
Saalgasse 19. Ouvert t.l.j. sauf lun. de 10 h à 17 h, mer. jusqu'à 20 h.
Musée d'Anthropologie (Museum für Völkerkunde), Schaumainkai 29.
Musée d'Art moderne (Museum für Moderne Kunst), Domstr. 10, ☎ 212 38819.
Musée des Arts appliqués (Museum für Kunsthandwerk), Schaumainkai 17, ☎ 212 34037.
Musée juif (Jüdisches Museum), Palais Rothschild, Untermainkai 14-15, ☎ 212 35000 (voir aussi le cimetière juif dans la Battonstrasse, derrière le musée d'Art moderne).

Musée national d'architecture (Deutsches Architekturmuseum), Schaumainkai 43.
Musée national de la Poste (Deutsches Postmuseum), Schaumainkai 53.
Musée national du film (Deutsches Filmuseum), Schaumainkai 41 (angle Schweizerstrasse).
Musée Städel (Städelsches Kunstinstitut und Städtische Galerie), Schaumainkai 63 ou Dürerstr. 2 (entrée principale), ☎ 605 0980.
Collection Liebig (Museum Alter Plastik im Liebighaus), Schaumainkai 71, ☎ 212 38617.
Schirnhalle, ☎ 299 8820. Expositions d'art moderne et contemporain.

PARCS ET JARDINS

On peut voir les parcs Rothschild, Holzhausen, Grüneburg, ou s'amuser à parcourir les 6 kilomètres de jardins entourant le centre-ville, le long des anciennes fortifications.
Palmengarten : ouvert de 9 h à 20 h de mai à août, de 9 h à 18 h en mars, avr. et sept. ; et de 9 h à 16 h en nov. et déc. Entrée payante.

Freudenstadt

✉ 72250.
✆ 07441.
ℹ Kurverwaltung, Promenadenplatz 1, ☎ 8640, fax 85176.

■ **Restaurant**
Warteck, Stuttgarterstr. 14, ☎ 7418. Mélange de rusticité et d'élégance pour une gastronomie qui hésite entre la nouvelle cuisine et quelques bonnes recettes régionales. Menus le soir entre 70 et 100 DM.

Freysing

✉ 85354.
✆ 08161.
ℹ Marienplatz 7, ☎ 54122, fax 54231.

Fribourg

✉ 79098 à 79117.
✆ 0761.
ℹ Rotteckring 14, 79098, ☎ 368 9090, fax 37003.

■ **Adresse utile**
ADAC, Karlsplatz 1, 79098, ☎ 36880, fax 368815.

■ **Hébergement**
Colombi Hotel, Rotteckring 16, 79098, ☎ 21060, fax 31410. La meilleure adresse de Fribourg. Très bel hôtel élégant sans tape-à-l'œil. Service très prévenant. De 260 à 495 DM.
Zum Roten Bären, Oberlinden 12, 79098, ☎ 387870, fax 387 8717. Formidable maison datant de 1120 et auberge depuis 1311.
Markgräflicherhof, Gerberau 22, 79098, ☎ 32540, fax 37947. Ancien hôtel particulier de 1476. Chambres de 120 à 210 DM.

■ **Restaurants**
Restaurant Colombi : restaurant de l'hôtel du même nom. Excellente cuisine, spécialité de coquilles Saint-Jacques marinées à l'avocat et à l'artichaut, gratin de crevettes, cailles truffées, chartreuse de homard… Menus à 90 et 160 DM.
L'Enoteca, Gerberau 21-23, 79098, ☎ 30751. Décor sobre et d'une élégance très raffinée pour ce restaurant italien. Cuisine très légère et délicieuse. 4 menus, de 45 DM (très avantageux) à 120 DM. Réservation conseillée car peu de place. Fermé dim. et jours fériés.

Füssen

✉ 87629.
✆ 08362.
ℹ Kurverwaltung, Kaiser-Maximilian-Platz 1, ☎ 7077, fax 39181.

■ **Hébergement**
Hotel Hirsch, Kaiser-Maximilian-Platz 7, ☎ 5080, fax 508113. Maison sérieuse, sans luxe ostentatoire mais d'une réputation excellente. Chambres de 125 à 210 DM.
Hotel Geiger, Uferstr. 18, Füssen-Hopfen (à 7 km du centre, en direction de Kaufbeuren-Forggensee). Qualité des chambres

inégale, assez moyenne pour les premiers prix (60 DM en chambre simple) et luxueuse pour les tarifs élevés (220 DM). Au bord du Forggensee. On distingue Neuschwanstein, haut perché sur sa montagne, sur la rive opposée du lac.
Schwarzenbach's Landhotel, 87669 Rieden-Dietringen, ☎ (08367) 343, fax 1061. A 10 kilomètres au nord de Füssen, en contrebas de la B16. Parc et terrasses très agréables avec vue sur le lac, très bon restaurant à prix modéré. Les tarifs des chambres restent eux aussi très raisonnables (de 56 à 140 DM).

▪ **Restaurant**
Gasthof Krone, Schrannengasse 17, ☎ 7824. Un très joli Biergarten dans le centre de la ville, avec davantage de gens du cru que de touristes. C'est plutôt bon signe.

Garmisch-Partenkirchen

✉ 82467.
✆ 08821.
ⓘ Richard-Strauss-Platz, ☎ 1806, fax 18055.

▪ **Adresse utile**
ADAC, Hindenburgstr. 14, ☎ 2258, fax 50657.

▪ **Hébergement**
Reindl's, Bahnhoftsr. 15, Partenkirchen, ☎ 58025, fax 73401. Un peu plus moderne d'ambiance et moins suranné que le Grand Hôtel. La terrasse du Reindl's est beaucoup plus belle que celle de la concurrence. De 155 à 275 DM.
Posthotel, Ludwigstr. 49, Partenkirchen, ☎ 51067, fax 78568. Ancien relais de poste transformé en hôtel « paysan » de luxe. De 100 à 290 DM. Amusant.

▪ **Restaurants**
Gasthof zum Lamm, Forstamsweg 1, Garmisch, ☎ 2750. On n'a pas lésiné sur la couleur locale et l'ambiance rustique, la qualité est dans l'assiette. Fermé mer.
Reindl's, Bahnhofstr. 15, Partenkirchen, ☎ 58025. Raffiné et cher, tendance nouvelle cuisine. Ouvert t.l.j.

Gössweinstein

✉ 91327.
✆ 09242.
ⓘ Burgstr. 6, ☎ 456, fax 98040.

▪ **Restaurant**
Zur Post, Balthasar-Neumann-Str. 10, ☎ 278. Petit établissement simple mais qui propose une cuisine savoureuse et sans prétention, à prix très étudiés. En composant soi-même son menu à la carte, le déjeuner ne devrait pas dépasser les 60 DM. Recommandé.

Gstadt

✉ 83257.
✆ 08054.
ⓘ Seeplatz, ☎ 339, fax 7997.

Hanau

✉ 63450 à 63457.
✆ 06181.
ⓘ am Markt 14, ☎ 252400, fax 295602.

▪ **Adresse utile**
ADAC, Sternstr., 63450, ☎ 24511, fax 20834.

Hechingen

✉ 72379.
✆ 07471.
ⓘ Rathaus, Marktplatz 1, ☎ 185113, fax 185144.

▪ **Restaurant**
Brielhof, route B27, Hechingen-Stetten, ☎ 4097, fax 16908. Agencement moderne mais de très bon goût pour cette maison rustique qui fait également hôtel. Très bonne cuisine à prix abordable, à déguster sur la jolie terrasse-jardin.

Heidelberg

✉ 69115 à 69126.
✆ 06221.
ⓘ Pavillion am Hauptbahnhof, 69115, ☎ 21341, fax 167318.

■ **Adresse utile**
ADAC,
Carl-Diem-Str. 2, 69124 Heidelberg-Kirchheim, ☎ 410010, fax 711020.

■ **Hébergement**
Der Europäischehof-Europa,
Friedrich-Ebert-Anlage 1, 69117, ☎ 5150, fax 515556. Etablissement luxueux. De 348 à 618 DM.
Hirschgasse,
Hirschgasse 3, 69120, ☎ 4540, fax 454111. Situé sur la rive opposée (et escarpée) du Neckar, avec de splendides vues plongeantes sur Heidelberg et son château. Maison traditionnelle qui date de 1472 et a toujours été un hôtel. Très tranquille, terrasse-jardin agréable. De 320 à 600 DM.
Holländerhof,
Neckarstaden 66, 69117, ☎ 12091, fax 22085. Tout près du Vieux Pont. Belle vue sur le fleuve pour les chambres situées en façade. Un des très rares hôtels de Heidelberg à être situés dans la partie intéressante de la ville. De 145 à 305 DM.

■ **Restaurants**
Hirschgasse : restaurant de l'hôtel du même nom. Un excellent établissement à prix très abordable, dans un décor élégant. L'ambiance n'est pas trop sophistiquée et le service reste aimable. Cuisine classique allégée. Carte de vins extraordinaire. Une très bonne adresse. Menus à 75 DM.
Zur Herrenmühle,
Hauptstr. 237-239, 69117, ☎ 12909. Maison bourgeoise du XVIIe siècle dotée d'une très belle cour intérieure. Bon mais cher. Réserver.

Hindelang

✉ 87541.
✆ 08324.
ℹ Kurverwaltung im Rathaus, Marktstr. 9, ☎ 8920, fax 8055.

■ **Hébergement**
Prinz Luitpold,
Hindelang-Bad Oberdorf, ☎ 8900, fax 890379. Etablissement grand style avec vue superbe sur le village et les Alpes, bains thermaux, sauna, piscines couverte et découverte, massages, fitness, tennis, parc. Calme absolu. De 135 DM en chambre simple à 334 DM en chambre double.
Haus Helgard,
Luitpoldstr. 20, Hindelang-Bad Oberdorf, ☎ 2064, fax 1530. Adresse moins chère que ci-dessus mais la vue reste belle et le jardin agréable. De 58 à 170 DM.
Alpenhotel,
am Prinzenwald 3, Hindelang-Oberjoch, ☎ 7090, fax 709200. Véritable hôtel de montagne, à 1 400 mètres d'altitude, disposant de tous les équipements sportifs d'un grand établissement. De 138 à 296 DM.
Hotel Lanig,
Hindelang-Oberjoch, ☎ 7080, fax 708200. Restaurant (voir ci-après). Organisation de séminaires de cuisine et de week-ends de découverte de l'Allgäu en vélo. Très belle vue sur les Alpes.

■ **Restaurants**
Chesa Schneider,
Marktstr. 15, ☎ 8970. Restaurant du Badhotel Sonne. La meilleure cuisine régionale mais les prix sont assez élevés.
Hotel Lanig,
Hindelang-Oberjoch, ☎ 7080, fax 708200. Réservez impérativement si vous ne logez pas à l'hôtel. Le cuisinier Roland Gahlert a hérité du Café Lanig, ouvert en 1935, et l'a transformé en hôtel confortable avec une cuisine réputée, pour laquelle il utilise exclusivement des produits de l'Allgäu. Organisation de séminaires de cuisine (voir ci-dessus).
Moorhütte,
Hindelang-Oberjoch, ☎ 7249. L'adresse la plus authentique dans le genre refuge rustique. Clientèle de skieurs et de randonneurs. Fermé dim. et lun., cuisine de 10 h à 22 h.

Hirschegg

✉ 87568.
✆ 08329.
ℹ im Walserhaus, ☎ 51140, fax 511421.

■ **Hébergement**
Ifen Hotel, Oberseitestr. 6, ☎ 50710, fax 3875. Le meilleur hôtel de la vallée de l'Oberallgäu. De 165 à 510 DM.

Hohenschwangau

Voir Füssen.
Les établissements situés à proximité immédiate des châteaux de Neuschwanstein et Hohenschwangau sont, pour la plupart, des pièges à touristes hors de prix. Il est donc préférable de gagner la ville voisine de Füssen, à 15 kilomètres à l'ouest, ou la rive occidentale du lac de Forggensee, au nord de Füssen.

Karlsruhe

✉ 76131 à 76229.
✆ 0721.
ⓘ Bahnhofsplatz 6 (gare), 76137, ☎ 35530, fax 355343 ; Karl-Friedrich-Str. 22 (centre), 76133, ☎ 335520, fax 335521.

■ **Adresse utile**
ADAC, Steinhäuserstr. 22, 76135, ☎ 81040, fax 810 4111.

Kaub am Rhein

✉ 56349.
✆ 06774.
ⓘ Rathaus, Metzergasse 26, ☎ 222.

Kempten

✉ 87435 à 87439.
✆ 0831.
ⓘ Rathausplatz 8, 87435, ☎ 252 5237, fax 427.

■ **Adresse utile**
ADAC, Bahnhofstr. 55, 87435, ☎ 29031, fax 18799.

■ **Restaurants**
Brauerei Gasthof zum Stift, Stiftsplatz 1, 87439, ☎ 22388. La bonne adresse pour déguster une bière bien fraîche dans un très joli jardin en plein centre. La cuisine n'est cependant pas à la hauteur des joies du Biergarten.
Haubenschloss, Haubenschlosstr. 37, 87435, ☎ 23510. Bon restaurant agrémenté d'un salon de thé indépendant, dans un ancien manoir. Agréable terrasse-jardin. Très bonne adresse. Compter 70 à 80 DM par personne.

Königssee

Voir Shönau.

Königstein im Taunus

✉ 61462.
✆ 06174.
ⓘ Kurbüro, Hauptstr. 21a, ☎ 202251, fax 202284.

Königswinter

✉ 53639.
✆ 02223 et 02244.
ⓘ Drachenfelsstr. 11, ☎ (02244) 888 9325, fax 889378.

■ **Hébergement, restaurant**
Gästehof Petersberg, Petersberg, ☎ 740. Tout comme celui de Brühl, le château de Königswinter est la résidence des chefs d'Etat étrangers en visite officielle à Bonn. L'autre partie de cet immense bâtiment à l'allure de château est un hôtel de luxe. Les clients profitent de la vue superbe sur la vallée du Rhin et du fait que le Petersberg est situé au milieu du superbe parc naturel des Siebengebirge. Difficile de trouver plus tranquille, sauf pendant les visites officielles, où abondent les contrôles, les barrages de police et les rondes d'hélicoptères. De 325 à 500 DM. Le restaurant Rheinterrassen est à la hauteur de l'hôtel, cher mais délicieux (le soir, menu à 130 DM).

Kronach

✉ 96317.
✆ 09261.
ⓘ Lucas-Cranach-Str. 19, ☎ 97236, fax 97236.

■ **Restaurant**
Bauer's Restaurant, Kulmbacherstr. 7, ☎ 94058. Rustique mais confortable,

cuisine régionale savoureuse, prix corrects. Menus de 50 à 78 DM. Egalement quelques chambres à prix modiques.

Kronberg
(Taunus)

✉ 61476.
✆ 06173.
ⓘ Rathaus, Katharinenstr. 7,
☎ 703223, fax 703246.

■ **Hébergement**
Schlosshotel Kronberg, Hainstr. 25, ☎ 70101. Dans l'ancien château de l'impératrice Victoria de Prusse, qui passa son veuvage à Kronberg (qu'elle transforma en une station mondaine). La demeure est extraordinaire et pleine de meubles et d'objets anciens. De 280 à 620 DM pour une chambre (ce qui n'est pas exagéré, vu le caractère de l'endroit). Restaurant réputé avec un menu le soir à 120 DM. Adresse assez exceptionnelle et très calme.

Kulmbach

✉ 95326.
✆ 09221.
ⓘ Stadthalle, Sutte 2,
☎ 95880, fax 958844.

Landsberg

✉ 86899.
✆ 08191.
ⓘ Rathaus, Hauptplatz,
☎ 128246, fax 128160.

Landshut

✉ 84028 à 84036.
✆ 0871.
ⓘ Altstadt 315, 84028,
☎ 922050, fax 89275.

■ **Hébergement**
Romantik Hotel Fürstenhof, Stethaimerstr. 3, 84034, ☎ 92550, fax 925544. Chambres de 135 à 260 DM. Assez bon restaurant : on a le choix entre le Herzogstüberl ou le Pavillon, qui offre une formule plus bistro.

Lindau

✉ 88131.
✆ 08382.
ⓘ am Hauptbahnhof (face à la gare), ☎ 26000, fax 260026.

■ **Hébergement**
Bayrischerhof, Seepromenade, ☎ 9150, fax 915591. La première adresse de Lindau. Belles vues sur le port, piscine chauffée. De 150 à 550 DM.

■ **Restaurants**
Hoyerberg Schössle, Hoyerbergstr. 64, ☎ 25295, fax 1837. A l'extérieur de l'île, mais la meilleure table de Lindau avec, en prime, une très belle vue panoramique sur le lac et l'île. Menus à 100 et 170 DM. Fermé lun.
Gasthof Stift, Stiftsplatz 1, ☎ 5516. Une adresse très sympathique pour les petits budgets, bonne situation dans l'île. On peut y déjeuner à toute heure de la journée, y prendre un en-cas (*Vesper*) dans la dépendance appelée Alte Wache ou encore manger sucré dans le salon de thé attenant, le Café Amadeus.
Gasthaus zum Sünfzen, Maximilianstr. 1, ☎ 5865. Cuisine savoureuse mais assez simple dans une ancienne maison patricienne.
Raichlebeck, Lingstr. 14, ☎ 28759. Pour ceux qui n'ont pas peur de s'aventurer dans la vraie cuisine du terroir *schwäbisch.* Ouvert t.l.j. sauf dim. de 12 h à 14 h 30 et de 18 h à 22 h.
Weinhaus Frey, Maximilianstr. 15, ☎ 5278. La bonne adresse pour déguster un petit vin de pays (Bodensee Wein). On peut grignoter sur la terrasse installée dans la rue piétonne, ou dîner à l'intérieur dans la salle historique de cette vénérable demeure bâtie en 1560.

Linderhof

Voir aussi Oberammergau.

■ **Visite**
Château de Louis II, ☎ (08822) 512. L'intérieur du château n'est visible que dans le cadre de visites guidées. Ouvert t.l.j. de 9 h à 12 h 15 et de 12 h 45 à 17 h (16 h en hiver).

Linz am Rhein

✉ 53545.
✆ 02644.
ⓘ Rathaus, Marktplatz,
☎ 2526, fax 5801.

Ludwigsburg

✉ 71624 à 71642.
✆ 07141.
ⓘ Wilhelmstr. 10, 71634,
☎ 220030, fax 220040.

■ Adresse utile

ADAC,
Heinkelstr. 11, 71634,
☎ 231010, fax 224930.

■ Restaurants

Le Carat,
Schwieverdingerstr. 60,
71636, ☎ 47600,
fax 476060.
Restaurant très réputé offrant une cuisine sage et simple, mais vraiment savoureuse et rare. Menus à 68 et 90 DM.
Bugatti,
Schloss Monrepos, 71634,
☎ 3030, fax 302200.
A l'entrée, une Bugatti préfigure l'ambiance qui vous attend à l'intérieur : très chic et délicieusement rétro. Menus à 90 et 140 DM. Cher mais très bon, et cela se sait.

Mannheim

✉ 68159 à 68309.
✆ 0621.
ⓘ Kaiserring 10, 68161,
☎ 101011, fax 24141.

■ Adresse utile

ADAC,
am Friedensplatz 6, 68165,
☎ 410010, fax 410011.

■ Restaurants

Mannheim n'est pas une ville incontournable mais on y mange très bien. Cette qualité mérite donc tout à fait qu'on fasse un détour par cette ville.
Da Gianni,
R7-34, 68161, ☎ 20326.
Attention, à Mannheim les rues n'ont pas de nom : R7-34 signifie n° 34 dans le septième bloc de l'axe R en partant de la rue de référence, la Kurpfalzstrasse. Restaurant merveilleux, connu bien hors des frontières de Mannheim pour l'inventivité de son chef, Wolfgang Staudenmeier, qui allie avec virtuosité ce que les cuisines italienne et française ont de meilleur (beaucoup de poissons). Une très bonne adresse. Réservation impérative, à la carte uniquement (compter 120 DM par personne).
Grissini,
M3-6, 68161, ☎ 156 5724.
Cuisine franco-italienne, à la carte, spécialité de raviolis de volaille au romarin et de Saint-Pierre sur fond d'artichauts.
Grimm's Märchen,
G7-17, 68159, ☎ 103636.
Cuisine classique bourgeoise, prix abordables.
Dobler's Restaurant L'Epi d'Or, H7-3, 68159,
☎ 14317. Restaurant élégant. Les prix sont assez élevés, la cuisine un peu alambiquée (le chef pourrait sans doute faire plus simple), mais c'est tout de même très bon. Spécialités de filet de turbot aux lentilles et gingembre, sauce champagne, de médaillons de foie gras sur céleri truffé, sauce vinaigre et miel, de mousseline de racines de persil et truffes.

Maulbronn

✉ 75433.
✆ 07043.

Mayence

✉ 55116 à 55130.
✆ 06131.
ⓘ Bahnhofstr. 15, 55116,
☎ 286210, fax 286 2155.

■ Adresse utile

ADAC,
Grosse Langgasse 3a, 55116,
☎ 234601, fax 237314.

■ Restaurants

Drei Lilien, Ballplatz 2,
55116, ☎ 225068,
fax 237723. Décor façon rustique mais luxueux (poutres et murs blanchis à la chaux mais tableaux anciens et vases de Chine) pour une cuisine assez chère, que les gourmets locaux ne rechignent apparemment pas à payer (un seul menu à 120 DM).
Stein's Traube, Poststr. 4,
55126 Finthen. A environ

7 kilomètres à l'ouest de la ville, direction Koblenz par la Saarstrasse. Cuisine moins recherchée qu'à l'adresse ci-dessus, mais tellement plus authentique, meilleur marché et tout aussi bonne. Fermé lun. et de fin juil. à mi-août.

Meersburg

✉ 88709.
✆ 07532.
ⓘ Kirchstr. 4, ☎ 82383, fax 82333.

▪ **Restaurants**

Cet adorable et minuscule village de la rive nord du lac de Constance, à quelques encablures de Constance, recèle quelques très bonnes tables.

3 Stuben, Kirchstr. 7, ☎ 80090. La décoration Art déco assez médiocre ne laisse en rien supposer que la cuisine de cet établissement n'a rien à voir avec celle d'une brasserie, et est plutôt celle d'un restaurant pour gourmets. Nouvelle cuisine d'inspiration nettement italienne. Les prix sont assez élevés : le soir, menus à 100 et 135 DM.

Winzerstube zum Becher, Höllgasse 4, ☎ 9009. Cuisine régionale et bourgeoise de qualité. Beaucoup de spécialités du jour, pas de menu. Le plat le plus cher est à 45 DM. Fermé mar. et mer. midi.

Miltenberg

✉ 63897.
✆ 09371.
ⓘ Rathaus, Engelplatz 69, ☎ 400119, fax 67081.

Dans cette bourgade éminemment touristique surnommée la « perle du Mian », il n'existe malheureusement aucun établissement où l'on mange ne serait-ce que correctement. Gagnez Amorbach à quelques kilomètres au sud.

Mittelberg

✉ 87569.
✆ 08329.
ⓘ Walserstr. 89, ☎ 511419.

▪ **Restaurant**

Schwendle, Schwendlerstr. 5, ☎ 5988. Jolie terrasse avec vue imprenable sur toute la vallée de Kleinwalsertal.

Mittenwald

✉ 82481.
✆ 08823.
ⓘ Kurverwaltung, Dammkarstr. 3, ☎ 33981, fax 2701.

▪ **Adresse utile**

ADAC, Grenzbüro, am Brunnstein 2, ☎ 5950, fax 8729.

Mühldorf am Inn

✉ 84453.
✆ 08631.
ⓘ Fremdenverkehrsbüro, Stadtplatz 21, ☎ 612212, fax 612222.

▪ **Restaurant**

Altöttingertor, Stadtplatz 85, ☎ 4088, fax 161219. Occupe en partie les anciennes murailles de la ville. Si le temps le permet, demander à déjeuner dans le Rosengarten (roseraie).

Munich

✉ 80331 à 81929.
✆ 089.
ⓘ Ruffini-Haus, Sendlingerstr. 1, 80331, ☎ 233 30270, fax 233 30337 ; Hauptbahnhof (face au quai n° 11), 80335, ☎ 239 1256 ; Flughafen München (aéroport), ☎ 975 92815, fax 975 292813.

ADRESSES UTILES

ADAC, Sendlingertor-Platz 9, 80336, ☎ 540 194456, fax 550 4449. Urgences, ☎ (01802) 343536.

DTC (Deutsche Touring Club), Amalienburgstr. 23, 81247, ☎ 811 1048, fax 811 6288. Urgences, ☎ 811 1212.

Aéroport, Franz-Josef-Strauss Flughafen,

München-Erdinger-Moos, ☎ 97500, fax 975 57906. A environ 32 km au nord-est de la ville. Le City Air Terminal est situé sur Arnulftsrasse (côté nord de la gare centrale). Renseignements, ☎ 975 21313.
Air France : Theatinerstr. 23 /Odeonsplatz, ☎ 21060, fax 229273.
Lufthansa : Lenbachplatz 1, ☎ 545599.
Bureaux de poste : Bahnhofplatz 1 (t.l.j. jusqu'à 22 h) ; Residenzstr. 2 (de 8 h à 18 h) ; Hofmannstr. 15 ; Bauseweinallee 2.
Objets trouvés : Arnulfstr. 31, ☎ 124080.

ORGANISMES OFFICIELS

▪ Consulats

Consulat de France, Möhlstr. 5, ☎ 419 4110.
Consulat de Belgique, Briennerstr. 14, ☎ 286 6090.
Consulat du Canada, im Tal 29, ☎ 219 9570.
Consulat de Suisse, Briennerstr. 14 III, ☎ 286 6200.

▪ Institut français

Kaulbachstr. 13, ☎ 286 6280.

NUMÉROS UTILES

▪ Location de voitures

Avis, ☎ 550 2251.
Europcar, ☎ 550 1341.
Hertz, ☎ 550 2256.
Sixt/Budget, ☎ 550 2447.

▪ Transports

Transports municipaux (MVV), ☎ 210330.
Trains, renseignements aux ☎ 19419, 115 3135 ou 130 85846, réservations au ☎ 130 82333.
Taxis, ☎ 21610.

▪ Urgences

Police, ☎ 110.
Pompiers, ☎ 112.
Ambulances, ☎ 19222.
Urgence médicale, ☎ 557755.
Pharmacies, ☎ 594475.

INFORMATIONS CULTURELLES

L'office du tourisme publie tous les mois des brochures *München in Juli, München in August* (« Munich en juillet », « Munich en août »)…, avec tous les concerts, les expositions, les horaires des musées et une sélection d'hôtels et de restaurants. Elles valent 2,5 DM et on les trouve dans tous les bureaux de l'office du tourisme (city, gare, aéroport…).
Les périodiques ont aussi, bien sûr, une rubrique culturelle : *Süddeutsche Zeitung* (t.l.j.), *Münchner Stadtmagazin* (mensuel), *Prinz* (mensuel).
Enfin, vous pouvez consulter le programme gratuit *InMünchen* (dans les cinémas et certains cafés).

RÉSERVATIONS

Abendzeitung-Schalterhalle, Sendlingerstr. 10, ☎ 267024.
Beck-Ticket Service, ☎ 299901. Dans le magasin Ludwig Beck (4e étage), sur la Marienplatz (à côté de la mairie).
Box Office, ☎ 557232. Dans le magasin Hertie (à côté de la gare centrale).
Buchhandlung Lehmkuhl, Leopoldstr. 45, ☎ 380 15018. Concerts classiques et théâtre.
Hertie Schwabing, ☎ 336659. Rock et pop.
Hieber Konzertkasse, Liebfrauenstr. 1, ☎ 290 08014.
Kiosk im Marienplatz, ☎ 264620. Dans le couloir de la station U-Bahn Marienplatz.
München Ticket, ☎ 548 18181, fax 548 18154.
Kaufhof am Stachus, Karlsplatz 21, ☎ 512 5248.

HÉBERGEMENT

Vier Jahreszeiten-Kempinski, Maximilianstr. 17, 80539, ☎ 230390, fax 230 39693. Si cet établissement a longtemps tenu le haut du pavé dans l'hôtellerie munichoise, les chambres sont en fait de qualité très inégale. Situé dans la rue du luxe et des théâtres. Chambres simples à partir de 430 DM, chambres doubles de 500 à 760 DM, suites à partir de 1 300 DM.
Rafael, Neuturmstr. 1, ☎ 290980, fax 22539. Loin de l'ambiance poussiéreuse du Vierjahreszeiten, le Rafael

s'est imposé comme le nouveau pilier du luxe à Munich. De la piscine sur le toit, formidable vue sur les clochers de la ville. Chambre simple entre 500 et 600 DM, chambres doubles de 600 à 1 000 DM, suites vers 2 000 DM.
Palace, Trogerstr. 21, ☎ 470 5091, fax 470 5090. Le dernier venu dans l'hôtellerie munichoise de grand luxe. Dans le quartier chic de Bogenhausen, de l'autre côté de l'Isar.
Preysing, Preysingstr. 1, ☎ 481011, fax 447 0998. Une adresse haut de gamme qui n'atteint cependant pas les prix exorbitants des établissements cités plus haut. Agréablement situé à deux pas du Gasteig (Philarmonie) et du quartier vivant de Haidhausen, ce qui change agréablement du tourisme folklorique de la Marienplatz ou du luxe tape-à-l'œil de la Maximilianstrasse. Compter 200 DM pour une chambre simple, 300 DM pour une double.
Platzl, Sparkassenstr. 10, 80331, ☎ 237030, fax 237 03800. A deux pas de la Marienplatz, maison traditionnelle de bon niveau (beaucoup de cars de touristes). Cabaret bavarois dans l'hôtel (avec concours de Jodel!). A proximité de la très célèbre et touristique Hofbräuhaus. Tout traditionnel et pétri de folklore bavarois qu'il puisse être, le Platzl demeure une adresse chère : environ 250 à 300 DM pour une chambre simple, 400 DM pour une double (les salles de bains ont toutes été rénovées récemment).
Blauer Bock, Sebastianplatz 9, 80331, ☎ 231780, fax 231 78200. La vraie bonne adresse pour les budgets plus serrés. Tout près du pittoresque Viktualienmarkt. A retenir.
Carlton, Fürstenstr. 12, 80333, ☎ 282061, fax 284391. Bonne adresse dont le nom laisse à tort supposer qu'il s'agit d'un palace hors de prix. En fait, le Carlton est un petit hôtel de 50 chambres, abordable (150 DM pour une chambre simple, de 200 à 330 DM pour une double) et bien situé (près de l'Odeonsplatz).

RESTAURANTS

Halali, Schönfeldstr. 22, 80539, ☎ 285909 ou 282786. Un intérieur très traditionnel à mi-chemin entre la brasserie typique et la bonne adresse après une partie de chasse. Tout à fait inattendu dans ce quartier chic et snob à deux pas de l'Odeonsplatz. Quant à la cuisine, elle est bien supérieure à ce que l'on peut en général attendre d'une auberge d'apparence si typiquement bavaroise, arborant trophées de chasse et chaises en bois. L'inspiration du chef est régionale, mais fortement revue et allégée. Menus aux alentours de 40 DM le midi, 85 DM le soir. Ouvert t.l.j. sauf dim.
Lenbach, palais Bernheimer, Lenbach Platz (entrée côté Ottostrasse), ☎ 5491300. Tlj de 11 h à 15 h et de 18 h 30 à 3 h. Salon de thé et bar de 8 h à 3 h. Inauguré en juin 1997 dans un splendide palais baroque et décoré par Sir Terence Conran, voici le nouveau lieu de ralliement du Tout-Munich. Idée géniale de la famille de traiteurs Käfer - le propriétaire - de faire cohabiter un restaurant haut de gamme avec des « îlots » de dégustation moins protocolaires. Les Käfer ont aussi réouvert le légendaire café Tambosi (le plus ancien de Munich), sur la place de l'Odéon.
Kaffeehaus Dukatz, Litteraturhaus, Salvatorplatz 1, ☎ 2319600, fax 2916028, tous les jours de 10 h à 1 h. Autre adresse très mode ouverte dans le » cube » post-moderne de la maison de la Littérature. Ambiance de grande brasserie un peu chic, cuisine est plutôt italianisante. Le midi, clientèle assez business, le soir, rendez-vous très mode.
Tantris, Johann-Fichte-Str. 7, ☎ 362061. Autre très grande table de Munich, unanimement célébrée par tous les grands critiques gastronomiques. Le chef, Hans Haas, a ravi la vedette à Witzigmann sur la place de Munich. Fermé dim. Réserver longtemps

à l'avance.
Broeding, Schulstr. 9, 80634 Schwabing, ☎ 164238. Un restaurant au décor plus simple. A l'évidence, on se concentre sur la qualité de la cuisine. La recette semble marcher puisque l'endroit ne désemplit pas. Les plats sont savoureux, les prix abordables et l'ambiance décontractée.
Allois Dallmayr, Dienerstr. 14-15, 80331, ☎ 213 5100. Une ambiance très « chichis » pour une clientèle ultra-sophistiquée qui vient déjeuner en petit groupe après avoir fait ses emplettes à l'épicerie fine Dallmayr Promodo, le Fauchon local. On y mange très bien, dans un cadre précieux et un service un peu compliqué. Déjeuner uniquement (ferme à 18 h 30). Un must à Munich (même si l'on entre pour un simple plat rapide, ce qui est toujours possible). Très central.
Vinothek Steirer, Amalienstr. 42, 80799, ☎ 285049. Située dans le quartier de Maxvorstadt, c'est-à-dire à mi-chemin de Schwabing et des commerces de luxe de la Briennerstrasse, la vinothèque Steirer est une oasis de qualité et de simplicité dans la mer des restaurants munichois prétentieux et trop chers. Malheureusement, l'endroit est astreint de fermer à 22 h. L'intérieur est tout petit mais l'ambiance très sympathique. Les vins ne sont pas exorbitants (goûter les délicieux crus autrichiens). Il n'y a pas de carte : on compose son menu en déchiffrant l'écriture du patron sur le tableau.
Weisses Bräuhaus, Tal 7, 80331, ☎ 299875. Si vous souhaitez à tout prix tester une brasserie typiquement munichoise, délaissez la Hofbräuhaus, véritable piège à touristes, et préférez-lui cet établissement. Les autochtones ne s'y trompent pas. Attention, l'endroit est très couru : c'est bruyant, enfumé mais le service est diligent.
Il Mondo, Terminal Modul B, niveau 7, aéroport Strauss, Erdinger Moos, ☎ 975 92870. Ambiance futuriste et high tech sous une énorme coupole à travers laquelle on voit le grand ventre blanc des avions à l'atterrissage. Cuisine italienne recherchée. Menu le soir à 70 DM. Une adresse originale et une cuisine de grande qualité qui font oublier la distance du centre-ville (40 km).
Königshof, Karlsplatz 25 (am Stacchus), ☎ 551360. Un établissement grand genre avec boiseries en chêne merisé, plafond Renaissance à caissons, fauteuils Régence. Le service, très stylé, a la réputation d'être le meilleur de Munich, et la cuisine n'a rien à envier aux très grandes tables de la ville. Tout cela se monnaye évidemment : les premiers menus commencent à 125 DM. Ouvert t.l.j.
Bistro Terrine, Amalienstr. 89 (entrée Türkenstr.), 80799, ☎ 281780. Dans le quartier étudiant de Maxvorstadt, ce restaurant n'est pas astreint, comme son voisin Steirer, à fermer à 22 h. On peut donc y prendre le temps de dîner dans un beau décor Art déco et d'apprécier l'ambiance *weltstadt* (assez rare à Munich où l'ambiance provinciale l'emporte souvent) et la cuisine internationale. En été, une vraie terrasse à la française permet de dîner dehors.
Rue des Halles, Steinstr. 18, 81667 Haidhausen, ☎ 485675. Un bistrot vraiment sympathique offrant une cuisine de qualité ; malheureusement le service est rapidement débordé. Une adresse à retenir si l'on ne rechigne pas à attendre trois quarts d'heure pour son dessert et autant pour l'addition (au demeurant assez salée).
Spago, Neureutherstr. 15, 80799 Schwabing, ☎ 271 2406. Un clin d'œil au restaurant fétiche des *rich* and *beautiful* de Los Angeles. Le Spago de Munich est composé de deux restaurants réunis par un bar mitoyen. La cuisine se veut internationale ou italienne, sans surprise mais plutôt bonne. Attention, le restaurant

ferme à 23 h.
Nürnberger Bratwurstglöckl, Frauenplatz 9, 80331, ☎ 295264. Une adresse au charme d'antan si bien cachée au pied de la Frauenkirche que l'on peut échapper aux hordes de touristes. Le décor, très authentique, est admirablement patiné et évite la lourdeur folklorique d'autres brasseries munichoises. La cuisine est simple mais savoureuse (goûter les saucisses de Nuremberg, la spécialité de la maison, qui paraissent si minuscules en comparaison du boudin blanc munichois et que l'on grille dans l'âtre au milieu des clients). Les connaisseurs jurent que la bière maison vaut mille fois mieux que celle des grandes brasseries. L'adresse idéale pour une pause déjeuner dans la journée réservée à la découverte du centre historique. Ouvert t.l.j. jusqu'à minuit, sauf dim.

BIERGÄRTEN

Vieille ville : Hofbräugarten, am Platzl 9 (dans la cour de la célèbre Hofbräuhaus).
Englischer Garten, du sud au nord : Chinesicherturm (autour de la pagode chinoise), Seehaus (au bord du lac de Kleinhesselohe), Osterwaldgarten (côté Schwabing, Keferstr. 12), Hirschau (nord-est du lac, Gysslingstr. 15), Sankt-Emmerans-Mühle (moulin de Saint-Emmeran, St. Emmeranstr. 41 ; très chic, sa clientèle est un peu en porte-à-faux par rapport à l'esprit du Biergarten : ce n'est pas vraiment l'endroit où l'on amène son Brotzeit!), Aumeister (tout au nord du jardin, Sondermeierstr. 1)
Munich-Est : Hofbräukeller (Innerewienerstr. 19, Munich-Haidhausen).
Munich-Ouest : Augustiner-Keller (Arnulfstr. 52 ; dans la grande tradition : on reçoit avec provisions), Hirschgarten (Hirschgartenstr. 1, Munich-Nymphenburg ; le plus joli et le plus grand).
Munich-Sud : Flaucher (au bord de l'Isar, Isarauen 1, Munich-Thalkirchen), Harlachinger Einkehr (Karolingerallee 34, Munich-Harlaching), Waldwirtschaft (Georg-Kalb-Str. 3, Munich-Grosshesselohe ; concerts de jazz).

OPÉRA, CONCERTS

Bayrische Staastoper, Max-Josef-Platz, ☎ 218 51920, fax 218 51903. Les caisses et le bureau de réservations se trouvent au n° 11 de la Maximilianstrasse. Opéra national bavarois, encore appelé Nationaltheater.
Altes Residenztheater : à l'intérieur de la Residenz. En fait, il s'agit du théâtre Cuvilliés. Opéra, danse, concerts.
Münchner Philarmonie, Gasteig, Rosenheimerstr. 5, ☎ 480980 ou 548 18181.
Herkules-Saal in der Residenz, ☎ 290 67263. A l'intérieur de la Residenz.
Carl-Orff-Saal im Gasteig, Rosenheimerstr. 5, ☎ 480980.
Staatstheater am Gärtnerplatz, Gärtnerplatz 3, ☎ 201 6767, fax 202 41237. Opéras, opérettes, danse.

THÉÂTRE

Residenztheater, Max-Josef-Platz 1, ☎ 218 51940. Encore appelé Bayrisches Staatsschauspiel.
Theater im Marstall, Marstallplatz, ☎ 218 52028.
Münchner Kammerspiele, Maximilianstr. 26, ☎ 237 21328.
Prinzregententheater, Prinzregentenplatz 12, ☎ 470 6270 ou 291 61414 (caisse sur la Maximilianstr. au n° 11).
Münchner Volkstheater, am Stieglmaierplatz/ Briennerstr. 50.
Deutsches Theater, Schwanthalerstr. 13, ☎ 552 34360, fax 552 34309. Comédies musicales.
Komödie im Bayrischenhof, passage Promenadeplatz, ☎ 291 61633, fax 291 60477.
Kleine Komödie am Max Zwo, Maximilianstr. 47, ☎ 221859, fax 290 4225.
Theater Kleine Freiheit, Maximilianstr. 31, ☎ 221123.

Theater Tams,
Haimhauserstr. 13a,
☎ 345890, fax 331586.

VARIÉTÉS ET REVUES

Münchner Lach-u, Schiessgesellschaft, angle Haimhauser/Ursulastr., ☎ 391997.
Theater im Fraunhofer, Fraunhofertsr. 9, ☎ 267850.
Schlachthof, Zenettistr. 9, ☎ 765448.
Drehleier, Balanstr. 23, ☎ 484337.
Lustspielhaus, Occamstr. 8, ☎ 344974.
Spectaculum Mundi, Graubündnerstr. 100, ☎ 745 76582, fax 745 76583.

JAZZ, MUSIQUE LIVE

Alfonso's Live Music Club, Franzstr. 5, ☎ 338835. Derrière Hertie Schwabing.
Backstage Live Club München, Helmholtzstr. 18, ☎ 183330.
Night Club de l'hôtel Bayrischerhof, Promenadeplatz 2-6. Jazz, salsa, afro.
Jazz Club Unterfahrt, Kirchenstr. 96, ☎ 448 2794. Modern jazz, dixie.
Oklahoma Country Saloon, Schäftlarnstr. 156, Thalkirchen, ☎ 723 4327. Bluegrass, hillbilly, country, rockabilly, western.
Pusser's Bar and Food, Falkenturmstr. 9, ☎ 220500. Blues, jazz, caraïbbean.

BARS

Il y a belle lurette que les folles nuits de Schwabing sont oubliées. A part les cafés aux grandes terrasses le long de la Leopoldstrasse, Schwabing n'attire plus que les touristes (qui repartent souvent déçus) ou, le week-end, des cohortes d'employés de banque et ouvriers qui résident en banlieue. Il n'y a plus de quartier de prédilection pour les lieux branchés ; même Haidhausen, sur la rive droite de l'Isar, ne deviendra jamais un quartier de légende comme le fut Schwabing dans les années 70.
Café Baader, Baaderstr. 47, ☎ 201 0638. Fermé à 1 h.
Julep's, Breisacherstr. 18. Fermé à 1 h.
Schumann's, Maximilianstr. 36. Chic et coincé. Ouvert jusqu'à 3 h.
Egon Bar, Seitzstr. 3. Ouvert jusqu'à 3 h.
K-Sar Club, Müllerstr. 31, ☎ 264038. Un des endroits branchés les plus sympathiques de Munich. Ouvert jusqu'à 3 h.
Nachtcafé, Maximilianplatz 5, ☎ 595900. Ouvert jusqu'à 6 h.
Ballhaus, Klenzestr. 71, ☎ 201 0992. Néo-baroque. Ouvert jusqu'à 1 h.
Muffathalle, Zellstr. 1, ☎ 294500. Une très bonne adresse dans Haidhausen, le quartier qui monte. Concerts.

DISCOTHÈQUES

P1 (prononcer P-eins), Prinzregentenstr. 1. La boîte la plus connue de Munich (sélection très difficile à l'entrée). Entre les mains de la jet-set locale. Aurait, paraît-il, beaucoup baissé depuis que Gloria Thurn und Taxis élève ses enfants…
Flughafen Riem, Tögingerstr. 100. Complexe de plusieurs discothèques aménagé dans l'ancien aéroport de Munich Riem. Bien, mais loin.
Park Café, Sophienstr. 7. Discothèque très comme il faut pour enfants terribles des beaux quartiers.
Kunstpark Ost, Grafinger Str 6. L'usine Pfanni a été transformée en un lieu regroupant une demi-douzaine de discothèques, parmi lesquelles le **Bongo Bar,** ☎ 49 00 12 60, de 20 h 30 à 4 h, fermé lun et mar. Ambiance glamour avec musique US des années 40 ; KW-Heikraftwerk, ☎ 490029, ouvert ven et sam de 23 h à 5 h,techno, transe, house et **Ultraschall,** ☎ 49 00 21 50, ven et sam de 23 h à 5 h, cosmic sound, goa ; un endroit hypnotisant.
Alabamahalle, Domagkstr. 33. La discothèque de Munich des *mid-90's*.
Atomic Café, Neuturmstr. 5, ☎ 2283052, ouvert de 21 h à 3 h, fermé dim. et lun. Elu meilleur club de la ville par la revue *Prinz*. Marrant mais très jeune.

ACHATS

■ Vêtements

Loden Frey, Maffeistr. 7-9, ☎ 236930. Pour s'acheter un vrai manteau en loden (ou Dirndl bavarois).
Sweetheart, Leopoldstr. 54, ☎ 399371. Des vêtements extravagants faits sur mesure.
Escada, Theatinerstr. 17, ☎ 292 9259. L'enseigne munichoise est aujourd'hui internationalement connue. Un chic très gai mais un peu voyant.
Lord John and Lady Jane, Kurfürstenstr. 49, ☎ 271 0470. Où l'on n'hésite pas à coudre des paillettes en strass sur des blazers en tweed. Un mauvais goût qui fait un malheur à Munich.
Bogner, Residenzstr. 15 et Maximilianstr. 34. Le couple modèle du Tout Munich à la tête d'un empire international. Willy tient le magasin mode et sport de luxe de la Residenzstrasse, Sonia a ouvert sa boutique dans le triangle d'or (Maximilianstrasse) et lancé sa propre marque, Sônia Bogner : matières nobles et naturelles (lin, soie…). Coloris et formes sobres.
Michael Hussmüller, Maximilianplatz 15, ☎ 220886. Mode masculine sur mesure.
Schuster-Böckler, Isartalstr. 44a, ☎ 772881. Le temple du chapeau.
Müllerschön, Franz-Josef-Str. 21, ☎ 392344. Impossible de trouver plus munichois : entre autres, minijupe rose bonbon devant avec traîne bouillonnante et interminable derrière, surmontée d'un bustier envahi par les perles…
Rudolph Moshammer, Maximilianstr. 14, ☎ 226924. Le propriétaire est une grande pointure de la jet-set locale (cheveux teints noir de jais, Rolls blanche et chauffeur ganté, bagues aux doigts…). Tout est très cher et respire l'esbroufe.

■ Autres

Etcetera, Wurzerstr. 12. Un magasin plein d'idées originales pour ramener un cadeau.
Wallach, Residenzstr. 3. Artisanat d'art et de luxe.
Hemmerle, Maximilianstr. 14. Le meilleur joaillier de la place.
Cada, Maximilianstr. 13. Bijoux mode et fantaisie (pas que du toc).
Pilati, Amiralplatz (en retrait de la Briennerstr.). Le magasin de décoration le plus fou. (Compte plusieurs scheiks arabes parmi ses clients).
Radspieler, Hackenstr. 4. Pour se meubler comme un paysan bavarois.
Staatliche Porzellan-Manufaktur Nymphenburg, Odeonsplatz 1. Porcelaines très classiques.

■ Shopping à Schwabing

Même si le quartier n'est plus ce qu'il était en ce qui concerne la vie nocturne, il reste une valeur sûre pour le shopping original. Parcourez particulièrement l'Occamstrasse, la Marktstrasse, la Herzogstrasse et la Hohenzollernstrasse.

■ Shopping à Haidhausen

Beaucoup de galeries, d'ateliers-ventes, d'échoppes d'artisans plus ou moins artistes. Flânez du côté de Preysingstrasse, Wörthstrasse et Johannisplatz.

VISITES

Alte Pinakothek, Barestr. 27 (entrée sur la Theresienstrasse). Ouvert t.l.j. sauf lun. de 9 h 15 à 16 h 30, jeu. de 9 h 15 à 16 h 30 et de 19 h à 21 h. Entrée libre dim. et jours fériés.
Bayrisches Nationalmuseum, Prinzregentenstr. 3. Ouvert t.l.j. sauf lun. de 10 h à 16 h.
BMW Museum, Petuelring 130. Ouvert t.l.j. de 9 h à 17 (admission jusqu'à 16 h ; en métro, ligne U2 ou U3, station Olympiazentrum).
Château de Nymphenburg : ouvert t.l.j. sauf lun. de 10 h à 12 h 30 et de 13 h 30 à 16 h 30. Le parc se visite t.l.j. sauf lun. de 10 h à 12 h et de 13 h à 16 h (ticket d'entrée différent pour le château et pour le parc). L'Amaliemburg, dans le parc, est ouvert aux mêmes heures

que les jardins (entrée payante).
Cuvilliés Theater (ou Altes Residenztheater) : ouvert t.l.j. de 14 h à 17 h, dim. et jours fériés de 10 h à 17 h.
Dachauer KZ-Gedenkstätte, Alte Römerstr. 75, Dachau-Ost. Ancien camp de Dachau. Ouvert t.l.j. sauf lun. de 9 h à 17 h ; film documentaire à 11 h et 15 h.
Deutsches Museum, Museuminsel : ouvert t.l.j. de 9 h à 17 h (métro U1 ou U2, station Frauenshoferstrasse ; métro S1 ou S7, station Isartor ; tram 18 et 20, station Deutsches-Museum).
Fürstengruft, église Saint-Michel : ouvert de mai à octobre, du lun. au ven. de 10 h à 13 h et de 15 h à 16 h 30 ; sam. de 10 h à 15 h.
Eglise Saint-Pierre, clocher : ouvert t.l.j. de 10 h à 19 h.
Glyptothek : ouverte du mar. au dim. de 10 h à 16 h 30, jeu. de 12 h à 20 h 30.
Neue Pinakothek, Barerstr. 29 (entrée sur la Theresienstrasse). Ouvert t.l.j. sauf lun. de 9 h 15 à 16 h 30, mar. de 9 h 15 à 16 h 30 et de 19 h à 21 h.
Olympiaturm : ouverte t.l.j. de 9 h à 23 h 30.
Staatliche Antikensammlung : ouverte du mar. au dim. de 10 h à 16 h 30, mer. de 12 h à 20 h 30.
Staatsgalerie moderner Kunst (Haus der Kunst), Prinzregentenstr. 1, München-Lehel. Ouvert t.l.j. sauf lun. de 9 h 15 à 16 h 30, jeu. de 9 h 15 à 16 h 30 et de 19 h à 21 h. Entrée gratuite dim. et jours fériés.
Villa Lenbach : ouvert t.l.j. sauf lun. de 10 h à 18 h, jeu. jusqu'à 20 h.
Villa Stuck, Prinzregentenstr. 60. Ouvert t.l.j. de 10 h à 17 h, jeu. jusqu'à 21 h (tram 18 ou métro U4, station Prinzregentenplatz).

LOISIRS

Descente de l'Isar en radeau, réservation auprès de l'Amtliches Bayrisches Reisebüro (ABR), Landshuteralle 38, 80637 München, ☎ 120 4481. Tous les jours sauf lun. du 1er mai au 1er w.-e. de sept.

Murnau

✉ 82418.
✆ 08841.
ⓘ Kohlgruberstr. 1, ☎ 2074, fax 3491.

■ Visites

Gabriele-Münter-Haus, Kottmüllerallee 6, Murnau, ☎ 9305. Ouvert mer., sam. et dim. de 16 h à 18 h.

Neubeuern

✉ 83115.
✆ 08035.
ⓘ Voir Rosenheim.

Neuschwanstein

Voir Füssen.
Les établi-ssements situés à proximité immédiate des châteaux de Neuschwanstein et Hohenschwangau sont, pour la plupart, des pièges à touristes hors de prix. Il est donc préférable de gagner la ville voisine de Füssen, à 15 kilomètres à l'ouest, ou la rive occidentale du lac de Forggensee, au nord de Füssen.

■ Visites

Château de Neuschwanstein : le château es ouvert tous les jours. (sauf 1er jan., mardi gras, 1er nov, 24, 25 et 31 déc.) du 1er avr. au 31 oct de 9 h à 17 h 30, le reste de l'année de 10 h à 16 h.

Nuremberg

✉ 90402 à 90491.
✆ 0911.
ⓘ Hauptbahnhof (hall central), ☎ 233 6132, fax 233 6137.

■ Adresse utile

ADAC, Äussere Sulzbacher Str. 98, 90491, ☎ 95950, fax 959 5280.

■ Hébergement

Maritim, Frauentorgraben 11, 90443, ☎ 23660, fax 232 2444. Voici un des maillons de la chaîne Maritim, qui a inauguré une vingtaine d'hôtels de grand standing en Allemagne ces dix dernières années. L'ambiance n'est pas celle d'une grande maison de tradition, mais c'est spacieux, voire luxueux (quoique la décoration soit d'un goût douteux), c'est net, c'est neuf et il y a une piscine, un sauna, un centre de fitness. Idéal pour se relaxer après avoir arpenté les rues un peu raides du vieux Nuremberg. Chambres de 236 à 480 DM.

Dürer-Hotel, Neutormauer 32, 90403, ☎ 208091, fax 223458. A l'intérieur des remparts de la vieille ville et juste à côté de la charmante maison de Dürer, qui domine une des plus jolies places de la très pittoresque ville de Nuremberg.

▪ Restaurants

Les meilleures tables sont à rechercher en périphérie. Si l'on veut manger simplement et un peu couleur locale, on trouve un grand nombre de brasseries (plus ou moins graisseuses : l'odeur de graillon est omniprésente à Nuremberg) assez bon marché dans les rues du centre.

Funk, Breslauerstr. 350, 90471 Langwasser, ☎ 804808 ou 898659. L'intérieur ressemble à un grand jardin d'hiver (palmiers en pots et sièges en rotin). Spécialités : mosaïque de foie gras et boudin rouge de canard, cuissot de chevreuil à la coriandre. Les prix, élevés mais non exorbitants (le premier menu le soir est à 75 DM), sont pleinement justifiés.

Schwarzer Adler, Kraftshofer Hauptstr. 166, 90427 Kraftshof, ☎ 305050. Le nom signifie littéralement « L'Aigle noir ». Etablissement situé à environ 7 kilomètres au nord du centre direction Erlangen. Très bonne cuisine régionale allégée (beaucoup de gibier), mais décor rustique à l'allemande (rideaux trop courts, fausses vraies poutres et sièges revêtus d'un patchwork surprenant). Assez cher pour ce décor campagnard.

Entenstub'n im Schiesshaus, Günthersbühlerstr. 145, 90491 Erlenstegen (nord-est du centre), ☎ 598 0413. Spécialités de canard et autres volailles avec une touche orientale, sans tomber dans le sempiternel canard laqué pour autant : L'Entenstub'n n'est pas – loin s'en faut – un restaurant chinois !

▪ Visites, loisirs

Albrecht-Dürer-Haus, Tiergaärtnertorplatz, ☎ 162568. Ouvert de mars à oct. du mar. au ven. de 10 h à 17 h, mer. jusqu'à 21 h ; de nov. à fév. de 13 h à 17 h, sam. et dim. de 10 h à 17 h.

Christkindlmarkt : sur le Hauptmarkt, du dernier vendredi de novembre jusqu'au 24 décembre, t.l.j. de 9 h à 20 h, à partir de 0 h 30, le 24 décembre, jusqu'à midi.

Germanische Nationalmuseum, Karäusergasse 1, ☎ 13310. Au sud de la vielle ville, près du Frauentorgraben. Ouvert t.l.j. sauf lun. de 10 h à 17 h, mer. jusqu'à 21 h.

Kaiserburg, ☎ 225726. Ouvert t.l.j. d'avr. à sept. de 9 h à 12 h et 12 h 45 à 17 h ; d'oct. à mars de 9 h 30 à 12 h et de 12 h 45 à 16 h.

Shloss Neunhof : ouvert d'avr. à sept. de 10 h à 17 h.

Site des congrès du Parti national-socialiste : visites guidées organisées par l'association « L'histoire pour tous » (Geschichtefür Alle), Wiesentalstr. 32, ☎ 332735. Reichsparteitagsgelände, rendez-vous au terminus de la ligne de tram 9 (Leopoldhain). Durée de la visite : 2 heures. Uniquement sam. et dim. à 14 h ; pas de visites hors saison (déc.-mars).

Spielzeugmuseum, Karlstr. 13-15, ☎ 231 3164. Mêmes horaires d'ouverture que le Germanische Nationalmuseum.

Stadtmuseum im Fembo-Haus, Burgstr. 15, ☎ 231 2595.

Mêmes horaires
que les précédents.
Tucherschloss Museum,
Hirschelgasse 9,
☎ 231 5421. Fermé
jusqu'en été 1997.

Oberallgäu
(vallée)

Voir Hirschegg, Mittelberg
et Riezlern.

Oberammergau
(région)

Voir aussi Ettal, Wies et
Linderhof.

✉ 82487.
✆ 08822.
ⓘ Eugen-Pabst-Str. 9a,
☎ 1021, fax 7325.

Oberjoch

Voir Hindelang.

Oberstdorf

✉ 87561.
✆ 08322.
ⓘ Marktplatz 7, ☎ 7000,
fax 700236.

▪ Hébergement

Kurhotel Adula,
an der Leite 6,
Oberstdorf-Jauchen.
Un établissement excellent,
avec une vue splendide
et tout l'équipement
d'un grand hôtel thermal.
Demi-pension de 150 à
220 DM. Bon rapport
qualité-prix.
Alpenkurhof Vollmann,
Falkenstr. 15,
Oberstdorf-Tiefenbach,
☎ 7020, fax 702222.
De 80 à 170 DM.

▪ Restaurants

Arnemann's Gasthof,
☎ 2543. Au-dessus du
Freibergsee, accessible en
10 min par le téléphérique.
Cuisine savoureuse dans
un cadre sans esbroufe.
Réservation indispensable
le week-end.
Berggasthof Rohrmoos,
☎ 4417. Situé
dans la réserve de chasse
des comtes de Waldburg-
Wolfegg, dans la vallée
de Rohrmoosertal. Route
à péage (DM 6) à partir
de Oberstdorf-Tiefenbach.
Dîner de gibier sur
réservation uniquement.
Prix très raisonnables.
Grüns Restaurant,
Nebelhornstr. 49,
☎ 2424. L'adresse chic
d'Oberstdorf.

Ottobeuren

✉ 87724.
✆ 08332.
ⓘ Kurverwaltung,
Marktplatz 14, ☎ 6817,
fax 6838.

▪ Hébergement

Hotel Hirsch,
Marktplatz 12, ☎ 7990,
fax 799103. Très central
avec piscine et sauna. Prix
modérés : de 60 à 165 DM.
Le Braugasthof, restaurant
rustique de l'hôtel, brasse
sa propre bière.

▪ Achats

Dans le Klosterladen,
c'est-à-dire le magasin
de la basilique, on peut
acheter des enregistrements
sur CD de concerts
donnés dans la basilique
d'Ottobeuren, une des
plus extraordinaires églises
baroques d'Allemagne.

Passau

✉ 94032 à 94036.
✆ 0851.
ⓘ Rathausplatz 3, 94032,
☎ 955980, fax 35107.

▪ Adresse utile

ADAC,
Brunngasse 5, 94032,
☎ 30401, fax 37337.

▪ Restaurants

**Heilig-Geist-Stift-Schenke
und Stiftskeller,**
Heiliggeistsgasse 4, 94032,
☎ 2607. Très beau
cadre datant de 1358 pour
cette cave de l'ancien hospice
de l'Esprit-Saint. Prix très
serrés, puisque les menus
démarrent à 20 DM.
Passauer Wolf,
Rindermarkt 6, 94032,
☎ 34046. Cuisine classique
et régionale plus élaborée
qu'à l'Esprit-Saint, ce qui ne
justifie pas pour autant qu'elle
soit quatre fois plus cher.

Pfronten

🖂 87459.
✆ 08363.
ⓘ Haus des Gastes, Vilstalstr., 87459, ☎ 49888, fax 69866.

▪ **Restaurant**
Gasthof Krone, Tirolerstr. 29, ☎ 6076. Restaurant au cadre clair et élégant servant une cuisine inspirée qui tente de faire revivre certaines recettes bourgeoises oubliées (souvent françaises) en les adaptant au goût du jour. Les prix, assez élevés, ne sont toutefois pas exagérés. Ouvert t.l.j.

Pommersfelden

🖂 96118.
✆ 09548.
ⓘ Voir Bamberg.

Pottenstein

🖂 91278.
✆ 09243.
ⓘ Rathaus, ☎ 70841, fax 70840.

Prien

🖂 83209.
✆ 08051.
ⓘ Alte Rathausstr. 11, ☎ 69050, fax 690540.

▪ **Hébergement**
Yachthotel Chiemsee, Harrasserstr. 49, ☎ 6960, fax 62940.

▪ **Restaurants**
Altbayrische Stub'n, Seestr. 117, ☎ 6940, fax 694100. Bonne cuisine d'inspiration bourgeoise avec beaucoup de poissons. Fermé jeu.
Le Petit, Bernauerstr. 40, ☎ 3796. Aux fourneaux, Thomas Mühlberger, ex-élève de Witzigmann, considéré comme le meilleur chef d'Allemagne.

Ramsau

🖂 83486.
✆ 08657.
ⓘ Kurverwaltung, Im Tal 2, ☎ 988920, fax 772.

▪ **Hébergement**
Nutzkaser, am Gseng 10, ☎ 388, fax 1347. A environ 5 kilomètres au nord de Ramsau, sur la route de Loipl. Vue exceptionnelle sur le mont Watzmann. Très calme, de 110 à 220 DM. Une très bonne adresse.

▪ **Restaurants**
Rehlegg, Holzengasse 16, ☎ 1214, fax 501. Très bon restaurant avec menus très étudiés. Belle terrasse avec vue sur les Alpes. Une adresse à retenir.
Gasthof Aunzinger, Hirschbichlstr. 8, Ramsau-Hintersee. Lieu idéal pour la pause pendant une randonnée au lac de Hintersee. Ancien lieu de ralliement de la petite colonie d'artistes de Hintersee au début du siècle. Cuisine sans prétention mais accueil chaleureux et bon rapport qualité-prix.

Ratisbonne

🖂 93047 à 93057.
✆ 0941.
ⓘ Altes Rathaus, Neue-Waag-Gasse, 93047, ☎ 507 4410, fax 507 4419.

▪ **Adresse utile**
ADAC, Luitpoldstr. 2, 93047, ☎ 55673, fax 561665.

▪ **Hébergement**
Altstadthotel Arch, am Haidplatz 3, 93047, ☎ 502060, fax 502 06168. Maison patricienne du XVIIIe siècle située sur une très jolie place du vieux Ratisbonne. Très confortable. De 135 à 280 DM.
Prösslbräu, Dominikanerinnenstr. 2, 93186 Pettendorf-Adlerberg, ☎ (09494) 1822, fax (09404) 5233. A 8 kilomètres au nord, direction Nuremberg. Cet ancien couvent du XIIIe siècle s'est reconverti depuis plusieurs générations en brasserie familiale (au sens de brasseur de bière) et fait également auberge (restaurant et hôtel). Si l'adresse n'est pas de grand standing, elle ne manque ni de charme ni d'allure. On mange à la carte pour environ 50 DM, et les chambres, simples mais très correctes, ne dépassent

pas 90 DM en double. De plus, l'endroit est très calme. Vaut bien des adresses grand genre.

■ **Restaurants**

Bischofshof,
Krauterermarkt 3, 93047, ☎ 50986. Pour déguster une cuisine du terroir pas forcément très légère mais à prix juste et dans une ambiance sans égale : c'est toujours plein et les murs sont hautement historiques. Belle cour intérieure pour déjeuner en été.

Historisches Eck,
Watmarkt 6. Ambiance « cave des templiers » au sous-sol de cette très digne maison du XIVe siècle située dans une ruelle médiévale de Ratisbonne. La cuisine est excellente : essayer absolument les raviolis de queue de veau (*Maultaschen vom Kalbschwanz*).

Foster's Gasthof zur Post,
Maxstr. 43, 93093 Donaustauf, ☎ (009403) 9100. A 9 kilomètres à l'est de Ratisbonne, direction Walhalla. Très bonne cuisine à prix particulièrement étudiés.

Riezlern

✉ 87567.
✆ 08329.
ⓘ Walserstr. 54, ☎ 511418.

■ **Hébergement**

Jagdhof, Walserstr. 27, ☎ 56030, fax 3348. Hôtel moderne et central avec piscines et saunas. De 150 à 400 DM (demi-pension obligatoire).

■ **Restaurants**

Almhof Rupp,
Walserstr. 83, ☎ 5004, fax 3273. Une adresse pour gourmets qui refusent de dépenser des fortunes.

Walser-Stuba,
Eggstr. 2, ☎ 53460 ou 65480, fax 534613. Cuisine du terroir à base de produits biologiques. Fermé mar.

Rosenheim

✉ 83022 à 83026.
✆ 08031.
ⓘ Kufsteinerstr. 4, ☎ 300110, fax 300165.

■ **Restaurants**

Gasthof Stockhammer,
Max-Josef-Platz 13. Cuisine traditionnelle sans chichis. Fermé sam. soir et dim.

Zum Santa, Max-Josef-Platz 20. Un bar à vin dans une maison historique avec jardin intérieur. Outre le vin, la maison propose au moins 30 variétés de bière et un grand choix de différents plats. Fermé dim.

Rot an der Rot

✉ 88430.
✆ 08395.
ⓘ Voir Ulm (route baroque du Jura souabe).

Rothenburg oder der Tauber

✉ 91541.
✆ 09861.
ⓘ Rathaus, ☎ 40492, fax 86807.

■ **Hébergement**

Eisenhut,
Herrngasse 3, ☎ 7050, fax 70545. Cet établissement classé Relais et Châteaux. est une très bonne adresse, presque inattendue dans cette ville touristique où l'on pourrait s'attendre à des établissements médiocres et chers. Certes, l'Eisenhut n'est pas vraiment bon marché, mais depuis plusieurs générations l'hôtel a fait ses preuves et sa réputation de maison exemplairement tenue n'est plus à faire. Certaines chambres jouissent d'un balcon et d'une très belle vue sur la vallée encaissée et verdoyante de la Tauber, qui coule à une centaine de mètres en contrebas. De 175 à 420 DM. Fait également restaurant ; il est d'ailleurs conseillé d'opter pour la demi-pension.

Bären,
Hofbronnegasse 9, ☎ 94410, fax 944160. L'autre bonne adresse de Rothenburg (quoique un peu inférieure en standing). De 150 à 280 DM. Cependant, la table est sans doute supérieure à celle de l'Eisenhut.

Restaurants
Dans cette ville (trop) touristique, on ne peut manger correctement que dans les restaurants des hôtels ci-dessus cités. Les autres établissements sont à classer dans la catégorie « gargote à touristes ».

Rottach-Egern

✉ 83700.
✆ 08022.
ⓘ Kuramt, Nördliche Hauptstr. 9 (mairie), ☎ 671341, fax 671347.

Hébergement, restaurant
Bachmaier am See, Seestr. 47, ☎ 2720.
Au bord du lac, rusticité à prix de luxe, beau parc, chambres de 180 à 650 DM.

Rott am Inn

Voir Rosenheim.

Rüdesheim am Rhein

✉ 65385.
✆ 06722.
ⓘ Rheinstr. 16, ☎ 2962, fax 3485.

Restaurant
Jagdschloss Niederwald-Panorama, auf dem Niederwald 1, ☎ 1004.
A 5 kilomètres au nord-ouest de Rüdesheim, sur la route de Niederwald-Denkmal. Très bonne cuisine régionale allégée à prix corrects. Pour profiter de la vue imprenable sur la vallée du Rhin.

Sankt Goar

✉ 56329.
✆ 06741.
ⓘ Heerstr. 86, ☎ 383, fax 7209.

Schönau

✉ 83471.
✆ 08652.
ⓘ Verkehrsamt, Rathausplatz 1, ☎ 1760, fax 64526.

Adresse utile
ADAC, Grenzbüro, Europaplatz 4, Berchtesgaden, ☎ 4181, fax 68240.

Hébergement
Stoll's Alpina, Ulmenweg 14, Schönau-Königssee-Oberschönau, ☎ 65090, fax 61608.
Un endroit très bien situé et délicieusement calme. Belle vue sur les sommets alentours. Très beau jardin, 2 piscines, sauna. Chambres de 95 à 310 DM.

Schwäbisch Hall

✉ 74523.
✆ 0791.
ⓘ am Markt 9, ☎ 751246, fax 751375.

Visite
Kloster Gross-Comburg : ouvert du 1er avr. au 31 oct., du mar. au sam. de 10 h à 12 h et de 13 h 30 à 17 h, dim. et jours fériés de 13 h à 17 h, fermé lun. Hors saison, visite sur rendez-vous (☎ 2548).

Seebruck

✉ 83358.
✆ 08667.
ⓘ am Anger 1, ☎ 7139, fax 7415.

Restaurants
Hotel Post, Ludwig-Thomas-Str. 8, Seebruck, ☎ 216.
Gutsgasthof zum Goldenen Pflug, ☎ 790, fax 79432. Au sud de Seebruck. Restaurant de bon niveau intégré à un centre équestre. Point de départ idéal pour randonnées à cheval. (Fait également hôtel.)
Segelhafen, im Yachthafen 1, Seebruck, ☎ 611.
Pour déjeuner sur une belle terrasse, devant les yachts de la marina de Seebruck. Fermé lun.

Seeon

Voir aussi Seebruck.

Achats
Chiemgaustube, Seeleitenstr. 19. Artisanat d'art bavarois de bonne qualité.

Sonthofen

✉ 87527.
✆ 08321.
ℹ Rathausplatz 1, ☎ 76291, fax 76327.
Voir aussi Hindelang.

Spire

✉ 67346.
✆ 06232.
ℹ Maximilianstr. 11, ☎ 14392, fax 14239.

■ **Restaurant**
Backmulde, Karmeliterstr. 11-13, ☎ 71517. Ambiance rustique nostalgique et cuisine régionale allégée. Menus de 48 à 120 DM. Une bonne adresse.

Starnberg

✉ 82319.
✆ 08151.
ℹ Kirchplatz 3, ☎ 13008, fax 13289.

■ **Loisirs**
Croisières sur le Starnbergersee : Staatliche Seenschiffahrt, Dampfschiffstr. 5, ☎ 12023.

Starnbergersee
(lac)

Voir Starnberg, Feldafing et Tutzing.

Steinhausen

Voir Bad Schüssenried.

Stuttgart

✉ 70173 à 70629.
✆ 0711.
ℹ Königstr. 1a, 70173, ☎ 222 8240, fax 222 8253.

■ **Adresses utiles**
ADAC, am Neckartor. 2, 70190, ☎ 28000, fax 280 0167.
Aéroport Stuttgart-Echterdingen, ☎ 9480. A environ 20 kilomètres au sud-est.
City Air Terminal, Lautenschlagerstr. 14, 70173, ☎ 201268.

■ **Restaurants**
Schloss Solitude-Herzog Carl Eugen, 70197, ☎ 699 0745. Suivre les panneaux « Schloss Solitude » ou, ce qui est préférable tant le lieu est difficile à trouver, empruntez un taxi pour vous y rendre. Restaurant haut de gamme dans le sublime château de Solitude, au nord de la ville, ancien rendez-vous de chasse agrandi en folie au XVIIIe siècle. Elégance princière sans ostentation en ce qui concerne le décor. Très cher.
Wielandshöhe, Alte Weinsteige 71,70597 Degerloch, ☎ 640 8848. Vue magnifique sur la ville en contrebas : le restaurant est accroché à flanc de coteaux et domine la vallée au fond de laquelle se tapit le centre-ville. La cuisine est sublime : foie gras en cocotte, gratinée de homard au basilic, lapin rôti aux olives noires… Menus à 100 et 160 DM. C'est très cher, mais considéré comme l'une des meilleures tables d'Allemagne.

Tegernsee
(lac)

Voir aussi Bad Wiessee et Rottach-Egern.

✉ 83684.
✆ 08022.
ℹ Haus des Gastes, Hauptstr. 2, ☎ 180140, fax 3758.

■ **Loisirs**
Croisières sur le Tegernsee : Staatliche Schiffahrt Tegernsee, Seestr. 70, 83684 Tegernsee, ☎ 4760.

Titisee
(lac)

✉ 79822.
✆ 07651.
ℹ Sebastian-Kneipp-Anlage, ☎ 206250 ou 98040, fax 4436 ou 980440.

Trèves

✉ 54290 à 54296.
✆ 0651.

① an der Porta Nigra, 54290, ☎ 978080, fax 44759.

■ **Adresse utile**
ADAC,
Fahrstr. 3, 54290, ☎ 76067, fax 73984.

■ **Visites**
Cathédrale : ouverte t.l.j. de 6 h à 18 h d'avr. à oct., de 6 h à 12 h et de 14 h à 17 h 30 de nov. à mars.
Eglise Saint-Paulin : ouverte t.l.j. de 8 h à 18 h sauf ven. matin.
Rheinisches Landesmuseum, Weimarerallee 1. Ouvert t.l.j. sauf lun. de 9 h 30 à 17 h, sam. et dim. de 10 h 30 à 17 h.
Städtisches Museum Simeonstift : ouvert t.l.j. sauf lun. de 9 h à 17 h, sam. et dim. de 9 h à 15 h entre avr. et oct., de 9 h à 13 h entre nov. et mars.
Stadtsbibliothek, Webarbach 25. Ouvert du lun. au ven. de 13 h à 17 h.

Tübingen

✉ 72070 à 72076.
✆ 07071.
① An der Eberhardsbrücke, ☎ 91360, fax 35070.

■ **Adresse utile**
ADAC,
Wilhelmstr. 3, 72074, ☎ 52727, fax 27455.

■ **Hébergement**
Krone, Uhlandstr. 1, 72072, ☎ 31036, fax 38718.
Agencé avec beaucoup de goût. De 155 à 300 DM.

■ **Restaurant**
Waldhorn,Schönbuchstr. 49 , 72074 Bebenhausen, ☎ 61270, fax 610581.
A 6 km au nord, direction Böblingen-Bebenhausen. Spécialités maison comme le gratin de crustacés ou le pigeon au Pomerol. Le décor est un peu triste, à l'inverse des prix des menus : de 100 ou 160 DM. Fermé lun. et mar.

Tutzing

✉ 82327.
✆ 08158.
① Rathaus, Kirchenstr. 9, ☎ 2031.

Überlingen

Voir Meersburg.

Ulm

✉ 89073 à 89081.
✆ 0731.
① Münsterplatz (face à la cathédrale), ☎ 161 2830, fax 161 1641.

■ **Adresse utile**
ADAC, Neuestr. 40, 89073, ☎ 66666, fax 61409.

■ **Hébergement**
Schiefeshaus,
Schwörhausgasse 6, 89073, ☎ 967930, fax 967 9333.
Littéralement, « la maison penchée ». Dans la plus vieille maison d'Ulm,un hôtel tout de guingois mais rempli de meubles design. De 235 à 295 DM.

■ **Restaurant**
St Martins-Schössle-Modestus, Schlosstr. 12, 89079 Wiblingen. Au sud-ouest du centre-ville.
Le restaurant porte le nom d'un ancien abbé (Modeste) de l'abbaye, voisine, de Wiblingen (étape importante sur la route baroque du Jura souabe à cause de sa très baroque bibliothèque) et est devenu depuis quelque temps le relais gourmet d'Ulm. Décor et cuisine rappellent curieusement la Provence. Cher mais honnête vu la qualité : menus à 100 et 110 DM.

Unterjoch

Voir Hindelang.

Wasserburg am Inn

✉ 83512.
✆ 08071.
① Rathaus (entrée Salzenderzeile), ☎ 10522.
■ **Restaurants**
Herrenhaus,
Herrengasse 17, ☎ 2800, fax 95988.

Cuisine bourgeoise d'assez bon niveau dans l'ancienne halle aux draps gothique. On y sert la bière maison depuis le XVe siècle. Fermé dim. soir et lun.
Fischerstüberl, Elend 1, Wasserburg-Attel, ☎ 2598, fax 51135. Un peu excentré : le quartier d'Attel est situé à environ 8 kilomètres au sud de Wasserburg par la B15. Fermé mar.

■ **Visite**
Bauernhausmuseum Amerang, ☎ (08075) 1610. Ouvert de mi-mars à mi-nov. t.l.j. sauf lun., de 9 h à 18 h.

Wies

Voir aussi Oberammergau.

■ **Visite**
L'église de Wies est ouverte tous les jours. Renseignements au ☎ (08862) 501. L'été, compter avec la présence de nombreux groupes de voyages organisés...

Wiesbaden

✉ 65183 à 65207.
✆ 0611.
ⓘ Rheinstr. 15, 65185, ☎ 172 9780, fax 172 9799.

■ **Adresse utile**
ADAC, Grabenstr. 5, 65183, ☎ 377071, fax 306324.

■ **Hébergement**
Nassauerhof, Kaiser-Friedrich-Platz 3, 65183, ☎ 1330, fax 133662. Dormir à Wiesbaden, c'est opter pour des hôtels chers (sinon cela ne vaut pas la peine). Le Nassauerhof est classé comme l'un des meilleurs hôtels d'Allemagne. Les chambres coûtent de 400 à 800 DM, et les suites sont évidemment beaucoup plus chères.
Le restaurant Die Ente vom Lehel (littéralement, « Le Canard du Lehel » : Lehel étant un des quartiers les plus huppés de Munich), est réputé pour être une table excellente, ce qui n'est pas souvent le cas des restaurants des grands hôtels de luxe et de tradition. Les menus s'envolent de 140 à 190 DM.

Worms

✉ 67547 à 67551.
✆ 06241.
ⓘ Neumarkt 14, 67547, ☎ 25045, fax 26328.

■ **Adresse utile**
ADAC, Friedrich-Ebert-Str. 84, 67549, ☎ 593021, fax 594848.

Wurtzbourg

✉ 97070 à 97084.
✆ 0931.
ⓘ Würzbourg-Palais am Congress-Zentrum, 97070, ☎ 37335, fax 37652.

■ **Adresse utile**
ADAC, Sterngasse 1, 97070, ☎ 52326, fax 59705.

■ **Hébergement, restaurant**
Rebstock, Neubaustr. 7, 97070, ☎ 30930, fax 309 3100. La seule bonne adresse (un peu traditionnelle et non aseptisée) de la « ville baroque ». Il s'agit d'une maison de 1737, qui a merveilleusement conservé sa façade rococo, même si l'intérieur a subi quelques aménagements, confort moderne oblige. Il vous en coûtera de 182 DM en chambre simple à 350 DM en chambre double.
Le restaurant de l'hôtel, le Fränkische Stube, propose une cuisine locale pas maniérée pour deux sous et abordable.

■ **Visites**
Mainfränkisches Museum, forteresse de Marienberg. Ouvert t.l.j. sauf lun. de 9 h à 12 h 30 et de 13 h à 17 h, de 10 h à 12 h 30 et de 13 h à 16 h en hiver.
Residenz : ouvert t.l.j. sauf lun. de 9 h à 17 h, de 10 h à 16 h de nov. à mars.

Zwiefalten

✉ 88529.
✆ 07373.
ⓘ Voir Ulm (route baroque du Jura souabe).

Annexes

GLOSSAIRE

Autobahn

Autoroute. Souvent abrégé en *AB*. Le terme *AB-Kreuz* désigne un croisement d'autoroutes. *Ausfahrt* indique la sortie d'autoroute et *Rastplatz* une aire de repos.

Bauhaus

Courant artistique du début du siècle fondé par Walter Gropius, précurseur de l'architecture moderne et de l'art abstrait.

Bergland

Littéralement « pays de montagne ». Le terme désigne dans la présentation physique de l'Allemagne le vaste système de petits massifs de faible altitude qui occupe la plus grande surface du pays, à l'opposé du *Tiefland* (« le pays bas ») qui correspond à la partie nord occupée par la grande plaine du nord de l'Europe. Le terme *Hinterland* désigne l'arrière-pays.

Bleifrei

Sans plomb. Terme utile dans les stations-service.

Café

En Allemagne, un *café* est un salon de thé ou une pâtisserie. Café au sens de « bar » se dit *Kneipe*. Le café que l'on boit se dit *Kaffee*.

Gründerzeit

Littéralement « époque des bâtisseurs ». En architecture, ce terme s'applique aux villas construites au début du siècle, synthèse de différents styles architecturaux, néogothique et *Zuckerbäckerstil* (« tarte à la crème ») avec profusion de moulures, lucarnes, lanternons, pilastres, *bow-windows*. Chronologiquement, juste avant la période *Jugendstil* (voir ce mot).

Hbf

Abréviation de *Hauptbahnhof*. Très fréquent sur les panneaux indicateurs en ville, *Hbf* indique la direction de la gare centrale.

Hochdeutsch

Littéralement « haut allemand ». Désigne l'allemand officiel, tel qu'on l'apprend en classe. On lui oppose le *Plattdeutsch* (bas allemand), qui varie selon les régions (accent, syntaxe, vocabulaire : un Frison ne comprend absolument rien de ce que lui dit un Bavarois et inversement, si les deux s'entretiennent dans leur allemand régional).

Innenstadt

Littéralement « ville intérieure ». On rencontre souvent le terme sur les panneaux indicateurs. En ville, il indique la direction du centre-ville (on trouve aussi *Zentrum*, *Centrum ou Stadtmitte*).

Inn-Salsach-Architektur

Style architectural typique des villes situées le long et entre les vallées de l'Inn et de la Salzach, deux affluents du Danube à l'extrême sud-est du pays. Ce style est caractérisé par la présence d'arcades au rez-de-chaussée et, au dernier étage, de frontons cachant des cavités qui font office de grenier.

Jugendstil

Littéralement « style de la jeunesse ». Désigne l'Art nouveau en Allemagne.

Kaiser

Empereur. Le terme est quelquefois utilisé tel quel en français.

Luftmalerein

Littéralement, « peintures à l'air ». Procédé décoratif typique du sud de la Bavière et de l'Autriche, composé de motifs variés, voire de fresques. Ces décorations sont peintes sur les murs extérieurs de maisons et pallient l'absence d'ornementation architecturale des habitations. Les plus connues sont celles ornant les murs de Mittenwald et Oberammergau, en Haute-Bavière.

Markt

Marché. Désigne dans la plupart des villes la place centrale (où se tenait jadis le marché). On y trouve dans 90 % des cas la mairie, qui se dit *Rathaus* (« maison du conseil »).

Messe

Foire. Le panneau *Messe* indique le chemin à suivre pour rejoindre les halls d'exposition. Rappelons que presque toutes les grandes villes allemandes sont le siège de très nombreuses foires de renommée internationale.

Postfach

Sur une adresse écrite, le terme veut dire « boîte postale ». Il est couramment abrégé en *Pf.*

Strasse

Rue. Sur les plaques, abrégé en Str. et toujours attaché au nom propre : Marktstr. = rue du marché. Pour les noms composés, le terme sera relié par un tiret et portera la majuscule initiale (Max-Josef-Str.).

Wilhelminien

De Wilhelm (Guillaume). Se rapporte à l'époque de (ou au style de l'époque de) l'empereur Guillaume II.

Zimmer frei

Panneau au bord de la route indiquant une maison avec chambres d'hôtes disponibles.

L E X I Q U E

L'allemand est une langue injustement réputée difficile et gutturale. C'est aussi la langue de la poésie et de l'opéra.
La langue allemande n'a rien en commun avec le français. Langue germanique, elle appartient à la même famille que l'anglais, le néerlandais ou le danois. Comme le latin, c'est une langue à déclinaisons (selon sa fonction grammaticale dans la phrase, un mot s'écrit différemment). De plus, et c'est ce qui paraît le plus compliqué, l'ordre des mots varie considérablement par rapport au français : l'allemand est une langue à structure régressive. Il n'y a pas de structure sujet-verbe-complément comme en français. D'une manière générale, le verbe est placé en dernier. Une autre grande différence avec le français réside dans l'existence d'un troisième genre, le neutre.
L'allemand est une langue dont les mots ont une racine concrète alors que le français est une langue abstraite. Ainsi le mot « gare » en français ne renvoie étymologiquement à rien de concret. C'est un mot inventé. « Gare » en allemand se dit *Bahnhof*, qui se décompose en *Bahn* (« rail », et par extension tout ce qui touche au train) et *Hof* (« cour », et par extension un lieu où l'on se rassemble). Le terme *Bahnhof* a donc une signification étymologique concrète : c'est l'endroit où se rassemblent les trains, donc la gare. Une particularité de l'allemand est la possibilité de créer des mots nouveaux en associant différentes idées. C'est aussi une des raisons pour lesquelles cette langue est réputée difficile. En effet, les idées associées entre elles et articulées par une série de préfixes et suffixes, le tout bien sûr attaché, forment souvent des mots très longs. Enfin, on considère que la langue allemande a environ trois fois plus de mots que le français. Les substantifs prennent toujours une majuscule : « le chat sort de la maison » = *die Katze tritt aus dem Haus hinaus.*

▪ Prononciation

Allemand	Son français équivalent
ä	ê
ö	oeu
ü	u
ae	ê
au	ao
aü	oye
eu	oye
oi	oye
e	se prononce toujours quand il est en fin de mot
u	ou
ei	aie
ai	aie
ch	(après a, o, u) son proche de la jota espagnole

ch	ch chuinté
sch	ch
ß	ss
h	aspiré comme en anglais
y	u
s	ch devant p, t
s	z devant voyelle
z	ts
j	y/ll (*ja* se prononce ya)
ig	ich
g	g (comme dans gare)
g	k en fin de mot
b	p en fin de mot
v	f
w	v

FORMULES DE POLITESSE

Au revoir	*Auf Wiedersehen*
Bonjour	*Guten Tag*
Bonsoir	*Guten Abend*
S'il vous plaît	*Bitte*
Merci	*Danke, danke schön, vielen Dank*
Vous êtes bien aimable	*Das ist sehr nett von Ihnen*
Oui	*Ja*
Non	*Nein*

HÉBERGEMENT

Auberge de jeunesse	*Jugendherberge*
Terrain de camping	*Campingplatz*
Chambre privée	*Privatzimmer*
Où se trouve l'hôtel le moins cher ?	*Wo gibt es das preiswerteste Hotel?*
Puis-je faire une réservation ?	*Is eine Reservierung notwendig?*
Chambre simple	*Einzelzimmer*
Chambre double	*Doppelzimmer*
C'est très bruyant	*Es ist sehr laut*
Où sont les toilettes ?	*Wo sind die Toiletten ?*

CIRCULER

A quelle heure part-il ?	*Wann fährt es ab ?*
A quelle heure est le premier bus ?	*Wann fährt der erste Bus ?*
A quelle heure est le dernier bus ?	*Wann fährt der letzte Bus ?*
A quelle heure est le prochain bus ?	*Wann fährt der nächste Bus ?*
C'est trop tôt	*Das ist mir zu früh*
A quelle heure est le suivant ?	*Wann fährt der nächste ?*
Combien de temps dure le trajet ?	*Wie lange dauert die Fahrt ?*
Horaires	*Fahrplan*
Où est l'arrêt de bus ?	*Wo ist die Bushaltestelle ?*
Où est la gare de chemin de fer ?	*Wo ist der Bahnhof?*

ACHATS

Où puis-je en acheter ?	*Wo kann ich das kaufen ?*
Combien ça coûte ?	*Wieviel kostet das ?*
Est-ce le prix par personne ?	*Ist das der Preis pro Person ?*
Est-ce le prix total ?	*Ist das der Gesamtpreis ?*
Y a-t-il des charges en plus ?	*Kommen da noch Kosten hinzu ?*

C'est (beaucoup) trop cher	*Das ist (viel) zu teuer*
Y en a-t-il meilleur marché ?	*Gibt es noch etwas Billigeres ?*

TEMPS

Aujourd'hui	*Heute*
Ce soir	*Heute abend*
Demain	*Morgen*
Après-demain	*Übermorgen*
Lundi	*Montag*
Mardi	*Dienstag*
Mercredi	*Mittwoch*
Jeudi	*Donnerstag*
Vendredi	*Freitag*
Samedi	*Samstag*
Dimanche	*Sonntag*
Quelle est l'heure d'ouverture ?	*Wann wird geöffnet ?*
Quelle est l'heure de fermeture ?	*Wann wird geschlossen ?*
A quelle heure ?	*Um wieviel Uhr ?*
Quand ?	*Wann ?*
Où est la station de taxis ?	*Wo ist der nächste Taxistand ?*
Où se trouve la consigne de bagages ?	*Wo ist das Geäckschliessfach ?*
A l'aéroport, s'il vous plaît	*Flughafen, bitte ?*

DANS LA VILLE

Où se trouve…	*Wo ist…*
Le musée	*Museum*
Le palais	*Palast*
Le château	*Burg*
La salle de concert	*Konzerthalle*
L'opéra	*Operhaus*
Le théâtre musical	*Musiktheater*
L'office du tourisme	*Fremdenverkehrs amt*
La pharmacie	*Die Apotheke*
Le médecin	*Der Arzt*
La police	*Der Polizei*
Où allez-vous ?	*Wo gehen Sie hin ?*
Je vais…	*Ich gehe nach…*
Je n'arrive pas à le trouver	*Ich kann es nicht finden*
Où est-ce ?	*Wo ist es ?*
Est-ce loin ?	*Ist es weit ?*
Gauche	*Links*
Droite	*Rechts*
Je veux…	*Ich möchte…*
Ai-je besoin d'une autorisation ?	*Benötige ich eine Genehmigung ?*
Ouvert	*Geöffnet, offen, auf*
Fermé	*Geschlossen, zu*
La gare	*Der Bahnhof*
Un billet pour…, s'il vous plaît	*Eine Fahrkarte nach…, bitte*

DISTRACTIONS

Où peut-on entendre des concerts ?	*Wo kann man Konzerte hören ?*
Où achète-t-on des tickets ?	*Wo kann ich eine Karte kaufen ?*
Je cherche un ticket	*Ich möchte eine Karte lösen*
Je voudrais me faire rembourser ce ticket	*Ich möchte diese Karte zurücker- stattet haben*
Est-ce une bonne place ?	*Ist das ein guter Platz ?*
Devant	*Vorne*

ALIMENTATION

J'ai faim	*Ich habe Hunger*
Je ne mange pas de viande	*Ich esse kein Fleisch*
Epicerie	*Lebensmittelladen*
Poisson	*Fisch*
Soupe	*Suppe*
Salade	*Salat*
Légumes frais	*Frisches Gemüse*
Pain	*Brot*
Glace	*Eiss*
Café chaud	*Heisser Kaffee*
Eau minérale	*Mineralwasser*
Eau plate	*Stilles Wasser*
Bière	*Bier*

CONVERSATION

Je voudrais…	*Ich hätte gern, ich möchte…*
Je suis français (française)	*Ich bin Franzose (Französin)*
Je ne parle pas allemand	*Ich spreche kein deutsch*
Nous nous sommes égarés (en voiture)	*Wir haben uns verfahren*
Nous nous sommes égarés (à pied)	*Wir haben uns verlaufen*
Y a-t-il une chambre libre ?	*Haben Sie noch ein Zimmer frei ?*
L'addition, s'il vous plaît	*Ich möchte zahlen, bitte*
Quelle heure est-il ?	*Wie spät ist es ?*
Comment vous appelez-vous ?	*Wie heissen Sie ?*
D'où venez-vous ?	*Wo kommen Sie her ?*
Où allez-vous ?	*Wo fahren Sie hin ?*

LES CHIFFRES

Un	*eins*
Deux	*zwei*
Trois	*drei*
Quatre	*vier*
Cinq	*fünf*
Six	*sechs*
Sept	*sieben*
Huit	*acht*
Neuf	*neun*
Dix	*zehn*
Onze	*elf*
Douze	*zwölf*
Treize	*dreizehn*
Quatorze	*vierzehn*
Quinze	*fünfzehn*
Vingt	*zwanzig*
Vingt et un	*einundzwanzig*
Vingt-deux	*zweiundzwanzig*
Cent	*einhundert*
Cent un	*einhunderteins*
Cent vingt	*einhundertzwanzig*
Mille	*eintausend*

BIBLIOGRAPHIE

HISTOIRE

ASSU T.G., *La Chaudière, Europe centrale 1980-1990*, coll. « Témoins », Gallimard, 1991.

BADIA G., *Histoire de l'Allemagne contemporaine (1917-1962)*, Editions sociales, 1983 ; *Berlin, le ciel partagé*, Autrement, hors-série n° 1, 1980.

BERNSTEIN S. et MILZA P., *L'Allemagne, 1870-1991*, Masson, « Histoire », 1992.

BRIGOULEIX B., *Les Allemands d'aujourd'hui*, Balland, 1984.

BRION M., *L'Allemagne romantique*, coll. « Pluriel » (2 tomes), 1962, 1986.

BURGELIN H., *La Société allemande (1871-1968)*, Arthaud, 1968.

CUVILLIER J.-P., L'Allemagne médiévale : naissance d'un Etat, VIIIe-XIIIe siècle (T1), 1979 ; *Echec d'une nation* (T2), 1984, Payot.

DEMERIN D., *Voyage en Allemagne*, Plon, 1989.

DOLLINGER P., *La Hanse (XIIe-XVIIe siècle), Etude sur l'association des villes marchandes allemandes*, Aubier, 1968.

DROZ J., *Histoire de l'Allemagne : La Formation de l'unité allemande (1789-1871) ; La Construction des deux Etats allemands (1945-1973)*, Hatier ; *Histoire de l'Allemagne*, coll. « Que sais-je », PUF, 1968.

FRITSCH-BOURNAZEI, *L'Allemagne, un enjeu pour l'Europe* (préf. A. Grosser), Complexe, 1987.

GROSSER A., *L'Allemagne en Occident*, coll. « Pluriel », Hachette, 1987.

GROSSER A. et MIARD-DELACROIX H., *Allemagne*, coll. « Dominos », Flammarion, 1994.

HIGOUNET Ch., *Les Allemands en Europe centrale et orientale au Moyen Age*, Aubier, 1989.

KANTOROWICZ E., *L'Empereur Frédéric II*, Gallimard, 1987.

LANDY P., *Berlin et son statut*, coll. « Que sais-je », PUF, 1983.

LE GLOANNEC A.M. (dir.), *L'Allemagne après la guerre froide, le vainqueur entravé*, Complexe, 1993.

LUDWIG E., *Guillaume II* (1859-1941), Payot, 1984.

NUSS B., *Les Enfants de Faust, les Allemands entre ciel et enfer*, Autrement, hors série n° 73, 1994.

PALMIER J.-M., *Weimar en exil*, Payot, 1984.

Poidevin R. et *Schrirman* S., *Histoire de l'Allemagne*, coll. « Nations d'Europe », Hatier, 1992.

RICHARD L., *La Vie quotidienne sous la République de Weimar (1919-1933)*, Hachette, 1983.

ROYAN J., *Histoire de l'Allemagne*, Le Seuil, 1994.

VALANCE G., *France-Allemagne, le retour de Bismarck*, Flammarion, 1990.

WILLET J., *Les Années Weimar : une culture décapitée*, Hazan, 1984.

ART ET ARCHITECTURE, BEAUX-LIVRES

L'Allemagne, coll. « Monde et Voyages », Larousse, 1988.
ARGAN G.-C., *Walter Gropius et le Bauhaus*, Denoël, 1979.
Berlin, 1976-1986, supplément à la revue de l'IFA, 1985.
BUACHE F., *Le Cinéma allemand*, 1918-1933.
COURTADE F., *Le Cinéma expressionniste*, Veyrier, 1984.
DETHIER J., *Gares d'Europe*, Denoël, 1988.
DUBY G., *L'Europe au Moyen Age, art roman, art gothique*, Flammarion, 1985.
DUPE W.-D., *Journal de l'Expressionnisme*, Skira.
DUPEUX L., *Histoire culturelle de l'Allemagne, 1919-1960*, PUF, 1989.
GRUNDFELD F.-V., *Berlin*, coll. « Les Grandes Cités », Time Life, 1977.
GUYOT A., *L'Art nazi, un art de propagande*, Complexe, 1988.
HESSE H., *Le Voyage en Orient* (préf. A. Gide), Presses-Pocket, 1986.
HUMBLET C., *Le Bauhaus*, L'Age d'homme, 1980.
JUNG F., *L'Expressionnisme allemand*, Obliques, 1976.
Paris-Berlin, cataloguue de l'exposition, Centre Georges-Pompidou, 1977.
KANDINSKY W., *Cours du Bauhaus*, Denoël, 1978.
KREIMER K., *Une Histoire du cinéma allemand*, la UFA, Flammarion, 1994.
LARSSON L.-O., *Le Plan de Berlin, 1937-1943*, Archives de l'architecture moderne, 1983.
LE CORBUSIER, *Le Voyage d'Orient*, Parenthèses, 1987.
MERTENS P., *Berlin, un guide intime*, Editions Autrement, 1986.
PALMIER J.-M., *L'Expressionnisme comme révolte, apocalypse et révolution*, Payot, 1983.
REMY P.-J., *Des Châteaux en Allemagne*, Flammarion, 1987, LGF, 1989.
RICHARD L., *L'Encyclopédie du Bauhaus*, Somogy, 1986.
ROTERS E., *Berlin 1910-1933*, Office du Livre, 1982.
SCHULZE H., *Berlin* (photogr. Manfred Haurn et Günter Schneider), Ullstein, 1988.

LITTÉRATURE

BAUDET J.-L., *Anthologie de la littérature allemande*, PUF, 1994.
BENJAMIN W., *Enfance berlinoise*, Lettres Nouvelles, Maurice Nadeau, 1991.
BOLL H., *Portrait de groupe avec dame*, Le Seuil, 1982; *L'Honneur perdu de Katarina Blum*, Le Seuil, 1981.
BRECHT B., *Journaux*, 1920-1922, L'Arche, 1978; et bien sûr toute l'œuvre théâtrale et littéraire de cet écrivain qui a marqué son temps. *Nouveau théâtre complet*, L'Arche (*L'Opéra de quat'sous, La Résistible ascension d'Arturo UI*).
BRION M., *L'Allemagne romantique* (en trois volumes), Albin Michel, 1977-1984.
CANETTI E., *Histoire d'une vie : Le Flambeau dans l'oreille*, LGF 1985.
CELINE F., *Nord*, coll. « Folio », Gallimard, 1976.
CHASSARD J. et GONTHIER W., *Histoire de la littérature de langue allemande*, Hachette, 1981.
CROIX F., *Anthologie de la littérature allemande, de Luther à nos jours*, Bréal, 1994.

DAGERMAN S., *Automne allemand*, Actes Sud, 1989.
DENINA G.M.C., *La Prusse littéraire sous Frédéric II*, Slatkine, 1968.
DÖBLIN A., *Berlin Alexanderplatz*, coll. « Folio », Gallimard, 1981 ; *Bourgeois et soldats*, novembre 1918, Quai Voltaire, 1990.
FONTANE Th., *Romans*, coll. « Bouquins », Laffont, 1981 ; *Dédales*, Aubier-Montaigne, 1980.
GOETHE J.W. VON, *Faust*, coll. GF, Flammarion, 1990 ; *Les Affinités électives*, Gallimard, 1980, entre autres…
GRIMM H. et W., *Les Contes*, coll. GF, Flammarion, 1986.
HEINE H., *De l'Allemagne*, Slatkine, 1979 ; *Allemagne, un conte d'hiver, Ressouvenances*, 1986 ; *Poésies* (trad. par G. de Nerval), coll. « S.H. », Fourbis, 1994.
HOFFMANN E.T.A., *Le Chat Murr*, Phébus, 1988 ; *Contes*, Gallimard, 1979 ; *Contes fantastiques*, Lattès, 1989.
HUELSENBECK R., *Doctor Billig*, coll. « S.H. », Fourbis, 1993.
ISHERWOOD C., *Adieu à Berlin*, Le Seuil, 1992, J'ai lu, 1986 : le roman dont a été tiré le film *Cabaret* de Bob Fosse. La plupart de son œuvre est consacrée à Berlin.
KESSEL J., *La Passante du Sans-Souci*, Gallimard, 1983.
LENZ S., *La Leçon d'allemand*, coll. « Pavillon », Laffont, 1980.
LUTHER M., *Mémoires*, Mercure de France, 1990.
MAC ORLAN P., *Le Mystère de la malle*, coll. « 10-18 », Bourgois, 1984.
MANN H., *Le Professeur Unrat*, coll. « Les Cahiers rouges », Grasset, 1983, devenu *L'Ange bleu* à l'écran.
MANN K., *Le Tournant*, coll. « Points romans », Le Seuil.
MANN TH., *Les Buddenbrook*, coll. « Points romans », LGF, 1993 ; *Lotte à Weimar*, Gallimard, 1989 ; *Les Maîtres : Frédéric II et la grande coalition*, Grasset, 1979, etc.
MERTENS P., *Les Eblouissements*, coll. « Fiction et Cie », Le Seuil, 1989.
PALMIER J.M., *Retour à Berlin*, Payot, 1989.
PERRONNET M., *Luther et son temps (1483-1546)*, Université Paul Valéry, 1985.
ROUSSEAU F.O., *La Gare de Wannsee*, Grasset, 1988, LGF, 1990.
SCHLADLICH H.J., *Berlinestouest* et autres récits, coll. « Du Monde entier », Gallimard, 1990.
SCHILLER F. VON, *Les Brigands*, Aubier-Flammarion, 1968 ; *Lettre sur l'éducation*, Aubier, 1992 ; *Correspondance* (Goethe-Schiller), 1794-1797 (vol. 1) et 1798-1805 (vol. 2), Gallimard, 1994.
STAËL, MADAME DE, *De l'Allemagne*, coll. G.F., Flammarion, 1991.
TOURNIER M., *Les Météores*, Gallimard, 1977.
UHLMAN F., *L'Ami retrouvé*, coll. « Folio », Gallimard, 1990 ; *Il fait beau à Paris aujourd'hui*, Stock, 1986.
VOLTAIRE, *Mémoires*, *Lettres à Frédéric II*, Mercure de France, 1988.
VILLIERS G. DE, *Checkpoint Charlie*, Plon, SAS, 1973.
WENDERS W. et HANDKE P., *Les Ailes du désir*, Flammarion, 1988.
ZWEIG S., *Le Monde d'hier, Souvenirs d'un Européen*, Belfond, 1986.
Le Voyage à l'Est, par 12 écrivains français, Balland-Maison des Ecrivains, 1990.
Moi, Christiane F., 13 ans, droguée, prostituée, coll. « Folio », Gallimard, 1983.

A lire aussi les numéros du *Magazine littéraire* consacrés à la littérature allemande contemporaine : le n° 146 (Ecrivains allemands d'aujourd'hui) et le n° 190 (Berlin, capitale des années 20 et des années 80), ainsi que l'*Histoire générale des Littératures* (T2), La Pléiade.

Pour découvrir les écrivains romantiques allemands, lire les deux volumes qui leur sont consacrés : *Romantiques allemands* (T1 et 2), La Pléiade.

Bibliographie établie par Yann Pitchal avec le concours de la librairie Marissal.

FILMOGRAPHIE

FASSBINDER Rainer Werner, *Le Mariage de Maria Braun*, 1978; *Berlin Alexander Platz*, 1980; *Lili Marleen*, 1980.
FLEISCHMANN Peter, *Scènes de chasse en Bavière*, 1969.
FOSSE Bob, *Cabaret*, 1972 (Etats-Unis).
HERZOG Werner, *Aguirre ou la colère de Dieu*, 1972; *L'Enigme de Kaspar Hauser*, 1974; *Wozzeck*, 1979.
LANG Fritz, *Docteur Mabuse*, 1922; *Metropolis*, 1927; *M. le Maudit*, 1931.
LUBITSCH Ernst, *Madame du Barry*, 1919; *Anna Boleyn*, 1921. Puis, aux Etats-Unis : *Sérénade à trois*, 1933; *La Huitième Femme de Barbe-Bleue*, 1938; *The Shop around the corner*, 1940.
MAY Joe, *Le Chant du prisonnier*, 1928; *Asphalte*, 1929.
MURNAU Friedrich Wilhelm, *Nosferatu*, 1922; *Le Dernier des hommes*, 1924; *Faust*, 1926.
PABST Georg Wilhelm, *La Rue sans joie*, 1925; *Loulou*, 1929; *L'Opéra de quat'sous*, 1931.
ROSSELLINI Roberto, *Allemagne année zéro*, 1948 (Italie).
SCHLÖNDORFF Volker, *Les Désarrois de l'élève Torless*, 1965; *L'Honneur perdu de Katarina Blum*, 1975; *Le Tambour*, 1979.
SIODMAK Robert, *Les Hommes du dimanche*, 1930.
STAUDTE Wolfgang, *Les Assassins sont parmi nous*, 1946.
STERNBERG Joseph VON, *L'Ange bleu*, 1930; *Cœurs brûlés*, 1930; *L'Impératrice rouge*, 1934.
SYBERBERG Hans Jürgen, *Ludwig, requiem pour un roi vierge*, 1972.
VAN ACKEREN Robert, *La Femme flambée*, 1983.
VISCONTI Luchino, *Les Damnés*, 1969 (Italie).
WENDERS Wim, *Alice dans les villes*, 1973; *Faux Mouvement*, 1974; *L'Ami américain*, 1977; *Paris Texas*, 1984; *Les Ailes du désir*, 1987; *Si loin, si près*, 1993.
WIENE Robert, *Le Cabinet du Docteur Caligari*, 1919.

I N D E X

TABLE DES CARTES

Table des encadrés

Crédits photographiques

Hors-texte couleurs :
COSMOS : R. Price / Westlight (p. VII).
DIAF : B. Koch (p. I bas) ; Pratt-Pries (pp. II, III, IV haut, V bas).
EXPLORER : Bilda Gentur Schuster (p. VIII bas).
HEMISPHERES : P. Wysocky (p. VI bas).
IMAGE BANK : H. Sund (p. I haut droite).
STUDIO X : K. Francke (p. VI haut).
TOP : R. de Seyne (p. IV bas) ; J. Ducange (pp. V haut, VIII haut).
VISA : A. Venturi (p. I haut gauche).

Couverture :
Le château de Neuschwanstein ; G. Simeone / DIAF.

Quatrième de couverture :
A Munich ; M. E. Newman / COSMOS.

Dans la même collection

Grands voyages

Afrique du Sud
Allemagne du Nord
 de Berlin à Hambourg
Antilles
Brésil
Cambodge/Laos
Chili
Chine
Chypre
Cuba
Egypte
Espagne
Etats-Unis : Est et Sud
Etats-Unis : Ouest et Centre
Grèce
Hongrie
Iles grecques
Inde du Nord
Inde du Sud
Indonésie
Irlande
Israël
Japon
Kenya/Tanzanie/Zanzibar
Madagascar/Comores
Malte
Maroc
Mexique
Monde Maya
 Guatemala/Belize/Mexique du Sud
Moscou/Saint-Pétersbourg
Norvège
Paris
Pays Baltes
Portugal
Prague
Québec
Réunion/Maurice/Seychelles
Syrie/Jordanie
Tahiti et la Polynésie française
Venezuela
Vienne
Vietnam
Yémen

Loisirs-Evasion

L'Angleterre par les petites routes
L'Espagne par les petites routes
L'Italie par les petites routes
La France à pied
La France buissonnière
La France d'île en île
La France en fêtes
La France gothique
La France par les fleuves
 et les canaux
La France par les petites routes
La France romane
Grands Parcs de l'Ouest américain

Notes de voyage

Notes de voyage

Notes de voyage

Notes de voyage

Notes de voyage

Notes de voyage

Notes de voyage

Notes de voyage

Notes de voyage

Notes de voyage

Achevé d'imprimer en mai 1998
sur les presses de l'Imprimerie Hérissey à Évreux
Brochage par Mécanic Brochage
N° d'édition : FZ 283908 - Dépôt légal : mars 1997 - N° d'Imprimeur : 80181
Imprimé en France

GUIDE ARTHAUD
1998-1999

Allemagne du Sud - carte touristique

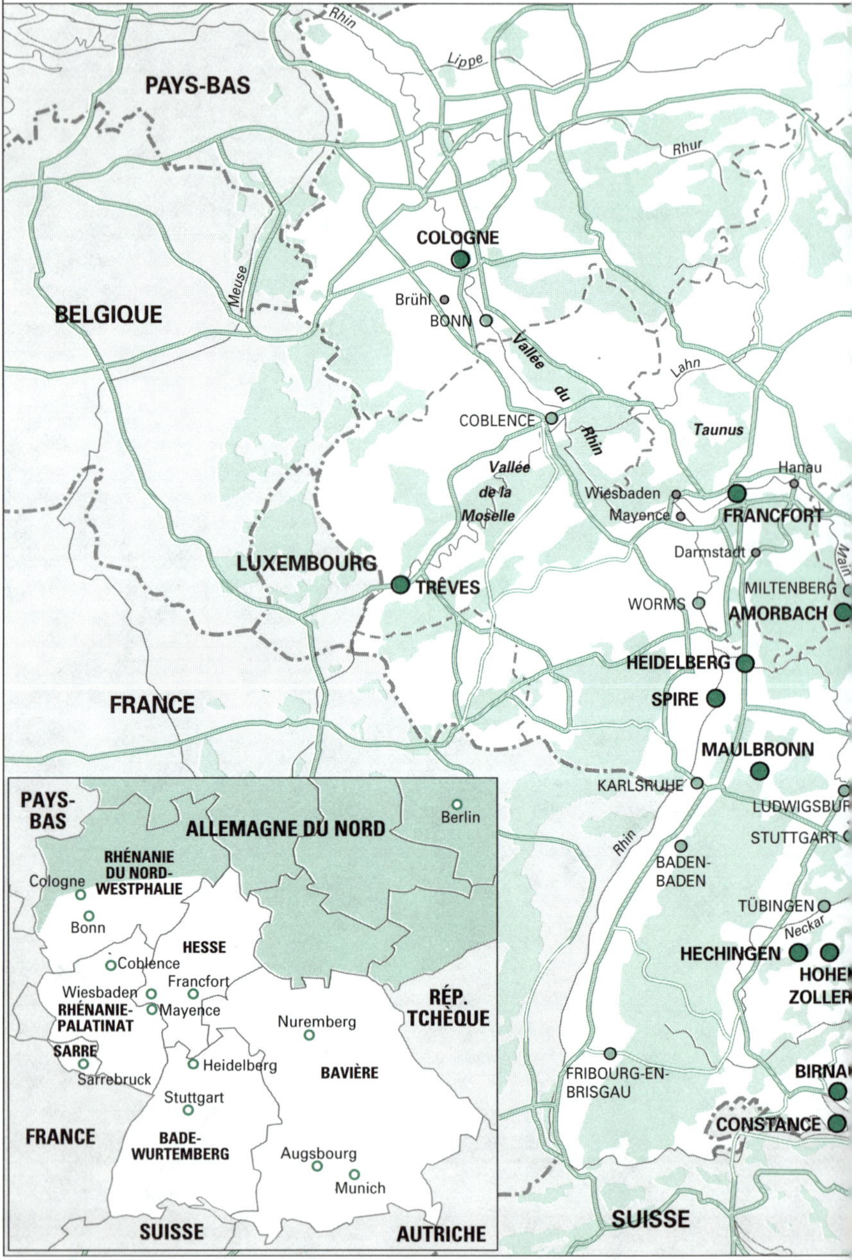

Allemagne du Sud - carte touristique

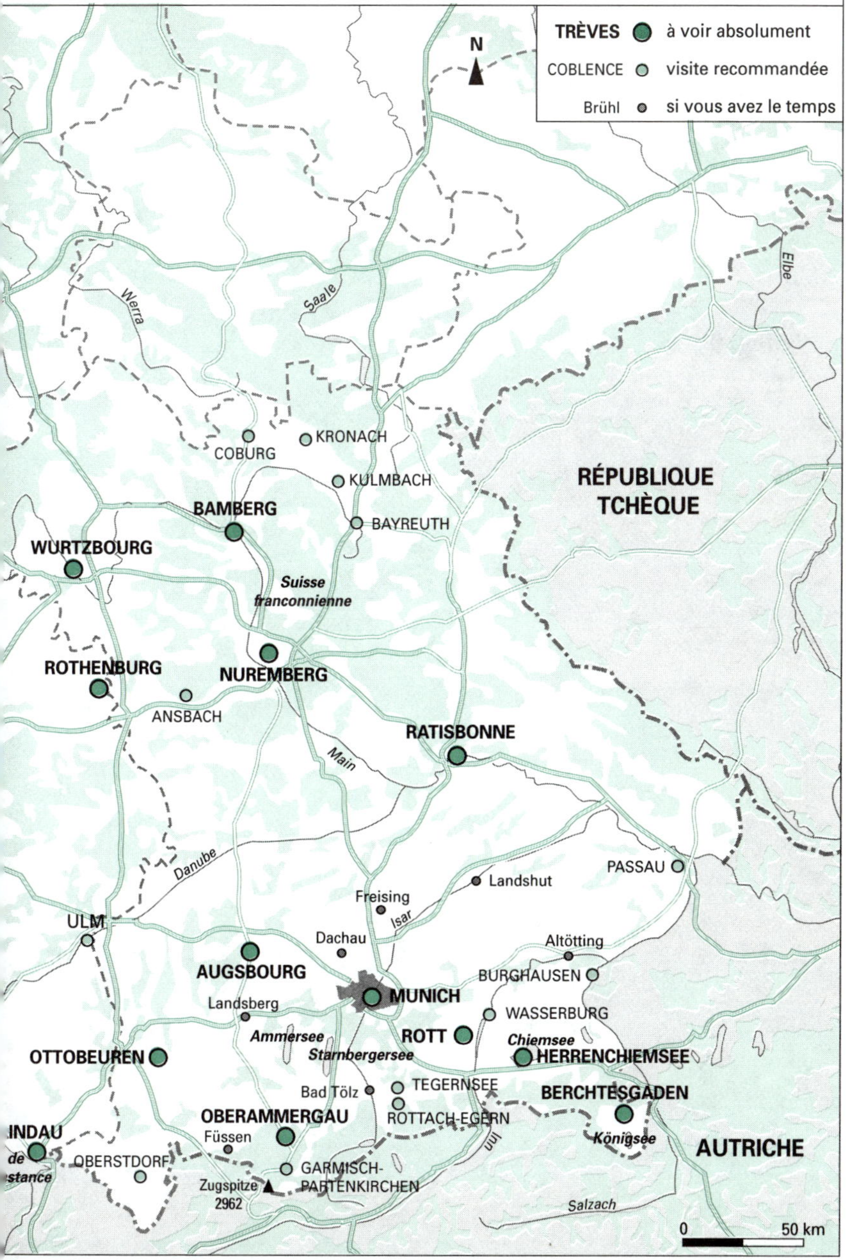